AF597640

Franz Hauer

Selfmademan und
Kunstsammler der Gegenwart

*Self-Made Man and
Art Collector*

Christian Bauer (Hg./*ed.*)

FRANZ HAUER

SELFMADEMAN UND KUNSTSAMMLER DER GEGENWART

SELF-MADE MAN AND ART COLLECTOR

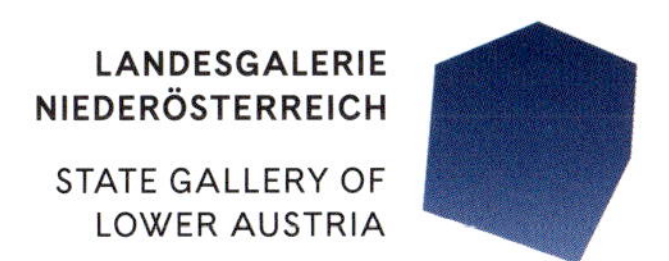

HIRMER

Inhalt *Contents*

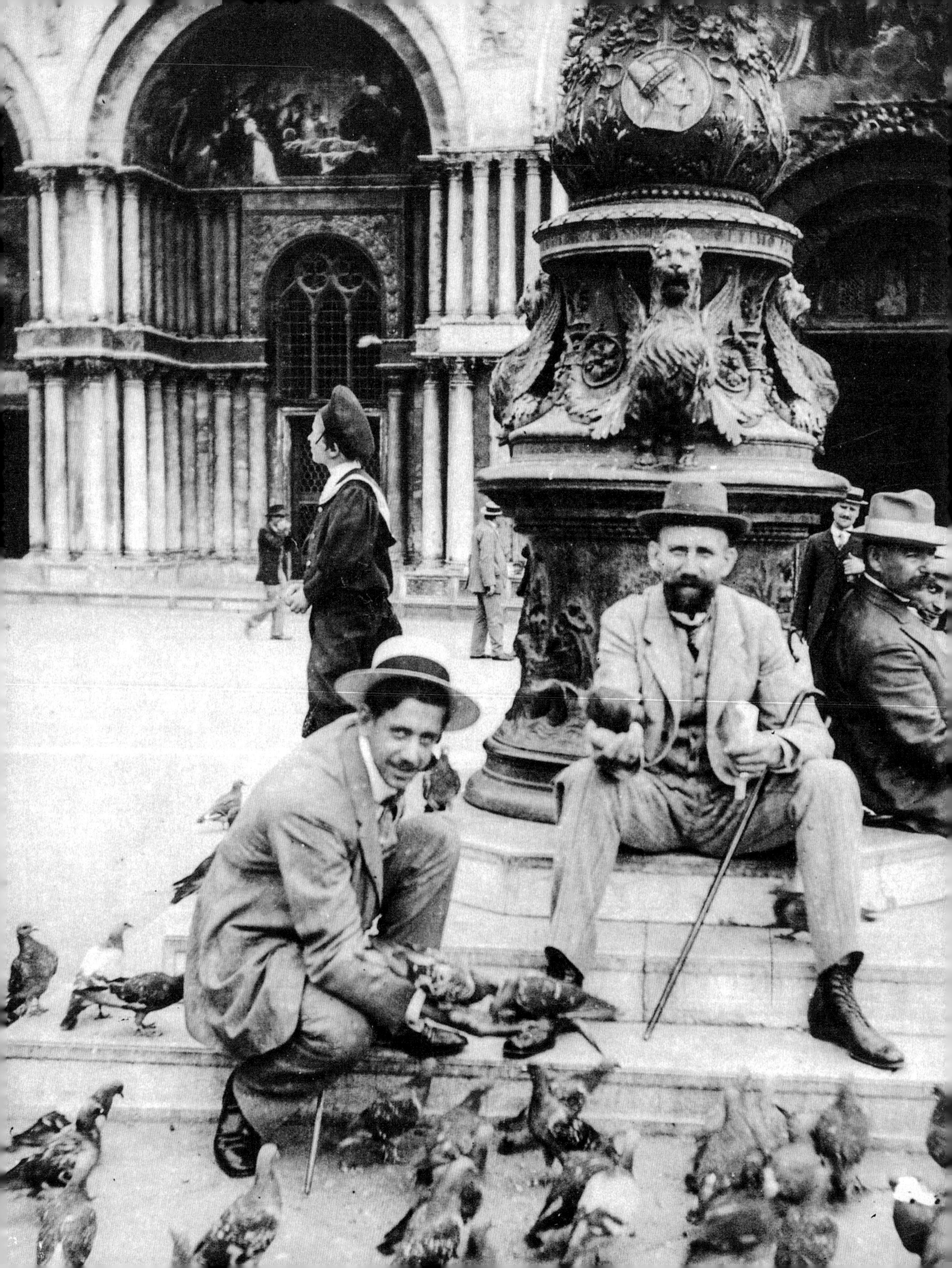

Christian Bauer

Selfmademan und Kunstsammler der Gegenwart

Franz Hauer als Ausnahmeerscheinung

Wie groß ist die Chance, den engen Grenzen der eigenen Herkunft zu entkommen und Lebensinhalte zu erschließen, die unerreichbar scheinen? In der Zeit um 1900 waren die Möglichkeiten des gesellschaftlichen Upgradings mehr als eingeschränkt. Vieles wäre dazu notwendig gewesen. Mit Geld allein konnte man nicht durchstarten.

Wie sollte man – die finanziellen Möglichkeiten einmal vorausgesetzt – erfahren, welche Gepflogenheiten in der Konversation über Kunst gelten? Wie konnte man selbstbewusst einen eleganten Anzug tragen und eine Abendgesellschaft ohne peinlichen Fauxpas überstehen? Wie konnte man überhaupt zur Kunst finden? Franz Hauer zeigt uns, dass all dies schon ein Jahrhundert vor dem digitalen Informationszeitalter nicht ganz unmöglich war.

Wenn der Künstler, Galerist und Networker der Wiener Moderne Carl Moll den rasch zur Legende gewordenen Sammler als „Kunstenthusiasten originellster Art"[1] bezeichnet, wird die Unvergleichbarkeit Hauers zur zentralen Botschaft. Tatsächlich wird mit dem plötzlichen Auftauchen eines Underdogs und Newcomers an der Spitze der Kunstsammler seiner Zeit europäisches Neuland betreten. Niemand vor Hauer konnte so viele Erfahrungen und Aspekte in sich vereinen, die selbst heute noch eigenartig im besten Sinn wirken. In Armut am Land aufgewachsen, geprägt vom Verlust fast aller Geschwister in den ersten Jahren,[2] als Fleischhauergeselle ebenso wie als Hotelhausknecht in Krems schicksalhaft dem Überlebenskampf ausgesetzt, gelang es ihm dennoch, einen beeindruckenden sozialen Aufstieg zu realisieren. Einen Aufstieg, der mit dem Ertrag aus einer einzigen Gastwirtschaft nicht nur Reichtum, Immobilien und alle Annehmlichkeiten mit sich brachte, sondern auch eine kulturelle Transformation bedingte, die einer Wiedergeburt gleichkam.

Ein aristokratischer Kleidungsstil und kultivierte Umgangsformen ließen eine mehr als stattliche Erscheinung entstehen, die das gesellschaftliche Leben in der Reichs- und Residenzstadt Wien gehörig aufmischen konnte. Den Worten des Sohnes zufolge war „aus dem Fleischergesell, dem

Christian Bauer

Self-Made Man and Modern-Day Art Collector

The phenomenon of Franz Hauer

What are the chances of overcoming the narrow limitations of one's background to tap into lifestyles and opportunities that would seem far out of reach? Around 1900, the prospects of upward mobility were very dim. The requirements were steep. Money alone was not a winning ticket.

Provided someone had the financial means, how could he or she gain the experience to know what conventions apply in conversations about art? How could such a person don an elegant suit with confidence and attend a dinner party without committing an embarrassing faux pas? How could he or she become involved with art in the first place? Franz Hauer shows us that already a century before the digital information age, all this was not entirely impossible.

When Carl Moll—artist, gallerist, and networker of Viennese modernism—called this legendary collector an "art enthusiast of the most original kind,"[1] he was, above all, pointing out Hauer's inimitable character. Indeed, the sudden appearance of the underdog and newcomer among the leading art collectors of his time broke new ground in the European art world. No one before Hauer had been able to unite such a diverse set of experiences and qualities, ones that even today appear odd in the best sense. After growing up in poverty in a rural area, suffering the loss of almost all his siblings in their first years,[2] being exposed to the struggle for survival as a journeyman butcher as well as a hotel manservant in Krems, he was nevertheless able to achieve a remarkable ascent up the social ladder. His rise was fuelled by the success of a single restaurant and not only brought him riches, real estate, and all the comforts of life, but also brought about a cultural transformation that amounted to nothing less than a rebirth.

An aristocratic clothing style and cultivated manners made him an exceedingly commanding figure who was able to cause a considerable stir among the elite circles of the imperial and royal capital of Vienna. In the words of his son, "the journeyman butcher, the manservant . . . had become a man with a dignified and genteel appearance who had acquired extensive general knowledge through reading and learning."[3] But what

Franz Hauer sen. und jun. am Markusplatz in Venedig, um 1913/ *Franz Hauer Sr. and Jr. on Venice's Piazza San Marco, ca. 1913*
Privatbesitz/ *private collection*

Hausknecht [...] ein würdiger, äußerst vornehm wirkender Mann geworden, der sich durch Lesen und Lernen ein großes Allgemeinwissen erworben hatte".[3] Unvergleichbar ist aber vor allem die Tatsache, dass Hauer ohne jeglichen Bildungshorizont nicht nur zur Kunst finden konnte, sondern dieser sein ganzes verbleibendes Leben widmen sollte. Die Kunst „wurde zur unstillbaren Leidenschaft. Den Gasthausbetrieb konnte er einem Geschäftsführer überlassen und sich nunmehr ausschließlich seiner Galerie widmen",[4] die er in der Wiener Silbergasse erworben und ausgebaut hatte. Zuletzt dürfte sein Bestand an Kunstwerken wohl über tausend Werke gezählt haben.

Franz Hauer wurde 47 Jahre alt, sein Sammlerleben währte kaum mehr als fünf. Sein Tod im Juni 1914 am Vorabend des Ersten Weltkriegs markierte auch den Anfang vom Ende der Bedeutung Wiens als intellektuelles und künstlerisches Zentrum Europas.

Die Tatsache, dass mit Franz Hauer eine Ära zu Ende ging, war wohl auch Oskar Kokoschka bewusst, der Hauer als Wegbereiter seiner internationalen Karriere sah.[5] „Er war einer der letzten großen und echten Wiener mit Kultur zu einer Zeit, wenn Adel und Bürgertum bereits diese österreichische Kultur zu verschachern begonnen hatten, statt sie zu erneuern."[6]

Die künstlerische Qualität und intellektuelle Dichte, durch die sich Wien zu Beginn des 20. Jahrhunderts auszeichnete, war jedenfalls einmalig. Internationalität war selbstverständlich, wie Anton Faistauer feststellte. Wien „beherbergt alle Nationen in prozentuell höheren Ziffern als jede andere Weltstadt".[7] Naturgemäß war Wien auch Residenz von wichtigen europäischen Kunstsammlern, die an einem beginnenden Kunstmarkt regen Anteil nahmen.

Was ist es nun, was Franz Hauer zur Ausnahmeerscheinung in dieser illustren Runde großartiger Sammler macht? Zum einen ist seine amerikanisch anmutende Erfolgsgeschichte von „ganz unten" nach oben radikaler als jene vergleichbarer Sammler. Eine Kindheit am Land in Armut war in der Zeit um 1900 als Startrampe für eine große Karriere mehr als aussichtslos. Hauers kometenhafter Aufstieg als „Selfmademan" ist bei Weitem ungewöhnlicher als die Karriere von Karl Wittgenstein, der zwanzig Jahre vor Hauer in eine Kaufmannsfamilie geboren wurde und von der Mutter die Nähe zu Literatur und Musik vermittelt bekam. Darüber

made him so unique was first and foremost the fact that, lacking any educational background, Hauer not only became involved with art but dedicated the entirety of his remaining life to it. Art "became an insatiable passion. He left the operation of the restaurant to a general manager and dedicated himself exclusively to his gallery"[4] he had installed in the house he had acquired on Vienna's Silbergasse. In the end, it appears his collection comprised more than a thousand works of art.

Franz Hauer lived to be forty-seven; his life as a collector hardly spanned more than five years. His death in June 1914, on the eve of World War I, also marked the beginning of the end of Vienna's importance as a center of European intellectual and cultural life.

Oskar Kokoschka saw Hauer as the one who paved the way for his international career, and perhaps he also sensed that with Franz Hauer's death, an era had come to an end.[5] "He was one of the last great and real Viennese men of culture at a time when the nobility and the middle classes had already begun to sell off this Austrian culture instead of renewing it."[6]

Of course, the artistic quality and intellectual vibrancy that distinguished Vienna at the beginning of the twentieth century was unparalleled. Its mix of nationalities was taken for granted, as the Austrian painter Anton Faistauer noted. Vienna, he wrote, was "home to all nations in higher percentages than any other of the world's great cities."[7] And Vienna was also home to important European art collectors who were actively engaged in a nascent art market.

What was it, then, that made Franz Hauer such an extraordinary phenomenon in this illustrious circle of outstanding collectors? For one, his American-style rags-to-riches success story was a more radical one than those of comparable collectors. As a launchpad for a stellar career, an impoverished childhood in turn-of-the-century rural Austria was anything but promising. Hauer's meteoric rise as a "self-made man" is far more unusual than the career of Karl Wittgenstein, who twenty years before Hauer had been born into a merchant family and to a mother who had sparked his interest in literature and music. On top of that, he had an uncle, Albert Figdor, who had assembled a top-notch arts and crafts collection with objects from the Middle Ages to the Baroque.[8] This provided him with a sufficient cultural background to develop a passion for collecting art—above all the works of Gustav Klimt. Wittgenstein's running away from home when he was eighteen and fending for himself for two

hinaus hatte er mit Albert Figdor einen Onkel, der es zu einer erstklassigen Kunstgewerbesammlung mit Objekten vom Mittelalter zum Barock gebracht hatte.[8] Damit war eine ausreichende kulturelle Prägung gegeben, aus der sich seine Sammelleidenschaft – vor allem für die Werke Gustav Klimts – entwickeln konnte. Dass Wittgenstein mit achtzehn Jahren von zu Hause fortlief und sich zwei Jahre in den USA durchschlug, war vermutlich eine Reaktion auf eine Erziehung im Milieu des Großbürgertums, die Hauer versagt blieb.

Dennoch: „Wittgensteins beruflicher Aufstieg ist selbst für das an traumhaften Karrieren reiche 19. Jahrhundert ungewöhnlich. [...] Wittgenstein steigt zum unbezwingbaren Wirtschaftsmagnaten auf, der die österreichische Eisen- und Stahlindustrie beherrscht. [...] Manche Zeitgenossen sehen in ihm den Amerikaner in Österreich, anderen gilt er als der österreichische Krupp."[9] Darin wird ein weiterer Unterschied zur ersten Riege der österreichischen Kunstsammler evident. Es handelte sich fast durchwegs um Industriekapitäne. August Lederer, der bald als der „nach Rothschild reichste Mann in Österreich" galt, gehörte mit einem internationalen Industriekonzern mit Flaggschiff im ungarischen Győr ebenso zu dieser Kategorie wie Carl Reininghaus, der mit der steirischen „Farbenfabrik und Schlemm-Werke" und dem elterlichen Brauereiunternehmen sowie dem Patent auf „Presshefe" zu einer zentralen Sammlerpersönlichkeit seiner Zeit werden konnte.[10]

Demgegenüber begründete Franz Hauer seinen Reichtum mit einem einzigen Restaurant, genauer einer Gastwirtschaft, im Wienerischen „Beisl" genannt. Das Griechenbeisl war keine Spitzengastronomie, kein berühmter Koch tischte Speisen auf, und dennoch oder gerade deswegen gelang es dem Ort, zu einem europäischen Szenelokal ersten Ranges zu werden. Diese Positionierung war schon in den Jahren vor 1900 gelungen, die Gäste kamen aus aller Herren Länder und reichten von Karl May bis zu Mark Twain. Franz Hauer kreierte eine Atmosphäre, die stark von Lokalkolorit und einer gewissen „Urigkeit" geprägt war. Das Pilsner Bier vom Fass war in diesem Ambiente markenbildend und Inhalt von Erzählungen, Gedichten und Liedern, die dem Griechenbeisl gewidmet waren.

Vergleicht man den Sammlungsinhalt Hauers mit dem seiner Zeitgenossen, so fällt die Breite seines Interesses auf. Hauer war keineswegs auf einen bestimmten Stil

years in the U.S. was probably a reaction to an upper middle-class upbringing, which Hauer was denied.

And yet, "Wittgenstein's professional career is unusual even for the nineteenth century, which abounded in fabulous stories of success. . . . Wittgenstein rose to become an invincible business magnate who dominated Austria's iron and steel sector. . . . Some contemporaries saw him as the American in Austria; others considered him an Austrian Krupp."[9] This illustrates another aspect that distinguished Hauer from Austria's leading art collectors: almost all of them were captains of industry. This included August Lederer—who quickly became the "richest man in Austria after Rothschild" and ran an international industrial group with its flagship plant in Győr, Hungary—as well as Carl Reininghaus, whose Styrian paint factory, the brewery company he had inherited, and his patent on compressed yeast enabled him to become one of the most important collectors of his time.[10]

Franz Hauer, on the other hand, built his fortune with a single restaurant, or, to be more precise, a "Beisl," a colloquial term for a typical Viennese kind of neighborhood eatery-cum-watering hole. The Griechenbeisl was not a posh restaurant with a famous chef serving up fancy dishes, but despite this—or perhaps because of it—the establishment was able to develop into

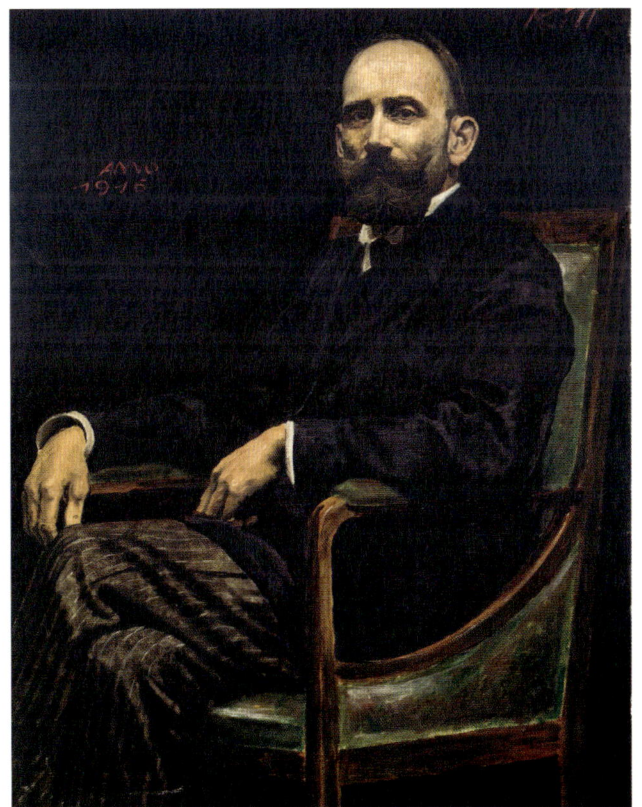

Ferdinand Kitt
Porträt Franz Hauer/*Portrait of Franz Hauer*, 1916
Öl auf Leinwand/
oil on canvas,
131 × 91 cm
Privatbesitz/
private collection

fixiert, sein Interesse war in einem so hohen Ausmaß stilübergreifend, dass man das komplette Repertoire der Kunst seiner Zeit – vom Realismus bis zum Expressionismus – in seiner Sammlung fand. Was all diese Strömungen miteinander verband, war die Tatsache, dass es sich beinahe ausnahmslos um zeitgenössische Kunst handelte. Die beispielhafte Offenheit, die der Gastwirt dem Kunstschaffen seiner Zeit entgegenbrachte, war nicht an Stile oder Ismen gebunden. Fast hat man den Eindruck, dass die explosive Neugierde Hauers davon profitierte, keinerlei Festlegungen durch Ausbildungen und Kunsttheorien durchlaufen zu haben. So scheint es kein Zufall zu sein, dass der zentrale Künstler der Sammlung Hauer, Albin Egger-Lienz, bis heute auf keinen Stil festgelegt werden kann.

Franz Hauer war ein wichtiger Leihgeber in zahlreichen internationalen Ausstellungen, doch seinen Sammlungsschwerpunkt bildete definitiv die österreichische Kunst. Auch darin unterscheidet sich der Gastwirt von den Sammlergrößen seiner Zeit, am stärksten wohl von Carl Reininghaus, der neben Ferdinand Hodler vor allem die neueste französische Kunst mit Werken von Manet, Cézanne, Renoir und Gauguin in seine Sammlung einbezogen hatte. Die gesellschaftlichen Abendeinladungen von Carl Reininghaus, seine Soirées, wurden zu einem Ort der Begegnung, an dem österreichische Künstlerinnen und Künstler mit modernen Kunstströmungen in Berührung kamen.

Die Leidenschaft des Gastwirts fand in seinen finanziellen Möglichkeiten ihre Grenzen. Auch dem Millionär waren nicht alle Einkäufe möglich, er musste zuwarten, oft auch Werke verkaufen, um andere Bilder erwerben zu können. Das Ehepaar Lederer hatte vergleichsweise ganz andere Möglichkeiten. Ein Auftritt von Serena Lederer bei einer Ausstellung von zweihundert Zeichnungen Gustav Klimts auf Betreiben des Kunsthändlers Gustav Nebehay macht den Kontrast nachvollziehbar. „Am Tag der Ausstellungseröffnung erscheint Serena Lederer im Geschäft, während der livrierte Chauffeur die Tür aufhält, besichtigt die Ausstellung und stellt die Frage nach dem Gesamtpreis: ‚Was kostet das Ganze, Herr Nebehay?‘ Der versteht vorerst nicht recht. ‚Ich pflege keine Scherze zu machen‘ sagte sie, sehr von oben herab. ‚Addieren Sie!‘, sagte sie. Als er die Gesamtsumme nannte hieß es: ‚Gekauft.‘“[11] Diese Möglichkeiten hatte Franz Hauer nicht, auch sein persönlicher Stil war definitiv ein anderer.

a European cultural hotspot of the first order. It had already attained this status in the years before 1900: patrons came from all over the world and ranged from German writer Karl May to the American author Mark Twain. Franz Hauer created an atmosphere that was steeped in local color and a certain rustic character. In this ambience, the pilsner draft beer helped build a brand and became the subject of stories, poems, and songs dedicated to the Griechenbeisl.

A comparison of the content of Hauer's collection with those of his contemporaries reveals the breadth of his interests. Hauer was by no means fixated on a specific style; rather, his interest ranged across a spectrum of styles, to the extent that his collection covered the complete repertoire of the art of his day—from realism all the way to Expressionism. What connected all these movements was the fact that they were, almost without exception, contemporary art trends. The exemplary openness with which the restaurateur approached the artists of his time was not tied to any styles or isms. One is almost left with the impression that Hauer's explosive curiosity profited from not having been shaped by education or artistic theories. It seems no coincidence, therefore, that to this day no one has succeeded in defining the style of the artist central to Hauer's collection, Albin Egger-Lienz.

Franz Hauer was an important lender to numerous international exhibitions, but his collection's focus was unequivocally on Austrian art. This, too, sets the restaurateur apart from the great collectors of his time, perhaps most of all from Carl Reininghaus. Aside from Ferdinand Hodler, Reininghaus's acquisitions included the most recent French art, among them works by Manet, Cézanne, Renoir, and Gauguin. The fancy evening parties given by Reininghaus, his soirées, became a social hub where Austrian artists came into contact with modernist art trends.

The passion of the restaurant owner was limited only by his financial means. Even as a millionaire, he could not afford all the art he would have liked to acquire. He often needed to wait patiently and sell some works to be able to purchase others. Mr. and Mrs. Lederer had far deeper pockets. This contrast was brought into stark relief when Serena Lederer visited an exhibition showing two hundred Gustav Klimt drawings, a show initiated by the art dealer Gustav Nebehay. "On the day the exhibition opened, Serena Lederer walked into his gallery, a liveried chauffeur holding the door for her, looked around the exhibition and inquired about the lump sum price: 'How much is the

Das ungemeine Interesse Hauers an den zeitgenössischen Werken hatte zur Folge, dass Franz Hauer viel intensiver und kritischer am Entstehungsprozess der Werke teilnahm, als dies andere Sammler taten, die einen weit größeren Bildungs- und Erfahrungsschatz mitbrachten. Briefe an Egon Schiele, Anton Faistauer und Karl Sterrer zeigen deutlich, wie kritisch Hauer die Schöpfungen *seiner* Künstler beäugte. Die Künstler hatten es nicht immer leicht mit den kritischen Wortmeldungen des Sammlers, dessen intensive Partizipation am Entstehungsprozess von Kunst höchst unerwartet war.

All dies macht Franz Hauer zu einer mehr als spannenden Figur, die das Bild der Kunstsammler des beginnenden 20. Jahrhunderts großartig bereichert.

Über drei Jahre konnte ein Team an Forscherinnen und Forschern mit ausgewiesener Expertise im jeweiligen Gebiet das Leben und Wirken des Franz Hauer neu beleuchten. Das vorliegende Buch liefert zahlreiche neue Erkenntnisse, die beim Nachlassinventar als Verdienst von Alexandra Sattler beginnen und bei der Sichtung zahlloser Briefe und Autografen enden. Wolfgang Krug stellt die Sammlerpersönlichkeit Franz Hauer mit bislang unbekannten Fakten dar, Andreas Weigl und Susanne Claudine Pils widmen sich dem wirtschaftlichen Hintergrund des Gastwirts und zahlreiche Autoren – Günther Dankl, Günther Oberhollenzer, Helena Pereña, Nikolaus Schaffer, Bernadette Reinhold, Josef Seiter und ich – thematisieren die Beziehung Hauers zu seinen Künstlern.

All dies lässt Franz Hauer als Selfmademan und Kunstsammler der Gegenwart, um zahllose Fakten und Hintergründe bereichert, lebendig werden. Vieles hat allerdings Berta Zuckerkandl schon wenige Tage nach dem Tod Franz Hauers formuliert: „Er war ein leidenschaftlicher Sammler der modernen Malerei. Und selbst von dieser interessierte ihn nur der allerletzte Kurs. [...] Er war Autodidakt. Kein Sammler aus Bildungstrieb; kein Sammler aus Besitz-Snobismus; kein Sammler aus Gewinnabsicht. [...] Eine Anzahl von Gemälden von Faistauer, von Schiele und noch anderen Jungwienern geben ein geschlossenes Bild jener letzten Entwicklung österreichischer Malerei, die in Wien so gut wie unbekannt ist."[12]

whole thing, Mr. Nebehay?' He didn't quite understand at first. 'I'm not in the habit of joking,' she said in a very lofty manner. 'Add it all up!' When he informed her of the total amount, she said, 'It's a deal!'"[11] Franz Hauer did not have such resources at his disposal, and his personal style was certainly a different one, as well.

Franz Hauer's great interest in contemporary works led him to participate in the development process of the artist's works in a more passionate and critical manner than other collectors who had enjoyed a good education and possessed more experience. Letters to Egon Schiele, Anton Faistauer, and Karl Sterrer clearly show the critical eye Hauer cast on the creations of his *artists. The artists didn't always have an easy time with the critical comments of the collector, whose intense participation in the development process of art was highly unexpected.*

All this makes Franz Hauer an immensely intriguing figure, one that greatly enriches our picture of art collectors in the early twentieth century.

Over a period of three years, a team of researchers with consummate expertise in their respective fields was able to shed new light on the life and work of Franz Hauer. This book provides a wealth of new insights, starting with the inventory of his estate—credit for which goes to Alexandra Sattler—and ends with the examination of numerous letters and autographs. Wolfgang Krug draws on hitherto unknown information in his portrayal of the collector Franz Hauer; Andreas Weigl and Susanne Claudine Pils look into the economic background of the restaurant owner; and a number of authors—Günther Dankl, Günther Oberhollenzer, Helena Pereña, Nikolaus Schaffer, Bernadette Reinhold, Josef Seiter, and I—explore Hauer's relationship with his artists.

All of this brings Franz Hauer to life as a self-made man and a modern-day art collector, filling out our image of him with a wealth of facts and background information. Much of this, of course, was already expressed by Berta Zuckerkandl a few days after Franz Hauer died: "He was a passionate collector of modernist paintings. And even among these works, he was interested only in the most recent trend. . . . He was self-taught. Not a collector driven by learning; not a collector out of the snobbery of possession; not a collector out to make a profit. . . . A number of paintings by Faistauer, Schiele, and other young Viennese artists provide a complete picture of this very recent development in Austrian painting that is virtually unknown in Vienna."[12]

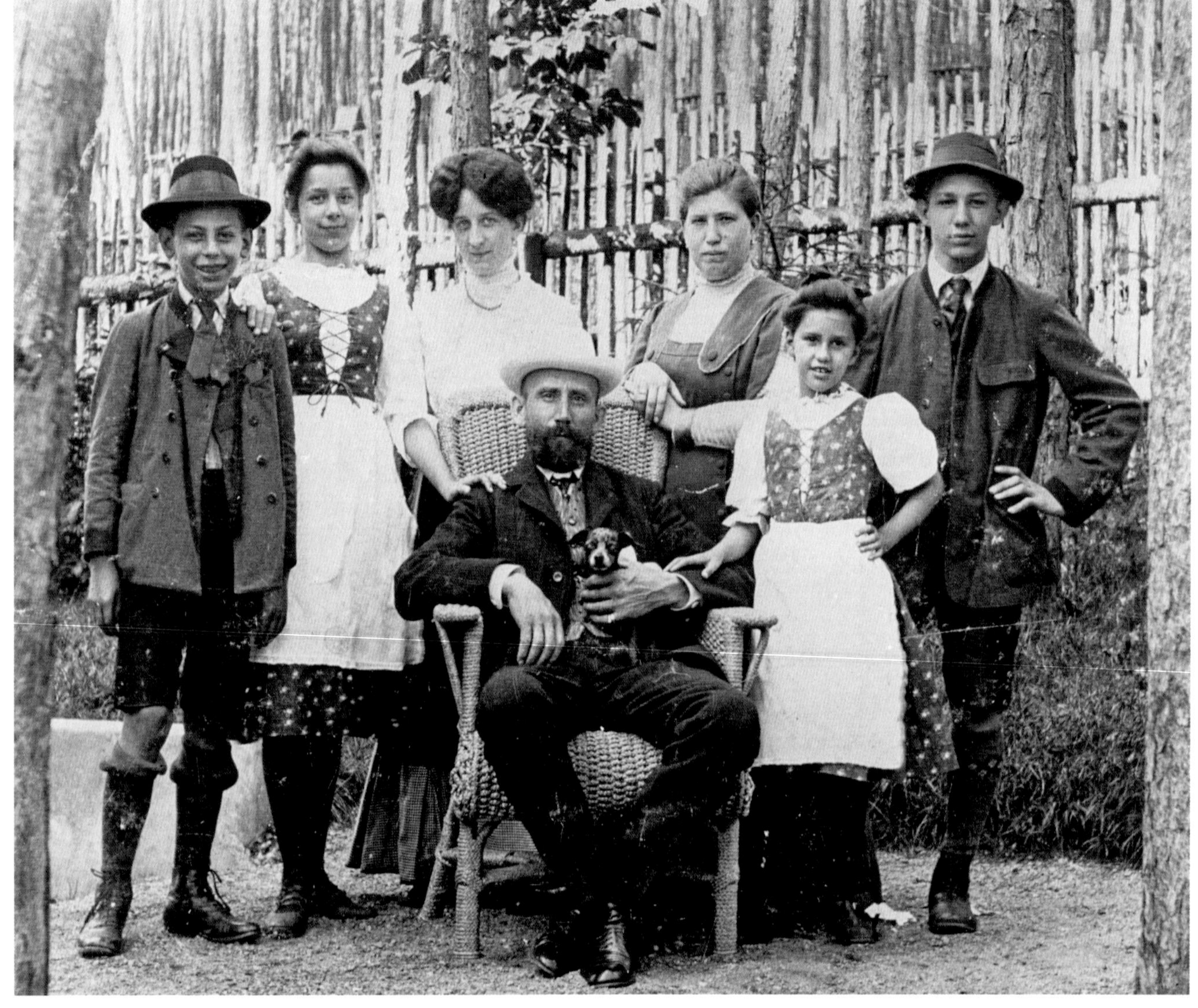

Die Familie Hauer (v. l. n. r.): Leopold, Rosa, Tante Marie, Franz, Anna, Bertha und Ignaz, um 1910/*The Hauer family: (l. to r.): Leopold, Rosa, Aunt Marie, Franz, Anna, Bertha, and Ignaz, ca. 1910*
Privatbesitz/*private collection*

1 Carl Moll, „Aus den hinterlassenen Schriften des Wiener Malers Carl Moll. 1861–1945", in: *Die Schönen Künste*, Nr. 1 (1947), S. 48.

2 Den Aufzeichnungen des Sohnes Leopold Hauer zufolge überlebten nur zwei der fünfzehn Geschwister das Kindesalter. Siehe dazu: Werner J. Schweiger, „Ein Kunstenthusiast originellster Art", in: Amt der Niederösterreichischen Landesregierung (Hg.), *Künstler (Sammler) Mäzene. Porträt der Familie Hauer*, Katalog zur gleichnamigen Ausstellung der Kunsthalle Krems, Krems 1996, S. 16.

3 Ebd., S. 17.

4 Das Gemäldeinventar des Nachlasses verzeichnet 733 Werke. Arbeiten auf Papier, die sich in großer Zahl in der Sammlung Hauer befunden haben müssen, wurden in das Inventar nicht aufgenommen. Siehe dazu, von Alexandra Sattler gesichtet: Verlassenschaftsabhandlung Franz Hauer, Gastwirt, verstorben 05.06.1914 in Wien, WStLA, Bezirksgericht Döbling, A5: I P 98/1914.

5 Oskar Kokoschka schreibt in einem Brief an Heinrich Schwarz am 13. März 1953: „Doch mir hat er in den ersten Jahren, als ich noch ganz unbekannt war mit ein paar Bildern, die er von mir erworben hat, den Weg nach Berlin geöffnet." Siehe dazu: Heinrich Schwarz, „Die graphischen Werke von Egon Schiele", in: *Philobiblon. Eine Vierteljahrsschrift für Buch- und Graphik-Sammler*, Jg. V/1 (März 1961), S. 53.

6 Ebd.

7 Anton Faistauer, *Neue Malerei in Österreich. Betrachtungen eines Malers*, Zürich/Leipzig/Wien 1923, S. 6.

8 Siehe dazu: Tobias G. Natter, *Die Welt von Klimt, Schiele und Kokoschka. Sammler und Mäzene*, Köln 2003, S. 42.

9 Ebd., S. 42–43.

10 Ebd., S. 165–166.

11 Zur Anekdote von Christian M. Nebehay, dem Sohn des Kunsthändlers, siehe: Natter 2003, wie Anm. 8, S. 124, Anm. 120.

12 Berta Zuckerkandl, „Franz Hauer", in: *Wiener Allgemeine Zeitung*, Nr. 10848 (09.06.1914), S. 2.

1 Carl Moll, "Aus den hinterlassenen Schriften des Wiener Malers Carl Moll. 1861–1945," Die Schönen Künste, *no. 1 (1947), 48.*

2 According to the accounts of his son, Leopold Hauer, only two of the fifteen siblings lived past infancy. See Werner J. Schweiger, "Ein Kunstenthusiast originellster Art," in Office of the Lower Austrian Government (ed.), Künstler (Sammler) Mäzene: Porträt der Familie Hauer, *exh. cat. (Kunsthalle Krems: Krems, 1996), 16.*

3 Ibid., 17.

4 The estate's inventory of paintings lists 733 works. The inventory did not include works on paper, even though the Hauer collection must have contained a large number of them. See the file of the estate settlement, consulted by Alexandra Sattler: Verlassenschaftsabhandlung [estate settlement] for Franz Hauer, tavern keeper, died June 5, 1914, in Vienna, WStLA, Bezirksgericht [district court] Döbling, A5: I P 98/1914.

5 In a letter to Heinrich Schwarz, Oskar Kokoschka wrote on March 13, 1953, "But in my first years when I was still completely unknown, he opened up a path for me to Berlin with a few pictures he had purchased from me." See Heinrich Schwarz, "Die graphischen Werke von Egon Schiele," Philobiblon. Eine Vierteljahrsschrift für Buch- und Graphik-Sammler, *vol. V/1 (March 1961): 53.*

6 Ibid.

7 Anton Faistauer, Neue Malerei in Österreich; Betrachtungen eines Malers *(Zurich, 1923), 6.*

8 See Tobias G. Natter, Die Welt von Klimt, Schiele und Kokoschka. Sammler und Mäzene *(Cologne, 2003), 42.*

9 Ibid., 42–43.

10 Ibid., 165–166.

11 This anecdote, as told by Christian M. Nebehay, the art dealer's son, is cited in Natter, Die Welt von Klimt, *124, n. 120.*

12 Berta Zuckerkandl, "Franz Hauer," Wiener Allgemeine Zeitung, *June 9, 1914 (no. 10848), 2.*

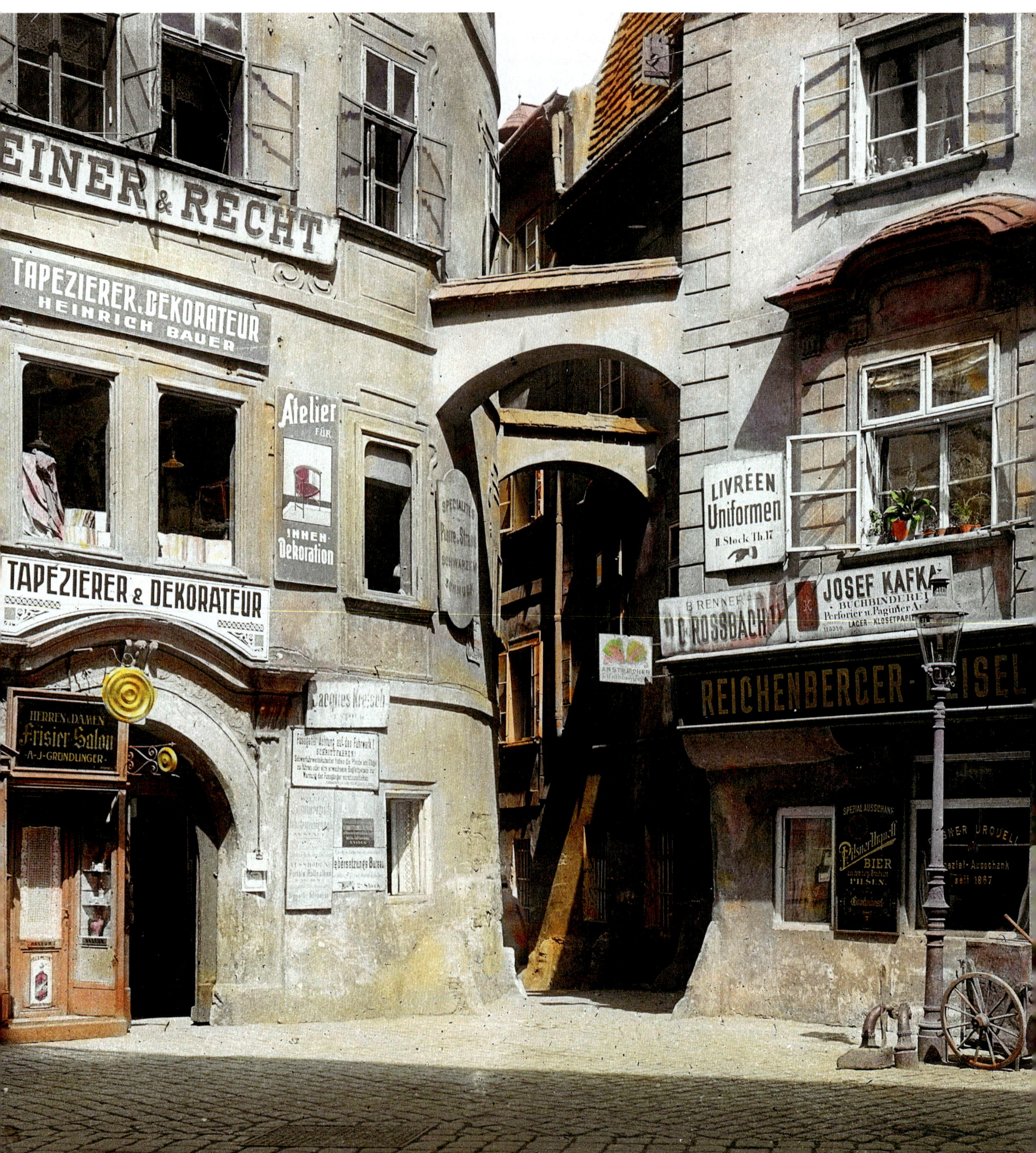
EINER & RECHT
TAPEZIERER & DEKORATEUR
HEINRICH BAUER
Atelier
FÜR
INNEN-
Dekoration
TAPEZIERER & DEKORATEUR
HERREN u. DAMEN
Frisier-Salon
A-J-GRÜNDLINGER
LIVRÉEN
Uniformen
II Stock Th. 17
JOSEF KAFKA
BUCHBINDEREI
ROSSBACH
REICHENBERGER-
SPEZIAL AUSSCHANK
BIER
PILSEN

Susanne Claudine Pils und Andreas Weigl

Der Gastwirt Franz Hauer (1867–1914)

Das Wiener Gaststättenwesen der Jahrhundertwende

Franz Hauers Gastwirtkarriere nahm am 22. Oktober 1897 ihren Anfang. An diesem Tag erhielt er von der Wiener Gewerbebehörde die Berechtigung, in der Griechengasse 9 als Wirt tätig zu werden.[1] Es waren keine leichten Zeiten für Wiener Gastwirtinnen und Gastwirte. Im Jahresbericht 1897 der für das Kronland Niederösterreich, also die heutigen Bundesländer Wien und Niederösterreich, zuständigen Handels- und Gewerbekammer malte die Genossenschaft der Gastwirte ein nicht besonders erfreuliches Bild:

„Die geschäftlichen Verhältnisse im Schankgewerbe Wiens haben sich in der Berichtsperiode, gleichwie in den Vorjahren, möglichst ungünstig gestaltet, wie daraus zu entnehmen ist, daß beim Gastwirthgewerbe allein 696 Besitzveränderungen gegen 672 im Vorjahre und 566 im Jahre 1895 zu verzeichnen waren. Als Hauptursache dieser, stetigen geschäftlichen Rückgang documentirenden rapiden Zunahme im Besitzwechsel bezeichnet die Genossenschaft der Gastwirthe die unbekämpfbare Concurrenz des Gemischtwaarenverschleißes.“[2]

Die Konkurrenz der Industrie stellte nicht das einzige Problem der Gastwirtinnen und Gastwirte dar. Auch die Proletarisierung Wiens machte ihnen zu schaffen. Die Metropole war in der zweiten Hälfte des 19. Jahrhunderts rasant gewachsen, doch die Zunahme der Gastronomiebetriebe hielt mit dem demografischen Wachstum nicht Schritt, vor allem weil die größer werdende Arbeiterschaft nicht die Kaufkraft des bürgerlichen Wien besaß. Im alten Stadtgebiet waren im Jahr 1880 noch 39 Gast- und Beherbergungsbetriebe auf 10.000 Einwohnerinnen und Einwohner über 15 Jahre gekommen, 1910, nach der großen Stadterweiterung, die die Vororte miteinbezog, waren es nur mehr 25.[3]

Franz Hauers Weg ins Wiener Gastgewerbe

Hauer erlernte ursprünglich das Fleischergewerbe, doch dann wechselte er als Hausknecht in das Gasthaus „Zur Rose“ (1890er-Jahre kurzzeitig: „Zum Erzherzog Ferdinand“) in Krems. Diese berufliche Veränderung war für seine spätere Karriere in doppelter Hinsicht entscheidend. Zum einen gewann er einen

Susanne Claudine Pils and Andreas Weigl

The Restaurateur Franz Hauer (1867–1914)

The Viennese restaurant industry around the turn of the century

Franz Hauer's career as a restaurateur began on October 22, 1897, when the Vienna trade authority issued a license permitting him to operate a public house at Griechengasse 9.[1] On the whole it was not a good time to be a publican in Vienna. In the 1897 annual report of the Chamber of Commerce and Industry of the Crown Land of Lower Austria—the area now covered by the states of Lower Austria and Vienna—the innkeepers' association painted a less than rosy picture:

"In the reporting period, as in previous years, the restaurant industry in Vienna struggled with a highly adverse business climate, which is reflected in the fact that among public houses alone, 696 establishments changed hands, after 672 last year and 566 in 1895. The innkeepers' association identifies the inexorable competition from general stores as the leading cause of this rapidly rising turnover in ownership, which is evidence of the steady decline of business."[2]

Yet the growing market share captured by industrial products was not the only problem that publicans faced. They also contended with the proletarianization of Vienna. The metropolis had grown by leaps and bounds in the second half of the nineteenth century, but the number of restaurant businesses had not kept pace with this demographic expansion, primarily because the city's swelling working-class population did not command the purchasing power of bourgeois Vienna. Records from 1880 show thirty-nine restaurants and lodging establishments per ten thousand residents aged fifteen and over in the old municipal area; by 1910, after the incorporation of former suburbs greatly enlarged the city, that figure decreased to twenty-five.[3]

Franz Hauer's path into the Viennese restaurant industry

Hauer initially trained as a butcher but then switched jobs, starting as a menial at "Zur Rose" inn (known briefly in the 1890s as "Zum Erzherzog Ferdinand") in Krems. This decision would prove pivotal for his subsequent career in two ways: he gained his first experience in the hospitality industry,

Griechenbeisl (auch Reichenberger-Beisel genannt), um 1910/ *Griechenbeisl (also known as Reichenberger-Beisel), ca. 1910*

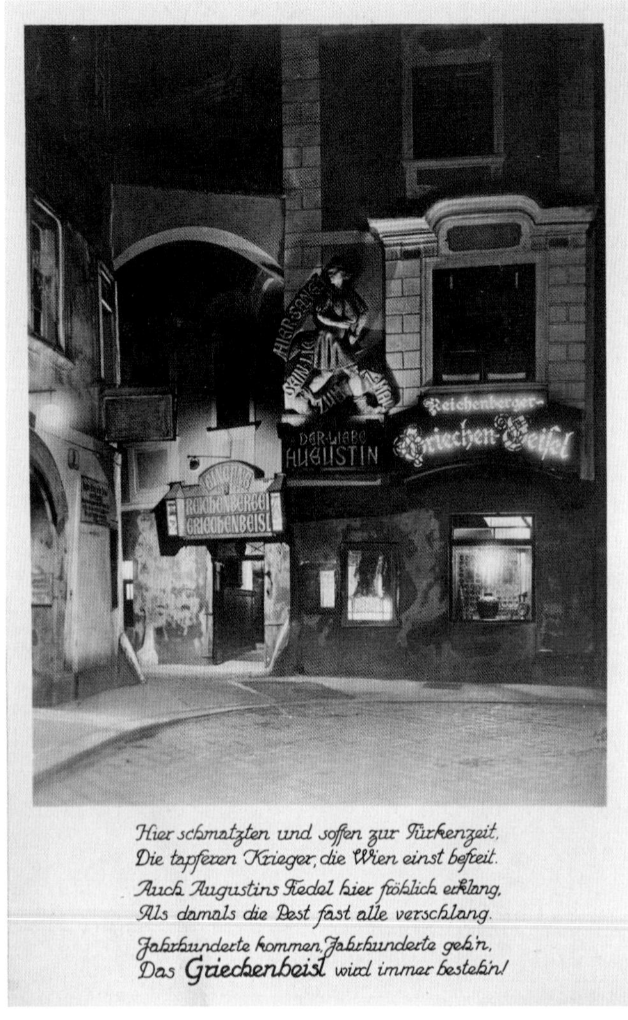

Griechenbeisl (auch Reichenberger-Beisel genannt/ *Griechenbeisl (also known as Reichenberger-Beisel)* Privatbesitz/ *private collection*

ersten Einblick in das Beherbergungs- und Gastgewerbe, zum anderen lernte er seine aus dem nahe gelegenen Droß stammende künftige Ehefrau Cäcilie Lintner kennen. Die Beziehung blieb nicht ohne Folgen. Am 20. Mai 1890 kam außerehelich sein erster Sohn Franz zur Welt. Für sein weiteres Leben sollte es von großer Bedeutung sein, dass die Halbschwester seiner Lebensgefährtin, Aloisia, geborene Redl, mit Leopold Schmid verheiratet war, dem Besitzer des Griechenbeisls (auch Reichenberger-Beisel) in Wien. Hauer ehelichte Cäcilie Lintner und trat in den Betrieb seines Schwagers Leopold ein. Dieser war seit dem Jahr 1852 in der Gaststätte tätig.[4] Er stammte wie Hauer aus Niederösterreich, aus Unter Alberndorf, wo er am 10. September 1835 zur Welt gekommen war.[5]

Nicht nur wegen seiner bisherigen Tätigkeit entsprach Hauer dem Berufsprofil. 1880 waren 90 Prozent der Gehilfen ledig, nur acht Prozent verheiratet, während das auf 82 Prozent der Unternehmer zutraf.[6] Es weist einiges darauf hin, dass Leopold Schmid seinen Schwager mit dem Eintritt in

and he met his future wife, Cäcilie Lintner, a native of the nearby village of Droß. Their relationship soon became serious—his first son, Franz, was born out of wedlock on May 20, 1890. Crucially, his sweetheart's half-sister Aloisia, née Redl, was married to Leopold Schmid, proprietor of the Griechenbeisl (also known as Reichenberger-Beisel), a restaurant in Vienna. Hauer wedded Cäcilie Lintner and went into the employ of his brother-in-law Leopold, who had worked at the establishment since 1852.[4] Like Hauer, he hailed from Lower Austria, from Unter Alberndorf, where he was born on September 10, 1835.[5]

Hauer matched the profile of an aspiring publican, and not only with regard to his prior professional experience. In 1880, 90 percent of low-level employees in the trade were single and only 8 percent were married, but among entrepreneurs, 82 percent were married.[6] It appears that Leopold Schmid started right away to groom his brother-in-law as his successor, as his marriage to Aloisia Redl had remained childless.[7] When Hauer took over the establishment in 1897, Schmid transferred a one-third share in the building and a two-thirds share in the land to him. At this time, Hauer was still registered as a citizen of Hollenbach, in Lower Austria. Being propertied now made him eligible for Viennese citizenship, which he acquired on October 22, 1897.[8] For an innkeeper to own the land and premises of his or her business was not altogether unusual at the time. In 1890, 874 self-employed men and women were sole owners of real property and another 306 were joint owners, out of a total of 6,094 persons working in the industry. Almost one in five innkeepers, that is to say, were sole or coproprietors.[9]

Leopold Schmid and the Griechenbeisl

A well-known tavern appears to have existed at Fleischmarkt 11 since the late seventeenth century. The name "Griechenbeisl," or "Greeks' pub," came into popular use in the eighteenth century, when Greek and Levantine merchants settled in the area around Fleischmarkt. At times, the establishment was also known as "Reichenberger-Beisel" for the cloth merchants from Reichenberg who patronized it.[10] Beginning in the mid-nineteenth century, it became increasingly popular with a smart set: Johannes Brahms, Franz Grillparzer, Johann Nestroy, Karl Lueger, Johann Strauß, Richard Wagner, and Ferdinand Georg Waldmüller were now among its habitués.[11] Schmid's outstanding business acumen enabled him to acquire the property at Griechengasse 9,[12] although the transaction was presumably not effected until

das Geschäft sofort als Nachfolger aufbaute, denn Schmids Ehe mit Aloisia Redl war kinderlos geblieben.[7] Als Hauer den Betrieb 1897 übernahm, erhielt er ein Drittel Real- und zwei Drittel Grundbesitz. Zu dieser Zeit war er noch im niederösterreichischen Hollenbach heimatberechtigt. Doch schon am 22. Oktober 1897 bekam er dank des Grundbesitzes die Wiener Heimatberechtigung.[8] Haus- und Grundbesitz unter Gastwirt(inn)en war in dieser Zeit durchaus nichts Seltenes. Im gesamten Gewerbe waren im Jahr 1890 874 Selbstständige alleinige Hausbesitzer(innen) und 306 Mitbesitzer(innen), bei einer Gesamtzahl von 6.094 Berufstätigen. Demnach war fast jede/-r Fünfte Haus(mit)besitzer.[9]

Leopold Schmid und das Griechenbeisl

Am Fleischmarkt 11 bestand wohl schon im späten 17. Jahrhundert ein bekanntes Gasthaus. Im 18. Jahrhundert kam der Name „Griechenbeisl" auf, als sich griechische und levantinische Kaufleute am Fleischmarkt ansiedelten. Temporär wurde das Lokal auch „Reichenberger-Beisel" genannt, weil dort viele Reichenberger Tuchhändler verkehrten.[10] Ab der Mitte des 19. Jahrhunderts wurde es zunehmend zu einem Prominentenlokal, in dem unter anderem Johannes Brahms, Franz Grillparzer, Johann Nestroy, Karl Lueger, Johann Strauß, Richard Wagner und Ferdinand Georg Waldmüller verkehrten.[11] Schmid war als Gastwirt derart erfolgreich, dass er das Haus in der Griechengasse 9 erwerben konnte,[12] allerdings vermutlich erst in den 1890er-Jahren, denn das Parzellenprotokoll für den 1. Bezirk von 1893 führt als Eigentümerin noch Maria Obenhaimer an, der Häuserkataster von 1905 jedoch bereits Leopold Schmid und Franz Hauer.[13] In einem Nachruf wurde Schmid als kugelrunde, joviale Gestalt geschildert; er soll sich höchster Beliebtheit erfreut haben. Sein Erfolg wird auch daraus ersichtlich, dass er schon während seiner aktiven Zeit mit seiner Frau Reisen nach Frankreich und Konstantinopel unternehmen konnte, von denen er seinen Gästen später ausführlich berichtete.[14] Nach der Übergabe des Betriebs an seinen Schwager blieb Schmid seinem ehemaligen Lokal als Stammgast treu. Er wohnte im Haus, und nach dem Tod seiner Frau im Jahr 1901 saß er oft stundenlang an seinem Eckplatz, ohne ein Wort zu sprechen. Er starb am 17. November 1908 im Alter von 73 Jahren nach einem Schlaganfall.[15]

Das „In-Lokal"

Wie die Erwerbsteuerleistung belegt, zählte das Wirtshaus bereits zum Zeitpunkt, als Hauer es übernahm, zu den

the 1890s, as the 1893 land register for the first district of Vienna still lists Maria Obenhaimer as the owner, whereas Leopold Schmid's and Franz Hauer's names appear in the 1905 cadaster.[13] *An obituary portrays Schmid as a rotund and jovial figure; he appears to have been extraordinarily well-liked. His success is also illustrated by the fact that, even before retiring, he and his wife went on vacations in France and Constantinople; he subsequently regaled his clientele with detailed accounts of their travels.*[14] *After handing the business over to his brother-in-law, Schmid remained loyal to the establishment as a regular. He lived in the building, and after his wife passed away in 1901, he often spent hours sitting in his corner at the restaurant without saying a word. He suffered a stroke at the age of seventy-three and died on November 17, 1908.*[15]

A gathering place for the in-crowd

As commercial income tax files show, the restaurant was already one of the most profitable businesses in the hospitality industry in all of Vienna when Hauer took the helm.[16] *Within a few years, he had transformed a well-known and thriving tavern into "the place to be." A turn-of-the-century review offers a good impression of the establishment's architecture: "Well-trodden bumpy stairs between walls hoary with age and covered with century-old scrim and must, with jaunty vaults or arches looming overhead, lead down two floors to where only muffled and fading echoes of the noise of the street penetrate." High-ranking politicians and military men, eminent scientists and denizens of the art world were among its regulars. They were especially fond of the congenial atmosphere, which one prominent and widely traveled visitor, Mark Twain, reporting for* Cosmopolitan, *captured in the memorable phrase "it is always Sunday there." "The scion of the high aristocracy sits with the highly decorated officer; professors, clinicians, artists, musicians, virtuosos, poets and writers, businessmen and bureaucrats gladly slip off their distinctions and become—patrons, all of whom are served with equal solicitude and alacrity."*[17]

Hauer's income tax records document the rapid growth of his business. He initially paid around 200 kronen per year, a figure that went up to 422.40 kronen—the second-highest tax bracket—in 1900 and then to 582 kronen in 1902 and 600 kronen in 1903: he had made it into the top tax bracket. In 1904, his tax liability rose to a hefty 680 kronen, plus supplementary payments of around 240 kronen each in 1904 and 1905.[18] *Under Hauer, the restaurant became world famous.*[19]

profitabelsten Gastgewerbebetrieben in ganz Wien.[16] Innerhalb weniger Jahre gelang es ihm, aus dem bereits sehr bekannten und gut gehenden Gasthaus ein „In-Lokal" zu machen. Eine Beschreibung um die Jahrhundertwende vermittelt einen guten Eindruck der Gasthausarchitektur. „Ueber ausgetretene, verrumpelte Stufen, zwischen altersgrauen und mit hundertjährigem Mull und Moder bedeckten Wänden, über die sich kecke Platzelgewölbe oder Bogen schwingen, geht's hinab, zwei Stockwerke tief, bis wohin der Straßenlärm nur in gedämpften, verklingenden Lauten dringt." Zu den Stammgästen zählten hochrangige Vertreter von Politik, Militär, Wissenschaft und Kunst. Besonders gelobt wurde von Besucherinnen und Besuchern die angenehme Atmosphäre des Lokals, die kein Geringerer als Mark Twain anlässlich seines Wien-Besuches in der Zeitschrift *Cosmopolitan* mit „dort ist es immer Sonntag" beschrieb. „Neben dem Hocharistokraten der hohe Militär; Professoren, Kliniker, Künstler, Musiker, Virtuosen, Dichter und Schriftsteller, Kaufherren und Bureaukraten streifen hier willig ihre Besonderheiten ab und werden – Gäste, die man hier Alle mit gleicher Aufmerksamkeit und Bereitwilligkeit bedient."[17]

Der steile wirtschaftliche Aufstieg wird durch die Erwerbsteuerleistung dokumentiert. Nachdem Hauer anfangs jährlich rund 200 Kronen bezahlt hatte, erhöhte sich der Wert im Jahr 1900 auf 422,40 Kronen, was der zweithöchsten Steuerstufe entsprach, im Jahr 1902 auf 582 und im Jahr 1903 auf 600. Damit war Hauer in der höchsten Steuerklasse angekommen. 1904 betrug seine Erwerbsteuer sogar 680 Kronen. Zudem erfolgten 1904 und 1905 Nachtragszahlungen von rund 240 Kronen.[18] Hauer machte das Lokal weltbekannt.[19]

Dass bereits zu diesem Zeitpunkt ein beträchtliches Vermögen aus dem Gastgewerbebetrieb erwirtschaftet wurde, geht aus dem Verlassenschaftsakt von Cäcilie Hauer hervor, die am 6. Juni 1907 im Alter von nur 48 Jahren an einem „Myom des Uterus" starb.[20] Jedes der fünf Kinder erbte von der Mutter 13.799,48 Kronen, nach dem Tod des Vaters erhielt jedes seiner sechs Kinder 64.668,30 Kronen.[21]

Das umfängliche Inventar des Gasthauses erschließt sich aus einer genauen Auflistung im Verlassenschaftsakt von Franz Hauer (Grundstück und Wirtshaus zusammen wurden mit 172.646,48 Kronen bewertet). Es enthielt unter anderem 800 Biergläser und 48 Hektoliter Pilsner Bier, jedoch nur 25 Hektoliter Wein.[22] Das war kein Zufall, denn seine Popularität

By this time, the Griechenbeisl had enabled the Hauers to build up considerable wealth, as is evidenced by the probate file for Cäcilie Hauer, who died of a "myoma of the uterus" on June 6, 1907; she was only forty-eight.[20] Each of the five children inherited 13,799.48 kronen from their mother. Later, when Hauer died, he bequeathed 64,668.30 kronen to each of his six descendants.[21]

Thanks to a comprehensive inventory of the restaurant premises drawn up as part of the estate settlement for Franz Hauer (the property itself was appraised at 172,646.48 kronen), we know a great deal about the restaurant's stock and supplies. Among the items listed are 800 beer mugs and forty-eight hectoliters of pilsner beer, but only twenty-five hectoliters of wine.[22] The emphasis on beer was no accident, as the Griechenbeisl owed its renown not only to its illustrious clientele, placid and cozy atmosphere, and excellent cuisine. It also beckoned with a specialty on the drink menu: pilsner on tap!

For pilsner as it was brewed at the time to develop its full flavor, a tavern needed suitable storage rooms—of the kind the Griechenbeisl boasted. According to one source, Leopold Schmid first served the new type of lager in 1852 and popularized it in the city.[23] Cooled to the right temperature without the aid of ice in a beer cellar on the premises, the Griechenbeisl's pilsner was celebrated for its distinctive rich taste.[24]

More generally, nineteenth-century Vienna witnessed the rise of beer as the populace's favorite drink. By 1835, taverns in the Vienna consumption tax assessment area—which comprised the city itself and its suburbs, today's inner districts—sold roughly twice as much beer as wine. By the turn of the century, beer consumption had risen to around 160 liters per capita and year, whereas wine consumption dropped to just above thirty liters. After the incorporation of a wide ring of suburbs, average per capita beer consumption in the city held steady at around 130 liters. Not even in the affluent society of the 1970s and 1980s would consumers put away comparable quantities of beer.[25]

So widely beloved was Franz Hauer for "his" pilsner beer that years later, praise for the drink made it into an obituary for him. On June 14, 1914, the satirical weekly Kikeriki *dedicated a farewell in verse to him that punned on* Pinsler, *a pejorative term for "talentless painter":*

verdankte das Griechenbeisl nicht nur seinen prominenten Gästen, seiner ruhigen, gemütlichen Atmosphäre und seiner ausgezeichneten Küche. Es hatte, auch was die Getränke anlangt, etwas Besonderes zu bieten: Pilsner Bier vom Fass!

Das zu dieser Zeit gebraute Pilsner Bier bedurfte allerdings geeigneter Lagerräume, um seine Qualität ganz entfalten zu können. Über solche verfügte das Griechenbeisl. Leopold Schmid soll das Bier bereits 1852 in seinem Lokal bekannt und berühmt gemacht haben.[23] Das wohltemperierte Pilsner Bier des Griechenbeisls, das in einem eigenen Bierkeller ohne Verwendung von Eis gekühlt wurde und dadurch einen besonderen Geschmack besaß, erfreute sich großer Beliebtheit.[24]

Überhaupt trat in Wien das Bier im 19. Jahrhundert seinen Siegeszug an. Im Wiener Verzehrsteuerrayon, also in der Stadt und den Vorstädten beziehungsweise den späteren Innenbezirken, wurde schon um 1835 etwa doppelt so viel Bier wie Wein konsumiert. Bis zur Jahrhundertwende stieg der Bierkonsum auf ungefähr 160 Liter pro Kopf und Jahr an, während der Weinkonsum auf gut 30 Liter absackte. In dem um die Vororte erweiterten Stadtgebiet lag der Durchschnittswert bei circa 130 Litern. In der Folge blieb es in etwa bei dieser Relation. Das waren Mengen, die selbst in der Wohlstandsgesellschaft der 1970er- und 1980er-Jahre bei Weitem noch nicht wieder erreicht wurden.[25]

Noch in einem Nachruf auf Franz Hauer wurde „sein" Pilsner Bier gerühmt. Am 14. Juni 1914 schrieb die satirische Wochenzeitung *Kikeriki*:

„Du Wirt vom Griechenbeisl,
Du Nährvater, du milder,
Du hatt'st ein ganzes Häusl
Voll – futuristischer Bilder?
Sind auch die Pinsler schlecht,
Dein Pilsner, das ist echt.
Es überlebt den Zeitenwandel
Und braucht dazu sein – Zuckerkandl."[26]

Lässt sich der wirtschaftliche Erfolg des Gastwirtes Hauer aus den Erwerbsteuerleistungen bereits indirekt erschließen (deren Bemessung je nach Genauigkeit der Erhebungen der Gewerbebehörde allerdings nicht unbedingt proportional zu den Erträgen erfolgte), vermitteln der Verlassenschafts- und der damit in Verbindung stehende Pflegschaftsakt ein wesentlich genaueres Bild. Der Prominentenwirt starb überraschend

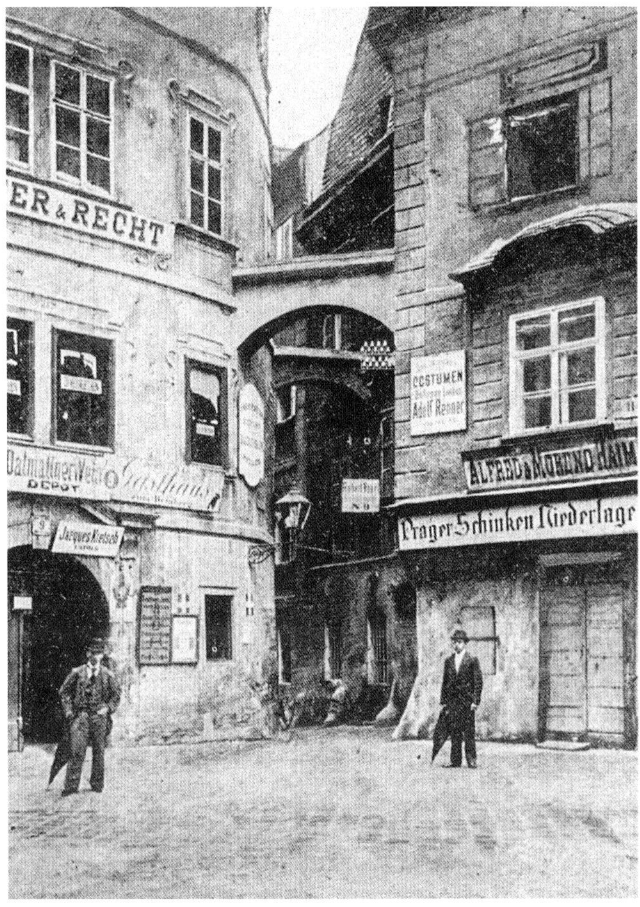

Griechenbeisl (auch Reichenberger-Beisel genannt), um 1898/ *Griechenbeisl (also known as Reichenberger-Beisel), ca. 1898*
Privatbesitz/ *private collection*

"You publican at the Griechenbeisl,
You good-natured and bountiful father,
You had an entire dear little house
Full of—Futuristic paintings?
The artists may be good-for-nothings,
But your pilsner's the real deal.
It stands the test of changing times
And can't be without its—Zuckerkandl."[26]

If the tax levied on Hauer's restaurant is an indirect indication of his economic success (though the tax assessment depended on the accuracy of the trade authority's data and does not allow for an exact inference concerning his profits), the probate file and the related guardianship file paint a much more detailed picture. The restaurateur to the city's smart set died unexpectedly at the age of forty-seven, in the prime of his working life. The file contains a key document that shows Hauer's income shortly before his death as well as the net proceeds from the restaurant for the months afterwards: a "conspectus of revenues and expenditures for the establishment at Griechengasse 9, 1st district of Vienna, and calculation of the net proceeds during the period from May 1, 1914, through June

im Alter von nur 47 Jahren, also im vollen Erwerbsalter. In dem Akt findet sich ein bedeutsames Dokument, das Hauers Einkommen knapp vor seinem Tod belegt und auch für die folgenden Monate die Reinerträge ausweist: die „Zusammenstellung über die Einnahmen und Ausgaben betreffend das Geschäft Wien I. Griechengasse 9, zugleich Reinertragsberechnung umfassend die Zeit vom 1. Mai 1914 bis 30. Juni 1915". Sie zeigt monatliche Einnahmen von rund 50.000 Kronen und Reinerträge von etwa 10.000 Kronen.[27] Rechnet man die Monate Mai bis Juli 1914 hoch, ergibt sich ein Jahresgewinn von rund 107.000 Kronen; nimmt man den Zeitraum Mai 1914 bis April 1915 unter Herausrechnung der Inflation, sind es 101.000 Kronen.[28] Der außerordentliche Erfolg des Gastwirtes Franz Hauer wird auch indirekt dadurch bestätigt, dass die Vorkriegsjahre insgesamt zu den schwierigen im Gastgewerbe zählten, wobei sich Kriegsgefahr, Konkurrenz durch den Flaschenbier- und Flaschenweinhandel, „Hinterstubenwirtschaft" und der verregnete Sommer 1913 besonders negativ bemerkbar machten.[29] Hauers Jahreseinkommen nur aus dem Betrieb des Gasthauses entsprach dem Fünffachen eines Sektionschefs in einem Ministerium oder eines Feldmarschalls. Er konnte fast mit jenen 15 Wiener Hoteliers mithalten, die zu den Millionär(inn)en der damaligen Zeit zählten.[30] Im Jahr 1914 gehörte Hauer zum kleinen Kreis der 1.182 Personen in der zweithöchsten Steuerklasse, während lediglich 688 Menschen ein Einkommen über 160.000 Kronen zu versteuern hatten.[31] Umgerechnet betrug sein Jahreseinkommen rund 1,3 bis 1,4 Millionen Euro (Stand: November 2017).[32]

Mit anderen Worten: 99,8 Prozent der berufstätigen Wienerinnen und Wiener hatten ein geringeres Einkommen als Franz Hauer. Er zählte nicht nur zu den „oberen Zehntausend", sondern bewegte sich sogar an der Grenze zu jenen „oberen Tausend" der Wiener Jahrhundertwende, deren Lebensweg der Historiker Roman Sandgruber in einer Studie ausführlich beschrieben hat.[33]

Was Einkommen und auch Lebensstil betraf, gehörte Hauer zur absoluten Oberschicht. Am 1. August 1912 war er standesgemäß in eine Villa in der Silbergasse 40 im 19. Bezirk gezogen.[34] Neben seinem Wohnhaus besaß Hauer weitere Immobilien, und zwar das Haus in der Griechengasse (EZ 406, lastenfrei) und die Hälfte eines Hauses in der Goldeggasse im 4. Bezirk. Dieser Hausbesitz und ein Haus im 18. und 19. Bezirk waren zwar belehnt, doch überstieg der Wert der Häuser jenen der Belastung bei Weitem.[35]

30, 1915." It records monthly revenues of around 50,000 kronen and a net income of about 10,000 kronen.[27] Extrapolation from the period of May–July 1914 yields annual profits of roughly 107,000 kronen; for the year from May 1914 through April 1915, the profits, corrected for inflation, amounted to 101,000 kronen.[28] Hauer's success appears all the more extraordinary considering the fact that the prewar years were on the whole a tough time for the hospitality industry, with the threat of war, competition from the bottled-beer and bottled-wine trade and speakeasies, and the rainy summer of 1913 having a major negative impact on business.[29] Hauer's annual income from the restaurant alone was five times the salary of a department head in one of the empire's ministries or a field marshal, and not all that much below the earnings of those fifteen Viennese hoteliers who ranked among the millionaires of their day.[30] In 1914, Hauer was one of the select 1,182 individuals assigned to the second highest tax bracket; no more than 688 persons paid taxes on earnings above 160,000 kronen.[31] In modern terms (November 2017), his annual income amounted to between 1.3 and 1.4 million euros.[32]

In other words: 99.8 percent of working people in Vienna made less than Franz Hauer did. He was not just a member of the "one percent" but in fact came close to joining the exclusive club of the one thousand richest residents of turn-of-the-century Vienna, whose lives the historian Roman Sandgruber has portrayed.[33]

With respect to his lifestyle no less than his income, Hauer was definitely a member of the capital's elite. On August 1, 1912, he had moved to a villa at Silbergasse 40 in Vienna's nineteenth district that befitted his social status.[34] In addition to his residence, Hauer owned other real estate: the building on Griechengasse (EZ 406, unencumbered) and half of a property on Goldeggasse in the fourth district. The latter property as well as one building each in the eighteenth and nineteenth districts were mortgaged, but their values far exceeded the loans secured against them.[35]

In socio-historical terms, Hauer exemplified the era's "rags-to-riches" vision of upward mobility, following in the footsteps of Johann Frohner, the son of a peasant from the countryside north of Vienna who was proprietor of the Hotel Imperial from 1874 until 1894.[36] Like Frohner, he drew the great majority of his income and wealth not from leasing out his properties or from other share earnings but from his hospitality enterprise, as is also suggested by a plea submitted by Fritz Bauer, the

Sozialhistorisch entsprach Hauer dem Typ des Aufsteigers, der es „vom Tellerwäscher zum Millionär" brachte, vergleichbar etwa dem Weinviertler Bauernsohn Johann Frohner, der von 1874 bis 1894 Pächter des Hotels Imperial war.[36] Wie bei Frohner resultierten sein Einkommen und sein Vermögen nicht etwa primär aus der Vermietung seines Hausbesitzes oder aus Aktienerträgen, sondern aus dem Gastgewerbebetrieb. Das geht auch aus einem Schriftsatz hervor, den Dr. Fritz Bauer, der Anwalt von Hauers zweiter Frau Anna, 1917 oder im Jänner 1918 erstellte. In dem Schreiben betonte die Witwe:

„Dieses Testament hat ein Mann gemacht, der voll gewußt hat 1.) Daß sein Geschäft ein glänzendes Erträgnis abgeworfen und ihn zum reichen Manne gemacht hat.
2.) Daß das Erträgnis dieses seines Geschäftes das Vielfache dessen ist, was sein anderes Vermögen an Erträgnis abwirft […]."[37]

In der Antwort von Ludwig Helling, Freund des Verstorbenen und Vormund seiner Kinder, an Anna Hauer wurde diese Behauptung bestätigt, denn er schrieb darin, dass Franz Hauer der Witwe den Mietertrag des Hauses in der Griechengasse 9 testamentarisch zugesprochen hatte, der in den Jahren 1903 bis 1914 durchschnittlich 6.300 Kronen betragen hatte.[38] Nun waren die Erträge des Hauses in der Goldeggasse höher, doch bei Weitem nicht so hoch wie die jährlichen Gewinne aus dem Gastgewerbebetrieb.

Wie hervorragend die Einkommensverhältnisse des Wirtes waren, geht auch aus einem nachträglich geschilderten Gespräch hervor, das Helling im Frühjahr 1914 mit seinem Freund Hauer führte. Darin drängte er ihn mit Rücksicht auf die alten Eltern und die studierenden Brüder seiner Frau, ihr für den Fall seines Ablebens doch neben dem Mietertrag aus der Griechengasse auch einen Barbetrag zu vermachen. Auf dem Heimweg zu Hellings Wohnung an der Ecke Goldeg- und Viktorgasse stimmte Hauer nach längerem Drängen endlich mit den bezeichnenden Worten zu: „Na auf a 10.000 Kronen wird's auch nicht mehr darauf ankommen."[39]

Nachgeschichte

Tragischerweise sollte Hauer seinen Erfolg nur rund eineinhalb Jahrzehnte lang genießen. Er starb am 5. Juni 1914 an den Folgen einer Blinddarmentzündung.[40] In seinem kurz zuvor, nämlich am 3. Juni, verfassten Testament setzte er seine sechs Kinder als Erben ein. Seine Gattin Anna, geborene

lawyer representing Hauer's second wife Anna, in 1917 or January 1918. As the widow emphasizes,

"This will was made by a man who was perfectly conscious
(1) that his business yielded extraordinary profits and made him a wealthy man, and
(2) that the profits from said business were many times higher than the returns on his other assets. . . ."[37]

The reply from Ludwig Helling, a friend of the deceased and the legal guardian of his children, confirms this claim: he writes that Franz Hauer had in his will granted to his widow Anna the rental income from the building at Griechengasse 9, which between 1903 and 1914 had averaged 6,300 kronen annually.[38] *The property at Goldeggasse netted higher yields. Still, these sums pale in comparison to Hauer's income from the restaurant.*

His affluence is illustrated, finally, by a conversation with Helling in the spring of 1914 that his friend later wrote down from memory. Out of consideration for his wife's aging parents and her brothers, who were enrolled in university, Helling urged Hauer to leave her a cash sum in addition to the rental yield from the Griechengasse property in the event of his death. As they were approaching Helling's apartment on the corner of Goldeggasse and Viktorgasse, Hauer finally gave in to his friend's entreaties with the characteristic phrase: "Well, 10,000 kronen won't make much of a difference either way."[39]

Postscript

Tragically, Hauer did not live to enjoy his success for more than a decade and a half. He died on June 5, 1914, from complications

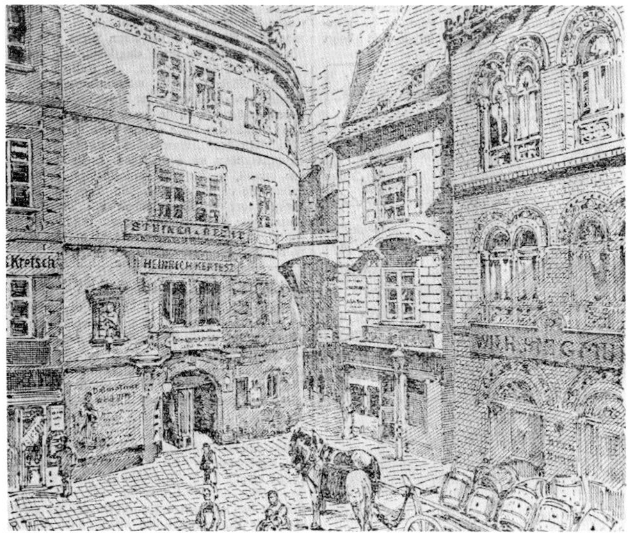

Griechenbeisl (auch Reichenberger-Beisel genannt), um 1910/ *Griechenbeisl (also known as Reichenberger-Beisel), ca. 1910*

Zapletal, erhielt auf Lebensdauer den Fruchtgenuss an einem Viertel des Nachlasses, jede/-r der Angestellten ein Monatsgehalt als Legat.[41]

Zapletal war Hauer vermutlich bereits lange bekannt, denn schon der Seniorwirt Leopold Schmid hatte sie in seinem Testament bedacht, was auf ein Naheverhältnis schließen lässt. Sie dürfte nach dem Tod seiner Frau Aloisia 1901 Umgang mit ihm gepflegt haben.[42] Nach Hauers Tod erhielt sie als Witwe die Gewerbekonzession[43] mit der Einschränkung, „daß dieser Betrieb nach dem Gesetze nur für die Dauer des Witwenstandes bezw. für die Dauer der Minderjährigkeit der Kinder zulässig und daß jeder Wechsel in der Person des Geschäftsführers hieramts zur Genehmigung anzuzeigen ist".[44] Mit dem Geschäftsführer Franz Machaček wurde ein Dienstvertrag geschlossen, der seine Pflichten genau auflistete.[45]

of appendicitis.[40] Two days earlier, on June 3, he had made a will in which he appointed his six children as heirs. His wife Anna, née Zapletal, was entitled to lifelong usufruct of one-quarter of the estate; each of his employees received one month's wages.[41]

Hauer had probably known Zapletal for quite some time: his predecessor as the Griechenbeisl's proprietor, Leopold Schmid, had already remembered her in his will, which suggests a certain level of intimacy. It appears that she kept him company after the death of his wife Aloisia in 1901.[42] When Hauer died, the restaurant's business license was transferred to her as his widow[43] with the proviso "that the operation is licensed in accordance with the law only for the duration of her widowhood or until the children have come of age, and that the trade authority must be apprised of and approve the appointment of any new general manager."[44] A contract of employment was drawn up and signed by the general manager, Franz Machaček, that detailed his obligations.[45]

1 Wiener Stadt- und Landesarchiv (im Folgenden: WStLA), Steuerkataster, K2/2: Franz Hauer, Gastwirt.

2 Handels- und Gewerbekammer in Wien, *Bericht über die Industrie, den Handel und die Verkehrsverhältnisse in Nieder-Österreich während des Jahres 1897. Dem k. k. Handels-Ministerium erstattet*, Wien 1898, S. 328–329.

3 Eigene Berechnungen nach: Andreas Weigl, *Demographischer Wandel und Modernisierung in Wien* (Kommentare zum Historischen Atlas von Wien, Bd. 1), Wien 2000, S. 70, und ders., „Gaststätten: Zur Ökonomie der Geselligkeit", in: Günther Chaloupek/Peter Eigner/Michael Wagner (Hg.), *Wien. Wirtschaftsgeschichte 1740–1938*, Tl. 2 (Geschichte der Stadt Wien, Bd. 5), Wien 1991, S. 1044–1046.

4 WStLA, Steuerkataster, K2/2: Erwerbsteuer Assign. Nr. 42931/I, 49156. – Werner J. Schweiger, „Ein Kunstenthusiast originellster Art", in: Amt der Niederösterreichischen Landesregierung (Hg.), *Künstler (Sammler) Mäzene. Porträt der Familie Hauer*, Katalog zur gleichnamigen Ausstellung der Kunsthalle Krems, Krems 1996, S. 15–38, hier: S. 15–17.

5 WStLA, Totenbeschauprotokolle, B1: 818.

6 Weigl 1991, wie Anm. 3, S. 1051.

7 Schweiger 1996, wie Anm. 4, S. 16.

8 WStLA, Steuerkataster, K2/2: Franz Hauer, Gastwirt.

9 K. k. Statistische Central-Commission (Bearb.), *Berufsstatistik nach den Ergebnissen der Volkszählung vom 31. December 1890 in den im Reichsrathe vertretenen Königreichen und Ländern*, Nr. 2 (Österreichische Statistik, Bd. 33/2), Wien 1894, S. 48, 90. – Weigl 1991, wie Anm. 3, S. 1051.

10 Paul Harrer, *Wien, seine Häuser, Menschen und Kultur*, Bd. 4, Tl. 1, 2. Aufl., Wien 1954, S. 143 (WStLA, Archivbibliothek W 190 4/1).

11 Wien Geschichte Wiki, https://www.geschichtewiki.wien.gv.at/index.php?title=Griechenbeisel (Zugriff: 03.04.2019).

12 WStLA, Steuerkataster, K2/2: Hauszinssteuer Assign. Nr. 11.066, 1.008.519/I.

13 Harrer 1954, wie Anm. 11, S. 142.

1 WStLA, Steuerkataster [taxation register], K2/2: Franz Hauer, Gastwirt (tavern keeper).

2 Handels- und Gewerbekammer in Wien, Bericht über die Industrie, den Handel und die Verkehrsverhältnisse in Nieder-Österreich während des Jahres 1897: Dem k. k. Handels-Ministerium erstattet *(Vienna, 1898), 328–29.*

3 Our calculations, based on Andreas Weigl, "Demographischer Wandel und Modernisierung in Wien," Kommentare zum Historischen Atlas von Wien, *vol. 1 (Vienna: Pichler, 2000), 70; Andreas Weigl, "Gaststätten: Zur Ökonomie der Geselligkeit," in Günther Chaloupek, Peter Eigner, and Michael Wagner, eds.,* Wien: Wirtschaftsgeschichte 1740–1938, *pt. 2, Geschichte der Stadt Wien, vol. 5 (Vienna: Jugend & Volk, 1991), 1044–46.*

4 WStLA, Steuerkataster, K2/2: Erwerbsteuer Assign. no. 42931/I, 49156; Werner J. Schweiger, "Ein Kunstenthusiast originellster Art," in Office of the Lower Austrian Government (ed.), Künstler (Sammler) Mäzene: Porträt der Familie Hauer, *exh. cat. (Kunsthalle Krems: Krems, 1996), 15–38, specifically pp. 15–17.*

5 WStLA, Totenbeschauprotokolle [coroner's records], B1: 818.

6 Weigl, "Gaststätten," 1051.

7 Schweiger, "Ein Kunstenthusiast," 16.

8 WStLA, Steuerkataster, K2/2: Franz Hauer, Gastwirt.

9 Berufsstatistik nach den Ergebnissen der Volkszählung vom 31. December 1890 in den im Reichsrathe vertretenen Königreichen und Ländern, *compiled by the k. k. Statistische Central-Commission, no. 2,* Österreichische Statistik, *vol. 33/2 (Vienna: k. k. Hof- und Staatsdruckerei, 1894), 48, 90; Weigl, "Gaststätten," 1051.*

10 Paul Harrer, Wien, seine Häuser, Menschen und Kultur, *vol. 4, pt. 1, 2nd ed. (Vienna, 1954), 143 (WStLA, archival library, W 190 4/1).*

11 Wien Geschichte Wiki, https://www.geschichtewiki.wien.gv.at/index.php?title=Griechenbeisel (accessed: Apr. 3, 2019).

12 WStLA, Steuerkataster, K2/2: Hauszinssteuer Assign. no. 11.066, 1.008.519/I.

13 Harrer, Wien, *142.*

14 „Der Wirt vom ‚Reichenberger-Beisel'", in: *Neues Wiener Abendblatt* (18.11.1908), S. 5.

15 Ebd. – WStLA, Totenbeschauprotokolle, B1: 818.

16 WStLA, Steuerbücher, Erwerbsteuer B552a: 102786.

17 *Neuigkeits-Welt-Blatt*, Nr. 265 (21.11.1900), S. 13–14.

18 WStLA, Steuerbücher, Erwerbsteuer B552a: 102786. – Zu den Erwerbsteuerklassen vgl. Ernst Mischler/Josef Ulbrich, *Oesterreichisches Staatswörterbuch. Handbuch des gesamten österreichischen öffentlichen Rechts*, Bd. 1, 2. Aufl., Wien 1905, S. 415.

19 Schweiger 1996, wie Anm. 4, S. 16.

20 WStLA, Totenbeschreibamt, B1: 787.

21 WStLA, Bezirksgericht Währing, A4/3: 3 A 485/1907.

22 Verlassenschaftsabhandlung Franz Hauer, Gastwirt, verstorben 05.06.1914 in Wien, WStLA, Bezirksgericht Döbling, A5: I P 98/1914 (im Folgenden: Verlassenschaftsabhandlung), fol. 30.

23 Harrer 1954, wie Anm. 10, S. 143.

24 *Neuigkeits-Welt-Blatt*, Nr. 265 (21.11.1900), S. 13.

25 Jonas Albrecht/Maximilian Martsch, „Der Wiener Alkoholkonsum 1830–1913", in: Friedrich Hauer (Hg.), *Die Versorgung Wiens 1829–1913. Neue Forschungsergebnisse auf Grundlage der Wiener Verzehrsteuer* (Forschungen und Beiträge zur Wiener Stadtgeschichte, Bd. 59), Innsbruck/Wien/Bozen 2014, S. 77–110, hier: S. 92–93.

26 *Kikeriki*, Nr. 24 (14.06.1914), S. 9.

27 Verlassenschaftsabhandlung, fol. 237.

28 Eigene Berechnungen nach: Österreichisches Statistisches Zentralamt, *Indizes zur Wertsicherung. Anleitungen, Langzeitreihen, Beispiele*, Wien 1998, S. 34, und Verlassenschaftsabhandlung, fol. 219–226, 237.

29 Handels- und Gewerbekammer in Wien, *Bericht über die Industrie, den Handel und die Verkehrsverhältnisse in Niederösterreich während des Jahres 1913*, Wien 1914, S. 488–489.

30 Roman Sandgruber, *Traumzeit für Millionäre. Die 929 reichsten Wienerinnen und Wiener im Jahr 1910*, Wien/Graz/Klagenfurt 2013, S. 16.

31 Felix Olegnik, *Historisch-statistische Übersichten von Wien*, Tl. 2 (Mitteilungen aus Statistik und Verwaltung der Stadt Wien, Jg. 1957, Sonderheft 1), Wien 1957, S. 120–123.

32 Berechnet nach: http://www.statistik.at/Indexrechner/.

33 Sandgruber 2013, wie Anm. 30.

34 WStLA, Historische Meldeunterlagen, K1: Franz Hauer.

35 Verlassenschaftsabhandlung, fol. 23.

36 Sandgruber 2013, wie Anm. 30, S. 100.

37 Verlassenschaftsabhandlung, fol. 421–427, hier: 421v–422r.

38 Ebd., fol. 460.

39 Ebd.

40 WStLA, Totenbeschreibamt, B1: 945.

41 Verlassenschaftsabhandlung, fol. 4–5.

42 Verlassenschaftsabhandlung Leopold Schmid, verstorben 18.11.1908, WStLA, Bezirksgericht Innere Stadt, A4: 5 A 708/1908.

43 Verlassenschaftsabhandlung, fol. 180–182.

44 Ebd., fol. 197.

45 Ebd., fol. 293–307.

14 *"Der Wirt vom 'Reichenberger-Beisel,'"* Neues Wiener Abendblatt, *Nov. 18, 1908, 5.*

15 *WStLA, Totenbeschauprotokolle, B1: 818.*

16 *WStLA, Steuerbücher [tax ledgers], Erwerbsteuer B552a: 102786.*

17 Neuigkeits-Welt-Blatt, *Nov. 21, 1900 (no. 265): 13–14.*

18 *WStLA, Steuerbücher, Erwerbsteuer B552a: 102786.—On the tax brackets, see Ernst Mischler and Josef Ulbrich,* Oesterreichisches Staatswörterbuch: Handbuch des gesamten österreichischen öffentlichen Rechts, *vol. 1, 2nd ed. (Vienna: Hölder, 1905), 415.*

19 *Schweiger, "Ein Kunstenthusiast," 16.*

20 *WStLA, Totenbeschreibamt [coroner's office], B1: 787.*

21 *WStLA, Bezirksgericht Währing, A4/3: 3 A 485/1907.*

22 *Verlassenschaftsabhandlung [estate settlement] for Franz Hauer, tavern keeper, died June 5, 1914, in Vienna, WStLA, Bezirksgericht [district court] Döbling, A5: I P 98/1914 (henceforth referred to as Verlassenschaftsabhandlung), fol. 30.*

23 *Harrer,* Wien, *143.*

24 Neuigkeits-Welt-Blatt, *Nov. 21, 1900 (no. 265): 13.*

25 *Jonas Albrecht and Maximilian Martsch, "Der Wiener Alkoholkonsum 1830–1913," in Friedrich Hauer, ed.,* Die Versorgung Wiens 1829–1913: Neue Forschungsergebnisse auf Grundlage der Wiener Verzehrsteuer, *Forschungen und Beiträge zur Wiener Stadtgeschichte, vol. 59 (Innsbruck: Studien-Verlag, 2014), 77–110, specifically pp. 92–93.*

26 Kikeriki, *June 14, 1914 (no. 24): 9.*

27 *Verlassenschaftsabhandlung, fol. 237.*

28 *Our calculations, based on Österreichisches Statistisches Zentralamt,* Indizes zur Wertsicherung: Anleitungen, Langzeitreihen, Beispiele *(Vienna: Österreichische Staatsdruckerei, 1998), 34, and Verlassenschaftsabhandlung, fols. 219–26, 237.*

29 *Handels- und Gewerbekammer in Wien,* Bericht über die Industrie, den Handel und die Verkehrsverhältnisse in Niederösterreich während des Jahres 1913 *(Vienna, 1914), 488–89.*

30 *Roman Sandgruber,* Traumzeit für Millionäre: Die 929 reichsten Wienerinnen und Wiener im Jahr 1910 *(Vienna: Styria, 2013), 16.*

31 *Felix Olegnik,* Historisch-statistische Übersichten von Wien, *pt. 2, Mitteilungen aus Statistik und Verwaltung der Stadt Wien, 1957, special issue 1 (Vienna, 1957), 120–23.*

32 *Calculated using http://www.statistik.at/Indexrechner/.*

33 *Sandgruber,* Traumzeit.

34 *WStLA, Historische Meldeunterlagen [historic registry documents], K1: Franz Hauer.*

35 *Verlassenschaftsabhandlung, fol. 23.*

36 *Sandgruber,* Traumzeit, *100.*

37 *Verlassenschaftsabhandlung, fols. 421–27, specifically fols. 421v–22r.*

38 *Ibid., fol. 460.*

39 *Ibid.*

40 *WStLA, Totenbeschreibamt, B1: 945.*

41 *Verlassenschaftsabhandlung, fol. 4–5.*

42 *Verlassenschaftsabhandlung for Leopold Schmid, died Nov. 18, 1908, WStLA, Bezirksgericht Innere Stadt, A4: 5 A 708/1908.*

43 *Verlassenschaftsabhandlung, fols. 180–82.*

44 *Ibid., fol. 197.*

45 *Ibid., fols. 293–307.*

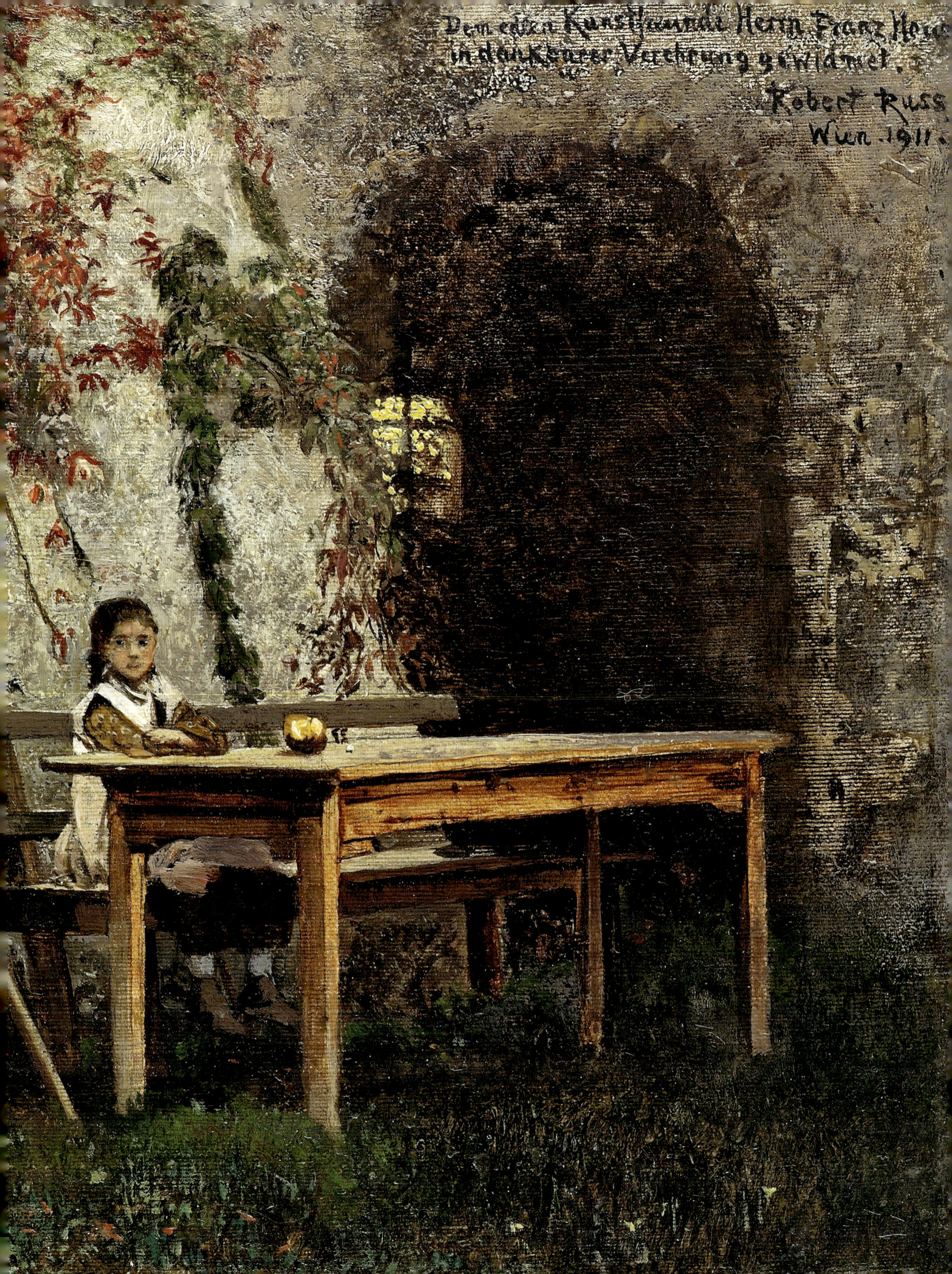
Dem edlen Kunstfreunde Herrn Franz
in dankbarer Verehrung gewidmet.
Robert Russ
Wien 1911.

Wolfgang Krug

Auf dem Weg zur Silbergasse

Stationen eines Sammlerlebens

> *„Um etwas zu erreichen, Tüchtiges zu leisten, gehört neben der Freude zur Sache, Fleiß und Ausdauer.*
> *Mit diesen Tugenden ausgestattet muß das Ziel, wenn es noch so hoch gesteckt ist, erreicht werden.“*
> Franz Hauer, 1912[1]

Pilsner vom Fass, schon 1896 als „berühmt“ beschrieben,[2] bodenständige Küche und urige Atmosphäre waren das Geheimnis der unglaublichen Erfolgsgeschichte des Griechenbeisls. In einer Zeit, in der rasante Erneuerung und Modernisierung der Stadt ihren Stempel aufprägten, schätzte man diesen Hort des leiblichen Wohls und der Gemütlichkeit. Er wurde zu einer Wiener Institution und zum „In-Treff“ für Prominenz aus Politik und Kultur. Anselm Feuerbach soll hier Stammtischrunden skizziert haben und Hans Makart Stammgast gewesen sein. Mark Twain, der von 1897 bis 1899 in Wien lebte, verkehrte ebenfalls hier und traf vielleicht auf seinen Schriftstellerkollegen Karl May, einen weiteren Stammgast des Jahres 1898. Dass das Griechenbeisl im Wiener Lied besungen wurde, versteht sich von selbst.

Die Gaststätte aufgebaut und ihren Ruf als bestes Bierlokal Wiens „positioniert“ hatte Leopold Schmid seit 1849.[3] Franz Hauer, der 1895 nachfolgte,[4] übernahm von seinem Schwager einen florierenden Betrieb, den er durch „Fleiß und Ausdauer“ noch auszubauen wusste. 1903 erwarb er ein Drittel der Liegenschaft, 1905 führte er Adaptierungen für eine weitere Vergrößerung des Lokals durch.[5] Das Griechenbeisl war Quell des Wohlstands der Familie. Rund zehn Jahre nach der Übernahme besaßen Franz und Cäcilie Hauer eine Villa in Währing, ein Sommerhaus in Rosenburg am Kamp[6] und ein einträgliches Zinshaus im 4. Bezirk.[7] 1909 wurde Hauer schließlich Alleineigentümer des Griechenbeisls.

Franz Hauer wurde als „eine Persönlichkeit von selten impulsiver und liebenswürdig vornehmer Wesensart“[8] beschrieben, von Künstlerseite hat man den „Ton warmer Menschlichkeit“ als einen Grundzug seines Wesens hervorgehoben und seine „Freude an unserer edlen Kunst“ als

Wolfgang Krug

En Route to Silbergasse

Way stations in the life of a collector

> “Accomplishing something, achieving a thing of valor, requires enthusiasm, but also hard work and perseverance.
> Equipped with these virtues, you will achieve your goal, however ambitious it may be.”
> *Franz Hauer, 1912*[1]

Draft pilsner beer—already hailed as “famous” in 1896[2]—hearty local fare, and a rustic atmosphere were the secrets behind the Griechenbeisl tavern’s incredible success. At a time when Vienna was marked by a flurry of renewal and modernization, the patrons appreciated this haven of culinary satisfaction and conviviality. It became a Viennese landmark and an “in” spot for luminaries from politics and culture. Anselm Feuerbach is said to have created sketches of the patrons who gathered there, and Hans Makart supposedly was a regular. Mark Twain, who lived in Vienna between 1897 and 1899, also patronized the tavern and may even have crossed paths with fellow writer Karl May, another regular during the year 1898. It goes without saying that the Griechenbeisl also found its way into the traditional Viennese songs known as Wienerlieder.

Starting in 1849, Leopold Schmid had gradually built up the tavern’s reputation until it was known for serving Vienna’s best beer.[3] Franz Hauer, who took over from his brother-in-law in 1895,[4] found himself with a flourishing enterprise which he made even more successful through his aforementioned “hard work and perseverance.” In 1903, he acquired one-third of the property and adapted it for an expansion of the premises in 1905.[5] The Griechenbeisl constituted the source of the family’s prosperity. About ten years after taking over the tavern, Franz and Cäcilie Hauer owned a villa in an upmarket part of Währing, Vienna’s eighteenth district, as well as a summer house in the town of Rosenburg am Kamp[6] and a profitable apartment building in Vienna’s fourth district.[7] In 1909, Hauer became the sole owner of the Griechenbeisl.

Franz Hauer was described as “a person of rare impulsivity and a kind and noble temperament.”[8] Artists asserted that a “tone of warm humanity” was at the core of his being and

Robert Russ
Gartenszene mit sitzendem Mädchen (Detail)/ *Garden Scene with Seated Girl (detail)*, 1911
Öl auf Leinwand/ *oil on canvas*, 27,8 × 41 cm
Landessammlungen Niederösterreich/*State Collections of Lower Austria*

„höchste Belohnung für die an ein Werk gewendete Mühe" gepriesen.[9] Gewiss erntete der Sammler auch viel Spott für seine Begeisterung für das aktuelle Kunstschaffen, das ja in weitesten Kreisen Unverständnis hervorrief.

Wie kam nun ein Vollblutwirt, wie es Hauer zweifellos war, überhaupt dazu, Kunst zu sammeln? Wie entwickelte sich sein Kunstverständnis? Wie muss man sich seine Kontakte, seine Lebensumstände vorstellen? Was motivierte ihn, ein Privatmuseum zu errichten? Diese und andere Fragen drängen sich auf.

Eine Villa im Cottage

Mit den Jahren dürfte der Wunsch immer mehr Raum gegriffen haben, die Enge der Altstadt zu verlassen und in ein standesgemäßes Heim am Rand der Metropole zu übersiedeln. Auch die auf fünf angewachsene Kinderzahl mag ein Argument dafür gewesen sein. Franz und Cäcilie Hauer waren am Land aufgewachsen. Vielleicht um ihren Kindern – Franz jun. war nun vierzehn, Ignaz neun, Leopold acht, Rosa sieben und das Nesthäkchen Bertha vier Jahre alt – eine ähnlich unbeschwerte Jugend zu ermöglichen, tauschten sie 1904 die Wohnung in der Griechengasse gegen eine Villa mit Garten im Währinger Cottage. Am 5. Juli erwarben sie das Haus Sternwartestraße 65 um den Preis von 58.000 Kronen, nach heutiger Währung etwa 300.000 Euro. Franz Hauer konnte seinen Arbeitsplatz mit der zwischen Türkenschanzpark und Börseplatz verkehrenden elektrifizierten Straßenbahn bequem erreichen. Seine Frau widmete sich – von der Verpflichtung, im Griechenbeisl mitzuarbeiten, befreit – ganz ihren Kindern.

Die Familie zog nicht nur in eine lebenswerte Wohnsiedlung, sondern auch in illustre Nachbarschaft. Der Burgschauspieler Ernst Hartmann lebte in der Sternwartestraße 55, der Schauspieler und Regisseur des Hofburgtheaters Alexander Roempler auf Nr. 71. Dessen Frau, die Schauspielerin Hedwig Bleibtreu, verkaufte die Villa nach dem Tod ihres Mannes im Jahre 1910 an keinen Geringeren als Arthur Schnitzler. An Persönlichkeiten aus der Nachbarschaft müssen weiters genannt werden: der Maler und Grafiker Ferdinand Schmutzer, der 1909/10 in der Sternwartestraße 62–64 von dem Architekten Robert Oerley eine repräsentative Villa errichten ließ, und der Architekt und Otto-Wagner-Schüler Hubert Gessner, der 1907 auf Nr. 70 sein eigenes Haus erbaute. Das Cottage verwandelte sich in ein

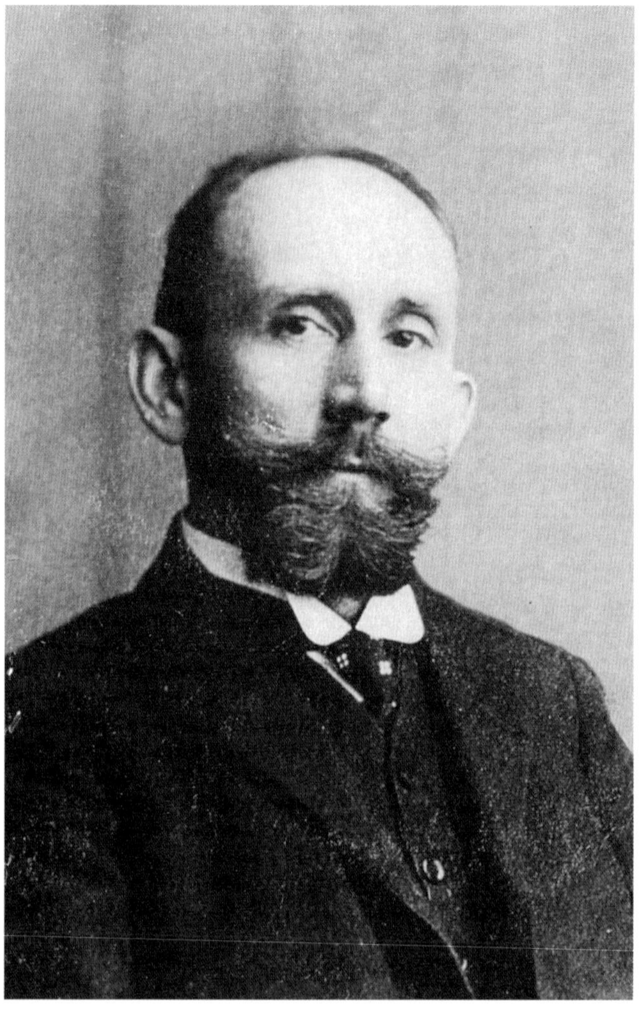

Franz Hauer, um 1905/*Franz Hauer, ca. 1905*
Privatbesitz/*private collection*

praised his "delight in our noble art" as the "highest reward for the effort invested in a work."[9] *On the other hand, the collector was also a target of much derision because of his passion for contemporary art, which for many people was utterly incomprehensible.*

What inspired a dyed-in-the-wool tavern keeper, which Hauer certainly was, to collect works of art in the first place? How did his appreciation of art evolve? What do we know of his contacts and the circumstances of his life? What motivated him to set up a private museum? These and other questions readily spring to mind.

A villa in the suburbs

It seems likely that, as the years went by, the Hauers increasingly wished to escape the narrow confines of Vienna's historical city center and move to a home on the outskirts befitting their rise in status. The fact that the number of their children had by then grown to five may

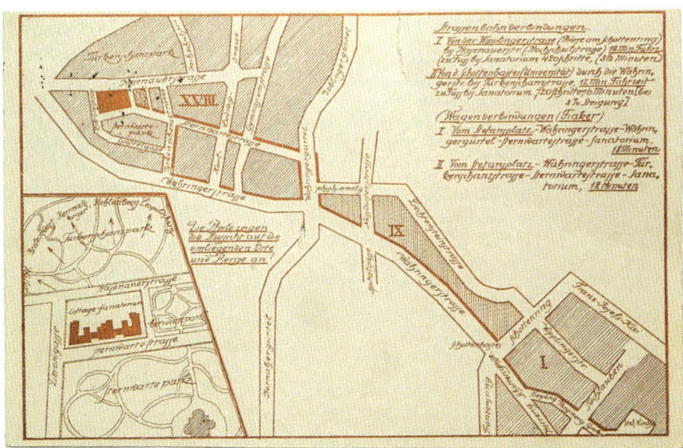

Stadtplan zur Sternwartestraße, 19. Bezirk, um 1910/*City map showing Sternwartestraße, nineteenth district, ca. 1910*
Bezirksmuseum Währing

schickes Villenviertel. Der Luxus zog ein und „der Traum der Ästheten und Kulturveredler“ wurde Adam Müller-Gutenbrunn zufolge „zu einer Wirklichkeit für reiche Leute“.[10]

Das Wohnhaus der Familie Hauer war in den Jahren 1895 bis 1896 errichtet worden. Als Architekt zeichnete Stadtbaumeister Victor Fiala, Kompagnon von Oskar Laske sen. Das Gebäude präsentierte sich als mittelgroße Villa, drei Fensterachsen breit und ebenso tief. Abgesehen von diversen Nebenräumen gab es im Hochparterre zwei und im ersten Stock drei Zimmer und unter dem Dach noch einen weiteren Wohnraum, im Bauplan von 1895 „Dachkabinett“ genannt. Im Souterrain war eine Hausmeisterwohnung und im Hochparterre ein kleiner Raum für „Mägde“ vorgesehen. Man wird davon ausgehen dürfen, dass Kinder- und Schlafzimmer im ersten Stock untergebracht waren und die beiden gartenseitigen Zimmer im Hochparterre als Speise- und Wohnzimmer genützt wurden. Gegen den Garten waren auch ein Erker und im Hochparterre eine Holzveranda ausgebildet. Letztere ging vermutlich auf Hauer zurück, der Adaptierungen und kleine Zubauten durchführen ließ. Sie ist auf einer die Villa ganz rechts zeigenden alten Bildpostkarte erkennbar.

Für die ersten Jahre am neuen Wohnort finden sich fast keine Informationen zum Alltag der Familie abseits des Griechenbeisls. Nur zwei Annoncen, 1906 im *Neuen Wiener Tagblatt* veröffentlicht, beziehen sich auf die Sternwartestraße 65, zum einen eine Abgängigkeitsanzeige für eine entlaufene junge Bulldogge im April,[11] zum anderen die Suche nach Hauspersonal, nach einem älteren „Mädchen f[ür] Alles“ im Oktober.[12] Letztere steht vermutlich in Verbindung mit der schweren Erkrankung seiner Frau, der diese am 6. Juni 1907 erlag. Als berufstätiger Vater von fünf Kindern um „geordnete“ Verhältnisse bemüht, heiratete Franz Hauer

well have been an additional argument for the move. Franz and Cäcilie Hauer had both grown up in the countryside. In 1904, perhaps prompted by the desire to offer their children—Franz Jr. was fourteen, Ignaz nine, Leopold eight, Rosa seven, and Bertha, the youngest, four—a similarly carefree childhood, they gave up the apartment on Griechengasse and moved to a villa with a garden in Vienna's eighteenth district, in an area popularly referred to as the Cottageviertel or simply "the Cottage." On July 5, 1904, they bought the villa at Sternwartestraße 65 for 58,000 kronen, equivalent to roughly 300,000 euros today. From this location, Franz Hauer could conveniently travel to work and back by means of a streetcar that ran between Türkenschanzpark in the eighteenth district and Börseplatz in the city center. Liberated from the obligation to work in the tavern, his wife devoted her time fully to the children.

The move provided the family not only with a pleasant new living environment but also with illustrious neighbors. Ernst Hartmann, an actor at the prestigious Burgtheater, resided at Sternwartestraße 55; Alexander Roempler, also an actor and director at the Burgtheater, lived at No. 71. In 1910, after Roempler's death, his widow, the actress Hedwig Bleibtreu, sold the villa to none other than Arthur Schnitzler. Other noteworthy individuals living nearby included the painter and graphic artist Ferdinand Schmutzer, for whom the architect Robert Oerley built a stately villa at Sternwartestraße 62-64 in 1909/10; as well as the architect—and former student of Otto Wagner—Hubert Gessner, who built his own home at No. 70 in 1907. The Cottage evolved into a premium residential area, its streets lined with stylish villas. Luxury began to hold sway and, in the words of the writer Adam Müller-Gutenbrunn, "the dream of esthetes and refiners of culture" became "a reality for the rich."[10]

The residence of the Hauer family was built between 1895 and 1896 by the architect Victor Fiala, a master builder

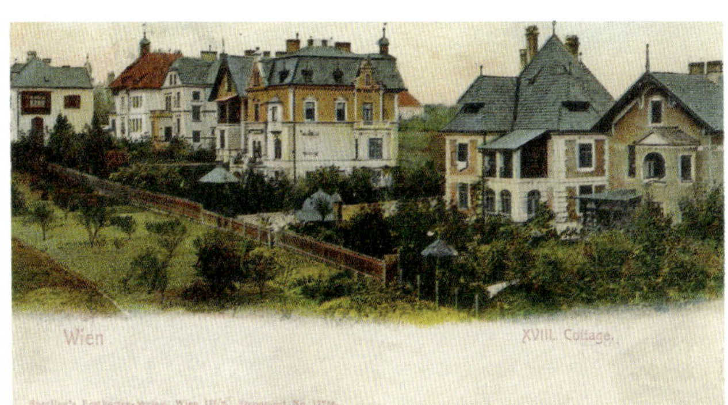

Bildpostkarte der Sternwartestraße mit dem Wohnhaus Franz Hauers ganz rechts, 19. Bezirk, um 1910/*Picture postcard of Sternwartestraße with the residence of Franz Hauer far right, nineteenth district, ca. 1910*
Bezirksmuseum Währing

zehn Monate später die 37-jährige Anna Zapletal. Anna hatte Franz Hauer und Leopold Schmid bereits im Mai 1907 als Haushälterin nach Rosenburg begleitet.[13]

Eine neue Leidenschaft

Als Leopold Schmid Ende 1908 verstarb, war dies das nächste richtungsweisende Ereignis im Leben Franz Hauers. Noch im Februar 1909 erwarb er aus dessen Nachlass die fehlenden Anteile am Griechenbeisl. Es ist anzunehmen, dass er damals schon seinen langjährigen Zahlkellner Franz Machaček, der seit 1899 im Griechenbeisl beschäftigt war,[14] zum Geschäftsführer erhob, um sich selbst schöneren Dingen zuzuwenden. Jetzt, da er seine Kinder in guten Händen wusste und beruflich am Ziel angelangt war, erlaubte er sich einen Neubeginn in einem fremden Metier.

Wenn von der Sammlung Franz Hauers die Rede ist, dann denkt man sogleich an seine legendäre Galerie in der Silbergasse 40, doch war die Sternwartestraße 65 der Ort, an dem alles begann, an dem er mehr als drei Jahre damit zubrachte, zu sammeln, zu lernen und seinen Blick zu schärfen. Dazu sein Sohn Leopold: „Zu jener Zeit war auch ein Wandel in der äußeren Erscheinung meines Vaters vor sich gegangen. Aus dem Fleischergesell, dem Hausknecht und dem längerdienenden Unteroffizier war ein würdiger, äußerst vornehm wirkender Mann geworden, der sich durch Lesen und Lernen ein großes Allgemeinwissen erworben hatte. Seine Liebe und sein Talent galt[en] nur mehr der bildenden Kunst. Sie wurde zu einer unstillbaren Leidenschaft."[15]

Der familiären Überlieferung zufolge begann Hauers Interesse für Kunst mit dem Ankauf von Bildern des Wiener Landschaftsmalers August J. Kotzbeck. Franz Hauer hatte ihn bald nach dem Tod seiner Frau kennengelernt. Nachdem

Tina Blau
Ansicht von Veere mit dem Rathausturm/ *View of Veere with the City Hall Tower*, um/*ca.* 1906/08
Öl auf Holz/ *oil on wood*, 15 × 24 cm
Landessammlungen Niederösterreich/*State Collections of Lower Austria*

and partner of Oskar Laske Sr. It was a medium-sized villa, three window axes wide and just as deep. Apart from various ancillary rooms, it featured two rooms on the mezzanine floor and three on the upper floor, as well as an additional living space beneath under the roof, designated as an "attic bedroom" on the floor plan of 1895. The plans also provided for a caretaker's apartment in the basement and a small room for "maids" on the mezzanine floor. It is safe to assume that the children's rooms and bedrooms were on the upper floor, and that the two garden-facing rooms on the mezzanine floor were used as dining and living spaces. On the garden side, the house featured an oriel and a wooden veranda on the mezzanine floor. The latter was probably added by Hauer, who commissioned adaptations and small extensions; it can be seen on an old picture postcard showing the villa on the far right.

There is scant information about the family's life outside of the Griechenbeisl during the first few years in the new residence. The only records relating to Sternwartestraße 65 are two ads published in the Neues Wiener Tagblatt *in 1906. One, from April, reported that a young bulldog had gone missing,[11] while the other, from October, indicated that the family was offering employment to an older "all-purpose maid."[12] The latter was probably linked to the serious illness that had befallen Hauer's wife and to which she succumbed on June 6, 1907. As a working father of five, Hauer strove to reestablish an "orderly" domestic life and ten months later married thirty-seven-year-old Anna Zapletal. Anna had already accompanied Franz Hauer and Leopold Schmid to Rosenburg as a housekeeper in May 1907.[13]*

A new passion

The next milestone in Franz Hauer's life was the death of Leopold Schmid in late 1908. Hauer wasted no time and acquired the remaining shares in the Griechenbeisl from Schmid's estate in February 1909. It may be assumed that it was then that he promoted his long-standing headwaiter Franz Machaček, an employee of the Griechenbeisl since 1899,[14] to the rank of general manager so that he himself could devote his time to the finer things in life. Knowing that his children were well cared for, and having arrived at the pinnacle of his business career, Hauer now permitted himself to take up a new pursuit.

er die Arbeiten aufgehängt hatte, soll er, sein Werk betrachtend, einige Schritte zurückgetreten sein und gemeint haben: „Eigentlich schön, so Bilder an der Wand."[16] Er begab sich auf die Suche nach Objekten für die Ausstattung seiner Villa, besuchte Ausstellungen und führte wohl auch in Wiener Auktionshäusern Akquisitionen durch. Sein Interesse galt vor allem Bildern, anfangs auch alten Meistern. Dass ihn keine Schwellenangst abhielt, Kunsthandlungen aufzusuchen, belegen zumindest vier Werke der Malerin Tina Blau, die er in den Jahren 1909 bis 1911 in der Galerie Arnot am Kärntner Ring erwarb. Eine große Zeichnung von Josef Engelhart dürfte Hauer 1909 aus dessen Kollektivausstellung in der Wiener Secession erstanden haben. Ein Hauptrevier für seine „Beutezüge" wurde das Künstlerhaus. Hier kaufte er zwischen 1909 und 1913 mehr als sechzig Werke, darunter einige preisgekrönte.

Franz Hauers erster dokumentierbarer Kontakt zum Künstlerhaus datiert von der XXXV. Jahresausstellung. Die Schau war Mitte März 1909 eröffnet worden, also genau einen Monat nachdem er das Griechenbeisl zur Gänze in seinen Besitz gebracht hatte. Interessanterweise trat Hauer in dieser Ausstellung nicht als Käufer, sondern als Leihgeber in Erscheinung und zwar mit dem Bronzebildnis eines hohen Militärs von Theodor Charlemont. Einzelne der hier präsentierten Bilder, eine *Fronleichnamsprozession in Neustift am Walde* von Hans Larwin – mit 16.000 Kronen eines der teuersten gezeigten Werke –, eine *Madonna mit Kind* von Anton Hans Karlinsky und ein Gemälde von Johann Nepomuk Geller, die Meierei in der Krieau darstellend, gelangten wohl schon bald danach in Hauers Besitz. Von der *Großen Deutschen Kunstausstellung*, die im Juni startete, brachte er zwei Gemälde sowie eine Bronzeplastik für insgesamt 2.630 Kronen mit nach Hause. Größeres Aufsehen erregte Hauer dann in der Herbstausstellung des Künstlerhauses 1909, wo er nicht weniger als elf Werke um mehr als 7.000 Kronen erwarb. Seine aufgeschlossene, interessierte Art brachte ihn mit den Malern in Kontakt. Hauer begann sich nun auch in den Künstlerateliers umzusehen. Schon im Sommer hatte er in Dürnstein jenes von Emil Strecker besucht. Der persönliche Austausch dürfte ihm entsprochen haben. Der Erwerb von Werken früherer Epochen wurde dagegen zunehmend uninteressant für ihn.

Freundschaftlicher Umgang ergab sich bald mit Josef Jungwirth. Hauer war nicht nur von dessen Malerei, die auf der Jahresausstellung 1909 mit einer großen goldenen

Whenever mention is made of Franz Hauer's collection, his legendary gallery at Silbergasse 40 immediately springs to mind. The place where it all began, however, was Sternwartestraße 65, where he spent more than three years collecting, studying, and sharpening his eye for art. His son Leopold had this to say about it: "At that time, my father had also changed in appearance. The butcher, the manservant, the long-time non-commissioned officer had transformed himself into a distinguished gentleman of highly dignified demeanor who had acquired vast general knowledge through reading and studying. All his love and talent were devoted to the fine arts. It became an insatiable passion."[15]

According to family lore, Hauer's interest in art was sparked by paintings he bought from the Viennese landscape painter August J. Kotzbeck, whom he had met soon after his wife's death. After hanging the paintings, he reportedly took a few steps back to admire his handiwork and said: "Very nice, actually, having paintings on the wall."[16] He began to look for more works of art to furnish his villa, visiting exhibitions and probably also buying art at Viennese auction houses. His main interest lay in paintings, initially also including "old masters," and he was not afraid to visit art dealers, as is proven by at least four paintings by Tina Blau that he purchased between 1909 and 1911 at the Galerie Arnot on Kärntner Ring. A large-format drawing by Josef Engelhart was probably acquired by Hauer in 1909 at Engelhart's collective exhibition at the Vienna Secession. The exhibitions at the Vienna Künstlerhaus became one of Hauer's main hunting

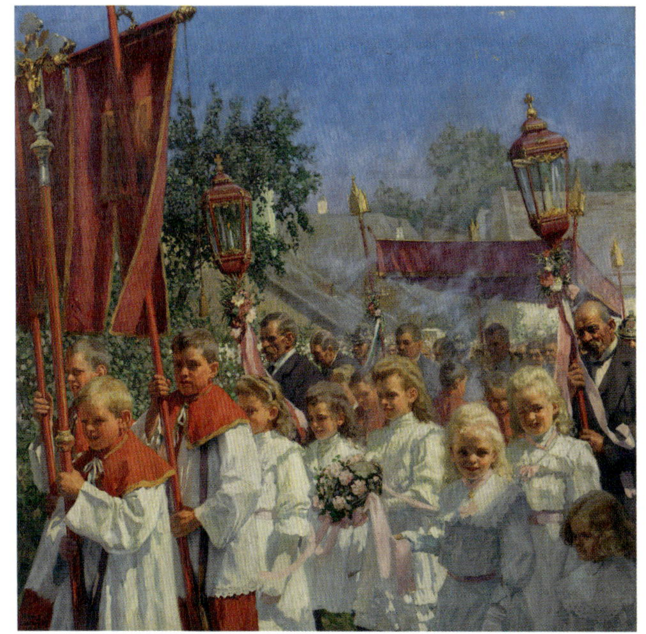

Hans Larwin
Umgang (Fronleichnamsprozession) in Neustift a. W./*Procession (Corpus Christi Procession) in Neustift a. W.*, 1909
Öl auf Leinwand/ *oil on canvas*, 140 × 144 cm
Wien Museum

Bildpostkarte von Rosenburg am Kamp mit der Villa Hauer/ *Picture postcard of Rosenburg am Kamp with the Villa Hauer,* um/*ca.* 1910

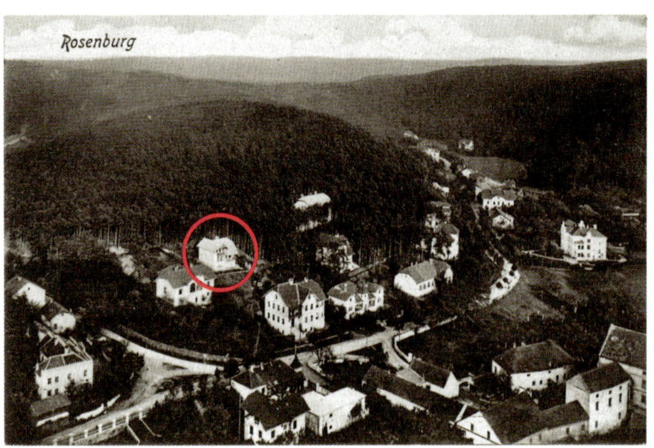

Staatsmedaille ausgezeichnet worden war, angesprochen, für ihn hatte auch Jungwirths Urteil in Kunstfragen Gewicht. Als Mitglied der Preisjury im Künstlerhaus war der Maler diesbezüglich geübt und ab November 1910 als Professor an der Wiener Akademie eine namhafte „Instanz". Als Bezugsperson ist für diese Anfangszeit auch Thomas Leitner zu nennen. Er war einer jener Maler, in die große Hoffnungen gesetzt wurden. Sein Beitrag zur *Großen Deutschen Kunstausstellung* 1909 hatte überaus gute Kritiken erhalten. Da war von „Höhepunkt" und „Meisterrang" die Rede.[17] Hauer erwarb von ihm in der Ausstellung des Aquarellisten-Clubs im Künstlerhaus im Jänner 1910 eine vermutlich erste Arbeit. Schon in der anschließenden Jahresausstellung konnte er mit zwei Werken selbst als Leihgeber auftreten.[18] In kurzer Zeit wuchs sein Bestand an Bildern des Landschaftsmalers auf 45 an,[19] was auf besondere Wertschätzung, sowohl künstlerisch wie menschlich, schließen lässt. Dafür spricht auch, dass sich Leitner im Sommer 1910 als Gast auf Franz Hauers Landsitz aufhielt.[20] Er schuf hier das Gemälde *Rosenburg*, das

Die Familie Hauer (v. l. n. r.): Leopold, Rosa, Tante Marie, Franz, Anna, Bertha und Ignaz, um 1910/ *The Hauer family (l. to r.): Leopold, Rosa, Aunt Marie, Franz, Anna, Bertha, and Ignaz, ca. 1910* Privatbesitz/ *private collection*

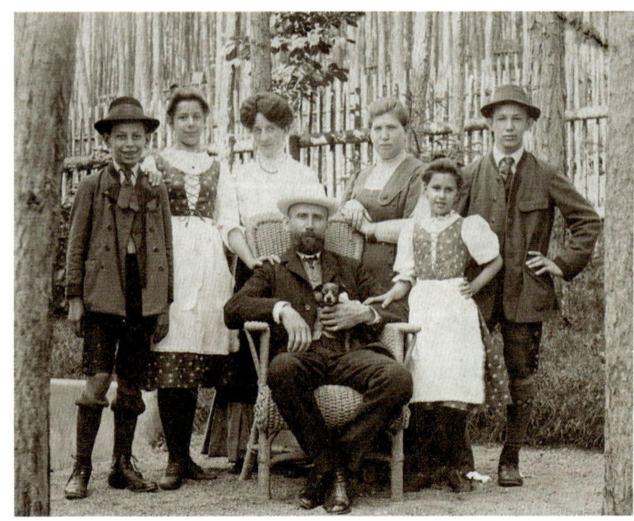

grounds: between 1909 and 1913 he purchased more than sixty works there, including some award-winning pieces.

Franz Hauer's first documented contact with the Künstlerhaus dates back to that institution's XXXV Jahresausstellung *(Annual Exhibition), which opened in mid-March 1909—that is, exactly one month after he had become the sole owner of the Griechenbeisl. It is interesting to note that Hauer was not a buyer in this case, but the lender of a work, namely a bronze portrait of a high-ranking military officer by Theodor Charlemont. Nevertheless, some of the paintings displayed at the exhibition were soon to be added to Hauer's collection, including Hans Larwin's* Corpus Christi Procession in Neustift am Walde*—at 16,000 kronen one of the most expensive items on display—*Madonna with Child *by Anton Hans Karlinsky, and a painting by Johann Nepomuk Geller depicting the Meierei Krieau, a popular café in Vienna's Prater. At the* Große Deutsche Kunstausstellung, *which opened that June, he purchased two paintings and a bronze sculpture for a total of 2,630 kronen. He then caused quite a stir at the Künstlerhaus's 1909* Herbstausstellung *(Fall Exhibition), where he acquired no fewer than eleven works for more than 7,000 kronen. His open-mindedness and keen interest brought him into contact with the painters, and he began to visit them at their studios. He had already paid a visit to Emil Strecker's studio in Dürnstein that summer and seemed to have appreciated the face-to-face exchange. Conversely, he increasingly lost interest in buying works from past periods.*

Hauer soon became friendly with Josef Jungwirth. Not only did he like Jungwirth's paintings, which had been awarded a Grand Gold State Medal at the 1909 Jahresausstellung*; he also valued the painter's judgement in art matters. As a member of the jury deciding on Künstlerhaus art awards, Jungwirth was well versed in this respect, and his appointment as professor at the Vienna Academy of Fine Arts in November 1910 made him a renowned authority. Another important contact during these early days was Thomas Leitner, a painter of great promise. His contribution to the* Große Deutsche Kunstausstellung *of 1909 had received extremely positive reviews, eliciting words of praise such as "highlight" and "masterly."*[17] *Hauer acquired what was probably his first painting by Leitner at the Aquarellisten-Club exhibition at the Künstlerhaus in January 1910. At the subsequent* Jahresausstellung *at the Künstlerhaus, Hauer was already in a position to provide two works by Leitner as loans.*[18] *Within a short time he owned forty-five works*

ebenfalls in die Sammlung Eingang fand. Für Hauers damals 15-jährigen Sohn Leopold war Leitners Arbeit in Rosenburg sogar die Initialzündung dafür, selbst Maler zu werden.

Leitner und Jungwirth waren Hauers erste Vertraute in Sachen Kunst. Mit ihnen besprach er Sammlungszugänge, er holte sich ihre Fachmeinung hinsichtlich künstlerischer Leistung und Preisangemessenheit sowie allgemeine Ratschläge, etwa im Hinblick darauf, von wem man kaufen möge. Später sollte diesbezüglich auch das Werturteil von Albin Egger-Lienz für ihn wichtig werden. Jungwirth, wie Egger-Lienz Mitglied des Künstlerklubs Alte Welt,[21] wird nachgesagt, die Verbindung hergestellt zu haben.[22] Am 9. Februar 1910 besuchte Hauer erstmals das Atelier des Tiroler Meisters, wo er sogleich fünf Bilder erwarb. Drei Monate später wählte er neuerlich fünf Werke aus. Egger-Lienz verdanken wir eine Charakterisierung des Menschen Franz Hauer, wie man sie den wenigen Porträtfotos nicht zu entnehmen vermag. Im Rückblick berichtete er über einen „schlichten, geradsinnigen Mann, dessen Liebe und Wohlwollen einem das Herz öffnete. Wenn ich daran denke wie er vor Jahren zum ersten Mal in mein Atelier kam, so einfach und bescheiden, fast schüchtern, steht er in der ganzen Gratheit und Empfänglichkeit vor mir, die ihn auszeichnete [...]".[23] Dieser erste Besuch war der Beginn einer Freundschaft, die sich später auch auf Franz Hauers Sohn Leopold übertrug.

Damals zeichnete sich schon ab, dass Hauer es darauf anlegte, Künstler, für die er sich interessierte, in seiner Sammlung mit einer Kollektion vertreten zu haben. Als Beispiel sei der auf Wien-Veduten spezialisierte Maler Ernst Graner genannt, von dem Hauer wohl ebenfalls bei der XXIV. Ausstellung des Aquarellisten-Clubs im Künstlerhaus im Jahr 1910 ein erstes Werk, eine Ansicht vom Portal der Wiener Peterskirche, erworben hatte. Graners die „gute alte Zeit" widerspiegelnde Motivwelt sprach den Sammler, dem selbst nachgesagt wird, das Griechenbeisl vor der Zerstörung bewahrt zu haben,[24] in besonderer Weise an. Schließlich brachte es Hauer auf 44 Graner-Werke aus dem Zeitraum von 1887 bis 1912. Darunter befand sich auch eine Ansicht des Griechenbeisls.

Neben Bildern von „Alt-Wien" boomten zu dieser Zeit auch Darstellungen der Wachau. Für alle jene, die die verlorene „gute alte Zeit" im Allgemeinen beklagten, war sie

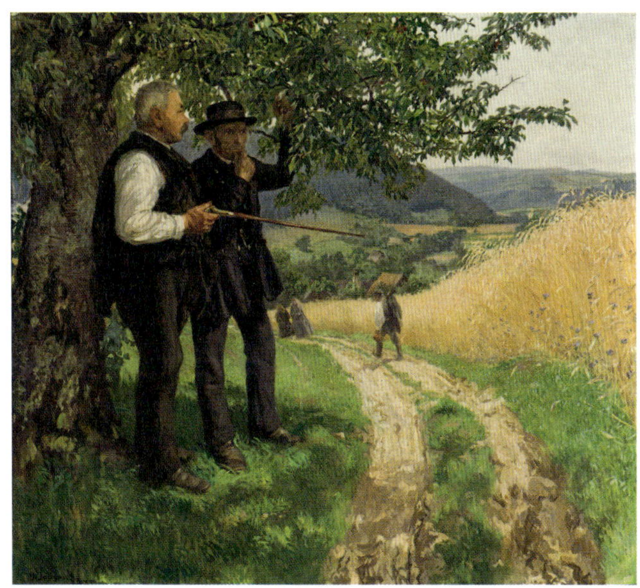

Josef Jungwirth
Gutsherr und Wirtschafter am Felde/ *Squire and Farm Manager in the Field*, 1904
Öl auf Leinwand/ *oil on canvas*, 76 × 85 cm
Landessammlungen Niederösterreich/*State Collections of Lower Austria*

by the landscape painter,[19] which suggests a special appreciation both from an artistic and a personal point of view. The fact that Leitner was a guest at Franz Hauer's country home in the summer of 1910 corroborates this notion.[20] It was there that Leitner created the painting Rosenburg, *which also found its way into Hauer's collection. For Hauer's son Leopold, then aged fifteen, Leitner's work in Rosenburg even planted the seed for embarking on a painting career himself.*

Leitner and Jungwirth were Hauer's first confidants in art matters. He discussed new purchases for his collection with them, asked their opinions regarding artistic merit and adequate prices, and generally sought their advice on whom to buy from. Later on, he also came to rely on the judgment of Albin Egger-Lienz. It is said that it was Jungwirth, like Egger-Lienz a member of the Alte Welt artists' association,[21] who brought the two together.[22] On February 9, 1910, Hauer paid his first visit to the studio of the master painter from Tyrol and bought five paintings right away. Three months later, he acquired five more. Egger-Lienz has left us an account of Franz Hauer's character that the few existing photographic portraits are unable to convey. He remembers a "simple, straightforward man, whose love and benevolence were heartwarming. When I think back to how he first visited my studio years ago, so unassuming and modest, almost timid, I see him before me, radiating authenticity and receptiveness, qualities so characteristic of him . . . ."[23] That first visit was the beginning of a friendship that would later also be extended to Franz Hauer's son Leopold.

Wohnraum im Haus von Franz Hauer, Silbergasse, 19. Bezirk/ *Living room in the home of Franz Hauer, Silbergasse, nineteenth district* Privatbesitz/ *private collection*

zum Sehnsuchtsort geworden und für die Wiener Künstlerschaft zum Mekka der Landschaftsmalerei. Ansichten aus dem romantischen Donautal, von mittelalterlichen Ortschaften und Burgen, fehlten in keiner Kunstausstellung. Dass sich in der Sammlung Franz Hauers ein kleiner Wachau-Schwerpunkt, etwa durch Arbeiten von Tina Blau, Johann Nepomuk Geller, Josef Kinzel, Robert Russ, Ludwig Sigmundt, Emil Strecker, Maximilian Suppantschitsch oder Eduard Zetsche ausbildete, hatte wohl nicht nur mit Hauers Herkunft zu tun, sondern auch mit dem diesbezüglich reichen Bilderangebot. Dass er es nicht darauf anlegte, eine Spezialsammlung zur Wachau aufzubauen, dafür spricht, dass er von manchem ausgewiesenen Meister dieses Fachs, wie zum Beispiel von Carl Eduard Onken, Stefan Simony, Heinrich Tomec oder Rudolf Weber, ausschließlich „nicht wachauerische" Motive auswählte.

Hauer verstärkte Schwerpunkte in seiner Sammlung und entdeckte neue Favoriten. In der Herbstausstellung 1910 erwarb er zwanzig Werke, allein von Franz Windhager sechzehn. In Bezug auf diesen Künstler waren die Kritiken besonders positiv ausgefallen. Dass Hauer „in Bausch und Bogen" ankaufte, sollte kein Einzelfall bleiben. Die Sammelleidenschaft hatte ihn so stark gepackt, dass er begann, sein Revier eifersüchtig zu verteidigen. Spekulation war für ihn kein Beweggrund. Es ging ihm, wie jedem Sammler, in erster Linie darum zu besitzen. Hauer ließ sich nun auch das Vorkaufsrecht auf neue Werke einräumen und konnte ausgesprochen ärgerlich sein, wenn ihm ein Bild weggeschnappt wurde, oder er zu dem Schluss kam, einen überteuerten Preis bezahlt zu haben.

Even during these early days, it became apparent that Hauer was determined to own a large set of works by any artist in whom he took a particular interest. Ernst Graner, a painter specializing in Viennese vedute, is a case in point. In 1910, Hauer bought his first work by Graner, a view of the portal of St. Peter's Church in Vienna, probably at the XXIV Aquarellistenausstellung at the Künstlerhaus. Graner's choice of motifs conjuring up the "good old days" was particularly appealing to Hauer, who is said to have been instrumental in saving the Griechenbeisl from destruction.[24] Ultimately, Hauer's collection would boast forty-four works by Graner from the period between 1887 and 1912, one of them featuring a view of the Griechenbeisl.

Those years saw a boom not only for depictions of Biedermeier Vienna, but also for paintings of the Wachau Valley, a region of supreme nostalgic appeal for all who bemoaned the loss of a romanticized past, and a real mecca for landscape painters from Vienna. No art exhibition was lacking in romantic views of this Danube river valley and its medieval villages and castles. Chances are that the Wachau region featured so prominently in Hauer's collection—for instance in works by Tina Blau, Johann Nepomuk Geller, Josef Kinzel, Robert Russ, Ludwig Sigmundt, Emil Strecker, Maximilian Suppantschitsch, and Eduard Zetsche—not only because the collector was born there, but also because there was an abundance of paintings of that region available for purchase at the time. There is no reason to believe, however, that Hauer intended to build a special collection on the Wachau theme. If that had been his aim, he would not have selected exclusively "non-Wachau" paintings by several artists who were recognized masters of that particular subject, including Carl Eduard Onken, Stefan Simony, Heinrich Tomec, and Rudolf Weber.

Hauer created and extended focal points in his collection and discovered new favorites. At the 1910 Herbstausstellung *he acquired twenty works, sixteen of them by Franz Windhager. The reviews of that artist's work had been particularly positive. "Bulk purchases" of that kind were by no means an exception. Firmly in the grip of true collecting fever, Hauer started to stake out his claim and defend it jealously. He was never motivated by speculation. Like any collector, he first and foremost craved possession. He began to request a right of first refusal for new works, and was known to be quite disgruntled when someone else*

Christa Hauer-Fruhmann, Enkeltochter des Sammlers und selbst Malerin, erinnerte sich: „Ein uralter Kollege vom Künstlerhaus hat mir vor vielen Jahren erzählt, daß mein Großvater einmal bei ihm im Atelier war [...], sich dort niedergelassen und ziemlich lang stillschweigend um sich geblickt hat. Und nachdem sich dieser gute Mann schon gedacht hat, naja es wird ihm halt nichts gefallen, das wird wohl nichts, hat mein Großvater mit seinem Spazierstock auf die Wand gezeigt und gesagt: ‚Dieses Bild und dieses Bild und dieses Bild, ja, dieses auch, diese Bilder werde ich kaufen.' Und so dürfte er es in verschiedenen Ateliers gemacht haben. Er dürfte sehr schnell in seinen Entschlüssen gewesen sein."[25]

Ein besonderer Coup gelang Hauer am 2. Februar 1911, als er den größten Teil des Atelierbestands von Egger-Lienz, der sich anschickte, Wien zu verlassen, übernahm. Dreiundvierzig Ölbilder sowie diverse Studien und Skizzen konnte er mit einem Schlag sein Eigen nennen. Trotz 3,55 Meter Raumhöhe waren bald „alle Wände des weitläufigen Hauses"[26] in der Sternwartestraße behängt. Doch gab es nicht nur das Platzproblem. Eine derart große Zahl an Werken eines einzigen Künstlers zu besitzen und nur einen Bruchteil davon an den Wänden unterzubringen, muss für eine Sammlernatur wie Franz Hauer auch zutiefst unbefriedigend gewesen sein. Er war der einzige Sammler von Egger-Lienz und man darf davon ausgehen, dass er sich der daraus erwachsenden Verpflichtung bewusst war. Dass er Mitte des Jahres die monumentalen Werke *Totentanz* und *Sämann und Teufel* erwarb, stand bereits in Zusammenhang mit einer neuen Vision – der Errichtung eines Privatmuseums.

bought a painting he wanted, or if he came to the conclusion that he had paid too high a price.

Christa Hauer-Fruhmann, the collector's granddaughter and a painter herself, had this to say on the topic: "Many years ago, an elderly colleague of mine from the Künstlerhaus told me that my grandfather had once come to his studio . . . , had sat down there and looked around in silence for quite a long time. And when the good man started to think that he didn't like anything and nothing would come of it, my grandfather pointed his cane at the wall and said: 'I will buy this painting and this one and this one, and, yes, that one as well.' And this is what he probably did in other artists' studios as well. He seems to have been a man of quick resolve."[25]

On February 2, 1911, Hauer scored an extraordinary coup when he acquired the lion's share of the artwork in the studio of Egger-Lienz, who was about to leave Vienna. At one fell swoop, he became the proud owner of forty-three oil paintings and a variety of studies and sketches. Despite a room height of 3.55 meters, "all the walls of the spacious house"[26] *on Sternwartestraße were soon filled to capacity. But lack of space was not the only problem. Owning such a great number of works by one single artist and not being able to display more than a fraction of them in one's home must have been deeply unsatisfactory for a dedicated collector such as Franz Hauer. He was Egger-Lienz's only collector and undoubtedly aware of the responsibility this placed on him. His purchase of the monumental paintings* Dance of Death *and* Sower and Devil *in mid-1911 was already undertaken in the context of a new vision: the establishment of a private museum.*

The vision

Franz Hauer seems to have sensed that preserving and honoring the work of Egger-Lienz, who had in a way been "ousted" from Vienna, would be to his personal credit. A letter from the artist dated June 13, 1911, confirms that this was his intention. Egger-Lienz called it a "praiseworthy and enterprising plan" to "mount and exhibit all of the works in [Hauer's] possession; a beautiful artistic idea" that might secure the collector "the gratitude of later generations."[27] *Hauer's enthusiasm for the gallery, the construction of which was "designed to be started in the fall,"*[28] *was infectious and soon spread to the artistic community as well.*

Albin Egger-Lienz
Studie zur Landschaft in „Bergmäher" (oder: Bergbauernhof)/
Study for the Landscape in "Mountain Mowers" (or: Mountain Farm), 1907
Öl auf Leinwand auf Pappe aufgezogen/
oil on canvas mounted on cardboard,
36 × 46 cm

Die Vision

Franz Hauer scheint es geahnt zu haben: Egger-Lienz, dem aus Wien gewissermaßen „Vertriebenen", ein ehrendes Andenken zu schaffen, war etwas, das auch ihm zur Ehre gereichen würde. Ein Schreiben des Künstlers vom 13. Juni 1911 bestätigt das Vorhaben. Es sei ein „löblicher und unternehmender Plan", die in Hauers „Besitze befindlichen Werke geschlossen aufzustellen u. zugänglich zu machen; eine schöne künstlerische Idee", für welche ihm „vielleicht auch spätere Zeiten dankbar sein werden".[27] Hauers Begeisterung für die Galerie, deren Bau „voraussichtlich im Herbst in Angriff genommen"[28] werden sollte, übertrug sich rasch auch auf die Künstlerschaft.

Neben Egger-Lienz, dem „gewichtigsten" Künstler in seiner Sammlung, zählte Hauer stark auf den von ihm ebenfalls protegierten Karl Sterrer. Er war auf den talentierten jungen Maler in der Herbstausstellung 1910 gestoßen und hatte sogleich dessen Gemälde *Liebesfrühling* erworben.[29] Mit dem 1885 geborenen Sterrer war Hauer endgültig bei den Jüngsten angelangt. Sein Interesse für den Maler markiert den Beginn einer Neuorientierung. Hauer war willens, Sterrer zu fördern, seinen Werdegang in gewisser Weise mitzugestalten. Offenbar schwebte beiden die Ausführung eines mehrteiligen Werkes für Hauers Speisezimmer vor.[30] Dass die Beziehung zwischen Hauer und Sterrer, der sich seit April 1911 in Capri aufhielt, nicht komplikationsfrei ablief, davon zeugen die Briefe des Künstlers. Dennoch bot Hauer dem Maler Anfang Juli an, seine gesamte künstlerische Produktion zu erwerben[31] – eine Entscheidung, die aus der Idee der Privatgalerie resultierte. Hauer beharrte nun nicht mehr auf der ursprünglich vereinbarten Bildfolge, schlug vor, „allenfalls lieber weniger [Bilder], ganz Besondere zu machen, als etwas dekoratives"[32] und ließ dem Künstler großzügige Unterstützung angedeihen.

Die ernste Kunstauffassung im Schaffen Egger-Lienz' oder Sterrers entsprach Franz Hauer. Er zog den hart arbeitenden, um Ausdruck „ringenden" Künstler jedem technisch brillierenden „Blender" oder „Manieristen" vor. Vielleicht hatte es mit seiner eigenen Geschichte zu tun, war ihm doch auch nichts in den Schoß gefallen. Christa Hauer-Fruhmann: „In der Familie muß er ein sehr stiller, introvertierter Mensch gewesen sei[n]. Mein Vater schilderte ihn als eine sehr elegante Erscheinung. Er war groß und schlank und hat immer dunkle Gewänder getragen. Er war ein ausgesprochen

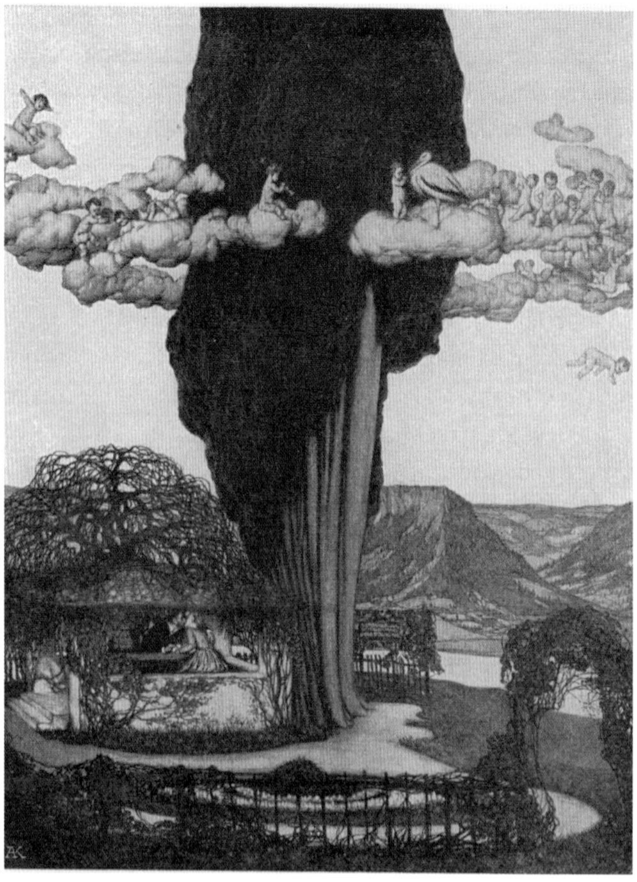

Karl Sterrer
Liebesfrühling/*Springtime of Love*,
1910
Öl auf Leinwand/
oil on canvas,
109,5 × 83,5 cm

In addition to Egger-Lienz, the artist with the most "gravitas" in his collection, Hauer also set great store by another protégé, Karl Sterrer. He had discovered the talented young painter at the 1910 Herbstausstellung *and had immediately acquired the painting* Springtime of Love.[29] *With Sterrer, who was born in 1885, Hauer had finally arrived at the youngest generation of artists. His interest in this painter marked the beginning of a new approach. Hauer was willing to promote Sterrer and exert an influence on the development of his career. Apparently, the two of them had agreed that Sterrer should create a group of paintings for Hauer's dining room.*[30] *The relationship between Hauer and Sterrer, who moved to Capri in April 1911, was not entirely without friction, as the artist's letters indicate. All the same, in early July, Hauer offered to purchase Sterrer's entire artistic output*[31]*—a decision inspired by the idea of setting up a private gallery. He no longer insisted on the number of paintings originally agreed upon and suggested "[creating] perhaps fewer, but very special [paintings], rather than something decorative"*[32] *and granted generous support to the artist.*

The earnest gravitas in the oeuvre of Egger-Lienz and Sterrer resonated well with Franz Hauer. He preferred hard-working

gutaussehender Mann und muß eine wirklich beeindruckende Erscheinung gewesen sein. [...] Die Kinder dürften ihn zwar respektiert und vielleicht auch verehrt haben, aber einen sehr herzlichen Kontakt hat es wohl eher nicht gegeben. [...] Er dürfte eher ein ernster Mensch gewesen sein."[33] Eine Passage aus einem Brief Sterrers sei hier angeschlossen. Sie stellt den Sammler auch als einen Getriebenen, von Zweifeln geplagten Menschen dar: „Sie, lieber Herr Hauer, sind hoffentlich froher wie früher[,] freuen sich auch Ihres Lebens, nichts macht gesünder wie dies. Halten Sie recht fest und trachten Sie gesund zu werden, gönnen Sie sich viel Ruhe, Sie haben ja jetzt schon Ihr Leben wertvoll gestaltet und geben Ihr Leben einer großen Culturellen Sache. Nicht mehr viel brauchen Sie tun und Ihr Name wird nicht untergehn [...]."[34]

Der „edle Kunstfreund"

Franz Hauer war zu einem der wichtigsten Kunstsammler Wiens avanciert, hatte zu einem Künstlerpreis beigetragen[35] und war dabei, eine Privatgalerie zu errichten. Immer häufiger trat er auch als Leihgeber in Erscheinung, nicht nur im Künstlerhaus. 1911 verlieh er Bilder von Egger-Lienz an die viel beachtete *Internationale Kunstausstellung* in

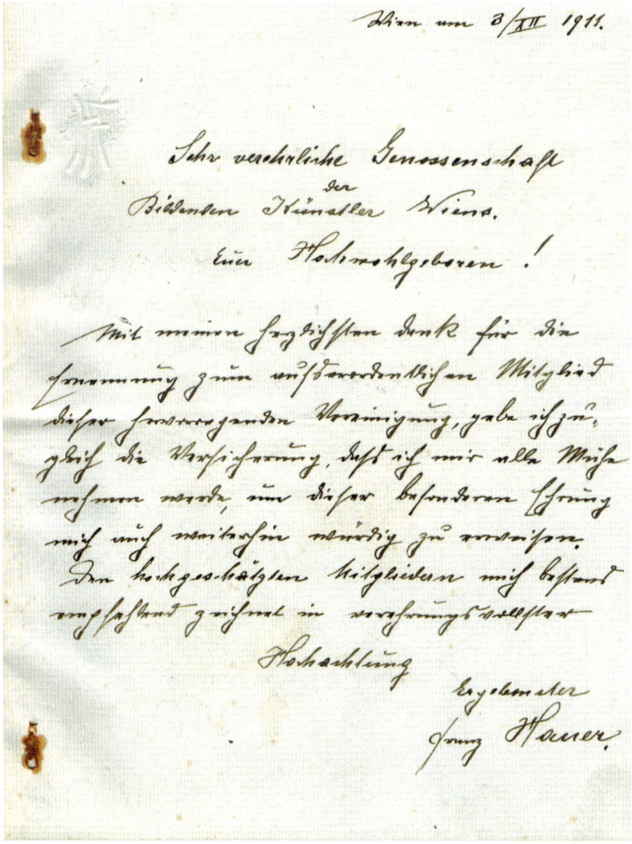

artists who "struggled" for expression to technically brilliant "dazzlers" or "mannerists"—a sense of kinship informed by his own background, perhaps, since nothing had been handed to him on a silver platter. Christa Hauer-Fruhmann put it this way: "In the family, he must have been a very quiet, introverted individual. My father described him as a very elegant man. He was tall and slim and always dressed in dark clothes. He was a really handsome man and must have cut an impressive figure. . . . The children seem to have respected him, perhaps admired him, but the relationship probably was not very affectionate. . . . He must have been a rather serious man."[33] It seems fitting to include here a passage from a letter from Sterrer that portrays the collector also as someone who was driven and beset by doubts: "I hope that you, dear Mr. Hauer, are more cheerful than you used to be and are enjoying life; nothing is more conducive to health than that. Persevere and try to regain your good health, allow yourself a lot of rest; you have already made your life valuable and are devoting your life to a grand cultural enterprise. There is not much more you need to do and your name will not be forgotten . . . ."[34]

The "noble art lover"

Franz Hauer had become one of Vienna's most significant art collectors, had contributed to an art award,[35] and was about to set up a private gallery. With increasing frequency, he provided art loans to exhibitions, not only at the Künstlerhaus. In 1911, he loaned paintings by Egger-Lienz to the celebrated Esposizione internazionale *(International Art Exhibition) in Rome, and he supported the painter's presentations in Weimar, Dresden, and Berlin in 1912. Franz Hauer liked to be recognized as a discerning patron of the arts. Seeing his name quoted, for instance when the works in his collection were reproduced, must have been flattering to him. He was courted by artists and received invitations from them; he was complimented on his expertise, keen eye, and enthusiasm. Within just a few years, Franz Hauer, the "noble art lover," to quote Robert Russ,[36] had become a force to be reckoned with. In recognition of his standing, the Genossenschaft der bildenden Künstler Wiens, the artists' association running the Künstlerhaus, unanimously granted him the status of associate member at their annual meeting on November 29, 1911.[37] In Hauer's letter of thanks, preserved in the archives of the Künstlerhaus, he wrote: "Distinguished Genossenschaft der Bildenden Künstler Wiens. Honorable Members! Please*

Franz Hauer an die Genossenschaft der bildenden Künstler Wiens, 03.12.1911/ *Franz Hauer to the Genossenschaft der bildenden Künstler Wiens, December 3, 1911* Künstlerhaus Archiv, Mappe Franz Hauer

Rom, 1912 unterstützte er dessen Präsentationen in Weimar, Dresden und Berlin. Franz Hauer gefiel sich in der Rolle des kunstsinnigen Mäzens. Die Nennung seines Namens, etwa im Zusammenhang mit der Reproduktion seiner Werke, befriedigte bestimmt auch seine Eitelkeit. Er wurde von Kunstschaffenden hofiert und eingeladen, seine Kenntnis, sein Auge und seine Begeisterungsfähigkeit wurden gelobt. Der „edle Kunstfreund" Franz Hauer, um Robert Russ zu zitieren,[36] war innerhalb weniger Jahre zu einem „Faktor" geworden. Dies würdigend, wurde er anlässlich der Jahresversammlung der Genossenschaft der bildenden Künstler Wiens am 29. November 1911 einstimmig zum außerordentlichen Mitglied ernannt.[37] Im Archiv des Wiener Künstlerhauses hat sich Hauers Dankschreiben erhalten. Darin schreibt er: „Sehr verehrliche Genossenschaft der Bildenden Künstler Wiens. Euer Wohlgeboren! Mit meinem herzlichsten Dank für die Ernennung zum außerordentlichen Mitglied dieser hervorragenden Vereinigung, gebe ich zugleich die Versicherung, daß ich mir alle Mühe nehmen werde, um dieser besonderen Ehrung mich auch weiterhin würdig zu erweisen. Den hochgeschätzten Mitgliedern mich bestens empfehlend zeichnet in verehrungsvollster Hochachtung Ergebenster Franz Hauer."[38]

Anfang 1912 befand sich Franz Hauer schon mitten in der Realisierung seiner Privatgalerie. Die bauliche Erweiterung des Hauses in der Sternwartestraße war nicht möglich gewesen, da im Cottage weder die Maximalhöhe von zwei Stockwerken überschritten noch „Hoftrakte" errichtet werden durften. Hauer hatte sich daher nach einer geeigneten Liegenschaft umsehen müssen und war schließlich in der Silbergasse 40 in Döbling fündig geworden. Investitionen in den zukünftigen Familiensitz sowie der steigende finanzielle Aufwand für seine heranwachsenden Kinder, bei gleichzeitigem Wunsch, die Sammeltätigkeit aufrechtzuerhalten, zwangen Hauer zu Abstrichen. So entschloss er sich in Hinblick auf sein neues Haus mit Garten zur Veräußerung seiner Sommervilla in Rosenburg am Kamp.[39] Im April wurde diese an ein Wiener Ehepaar verkauft.[40] Einen Monat später wechselte auch die Villa in der Sternwartestraße ihren Besitzer.[41] Sie wurde von Dr. Leon Haim de Majo, einem türkisch-sephardischen Großhändler, erworben, dessen traditionsreiche Firma „Haim de Majo" ihren Sitz gleich neben dem Griechenbeisl, in der Griechengasse 7, hatte. Die Vertragsvereinbarung stellte sicher, dass Hauers Familie so lange in der Sternwartestraße wohnen durfte, bis sämtliche Bauarbeiten in der Silbergasse zum Abschluss gebracht

accept my most cordial thanks for the appointment as an associate member of this outstanding association, in conjunction with the assurance that I will make every effort to continue to prove myself worthy of this exceptional honor. With the expression of my highest consideration for the esteemed members, I remain your obedient servant, Franz Hauer."[38]

The spring of 1912 saw Franz Hauer in the midst of building his private gallery. It had not been possible to enlarge the villa on Sternwartestraße for this purpose, since the Cottage building regulations stipulated a maximum height of two floors above ground and forbade the addition of a garden-facing wing. Hauer therefore had to look around for a suitable property, which he finally found at Silbergasse 40 in Döbling, Vienna's nineteenth district. Due to necessary investments in the future family residence, increasing expenditures for his adolescent offspring, and the wish to continue acquiring art, Hauer was forced to compromise. Given that his new property had a garden, he decided to offer his summer villa in the town of Rosenburg am Kamp for sale.[39] It was purchased by a Viennese couple in April.[40] One month later, the villa on Sternwartestraße also changed hands.[41] It was acquired by Leon Haim de Majo, a Turkish-Sephardic wholesaler whose venerable company Haim de Majo had its offices right next to the Griechenbeisl, at Griechengasse 7. The contractual agreement ensured that the Hauer family could remain in the house on Sternwartestraße until construction was completed on the property on Silbergasse. In late July, the time had come to move. Hauer wrote to Egger-Lienz that the summer vacation would have to be cancelled: "In the coming weeks, or perhaps even days, we shall start the move to our new home, and as much as I am nervous about it, I am also looking forward to it, mainly to the gallery."[42]

The private gallery

Franz Hauer's new neighborhood, dubbed Sommerfrischenland *(summer vacation country) by Raoul Auernheimer,[43] was very different from the stylish Cottage and its villas. There were no celebrities or architectural gems in the immediate vicinity. The only notable edifice nearby was the Carmelite church "Zur heiligen Familie," a brick structure designed by the architect Richard Jordan and built between 1898 and 1901. Societal considerations had played no part in Hauer's choice of location: he bought the house on Silbergasse 40 solely with his gallery in mind.*

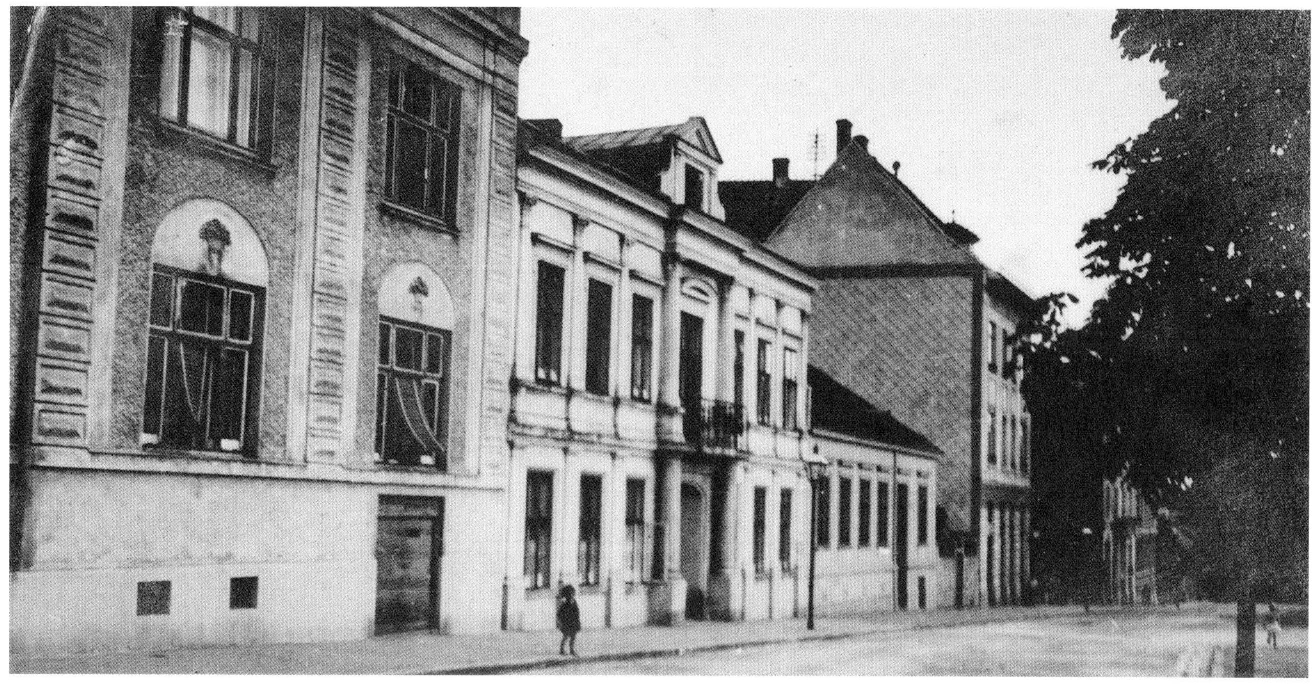

Haus von Franz Hauer, Silbergasse, 19. Bezirk/ *Home of Franz Hauer, Silbergasse, nineteenth district,* um/ *ca.* 1915 Privatbesitz/ *private collection*

waren. Ende Juli war es dann so weit. Hauer schrieb an Egger-Lienz, dass der Sommerurlaub ausfallen müsse, denn: „In den nächsten Wochen, vielleicht schon Tagen, beginnt die Übersiedlung in das neue Heim, so sehr ich diese Sache fürchte, freue ich mich doch darauf, hauptsächlich auf die Galerie."[42]

Die Privatgalerie

Franz Hauers neue Wohngegend, nach Raoul Auernheimer das „Sommerfrischenland,"[43] war nicht vergleichbar mit dem schicken Cottage und seinen Villen. In seiner unmittelbaren Nachbarschaft gab es hier weder Berühmtheiten noch architektonische Besonderheiten, sieht man vom Backsteinbau der gleich vis-à-vis gelegenen Karmeliterkirche „Zur heiligen Familie" ab, die in den Jahren 1898 bis 1901 nach Plänen des Architekten Richard Jordan ausgeführt worden war. Hauers Wahl hatte sich nicht an gesellschaftlichen Überlegungen orientiert. Der Kauf des Hauses Silbergasse 40 erfolgte ausschließlich im Hinblick auf seine Galerie.

Das Gebäude war in den Jahren 1873 und 1874 auf der sogenannten Oberen Scheiben in Unterdöbling errichtet worden. Bauherr war ein „Realitätenbesitzer" aus Währing, Planverfasser Georg Trollmann, ein in Döbling ansässiger Baumeister. Damals war schon der tief in das Grundstück ragende seitliche Hoftrakt entstanden. Franz Hauer erwarb sein „Häuschen", wie er es nannte, am 7. November 1911.[44]

Situated in a part of Döbling called Unterdöbling, in an area known as "Obere Scheiben," the house had been built between 1873 and 1874. A "real-estate owner" from Währing, Vienna's eighteenth district, had commissioned a master builder from Döbling named Georg Trollmann with its construction. This structure already included a lateral courtyard wing that extended deep into the lot. Franz Hauer acquired his "cottage," as he called it, on November 7, 1911,[44] but could only embark on "the refurbishment of the somewhat neglected property"[45] after its tenants had been given notice and moved out. Hauer used the services of the architect and master builder Adolf Micheroli, who had his office on Döblinger Hauptstraße. Micheroli was the "top dog" builder in the district and a very busy man. In 1912 alone he worked on at least six residential buildings. He would later make a name for himself by executing the construction work on the Duschnitz and Mandl villas designed by Adolf Loos, and as the designer of the Atelier für Kinematographie-Aufnahmen (a film studio) for Count Alexander Kolowrat, also in the nineteenth district.[46]

On February 28, 1912, Micheroli submitted the plan for adaptations of the residential part of the building and the future gallery wing at Silbergasse 40. The main changes involved a different use of spaces, the addition of a courtyard-facing terrace, and the addition of another story to the courtyard wing, which was bordered by a large garden of old deciduous trees and ornamental shrubs. Uniform illumination of

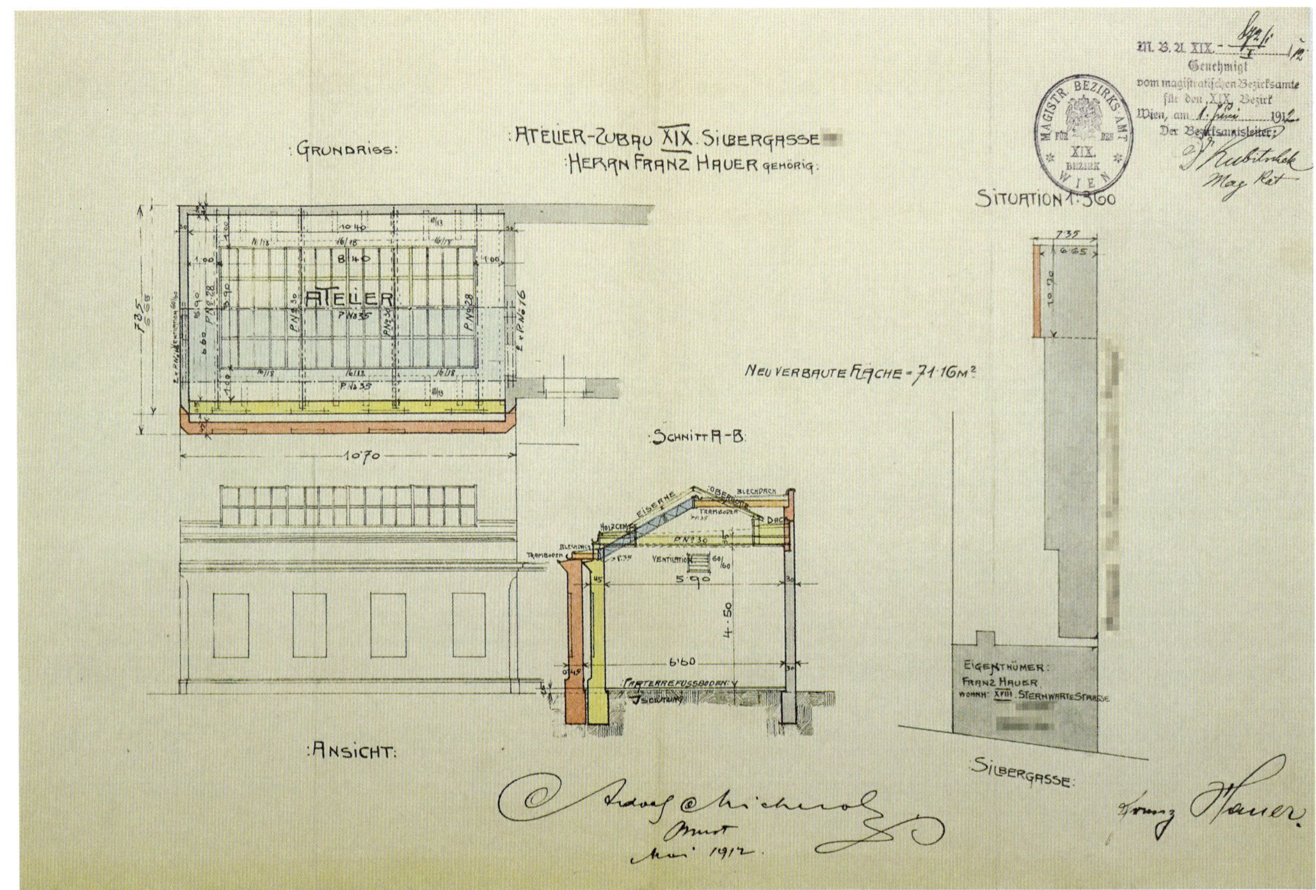

Pläne vom Wohnhaus Franz Hauers, Silbergasse, 19. Bezirk, 1912/*Plans for Franz Hauer's residence on Silbergasse, nineteenth district, 1912*

An „die Herstellung des etwas vernachlässigten Objektes"[45] konnte er erst schreiten, nachdem die hier wohnenden Mietparteien gekündigt worden und ausgezogen waren. Hauer arbeitete mit dem Architekten und Stadtbaumeister Adolf Micheroli zusammen, dessen Baukanzlei sich in der Döblinger Hauptstraße befand. Micheroli war im Bezirk als Baumeister „Platzhirsch" und ein viel beschäftigter Mann. Allein 1912 arbeitete er an zumindest sechs Wohnbauten. Später machte er sich einen Namen als ausführender Baumeister bei der Villa Duschnitz und der Villa Mandl nach Plänen von Adolf Loos und als Architekt des „Ateliers für Kinematographie-Aufnahmen" für Alexander Graf Kolowrat, ebenfalls im 19. Bezirk.[46]

Den Plan für die Silbergasse 40, Adaptierungen im Bereich des Wohngebäudes und des zukünftigen Galerietrakts betreffend, legte Micheroli am 28. Februar 1912 vor. Im Wesentlichen ging es um veränderte Raumwidmungen, um den Anbau einer hofseitigen Terrasse und um die Aufstockung des Hoftrakts, der an den großen, mit alten Laubbäumen und Ziersträuchern bestandenen Garten angrenzte. Die Räume des neu zu errichtenden Obergeschoßes sollten mittels durchlaufender Oberlichten gleichmäßige Beleuchtung

the rooms on the new top floor was to be ensured by a continuous band of skylights. The building permit was granted on March 8. Just a few days later, a new idea was submitted: instead of building a new top floor, the plan was to add a large room, designated as the "studio," at the far end of the existing single-level courtyard wing. In May, another blueprint was submitted, which provided for a wider studio with a different roof. All of these changes suggest that the structure was "tailored" to the presentation of Hauer's Egger-Lienz collection. According to the records, the construction was completed on August 1, and six days later the building was approved by the authorities. The family moved in immediately afterwards. Together with Hauer and his family, his paintings (or, to quote Sterrer, his "children") "happily moved to their new home."[47]

At the end of August, Hauer and his family spent a few restful days in Bad Ischl,[48] *and then he began to furnish his private gallery. Obviously, this was going to be a lengthy process. Only the space built specifically for the work of Egger-Lienz, the last room at the far end and the highlight of the gallery, was probably soon completed in all its glory. Only one photograph, probably from 1913,*[49] *has been*

erhalten. Die Baubewilligung wurde am 8. März erteilt. Schon wenige Tage später wurde eine neue Idee zu Papier gebracht. Auf die Aufstockung sollte nun doch verzichtet und stattdessen an den bestehenden ebenerdigen Hoftrakt in der Tiefe des Gartens ein Saalbau, „Atelier“ genannt, angebaut werden. Im Mai wurde ein weiterer Auswechslungsplan eingereicht, der beim Atelier eine größere Raumbreite und eine abgeänderte Dachsituation vorsah. Alle diese Änderungen verweisen auf eine „Maßschneiderung“ im Hinblick auf Hauers Egger-Lienz-Kollektion. Als Zeitpunkt für die bauliche Vollendung wird der 1. August angegeben, die Kollaudierung erfolgte sechs Tage später. Die Übersiedlung schloss unmittelbar an. Mit Hauer und seiner Familie waren auch seine Bilder beziehungsweise mit Sterrer seine „Kinder fröhlich zurückgekehrt in's neue Heim“.[47]

Ende August gönnten sich Hauer und seine Familie ein paar Tage Erholung in Bad Ischl,[48] danach ging es an die Einrichtung seiner Privatgalerie. Dass dies ein längerer Prozess werden musste, liegt auf der Hand. Nur der eigens für die Werke Egger-Lienz' errichtete Saal, der letzte Raum und gleichzeitig Höhepunkt der Galerie, dürfte bald schon in vollem Glanz erstrahlt sein. Ein einziges Foto, vermutlich aus dem Jahre 1913,[49] ist davon erhalten. Es zeigt Egger-Lienz' Hauptwerk, *Die Lebensalter*, wie vom Künstler empfohlen, auf einer Wand zu einem großen Bild arrangiert.[50] Die Aufnahme gibt eine Vorstellung von dem gewaltigen Eindruck, den das Schaffen dieses Künstlers bei Besuchern von Hauers Privatmuseum hinterlassen haben muss.

Vorhandene Baupläne und diverse Erwähnungen ergeben ein einigermaßen konkretes Bild von diesem später umgebauten, heute nicht mehr auszumachenden Bautrakt. Seine Fassade war von Micheroli zurückhaltend gestaltet worden. Gegen den Garten gliederten, anders als in der ursprünglichen Planung, nur drei Blindfenster seine Außenerscheinung.[51] Licht erhielt der mit knapp 79 Quadratmeter verbauter Fläche großzügig dimensionierte, 6,60 Meter breite, 10,40 Meter lange und 4,50 Meter hohe „Atelier“-Raum durch eine Oberlichte. Das geplante Glasgiebeldach wurde im Zuge einer Auswechslung durch ein großes nordwärts geneigtes Glaspultdach ersetzt. Egger-Lienz war schon Ende 1911 für die Beleuchtung seiner Werke von oben eingetreten: „Oberlicht wäre sicher der beste Ausweg um viel und gut beleuchtet unter zu bringen, besonders für die großen Bilder welche mit Casein gemalt sind wäre ein hell überscheintes Oberlicht, ideal.“[52] Auch was die Innenausstattung

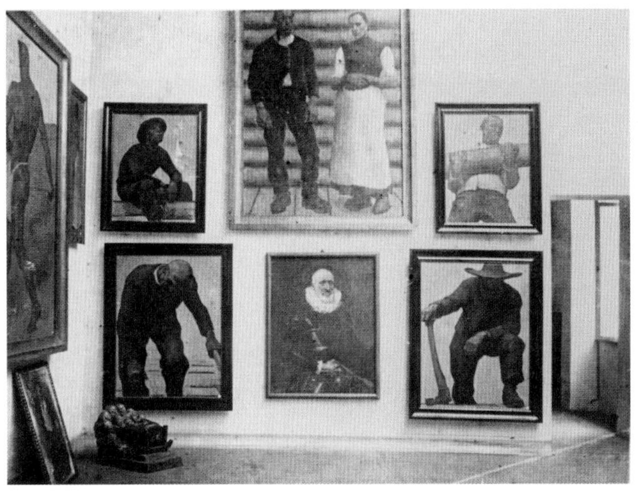

„Galerie Hauer“ mit Werken von Albin Egger-Lienz in der Silbergasse, 19. Bezirk, um 1913/ *“Hauer Gallery” with works by Albin Egger-Lienz on Silbergasse, nineteenth district, ca. 1913* Privatbesitz/ *private collection*

preserved. It shows Egger-Lienz' principal work, The Ages of Life, *arranged on one wall in line with the artist's recommendation to form a large tableau.*[50] *The photograph conveys an idea of the tremendous impression the artist's work must have made on visitors to Hauer's private museum.*

Existing blueprints and various references found in documents provide quite a good idea of what this gallery looked like; the building was remodeled at a later point, and the gallery wing can no longer be identified today. Micheroli had opted for a restrained façade that deviated from the original designs and was articulated only by three blind windows.[51] *Covering a floor space of approximately 79 square meters, the generously dimensioned “studio” was 6.6 meters wide, 10.4 meters long, and 4.5 meters high. Illumination was provided by a skylight. The gabled glass roof from the original design was changed to a large mono-pitched glass roof slanting toward the north. In late 1911, Egger-Lienz had already advocated lighting his works from above. “A skylight would certainly be the best way to accommodate a great number of works and have them well-lit. Particularly for large canvases done in casein paint, bright light from a skylight would be ideal.”*[52] *It is conceivable that suggestions Egger-Lienz made with a view to the interior design were also taken into account. In June 1912, he wrote: “I would advise you to have very light-colored walls and not to accept a brown floor, since that would detract from the paintings, most of which are very brown. Gray, perhaps, and not too dark.”*[53] *There is no information about the color scheme ultimately chosen for the gallery, but we know which materials were used: the walls were covered with organdy, a very fine, translucent cotton fabric, and the floor covering was linoleum. An electric fan provided ventilation.*[54]

Franz und/*and* Anna Hauer, um/*ca.* 1913 Privatbesitz/ *private collection*

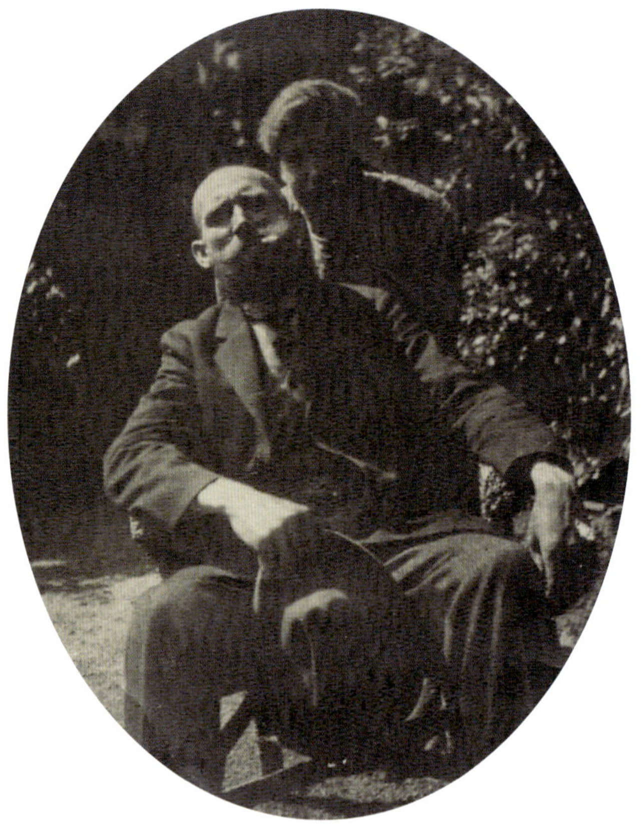

betraf, ist es möglich, dass Anregungen von Egger-Lienz berücksichtigt wurden. So bemerkte dieser im Juni 1912: „Ich würde Ihnen raten sehr helle Wände zu nehmen und keinen braunen Fußboden zuzulassen, da er die Bilder welche meistens sehr braun sind schlagen würde. Vielleicht grau nicht zu dunkel."[53] Die endgültige Farbigkeit der Galerieräume ist nicht überliefert, doch die gewählten Materialien sind bekannt. So wurden Wände mit Organdin, feinem, leinwandartigem Baumwollstoff, bespannt und Böden mit Linoleumbelag ausgeführt. Ein elektrischer Ventilator sorgte für Belüftung.[54]

Aus dem Wunsch heraus, dem Schaffen einzelner wichtiger Künstler ganze Räume zu widmen, bemühte sich Hauer, seine Sammlung durch aussagekräftige Arbeiten zu ergänzen und abzurunden. Im Zuge der voranschreitenden Einrichtung der Galerieräume versuchte er aber auch, Bilder, von denen er sich distanziert hatte, loszuwerden, zu tauschen oder weiterzuverkaufen – es gab diesbezüglich Kontakt zum Kunsthändler Hermann Herrmann in der Spiegelgasse 21,[55] doch „leider nicht viel Resultate".[56] Sterrer bestärkte ihn darin: „Dass Sie einige Ihrer Bilder verkaufen ist gut. Für ein gutes Bild ist nichts besser, als eine gute Nachbarschaft. Einiges haben Sie, was störend ist und in jeder Beziehung schädlich, denn nützlich kann so ein Unternehmen nur dann

Prompted by the wish to devote entire rooms to individual artists, Hauer tried to acquire significant works to supplement and round off his collection. While the gallery was taking shape, he also wanted to dispense with paintings he no longer cherished by means of barter or sale. To this end, he contacted the art dealer Hermann Herrmann at Spiegelgasse 21,[55] but this "did not bring many results, unfortunately."[56] Sterrer endorsed these efforts: "It is a good thing that you are selling some of your paintings. Nothing is better for a good painting than being surrounded by good neighbors. You have some items that are distracting and damaging in every respect, for such an endeavor can only be entirely useful if it does not cater to poor, weak tastes and minds."[57] In another letter, Sterrer made reference to the state's ill-informed cultural policy: "For you, 'dear Mr. Hauer,' this fogyish leadership of the state can be beneficial, apart from the reputation of the paintings, insofar as you become the opposite pole in terms of art collecting. Just be very careful with your purchases and don't let yourself be taken by surprise by anything short-lived."[58] Hauer may well have taken to heart Sterrer's recommendation to become an "opposite pole in terms of art collecting," one of the consequences being that he soon distanced himself from Sterrer.

Collecting in a different league

When he decided to set up a private museum, Hauer had also started to become even more zealous as a collector

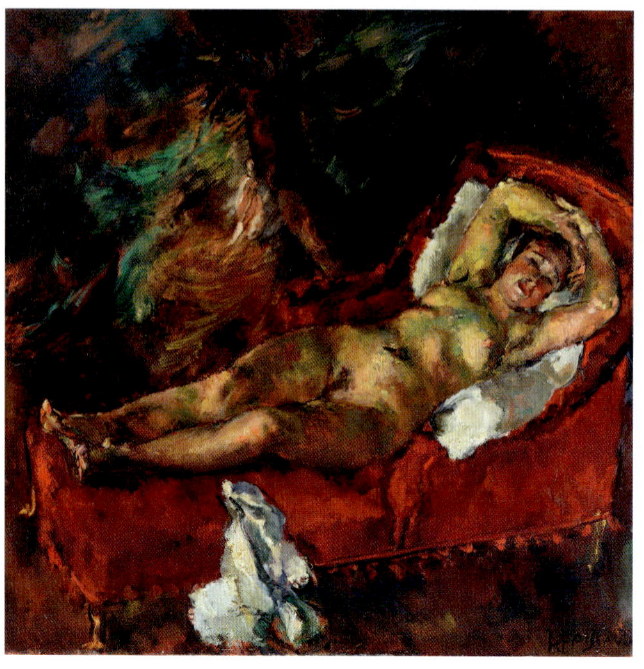

Anton Faistauer Akt auf rotem Sofa/*Nude on a Red Sofa*, 1912/13 Öl auf Leinwand/ *oil on canvas*, 150 × 150 cm Salzburg Museum

ganz sein, wenn darin dem armen schwachen Geschmack und Hirn, nicht gedient wird."[57] An einer anderen Stelle nahm Sterrer auf die ignorante Kulturpolitik des Staates Bezug: „Für Sie ‚lieber Herr Hauer' kann diese verzopfte Dummheit die grässliche Führung des Staates insofern Nutzen bringen, dass Sie abgesehn vom Ruf der Bilder, der Gegenpol im künstlerischen Sammeln werden. Sind Sie nur recht vorsichtig im Kaufen u. lassen Sie sich nicht vom Momentanen überraschen."[58] Hauer mag sich Sterrers Empfehlung, „Gegenpol im künstlerischen Sammeln" zu werden, zu Herzen genommen haben, was bald auch zur Folge hatte, dass er zu Sterrer auf Distanz ging.

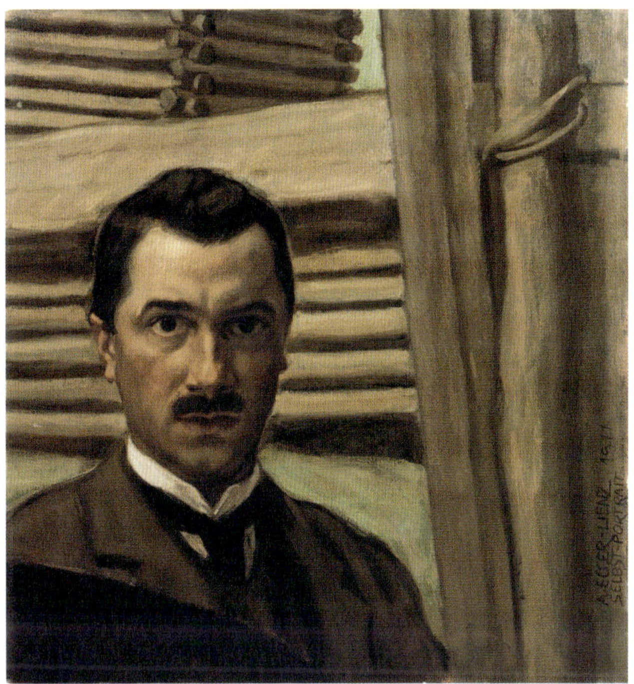

Albin Egger-Lienz Selbstbildnis/ *Self-Portrait*, 1911 Öl auf Leinwand/ *oil on canvas*, 64,5 × 61,5 cm Privatbesitz/ *private collection*

Sammeln in einer anderen Liga

Mit der Entscheidung, ein Privatmuseum einzurichten, hatte der Sammler zugleich die Entscheidung zu noch offensiverem Sammeln und zu noch radikaleren, damals höchst umstrittenen künstlerischen Positionen getroffen. „Arrivierte Maler interessierten ihn nicht. Ständig war er auf der Suche nach neuen Talenten. Wenn mein Vater von einem jungen, unbekannten Maler hörte, war mit Sicherheit anzunehmen, daß er in Kürze bei ihm erschien."[59] Mit der Gründung seiner Galerie sammelte Franz Hauer, wenn man so möchte, tatsächlich „in einer anderen Liga". Es besteht kein Zweifel, dass er spätestens im Februar 1911 mit dieser in Berührung gekommen war, als die Neukunstgruppe im Hagenbund ihren großen Auftritt hatte. Bestimmt hatte er damals die teils überschwängliche Berichterstattung, etwa des Kunstwissenschaftlers und -kritikers Dr. Arthur Roessler, der die Malerei von Mitgliedern des Künstlerhauses als längst überholt bloßstellte, genauestens

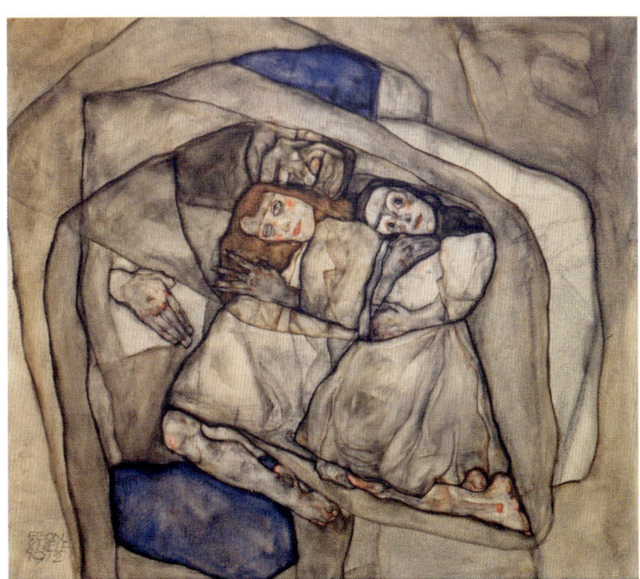

Egon Schiele Bekehrung/ *Conversion*, 1912 Öl auf Leinwand/ *oil on canvas*, 69,9 × 80 cm Privatbesitz/ *private collection*, Courtesy Galerie St. Etienne, New York

and to acquire even more radical artistic stances that were highly controversial at the time. "Established painters were of no interest to him," recalled Leopold Hauer. "He was always looking for new talents. If my father heard of a young, unknown painter, one could be sure that he would very soon go and see him."[59] In a way, the inception of his gallery really put Franz Hauer in a different league as a collector. There can be no doubt that he had already attained that level in February 1911, when the Neukunstgruppe (New Art Group) had its grand appearance in the exhibition spaces of the Hagenbund. He would certainly have scrupulously followed the reviews, some of them very effusive, including those by the art historian and critic Arthur Roessler, who denounced the paintings by the members of the Künstlerhaus as thoroughly outdated. This is important to note, since the exhibition was an opportunity for Hauer to encounter the works of Robin Christian Andersen, Anton Faistauer, Sebastian Isepp, Oskar Kokoschka, Anton Kolig, and Egon Schiele, which shaped his artistic proclivities and his collecting from that point onward.

Hauer may have met Anton Faistauer, an exceptionally talented member of the Neukunstgruppe, on the occasion of the 1912 spring exhibition at the Hagenbund through the agency of Arthur Roessler. The following summer, Hauer purchased a pivotal early work by Faistauer, the painting of a reclining Nude on a Red Sofa *measuring 150 × 150 cm. In early July, Egon Schiele approached Hauer—apparently*

Oskar Kokoschka
Doppelakt: Zwei Frauen/ *Double Nude: Two Women (Sketch)*, 1912
Öl auf Leinwand/ *oil on canvas*, 147,3 × 84,5 cm
Davis Museum at Wellesley College, Wellesley, MA, Gift of Professor and Mrs. John McAndrew

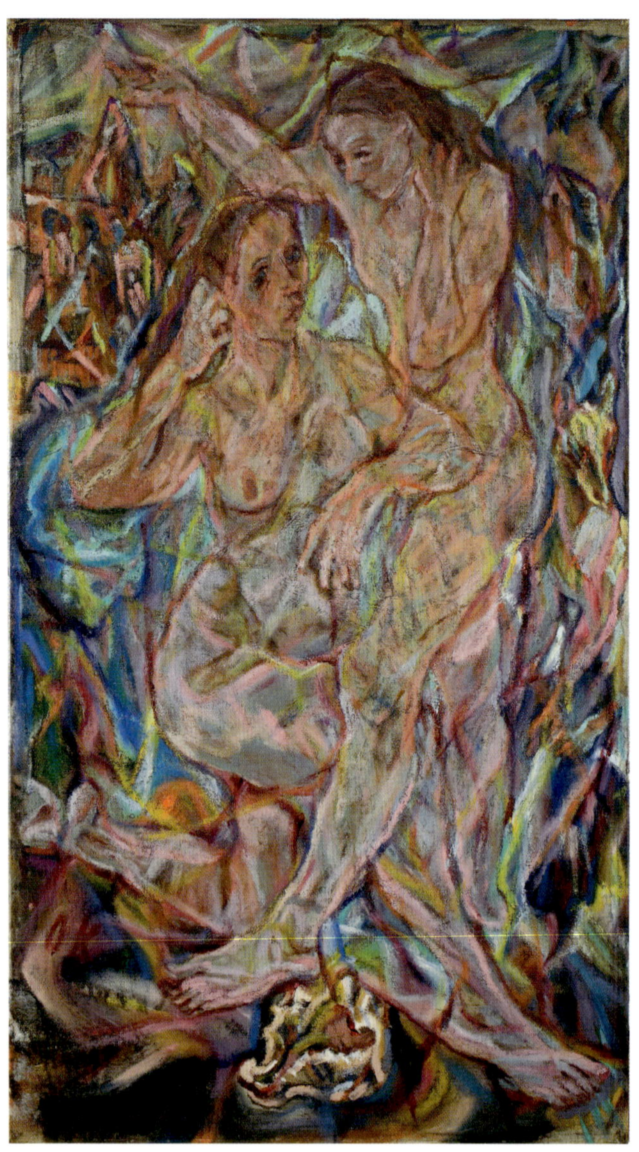

verfolgt. Das ist insofern von Bedeutung, als Hauer in dieser Ausstellung das Schaffen von Robin Christian Andersen, Anton Faistauer, Sebastian Isepp, Oskar Kokoschka, Anton Kolig und Egon Schiele, die seine künstlerische Ausrichtung und Sammlung fortan prägen sollten, kennenlernen konnte.

Mit Anton Faistauer, einem Ausnahmetalent aus der Neukunstgruppe, könnte sich ein persönlicher Kontakt – möglicherweise über Vermittlung Arthur Roesslers – anlässlich der Frühjahrsausstellung 1912 im Hagenbund angebahnt haben. Im Sommer erwarb Hauer dann Faistauers frühes Hauptwerk, den 150 × 150 cm großen liegenden *Akt auf rotem Sofa*. Offenbar aus freien Stücken hatte sich Anfang Juli auch Egon Schiele bei Franz Hauer um einen Ankauf beworben.[60] Bald darauf konnte er den Erhalt von 900 Kronen für drei seiner Bilder – *Herbstland*, *Bekehrung* und *Agonie* – bestätigen.[61] Im

unprompted—offering to sell some of his works to the collector.[60] It was only a short time later that Schiele acknowledged the receipt of 900 kronen for three of his paintings— Autumn Land, Conversion, *and* Agony.[61] *In October of 1912, Hauer owned at least one painting by Oskar Kokoschka, namely the double nude* Two Women, *also known as* The Bathers.[62] *A few months later, Hauer sent three Kokoschka paintings to Budapest as a loan. In the same year, the collector also purchased a still life by Anton Kolig, thereby assisting the painter with his plan to move to Paris with his family for two years.*

Another young artist who enjoyed Hauer's benevolent patronage around that time was Gustav Schütt. Since their time together at Robert Scheffer's painting school, Schütt had been in close contact with Faistauer and Andersen. Between 1910 and 1912, the three artists enjoyed several sojourns in the Swiss canton of Ticino, in the village of Arcegno, near Ascona on Lago Maggiore. A painting by Faistauer depicting Gustav Schütt bears witness to one of these stays.[63] Although Schütt was not a member of the Neukunstgruppe, his work was displayed in 1912 together with the group's main representatives at the Hagenbund's spring exhibition. Almost fifty years later, the artist wrote down his recollections of Franz Hauer, "the only Austrian patron, . . . who never used works of art for speculation!—An idealist!" He also remembered what was probably Hauer's first visit at Würffelgasse, how Hauer seemed "like a Baltic prince" to his twenty-two-year-old self, and how they rode a cab to Silbergasse in silence. "Father Hauer took me to the first floor. First, I had to eat and drink. . . . . Then he became more solemn! He showed me the bedroom and said: 'This is how I started collecting!' A kitsch Madonna, a kitsch Christ hanging above the beds. Nasty watercolors on the way down. And then he opened a little door to his sanctuary."[64] With Hauer's help, Schütt was able to undertake a study trip to Ticino, and Hauer also purchased paintings the artist sent from South Tyrol (Alto Adige) in March, 1913. Twenty-seven works by the painter in his collection testify to his appreciation of the young talent.

In early October 1912, Robin Christian Andersen had sent "several handsome landscapes"[65] to Hauer from Ascona. While not academy trained, Andersen was a member of the Neukunstgruppe and as such had attracted a good deal of attention with his paintings. Hauer seems to have

Oktober besaß Hauer zumindest schon ein Werk von Oskar Kokoschka und zwar den Doppelakt *Zwei Frauen* beziehungsweise *Die Badenden*.[62] Wenige Monate später gingen gleich drei Kokoschka-Gemälde als Leihgaben Franz Hauers nach Budapest. Durch den Ankauf eines Stilllebens unterstützte der Sammler, ebenfalls 1912, Anton Koligs Vorhaben, mit seiner Familie für zwei Jahre nach Paris zu gehen.

Ein anderer junger Künstler, der um diese Zeit Hauers wohlwollende Förderung erfuhr, war Gustav Schütt. Schütt stand seit ihrer gemeinsamen Zeit in der Malschule von Robert Scheffer in enger Verbindung mit Faistauer und Andersen. In den Jahren von 1910 bis 1912 hielten sie sich vermutlich mehrmals gemeinsam im Tessin, in Arcegno bei Ascona am Lago Maggiore, auf. Von einem dieser Aufenthalte zeugt ein Gemälde Faistauers, das Gustav Schütt darstellt.[63] Schütt gehörte zwar nicht der Neukunstgruppe an, stellte 1912 jedoch gemeinsam mit deren Hauptvertretern in der Frühjahrsausstellung des Hagenbundes aus. Fast fünfzig Jahre später hielt der Künstler seine Erinnerung an Franz Hauer fest, an „den österreichischen einzigen Mäzen, [...] der nie mit Kunstwerken herumspekulierte! – Ein Idealist!". Er erinnerte sich auch an Hauers vermutlich ersten Besuch in der Würffelgasse, dass er ihm, dem damals 22-Jährigen, „wie ein baltischer Fürst" erschien, und an die gemeinsame, wortlose Taxifahrt in die Silbergasse. „Vater Hauer führte mich in den ersten Stock. Zuerst mußte ich essen und trinken. [...] Danach wurde er feierlicher! Er zeigte mir das Schlafzimmer und sagte: ‚So begann ich zu sammeln!' Eine Kitschmadonna, ein Kitschchristus hingen über den Betten. Treppab böse Aquarelle. Und dann öffnete er ein Türchen in seine Heiligtümer."[64] Hauer ermöglichte Schütt eine Studienreise ins Tessin und erwarb in der Folge auch Bilder, die der Künstler im März 1913 aus Südtirol sandte. Seine Wertschätzung für das junge Talent manifestierte sich in seiner Sammlung in 27 Werken.

Auch Robin Christian Andersen hatte Anfang Oktober 1912 aus Ascona „einige recht hübsche Landschaften"[65] an Hauer geschickt. Andersen war ohne akademische Ausbildung, aber Mitglied der Neukunstgruppe und hatte als solches mit seinen Bildern schon einiges Aufsehen erregt. Hauer dürfte von seinem Schaffen gleich angesprochen gewesen sein. Es existieren nur wenige schriftliche Zeugnisse über den Kontakt zwischen dem Künstler und dem Sammler, die große Zahl von 31 Andersen-Werken in der Privatgalerie Hauers spricht jedoch dafür, dass der Maler ebenfalls richtiggehend „unter Vertrag" genommen wurde.

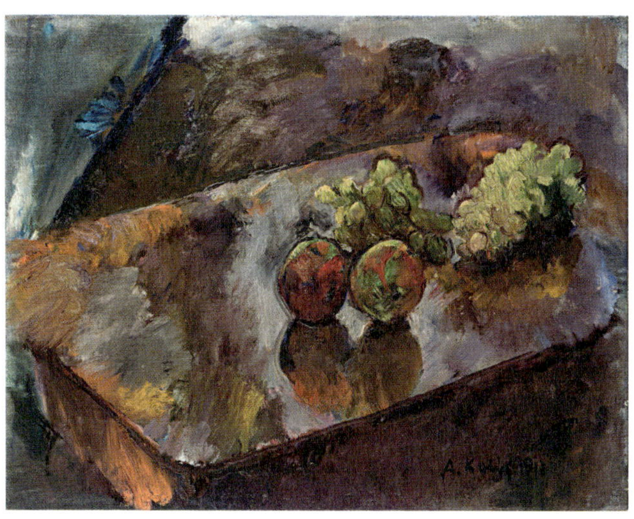

Anton Kolig
Stillleben mit Äpfeln und Weintrauben/*Still Life with Apples and Grapes*, 1912
Öl auf Leinwand/*oil on canvas*, 49,2 × 63,5 cm
Leopold Museum, Wien/*Vienna*

been taken with them immediately. There is little documentary evidence of the contact between the artist and the collector, but the large number of works by Andersen in Hauer's private gallery, thirty-one in total, suggests that he joined the ranks of artists virtually "under contract" with the collector.

It is impressive to see the other artists featured at Silbergasse. They include Hugo Baar, Victor Hammer, Felix Albrecht Harta, Sebastian Isepp, Oskar Laske, František Šimon, Josef Stoitzner, Wilhelm Thöny, and Franz von Zülow, to single out just some of the luminaries. Hauer knew Baar, Isepp, Laske, and Šimon through exhibitions of the Hagenbund; Harta, Stoitzner, Thöny, and Zülow through the Vienna Secession; and Victor Hammer through the Griechenbeisl—no, Hammer was not a regular there, but he had been born at

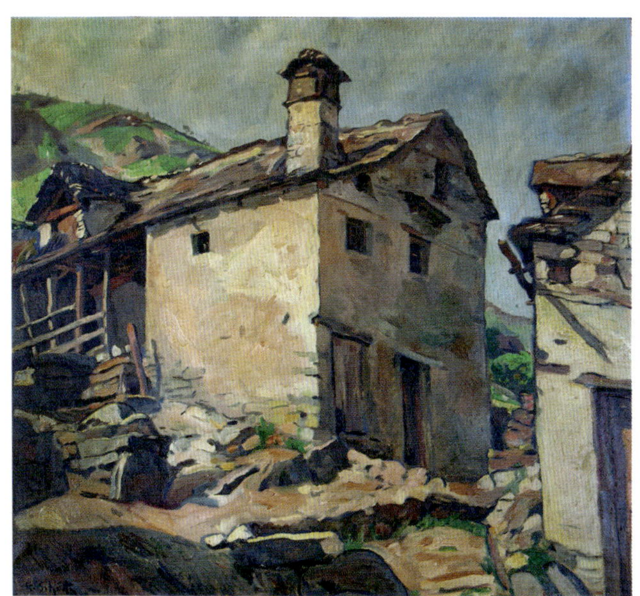

Gustav Schütt
Haus in den Bergen/*House in the Mountains*, um/*ca.* 1912/13,
Öl auf Leinwand/*oil on canvas*, 100 × 100 cm
Privatbesitz/*private collection*

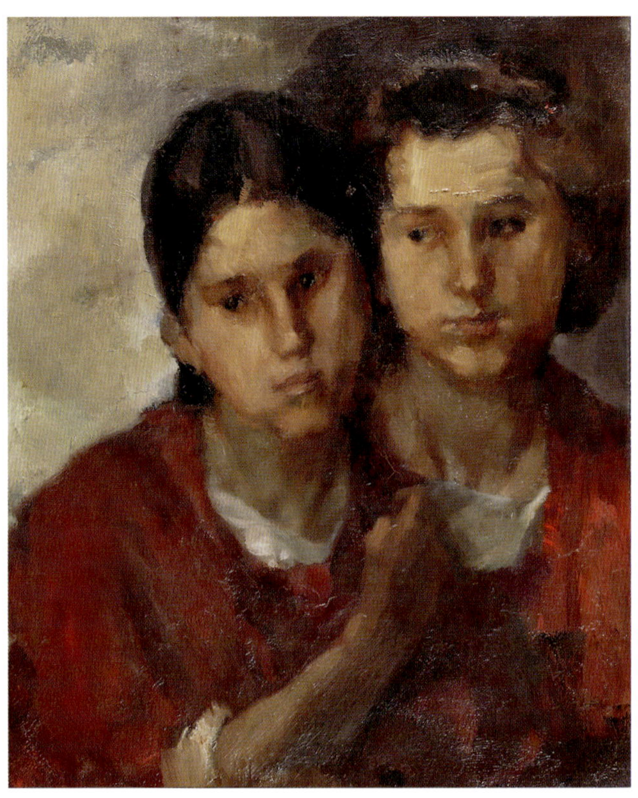

Oskar Larsen Porträt von Fräuleins Rosa und Bertha Hauer/*Portrait of the Girls Rosa and Bertha Hauer*, um/*ca.* 1912/13, Öl auf Leinwand/*oil on canvas*, 68 × 60 cm Privatbesitz/*private collection*

Es ist beeindruckend, welche Künstler in der Silbergasse noch vertreten waren. Hugo Baar, Victor Hammer, Felix Albrecht Harta, Sebastian Isepp und Oskar Laske sind angeführt, neben vielen anderen auch František Šimon, Josef Stoitzner, Wilhelm Thöny und Franz von Zülow. Zu Baar, Isepp, Laske und Šimon bestand eine Verbindung über Ausstellungen des Hagenbundes, zu Harta, Stoitzner, Thöny und Zülow über die Wiener Secession und zu Victor Hammer sogar über das Griechenbeisl – nein, Hammer war dort kein Stammgast, er hatte am 9. Dezember 1882 in der Griechengasse 9 das Licht der Welt erblickt.[66] Dass mancher dieser damals blutjungen, am Beginn ihrer Karriere stehenden Maler in der Silbergasse mit nur einem Werk vertreten war und manch anderer heute längst vergessen ist, schmälert Franz Hauers Leistung in keiner Weise.

„Von seinem feinen Instinkt in Kunstdingen"

Im Februar 1913 fand in den „Ateliers der Vereinigung bildender Künstlerinnen Österreichs" im Hotel Astoria in der Kärntner Straße 32–34 eine Ausstellung der Künstler Alfred Buchta, Oskar Larsen und Karl Sterrer statt. Die präsentierten Werke entstammten zur Gänze der Sammlung Franz Hauers. Zu Buchta und Larsen war der Sammler wohl über den Tiroler Hubert Lanzinger gekommen. Schon im Frühjahr 1912 hatte Egger-Lienz empfohlen, dessen Arbeiten zu kaufen.[67] Buchta,

Griechengasse 9 on December 9, 1882.[66] The fact that some of these young painters who were just embarking on their careers were represented at Silbergasse with one painting only and that others have long been forgotten should in no way detract from Franz Hauer's achievements.

"... his fine instincts in matters of art"

In February 1913, an exhibition of works by Alfred Buchta, Oskar Larsen, and Karl Sterrer was held at the studios of the Austrian Association of Women Artists (Vereinigung bildender Künstlerinnen Österreichs) at the Hotel Astoria, at Kärntner Straße 32–34. All of the artwork on display came from Franz Hauer's collection. The collector had probably discovered Buchta and Larsen via the Tyrolean artist Hubert Lanzinger. In the spring of 1912, Egger-Lienz had already recommended that Hauer buy Lanzinger's work.[67] Buchta, Larsen, and Lanzinger had studied under Alois Delug, and between 1906 and 1909 they had collaborated on cartoons for intarsia destined for the town hall of Bolzano. It seems conceivable that this constellation prompted Hauer to collect works by each of these artist friends. He owned eighteen works by Lanzinger, twenty-one by Larsen, including the double portrait of his daughters Rosa and Bertha, and he possessed the proud number of thirty-four works by Buchta. Lanzinger was probably travelling again at that time,[68] which would explain why, in addition to Buchta and Larsen, Hauer preferred to show works by Sterrer in the exhibition. The show also provided greater publicity for Franz Hauer as a reputable art collector. His treasures were on display at the center of Vienna, and the reviews were positive. In the Hungarian daily Pester Lloyd, *Amelia Sarah Levetus noted: "The works . . . are from the collection of Mr. Hauer, owner of the famous 'Reichenberger Beisel' on Griechengasse. This gentleman, a complete autodidact, is a great art lover, who, in order to prevent the demolition of beautiful remains of medieval architecture on Griechengasse, bought the old restaurant. In his leisure time, he collects paintings and other modern artwork and has already acquired a whole gallery, which is housed in a studio in the Cottage [quarter]. The paintings on display here testify to his fine instincts in matters of art . . . ."[69]*

Franz Hauer had now made a name for himself as a collector. Theodor von Frimmel even dedicated an entry in his Geschichte der Wiener Gemäldesammlungen[70] *to Hauer, and Ludwig W. Abels, a writer, art historian, and critic, is*

Larsen und Lanzinger hatten bei Alois Delug studiert und in den Jahren 1906 bis 1909 gemeinsam an Kartons zu Intarsien gearbeitet, die für das Bozener Rathaus bestimmt waren. Es ist nachvollziehbar, dass Hauer aufgrund dieser Konstellation von jedem Einzelnen der Künstlerfreunde eine Sammlung anlegte. Von Lanzinger besaß er 18 Werke, von Larsen 21, darunter das Doppelbildnis seiner Töchter Rosa und Bertha, und von Buchta sogar 34 Arbeiten. Lanzinger befand sich damals wohl wieder auf Reisen.[68] Das würde erklären, warum Hauer es vorzog, in der Ausstellung neben Buchta und Larsen Werke Sterrers zu präsentieren. Die Schau bot auch Franz Hauer als Sammlerpersönlichkeit eine breitere Öffentlichkeit. Seine Schätze wurden mitten in Wien gezeigt und von der Presse wohlwollend aufgenommen. Amelia Sarah Levetus notierte im *Pester Lloyd*: „Die Werke [...] entstammen der Sammlung des Herrn Hauer, des Besitzers des berühmten ‚Reichenberger Beisel' in der Griechengasse. Dieser Herr, ein vollständiger Autodidakt, ist ein großer Kunstfreund, der, um die Demolierung des schönen Ueberrestes mittelalterlicher Architektur in der Griechengasse aufzuhalten, das alte Restaurant ankaufte. In seinen Mußestunden sammelt er Bilder und andere moderne Kunstwerke und hat bereits eine ganze Galerie erworben, die in einem Atelier im Cottage untergebracht ist. Die jetzt ausgestellten Bilder zeugen von seinem feinen Instinkt in Kunstdingen [...].“[69]

Franz Hauer hatte sich als Sammler einen Namen gemacht. Theodor von Frimmel widmete ihm sogar einen Eintrag in seiner *Geschichte der Wiener Gemäldesammlungen*[70] und auch Ludwig W. Abels, Schriftsteller, Kunsthistoriker und Kritiker, soll mit ihm in Verbindung gestanden sein. In einer Würdigung findet Abels „als künstlerischer Berater von fast allen Mäzenen jener längst entschwundenen, besseren Zeit“,[71] darunter auch Franz Hauer, Erwähnung. Abels hatte Kontakt zu Künstlern der Neukunstgruppe, rezensierte Künstlerhaus-Ausstellungen und war mit Franz Zelezny, von dem Hauer einige Skulpturen besaß, befreundet. An „Brücken“ zu Hauer gab es diese und auch andere. Wie man für Arthur Roessler und Berta Zuckerkandl annehmen darf, so wird wohl auch Abels Franz Hauers Privatmuseum gesehen haben. Inwieweit er aber Einfluss auf dessen Sammeltätigkeit nahm, bleibt dahingestellt.

Durch seine Spezialisierung auf die jüngste, sich bewusst vom Künstlerhaus abgrenzende Künstlergeneration dürfte Hauer ebenfalls zunehmend Abstand von selbigem genommen haben. Auf der Jahresausstellung 1913 kam es zu

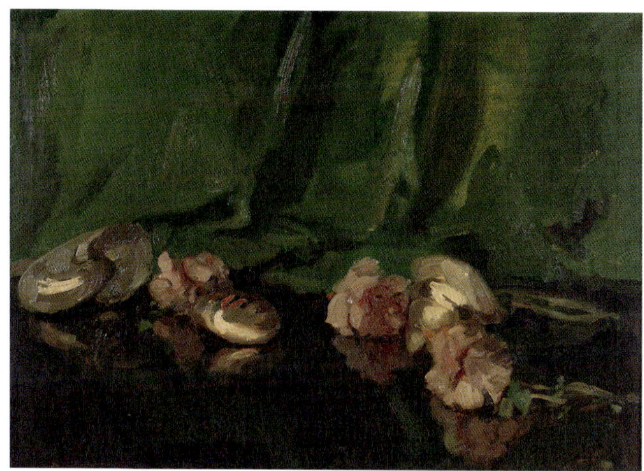

Alfred Buchta
Blumen und Vorhang/ *Flowers and Curtain*, um/*ca.* 1912/13, Öl auf Leinwand/*oil on canvas*, 60 × 80 cm
Privatbesitz/ *private collection*

said to have socialized with him. In an accolade, Abels is described as an "artistic advisor to almost all art patrons in those long-gone better days,"[71] one of them being Franz Hauer. Abels knew artists from the Neukunstgruppe, wrote reviews for Künstlerhaus exhibitions, and was friendly with the sculptor Franz Zelezny, some of whose works Hauer had acquired. These were but some of the "bridges" connecting Abels and Hauer. While it may be assumed that, like Arthur Roessler and Berta Zuckerkandl, Abels had seen Franz Hauer's private museum, the extent to which he had an impact on Hauer's collecting activities remains unknown.

Given that Hauer specialized in the youngest generation of artists, who purposely distanced themselves from the Künstlerhaus, it is fair to assume that he, too, increasingly shunned that institution. His last documented purchases occurred at the Künstlerhaus's 1913 Jahresausstellung, *where Hauer acquired paintings by Josef Ullmann and Al-*

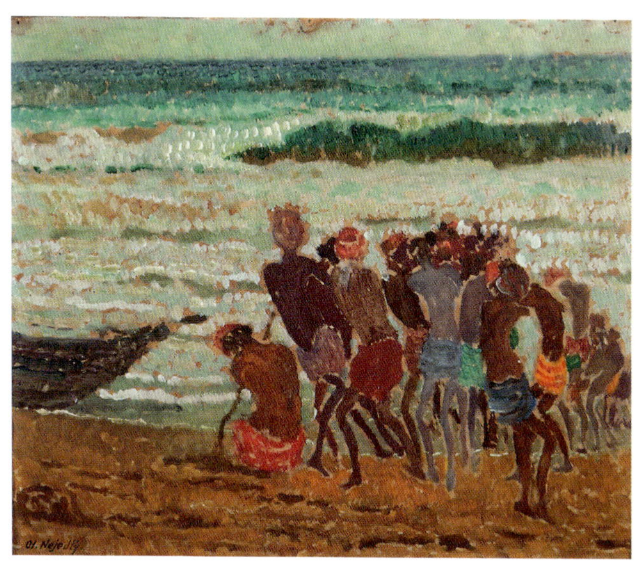

Otakar Nejedlý
Ceylon Meeresstrand/ *Ceylon Ocean Beach*, um/*ca.* 1912/13, Öl auf Karton/ *oil on cardboard*, 24 × 29 cm
Privatbesitz/ *private collection*

seinen letzten dokumentierten Erwerbungen. Neben Bildern von Josef Ullmann und Albert Ritzberger erwarb Hauer hier zehn Skizzen aus Ceylon, Ölgemälde des jungen Pragers Otakar Nejedlý. Wie sehr Hauer mit diesem Ankauf dem überkommenen Kunstgeschmack widersprach, bringt die Rezension des *Neuen Wiener Tagblatts* zum Ausdruck, die über „eine Reihe von völlig aufreizenden Dingen" berichtet, „unter denen Nejedlys Gauguin-Imitationen allerdings das schlimmste sind. Zu der absoluten kommt hier noch die Kontrastwirkung, und die zehn Bilder scheinen sich noch zu vervielfachen und drücken der Ausstellung ihren Stempel auf".[72] Wichtig zu erwähnen ist, dass die Ausstellungsbeiträge von Nejedlý wie auch von Ullmann Teil einer Kollektion des im Künstlerhaus präsentierten Hagenbundes waren.

Als Eigentümer großer und aktuellster Werkkonvolute waren manche Künstler richtiggehend auf den Sammler angewiesen, sie hätten ohne seine Unterstützung vielleicht auf Ausstellungsbeteiligungen verzichten müssen. Hauer war ein echter Förderer, der sich für *seine* Künstler einsetzte und selbstverständlich auch ihrem Wunsch nachkam, Bilder zu verleihen, selbst wenn ihn dies hinderte, seine eigene Galerie auf Vordermann zu bringen. Aufschlussreich in Hinblick auf seine aktive Einflussnahme ist ein Schreiben an Arthur Roessler vom 5. Juni 1913. Hauer bedankte sich darin für dessen Engagement und „muthiges und uneigennütziges Eintretten" für die kleine „Schaar werthvoller, wirklich ernster Künstler".[73] Bezug genommen wird auf die „österreichische Abteilung" in der Anfang Juni eröffneten *XI. Internationalen Ausstellung* im Glaspalast in München und die vom Publikum offenbar gut aufgenommene Präsentation Sterrers,[74] für die er mehrere Werke zur Verfügung gestellt hatte.[75] Seinen besonderen Dank sprach Hauer aber in der „Angelegenheit ‚Faistauer'" aus, für ihn „das stärkste malerische Talent". Faistauer war im Glaspalast nicht vertreten, sollte jedoch in der namhaften Galerie Heinrich Thannhauser in der Theatinerstraße ausstellen.[76] Er „ist ein ehrlicher, fleißiger – und was ich für Grundbedingung ansehe – charactervoller Künstler, der wie kein zweiter verdient gefördert zu werden".[77] Die an Roessler ausgesprochene Einladung in die Silbergasse, in seine „noch immer in Unordnung" befindliche Galerie, um neue Werke Faistauers zu sehen, stand wohl in Zusammenhang mit dieser geplanten Ausstellung und zielte vielleicht auf die Auswahl konkreter Leihgaben ab.

Für den jungen Salzburger interessierte sich Hauer ganz besonders. Eine Begebenheit, die sich in Faistauers Ateli-

bert Ritzberger, as well as ten sketches from Ceylon—oil paintings by Otakar Nejedlý, a young artist from Prague. With this acquisition Hauer went very much against the grain of conventional art tastes, as is illustrated by the review in the Neues Wiener Tagblatt *which spoke of "a number of utterly provocative things, the worst among which are, however, the Gauguin imitations of Nejedlý. The absolute effect is reinforced by the stark contrast, and the ten paintings seem to multiply and leave an indelible imprint on the exhibition."[72] It is important to note that the exhibition entries of both Nejedlý and Ullmann were part of a Hagenbund collection presented at the Künstlerhaus.*

Since Hauer was the owner of large sets of the very latest works, some artists actually depended on him and might not have been able to show their work at exhibitions without his support. Hauer was a true patron of the arts who stood up for "his" artists and was always ready to loan out their works if they so wished, even when that prevented him from keeping on top of things at his own gallery. A letter he wrote to Arthur Roessler on June 3, 1913, illustrates how active his support was. Hauer thanks Roessler for his commitment and "courageous and unselfish advocacy" for the benefit of the small "flock of valuable, truly serious artists."[73] He makes reference to the "Austrian Division" at the XI International Exhibition *at the Glaspalast in Munich, which had opened in early June, and to the presentation of Sterrer's work,[74] obviously well received by the public, for which he had provided several paintings.[75] Hauer expressed particular gratitude for the "matter of 'Faistauer,'" whom he regarded as "the strongest painting talent." Faistauer had no works displayed at the Glaspalast, but he was supposed to exhibit at the renowned Galerie Heinrich Thannhauser on Munich's Theatinerstraße.[76] He "is an honest, hard-working artist and—what I consider to be pivotal—of good character, who deserves to be sponsored like no other," Hauer wrote.[77] An invitation to Roessler to come to Silbergasse to visit Hauer's "still disorganized" gallery, in order to see new works by Faistauer, probably related to this upcoming exhibition and was perhaps intended as an occasion to decide on specific art loans.*

Hauer was particularly interested in this young artist from Salzburg. A competing collector, the dentist Heinrich Rieger, shared an encounter that occurred in Faistauer's studio: "I visited Faistauer for the first time in 1913. He lived then in a rather dilapidated building in the immediate vicinity

er zutrug, wurde durch einen Sammler-Konkurrenten, den Zahnarzt Dr. Heinrich Rieger, überliefert: „Ich besuchte Faistauer das erstemal im Jahre 1913. Er wohnte damals in einem ziemlich baufälligen Haus in unmittelbarer Nähe der Karlskirche und befand sich in nicht sehr glänzend[en] finanziellen Verhältnissen. Er war gerade von seiner Hochzeitsreise zurückgekehrt und arbeitete eben an einem noch heute in meinem Besitz befindlichen Gemälde ‚Hochzeitsrosen'. Während meines Besuches trat der damalige Besitzer des ‚Griechenbeisels', der bekannte Sammler Hauer, ins Zimmer, der innerhalb von wenigen Minuten sämtliche vorhandenen Bilder aufkaufte, ein Beweis, daß Faistauer von einigen wenigen auch damals schon geschätzt wurde. Mit den Mitteln dieses Kunstfreundes konnte ich, der Vorstadtarzt, allerdings nicht konkurrieren."[78] Die geschilderte Situation ereignete sich bestimmt alles andere als zufällig. Hauer hatte wohl erfahren, dass ihm ein Interessent zuvorkommen könnte.[79] Dr. Rieger, der auch mit Sterrer in Beziehung stand, war kein Unbekannter für ihn und neben Dr. Oskar Reichel, ebenfalls Arzt, und dem Cafetier Josef Siller ein ernst zu nehmender „Gegenspieler". Hauers Auftritt zielte zweifellos darauf ab, Terrain abzustecken. Sein „Muskelspiel" tat Wirkung und hinterließ mächtigen Eindruck. Kenntnis, gepaart mit zur Schau getragener Kaufkraft, war ein brauchbares Rezept, um Künstler an sich zu binden und Konkurrenten auf Distanz zu halten. Zumindest Ersteres gelang. Für Faistauer war Hauers Interesse damals eine Überlebensfrage.

Kunst versus Familie

Im Hinblick auf Hauers finanzielle und private Situation ist ein Briefwechsel mit Egon Schiele von Anfang Juni 1913 aufschlussreich. Es geht darin um den Erwerb zweier Gemälde, der zweiten großen Ansicht von Stein an der Donau und des Bildes *Auferstehung (Gräber)*. Ausführlich wird auch die Preisfrage erörtert. Der Sammler verfügte damals nur beschränkt über Geldmittel, was er mit jahreszeitbedingten Einnahmerückgängen und hohen Ausgaben für seine Kinder begründete. In Nebenbemerkungen schwingt noch ein anderes Thema mit. Wenn Hauer am 10. Juni schreibt, „Es wird mir, daß sehe ich schon heute, schwer fallen Morgen abkommen zu können",[80] oder zwei Tage später, „Ihr werthes Schreiben ausführlich zu beantworten, und [...] mein Verhalten zu begründen, dazu fehlt es mir momentan an Zeit",[81] dann hatte dies damit zu tun, dass ihm neuerlich Familienzuwachs ins Haus

of the Karlskirche, and his financial circumstances were less than rosy. He had just returned from his honeymoon and was currently working on the painting 'Wedding Roses,' which is still in my collection. During my visit, the then owner of the 'Griechenbeisl,' the prominent collector Hauer, entered the room and within a few minutes had bought all the available pictures, proof that even at that time there were a few people who appreciated Faistauer. I, however, a physician from the suburbs, could not compete with the financial means of this art collector."[78] One may safely assume that the situation described was anything but coincidental. Hauer had probably learned that a potential buyer might beat him to the punch.[79] Rieger, who also knew Sterrer, was no unknown quantity and was one of Hauer's significant rivals, the others being Oskar Reichel, also a physician, and the café owner Josef Siller. Hauer undoubtedly appeared on the scene to stake his claim. His "muscle-flexing" had the desired effect and greatly impressed the dentist. Expertise, combined with ostentatious buying power, was an expedient way of securing an artist's loyalty and keeping competitors at a distance. The first of the two objectives, at least, was

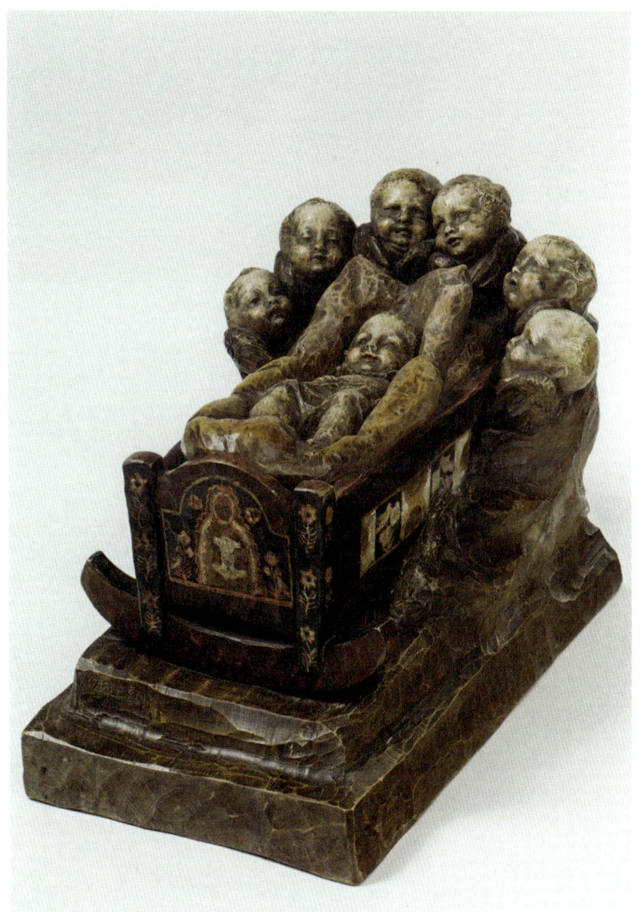

Franz Zelezny
Die Wiege/*The Cradle*, 1908
Holzschnitzerei/*wood carving*,
45 × 68 × 40 cm,
Privatbesitz/*private collection*

stand. Als Ergänzung des Hauspersonals, einer Köchin und einem Stubenmädchen, hatte er schon Anfang Juni ein „Extramädchen“[82] gesucht, das seiner hochschwangeren Frau Anna zur Hand gehen sollte. Wenige Tage später, am Donnerstag, dem 12. Juni, kam Tochter Friederike auf die Welt. Dass Hauer den Grund seiner eingeschränkten Disponibilität nicht beim Namen nannte, sich diesbezüglich bedeckt hielt und sich sogar am Tag der Geburt seiner Tochter mit dem Erwerb von Kunstwerken auseinandersetzte, wirft ein unmissverständliches Licht auf seine Prioritäten.

Etwa zehn Tage nach der Geburt seiner Tochter trat Franz Hauer einen Kuraufenthalt in Bad Gastein an – ohne Familie.[83] Im Anschluss daran finden wir ihn wieder, wie gewohnt, rastlos seiner Passion frönend, in München. Die *XI. Internationale Kunstausstellung* im Glaspalast, auf der Sterrer-Werke aus seiner Sammlung präsentiert wurden, war noch zu sehen. Hauers Aufmerksamkeit galt hier aber auch den *Zwei Hirten* von Egger-Lienz, die er zu kaufen gedachte,[84] und einer Kollektive von Franz Rumpler. Hauer besaß selbst Werke von ihm. Zwei davon, *Rosenstock* und *Mädchenkopf*, dürften damals in München ausgestellt gewesen sein.[85] Faistauers Präsentation in der Galerie Thannhauser, für die er neun Arbeiten zur Verfügung gestellt hatte, war noch nicht eröffnet, jene von Schiele bei Hans Goltz am Odeonsplatz vielleicht schon wieder geschlossen.[86] Von der Reise zurückgekehrt, schrieb Hauer an Schiele: „Auch ich war in München, und zwar zur selben Zeit als Sie dort waren. Schade daß wier uns nicht getroffen haben. Manch werthvolles habe ich dort gesehen, mit Freuden hätte ich danach gegriffen, leider aber woher das Geld nehmen. – Während meiner vierwöchentlichen Abwesenheit von Wien ist so viel Corespondenz – hauptsächlich von Malern mit allen möglichen Wünschen und Anträgen – eingelaufen, daß mir thatsächlich bange wird. – Fluchtartig würde ich wieder Wien verlassen, wenn das Wetter nicht so hundsmiserabl wäre.“[87]

„Wünsche und Anträge“

Einige der „Wünsche und Anträge“ lassen sich der erhaltenen Korrespondenz entnehmen: Faistauer, der sich gerade mit seiner schwangeren Frau in Dürnstein aufhielt, wollte Hauer aktuelle Arbeiten aus der Wachau zeigen.[88] Nachricht gab es auch von Kokoschka. Dieser hatte eine Landschaft, die Hauer besitzen wollte, anderweitig verkauft.[89] Um den verärgerten Sammler günstig zu stimmen, trug er ihm nun ein anderes Hauptwerk zum Kauf an.[90] Auch Anton Peschka,

achieved. At the time, Hauer's interest was a matter of survival for Faistauer.

Art versus family

Hauer's correspondence with Egon Schiele from early June 1913 provides information about the former's financial and private situation. The letters are about the acquisition of two works, the second large view of Stein on the Danube and the painting Resurrection (Graves). *The prices are discussed in detail. At that time, the collector's financial means were restricted, which he explained was due to seasonal declines in revenue and high expenditures for his children. But there is also another issue that crops up in incidental remarks. On June 10, Hauer writes: "It will be difficult, that much I can tell today, to make some time tomorrow,"[80] and, two days later: "Answering your esteemed letter in extenso and . . . giving an explanation for my behavior is something I lack the time for right now."[81] This relates to the fact that a new addition to his family was imminent. At the beginning of June, he had been advertising the position of an "extra maid"[82] to swell the ranks of the house staff—a cook and a parlor maid—in order to assist his heavily pregnant wife, Anna. A few days later, on Thursday, June 12, his daughter Friederike was born. The fact that Hauer kept the reason for his time restraints under wraps and busied himself with art purchases even on the day his daughter was born is an unmistakable indication of where his priorities lay.*

About ten days after his daughter's birth, Franz Hauer traveled to Bad Gastein for a stay at a spa—without his family.[83] After that we find him in Munich, back to his usual restless pursuit of his passion. The XI International Art Exhibition *at the Glaspalast, where works by Sterrer from his collection were on display, was still running. Hauer's attention was also focused on the* Resting Shepherds *by Egger-Lienz, which he intended to acquire,[84] and a collective show by Franz Rumpler, of whom Hauer already owned several works. Two of them,* Rosebushes *and* Head of a Girl, *were probably presented in Munich.[85] Faistauer's presentation at the Galerie Thannhauser, for which Hauer had provided nine items, had not yet opened, while Schiele's presentation with Hans Goltz on Odeonsplatz may have closed its doors already.[86] Back from his trip, Hauer wrote to Schiele: "I was in Munich, too, and actually at the same time as you. It is a pity we did not meet. I have seen many a valuable*

Schieles Freund und Schwager in spe, hatte in der Silbergasse „angeklopft", nicht nur sprichwörtlich, sondern leibhaftig. Wenngleich sein Besuch nicht den erhofften Verkaufserfolg brachte, so ist er insofern doch von Bedeutung, als Peschka in einem Brief an Schiele einen sehr lebendigen Bericht über die Privatgalerie in der Silbergasse hinterließ. Darin heißt es: „Hauer ist in Wien! – Ich läutete! – Ein Mann goß den Garten – eben pumpte er – dann gieng er zu einem – rosen Beet! – Ein Mädchen erschien und hieß mich eintreten. Eine dicke Frau suchte nervös nach dem Mann. Der Gärtner ist es und kommt herein! – Ich sagte meinen Namen und Zweck meines Kommens. Er führte mich in die Galerie und öffnete ganz durch bis in den letzten Atelierähnlichen Raum. – Viel Bekanntes traf ich hier an! – Ganz oben an der Wand hingebikt hängt Stein a.d. Donau von Dir. Weiter unten klebt ein anderes Nest! – Auch Faistauer, Schütt, Andersen und Kokoschka ist da! Kokoschka bildet sich im Französischen aus gemischt mit ‚stramm Berlinerisch futuristisch'. ‚2 Akte'. Der Herr Hauer gieng etwas essen während ich drei Räume verzehrte!"[91]

Der an den Egger-Lienz-Saal unmittelbar angrenzende Raum dürfte damals schon schwerpunktmäßig mit Werken von Kokoschka und Schiele ausgestattet gewesen sein. Daran schlossen ein primär Faistauer und ein Sterrer gewidmetes Zimmer an. Da die schnell anwachsende Sammlung nicht nur seine Finanzen erschöpfte, sondern auch die vorhandenen Platzressourcen, ließ sich Hauer nun in der Regel schon beim Erwerb neuer Werke die Tauschoption zusichern. Faistauer, Kokoschka, Schiele und gewiss auch andere Künstler stimmten dem freilich zu, stand ein Tausch ja zumeist mit einem Aufpreis, dem Erwerb eines zusätzlichen Werkes, oder zumindest einer diesbezüglichen Zusage in Verbindung. Bisweilen machten sie sich auch erbötig, an andere Sammler weiterzuvermitteln, dies aber wohl eher halbherzig, musste es ihnen doch in erster Linie angelegen sein, selbst zu verkaufen.

Franz Hauers Qualitätsempfinden insgesamt hatte sich weiterentwickelt, seine Urteilsfähigkeit war eine andere geworden. Interessant ist in diesem Zusammenhang seine Bemerkung über das aktuelle Schaffen eines von ihm lange Zeit protegierten Malers, die er an seinen Sohn adressierte: „Herr Leitner ist seit wenigen Tagen zurück, wie Du weißt war er an der Nordsee, was er von dort mitgebracht hat, befriedigt mich absolut nicht, es scheint bei diesem Künstler immer mehr rückwärts zu gehen. Schade –."[92] Auch diversen Empfehlungen von Egger-Lienz und

thing there, which I would have loved to get my hands on, but, unfortunately, whence the money. During my four-week absence from Vienna so much correspondence has come in—mainly from painters with all manner of wishes and requests—that I am getting really apprehensive. I would leave Vienna again like a shot if the weather were not so abominable."[87]

Wishes and requests

Some of the aforementioned "wishes and requests" can be found in the letters that have been preserved: Faistauer, who was in Dürnstein at the time with his pregnant wife, wanted to show Hauer his latest works done in the Wachau.[88] There was also a message from Kokoschka, who had sold a landscape Hauer wanted to buy to someone else.[89] In order to appease the disgruntled collector, he offered him another important work.[90] Anton Peschka, Schiele's friend and future brother-in-law, had also tried to get his foot in the door at Silbergasse, not only metaphorically, but quite literally. Although his visit did not result in the sale he was hoping for, it is still noteworthy, since Peschka has left us a very vivid report of the private gallery on Silbergasse in a letter to Schiele. Here is his account: "Hauer is in Vienna! I rang the bell! A man was watering the garden—he was pumping water—then he went to a—bed of roses! A girl appeared and bade me enter. A fat woman nervously went looking for the man. It was the gardener, and he came in! I gave my name and the purpose of my visit. He led me to the gallery and opened it all the way to the last studio-like room. Many familiar things I saw there! Perched high up on the wall is your Stein a.d. Donau. Further down there's another nest! Faistauer, Schütt, Andersen, and Kokoschka are there as well! Kokoschka shows some French influence combined with 'bold Berlin futurism.' '2 nudes.' Mr. Hauer went to get something to eat, while I devoured three rooms!"[91]

At that time, the room adjacent to the Egger-Lienz hall seems to have already featured primarily works by Kokoschka and Schiele. It was followed by a room devoted mainly to Faistauer and another devoted to Sterrer. As the fast-growing collection was depleting not only Hauer's finances but also the available exhibition space, he usually made sure to be granted an exchange option when acquiring new works. Faistauer, Kokoschka, Schiele, and other artists undoubtedly agreed to this, since an exchange usually meant a surcharge, the acquisition of an additional work, or at least

Sterrer, etwa Werke von Ferdinand Andri, Franz Bunke, Heinrich Krause, Ferdinand Lorber oder Wilhelm Dachauer zu erwerben, kam der Sammler nicht nach. Aus Briefen Egger-Lienz' kann man Hauers Grundstimmung entnehmen. „Es ist kein Wunder daß Sie an der heutigen Kunst auch oft verzweifeln und unsicher werden",[93] steht da Anfang Jänner 1914. Knapp einen Monat später heißt es: „Ihren Standpunkt bezüglich von Ankäufen teile ich natürlich vollständig, ich kann es Ihnen nicht verdenken wenn sie wählerisch und vorsichtiger geworden sind."[94] Dass Hauer „in Anbetracht so vieler ernster, ehrlicher Künstler"[95] weiterhin auf Schiele und Kokoschka setzte, war Egger-Lienz, der gegen „Gigerln und Schwindler"[96] im Kunstbetrieb offen zu Felde zog, jedoch nicht erklärlich. Er hatte zwar mit seiner Deutung zweifellos recht, dass es Hauer darum ging, „auch solche Dokumente unseres Kunst-Zeitbildes"[97] in seiner Galerie zu versammeln, nicht aber damit, dass es ihm „nicht so ernst damit gemeint"[98] war. Egger-Lienz dürfte für Hauer vielleicht wirklich das Maß aller Dinge gewesen sein, seine schwerblütige Kunst ihn am tiefsten berührt haben. Der ständige Umgang mit jungen Talenten, zuletzt mit Johannes Fischer, Egge Sturm-Skrla oder Anton Velim, hatte in ihm aber auch die Offenheit für Neues wachgehalten und die Bereitschaft, sich ernsthaft damit auseinanderzusetzen.

Größere Pläne?

Hauers Unternehmung war mehr als ambitioniert. Erfolg und Misserfolg ruhten allein auf seinen Schultern. Zu „stemmen", woran sogar der Staat gewissermaßen gescheitert war, dazu gehörte wahrlich Besessenheit. Hauer ergänzte seine Sammlung „mit nicht geringen Opfern", hegte und pflegte sie „mit fast musealer Sorgfalt".[99] Am „glücklichsten fühlte er sich, wenn er inmitten dieser seiner Erwerbungen an diesem oder jenem schönen Stück sich erfreuen

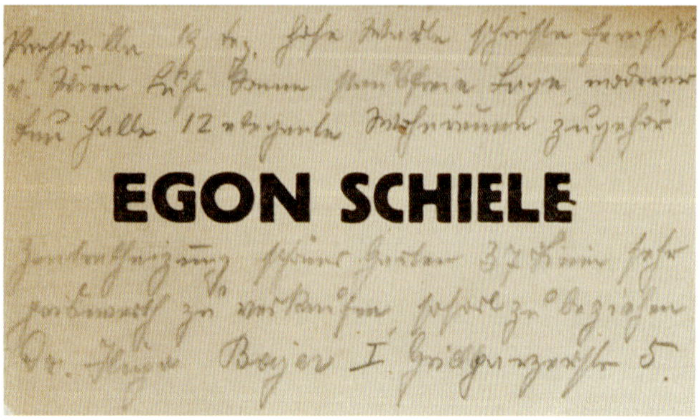

Notiz von Franz Hauer auf einer Visitenkarte von Egon Schiele, ca. 22.03.1914, Druck, Bleistift, schwarze Tinte auf Papier/*Note by Franz Hauer on a calling card from Egon Schiele, ca. March 22, 1914, pencil, black ink on printed paper,* 5,6 × 9,7 cm, Leopold Museum, Wien/*Vienna*

a pledge to that effect. While they occasionally offered to identify other collectors who would be interested, these offers were probably half-hearted, since the artists were primarily interested in selling what they still had.

Franz Hauer's sense of quality had evolved, and he had honed his judgement. In this context, it is interesting to note a remark he made to his son about the current work of a painter he had championed for a long time: "Mr. Leitner has been back a few days. As you know, he was on the North Sea coast, and what he has brought back from there does not satisfy me in the least; things seem to regress increasingly with this artist. Such a pity–."[92] The collector also resisted Egger-Lienz's and Sterrer's recommendations that he buy works by such artists as Ferdinand Andri, Franz Bunke, Heinrich Krause, Ferdinand Lorber, and Wilhelm Dachauer. Hauer's general disposition can be gleaned from letters from Egger-Lienz. "It is no wonder that you often despair of today's art and become diffident,"[93] said a letter written in early January of 1914. And barely a month later: "I fully endorse your point of view regarding acquisitions, of course; I cannot blame you for having become more selective and cautious."[94] That Hauer would continue to favor Schiele and Kokoschka "considering so many serious, honest artists"[95] was, however, incomprehensible to Egger-Lienz, who openly railed against "fops and frauds"[96] in the art world. He was certainly right to believe that Hauer wanted to acquire "these kinds of documents of the art of our time as well"[97] for his gallery, but he was mistaken about Hauer's being "not so serious about it."[98] While Egger-Lienz may well have been the measure of all things to Hauer, his somber art touching the collector most deeply, Hauer's frequent encounters with young talents, most recently Johannes Fischer, Egge Sturm-Skrla, and Anton Velim, had also kept him open to new things and ready to explore them judiciously.

Greater plans?

Hauer's endeavors went beyond ambition. Success or failure rested solely on his shoulders, and it really took someone truly possessed to accomplish a feat that the state had, in a way, neglected. Hauer made "no mean sacrifices" in order to expand his collection, taking care of it "with almost museological meticulousness."[99] He "felt happiest when he could marvel at this or that beautiful item in the midst of his acquisitions."[100] Hauer also maintained contact with artists, gallery owners, critics, and organizers of exhibitions, with

konnte“.[100] Hauer pflegte aber auch Kontakte mit Künstlerinnen und Künstlern, Galeristen, Kritikern und Ausstellungsmachern, mit Restauratoren und Rahmenmachern, mit Spediteuren und Fotografen. Die damit in Verbindung stehenden Tätigkeiten waren teils aufwendig, mit Kosten verbunden und zeitintensiv. Mit jeder Verleihung gab es für den Kunstliebhaber zudem die Sorge, seine Arbeiten beschädigt zurückzuerhalten. Immer war er mit Lücken an seinen Wänden konfrontiert. Was bei ihm mit Interesse an Bildern und Liebe zur jungen Kunst begonnen hatte, schließlich zur Vision und zum persönlichen Anliegen angewachsen war, das war mit der Zeit auch immer mühevoller geworden, doch hielt Hauer eisern daran fest.

Welche größeren Pläne der Sammler vielleicht noch schmiedete, darüber lässt sich anhand einer Notiz spekulieren, die er auf der Rückseite einer Visitenkarte Egon Schieles hinterließ. Dort steht lapidar: „Prachtvilla 19. Bez. Hohe Warte schönste Fernsicht v. Wien Luft Sonne staubfreie Lage, moderner Bau Halle 12 elegante Wohnräume Zugehör Zentralheizung schöner Garten 37 Linie sehr preiswerth zu verkaufen, sofort zu beziehen Dr. Hugo Bajer [eig. Bayer!] I. Grillparzerstr 5.“[101] Es handelt sich dabei um die Abschrift einer Annonce aus der *Neuen Freien Presse* vom Sonntag, dem 22. März 1914,[102] und bei dem Objekt um die einstige Villa Hohe Warte 34. Alles spricht dafür, dass sich Hauer aktiv um einen neuen Wohnsitz für sich und seine Sammlung umsah. Tatsächlich dürfte es in der Silbergasse kaum mehr Raum für Sammlungszuwächse gegeben haben. Seine Leidenschaft für beendet zu erklären, danach stand ihm nicht der Sinn. Somit blieb nur ein weiterer Ausbau in der Silbergasse oder der Umzug an einen neuen, attraktiveren Standort. Die Villa Hohe Warte 34 war diesbezüglich eine Option. Die Exklusivität ihrer Lage ist daran zu ermessen, dass das Grundstück Jahrzehnte später in das Areal der Villa des österreichischen Bundespräsidenten einbezogen wurde. Welcher Grund auch immer gegen die neue Adresse sprach – Hauer sah offensichtlich weder seine Sammlung als abgeschlossen an noch den Standort seiner Galerie als endgültig. Und doch war es so.

Aus der Traum ...

Leopold Hauers Beschreibung seines Vaters als „Mann von übernormalen Kräften“[103] kann objektiv nur dessen Willenskraft angesprochen haben. Die vielleicht letzte, im Garten seines Hauses aufgenommene Aufnahme, die Franz

art restorers and frame-makers, with transport companies and photographers. All of this involved a great deal of work and required a substantial investment of time and money. Whenever he made an art loan, he was worried his artwork might come back damaged, and he always had to accept gaps on his walls. What had started out as an interest in paintings and a love of new art had ultimately grown into a vision and a personal aspiration that had also become increasingly burdensome. But Hauer was unwavering in the pursuit of his passion.

A note he wrote on the back of one of Egon Schiele's visiting cards invites speculation as to what greater plans the collector might still have harbored. The content is terse: "Magnificent villa nineteenth district. Hohe Warte best view of Vienna air sun dust-free location, modern building hall 12 elegant rooms fixtures central heating nice garden tram 37 offered at a very good price, immediately available for move-in Dr. Hugo Bajer [Bayer, actually!] I. Grillparzerstr 5."[101] This was copied from an ad in the Neue Freie Presse *of Sunday, March 22, 1914,[102] and the property was known as Villa Hohe Warte 34. There is every indication that Hauer was actively looking for a new residence for himself and his collection. Silbergasse probably offered little room for new acquisitions, and he would not think of abandoning his passion. Thus, the only alternatives were to enlarge the property in Silbergasse or to move to a new, more attractive location. Villa Hohe Warte 34 was a definite option in the latter respect. That it was a very exclusive location is confirmed by the fact that it later became part of the grounds of the official residence of the president of Austria. Whatever reason he may have had for not making the move after all, he obviously did not feel that his collecting days were over or that the location of his gallery was final. And yet, this proved to be the case.*

The end of a dream

Leopold Hauer's description of his father as a "man of supranormal strength"[103] can only have been a reference to his willpower. What is perhaps the last photograph of Franz Hauer, showing him in the garden of his house next to his family, smiling but hunched in the depths of his chair, does not allow any other conclusion. Nor do the portraits of Hauer by Kokoschka and Schiele convey the image of a man in the prime of his life. They show a man marked by hard work, his clothes hanging loosely on his shrunken frame, as Kokoschka's painting illustrates so poignantly. Perhaps Hauer's concerns

Franz Hauer mit Rosa, Bertha, Anna und Leopold/ *Franz Hauer with Rosa, Bertha, Anna, and Leopold* um/ca. 1913/14

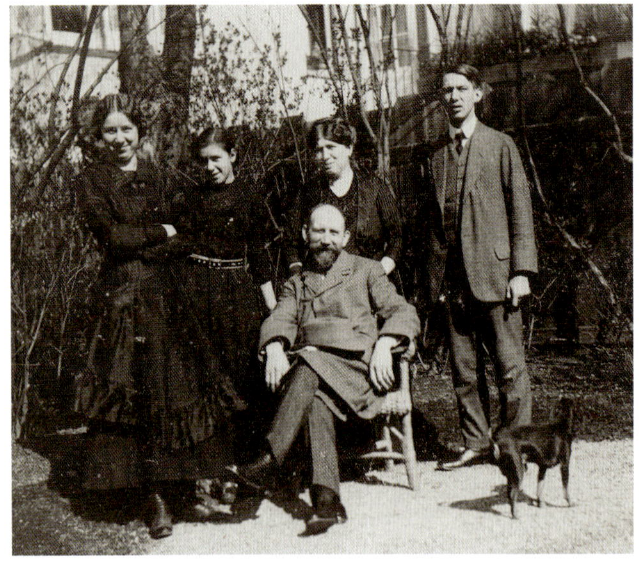

Hauer neben seiner Familie zeigt, lächelnd, aber tief in seinen Stuhl gesunken, lässt keinen anderen Schluss zu. Auch die Porträts von Kokoschka und Schiele widersprechen der Vorstellung von einem Mann in der Blüte seines Lebens. Sie zeigen vielmehr das Bildnis eines durch harte Arbeit gezeichneten Menschen, dem der Rock, wie Kokoschka in seinem Bildnis treffend analysierte, zu weit geworden war. Vielleicht hatte Hauers Sterrer gegenüber geäußerte Angst, seine Galerie nicht zum Abschluss zu bringen, bereits reale gesundheitliche Gründe. Am Zwang, sein Ziel zu erreichen, rieb er sich wohl vollends auf.

Ende April 1914 begann Hauers letzter Weg. Er soll „bereits einige Wochen vor seinem Ableben durch seinen leidenden Zustand in der Besorgung seiner Vermögens- und Geschäftsangelegenheiten gehemmt“[104] gewesen sein. Gleichzeitig wird von einer „plötzlichen lebensgefährlichen Erkrankung“[105] berichtet, deretwegen er in das Sanatorium Auersperg im 8. Bezirk, die damals modernste Privatkrankenanstalt Wiens, gebracht wurde. Schieles Genesungswünsche erreichten ihn dort am 2. Juni.[106] Drei Tage später verstarb Franz Hauer nach „kurzem schwerem Leiden“[107] an den Folgen einer Blinddarmentzündung,[108] respektive nach einer Blinddarmoperation.[109] Am Sonntag, dem 7. Juni, wurde er in der Kirche St. Paulus eingesegnet und am Döblinger Friedhof bestattet.[110] Seine Jüngste, Friederike, war noch nicht einmal ein Jahr alt.

Nur zwei Zeitungsnachrufe sind im Sinne einer Würdigung des Verstorbenen nennenswert, ein Text eines anonymen Verfassers im *Neuen Wiener Tagblatt*[111] und ein Beitrag von

that he might not be able to finalize his gallery, as he told Sterrer, were based on actual health issues. Obsessing about achieving his goal must have worn him out for good.

The beginning of the end came in late April 1914. According to the records, Hauer was "already restricted in the conduct of his financial and business matters by his ill health several weeks before his death."[104] The records also mention a "sudden life-threatening illness,"[105] which led to his admission at the Sanatorium Auersperg in the eighth district, Vienna's most modern private hospital at the time. Schiele sent best wishes for his recovery on June 2.[106] Three days later, Franz Hauer died after a "short, severe illness"[107] resulting from appendicitis,[108] or possibly after an appendectomy.[109] On Sunday, June 7, he was blessed at the St. Paulus church and laid to rest at the Döbling cemetery.[110] His youngest daughter, Friederike, was not even a year old.

Only two newspaper obituaries do justice to the collector and are worth mentioning here: a text by an anonymous author in the Neues Wiener Tagblatt[111] *and a tribute by Berta Zuckerkandl in the* Wiener Allgemeine Zeitung.[112] *Both focus on Hauer's outstanding achievements as an art collector. As a side note, a few days later, the anti-Semitic satirical paper* Kikeriki *published two "obituaries," one of them in verse, which made reference to Berta Zuckerkandl's text—*

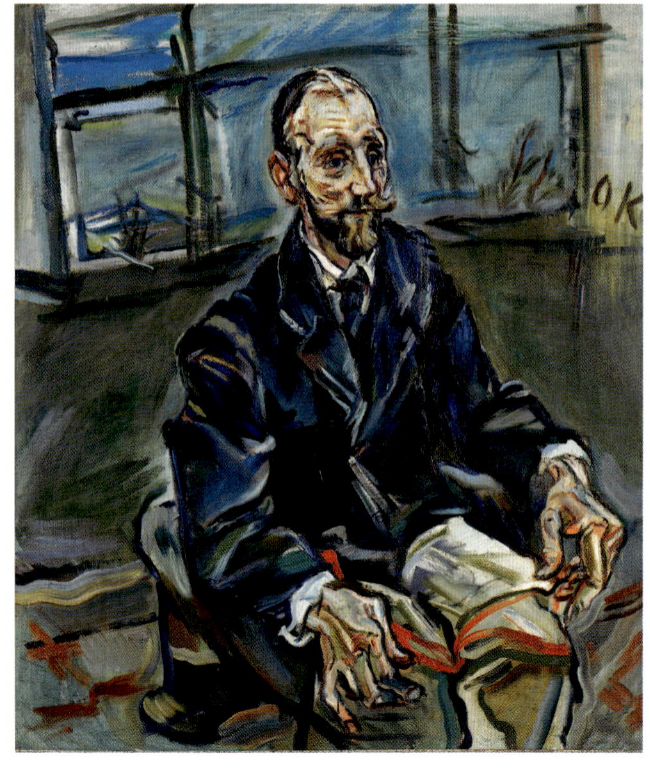

Oskar Kokoschka Franz Hauer/ *Portrait of Franz Hauer,* um/ca. 1914 Öl auf Leinwand/ *oil on canvas,* 120,7 × 106,1 cm Georgianna Sayles Aldrich Fund and Museum Works of Art Fund, Museum of Art, Rhode Island School of Design, Providence

Berta Zuckerkandl in der *Wiener Allgemeinen Zeitung*.[112] Beide richteten den Fokus auf Hauers außerordentliche Leistung als Kunstsammler. Dass wenige Tage später im antisemitischen Witzblatt *Kikeriki* gleich zwei „Nachrufe", einer davon in Gedichtform, Bezug auf Berta Zuckerkandls Würdigung nahmen, in erster Linie um auf die sogenannte „Judenpresse" hinzuhauen, sei am Rande erwähnt.[113] Die Wiener Künstlergenossenschaft würdigte das treue Mitglied, den wahren Förderer und Gönner,[114] Egger-Lienz den unvergesslichen persönlichen Freund.[115] Franz Zelezny modellierte gar einen „Heiland", um seinem Schmerz Ausdruck zu verleihen.[116] Selbst Faistauer, dessen Kontakt zu Hauer im Unfrieden abgebrochen war, zeigte sich in einem Brief an Roessler zutiefst betroffen.[117] Anna Hauer widmete schließlich in Erfüllung eines Wunsches ihres Mannes eine seiner ersten Erwerbungen, Hans Larwins *Fronleichnamsprozession in Neustift am Walde*, den städtischen Sammlungen.[118] Sie beauftragte auch Ferdinand Kitt mit der Anfertigung eines posthumen Porträts, das dieser 1916 fertigstellte.

Der Name des Gastwirts, der „verrückte" moderne Kunst gesammelt hatte, war zu dieser Zeit schon legendär. Angeregt durch die Nachlassauktionen, über die viele Zeitungen berichteten, widmete sich wenige Jahre später sogar Hermann Bahr dem Thema. In seinem Lustspiel *Der Unmensch* von 1919 lässt er seinen Protagonisten „Harb"[119] erzählen: „Kennen Sie vielleicht das Griechenbeisl in der Paniglgasse?[120] Sehr berühmt. Jahrelang das beste Pilsner in ganz Wien. – Da bin ich der Sohn davon. In den neunziger Jahren war dort ein Stammtisch von verrückten jungen Malern, in die mein Vater, überhaupt ein Sonderling, so vernarrt war, daß er, Geld haben S' ja natürlich kein's gehabt, sich alles in Bildern hat zahlen lassen, ich erinnere mich heut' noch an die Wut der Mutter über die gräßlichen Brett'ln, denken Sie sich!, bei der Schätzung auf einmal anderthalb Millionen wert. Das Gesicht von meiner Mutter! Ihre Weltanschauung war verschoben, durch das neue Verhältnis von Pilsner und Malerei!"[121]

their primary aim being to lash out at the so-called Judenpresse *(Jewish press).*[113] *The Künstlerhaus artists' union paid homage to a loyal member, true supporter, and patron,*[114] *and Egger-Lienz mourned an unforgettable personal friend.*[115] *Franz Zelezny went as far as to sculpt a "Savior" to give expression to his grief.*[116] *Even Faistauer, whose contact to Hauer had ended in discord, professed himself deeply saddened in a letter to Roessler.*[117] *Anna Hauer fulfilled a wish of her husband by dedicating one of his first acquisitions, Hans Larwin's* Corpus Christi Procession in Neustift am Walde, *to the collections of the City of Vienna.*[118] *She also commissioned Ferdinand Kitt with a posthumous portrait, which he completed in 1916.*

The name of the tavern keeper who had collected "crazy" modern art was already legendary at that time. Inspired by the estate auctions that found wide coverage in the newspapers, even Hermann Bahr had something to say about the subject. In his 1919 comedy Der Unmensch, *the protagonist "Harb"*[119] *tells the following story: "Do you happen to know the Griechenbeisl on Paniglgasse?*[120] *Very famous: for years the best pilsner in all of Vienna. I am the son of the owner. In the nineties, there was a round of regulars there, crazy young painters, so beloved by my father, a real oddball, that he let them pay in paintings—of course they didn't have any money; I still remember how furious my mother was about the awful daubs, just imagine!, suddenly they are assessed to be worth a million and a half. My mother's face! Her world view was toppled by the new relationship between pilsner and painting!"*[121]

1 Franz Hauer an Leopold Hauer, 14.10.1912 (Leopold Museum, Inv.-Nr. LM 5610).

2 *Figaro*, XL. Jg., Nr. 44 (31.10.1896), S. 174.

3 *Hans Jörgel von Gumpoldskirchen*, 68. Jg., Nr. 28 (05.10.1899), S. 1.

4 Hauer wird im *Lehmann* erstmals 1896 angeführt, als „Gastwirt" und mit der Adresse Griechengasse 9. (*Adolph Lehmann's allgemeiner Wohnungs-Anzeiger*, Bd. 2, Wien 1896, S. 364).

5 *Wiener Sonn- und Montags-Zeitung*, Nr. 44 (06.11.1905), S. 10.

6 Hauers Villa in Rosenburg 44 lag mitten im Ort, an einem Südhang gleich gegenüber der Burg und nur einen Steinwurf vom Flussbad am Kamp entfernt. Sie war zwei Jahre alt, zum ganzjährigen Betrieb geeignet und bot der Familie mitsamt dem Dienstpersonal auf drei Geschoßen Platz. Hauer hatte sie im März 1907 als Sommersitz erworben, bestimmt auch im Hinblick auf seine erkrankte Frau Cäcilie, für die er sich vielleicht Linderung erhoffte. Sie starb am 6. Juni 1907, erlebte also vermutlich keinen Aufenthalt dort.

7 Das Gebäude Goldeggasse 26 imponiert mit palastähnlicher Fassade, in den Hauptgeschoßen mit vorgestellter Säulengliederung und mit einer Höhe von sechs Geschoßen. Geplant wurde es von den Wiener Architekten und Stadtbaumeistern Oswald Luckeneder und Cajetan Miserowsky, errichtet jedoch erst nach dem Tod Luckeneders in den Jahren 1900 bis 1901. Das Haus, das über neunzehn Wohnungen sowie zwei Gewerbelokale im Souterrain verfügte, diente Hauer als Anlageobjekt. Der Kaufpreis betrug 1903 rund 270.000 Kronen.

8 Leo Grünstein, „Die Sammlung Franz Hauer", in: *Albin Egger-Lienz und zeitgenössische Künstler in der Sammlung Franz Hauer sen. † Wien. 259. Versteigerung von C. J. Wawra*, Wien 15.03.1920, S. 3.

9 Josef Jungwirth an Franz Hauer, o. D. (Privatbesitz).

10 Adam Müller-Gutenbrunn, „Im Währing-Döblinger Cottage", in: *Wiener Abendpost – Beilage zur Wiener Zeitung*, Nr. 89 (18.04.1907), S.2.

11 *Neues Wiener Tagblatt – Tages-Ausgabe*, Nr. 106 (18.04.1906), S. 40.

12 *Neues Wiener Tagblatt – Tages-Ausgabe*, Nr. 272 (02.10.1906), S. 35.

13 In der vom Verschönerungsverein Rosenburg herausgegebenen „Fremden-Liste" für den 01.05. bis 20.07.1907 wird der Aufenthalt von Hauer, Leopold Schmid und der „Haushälterin" Anna Zapletal ab dem 17.05.1907 erwähnt. (Dank an Dr. Norbert Winkler-Ráthonyi).

14 Anonym, „Jubiläum im ‚Reichenberger Beisel'", in: *Neues Wiener Tagblatt*, Nr. 53 (24.02.1923), S. 6.

15 Leopold Hauer, „Selbstbiographie", in: *Leopold Hauer*, St. Pölten/Wien 1987, S. 36.

16 Ebd.

17 Anonym, „Bildende Kunst (Große deutsche Kunst-Ausstellung)", in: *Wiener Abendpost – Beilage zur Wiener Zeitung*, Nr. 135 (16.06.1909), S. 2.

18 Für die Jahresausstellung 1910 im Wiener Künstlerhaus stellte Hauer je zwei Werke von Geller und Leitner zur Verfügung sowie einzelne Bilder von Gustav August Hessl, einem Freund Emil Streckers, von Josef Jungwirth und Othmar Ružička.

19 Die hier und in der Folge angegebenen Stückzahlen basieren auf den im Nachlassinventar einzeln gelisteten Werken. Nicht berücksichtigt sind dabei etwaige Einzelblätter in Mappen.

20 Hauer dürfte auch die Patenschaft für Leitners Kind übernommen haben. (Karl Sterrer an Franz Hauer, 13.12.1911, Privatbesitz).

21 Helga Maria Wolf (Hg.), *Josef Jungwirth – Selbstportrait*, Wien/Köln/Graz 1986, S. 152–154.

22 Werner J. Schweiger, „Ein Kunstenthusiast originellster Art", in: Amt der Niederösterreichischen Landesregierung (Hg.), *Künstler (Sammler) Mäzene. Porträt der Familie Hauer*, Katalog zur gleichnamigen Ausstellung der Kunsthalle Krems, Krems 1996, S. 22.

1 *Franz Hauer to Leopold Hauer, Oct. 14, 1912 (Leopold Museum, inv. LM 5610).*

2 Figaro, *Oct. 31, 1896 (vol. xk, no. 44), 174.*

3 Hans Jörgel von Gumpoldskirchen, *vol. 68, no. 28, Oct. 5, 1899, 1.*

4 *The first entry for Hauer in* Adolph Lehmann's allgemeiner Wohnungs-Anzeiger*—a kind of precursor to the telephone book—is from 1896; he is listed as a* Gastwirt *(tavern keeper), and the address given is Griechengasse 9. (*Adolph Lehmann's allgemeiner Wohnungs-Anzeiger, *vol. 2, Vienna, 1896, 364).*

5 Wiener Sonn- und Montags-Zeitung, *Nov. 6, 1905, 10.*

6 *Hauer's villa at Rosenburg 44 was in the town center, on a south-facing slope opposite the castle and only a stone's throw from the swimming area of the Kamp River. It was two years old, habitable all year round, and offered room for the family and their staff on three floors. Hauer had purchased it in March 1907 as a summer residence, very likely with his sick wife Cäcilie in mind, perhaps hoping it would benefit her health. Since she died on June 6, 1907, she probably never stayed there.*

7 *The building at Goldeggasse 26 has an impressive palatial façade. It is six stories high, and columns articulate the two main floors. Designed by the Viennese architects and master builders Oswald Luckeneder and Cajetan Miserowsky, it was built between 1900 and 1901, after Luckeneder's death. The building housed nineteen apartments and two commercial premises in the basement. Hauer bought it as an investment; the purchase price in 1903 was about 270,000 kronen.*

8 *Leo Grünstein, "Die Sammlung Franz Hauer," in* Albin Egger-Lienz und zeitgenössische Künstler in der Sammlung Franz Hauer sen. † Wien. 259. Versteigerung von C. J. Wawra, *(Vienna, March 15, 1920), 3.*

9 *Josef Jungwirth to Franz Hauer, undated (private collection).*

10 *Adam Müller-Gutenbrunn, "Im Währing-Döblinger Cottage,"* Wiener Abendpost – Beilage zur Wiener Zeitung, *Apr. 18, 1907 (no. 89), 2.*

11 Neues Wiener Tagblatt – Tages-Ausgabe, *Apr. 18, 1906 (no. 106), 40.*

12 Neues Wiener Tagblatt – Tages-Ausgabe, *Oct. 2, 1906 (no. 272), 35.*

13 *The* Fremden-Liste *[tourism records] issued by the* Verschönerungsverein Rosenburg *for the period May 1 to July 20, 1907, mentions that Hauer, Leopold Schmid, and the "housekeeper" Anna Zapletal stayed there, arriving May 17, 1907. I thank Norbert Winkler-Ráthonyi for this reference.*

14 *"Jubiläum im 'Reichenberger Beisel,'"* Neues Wiener Tagblatt, *Feb. 2, 1923 (no. 53), 6*

15 *Leopold Hauer, "Selbstbiographie,"* Leopold Hauer *(Vienna, 1987), 36.*

16 *Ibid.*

17 *"Bildende Kunst (Große deutsche Kunst-Ausstellung),"* Wiener Abendpost – Beilage zur Wiener Zeitung, *June 16, 1909 (no. 35), 2.*

18 *For the 1910* Jahresausstellung *at the Vienna Künstlerhaus, Hauer provided two works each by Geller and Leitner, as well as individual paintings by Gustav August Hessl—a friend of Emil Strecker's—by Josef Jungwirth, and by Othmar Ružička.*

19 *The numbers given here and in the following are based on works listed individually in the probate inventory. Any loose sheets in folios are not taken into account.*

20 *Hauer probably agreed to be the godfather of Leitner's children. See Karl Sterrer to Hauer, Dec. 13, 1911, private collection.*

21 *Helga Maria Wolf (ed.),* Josef Jungwirth – Selbstportrait *(Vienna, 1986), 152–154*

22 *Werner J. Schweiger, "Ein Kunstenthusiast originellster Art," in Office of the Lower Austrian Government (ed.),* Künstler (Sammler) Mäzene. Porträt der Familie Hauer, *exh. cat. (Krems: Kunsthalle Krems, 1996), 22.*

23 *Albin Egger-Lienz to Julius Stach, June 7, 1914 (Wienbibliothek, inv. 77811).*

24 *"Der alte Fleischmarkt und das Griechenbeisl in Wien. Zu den Demoli-*

23 Albin Egger-Lienz an Julius Stach, 07.06.1914 (Wienbibliothek, Inv.-Nr. 77811).

24 Anonym, „Der alte Fleischmarkt und das Griechenbeisl in Wien. Zu den Demolirungen am Alten Fleischmarkt", in: *Neuigkeits-Welt-Blatt*, Nr. 265 (21.11.1900), S. 13.

25 Heidi Grundmann, „‚Ein faszinierender Schatten' – Christa Hauer über Franz Hauer", wie Anm. 22, S. 85/86.

26 Wie Anm. 15.

27 Albin Egger-Lienz an Franz Hauer, 13.06.1911 (Leopold Museum, Inv.-Nr. LM 5574).

28 Albin Egger-Lienz an Franz Hauer, 21.08.1911 (Leopold Museum, Inv.-Nr. LM 5522).

29 Für das Bild waren als Preis 5.500 Kronen angesetzt. Hauer bezahlte nur 3.300 Kronen, erwirkte also eine Preisreduktion von immerhin 40 Prozent. Zumeist begnügte er sich mit einem preislichen Entgegenkommen von bis zu 30 Prozent der veranschlagten Summe.

30 Karl Sterrer an Franz Hauer, 23.05.1911 (Privatbesitz).

31 Karl Sterrer an Franz Hauer, 05.07.1911 (Privatbesitz).

32 Karl Sterrer an Franz Hauer, 20.07.1911 (Privatbesitz).

33 Wie Anm. 25, S. 86.

34 Karl Sterrer an Franz Hauer, 18.10.1911 (Privatbesitz).

35 Hauer stiftete für das „Aktionskomitee für den Künstlerpreis" 100 Kronen. (Genossenschaft der bildenden Künstler Wiens an Franz Hauer, 02.06.1911, Privatbesitz).

36 Dem „edlen Kunstfreunde Herrn Franz Hauer in dankbarer Verehrung", steht als Widmung auf einer vermutlich in Weißenkirchen in der Wachau entstandenen *Herbstlichen Gartenidylle* von Robert Russ. (Landessammlungen Niederösterreich, Inv.-Nr. KS-18361).

37 Genossenschaft der bildenden Künstler Wiens an Franz Hauer, 30.11.1911 (Künstlerhausarchiv, Mappe Franz Hauer).

38 Franz Hauer an die Genossenschaft der bildenden Künstler Wiens, 03.12.1911 (Künstlerhausarchiv, Mappe Franz Hauer).

39 *Neues Wiener Tagblatt – Tages-Ausgabe*, Nr. 68 (10.03.1912), S. 134.

40 Bezirksgericht Horn, Grundbuch „Rosenburg II 68–168", S. 420.

41 Anonym, „Vom Wiener Realitätenmarkte", in: *Neues Wiener Tagblatt – Tages-Ausgabe*, Nr. 224 (17.08.1912), S. 6.

42 Franz Hauer an Albin Egger-Lienz, 15.07.1912 (ÖNB, Inv.-Nr. 5374).

43 Raoul Auernheimer, „Sommerfrischen für einen Abend", in: *Neue Freie Presse – Morgenblatt*, Nr. 17215 (28.07.1912), S. 1.

44 Verlassenschaftsabhandlung Franz Hauer, Gastwirt, verstorben 05.06.1914 in Wien, WStLA, Bezirksgericht Döbling, A5: I P 98/1914.

45 Ebd.

46 Später Sascha-Filmateliers bzw. Wien-Film in der Sieveringerstraße 133–135 (nur Eingangsbereich erhalten).

47 Karl Sterrer an Franz Hauer, 28.08.1912 (Privatbesitz).

48 Fremden-Liste Bad Ischl, 27.08.1912, S. 1.

49 Albin Egger-Lienz an Franz Hauer, 02.12.1913 (Leopold Museum, Inv.-Nr. LM 5590).

50 Albin Egger-Lienz an Franz Hauer, 26.03.1912 (Leopold Museum, Inv.-Nr. LM 5483).

51 Wie Anm. 44.

52 Albin Egger-Lienz an Franz Hauer, 20.12.1911 (Leopold Museum, Inv.-Nr. LM 5478).

53 Albin Egger-Lienz an Franz Hauer, 07.06.1912 (Leopold Museum, Inv.-Nr. LM 5527).

rungen am Alten Fleischmarkt," Neuigkeits-Welt-Blatt, *Nov. 21, 1900 (no. 265), 13.*

25 *Heidi Grundmann, "'Ein faszinierender Schatten:' Christa Hauer über Franz Hauer," in Schweiger, "Ein Kunstenthusiast," 85-86.*

26 *Leopold Hauer, "Selbstbiographie."*

27 *Albin Egger-Lienz to Hauer, June 13, 1911 (Leopold Museum, inv. LM 5574).*

28 *Albin Egger-Lienz to Hauer, Aug. 21, 1911 (Leopold Museum, inv. LM 5522).*

29 *The asking price for the painting was 5,500 kronen. Hauer paid only 3,300 kronen, thus achieving a discount of no less than 40 percent. In most cases he accepted a discount of up to 30 percent of the asking price.*

30 *Karl Sterrer to Franz Hauer, May 23, 1911 (private collection).*

31 *Karl Sterrer to Franz Hauer, July 5, 1911 (private collection).*

32 *Karl Sterrer to Franz Hauer, July 20, 1911 (private collection).*

33 *Heidi Grundmann, "Ein faszinierender Schatten," 86.*

34 *Karl Sterrer to Franz Hauer, Oct 18, 1911 (private collection).*

35 *Hauer donated 100 kronen to the* Aktionskomitee für den Künstlerpreis. *(Genossenschaft der bildenden Künstler Wiens to Franz Hauer, June 2, 1911, private collection).*

36 *To the "noble art lover Mr. Franz Hauer in grateful appreciation," reads a dedication on the painting* Herbstliche Gartenidylle *by Robert Russ, probably created in Weißenkirchen in the Wachau Valley. (State Collections of Lower Austria, inv. KS-18361).*

37 *Genossenschaft der bildenden Künstler Wiens to Franz Hauer, Nov 30, 1911 (Künstlerhaus archives, Franz Hauer file).*

38 *Franz Hauer to Genossenschaft der bildenden Künstler Wiens, Dec. 3, 1911 (Künstlerhaus archives, Franz Hauer file).*

39 Neues Wiener Tagblatt – Tages-Ausgabe, *March 10, 1912 (no. 68), 134.*

40 *Bezirksgericht (district court) Horn, land register "Rosenburg II 68–168," 420.*

41 *"Vom Wiener Realitätenmarkte,"* Neues Wiener Tagblatt – Tages-Ausgabe, *Aug. 17, 1912 (no. 224), 6.*

42 *Franz Hauer to Albin Egger-Lienz, July 15, 1912 (ÖNB, inv. 5374).*

43 *Raoul Auernheimer, "Sommerfrischen für einen Abend,"* Neue Freie Presse – Morgenblatt, *July 28, 1912 (no. 17215), 1.*

44 *"Estate Settlement for Franz Hauer, tavern keeper, died June 5, 1914, in Vienna," WStlA, Bezirksgericht [district court] Döbling, A5: I P 98/1914.*

45 *Ibid.*

46 *Later named Sascha-Filmateliers and then Wien-Film, at Sieveringerstraße 133–135 (only the entrance area has been preserved).*

47 *Karl Sterrer to Franz Hauer, Aug. 8, 1912 (private collection).*

48 Fremden-Liste *(tourism records) Bad Ischl, Aug. 27, 1912, 1.*

49 *Albin Egger-Lienz to Franz Hauer, Dec. 2, 1913 (Leopold Museum, inv. LM 5590).*

50 *Albin Egger-Lienz to Franz Hauer, March 3, 1912 (Leopold Museum, inv. LM 5483).*

51 *See note 44 above.*

52 *Albin Egger-Lienz to Franz Hauer, Dec. 20, 1911 (Leopold Museum, inv. LM 5478).*

53 *Albin Egger-Lienz to Franz Hauer, June 7, 1912 (Leopold Museum, inv. LM 5527).*

54 *See note 44 above.*

55 *Hermann Herrmann to Franz Hauer, Feb. 5, 1913 (private collection).*

56 *Albin Egger-Lienz to Franz Hauer, Sept. 15, 1913 (Leopold Museum, inv. LM 5587).*

54 Wie Anm. 44.

55 Hermann Herrmann an Franz Hauer, 05.02.1913 (Privatbesitz).

56 Albin Egger-Lienz an Franz Hauer, 15.09.1913 (Leopold Museum, Inv.-Nr. LM 5587).

57 Karl Sterrer an Franz Hauer, o. D. (Privatbesitz).

58 Karl Sterrer an Franz Hauer, 29.05.1912 (Privatbesitz).

59 Wie Anm. 15.

60 Egon Schiele an Franz Hauer 12.07.1912 (Albertina, Inv.-Nr. ESA 91 a r/v, 91 b).

61 Egon Schiele an Franz Hauer, 26.07.1912 (Albertina, Inv.-Nr. ESA 118).

62 Leopold Hauer an Oskar Kokoschka, 10.10.1912 (Zentralbibliothek Zürich, Nachlass Oskar Kokoschka, Inv.-Nr. 481.21).

63 Albin Rohrmoser, *Anton Faistauer 1887–1930*, Salzburg 1987, Kat.-Nr. 23, Tafel 21.

64 Gustav Schütt, „Vater Hauer in Memoriam (1960)“, wie Anm. 22, S. 196/197.

65 Wie Anm. 1.

66 Autobiografische Schrift, *Victor Hammer*, Österreichische Blätter:, Graz 1936, S. 11.

67 Albin Egger-Lienz an Franz Hauer, 27.03.1912 (Leopold Museum, Inv.-Nr. LM 5534).

68 Carl Kraus, *Hubert Lanzinger*, Monographien Südtiroler Künstler, Bd. 27, Bozen 2000, S. 12.

69 Amalia S. Levetus, „Aus dem Wiener Kunstleben“, in: *Pester Lloyd*, Nr. 48 (25.02.1913), S. 3.

70 Theodor von Frimmel, *Geschichte der Wiener Gemäldesammlungen (Band 2) - Buchstabe G bis L*, München 1914, S. 127.

71 Arch. August, „Ein Wiener Kunsthistoriker und Kritiker. Zu Dr. Ludwig Abels' 60. Geburtstag“, in: *Reichspost*, Nr. 74 (16.03.1927), S. 6.

72 st, „Die Kunstausstellungen“, in: *Neues Wiener Tagblatt*, Nr. 101 (14.04.1913), S. 13–14, hier S. 14.

73 Franz Hauer an Arthur Roessler, 05.06.1913 (Wienbibliothek, Inv.-Nr. 151.620).

74 Illustrierter Katalog der XI. Internationalen Kunstausstellung im Kgl. Glaspalast zu München 1913, 1. Juni bis Ende Oktober, 2. Ausgabe, München 1913, S. 176/177, Kat.-Nr. 3044–3061.

75 Karl Sterrer an Franz Hauer, 03.04.1913 (Leopold Museum, Inv.-Nr. LM 5530).

76 Faistauer stellte dort vom 23.07. bis zum 13.08.1913 aus.

77 Wie Anm. 73.

78 R. P., „Anton Faistauer als Künstler. Was sein Förderer, Medizinalrat Dr. Rieger, erzählt“, in: *Freiheit!*, Nr. 947 (19.09.1930), S. 5–6, hier S. 5.

79 Vielleicht wurde Hauer durch Faistauer darauf aufmerksam gemacht. (Vgl. Anton Faistauer an Franz Hauer, o. D. [Leopold Museum, Inv.-Nr. LM 5628]).

80 Franz Hauer an Egon Schiele, 10.06.1913 (Albertina, Inv.-Nr. ESA 94).

81 Franz Hauer an Egon Schiele, 12.06.1913 (Albertina, Inv.-Nr. ESA 95).

82 *Neues Wiener Tagblatt - Tages-Ausgabe*, Nr. 148 (01.06.1913), S. 109.

83 Franz Hauer an Egon Schiele, 02.07.1913 (Albertina, Inv.-Nr. ESA 114).

84 Albin Egger-Lienz an Franz Hauer, 11.08.1913 (Leopold Museum, Inv.-Nr. LM 5531).

85 Wie Anm. 74, S. 158, Kat.-Nr. 2725 und 2726.

86 Schiele stellte hier vom 25.06. bis zum 12.07.1913 aus.

87 Franz Hauer an Egon Schiele, 23.07.1913 (Privatbesitz/USA - zur Verfügung gestellt durch Galerie St. Etienne, New York).

88 Anton Faistauer an Franz Hauer, 17.07.1913 (Privatbesitz).

89 Oskar Kokoschka an Franz Hauer, o. D. (Juli 1913) (Leopold Museum, Inv.-Nr. LM 5634).

57 Karl Sterrer to Franz Hauer, undated (private collection).

58 Karl Sterrer to Franz Hauer, May 29, 1912 (private collection).

59 Leopold Hauer, "Selbstbiographie."

60 Egon Schiele to Franz Hauer, July 12, 1912 (Albertina, inv. ESA 91 a r/v, 91 b).

61 Egon Schiele to Franz Hauer, July 26, 1912 (Albertina, inv. ESA 118).

62 Leopold Hauer to Oskar Kokoschka, Oct. 10, 1912 (Zentralbibliothek Zürich, estate of Oskar Kokoschka, inv. 481.21).

63 Albin Rohrmoser, Anton Faistauer 1887–1930 *(Salzburg, 1987), catalogue no. 23, panel 21.*

64 Gustav Schütt, "Vater Hauer in Memoriam (1960)," in Schweiger, "Ein Kunstenthusiast," 196/197.

65 See note 1 above.

66 Autobiografische Schrift, Victor Hammer, Österreichische Blätter *(Graz, 1936), 11.*

67 Albin Egger-Lienz to Franz Hauer, March 27, 1912 (Leopold Museum, inv. LM 5534).

68 Carl Kraus, "Hubert Lanzinger," in Monographien Südtiroler Künstler, *vol. 27 (Bolzano, 2000), 12.*

69 Amalia S. Levetus, "Aus dem Wiener Kunstleben," Pester Lloyd, *Feb. 25, 1913 (no. 48), 3.*

70 Theodor von Frimmel, Geschichte der Wiener Gemäldesammlungen (Band 2) - Buchstabe G bis L *(Munich, 1914), 127.*

71 Arch. August, "Ein Wiener Kunsthistoriker und Kritiker. Zu Dr. Ludwig Abels' 60. Geburtstag," Reichspost, *March 16, 1927 (no. 74), 6.*

72 st, "Die Kunstausstellungen," Neues Wiener Tagblatt, *Apr. 14, 1913 (no. 101), 13–14, here: 14.*

73 Franz Hauer to Arthur Roessler, June 5, 1913 (Wienbibliothek, inv. 151.620).

74 Illustrierter Katalog der XI. Internationalen Kunstausstellung im Kgl. Glaspalast zu München 1913, 1. Juni bis Ende Oktober, *2nd edition (Munich, 1913), 176/177, catalogue numbers 3044–3061.*

75 Karl Sterrer to Franz Hauer, Apr. 3, 1913 (Leopold Museum, inv. LM 5530).

76 Faistauer exhibited there from July 23 until August 13, 1913.

77 See note 73 above.

78 R. P., "Anton Faistauer als Künstler: Was sein Förderer, Medizinalrat Dr. Rieger, erzählt," Freiheit!, *Sept. 19, 1930 (no. 947), 5–6, here: 5.*

79 Perhaps this was brought to Hauer's attention by Faistauer. See Anton Faistauer to Franz Hauer, undated [Leopold Museum, inv. LM 5628].

80 Franz Hauer to Egon Schiele, June 10, 1913 (Albertina, inv. ESA 94).

81 Franz Hauer to Egon Schiele, June 12, 1913 (Albertina, inv. ESA 95).

82 Neues Wiener Tagblatt- Tages-Ausgabe, *June 1, 1913 (no. 148), 109.*

83 Franz Hauer to Egon Schiele, July 2, 1913 (Albertina, inv. ESA 114).

84 Albin Egger-Lienz to Franz Hauer, Aug. 11, 1913 (Leopold Museum, inv. LM 5531).

85 See note 74 above, 158, catalogue numbers 2725 and 2726.

86 Schiele exhibited there between June 25 and July 12, 1913.

87 Franz Hauer to Egon Schiele, July 23, 1913 (private collection in the U.S.; made available by the Galerie St. Etienne, New York).

88 Anton Faistauer to Franz Hauer, July 17, 1913 (private collection).

89 Oskar Kokoschka to Franz Hauer, undated (July 1913) (Leopold Museum, inv. LM 5634).

90 Oskar Kokoschka to Franz Hauer, undated (July 1913) (Leopold Museum, inv. LM 5473).

91 Anton Peschka to Egon Schiele, July 22, 1913 (Albertina, inv. ESA 174).

90 Oskar Kokoschka an Franz Hauer, o. D. (Juli 1913) (Leopold Museum, Inv.-Nr. LM 5473).

91 Anton Peschka an Egon Schiele, 22.07.1913 (Albertina, Inv.-Nr. ESA 174).

92 Franz Hauer an Leopold Hauer, 20.10.1913 (Leopold Museum, Inv.-Nr. LM 5496).

93 Albin Egger-Lienz an Franz Hauer, 11.01.1914 (Brenner-Archiv, Teilnachlass Kirschl).

94 Albin Egger-Lienz an Franz Hauer, 02.02.1914 (Leopold Museum, Inv.-Nr. LM 5532).

95 Albin Egger-Lienz an Heinrich Krause, 08.11.1913 (zit. nach Wilfried Kirschl, *Albin Egger-Lienz. 1868–1926. Das Gesamtwerk*, Bd. I und II, Wien 1977, S. 150).

96 Albin Egger-Lienz an Franz Hauer, 22.07.1913 (Leopold Museum, Inv.-Nr. LM 5617).

97 Wie Anm. 95.

98 Ebd.

99 Wie Anm. 8.

100 *Neues Wiener Tagblatt - Tages-Ausgabe*, Nr. 154 (07.06.1914), S. 14.

101 Notiz von Franz Hauer auf einer Visitenkarte von Egon Schiele, 01.06.1914 (Leopold Museum, Inv.-Nr. LM 5428).

102 *Neue Freie Presse*, Nr. 17806, 22.03.1914, S. 58.

103 Wie Anm. 15, S. 33.

104 Wie Anm. 44.

105 Ebd.

106 Egon Schiele an Franz Hauer, 02.06.1914 (Leopold Museum, Inv.-Nr. LM 5427).

107 *Neue Freie Presse*, Nr. 17880 (06.06.1914), S. 29. - *Neues Wiener Tagblatt - Tages-Ausgabe*, Nr. 154 (06.06.1914), S. 28. - *Neues Wiener Journal*, Nr. 7403, (06.06.1914), S. 12.

108 *Deutsches Volksblatt*, Nr. 9135, (12.06.1914), S. 8.

109 Wie Anm. 100.

110 Das Grab der Familie Hauer (Gruppe 29, Reihe 1, Nr. 121) ging 1983 an andere Eigentümer über. (Dank an Eveline Fischer, Friedhofsverwaltung Döbling.).

111 Wie Anm. 100.

112 Berta Zuckerkandl, „Franz Hauer", in: *Wiener Allgemeine Zeitung* (09.06.1914), S. 2.

113 *Kikeriki*, Nr. 24 (14.06.1914), S. 2 und S. 9.

114 Kondolenzschreiben der Genossenschaft der bildenden Künstler in Wien, 06.06.1914 (Künstlerhausarchiv, Mappe Franz Hauer).

115 Albin Egger-Lienz an Ludwig Helling, 18.06.1914 (Leopold Museum, Inv.-Nr. LM 5487).

116 Franz Zelezny an Anna Hauer, 13.06.1914 (Leopold Museum, Inv.-Nr. LM 5612).

117 Anton Faistauer an Arthur Roessler, 12.06.1914 (Wienbibliothek, Inv.-Nr. 148.410).

118 *Wiener Zeitung*, Nr. 162 (15.07.1914), S. 4.

119 Der Name „Harb" ist ein aus Bahr gebildetes Anagramm.

120 Die Paniglgasse befindet sich im 4. Wiener Gemeindebezirk.

121 Hermann Bahr, „Der Unmensch", in: *Neue Freie Presse*, Nr. 19832 (11.11.1919), S. 1.

92 Franz Hauer to Leopold Hauer, Oct. 20, 1913 (Leopold Museum, inv. LM 5496).

93 Albin Egger-Lienz to Franz Hauer, Jan. 11, 1914 (Brenner-Archiv, partial estate of Kirschl).

94 Albin Egger-Lienz to Franz Hauer, Feb. 2, 1914 (Leopold Museum, inv. LM 5532).

95 Albin Egger-Lienz to Heinrich Krause, Nov. 8, 1913. Quoted in Wilfried Kirschl, Albin Egger-Lienz, 1868–1926: Das Gesamtwerk, *vols. I and II (Vienna: Brandstätter, 1996), 150.*

96 Albin Egger-Lienz to Franz Hauer, July 22, 1913 (Leopold Museum, inv. LM 5617).

97 See note 95 above.

98 Ibid.

99 Leo Grünstein, "Die Sammlung Franz Hauer."

100 Neues Wiener Tagblatt - Tages-Ausgabe, *June 7, 1914 (no. 154), 14.*

101 Note by Franz Hauer on a calling card from Egon Schiele, June 1, 1914 (Leopold Museum, inv. LM 5428).

102 Neue Freie Presse, *March 22, 1914 (no. 17806), 58.*

103 Leopold Hauer, "Selbstbiographie," 33.

104 See note 44 above.

105 Ibid.

106 Egon Schiele to Franz Hauer, June 2, 1914 (Leopold Museum, inv. LM 5427).

107 Neue Freie Presse, *June 6, 1914 (no. 17880), 29;* Neues Wiener Tagblatt - Tages-Ausgabe, *June 6, 1914 (no. 154), 28;* Neues Wiener Journal, *June 6, 1914 (no. 7403), 12.*

108 Deutsches Volksblatt, *June 12, 1914 (no. 9135), 8.*

109 See note 100 above.

110 In 1983, the Hauer family grave (Group 29, Row 1, No. 121) was transferred to different owners. Thank you to Eveline Fischer of the Döbling Cemetery Administration for this information.

111 See note 100 above.

112 Berta Zuckerkandl, "Franz Hauer," Wiener Allgemeine Zeitung, *Sept. 9, 1914, 2.*

113 Kikeriki, *June 14, 1914 (no. 24), 2 and 9.*

114 Letter of condolence from the Genossenschaft der bildenden Künstler in Wien, June 6, 1914 (Künstlerhaus archives, Franz Hauer file).

115 Albin Egger-Lienz to Ludwig Helling, June 18, 1914 (Leopold Museum, inv. LM 5487).

116 Franz Zelezny to Anna Hauer, June 13, 1914 (Leopold Museum, inv. LM 5612).

117 Anton Faistauer to Arthur Roessler, June 12, 1914 (Wienbibliothek, inv. 148.410).

118 Wiener Zeitung, *July 15, 1914 (no. 162), 4.*

119 The name "Harb" is an anagram of Bahr.

120 Paniglgasse is a street in Vienna's fourth district.

121 Hermann Bahr, "Der Unmensch," Neue Freie Presse, *Nov. 11, 1919 (no. 19832), 1.*

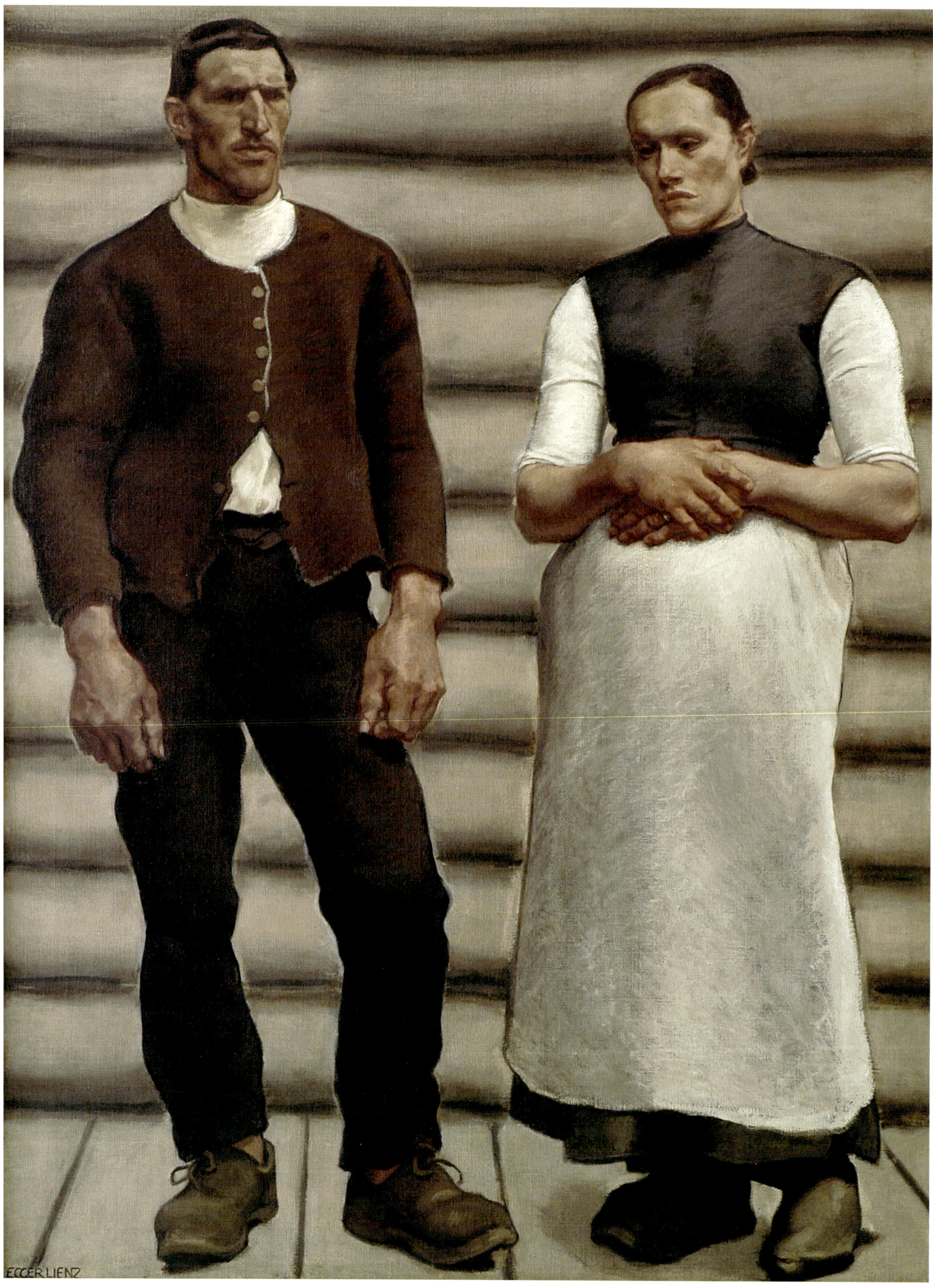
EGGER LIENZ

Günther Dankl

Der Mäzen und sein Künstler

Franz Hauer und Albin Egger-Lienz

„Ihren Besuch heute mit Vergnügen erwartend. Hochachtungsvollst Alb. Egger-Lienz", lautet die Notiz auf der Visitenkarte,[1] mit der Albin Egger-Lienz am 9. Februar 1910 Franz Hauer zu einem Atelierbesuch einlud. Zu einer persönlichen Begegnung zwischen Hauer und Egger-Lienz, der bereits seit dem 5. Oktober 1899 in Wien lebte, war es vorher nie gekommen.[2] Hauer besaß zu diesem Zeitpunkt bereits mehrere Werke des Künstlers.[3] Es ist daher anzunehmen, dass der Sammler den Werdegang von Egger-Lienz in Wien aufmerksam verfolgte – insbesondere seine Teilnahme an den Jahresausstellungen im Wiener Künstlerhaus 1906 und 1908 sowie der 33. Ausstellung der Wiener Secession 1909, auf der er neben dem Gemälde *Haspinger Anno Neun* (1908/09) und der Kaseinfassung von *Sämann und Teufel* (1908/09) vier weitere Bilder zeigte. Die zwischen Hauer und Egger-Lienz sich in der Folge entwickelnde Beziehung schlug sich nicht nur in einem intensiven Briefverkehr nieder,[4] Hauer blieb zeit seines Lebens auch der bedeutendste Sammler des Künstlers. Bei seinem Tod 1914 besaß er an die 80 Gemälde und Ölstudien von ihm.[5] Als 1920 Werke zeitgenössischer Künstler aus Hauers Sammlung im Auktionshaus C. J. Wawra zur Versteigerung gelangten, befanden sich nicht weniger als 32 Werke von Egger-Lienz darunter.[6]

Bereits am 7. März 1910 teilte Egger-Lienz Hauer mit: „Auf Ihre seinerzeitige freundliche Mitteilung, daß es Sie interessieren würde eventuell eingetroffene Bilder von mir zu besichtigen, teile ich Ihnen mit daß diese Tage, eine Hauptarbeit eingetroffen ist. Das Bild stellt einen ‚Sämann' dar."[7] Ob es sich dabei um den als selbstständige Arbeit weitergeführten *Sämann* aus *Sämann und Teufel* von 1908 (S. 66) handelt oder bereits um die im Winter 1908/09 abgeschlossene erste Fassung von *Sämann und Teufel*, die im Katalog zur oben erwähnten Versteigerung unter Nummer 33 angeführt ist,[8] geht daraus nicht hervor. Über diese würde der Künstler mit Hauer in einem Schreiben vom 4. Juni 1911[9] erste Verkaufsverhandlungen führen. Gut acht Monate später, am 9. November 1910, lud er Hauer wiederum in sein Atelier ein, diesmal, um die Kaseinfassung des *Totentanzes von Anno Neun* (1908) zu besichtigen.[10] Egger-Lienz malte das Bild für Hauer im Winter 1910/11 in einer

Günther Dankl

The Patron and His Artist

Franz Hauer and Albin Egger-Lienz

"Greatly looking forward to your visit today. Yours faithfully, Alb. Egger-Lienz," reads the short note on a calling card[1] with which Albin Egger-Lienz invited Franz Hauer to see him in his studio on February 9, 1910. It was the first time that Hauer and Egger-Lienz, who had lived in Vienna since October 5, 1899, met in person.[2] Hauer already had several works by the artist in his collection,[3] so he had presumably observed Egger-Lienz's career in the city with considerable interest—especially his participation in the annual exhibitions at the Vienna Künstlerhaus in 1906 and 1908 and the Thirty-Third Vienna Secession Exhibition in 1909, where he presented the painting Haspinger Year Nine *(1908/09) and the casein version of* Sower and Devil *(1908/09), as well as four other pictures. The visit marked the beginning of a relationship that is not only documented in the numerous letters they exchanged;[4] Hauer also remained the leading collector of the artist's work until his death in 1914. The inventory of his estate lists almost eighty paintings and oil studies by Egger-Lienz.[5] When works by contemporary artists from his collection were auctioned off by C. J. Wawra in 1920, the catalogue included no fewer than thirty-two pieces by Egger-Lienz.[6]*

On March 7, 1910, less than a month after that first personal encounter, Egger-Lienz wrote to Hauer: "In response to your recent kind note that you would be interested in any pictures of mine that might come in, I would like to inform you that a principal work arrived a few days ago. The picture shows a 'sower.'"[7] It is unclear whether the reference is to the 1908 standalone elaboration of the figure The Sower *from* Sower and Devil *(p. 66) or already to the first version of* Sower and Devil*, completed in the winter of 1908/09, which is listed as lot 33 in the catalogue for the abovementioned auction.[8] The latter would be the object of sales negotiations initiated in a letter from the artist dated June 4, 1911.[9] Eight months later, on November 9, 1910, Egger-Lienz once again invited Hauer to his studio, this time to inspect the casein version of the* Dance of Death of Year Nine *(1908).[10] In the winter of 1910/11, the artist produced an almost identical replica of the painting for Hauer (pp. 68/69).[11] As discussed below, this version would two years later become a source of friction between the two, both because of the casein paint*

Albin Egger-Lienz
Mann und Weib/*Man and Woman*, 1910
Kasein, Ölfarbe auf Leinwand/*casein, oil on canvas*, 186 × 145 cm
Landesmuseum für Kärnten

fast deckungsgleichen Replik noch einmal (S. 68/69),[11] die, wie noch aufzuzeigen sein wird, zwei Jahre später nicht nur wegen der verwendeten Kaseinfarbe, sondern auch wegen der um das Bild entstandenen Diskussion zu Verstimmungen zwischen den beiden führen sollte.

Als Egger-Lienz Anfang 1911 aufgrund der von Erzherzog Franz Ferdinand vereitelten Professur an der Akademie der bildenden Künste in Wien[12] seinen Entschluss bekannt gab, die Stadt zu verlassen, erwarb Hauer am 2. Februar en bloc 43 Gemälde sowie eine Reihe von Studien und Entwürfen aus dem Atelier des Künstlers.[13] Und knapp bevor Egger-Lienz am 6. Mai Wien in Richtung Hall in Tirol verließ, lud er am 20. April den Sammler zu einem letzten Atelierbesuch ein: „Es würde mich sehr freuen Sie möglichst noch in dieser Woche noch einmal bei mir zu sehen, noch ehe meine Werkstatt ganz demoliert ist. Bei dieser Gelegenheit könnten wir auch eine Zeit bestimmen, wo ich das Vergnügen haben könnte, ohne ungelegendlich zu kommen, Ihre werte Familie zu besuchen, respektive meinen Abschiedsbesuch zu machen."[14]

Auch nach der Übersiedelung nach Hall in Tirol, wo der Künstler bis zum Antritt seiner Professur in Weimar am 13. April 1912 mit seiner Familie lebte, setzte sich der rege Briefverkehr fort. Im Mittelpunkt des Austausches standen in erster Linie die Sammlung und ihre Erweiterung. So kam Egger-Lienz in einem Schreiben vom 4. Juni 1911 aus Längenfeld nach einer kurzen Schilderung des persönlichen Befindens[15] gleich auf den Verkaufspreis in der Höhe von 20.000 Kronen für die Bilder *Der Totentanz von Anno Neun*, *Vorfrühling* (1906), *Mann und Weib* (1910, S. 60) und *Sämann und Teufel* zu sprechen, um dann allerdings mit der Feststellung zu enden: „Wenn ich mir die Mäßigkeit der Preise auch nicht verhehlen kann, so wird es mich doch sehr freuen, diese meine Hauptbilder in Ihrem Besitze zu wissen, in den Räumen einer Familie, welche mit warmem Herzen den ernsten Wegen meiner Kunst zu folgen gewillt ist."[16]

Hauer erwarb nicht nur weitere Bilder, sondern berichtete Egger-Lienz auch wiederholt von seiner Absicht, einen eigenen Raum für die Sammlung einzurichten. Darauf nahm Egger-Lienz in einem Schreiben vom 20. Dezember 1911 Bezug: „Also verwirklicht sich die geplante Galerieschaffung, ich freue mich sehr darob, denn nun winkt meinen Kindern eine paßende Unterkunft noch freundlicher als bisher.

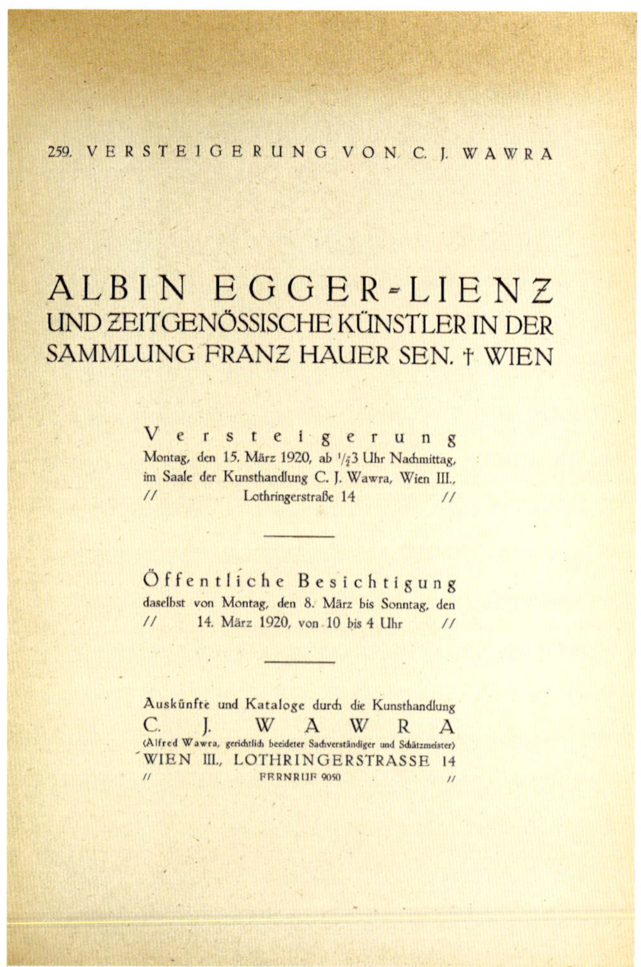

259. VERSTEIGERUNG VON C. J. WAWRA

ALBIN EGGER-LIENZ
UND ZEITGENÖSSISCHE KÜNSTLER IN DER SAMMLUNG FRANZ HAUER SEN. † WIEN

Versteigerung
Montag, den 15. März 1920, ab ½3 Uhr Nachmittag, im Saale der Kunsthandlung C. J. Wawra, Wien III., // Lothringerstraße 14 //

Öffentliche Besichtigung
daselbst von Montag, den 8. März bis Sonntag, den // 14. März 1920, von 10 bis 4 Uhr //

Auskünfte und Kataloge durch die Kunsthandlung
C. J. WAWRA
(Alfred Wawra, gerichtlich beeideter Sachverständiger und Schätzmeister)
WIEN III., LOTHRINGERSTRASSE 14
// FERNRUF 9050 //

Versteigerungskatalog Albin Egger-Lienz und zeitgenössische Künstler in der Sammlung Franz Hauer sen. † Wien. 259. Versteigerung von C. J. Wawra, Wien/*Vienna* 15.03.1920/*March 15, 1920* Universitätsbibliothek Heidelberg

the artist had used and due to the public debate over the picture.

Archduke Franz Ferdinand blocked Egger-Lienz's appointment to a professorship at the Academy of Fine Arts Vienna,[12] *leading the artist to announce, in early 1911, that he had decided to leave the city. Hauer returned to the studio on February 2 and bought an astonishing forty-three paintings as well as a number of studies and sketches.*[13] *And mere weeks before Egger-Lienz's scheduled departure for Hall in Tirol on May 6, he invited the collector to pay him one last studio visit: "I would be most pleased to see you again, this week if possible, in my workshop before it will be dismantled entirely. We could then also determine a suitable date on which I might have the pleasure of visiting your family—more properly, of paying them a farewell visit—without inconveniencing you."*[14]

The brisk correspondence between them continued after the artist and his family moved to Hall in Tirol, where they would live until he assumed a professorship in Weimar

Oberlicht wäre sicher der beste Ausweg um viel und gut beleuchtet unter zu bringen, besonders für die großen Bilder welche mit Casein gemalt sind wäre ein [...] Oberlicht, ideal."[17] Und am 27. März 1912 schrieb er: „Daß der Saal so groß u. mit Oberlicht versehen wird, freut mich sehr für Sie u. meine Bilder."[18] Auch beriet er Hauer auf dessen Bitte hin mehrmals beim Erwerb von Bildern anderer Künstler: „Eine Arbeit von Fahringer kann man ruhig kaufen ich glaube er wird auch nicht zu hohe Preise fordern, das wäre was anderes. Andri ist ein wirklicher Künstler von ihm sollten Sie was erwerben. Andri ist in Wien verkannt er verdiente viel mehr Beachtung aber er ist halt eben auch zu viel Künstler dem die Kunst höher steht als der gewande Umgang und das plapernde Maul. Auf einen Künstler muß ich Sie aufmerksam machen. In Wien soll ein ganz eminenter Maler sein der sich Lanzinger schreibt; er soll wenig ausstellen [...] soll aber wie gesagt ein ganz großartiger Maler sein (er malt kleinere Formate)."[19]

Im Juni 1912 verkaufte Hauer das Gemälde *Der Totentanz von Anno Neun* an die Gemäldegalerie in Dresden. Und im Dezember desselben Jahres verhandelte er über Vermittlung des Bildhauers Anton Hanak mit dessen Mäzen über den Verkauf des Gemäldes *Sämann und Teufel*. Hauers Entschluss, die beiden Bilder abzugeben, war zum einen „die Folge negativer Urteile von einigen Wiener Malern"[20] und zum anderen im geringen Vertrauen des Sammlers in die Haltbarkeit der in Kaseintechnik gemalten Bilder begründet, auf die Hauer in seinen Briefen mehrmals zu sprechen kam. Die Antwort gab Egger-Lienz in seinem Brief vom 26. Mai 1912: „Daß den Leuten und Malern meine Hauptwerke Teufel u. Sämann und Totentanz nicht gefallen glaube ich wohl, darin ligt aber der sichere Wert der Bilder. Bedeutende Künstler jedoch wissen sie zu schätzen. Ich sehe in dem Umstande daß Sie auch zwei so ernste große Arbeiten von mir in Ihrer Egger-Sammlung haben, gerade eine unbedingte Notwendigkeit erfüllt. Ihre Egger-Sammlung wäre in der Hauptsache unvollständig u. Lückenhaft, wenn diese zwei, meine letzte Entwicklungsphase so prägnant aufzeigenden Werke fehlten. [...] Lassen Sie die Wiener Maler nur reden, hat denn dort je einer ein warmes Verhältnis zu ernster so blutig ernster und innerlicher Kunst, wie sie aus diesen 2 Bildern spricht, gehabt? es ist ja sicher nicht leicht an etwas Neues, Tieferes so ganz zu glauben wenn man, wie Sie, in einen solchen Kreise von braven Malern lebt, welche im ganz natürlichem Zwange, nur das gelten lassen, was ihr

on April 13, 1912. Most of the letters are primarily concerned with the collection and its enlargement. An example is Egger-Lienz's message from Längenfeld, Tyrol, dated June 4, 1911: after brief remarks on the state of his health,[15] he comes straight to the point—the proposed price of 20,000 kronen for the pictures Dance of Death of Year Nine, Early Spring *(1906),* Man and Woman *(1910, p. 60), and* Sower and Devil*—before closing on a cordial note: "Though I'm conscious of the fact that these are modest prices, it will be immensely gratifying to know these key works in your possession, in the home of a family that has warmly encouraged me to pursue the solemn destinies of my art."[16]*

Hauer not only acquired additional pictures, he also repeatedly shared with Egger-Lienz his intention to install the collection of his work in a dedicated room. The artist referred to this plan in his letter of December 20, 1911: "So the projected gallery is becoming a reality—I'm most delighted to hear it, for it promises a suitable accommodation for my children, one even more genial than the one that has hitherto housed them. A skylight would no doubt be the best means to bring in a great deal of advantageous illumination; it would be ideal, in particular, for the large pictures painted with casein."[17] And on March 27, 1912, he wrote: "I'm very pleased for you and my pictures that the room will be so large and have a skylight."[18] At Hauer's request, he also more than once consulted on purchases of pictures by other artists: "You can buy a work by Fahringer without thinking twice, and I don't think he'll ask too much for his pictures, that would be a different matter. Andri is a genuine artist, you should buy something by him. Vienna doesn't appreciate Andri, he deserves much more recognition, but then he's too much the kind of artist who prizes art over social finesse and chatter. There is an artist I must draw your attention to. Apparently, there is a quite outstanding painter named Lanzinger in Vienna; he reportedly exhibits very little but . . . as I said is supposed to be a superb painter (he paints smaller formats)."[19]

In June 1912, Hauer sold the painting Dance of Death of Year Nine *to the Gemäldegalerie in Dresden, and in December of the same year, he was negotiating the sale of the painting* Sower and Devil *to a private collector (Anton Hanak, a sculptor patronized by the latter, brokered the deal). Hauer's decision to offload the two pictures was prompted both by the "unfavorable judgments of several Viennese painters"[20] and by his misgivings regarding the durability of the works*

Horizont noch umfaßt, ihrem Vermögen noch nicht so weit entrückt scheint."[21]

Dass sich Egger-Lienz mit Hauer auch über seine anlässlich der *Großen Kunstausstellung* in Dresden 1912 öffentlich geäußerte Kritik an Ferdinand Hodler und der modernen Kunst austauschte, zeigt sein Brief vom 11. August 1912: „Anbei einiges zur Orientierung. Die Weimarer Zeitung ist das offizielle Regierungsblatt in Weimar. Ich stehe persönlich der Redaktion ganz ferne. Auch die andere Zeitung dort, ist ganz auf meiner Seite. Dem Kritikschwindel ist zimlich heimgeleuchtet worden. Habe sehr viele Zustimmungen von bedeutenden deutschen Kunstschriftstellern und aus allen Kreisen, erhalten. Hervorragende Kunsthandlungen, wollen Bilder, Zeichnungen von mir und machen glänzende Offerten. Ich gebe mich noch keinen Illusionen hin, aber ich freue mich daß ich den Burschen einmal einen ordentlichen Dämpfer aufgesetzt habe. Meine Position ist bedeutend gehoben u. befestigt, doch wird noch manches überstanden müßen werden."[22]

Betrachtet man abschließend den erhaltenen Briefwechsel zwischen dem Sammler Franz Hauer und dem Künstler Albin Egger-Lienz, so zeigt sich, dass die Beziehung weit über ein rein geschäftliches Verhältnis hinausging. Dies kommt auch in Egger-Lienz' Brief vom 7. Juni 1914 an den k. k. Rechnungsrat Julius Stach zum Ausdruck, in dem er zwei Tage nach Hauers Tod seine tiefe Betroffenheit bekundete: „Nicht nur den Schätzer meiner Kunst habe ich in Franz Hauer verloren, er war unter allen denen [...] derjenige, der mir als Mensch und persönlicher Freund am nächsten stand, dessen Freundschaft und leidenschaftliche Anteilnahme an meiner Sache in mein persönliches Leben hineingewachsen ist, wo er mir gab, was kein bloßer Kunstkenner mir geben konnte: den Wiederklang meines Fühlens und Wollens in einem Herzen voll rührendster Treue. Er sah nicht nur was ich schuf, er fühlte mit was ich wollte und niemanden konnte ich mich so leicht mitteilen, als diesem schlichten, geradsinnigen Mann, dessen Liebe und Wohlwollen einem das Herz öffnete. Wenn ich daran denke wie er vor Jahren zum ersten Mal in mein Atelier kam, so einfach und bescheiden, fast schüchtern, steht er in der ganzen Zartheit und Empfänglichkeit vor mir, die ihn auszeichnete, ein Beispiel ohnegleichen wie angeborener Takt des Herzens so tausendfach höher steht als aller Takt der Konvention. Daß dieser seltene Mensch, der in all den Jahren des Kampfes so treu an meiner Seite festhielt,

executed in casein paints, a problem that he raised in his letters on several occasions. Egger-Lienz responded on May 26, 1912: "I can certainly imagine that people and painters might not like my principal works Sower and Devil and Dance of Death; their censure is actually sure evidence of the pictures' worth. Eminent artists, by contrast, appreciate them. To my mind, your also having two such solemn large works by me in fact responds to an absolute necessity. Your Egger collection would be incomplete and essentially deficient if these two works, key examples of the most recent stage in my creative evolution, were absent. . . . Let the Viennese painters talk: for have any of them ever been passionate about an art as serious, as deeply felt and sealed with blood, as speaks from these two pictures? It is not easy, no doubt, to have complete faith in something new and more profound when one is surrounded, as you are, by a circle of such dutiful painters who quite naturally feel compelled to acknowledge only what their minds can grasp, what doesn't seem to be quite so much beyond their ken."[21]

Egger-Lienz also discussed with Hauer the painter's public rebuke of Ferdinand Hodler and modern art on the occasion of the 1912 Große Kunstausstellung *in Dresden, as his letter of August 11, 1912, shows: "I enclose several excerpts for your orientation. The Weimarer Zeitung is the official government gazette in Weimar. I personally have no relations with its editorial board. The other local paper, too, is entirely on my side. The critical phonies have been put straight for once. I've had a great number of supportive communications from influential German art writers and people of all ranks. Leading art dealerships want pictures, drawings from me and offer splendid sums. I don't entertain any illusions just yet, but I'm pleased that I've given the rascals a dressing-down. My standing is considerably enhanced and strengthened, though there will surely be challenges ahead."*[22]

All in all, an examination of the extant correspondence between Franz Hauer and Albin Egger-Lienz shows that theirs was much more than merely a business relationship, as the artist himself emphasizes in a letter to the Royal and Imperial Councilor for Accounting Julius Stach dated June 7, 1914, in which he expresses his shock and dismay over his collector's death two days earlier: "In Franz Hauer, I have not only lost an admirer of my art, he was also among many . . . the one who was closest to me as a human being and personal friend, whose friendship and passionate interest in my pursuit became interwoven with my personal life, where he

nun den Sieg nicht mehr mit mir feiern kann, erfüllt mich mit einem Schmerz der Vereinsamung, über den mich die nicht mehr trösten können, die in den Zeiten des Erfolges zu mir kamen."[23] Albin Egger-Lienz sollte zeit seines Lebens nie mehr einem solchen Mäzen, Sammler, Gönner und Freund begegnen.

gave to me what no mere connoisseur of art was able to give: the echo of my feelings and aspirations in a heart full of the most affecting loyalty. He not only saw what I created; he felt with me what I was after, and there was no one I could confide in with greater ease than this artless and honest man whose love and sympathy opened people's hearts to him. When I recall the day, years ago, that he first entered my studio, so simple and modest, almost bashful, he appears before me in all the sensitivity and receptiveness that set him apart, an unrivaled example of how the innate tact of the heart stands a thousand times higher than all tact of convention. That this rare human being who through all the years of struggle stood by my side so faithfully, will not celebrate with me now that victory has been won fills me with a painful sense of loneliness that those who only joined me in my days of success cannot soothe."[23] Albin Egger-Lienz would never meet another patron, collector, supporter, and friend like him.

Albin Egger-Lienz
Der Sämann, aus „Sämann und Teufel"/ *The Sower, from "Sower and Devil,"* 1908
Öl auf Leinwand/*oil on canvas*, 126,5 × 111,3 cm
Leopold Museum, Wien/*Vienna*

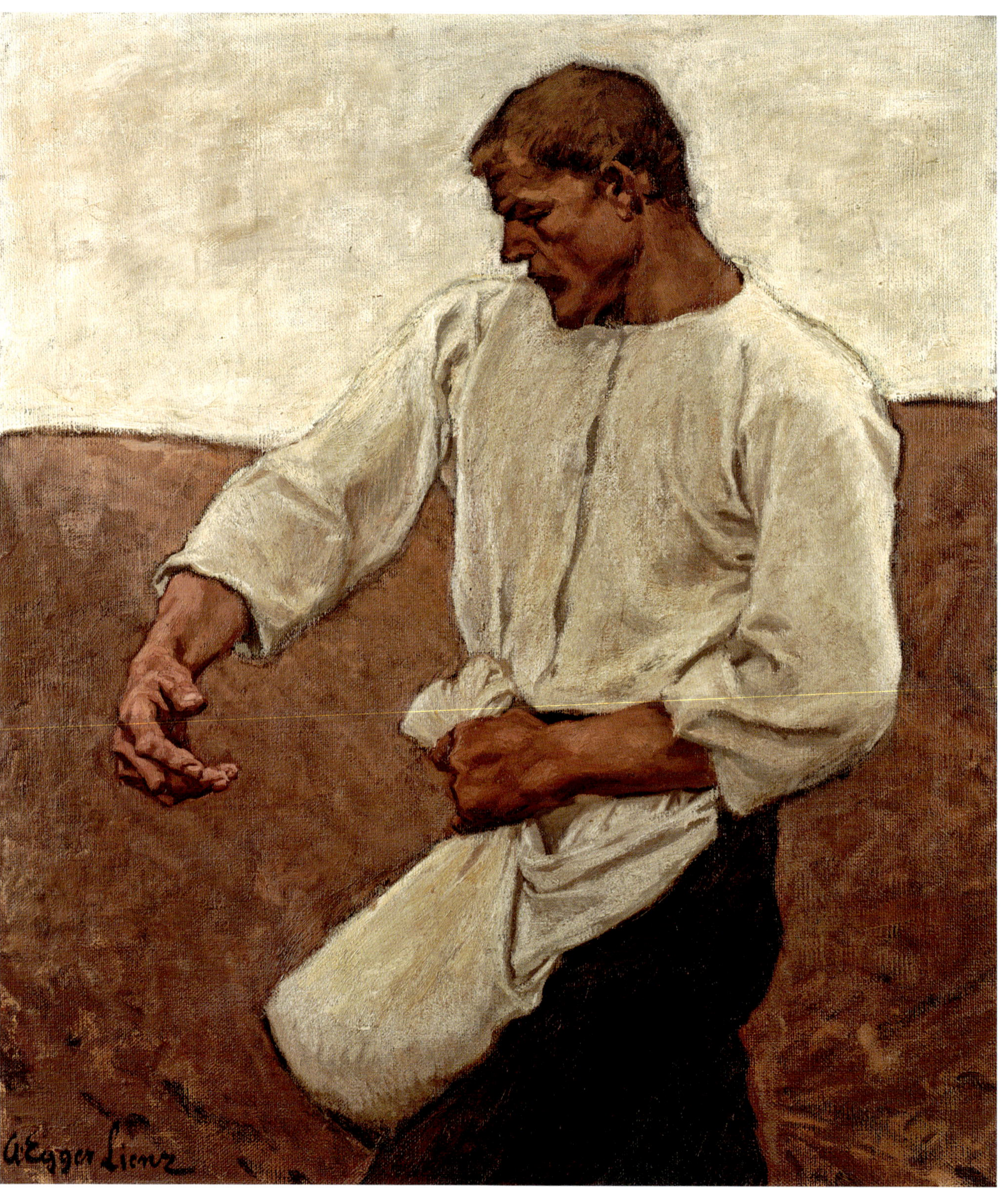

1 Leopold Museum, Inv.-Nr. 5559. – Die Rechtschreibung des Originals wurde – wie auch in den anderen zitierten Briefen – beibehalten.

2 Vgl. Wilfried Kirschl, *Albin Egger-Lienz. 1868–1926. Das Gesamtwerk*, Bd. I und II, Wien/München 1996, S. 150, 709.

3 Vgl. ebd., S. 709, Anm. 198. Auf der Vorderseite der Franz Hauer übergebenen Visitenkarte findet sich ein handschriftlicher Vermerk des Künstlers: „5 Bilder, n. 2000 / n. 1000 / n. 800 / 600 / 400".

4 Der Großteil des umfangreichen Briefverkehrs befindet sich heute im Leopold Museum, Wien, und in dem im Tiroler Landesmuseum Ferdinandeum, Innsbruck, aufbewahrten Albin Egger-Lienz Archiv des Landes Tirol.

5 Vgl. Kirschl 1996, wie Anm. 2, S. 150.

6 *Albin Egger-Lienz und zeitgenössische Künstler in der Sammlung Franz Hauer sen. † Wien. 259. Versteigerung von C. J. Wawra*, Wien 15.03.1920, Kat.-Nr. 15–46, S. 12–20.

7 Albin Egger-Lienz an Franz Hauer, 07.03.1910 (Leopold Museum, Inv.-Nr. 5481).

8 *Albin Egger-Lienz und zeitgenössische Künstler*, wie Anm. 6, S. 16.

9 Albin Egger-Lienz an Franz Hauer, 04.06.1911 (Leopold Museum, Inv.-Nr. 5535).

10 Albin Egger-Lienz an Franz Hauer, 09.11.1910 (Leopold Museum, Inv.-Nr. 5525).

11 Kirschl 1996, wie Anm. 2, Gemälde M 291, S. 536. Das Gemälde befindet sich heute im Besitz der Staatlichen Kunstsammlungen Dresden. Es wurde 1912 aus der *Großen Kunstausstellung* in Dresden erworben.

12 Als das Professorenkollegium der Akademie Egger-Lienz am 17.06.1910 primo loco für die Leitung einer Meisterschule nominierte, wurde die bereits in der Presse publizierte Ernennung von Erzherzog Franz Ferdinand verhindert.

13 Vgl. handschriftliche Auflistung der von Egger-Lienz als „Wiener Nachlass" bezeichneten Werke im Leopold Museum (Inv.-Nr. 5469).

14 Albin Egger-Lienz an Franz Hauer, 20.04.1911 (Leopold Museum, Inv.-Nr. 5529).

15 „Es ist mir wirklich die Arbeit und das Sommerleben in meiner Heimat, noch nie so köstlich vorgekommen, als diesmal; was ist das in der großen Stadt für ein nutzloses Streben u. jagen, um etwas mehr an ‚Ehre' oder ‚Geld' als ein anderer zu ergattern, anstatt im Bewußtsein seiner Menschenbestimmung, sein Talent einem höheren Zweck zu widmen." Albin Egger-Lienz an Franz Hauer, 04.06.1911 (Leopold Museum, Inv.-Nr. 5535).

16 Ebd.

17 Albin Egger-Lienz an Franz Hauer, 20.12.1911 (Leopold Museum, Inv.-Nr. 5478).

18 Albin Egger-Lienz an Franz Hauer, 27.03.1912 (Leopold Museum, Inv.-Nr. 5534).

19 Ebd. Carl Fahringer (geb. 1874 in Wiener Neustadt, gest. 1952 in Wien); Ferdinand Andri (geb. 1871 in Waidhofen an der Ybbs, gest. 1956 in Wien); Hubert Lanzinger (geb. 1880 in Innsbruck, gest. 1950 in Bozen).

20 Kirschl 1996, wie Anm. 2, S. 709, Anm. 198.

21 Albin Egger-Lienz an Franz Hauer, 26.05.1912 (Leopold Museum, Inv.-Nr. 5581).

22 Albin Egger-Lienz an Franz Hauer, 11.08.1912 (Leopold Museum, Inv.-Nr. 5545). Als Reaktion auf die negative Kritik verfasste der mit Egger-Lienz befreundete Kunstschriftsteller Otto Kunz die Streitschrift „Monumentale Kunst", die unter Egger-Lienz' Namen in der *Wiener Sonn- und Montags-Zeitung* vom 08.07.1912 erschien.

23 Albin Egger-Lienz an Julius Stach, 07.06.1914 (Wienbibliothek, Inv.-Nr. 77.811).

1 Leopold Museum, inv. 5559.

2 See Wilfried Kirschl, Albin Egger-Lienz, 1868–1926: Das Gesamtwerk, *vols. I and II (Vienna: Brandstätter, 1996), 150, 709.*

3 Ibid., 709, n. 198. The reverse of the card sent to Franz Hauer bears a note in the artist's hand: "5 pictures, n. 2000 / n. 1000 / n. 800 / 600 / 400."

4 The bulk of their extensive correspondence is now at the Leopold Museum, Vienna, and in the Albin Egger-Lienz archive of the State of Tyrol, which is held at the Tyrolean State Museum Ferdinandeum, Innsbruck.

5 See Kirschl, Albin Egger-Lienz, *150.*

6 Albin Egger-Lienz und zeitgenössische Künstler in der Sammlung Franz Hauer sen. † Wien. 259. Versteigerung von C. J. Wawra *(Vienna, March 15, 1920), cat. nos. 15–46, pp. 12–20.*

7 Albin Egger-Lienz to Franz Hauer, March 7, 1910 (Leopold Museum, inv. 5481).

8 Albin Egger-Lienz und zeitgenössische Künstler, *16.*

9 Albin Egger-Lienz to Franz Hauer, June 4, 1911 (Leopold Museum, inv. 5535).

10 Albin Egger-Lienz to Franz Hauer, Nov. 9, 1910 (Leopold Museum, inv. 5525).

11 Kirschl, Albin Egger-Lienz, *painting M 291, p. 536. The painting is now in the Staatliche Kunstsammlungen Dresden. It was acquired from the* Große Kunstausstellung *in Dresden in 1912.*

12 Egger-Lienz was ranked first among the candidates the Academy's faculty nominated for the position on June 17, 1910. Archduke Franz Ferdinand subsequently blocked the appointment, which had already been disclosed to the press.

13 See the handwritten list of works Egger-Lienz described as his "Viennese legacy" at the Leopold Museum (inv. 5469).

14 Albin Egger-Lienz to Franz Hauer, Apr. 20, 1911 (Leopold Museum, inv. 5529).

15 Albin Egger-Lienz to Franz Hauer, June 4, 1911 (Leopold Museum, inv. 5535): "Work and summer life in my native countryside have truly never felt so delightful as now; how futile are the exertions of city life and the relentless pursuit of a little more 'honor' or 'money' compared to consciousness of one's human destiny and devoting one's talent to a higher purpose."

16 Ibid.

17 Albin Egger-Lienz to Franz Hauer, Dec. 20, 1911 (Leopold Museum, inv. 5478).

18 Albin Egger-Lienz to Franz Hauer, March 27, 1912 (Leopold Museum, inv. 5534).

19 Ibid. The artists mentioned are Carl Fahringer (b. Wiener Neustadt, 1874, d. Vienna, 1952), Ferdinand Andri (b. Waidhofen an der Ybbs, 1871, d. Vienna, 1956), and Hubert Lanzinger (b. Innsbruck, 1880, d. Bolzano, 1950).

20 Kirschl, Albin Egger-Lienz, *709, n. 198.*

21 Albin Egger-Lienz to Franz Hauer, May 26, 1912 (Leopold Museum, inv. 5581).

22 Albin Egger-Lienz to Franz Hauer, Aug. 11, 1912 (Leopold Museum, inv. 5545). The negative critical response prompted the art writer Otto Kunz, a friend of Egger-Lienz's, to pen the polemic "Monumentale Kunst," which appeared under Egger-Lienz's name in the July 8, 1912, issue of the Wiener Sonn- und Montags-Zeitung.

23 Albin Egger-Lienz to Julius Stach, June 7, 1914 (Wienbibliothek, inv. 77.811).

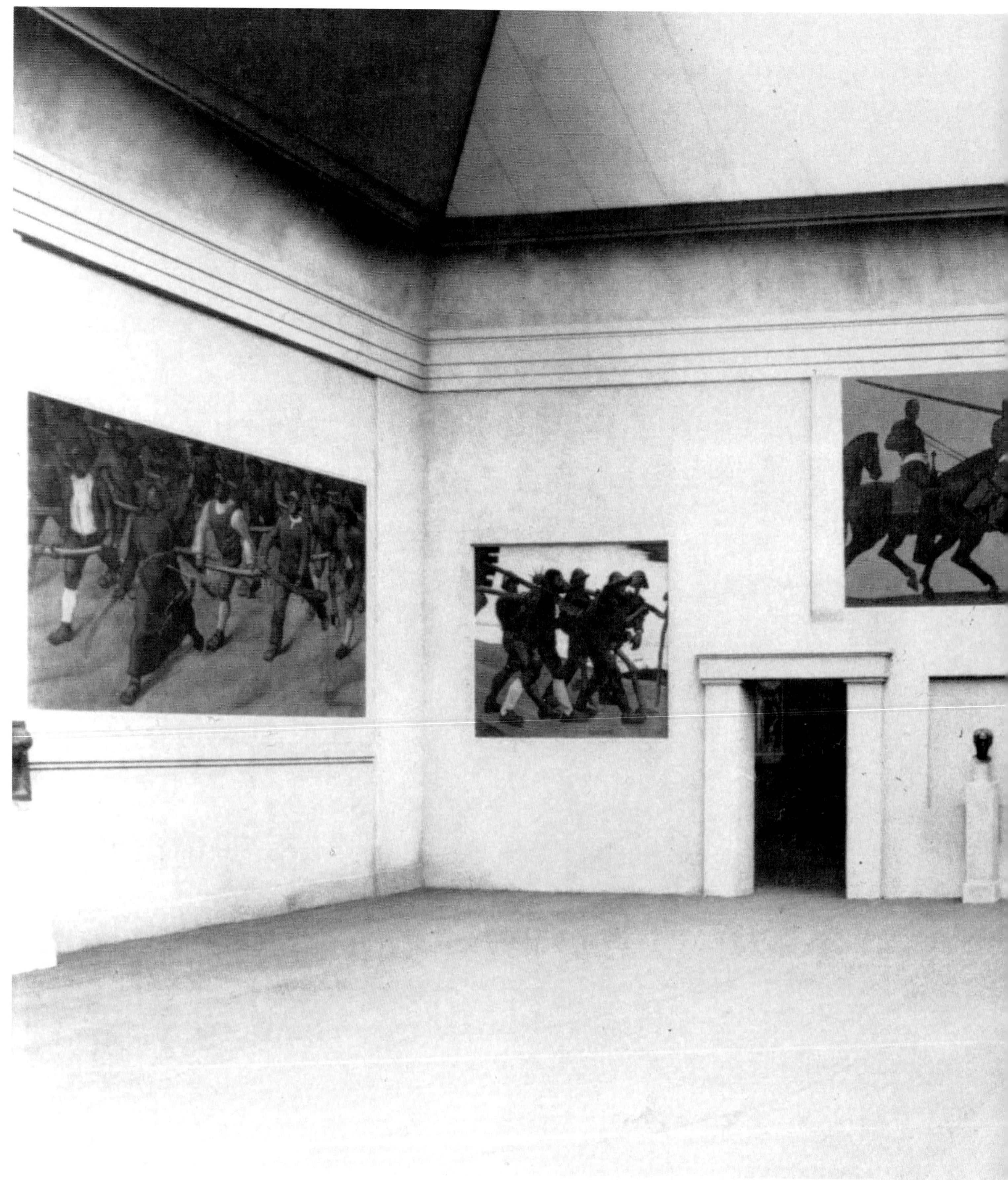

Saalaufnahme der Abteilung für Monumental-Dekorative Malerei im Rahmen der Großen Kunstausstellung in Dresden 1912 mit folgenden Werken von Albin Egger-Lienz (v. l. n. r.): Haspinger (1908/09), Totentanz (1910/11), Einzug König Etzels (1909/10) und Sämann und Teufel (1908/09)/Albin Egger-Lienz-Archiv, Bibliothek Tiroler Landesmuseum Ferdinandeum

View of the exhibition hall in the section for monumental-decorative paintings at the 1912 Große Kunstausstellung in Dresden with the following works by Albin Egger-Lienz (l. to r.): Haspinger (1908/09), Dance of Death (1910/11), Entry of King Etzel (1909/10), and Sower and Devil (1908/09)/library of the Tyrolean State Museum Ferdinandeum

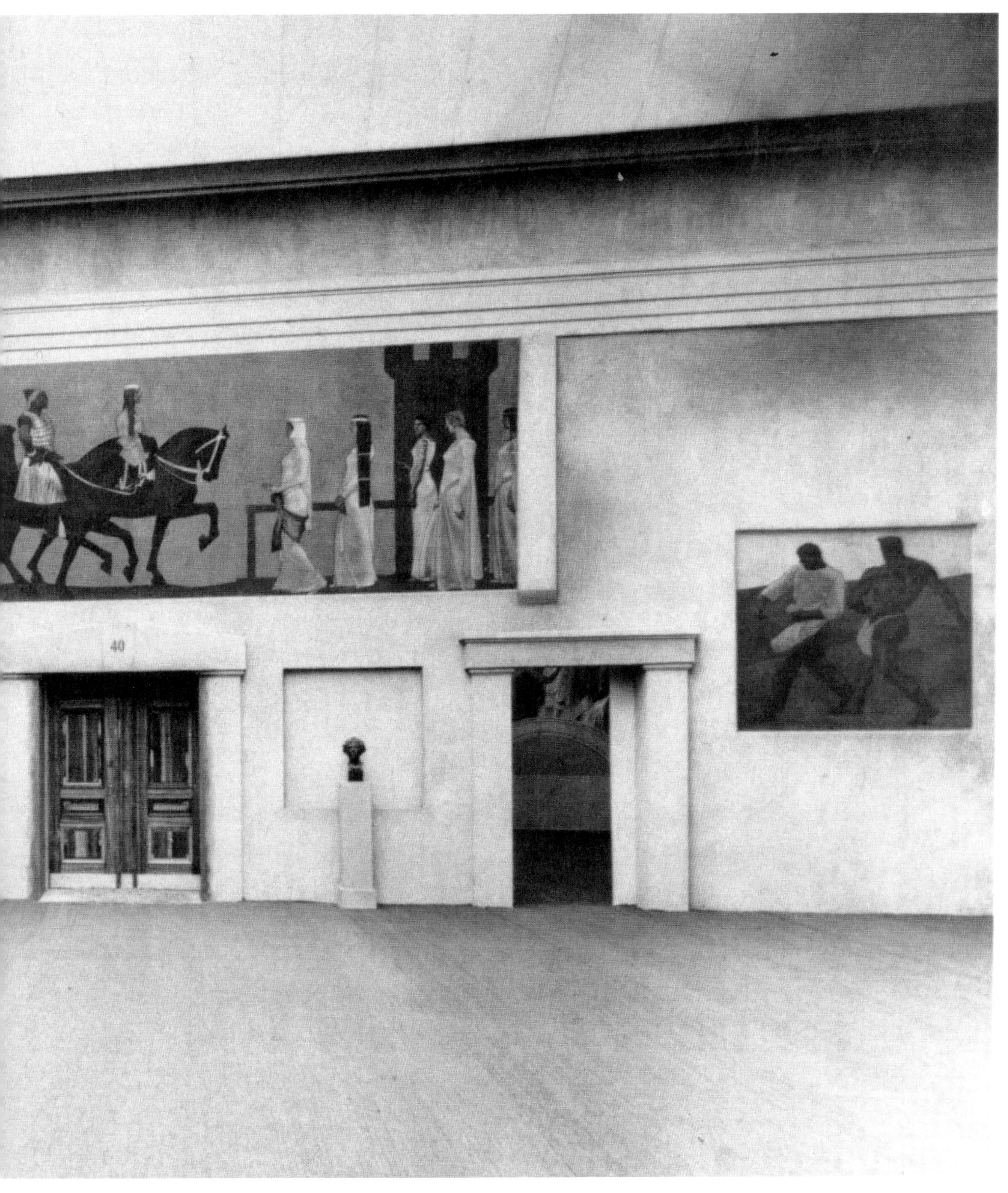
40

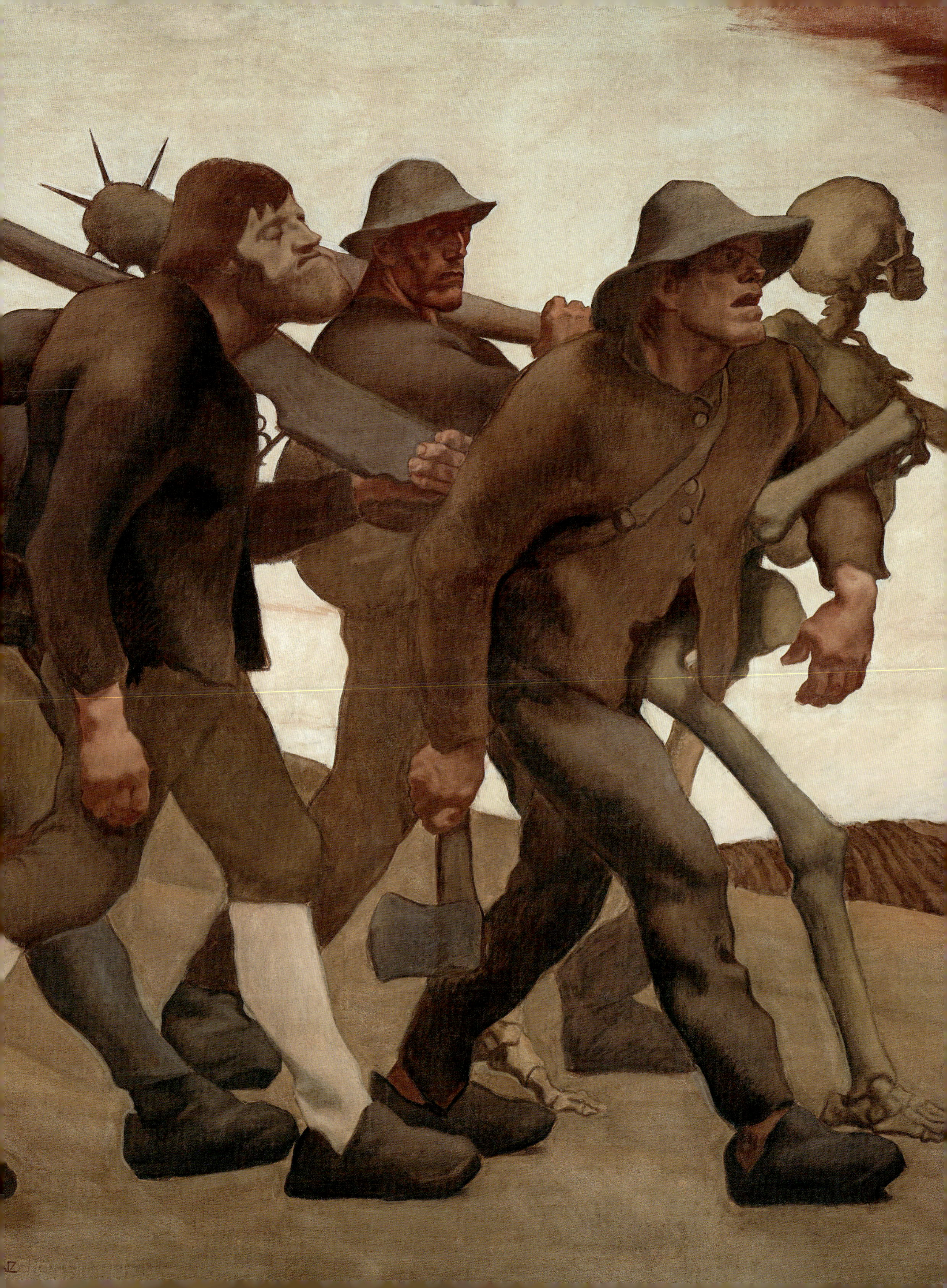

Helena Pereña

Das Monumentale und der Streit um die Moderne

Der Maler Albin Egger-Lienz

„So lieb mir Österreich ist; ich beklage es. – ich verstehe immer mehr die Aufsätze von Egger-Lienz; – nur daß er ohrfeigt. – das werde ich nie tun."[1] Egon Schiele schrieb diese Zeilen in einem Brief an Franz Hauer, in dem er sich vor seinem wichtigen Mäzen als Märtyrer inszenierte. Offenbar fiel Schiele der Name des Tirolers ein, als er sich einen Neuanfang wünschte – fern der Wiener Kunstszene, die ihm nicht die erwartete Anerkennung zollte. Bereits zu Lebzeiten gründete Albin Egger-Lienz' Ruf mehr auf seiner Rolle als Pamphletist denn auf der als Maler. Das war vor allem dem verhängnisvollen „Hodler-Streit" von 1912 geschuldet, der ihm binnen Kurzem durch den gezielten Abdruck von polemischen Texten gegen die „Moderne" in zahlreichen Zeitungen zu einer zweifelhaften internationalen Bekanntheit verhalf. Diese „Affäre" hat auch posthum seine kunsthistorische Einordnung weitgehend bestimmt. Sie begünstigte die Rezeption seines Werkes sowohl durch die Deutschnationalen als auch durch die Nationalsozialisten – und prägte dadurch die außerhalb Österreichs weitverbreitete Einschätzung von Egger-Lienz als Vorläufer „offizieller NS-Kunst".[2] In Österreich dagegen wird der Künstler seit Ende des Zweiten Weltkrieges als einer der wichtigen Exponenten der „Moderne" gefeiert.[3] Wie kann es sein, dass jemand sowohl zur „Avantgarde" als auch zu den Lieblingskünstlern der Nationalsozialisten gezählt wird?

Der „Hodler-Streit"

Die *Große Kunstausstellung* von 1912 in Dresden zählt zu den wichtigsten internationalen Auftritten von Egger-Lienz. In der großzügig angelegten Abteilung für Monumental-Dekorative Malerei war er mit zwölf Werken am stärksten vertreten (S. 68/69, 72). Er zeigte dort Bilder, die seine Suche nach der „monumentalen Form" – sein langjähriges künstlerisches Ziel – am besten vermitteln konnten. Durch die Reduktion auf möglichst wenige Elemente entziehen sich die Darstellungen einer narrativen Deutung: Nicht nur anekdotische Details, sondern auch konkrete Bezüge fehlen. Dadurch erhalten die Kompositionen einen universalen Charakter und eine ikonenhafte Wirkung, die jede sprachliche Festlegung

Helena Pereña

Monumentality and the Controversy over Modernism

The painter Albin Egger-Lienz

"However dear Austria is to me; I bemoan its state.—Egger-Lienz's essays make more and more sense to me;—only he slaps people in the face.—that I will never do."[1] *These lines appear in a letter from Egon Schiele to his important patron Franz Hauer in which the artist strikes a martyr's pose. The Tyrolean painter's name must have come to his mind as he was casting about for a fresh start—far away from the Viennese art scene, which refused him the recognition that he believed was his due. Already in his lifetime, Albin Egger-Lienz's renown was based less on his paintings than on his role as a pamphleteer. The defining event was the deeply unfortunate "Hodler controversy" of 1912, when the calculated placement of polemical condemnations of "modern art" in numerous periodicals earned him dubious international recognition. Even after his death, this affair tended to determine the place in art history to which he was consigned. It paved the way for the Austrian pan-German nationalist movement's, and then the National Socialists', co-optation of Egger-Lienz's work—and so informed the view, widely held outside Austria, that he was a progenitor of "official Nazi art."*[2] *Within Austria, by contrast, Egger-Lienz has been celebrated as a leading exponent of "modernism"*[3] *ever since the end of World War II. How can someone come to be regarded as both an "avant-gardist" and a favorite of the Nazis?*

The "Hodler controversy"

The Große Kunstausstellung, *a major art exhibition mounted in Dresden in 1912, was one of Egger-Lienz's most prominent turns on the international stage. Twelve of his works, the largest number for any contributing artist, were on display in the generously spaced section devoted to monumental-decorative painting (pp. 68/69, 72). He presented pictures that exemplified his quest for "monumental form"—the ideal that had long guided his creative aspirations. Reduced to as few elements as possible, the compositions elude narrative interpretation: they are devoid not only of anecdotal detail, but also of concrete references. This austerity lends them a universal quality, an iconic appeal that thwarts all descriptive specification. Egger-Lienz himself believed he had found the "key" to "monumentality" in* The Pilgrims *(1904–1906) yet it was the* Dance of Death

Albin Egger-Lienz
Der Totentanz von Anno Neun. Totentanz vom Jahre 1809 (Detail)/ *Dance of Death of Year Nine. Dance of Death of 1809 (detail)*, 1908
Kasein auf Leinwand/ *casein on canvas*, 225 × 251 cm
Belvedere, Wien/*Vienna*

verhindert. Während Egger-Lienz in den *Wallfahrern* (1904–1906) den „Schlüssel" für das „Monumentale" gefunden zu haben glaubte, brachte der *Totentanz* (1908, S. 70) den Durchbruch. Hier ließ sich der monumentale Eindruck noch durch die Entdeckung der Kaseintechnik steigern, die eine matte, freskoähnliche Wirkung ermöglichte.[4] Die Rolle der neuen Technik in der Vorbereitungsphase der Dresdner Ausstellung geht aus einem Brief an Hauer hervor, in dem Egger-Lienz erklärt, er habe eine Replik seines Selbstbildnisses in Kaseinfarben statt das Original in Öl nach Dresden geschickt, „weil dieses Porträt in dieser Technik sich besser in den Rahmen meiner Ausstellung einfügt".[5] Auch die *Wallfahrer* interpretierte er in Kasein neu.

Egger-Lienz präsentierte sich in Dresden als „Monumentalmaler". Dementsprechend gespannt wartete der Künstler auf öffentliche Reaktionen. Umso mehr, als er im April 1912 seine Lehrtätigkeit an der Weimarer Akademie aufgenommen hatte und die Ausstellung sein erster großer Auftritt in der Region war. Solch hohe Erwartungen mussten enttäuscht werden. Nach der Eröffnung am 1. Mai schrieb er seiner Frau, es sei „ein trauriger Tag" gewesen: „[I]ch habe keinen durchschlagenden Erfolg [...] Meine Seele ist heute arg danieder [...]."[6] Immerhin konnte er sich nach einigen Tagen über mehr positive Rückmeldungen freuen. Der erhoffte „durchschlagende Erfolg" blieb jedoch aus.[7]

Im Juni planten Egger-Lienz und sein Freund Otto Kunz die folgenreiche Polemik gegen die „Moderne", die als „Hodler-

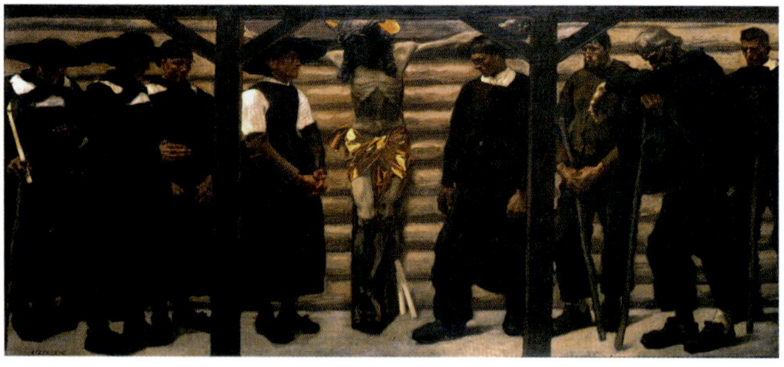

Albin Egger-Lienz Die Wallfahrer/*The Pilgrims*, 1906 Öl auf textilem Bildträger/ *oil on textile surface*, 190 × 398 cm Kunsthalle Mannheim

(1908, p. 70) that marked his true breakthrough. His discovery of casein painting, which allowed for an etiolated and fresco-like effect, substantially heightened the impression of monumentality.[4] The significance the new technique had for Egger-Lienz in the period leading up to the Dresden exhibition is indicated by a letter to Hauer in which he explains that he decided to send a casein-paint replica of his self-portrait rather than the original oil painting to Dresden because "in this technique the portrait is a better fit with the rest of my presentation."[5] He also produced a casein reinterpretation of The Pilgrims.

In Dresden, Egger-Lienz styled himself as a "monumental painter," and so he eagerly awaited the public's response, the more so as it was his first major exhibition in central Germany since assuming his teaching post at the Weimar Academy in April 1912. Such high expectations were bound to be disappointed. After the opening on May 1, he wrote to his wife that it had been "a sad day": "I have not obtained a resounding success. . . . My heart is very heavy today . . ."[6] A few days later, he was somewhat consoled by more positive feedback. Yet the "resounding success" he had hoped for never materialized.[7]

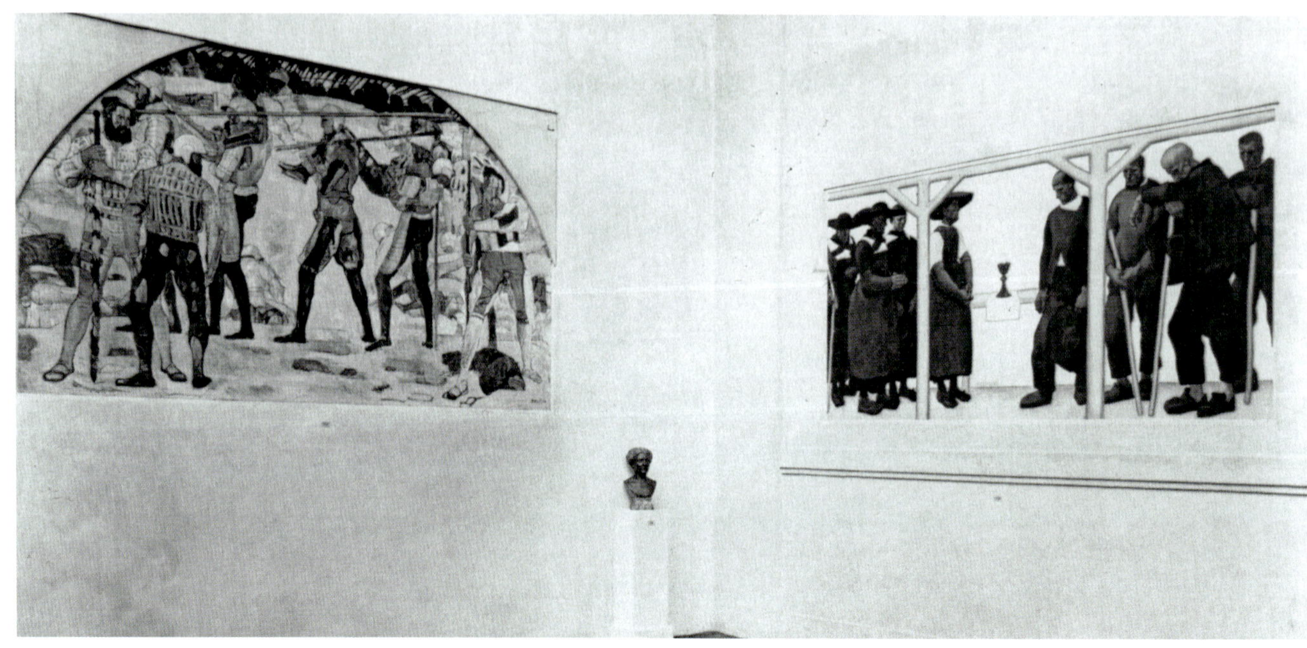

Saalaufnahme der Abteilung für Monumental-Dekorative Malerei im Rahmen der Großen Kunstausstellung in Dresden 1912 mit einem Karton aus Ferdinand Hodlers Zyklus Der Rückzug von Marignano (1897/98) und Am Tisch des Herrn (Neufassung der Wallfahrer, 1912) von Albin Egger-Lienz/ *View of the exhibition hall in the section for monumental-decorative paintings at the 1912 Große Kunstausstellung in Dresden with a cartoon from Ferdinand Hodler's series "Retreat from Marignano" (1897/98) and Albin Egger-Lienz's At the Lord's Table (new version of The Pilgrims, 1912)* Albin Egger-Lienz-Archiv, Bibliothek Tiroler Landesmuseum Ferdinandeum/ *library of the Tyrolean State Museum Ferdinandeum*

Streit" bekannt wurde. Die Schrift erschien zunächst in mehreren Zeitungen, dann in einem Pamphlet mit dem Titel *Monumentale Kunst*.[8] Egger-Lienz hatte sich bereits seit 1908 regelmäßig in Zeitungen zu Wort gemeldet. In Besprechungen der Wiener *Kunstschau* kritisierte er Werke aus dem Umkreis der Secession, denen er „Originalität" als Selbstzweck vorwarf. Ebenso bemängelte er ihren elitären Charakter, denn Kunst solle in der „Heimat" verwurzelt sein. Dabei bediente er sich wiederholt des alten Gegensatzes zwischen Kunst im Sinne von *artificium* und Natur.[9] Diese Gedanken flossen auch in die Streitschrift ein, nun mit einem ungewohnt aggressiven Ton, der von Kunz stammen dürfte. Die Autoren priesen Egger-Lienz' Werk als geistige und authentische „Blutkunst" im Kontrast zu den vermeintlich oberflächlichen Bildern von Ferdinand Hodler und anderen Künstlern wie Max Klinger oder Gustav Klimt, die sie abwertend als dekorative „Nervenkunst" bezeichneten. Für Verbreitung sorgten sie selbst, indem sie über hundert Exemplare versandten.[10]

Die Reaktionen ließen nicht lange auf sich warten. Henry van de Velde, der nicht nur die Kunstgewerbeschule in Weimar leitete, sondern auch den Akademiebau geschaffen hatte, in dem sich Egger-Lienz' Atelier befand,[11] distanzierte sich als Erster von den Äußerungen des Tirolers. Es folgten unter vielen anderen Max Klinger und Karl Kraus. Auch der ihm wohlgesinnte Schriftsteller Carl Dallago zeigte sich deutlich befremdet und ahnte, dass Egger-Lienz nicht der alleinige Urheber war.[12] Leider verschärfte sich im Verlauf des Streites der Ton zunehmend, sodass Egger-Lienz in kurzer Zeit eine beachtliche Berühmtheit erlangte – die ihn allerdings noch weiter vom erhofften „durchschlagenden Erfolg" als Maler entfernte.

Anti-Moderne?

Egger-Lienz war mit seiner Kritik an der „Moderne" keineswegs allein. Der Vorwurf des „Internationalismus", dem er die tiefe Verwurzelung des Künstlers in der „Heimat" entgegensetzte, bringt ihn in ideologische Nähe zum *Protest deutscher Künstler* von 1911. Der Protest richtete sich gegen den Ankauf eines Gemäldes von Vincent van Gogh für die Kunsthalle in Bremen, der dazu geführt hatte, dass sich manche deutsche Künstler(innen) gegenüber „ausländischer" Kunst benachteiligt fühlten. Das Werk stammte übrigens aus der Sammlung von van de Velde und der Ankauf wurde von Harry Graf Kessler vermittelt, dem Mäzen des „neuen Weimar".[13] Dass neben konservativen Malern auch

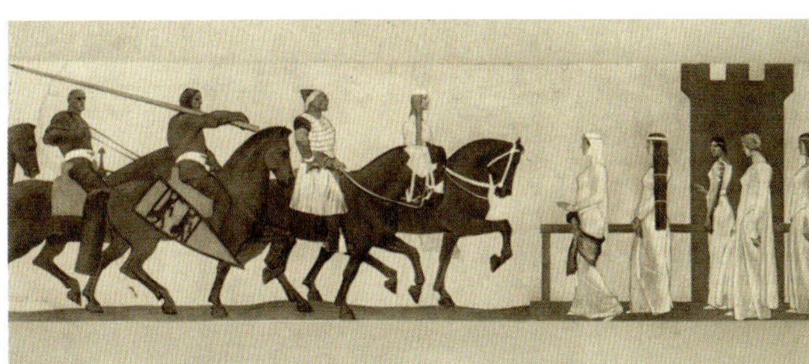

Postkarte („König Etzels Einzug" von Albin Egger-Lienz, offizielle Postkarte, Große Kunstausstellung Dresden 1912) von Arthur Roessler an Egon Schiele, nach dem 03.07.1912/ *Postcard ("Entry of King Etzel" by Albin Egger-Lienz, official postcard of the 1912 Große Kunstausstellung in Dresden) from Arthur Roessler to Egon Schiele, after July 3, 1912,* 9 × 14 cm, Albertina, Wien/Vienna

In June, Egger-Lienz and his friend Otto Kunz made plans for the fateful polemical broadside that would trigger what is now known as the "Hodler controversy." Their denunciation of "modernism" ran in several newspapers before being printed as a pamphlet titled Monumentale Kunst.[8] *Egger-Lienz had submitted critical contributions to newspapers on a regular basis since 1908. In his reviews of Vienna's 1908* Kunstschau, *he censured works by the artists associated with the Secession, accusing them of seeking "originality" for its own sake and elitism; art, he argued, needed to be rooted in the "native land." On more than one occasion, he resorted to the old antithesis between art as* artificium *and nature.*[9] *The same ideas make themselves felt in the polemic, now with an unwonted pugnaciousness of tone that can be attributed to Kunz. The authors praise Egger-Lienz's oeuvre as a spiritual and authentic "sanguine art," in contrast with the allegedly shallow pictures of Ferdinand Hodler and others, like Max Klinger and Gustav Klimt, whose work they dismiss as decorative "nervous art." They took care to disseminate their screed widely by mailing over a hundred copies to selected addresses.*[10]

The responses were not long in coming. Henry van de Velde, the director of the Kunstgewerbeschule in Weimar—who had designed the building of the Weimar Academy in which Egger-Lienz had his studio[11]*—was the first to disavow the views expressed in the polemic, followed by Max Klinger, Karl Kraus, and many others. Even Carl Dallago, a writer who was favorably disposed toward Egger-Lienz, signaled his disconcertment and correctly surmised that Egger-Lienz was not the sole author.*[12] *Unfortunately, as the controversy continued, the tone grew increasingly acrimonious, quickly earning Egger-Lienz considerable notoriety—which, however, meant that the "resounding success" of his art he strove for was now more out of reach than ever.*

Anti-modernism?

Egger-Lienz was hardly alone in his critique of "modernism." The charge of "internationalism," as opposed to the true artist's

Käthe Kollwitz unterschrieben hatte, zeugt nicht nur von allgemeiner Verunsicherung, sondern führt auch vor Augen, wie prekär manichäische Erklärungsmodelle sind.[14] Kollwitz, eine Künstlerin der „Moderne", die mit Egger-Lienz durchaus einiges gemeinsam hatte,[15] zeigte sich wiederum bei ihrem Besuch der Dresdner Ausstellung von Hodler beeindruckt. Ihrer Meinung nach könne nur einer mit ihm Schritt halten: „Egger-Lienz. Das sind zwei wirklich großartige Kerle."[16]

Der Vergleich mit Hodler, der Egger-Lienz so kränkte, bringt eine andere Dimension des „Moderne-Streites" ins Spiel: das künstlerische Programm. Denn Egger-Lienz beanspruchte das „Monumentale" für sich, das er als Gegensatz zum „Dekorativen" verstand. Der Titel der Abteilung für Monumental-Dekorative Malerei veranschaulicht, dass zwar kein Konsens darüber herrschte, dass aber das „Monumentale" durchaus als zeitgenössischer Begriff der Kunstkritik im Umlauf war. So schickte der einflussreiche Kritiker Arthur Roessler eine Postkarte mit dem *Einzug König Etzels* (1912, S. 73) aus Dresden an Schiele, mit folgendem Kommentar: „Egger-Lienz wirkt tatsächlich monumentaler als Hodler; wer's nicht sah, wird es kaum glauben wollen u. ist doch so."[17]

Der Versuch, die eigene Position polemisch gegenüber anderen künstlerischen Möglichkeiten zu stärken, war um 1912 nicht selten, auch innerhalb der „Moderne". So zankten sich zum Beispiel Franz Marc und Max Beckmann im März 1912 in der Zeitschrift *Pan*[18] – obwohl sie im Widerspruch gegen den *Protest deutscher Künstler* auf der gleichen Seite gestanden waren. Beckmann ging es im Wesentlichen darum, den „Realismus" gegen die von Marc als „die neue Malerei" postulierte, ins Spirituelle zielende Formauflösung zu verteidigen: die Drei- gegen die Zweidimensionalität, die Wirklichkeit gegen die geistige Innenschau. Dafür berief er sich auf Maler wie Théodore Géricault, Eugène Delacroix, Gustave Courbet, Honoré Daumier, Vincent van Gogh, Luca Signorelli, Jacopo Tintoretto und die Holländer des 17. Jahrhunderts; fast alles Künstler, die auch Egger-Lienz sehr schätzte.[19]

Es geht hier nicht darum, Beckmanns und Egger-Lienz' Positionen nebeneinanderzustellen. Gerade im Hinblick auf die nationalistischen Züge der zeitgenössischen Kunstszene unterscheiden sie sich deutlich. Doch setzten beide auf einen eigenwillig verstandenen „Realismus" als künstlerischen Weg – als Möglichkeit der „Moderne". In diesem Sinne ist der von Beckmann für seine Polemik gewählte Titel „Gedanken über zeitgemäße und unzeitgemäße Kunst" bezeich-

deep roots in the "native land," hints at a certain ideological kinship with the recent Protest deutscher Künstler. *In 1911, the Kunsthalle Bremen's acquisition of a painting by Vincent van Gogh had sparked a public remonstration endorsed by numerous German artists (including several women artists) who felt that they were being disparaged in favor of "foreign" artists. The work in question, as it happened, had come from Van de Velde's collection, and the transaction had been brokered by Harry Graf Kessler, the patron of the "New Weimar."[13] Many of the signatories were conservatives, but others—Käthe Kollwitz, for one—were not, evidence of a widespread sense of anxiety and a compelling illustration of how precarious black-and-white explanatory models are.[14] Kollwitz, a "modern" artist whose work shows some resemblance to Egger-Lienz's,[15] for her part came away from the Dresden exhibition with a profound appreciation for Hodler's art. There was only one other artist, she noted, who could rival him: "Egger-Lienz. Those are two truly splendid fellows."[16]*

The comparison to Hodler that wounded Egger-Lienz so deeply points to another dimension of the "modernism controversy": the artistic program. The painter claimed the mantle of "monumentality," which, in his conception, was the antithesis of "decorative" art. In Dresden, his work was on view in the "monumental-decorative painting" section of the exhibition, illustrating that, while there was no consensus on these terms, the "monumental" was indeed an accepted concept in contemporary art criticism. For evidence, consider the picture postcard of Entry of King Etzel *(1912, p. 73) that the influential critic Arthur Roessler sent to Schiele from Dresden, with the remark that "Egger-Lienz actually strikes one as more monumental than Hodler; you will hardly believe it if you haven't seen it, but it is true."[17]*

The attempt to bolster one's own position by polemically contrasting it with the creative choices of others was not altogether unusual around 1912, not even within the "modernist" community. In March 1912, for instance, Franz Marc and Max Beckmann publicly squabbled in the magazine Pan,[18] *although in the row over the* Protest deutscher Künstler, *they had been united in their opposition to the "reactionary" side. Beckmann mostly sought to defend "realism" against the spiritualizing dissolution of form in what Marc extolled as "the new painting": three rather than two dimensions; reality rather than divinatory introspection. To support his case, he invoked the achievements of painters like Théodore Géricault, Eugène Delacroix, Gustave Courbet, Honoré Daumier, Vincent van Gogh,*

nend, rechnete er sich doch selbst zu den Unzeitgemäßen. Vielleicht ist es an der Zeit, Stereotype einer vorwärtsgewandten „Moderne“ zu hinterfragen und mit Antoine Compagnon gerade im Widerwillen gegen die Modernität einen fruchtbaren Weg der „Moderne“ zu suchen.[20] Dazu ein aufschlussreiches Bekenntnis von Roland Barthes aus dem Jahr 1971: „Deshalb könnte ich sagen, dass meine eigene historische Proposition [...] jene ist, in der Nachhut der Vorhut zu sein. Zur Vorhut *(avant-garde)* zu gehören heißt zu wissen, was tot ist; zur Nachhut *(arrière-garde)* zu gehören heißt, es noch immer zu lieben.“[21]

Kunst-Geschichte

Kurz vor dem „Hodler-Streit“ versuchte Carl Dallago das Innovative an Egger-Lienz' Kunst in einem Artikel für die Zeitschrift *Der Brenner* zu fassen: „Das Anti-Konventionelle hat [er] vielleicht nie betonen wollen. Ein Künstler, der seine Kunst so besitzt, daß er den Blick immer in sich hinein gerichtet hat und nicht auf die Dinge um sich, kommt gar nicht dazu ein ‚Anti' bewußt aufzunehmen, weil er nie Konventionelles aufnimmt.“[22] Egger-Lienz hat einen eigenen künstlerischen Weg beschritten, der aus der Tradition der Historienmalerei heraus zu einer radikalen Erneuerung des Geschichtsbildes beigetragen hat. Sein Bemühen um das „Monumentale“ als eine Art Bereinigung und Universalisierung von Bildthemen dachte der Künstler in den

Luca Signorelli, Jacopo Tintoretto, and the Dutch painters of the seventeenth century—almost all of them artists whom Egger-Lienz held in high esteem as well.[19]

This is not to imply any sort of closer alignment between Beckmann's and Egger-Lienz's positions. The differences between them, especially with respect to the nationalist tendencies in the contemporary art scene, are evident. Still, both envisioned an idiosyncratic "realism" as a way forward for art—as a possibility of "modernism." In this perspective, the title Beckmann chose for his polemic, "Thoughts on Timely and Untimely Art," is telling: he saw himself as an "untimely" artist. Perhaps the time has come to question stereotypical notions of a forward-looking "modernism" and, as the Belgian literary scholar Antoine Compagnon has proposed, trace the seminal strand of "modernism" nourished by aversion to modernity.[20] *The French literary theorist Roland Barthes put it well when he professed in 1971: "That is why I might say that my own theoretical proposition is . . . to be in the rearguard of the avant-garde. To be a member of the avant-garde is to know what is dead; to be a member of the rearguard is to love it still."*[21]

Art (and) history

Only months before the "Hodler controversy" erupted, Carl Dallago sought to pinpoint the innovative quality of

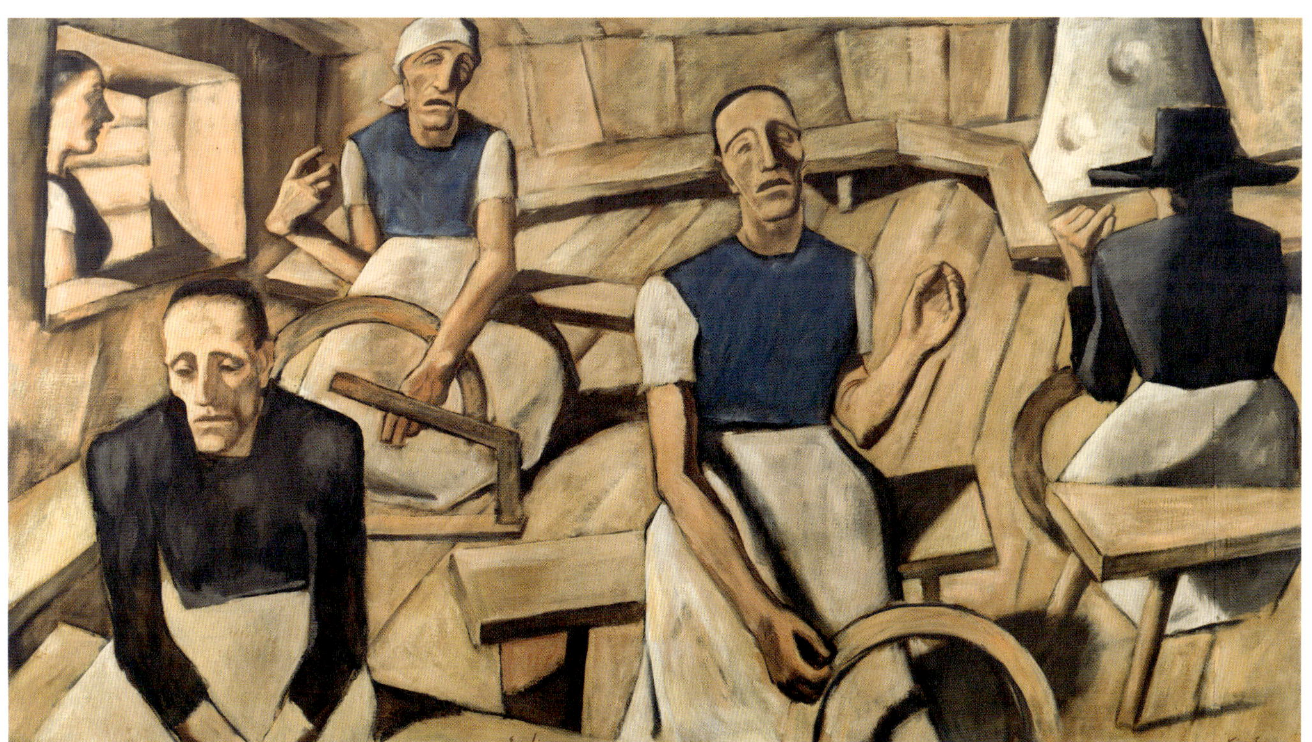

Albin Egger-Lienz
Die Kriegsfrauen/*Women of War*, 1918–1922
Öl über Tempera auf Leinwand/*oil over tempera on canvas*, 142 × 247 cm
Museum der Stadt Lienz Schloss Bruck

Albin Egger-Lienz Der Pflüger, 2. Fassung/*The Plower, second version*, 1920 Öl auf Leinwand/ *oil on canvas*, 109,5 × 129 cm Leopold Museum, Wien/*Vienna*

folgenden Jahren weiter. Durchaus von den Erlebnissen des Ersten Weltkrieges geprägt, entwickelte er in den 1920er-Jahren stille Kompositionen, in denen er mit der Raumverschachtelung, mit der Rhythmisierung der Bildfläche, aber auch mit einer immer gegenständlich gestalteten Formauflösung experimentierte (*Die Kriegsfrauen*, 1918-1922, S. 75 und *Der Pflüger, 2. Fassung*, 1920). Egger-Lienz lässt sich nur schlecht auf die Gegenposition zur „Moderne" reduzieren, wenngleich die reaktionären Züge seiner Schriften und die unleugbare konservative Herkunft einiger Ideen offensichtlich sind.[23] Seine Werke sind ambivalent. So konnte er in einer „avantgardistischen" Galerie wie Thannhauser in München ausstellen[24] oder den Expressionisten-Sammler Franz Hauer begeistern – und zugleich von deutschnationaler Seite bejubelt werden (Postkarte von „Kollege Wurzelsepp" an Albin Egger-Lienz). Albin Egger-Lienz ist in seinen Bildern eine Zurückhaltung gelungen, die sich ideologisch nicht festlegen lässt. In einer Mischung aus Exaltation und Vernichtung wirken die Darstellungen stumm. Darin liegt für ihn wohl auch das „Monumentale".

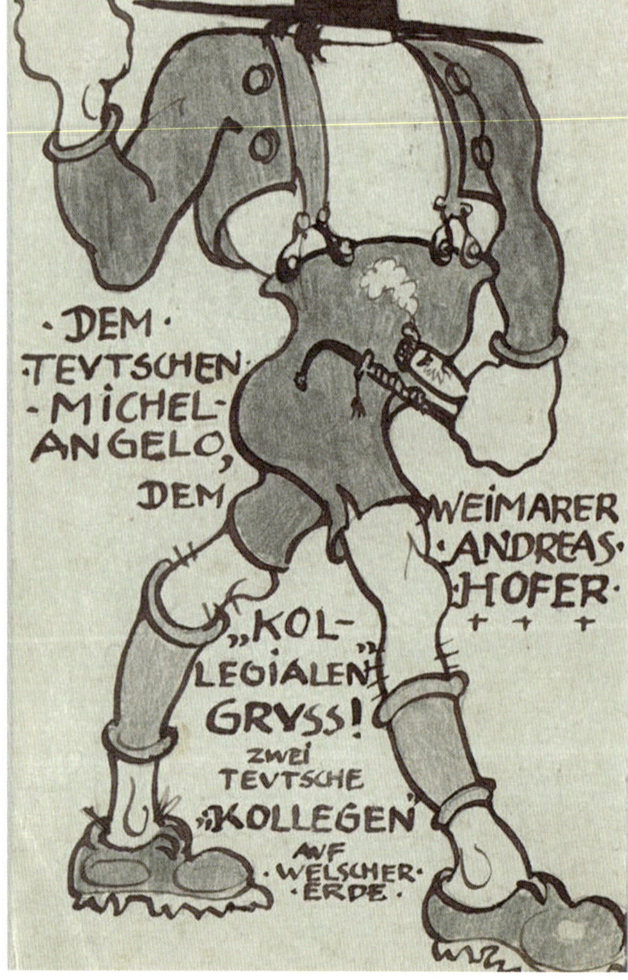

Postkarte von „Kollege Wurzelsepp" an Albin Egger-Lienz von der fiktiven Adresse „Paris, avenue Bräustüberl, Nr. 1809", o. D./ *Postcard from "Colleague Wurzelsepp" to Albin Egger-Lienz from the fictitious address "Paris, avenue Bräustüberl, No. 1809," n.d.*, 140 × 89 mm Österreichische Nationalbibliothek, Handschriftensammlung, Wien/*Austrian National Library, Department of Manuscripts, Vienna*

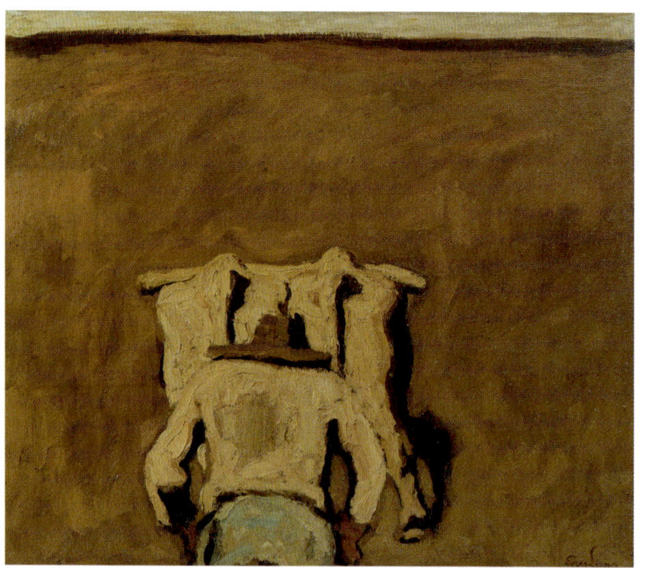

Egger-Lienz's art in an essay for the magazine Der Brenner. *The painter, he wrote, "perhaps never sought to emphasize the anti-conventional aspect. An artist who is so in possession of his art that his gaze is forever fixed inward rather than on things around him cannot adopt a conscious stance of 'anti' since he never adopts any convention."*[22] *Egger-Lienz charted his own creative path, building on the tradition of history painting to contribute to a radical renewal of the genre. Over the following years, he would continue his quest for "monumentality" as a kind of purgation and universalization of themes. In the 1920s he would create serene compositions recognizably informed by his experiences during World War I, experimenting with nesting of spaces and a rhythmically structured pictorial surface as well as a gradual dissolution of form while holding on to representation (*Women of War*, 1918-1922, p. 75 and* The Plower, second version*, 1920). To describe him as an antagonist of "modernism" pure and simple is to misconstrue him, although there is no mistaking the reactionary tendencies in his writings, and the conservative origin of some of his ideas is undeniable.*[23] *The ambivalence of his work explains how he would be shown by an "avant-garde" gallery such as Thannhauser's in Munich*[24] *and cast a spell over Franz Hauer, a dedicated collector of the Expressionists—while also drawing plaudits from the German-nationalist faction (Postcard from "Colleague Wurzelsepp" to Albin Egger-Lienz). Albin Egger-Lienz's pictures achieve a peculiar restraint that resists ideological pigeonholing. Striking a balance between exaltation and annihilation, his depictions appear dumbstruck, and it was presumably this muteness that, for him, made them "monumental."*

1 Egon Schiele an Franz Hauer, 25.01.1914 (Albertina, Inv.-Nr. ESA 101b).

2 Vgl. Andreas Kohlfürst, „Die deutschnationale Egger-Lienz-Rezeption", in: Agnes Husslein-Arco/Helena Pereña/Stephan Koja (Hg.), *Totentanz. Egger-Lienz und der Krieg*, Ausst.-Kat. Belvedere, Wien 2014, S. 117–129.

3 Einige Beispiele u. v. a.: Gertrud Fussenegger, „Ein großer Moderner – der Maler Egger-Lienz", in: *Merian*, Nr. 11 (1962), S. 44–47. – Kristian Sotriffer (Hg.), *Der Kunst ihre Freiheit. Wege der österreichischen Moderne von 1880 bis zur Gegenwart*, Wien 1984. – Hans Dichand, *Die Künstler der Klassischen Moderne in Österreich*, Frankfurt a. M./Berlin 1989, S. 83–93.

4 Vgl. Albin Egger-Lienz an Curt Weigelt, 1912 (Albin Egger-Lienz Archiv, Bibliothek Tiroler Landesmuseum Ferdinandeum, im Folgenden: AELA).

5 Albin Egger-Lienz an Franz Hauer, 26.03.1912 (Leopold Museum, Inv.-Nr. 5483). Weitere Beispiele von Kaseinrepliken für die Ausstellung sind in Wilfried Kirschl, *Albin Egger-Lienz. 1868–1926. Das Gesamtwerk*, Bd. I und II, Wien/München 1996, S. 184, aufgeführt.

6 Albin Egger-Lienz an seine Frau Laura, 01.05.1912 (Transkription im AELA).

7 Vgl. Andreas Kohlfürst, *Egger-Lienz und die politische Rechte*, phil. Dipl., Graz 1999, S. 63. – Siehe dazu auch Kirschl 1996, wie Anm. 5, S. 205–206.

8 Zum „Hodler-Streit" siehe auch Kirschl 1996, wie Anm. 5, S. 202–209, und Kohlfürst 1999, wie Anm. 7, S. 61–81.

9 Vgl. Albin Egger-Lienz, „Kunstschau", in: *Neues Wiener Tagblatt*, Nr. 157 (07.06.1908), S. 4. – Ders., „Betrachtungen zur Kunstschau", in: *Wiener Sonn- und Montags-Zeitung*, Nr. 20 (17.05.1909). – Siehe dazu die Sammlung von Zeitungsausschnitten im AELA.

10 Vgl. Kirschl 1996, wie Anm. 5, S. 720, Anm. 303.

11 Vgl. ibid., wie Anm. 5, S. 192.

12 Vgl. Carl Dallago, „Egger-Lienz und die Kritik", in: *Der Brenner*, Nr. 1 (1912), S. 32–45.

13 Vgl. Wolfgang Eckhardt, *Van Gogh und Deutschland*, phil. Diss., Heidelberg 1956.

14 Zu Kollwitz siehe Elisabeth Prelinger, „Käthe Kollwitz im neuen Licht", in: Dies. (Hg.), *Käthe Kollwitz. Handzeichnungen, Druckgraphik, Skulpturen*, München 1993, S. 11–39.

15 Vgl. Helena Pereña, „Der Totentanz und das Monumentale. Abstraktion und Einfühlung", in: Husslein-Arco/Pereña/Koja 2014, wie Anm. 2, S. 51–61.

16 Käthe Kollwitz an ihren Sohn, 07.06.1912, in: Jutta Bohnke-Kollwitz (Hg.), *Käthe Kollwitz. Briefe an den Sohn 1904 bis 1945*, Berlin 1992, S. 60.

17 Arthur Roessler an Egon Schiele, nach dem 03.07.1912 (Albertina, Inv.-Nr. ESA 539).

18 Franz Marc, „Die neue Malerei", in: *Pan*, Nr. 16 (1912), S. 468–471. – Max Beckmann, „Gedanken über zeitgemäße und unzeitgemäße Kunst", in: *Pan*, Nr. 17 (1912), S. 499–502.

19 Siehe etwa Egger-Lienz 1908, wie Anm. 9. – Albin Egger-Lienz an seine Frau Laura, 01.06.1900 (AELA). – Albin Egger-Lienz an Franz Hauer, 28.08.1913 (Leopold Museum, Inv.-Nr. 5541). – Rudolf Wacker, Notizblatt Weimar, 18.04.1912, zit. in Kirschl 1996, wie Anm. 5, S. 192.

20 Vgl. Antoine Compagnon, *Les antimodernes. De Joseph de Maistre à Roland Barthes*, Paris 2005.

21 Roland Barthes, „Réponses", in: Éric Marty (Hg.), *Œuvres complètes*, Bd. 3, Paris 2002, S. 1023–1044, hier: S. 1038.

22 Carl Dallago, „Albin Egger-Lienz und die Kunst", in: Sieglinde Klettenhammer/Erika Wimmer-Webhofer (Hg.), *Aufbruch in die Moderne. Die Zeitschrift „Der Brenner" 1910–1915*, Innsbruck 1990, S. 190–194, hier: S. 190.

23 Eine ausführliche Behandlung des Themas ist in Vorbereitung und erscheint in: Wolfgang Meighörner (Hg.), *Egger-Lienz und Otto Dix. Bilderwelten zwischen den Kriegen*, Ausst.-Kat. Tiroler Landesmuseum Ferdinandeum, München 2019.

24 Vgl. Albin Egger-Lienz an Franz Hauer, 27.06.1913 (AELA).

1 Egon Schiele to Franz Hauer, Jan. 25, 1914 (Albertina, inv. ESA 101b).

2 See Andreas Kohlfürst, "Die deutschnationale Egger-Lienz-Rezeption," in Agnes Husslein-Arco, Helena Pereña, and Stephan Koja, eds., Totentanz: Egger-Lienz und der Krieg, *exh. cat. (Vienna: Österreichische Galerie Belvedere, 2014), 117–29.*

3 A few examples among many: Gertrud Fussenegger, "Ein großer Moderner: Der Maler Egger-Lienz," Merian, *no. 11 (1962): 44–47; Kristian Sotriffer, ed.,* Der Kunst ihre Freiheit: Wege der österreichischen Moderne von 1880 bis zur Gegenwart *(Vienna: Tusch, 1984); Hans Dichand,* Die Künstler der Klassischen Moderne in Österreich *(Frankfurt a. M. and Berlin: Propyläen, 1989), 83–93.*

4 See Albin Egger-Lienz to Curt Weigelt, 1912 (Albin Egger-Lienz Archive, library of the Tyrolean State Museum Ferdinandeum, henceforth referred to as AELA).

5 Albin Egger-Lienz to Franz Hauer, March 26, 1912 (Leopold Museum, inv. 5483). Other examples of casein replicas made for the exhibition are listed by Wilfried Kirschl, Albin Egger-Lienz, 1868–1926: Das Gesamtwerk, *vols. I and II (Vienna: Brandstätter, 1996), 184.*

6 Albin Egger-Lienz to his wife, Laura, May 1, 1912 (transcript in the AELA).

7 See Andreas Kohlfürst, Egger-Lienz und die politische Rechte *(PhD diss., University of Graz, 1999), 63. See also Kirschl,* Albin Egger-Lienz, *205–6.*

8 On the "Hodler controversy," see also Kirschl, Albin Egger-Lienz, *202–9, and Kohlfürst,* Egger-Lienz und die politische Rechte, *61–81.*

9 See Albin Egger-Lienz, "Kunstschau," Neues Wiener Tagblatt, *June 7, 1908 (no. 157): 4, and Albin Egger-Lienz, "Betrachtungen zur Kunstschau,"* Wiener Sonn- und Montags-Zeitung, *May 17, 1909 (no. 20). See also the collection of newspaper excerpts in the AELA.*

10 See Kirschl, Albin Egger-Lienz, *720, n. 303.*

11 See ibid., 192.

12 See Carl Dallago, "Egger-Lienz und die Kritik," Der Brenner, *no. 1 (1912): 32–45.*

13 See Wolfgang Eckhardt, Van Gogh und Deutschland *(PhD diss., University of Heidelberg, 1956).*

14 On Kollwitz see Elisabeth Prelinger, "Käthe Kollwitz im neuen Licht," in Elisabeth Prelinger, ed., Käthe Kollwitz: Handzeichnungen, Druckgraphik, Skulpturen *(Munich: Schirmer/Mosel, 1993), 11–39.*

15 See Helena Pereña, "Der Totentanz und das Monumentale: Abstraktion und Einfühlung," in Husslein-Arco, Pereña, and Koja, Totentanz, *51–61.*

16 Käthe Kollwitz to her son, June 7, 1912, in Jutta Bohnke-Kollwitz, ed., Käthe Kollwitz: Briefe an den Sohn 1904 bis 1945 *(Berlin: Siedler, 1992), 60.*

17 Arthur Roessler to Egon Schiele, after July 3, 1912 (Albertina, inv. ESA 539).

18 Franz Marc, "Die neue Malerei," Pan, *no. 16 (1912): 468–71; Max Beckmann, "Gedanken über zeitgemäße und unzeitgemäße Kunst,"* Pan, *no. 17 (1912): 499–502.*

19 See, e.g., Egger Lienz, "Kunstschau;" Albin Egger-Lienz to his wife Laura, June 1, 1900 (AELA); Albin Egger-Lienz to Franz Hauer, Aug. 28, 1913 (Leopold Museum, inv. 5541); Rudolf Wacker, personal note, Weimar, Apr. 18, 1912, quoted in Kirschl, Albin Egger-Lienz, *192.*

20 See Antoine Compagnon, Les antimodernes: De Joseph de Maistre à Roland Barthes *(Paris: Gallimard, 2005).*

21 Roland Barthes, "Réponses," in Œuvres complètes, *ed. Éric Marty, vol. 3 (Paris: Seuil, 2002), 1023–44, quote p. 1038.*

22 Carl Dallago, "Albin Egger-Lienz und die Kunst," in Sieglinde Klettenhammer and Erika Wimmer-Webhofer, eds., Aufbruch in die Moderne: Die Zeitschrift "Der Brenner" 1910–1915 *(Innsbruck: Haymon, 1990), 190–94, quote p. 190.*

23 A more extensive discussion of this issue will be published in Wolfgang Meighörner, ed., Egger-Lienz und Otto Dix: Bilderwelten zwischen den Kriegen, *exh. cat., Tyrolean State Museum Ferdinandeum (Munich: Hirmer, forthcoming in 2019).*

24 See Albin Egger-Lienz to Franz Hauer, June 27, 1913 (AELA).

Dünstein 5. August
1913

Hochverehrter lieber Herr Koehler,

Ich bin von München zurück wieder an der Arbeit u. froh. Meine Bilder dort sehen noch schöner aus als ich mir vorstellen konnte. Leider sind 2 Bilder, die kleinen Äpfel u. die kleine Landschaft nicht aufgehängt, da man den Raum nicht überfüllen wollte.

Die ~~[illegible]~~ Wände ~~[illegible]~~ sehen so aus

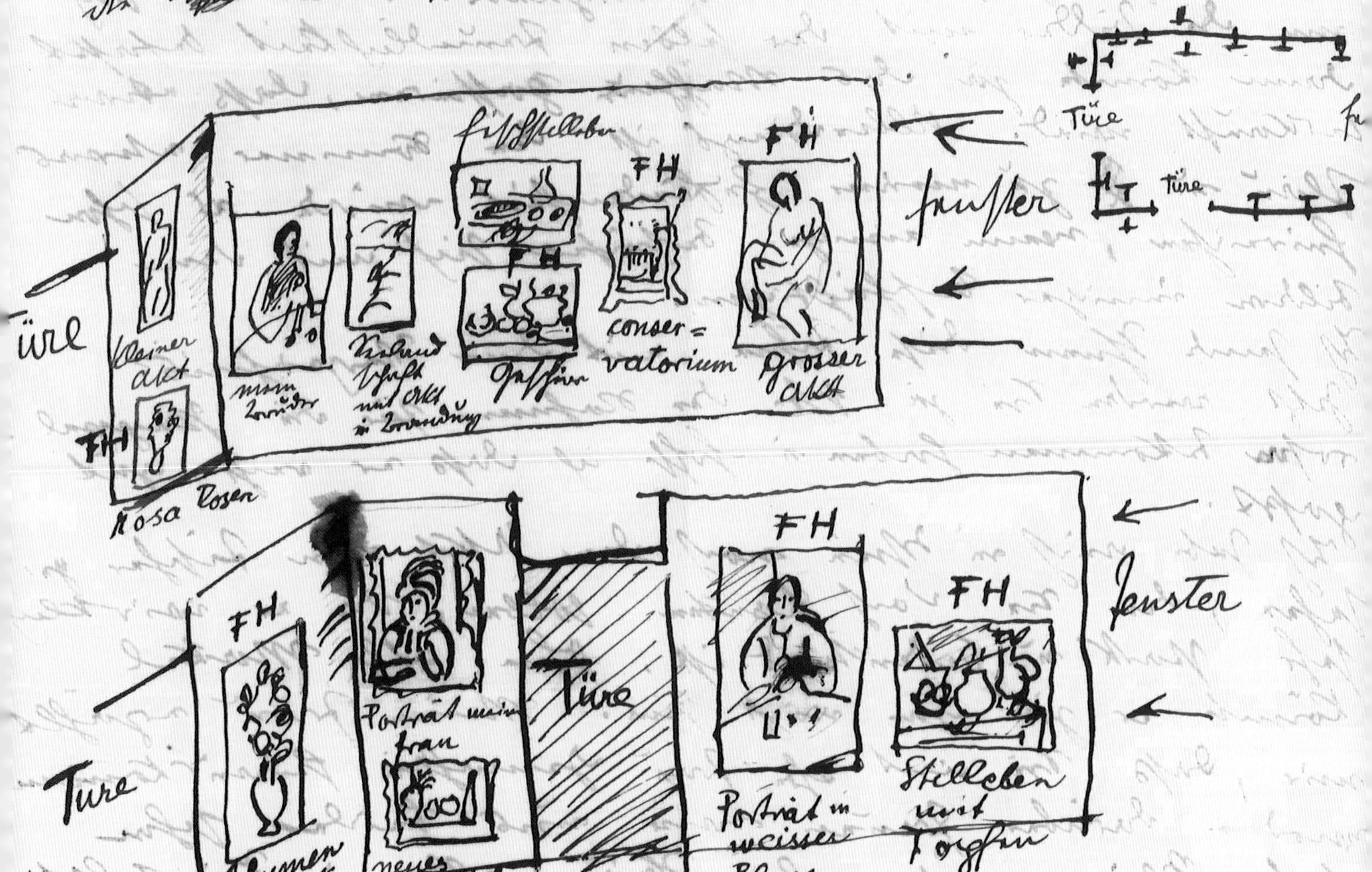

Türe
Fenster
Türe

Stillleben
FH
FH
FH
FH
kleiner Akt
mein Bruder
Landschaft mit Akt in Brandung
[illegible]
Conservatorium
Grosser Akt
Rosa Rosen
Türe

Fenster
FH
FH
FH
FH
Türe
Türe
Blumenstück
Porträt meiner Frau
neues Stillleben
Porträt in weisser Bluse
Stillleben mit [illegible]

Ganz außergewöhnlich gut ist die untere Wand mit den letzten Bildern, die Sie von mir erworben haben mit den zwei neuesten von mir und Ihre [illegible] das nun hat mich besonders glücklich gemacht, dass die Bilder den anderen Räumen in denen doch zum Teil vortreffliche Bilder bekannter Meister hängen gar nicht nachstehen.

Nikolaus Schaffer

Der richtige Sammler zur rechten Zeit

Franz Hauer und Anton Faistauer

Der Pinzgauer Anton Faistauer fristete seit seinem Einstand in Wien als Akademiestudent ein rechtes Hungerleiderdasein. Gemeinsam mit Albert Paris Gütersloh war er aus einem geistlichen Internat bei Bozen „getürmt" und schlug sich mit Gelegenheitsarbeiten durch. Einen ersten großen Verkaufserfolg verzeichnete Faistauer im Budapester Künstlerhaus, wo die Neukunstgruppe, deren Anführer er gemeinsam mit Egon Schiele war, im Jänner 1912 eine lautstark angekündigte Ausstellung hatte. Bereits ein Jahr zuvor hatte in Wien der Auftritt der Gruppe im Rahmen des Hagenbundes Furore gemacht. Die Bilder der Allerjüngsten kamen unter den Sammlern geradezu in Mode. Bald tauchen einschlägige Namen in Faistauers Korrespondenz auf: Dr. Hermann Eissler, Dr. Oskar Reichel und Dr. Alfred Spitzer. Am 1. Oktober 1913 wurde die zur Festigung von Faistauers Ruf ausschlaggebende Einzelschau in der Galerie Miethke eröffnet. Eben erst hatte der Künstler großteils mit denselben Bildern der renommierten Modernen Galerie von Heinrich Thannhauser in der Münchner Theatinerstraße – der ersten Plattform des Blauen Reiters – einen Besuch abstatten dürfen. Die 33 Bilder umfassende Wiener Ausstellung dauerte drei Wochen und trug Faistauer zahlreiche Abnehmer und dauerhafte Freunde seiner Kunst ein, etwa den Dichter Hugo von Hofmannsthal, den Unternehmer Dr. Adolf Sonnenschein oder den Hotelier Josef Siller. Er hatte ab diesem Zeitpunkt beträchtliche Einkünfte, wie aus den Abrechnungen in seinem Notizbuch hervorgeht.[1]

Unangefochten den wichtigsten Part als Starthelfer für Anton Faistauer spielte Franz Hauer. Er konnte die meisten Faistauer-Werke sein Eigen nennen, nur Albin Egger-Lienz und Oskar Kokoschka waren ähnlich gut bei ihm vertreten. Hauer war von seiner sozialen Einordnung her ein krasser Außenseiter in dieser illustren Szene. Ihm gehörte das Griechenbeisl, ein volkstümliches, traditionell gern von Künstlern sowie von Touristen aufgesuchtes Lokal, das anscheinend eine „Goldgrube" war. Trotz seines nach herkömmlichen Begriffen niederen Bildungsniveaus verrät sein sammlerisches Vorgehen ein hohes Maß an Kunstverständnis und Qualitätsbewusstsein.

Nikolaus Schaffer

The Right Collector at the Right Time

Franz Hauer and Anton Faistauer

From the time of his arrival in Vienna, Anton Faistauer (1887–1930), a native of Salzburg's Pinzgau region, led a hunger-plagued existence as a student at the Academy of Fine Arts. Together with fellow artist Albert Paris Gütersloh, he had escaped from a religious boarding school near the South Tyrolean city of Bolzano and was eking out a living with odd jobs. Faistauer scored one of his first commercial successes at Budapest's Künstlerhaus, where the Neukunstgruppe (New Art Group), which he had founded along with Egon Schiele, held a vociferously advertised exhibition in January 1912. The year before, the group's show in the exhibition rooms of the Hagenbund association had already caused a furor, and pictures by these young artists were becoming fashionable among collectors. Names of prominent art enthusiasts soon began appearing in Faistauer's correspondence, including Hermann Eissler, Dr. Oskar Reichel, and Alfred Spitzer. October 1, 1913, marked the opening of the artist's solo exhibition at Vienna's Galerie Miethke, which was to prove decisive in cementing his reputation. Faistauer had just finished showing largely the same group of works at Heinrich Thannhauser's renowned Moderne Galerie in Munich, the first gallery to showcase the group known as Der Blaue Reiter (The Blue Rider). The Vienna exhibition, consisting of thirty-three pictures, lasted three weeks and won Faistauer numerous buyers and lasting admirers of his art, including the writer Hugo von Hofmannsthal, the businessman Adolf Sonnenschein, and the hotelier Josef Siller. From this time on he enjoyed a considerable income, as the accounts in his notebook show.[1]

The most important role in helping launch Anton Faistauer's career was played without question by Franz Hauer. He owned most of Faistauer's works; only Albin Egger-Lienz and Oskar Kokoschka were comparably well represented in his collection. Because of his social standing, Hauer was a complete outsider in this illustrious scene. He was the owner of the Griechenbeisl, a rustic tavern in downtown Vienna traditionally frequented by artists as well as tourists, a business that was apparently a veritable gold mine. Despite his relatively low level of formal education, his approach to col-

Brief von Anton Faistauer an Franz Hauer, 05.08.1913/*Letter from Anton Faistauer to Franz Hauer, August 5, 1913*
Privatbesitz/*private collection*

Anton Faistauer
Dame mit Weinglas/ *Lady with Wineglass*, 1913
Öl auf Leinwand/ *oil on canvas*, 68,5 × 55,5 cm
Privatbesitz/*private collection*

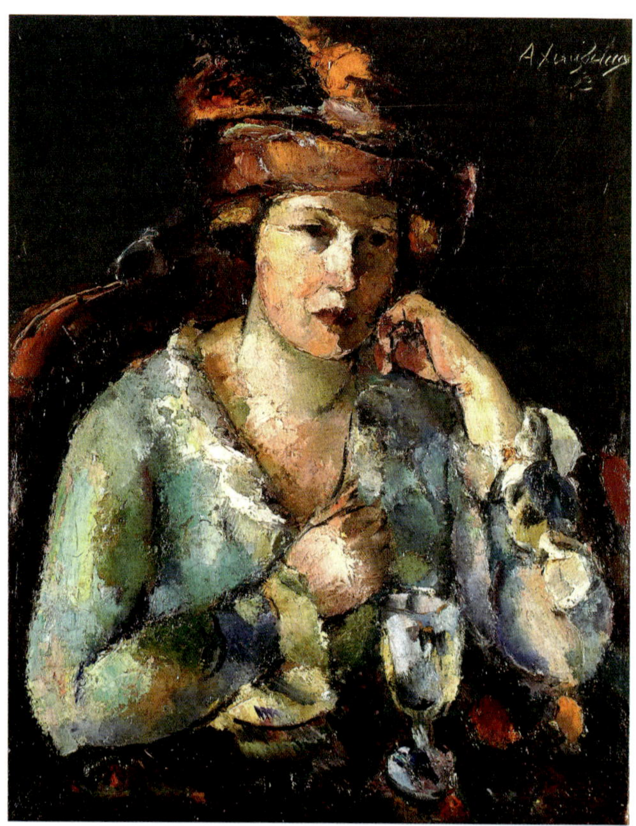

Hauers Kunstinteresse hatte sich atemberaubend schnell von bescheidener Liebhaberei zu intimer Kennerschaft der Kunst seiner bedeutendsten österreichischen Zeitgenossen entwickelt. Obwohl seine Leidenschaft mehr und mehr den modernsten Malern galt, verfiel er nicht der Einseitigkeit von Fanatikern und fischte daneben auch in weniger riskanten Gewässern. Von dieser geschmacklichen Souveränität zeugt die breit gestreute Zusammensetzung seiner Sammlung. Der gelernte Fleischhauer und Wirt trug als Kunstfreund alles andere als einen jovialen Habitus zur Schau, er gab sich den Künstlern gegenüber äußerst kritisch und wahrte respektvolle Distanz.

Hauer sei mit Faistauer erstmals bei der erwähnten Ausstellung 1911 in der Zedlitzhalle in Berührung gekommen, heißt es immer, und das wird wohl seine Richtigkeit haben. Eine davon etwas abweichende Version erzählt der Publizist und Connaisseur Dr. Ludwig W. Abels (1867 Wien – 1937 Paris), der sowohl Hauer als auch Faistauer gut kannte: „Der Künstler hatte damals in Wien, in einem alten Haus der Margaretenstraße, ein bescheidenes Quartier; dort wurden alle Bilder der Freunde zusammengetragen und juriert. – Das Geld war knapp; da schleppte ich den seither gestorbenen Sammler Hauer [...] hin, der zwar zuerst zauderte, nicht recht verstand, aber als ernstlich bestrebter Kunstfreund dann doch mehrere Bilder

lecting betrayed a high degree of art expertise and quality consciousness.

Hauer's interest in art had developed at a breathtaking speed from a modest hobby to an intimate connoisseurship of the art of his most important Austrian contemporaries. Although his passion was increasingly directed at the very modern painters, he did not succumb to fanatical one-sidedness, fishing in less risky waters as well. This self-assured taste is attested to by the great diversity of his collection. As an art collector, the deportment this trained butcher and innkeeper displayed was anything but jovial; his attitude toward artists was always exceedingly critical and respectfully distant.

It is frequently said that Hauer first met Faistauer at the aforementioned 1911 exhibition at the Hagenbund's Zedlitzhalle in Vienna, and this is quite possibly true. A slightly different version was told by the journalist and art aficionado Ludwig W. Abels (b. 1867, Vienna–d. 1937, Paris), who knew both Hauer and Faistauer well: "At that time the artist lived in modest quarters in an old building on Vienna's Margaretenstraße, where all of his friends' pictures were collected and juried. Money was tight. One time I dragged the now deceased collector Hauer . . . there, who was at first hesitant and puzzled, but as a dedicated art lover, he then did, in fact, purchase several of Faistauer's pictures."[2] Abels organized regular "Art Walks" in Vienna's museums, palaces, and collections. In 1924, for example, the program included a visit to the picture gallery of the dentist Heinrich Rieger, at Mariahilferstraße 124, which in addition to works by Tina Blau, Hugo Darnaut, Eugen Jettel, Gustav Klimt, Franz Defregger, and others, also featured paintings by young modernists like Felix Albrecht Harta, Faistauer, and Karl Sterrer.[3]

An anecdote related by Rieger is also relevant in this context and sheds a revealing light on the "turf wars" between the collectors: "I visited Faistauer for the first time in 1913. He lived then in a rather dilapidated building in the immediate vicinity of the Karlskirche, and his financial circumstances were less than rosy. He had just returned from his honeymoon and was currently working on the painting 'Wedding Roses,' which is still in my collection. During my visit, the then owner of the 'Griechenbeisl,' the prominent collector Hauer, entered the room and within a few minutes had bought all the available pictures, proof that even at that

Faistauers erwarb."[2] Abels veranstaltete laufend „Kunstwanderungen" in Wiener Museen, Palästen und Sammlungen. So stand 1924 ein Besuch der Gemäldegalerie des Zahnarztes Heinrich Rieger, Mariahilferstraße 124, auf dem Programm, die neben Werken von Tina Blau, Hugo Darnaut, Eugen Jettel, Gustav Klimt, Franz Defregger und anderen auch Arbeiten der Jüngstmodernen wie Felix Albrecht Harta, Faistauer und Karl Sterrer umfasste.[3]

In diesen Zusammenhang gehört eine von Rieger erzählte Episode, die ein bezeichnendes Licht auf die „Grabenkämpfe" zwischen den Sammlern wirft: „Ich besuchte Faistauer das erstemal im Jahre 1913. Er wohnte damals in einem ziemlich baufälligen Haus in unmittelbarer Nähe der Karlskirche und befand sich in nicht sehr glänzend[en] finanziellen Verhältnissen. Er war gerade von seiner Hochzeitsreise zurückgekehrt und arbeitete eben an einem noch heute in meinem Besitz befindlichen Gemälde ‚Hochzeitsrosen'. Während meines Besuches trat der damalige Besitzer des ‚Griechenbeisels', der bekannte Sammler Hauer, ins Zimmer, der innerhalb von wenigen Minuten sämtliche vorhandenen Bilder aufkaufte, ein Beweis, daß Faistauer von einigen wenigen auch damals schon geschätzt wurde. Mit den Mitteln dieses Kunstfreundes konnte ich, der Vorstadtarzt, allerdings nicht konkurrieren."[4]

Wenn man die handschriftlichen Dokumente befragt, so fällt die erste Erwähnung Hauers in einem Brief von Faistauer an seine Braut Ida Andersen am 23.02.1912: „Heute war der Hauer wieder einmal bei mir ohne aber etwas gekauft zu haben. Doch ging er mit dem Versprechen weg sich die Sache noch einmal zu bedenken. Es gefiel ihm so der Halbakt u. fast möchte er ihn haben. Und ich geb ihn nicht gern u. der Reichel war nicht da."[5] Das nächste Mal, am 20.08.1912, berichtet er Arthur Roessler aus seinem Sommerquartier in Ascona: „Den großen liegenden Akt hat mir der Hauer abgekauft, worauf ich schnell aus Wien flüchtete."[6] Der Sommer „bei der Salatschüssel" – wie es der Künstler in Anspielung auf seine alternative Lebensweise im Schoße der Natur ausdrückte – war damit wieder einmal gesichert und der ungeliebten Metropole wurde der Rücken gekehrt.

Im Sommer 1913 verbrachte Faistauer einige Wochen in Dürnstein, nachdem die Landschaft des zuvor aufgesuchten Böhmerwalds seinen Vorstellungen nicht entsprochen hatte. Es war auch ein wenig Taktik im Spiel, denn Faistauer wusste, dass das Thema Wachau eine schwache Seite Hauers war. Daher gab er auch seinem befreundeten Kollegen Johannes

time there were a few people who appreciated Faistauer. I, however, a physician from the suburbs, could not compete with the financial means of this art collector."[4]

The first mention of Hauer in Faistauer's handwritten documents occurs in a letter from the artist to his bride, Ida Andersen, on February 23, 1912: "Today Hauer was here again without buying anything. But he did leave with the promise that he would give the matter more thought. He liked the semi-nude very much and almost wants it. And I don't want to let go of it and Reichel wasn't here."[5] The next mention of Hauer is on August 20, 1912, in a letter Faistauer sent from his summer quarters in Ascona to the art writer and critic Arthur Roessler: "Hauer bought the large reclining nude from me, upon which I quickly fled Vienna."[6] The summer "by the salad bowl"—as the artist put it with reference to his alternative lifestyle in the very lap of nature—had been financially secured once again, and he could turn his back on the unbeloved Austrian capital.

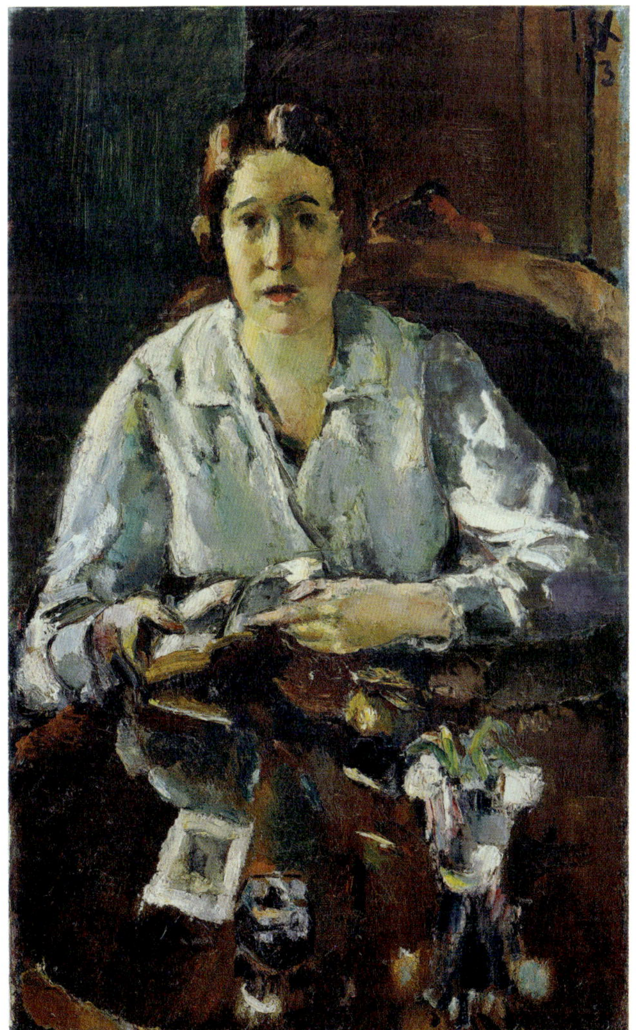

Anton Faistauer
Dame in weißer Bluse (Erste Gattin des Künstlers)/*Lady in a White Blouse (Artist's First Wife)*, 1913
Öl auf Leinwand/*oil on canvas*, 108 × 66 cm
Belvedere, Wien/*Vienna*

Fischer den Rat: „Sag jedenfalls dem Hauer, dass Du in die Wachau gehen möchtest, da wird er sich am leichtesten rühren lassen."[7]

Ab diesem Zeitpunkt wechselten Faistauer und Hauer zahlreiche Briefe, von denen sich die des Künstlers im Privatbesitz erhalten haben. Faistauer macht Hauer klar, dass er sich von ihm nicht die üblichen Wachauer Ansichten erwarten dürfe. „Erschrecken Sie ja für den Anfang nicht, Sie werden wohl etwas sehr bekanntes für Sie, aber weniger beachtetes sehen, das diese armen Wienermaler an der Wachau gar nicht gesehen haben [...]: die Felsen, Wald u. die Weinberge mit den Mauern, die schön gelegte Straße mit den prächtigen Biegungen [...]. Ich begreife wahrhaftig nicht die Maler, die eine zerbröckelte Mauer od. einen abgestoßenen Prellstein für so malenswert halten, als wäre eine abgebrauchte Zahnbürste schöner, als der Mund des Mädchens [...]. Ich möchte wirklich den Leib dieser Landschaft malen, in seiner Fruchtbarkeit [...]."[8] „Da gehe ich Sonntags über auf den Berg arbeiten. Da ists dann ganz herrlich u. ich vergesse mich ganz. [...] ich spüre so deutlich wie es sich in mir lockert wie eine Frucht, die reif werden will u. mein Zustand ist von dem meiner Frau gar nicht sehr verschieden. [...] Sie sitzt daneben u. häckelt ‚Patterln' für das ‚zukünftige'."[9]

Es werden unter diesen „gesegneten Umständen" in und um Dürnstein rund ein Dutzend Bilder „geboren"; das Einvernehmen mit Hauer, der einmal auf Besuch kommt, ist aber nicht ungetrübt. „Wenn ich Sie nicht so gut kennen würde, müßte mich Ihre Unzufriedenheit mit meinen neuesten Bildern kränken. Aber da es gerade die in der Weise beanstandeten sind, die Sie später sehr lieb haben, tröste ich mich mit der Zukunft."[10] Bei Miethke in Wien wie bei Thannhauser in München muss Faistauer auf Leihgaben von Hauer zurückgreifen, der nach seinem Dafürhalten besonders schöne Werke besitzt, während Hauer ihm vorwirft, er verkaufe anderen Sammler die besseren. Faistauer muss seine ganze Überzeugungskraft aufwenden, um diesen Verdacht zu entkräften: „Glatt weg gesagt haben Sie in der ganzen Ausstellung die schönsten Akte, Porträts u. in Ihren beiden Blumen gewiß die schönsten Stilleben. [...] Ich kenne die Psychologie des Sammlers so gut, daß ich bei dem besten Kunstkenner im voraus sagen kann, daß er ein positiv schlechteres Bild in fremden Händen dem eigenen Bild vorzieht."[11]

Immer wieder drängt Hauer den Künstler, frühere Käufe gegen bessere neue Bilder einzutauschen oder in Kommission

In the summer of 1913, Faistauer spent several weeks in Dürnstein, in Lower Austria's Wachau Valley, after having rejected the landscape of the Bohemian Forest as not being suitable for his work. There was also a tactical element to this decision, as Faistauer knew that Hauer had a weakness for the Wachau. For this reason, he also advised his friend and colleague Johannes Fischer: "In any case, tell Hauer you want to go to the Wachau; that will be the easiest way to get what you want from him."[7]

From this point on, Faistauer and Hauer exchanged numerous letters, of which those from the artist have been preserved in a private collection. Faistauer made it clear to Hauer that the patron could not expect the usual Wachau views from him. "Do not be alarmed at first; you will certainly see things very familiar to you but less frequently noticed, things in the Wachau these poor Viennese painters haven't even seen . . . : the cliffs, woods, and vineyards with the stone walls, the beautifully situated, splendidly winding road . . . . I truly do not comprehend the painters who think that a crumbling wall or a battered curbstone is so worthy of painting—as if a worn-out toothbrush were lovelier than the mouth of the girl . . . . I really want to paint the womb of this landscape, in all its fertility."[8] "On Sundays I go up on the mountain to work. It is so beautiful there that I completely forget myself. . . . I sense so distinctly how I begin to loosen up inside like a fruit ripening, and my state of mind is not unlike that of my wife. . . . She sits beside me and crochets bibs for the coming baby."[9]

It was in these "blessed circumstances" that about a dozen pictures were "born" in and around the town of Dürnstein. Faistauer's dealings with Hauer, however, who came once for a visit, were not without their problems. "If I did not know you so well, I would be offended by your dissatisfaction with my latest pictures. But as the very pictures you object to are the ones you will later love very much, I take comfort in the future."[10] For exhibits at the Galerie Miethke in Vienna and Thannhauser's gallery in Munich, Faistauer had to rely on loans from Hauer, who in Faistauer's opinion possessed some of his most beautiful works, while Hauer accused the painter of selling his best pictures to other collectors. It required all of Faistauer's powers of persuasion to allay this suspicion: "I am telling you honestly that in the entire exhibit you have the most beautiful nudes and portraits, and in your two flower pic-

zu nehmen. Faistauer geht auf die Vorschläge erstaunlich bereitwillig ein, da er von Hauer soweit überzeugt ist, dass er in dessen Sammlung optimal vertreten sein möchte. „Wenn es nach mir ginge – nach meinem künstlerischen Charakter[,] so würde ich jedes zwei Jahre alte Bild gegen ein neues eintauschen", räumt er ihm ein. „Aber das kann ich nicht u. geht auch nicht [...]. Ich konnte nicht anders als ihren Vorwurf ablehnen[,] ansonst sind wir ja die besten Freunde."[12] So positiv gestimmt geht es im nächsten Brief weiter: „Ich freue mich besonders zu erfahren, daß Sie mir ein eigenes Zimmerchen einräumen wollen [...]."[13] Bisher war an eine gemeinsame Präsentation mit Kokoschka gedacht gewesen.[14]

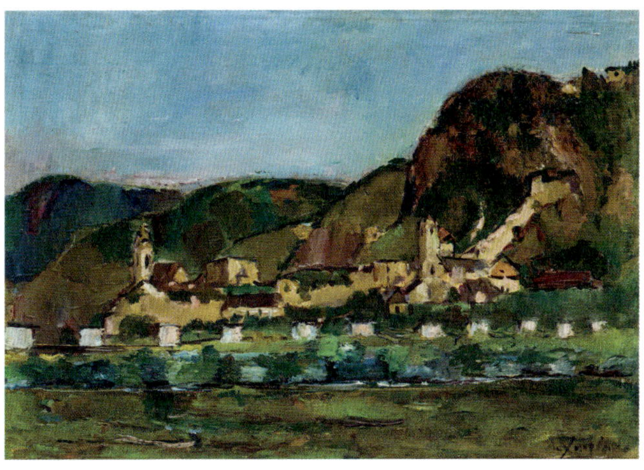

Anton Faistauer
Dürnstein, 1913
Öl auf Leinwand/ *oil on canvas*, 51,2 × 71,1 cm
Landessammlungen Niederösterreich/*State Collections of Lower Austria*

Faistauer war durch die große Anzahl hervorragender Bilder, die Hauer besaß, bis zu einem gewissen Grad von ihm abhängig geworden. Er hielt es zwar für eine Selbstverständlichkeit, auf diesen entäußerten Bestand fallweise zurückgreifen zu können, es zeigte sich aber bereits bei den ersten Anlässen, dass Hauer mit einer „besonderen Besitzfreude"[15] an seinen Bildern hing und sich jedes Mal sehr bitten ließ. Jedes Ausstellungsprojekt konnte nur unter der Voraussetzung „Wenn der Hauer mittut [...]"[16] angegangen werden. Faistauer, der eine langfristige Strategie verfolgte und an seine Zukunft glaubte, fühlte sich dadurch beengt.

Im nächsten Brief tritt Faistauer mit einer verhältnismäßig harmlosen Bitte an Hauer heran: „Zu meiner besonderen Freude kann ich Ihnen mitteilen, daß in der nächsten Zeit in deutschen u. einer russischen Kunstzeitschrift größere Publikationen über mich erscheinen sollen u. zu dem Zweck möchte ich meine Bilder bei Ihnen photographieren lassen u. werde ich Ihnen demnächst den Photographen hinaus schicken. [...] Mit der Bitte um Ihr freundliches Entgegenkommen in dieser Sache [...]."[17] Hauer hatte es in seiner nicht überlieferten Antwort offenbar darauf angelegt, seinen Protegé in die Schranken zu weisen. Faistauer sah sich daraufhin zu einem ins Prinzipielle gehenden Schreiben veranlasst. Ein unverhältnismäßiger Anlass brachte den Unmut, der im Vorfeld schon länger schwelte, zum Überlaufen.

„Aus allen Bemerkungen u. Anspielungen der letzten Zeit kann ich merken, daß Ihr Verhältnis zu mir einen geradezu unfreundlichen Charakter annimmt. [...] Ich muß also leider auf die Photographien verzichten u. wie ich merke auch lebenslänglich auf die Bilder, wiewohl ich bei jedem Verkauf betont habe, daß Sie mir die Bilder zu Ausstellungen borgen

tures most certainly the most beautiful still lifes. . . . I am familiar enough with the psychology of collectors that I can tell in advance even with the best art connoisseur that he will think more highly of a much poorer picture in the hands of another than of his own picture."[11]

Again and again, Hauer pressured the artist to exchange earlier purchases for better, newer pictures or to take them on commission. Faistauer was astonishingly receptive to these suggestions, as his confidence in Hauer was such that he wanted to be optimally represented in his collection. "If it were up to me—up to my artistic character—I would take every two-year-old picture and give you a new one in exchange," he conceded to Hauer. "But I cannot do this and it is not even possible . . . . I could not help but reject your rebuke. Otherwise we are naturally the best of friends."[12] *This positive mood continues in the next letter: "I am especially pleased to hear that you want to give me my own small room."*[13] *Up until then a joint presentation with Kokoschka had been planned.*[14]

As Hauer owned a large number of the painter's most outstanding pictures, Faistauer had to a certain extent become dependent on the collector. While the artist took it for granted that he was permitted to make occasional use of these relinquished pictures, it became apparent the very first times Faistauer wanted to borrow pictures that Hauer took a special "pride of ownership"[15] *in them, releasing them only with great reluctance. Any exhibition project could be initiated only under the condition that "Hauer goes along with it."*[16] *Faistauer, who was pursuing a long-term strategy and had confidence in his future, felt hemmed in by these circumstances.*

Anton Faistauer
Stillleben mit Fisch, Wasserflasche und -glas/*Still Life with Fish, Carafe and Water Glass*, 1913
Öl auf Leinwand/*oil on canvas*, 59 × 80 cm

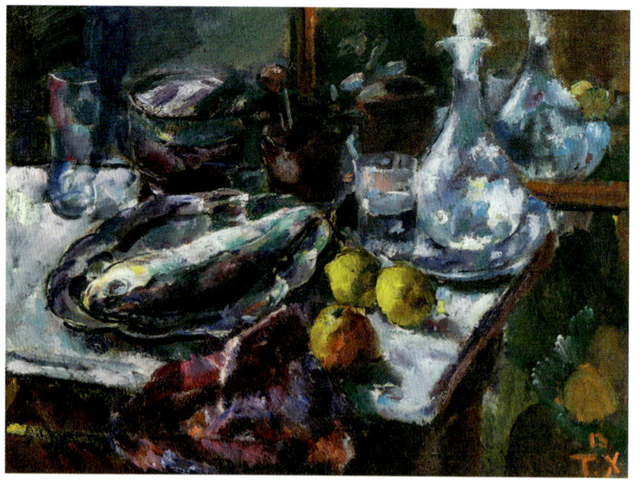

mögen […].“[18] Wiederum scheint Eifersucht den Ausschlag für Hauers unfreundlichen Schritt gegeben zu haben, denn er fühlte sich als Stammkunde gegenüber anderen Käufern benachteiligt, und Faistauer versucht ihm klarzumachen, dass er ihm kein Monopol auf sein Werk einräumen könne. „Ich bin es leider meiner Familie u. meiner Situation schuldig einen Erfolg, den mir meine Ausstellung gebracht hat[,] in seiner ganzen Ausdehnung ‚auszunützen‘. […] Ich muß meine ersten Freunde leider ein wenig vernachlässigen, um meiner Kunst einen breiteren ausgedehnteren Absatz zu schaffen […]. Jawohl Herr Hauer, Sie sind ein leidenschaftlicher Sammler[,] vergessen aber dabei den Menschen […]. Ihre Galerie ist die lobenswerteste Sache in Österreich u. ich werde Ihnen das starke Temperament, mit dem Sie mich gefördert haben, nicht vergessen. […] Sie sind ein gänzlich unabhängiger Mensch u. haben wahrscheinlich längst schon vergessen[,] mit welchen Sorgen ein noch sehr abhängiger Mensch zu kämpfen hat. Ich schätze die Güte eines Menschen über alles u. könnte dafür sehr dankbar sein. Wenn Sie Rücksicht auch auf mich nehmen wollten[,] könnten wir Freunde sein.“[19]

Es war eine richtige Epistel, die Faistauer da seinem ehrgeizigsten Sammler, der sich nun als Verhinderer gerierte, las, so kategorisch, dass sie eine Erwiderung oder Zurücknahme fast ausschloss. Die Zeit, die Hauer noch blieb, reichte auch kaum dazu aus, das Zerwürfnis zu reparieren. Der rastlose Sammler starb unvermutet ein halbes Jahr später, und damit wurde auch sein großes Vorhaben zu Grabe getragen, das schon so weit gediehen war. Faistauer an Roessler: „Der Tod Hauers hat mich stark ergriffen u. ich kanns nur zeitweise vergessen[,] aber nicht damit fertig werden. Ich bedaure es seiner Familie wegen außerordentlich u. fast erbarmt es mich nachträglich für sein ganzes Leben u. für seine Bilder-

In his next letter, Faistauer approached Hauer with a relatively harmless request: "It is with special pleasure that I inform you that soon extensive articles about me are to appear in German art journals and a Russian one, and for this purpose I would like to have my pictures in your collection photographed, and I will send the photographer to you shortly. . . . I kindly request your kind accommodation in this matter."[17] Hauer's reply, which has not survived, was apparently intended to put his protégé in his place. Faistauer subsequently felt compelled to write a letter making his principles clear. A single event, blown out of proportion, had brought a long-smoldering resentment to the surface.

"From all of your recent remarks and insinuations I see that your attitude toward me has taken on a quite unfriendly character. . . . So I must unfortunately do without the photographs and, as I can see, without the pictures for the rest of my life as well, although I have emphasized at every sale my wish that you lend me the pictures for exhibitions."[18] Once again, envy seems to have been behind Hauer's unkind act: he, as a longtime patron, felt that other buyers were given preferential treatment, and Faistauer tried to make it clear to him that he could not concede to him a monopoly on his work. "Unfortunately, I owe it to my family and my situation to 'exploit' the success that my exhibition has given me to the utmost. . . . I must unfortunately neglect my first friends a bit in order to create a broader market for my art . . . . Yes, indeed, Herr Hauer, you are a passionate collector, but in your passion you forget about people. Your gallery is the most praiseworthy thing in Austria, and I will not forget the great spirit with which you supported me. . . . You are a completely independent person and probably have long forgotten the worries and concerns with which a person struggles who is still quite dependent. I value a person's goodness above all else and could be very thankful for this. If you were able to make allowances for me, we could be friends."[19]

This vigorous reprimand that Faistauer delivered to his most ambitious collector, who was now proving to be a stumbling block, was so categorical that it virtually precluded a rejoinder or retraction. The time that Hauer still had was also scarcely sufficient to repair the rift. The indefatigable collector died unexpectedly half a year later, and with him his great undertaking, which had so flourished, was laid to rest as well. As Faistauer wrote to Arthur Roessler: "Hauer's death has moved me greatly; I am able to forget it only intermittently but cannot get over it. I am extremely sorry on account of his family, and I

Arbeit. Natürlich sehe ich ihn jetzt ganz deutlich u. ganz anders. Es ist sehr traurig u. meine Teilnahme ist nicht geringer als sie gewesen wäre, wenn ich mit ihm noch Verbindung gehabt hätte."[20]

almost pity him in retrospect for his entire life and for his work with his pictures. Of course, now I see him very clearly and very differently. It is very sad, and my sympathy is no less than it would have been if I had still had a bond with him."[20]

Dr. Abels konnte zwar noch im Jänner 1917 eine „Kunstwanderung" in der Döblinger Galerie von Hauer ansetzen,[21] doch dann nahmen die Dinge ihren absehbaren und unvermeidlichen Verlauf. In den beiden Nachlassauktionen von 1918 beziehungsweise 1920 befanden sich keine Faistauer-Bilder mehr. Es ist anzunehmen, dass andere Sammler wie Siller schon vorher zugeschlagen hatten, möglicherweise auch der Künstler selbst etwas zurückholte. 1923 erwarb die Österreichische Galerie von ihm die ursprünglich bei Hauer befindliche *Junge Frau auf rotem Sofa*.

While Ludwig W. Abels was still able to organize an "Art Walk" in Hauer's Döbling gallery in January 1917,[21] *subsequent events then took their foreseeable and inevitable course. No Faistauer pictures remained to be sold at the two estate auctions of 1918 and 1920. It may be assumed that other collectors, such as Josef Siller, had already obtained pictures; it is also possible that the artist himself had retrieved some of his works. In 1923 the Österreichische Galerie obtained from Faistauer* Young Woman on a Red Sofa, *originally part of Hauer's collection.*

Es ist sehr schwierig, sich einen Überblick zu verschaffen, welche Bilder von Faistauer sich in den Händen von Hauer befanden. Und noch schwieriger ist es, die genannten Werke mit heute noch bekannten und existierenden Gemälden in eindeutige Beziehung zu bringen. Die überlieferten, sehr ungenau gehaltenen Titel lassen für die Identifikation meist mehrere Möglichkeiten offen. Dazu kommt, dass die Frühzeit von Faistauers Schaffen generell sehr schlecht dokumentiert ist.[22]

It is very difficult to gain an overview of which of Faistauer's pictures were in Hauer's possession—and it is even more difficult to conclusively identify the named works with paintings that we still know and that still exist today. The very imprecise titles that have been passed down usually allow for a number of possibilities in terms of their identification. Moreover, the early phase of Faistauer's oeuvre is in general very poorly documented.[22]

Hauers Sammeltätigkeit fällt bei Faistauer in eine fortgeschrittene Phase der Verarbeitung Cézannescher Prämissen, die pastoser und dynamischer als ihr etwas trockeneres Vorbild verfährt. Er fand im Zuge dessen zu einem ausgeprägten und selbstsicheren Personalstil. Dabei sollten die altertümliche Dunkelgründigkeit der Stillleben und die gravitätische Inszenierung der Figuren die Zeitlosigkeit seiner Malerei unterstreichen – an die ein Künstler besser nie denken sollte.

Hauer's collecting activity occurred at a time when Faistauer was in an advanced phase of processing Cézannesque principles, resulting in works that in his hands are more pastose and dynamic than the rather dryer models of the French master. In the process he found his way to a characteristic and self-confident personal style. With this, the archaic dark ground of the still lifes and the ponderous staging of the figures were to underscore the timelessness of his paintings—something an artist should never think about.

Es war eine markante Schaffenszeit, in der Faistauer bereits einige Hauptwerke schuf. Selbst die Rudimente der Sammlung ergeben eine eindrucksvolle, zusammenhängende Werkgruppe. Zweifellos spornte das erstmals geweckte Interesse der Sammler den Künstler zu Leistungen an, zu denen er sonst nicht fähig gewesen wäre. Vor allem die couragierte und geradezu unangenehm wählerische Persönlichkeit von Franz Hauer, den immer nur die jüngsten Werke interessierten und der sozusagen mit am Drücker saß, verstand Faistauers Schaffenseifer derart anzukurbeln, dass er zu künstlerischer Höchstform auflief.

This was a remarkable creative period in Faistauer's career in which he created several of his most important works. Even the vestiges of the collection represent an impressive, cohesive group of works. The newly sparked interest of collectors undoubtedly drove the artist to achievements which he otherwise would not have been capable of. Above all the courageous and unpleasantly finicky personality of Franz Hauer, who was consistently interested only in the very newest works, and who was always sitting alongside the artist in the driver's seat, so to speak, was able to spur Faistauer's creative fervor in such a way that the painter was pushed to reach his full artistic potential.

1 Notiz- bzw. Skizzenbuch von Anton Faistauer aus dem Zeitraum 1912/13, Salzburg Museum.

2 Ludwig W. Abels, „Toni Faistauer, der Festspielmaler“, in: *Neues Wiener Journal*, Nr. 11.761 (19.08.1926), S. 3–4, hier S. 4.

3 *Neues Wiener Journal*, Nr. 10.966 (30.05.1924), S. 6. – Vgl. auch Ludwig W. Abels, „Wiener Sammlungen moderner Kunst“, in: *Neues Wiener Journal*, Nr. 11.874 (12.12.1926), S. 17.

4 R. P., „Anton Faistauer als Künstler. Was sein Förderer, Medizinalrat Dr. Rieger, erzählt“, in: *Freiheit!*, Nr. 947 (19.09.1930), S. 5–6, hier: S. 5. Rieger übersieht allerdings, dass er nachweislich schon seit 1911 mit Faistauer Kontakt hatte.

5 Anton Faistauer an Ida Andersen, 23.02.1912 (Salzburg Museum).

6 Anton Faistauer an Arthur Roessler, 20.08.1912 (Wien Museum, Inv.-Nr. 148.449); ähnlich auch an Felix Albrecht Harta am 14.08. aus Ascona.

7 Anton Faistauer an Johannes Fischer, 05.07.1913 (Salzburg Museum).

8 Anton Faistauer an Franz Hauer, 05.07.1913 (Privatbesitz).

9 Anton Faistauer an Franz Hauer, 17.07.1913 (Privatbesitz).

10 Anton Faistauer an Franz Hauer, o. D. (Privatbesitz).

11 Anton Faistauer an Franz Hauer, 10.10.1913 (Privatbesitz).

12 Ebd.

13 Anton Faistauer an Franz Hauer, 30.10.1913 (Privatbesitz).

14 „Haben Sie den Raum schon malen lassen?“, fragt der Künstler Ende August 1912 bei Hauer an. „Ich wäre für eine [sic] mittleres grünlich grau od. rötlich-bräunliches Grau, doch nicht zu dunkel. Dabei denke ich so wohl an meine wie an Kokoschkas Bilder. Für uns beide ginge auch gut ein Lavendelblau das allerdings schwer für einen Anstreicher herauszukriegen ist, aber ein prächtig schönes Grau rötliches u. mildes blau ist.“

15 Anton Faistauer an Arthur Roessler, 03.07.1913 (Wien Museum, Inv.-Nr. 148.407).

16 Ebd.

17 Anton Faistauer an Franz Hauer, 03.12.1913 (Privatbesitz).

18 Anton Faistauer an Franz Hauer, o. D. (Privatbesitz).

19 Ebd.

20 Anton Faistauer an Arthur Roessler, 12.06.1914, (Wien Museum, Inv.-Nr. 148.410).

21 *Neues Wiener Tagblatt*, Nr. 13 (15.01.1917), S. 14–15.

22 Erst ab 1912 nimmt die Dichte der im Werkverzeichnis von Franz Fuhrmann (in: *Anton Faistauer*, Salzburg 1972, S. 125–140) registrierten Gemälde zu. Bis Ende 1913 scheinen circa 80 Katalognummern auf; nur von diesen gibt es Abbildungen, die bei der Zuordnung letztlich entscheidende Hilfestellung geben können. Man würde auf eine viel größere Anzahl kommen, wenn man alle Bilder hinzuzählt, die verschiedentlich erwähnt werden. So sind auch zwei Bilder, die zu den ersten Erwerbungen Hauers zählten, nicht im Werkverzeichnis zu finden: Sowohl das häufig erwähnte Bild *Das Conservatorium* als auch der *Große Akt*, beide im Hochformat, waren bei Thannhauser ausgestellt. Dank einer skizzierten Wandabwicklung, mit der Faistauer seinem Leihgeber Hauer einen Eindruck der Hängung vermitteln wollte, kennen wir zumindest die grobe Anlage und Proportion dieser Bilder. Auch nach *Rote Äpfel*, *Dame mit Federnhut*, *Stillleben mit Blumentöpfen und Gläsern* sowie nach manchem Dürnstein-Bild sucht man vergeblich im Werkverzeichnis.

Hauer selbst hat über seine Bilder nicht Buch geführt, in der Verlassenschaft sind Faistauer 21 Werke zugeordnet. Eine weitere Kenntnisquelle ist ein Notiz- bzw. Skizzenbuch von Faistauer aus dem Zeitraum 1912/13 im Salzburg Museum, in dem er „Hauers Bilder“ mehrmals auflistete – in so knapper Form, dass sich nur der Künstler selbst auskennen konnte. Auch da kommt man auf eine Anzahl von über zwanzig Bildern, wobei es wegen gelegentlicher Tauschgeschäfte einen Spielraum gibt. Ausdrück-

1 Anton Faistauer's notebook/sketchbook from the period 1912/13, Salzburg Museum.

2 Ludwig W. Abels, "Toni Faistauer, der Festspielmaler," Neues Wiener Journal*, Aug. 19, 1926 (no. 11.761), 3–4, here: 4.*

3 Neues Wiener Journal*, May 30, 1924 (no. 10.966), 6; see also Ludwig W. Abels, "Wiener Sammlungen moderner Kunst,"* Neues Wiener Journal*, Dec. 12, 1926 (no. 11.874), 17.*

4 R. P., "Anton Faistauer als Künstler: Was sein Förderer, Medizinalrat Dr. Rieger, erzählt," Freiheit!*, Sept. 19, 1930 (no. 947), 5–6, here: 5. Rieger, however, overlooks the fact that he demonstrably had been in contact with Faistauer since 1911.*

5 Anton Faistauer to Ida Andersen, Feb. 23, 1912 (Salzburg Museum).

6 Anton Faistauer to Arthur Roessler, Aug. 20, 1912 (Wien Museum, inv. 148.449); Faistauer had sent a similar account to Felix Albrecht Harta from Ascona on Aug. 14.

7 Anton Faistauer to Johannes Fischer, July 5, 1913 (Salzburg Museum).

8 Anton Faistauer to Franz Hauer, July 5, 1913 (private collection).

9 Anton Faistauer to Franz Hauer, July 17, 1913 (private collection).

10 Anton Faistauer to Franz Hauer, n.d. (private collection).

11 Anton Faistauer to Franz Hauer, Nov. 10, 1913 (private collection).

12 Ibid.

13 Anton Faistauer to Franz Hauer, Nov. 30, 1913 (private collection).

14 "Have you had the room painted yet?" the artist asked Hauer at the end of August 1912. "I would favor a medium greenish-gray or reddish-brownish-gray, but not too dark. I am thinking here of my pictures as well as Kokoschka's. For both of us a lavender blue would work well, although this would be a difficult color for the painter of the room to produce, but it is a splendidly beautiful grayish, reddish, soft blue."

15 Anton Faistauer to Arthur Roessler, July 3, 1913 (Wien Museum, inv. 148.407).

16 Ibid.

17 Anton Faistauer to Franz Hauer, Dec. 3, 1913 (private collection).

18 Anton Faistauer to Franz Hauer, n.d. (private collection).

19 Ibid.

20 Anton Faistauer to Arthur Roessler, June 12, 1914 (Wien Museum, inv. 148.410).

21 Neues Wiener Tagblatt*, Jan. 15, 1917 (no. 13), 14–15.*

22 Only beginning in 1912 did the number of paintings registered in Franz Fuhrmann's catalogue raisonné (Anton Faistauer*, Salzburg 1972, 125–140) increase significantly. By the end of 1913 it included about eighty catalogue numbers; only for these works are there images that can provide the assistance crucial for the identification of the pictures. This number would be much greater if one included all the pictures mentioned in various other places. For example, two pictures that were among Hauer's first acquisitions are not listed in the catalogue: the frequently mentioned* Conservatory *as well as the* Large Nude*, both in portrait format, had been exhibited at Munich's Thannhauser gallery. Thanks to a sketched wall design with which Faistauer wished to give Hauer an impression of the hanging of his pictures, we at least roughly know the arrangement and proportion of these pictures.* Red Apples*,* Lady with a Feather Hat*,* Still Life with Flowerpot and Glasses *as well as several Dürnstein pictures are also absent in the catalogue.*

Hauer never kept records of his pictures himself, but in his estate, twenty-one works were attributed to Faistauer. Another source of information is Faistauer's notebook/sketchbook from 1912/13, preserved in the Salzburg Museum, in which he lists "Hauer's pictures" in several places—but in such a terse form that only the artist himself could have understood it. Here, as well, one arrives at the figure of over twenty pictures, although

lich erwähnt ist, dass Hauer am 26. September 1913 ein *Rotes Bild von Idschy, schwanger* (WV 53) zum Preis von 700 Kronen gekauft hat. Die *Dame mit Federnhut* kostete ihn 630 Kronen. Eine Aufstellung, in der der Maler seine Bilderverkäufe von Juli 1912 bis Oktober 1913 ermittelt, kommt zu der Endsumme von 14.695 Kronen. Mehr als die Hälfte dieses Betrags steuerte Hauer bei, der Faistauer in diesem Zeitraum 22 Bilder abkaufte. Sein Entschluss, mit Hauer zu brechen, mutet angesichts dieser Tatsache doppelt beherzt an. Weit dahinter liegen, nach ihren Ausgaben besehen, Siller (1500 Kronen) und Hofmannsthal (1400 Kronen).

Einer der wenigen sicheren Kandidaten für eine versuchte Rekonstruktion der Sammlung Hauer ist die *Junge Frau auf rotem Sofa* (WV 50), vom Künstler kurz als *Wäscheakt* bezeichnet. Die Herkunft ist auch durch die Abbildung in dem 1917 erschienenen Aufsatz von A. S. Levetus eindeutig ausgewiesen (in: *Die bildenden Künste*, 1. Jg., Nr. 7 [1917], S. 60). Nicht abgebildet, aber erwähnt wird die *Dame in weißer Bluse* (WV 49), auch als *Lesende* bezeichnet. Beide sind Hauptwerke von Faistauer, in denen er erstmals zeigte, was er unter einem räumlich und körperlich ausladenden Figurenstil verstand. *Dame beim Tisch mit Trinkglas* ist im Titel so eindeutig definiert, dass dafür nur ein vor wenigen Jahren im Kunsthandel angebotenes Bild von 1913 in Frage kommt. Kolo Moser hat es in einem Brief vom 01.10.1913 ausdrücklich bewundert. Wenn Faistauer von einem großen liegenden Akt spricht, den ihm Hauer abgekauft habe, denkt man als erstes an den sehr spröden *Großen Akt auf rotem Sofa* (WV 48) im Salzburg Museum, der exakt in diese Zeit passt. Auch das als *Palmebild* bezeichnete Werk dürfte ein Akt gewesen sein. Unbesetzt bleiben die Positionen *Dame im Hemd vor dem Spiegel* und die *Dame mit Federnhut*.

Schwieriger ist es, bei den Stillleben zu einem Ergebnis zu kommen, weil hier die Verwechslungsgefahr besonders groß ist. Katalognummer 23 bei Miethke war ein *Geschirr und Früchte* betiteltes Bild. Man geht wohl richtig in der Annahme, dass es sich um das *Stillleben mit Kaffeegeschirr und Krug* von 1912 (WV 36) handelt. Bei aller Ungenauigkeit kann man es auf der Überblicksskizze, versehen mit der Unterschrift *Geschirr*, ausmachen. Darüber hängt ein *Fischstillleben*, das wegen der Übereckstellung und Draufsicht leichter zu identifizieren ist (WV 55).

Zu vielen Titeln gibt es weder Bilder noch Abbildungen. Das gilt für *Stillleben Obst auf einer Tischplatte*, *Helles Apfelstillleben mit Hyazinthe*, *Pfirsichstillleben*, *Stillleben Kanne, Obst und Gläser*, die oft genannten *Roten Äpfel* sowie *Stilleben mit Schreibtisch*, das im Miethke-Katalog als Nr. 1 figuriert. Besonders groß ist die Unsicherheit bei den Blumen. Laut Faistauers Notizen besaß Hauer zwei rosa Rosenbilder sowie *Feldblumen* und *Bunte Blumen*.

Seelandschaft mit Akt in Brandung, auch *Uferfelsen* genannt, ist eine eindeutig identifizierbare Landschaft (Ausstellungskatalog Anton Faistauer, Salzburg 2005, Kat.-Nr. 19, S. 260). Auch eine nicht weiter bekannte *Bucht bei Ascona* wird öfters unter Hauers Bildern erwähnt, doch ist sie wie die meisten der ursprünglich zahlreichen Ascona-Bilder verloren gegangen.

Von den Wachaubildern des Jahres 1913 haben sich zwei wichtige Beispiele im Museumsbesitz erhalten: *Dürnstein von Osten (Straße nach Dürnstein)* im Leopold Museum (WV 59) und *Dürnstein vom Ufer der Donau* in den Landessammlungen Niederösterreich (WV 60). Die andere, als Gegenstück dazu angesehene Flusslandschaft dürfte das als *Landschaft bei Maishofen* bekannte Werk (WV 63) sein.

due to occasional exchanges, there is some leeway here. One event that is explicitly documented is that on September 26, 1913, Hauer bought a Red Picture of Idschy, Pregnant *(WV 53) for 700 kronen, while he paid 630 kronen for* Lady with a Feather Hat. *A detailed list in which the painter calculated his picture sales from July 1912 to October 1913 adds up to a total of 14,695 kronen. More than half of this sum came from sales to Hauer, who in this period purchased twenty-two pictures from Faistauer. In view of this, Faistauer's decision to break with Hauer seems doubly audacious. Trailing far behind, in terms of their expenditures, are the collectors Siller (1,500 kronen) and Hofmannsthal (1,400 kronen).*

One of the few reliable candidates for an attempted reconstruction of the Hauer collection is Young Woman on a Red Sofa *(WV 50), referred to by the artist simply as* Wäscheakt *("Underwear Nude"). The provenance is also clearly established through the depiction in A. S. Levetus's 1917 essay (in* Die bildenden Künste, *vol. 1, no. 7 [1917], 60). There is no reproduction of* Lady in a White Blouse *(WV 49), also known as* Reader, *but it is mentioned in the essay. Both are key works of Faistauer in which he for the first time demonstrates his understanding of a spatially and physically expansive figural style.* Lady at the Table with a Drinking Glass *is so clearly defined by its title that it can only be a 1913 picture that was up for sale on the art market a few years ago. Kolo Moser emphatically expressed his admiration for it in a letter of October 1, 1913. When Faistauer speaks of a large reclining nude that Hauer bought from him, one first thinks of the very prim* Large Nude on a Red Sofa *(WV 48) at the Salzburg Museum, which fits exactly into this time period. The work referred to as* Palm Picture *was probably also a nude. The pictures* Lady in a Chemise in Front of the Mirror *and* Lady with a Feather Hat *have yet to be identified.*

Classifying the still lifes is even more difficult, as the risk of confusion here is especially great. Catalogue no. 23 of the Galerie Miethke was a picture titled Crockery and Fruit. *It is probably safe to assume that this is the 1912 work* Still Life with Coffee Crockery and Jug *(WV 36). Despite the imprecision, one can make it out in the overview sketch, where it bears the legend* Crockery. *Above it hangs a* Still Life with Fish, *which is easier to identify due to the right-angle position and plan view (WV 55).*

For many titles, neither pictures nor reproductions exist. This is true of Still Life with Fruit on a Table, Bright Still Life with Apples and Hyacinth, Still Life with Pears, Still Life with Pitcher, Fruit and Glasses, *the frequently mentioned* Red Apples, *and* Still Life with Desk, *which is no. 1 in the Miethke catalogue. The uncertainty among the flowers is particularly great. According to Faistauer's notes, Hauer owned two pink rose pictures as well as* Wildflowers *and* Colorful Flowers.

Sea Landscape with Nude in the Surf, *also known as* Shoreline Rocks, *can be unequivocally identified (Anton Faistauer, exh. cat., Salzburg 2005, cat. no. 19, 260). An unknown* Bay by Ascona *is also frequently mentioned as being among Hauer's pictures, but like most of the Ascona paintings, of which there originally were many, it has been lost.*

Of the Wachau pictures of 1913, two important examples have survived in museum collections: Dürnstein from the East (Street Towards Dürnstein), *at the Leopold Museum (WV 59), and* Dürnstein from the Banks of the Danube, *at the State Collections of Lower Austria (WV 60). The other river landscape, considered a counterpart to this work, is presumably the painting known as* Landscape at Maishofen *(WV 63).*

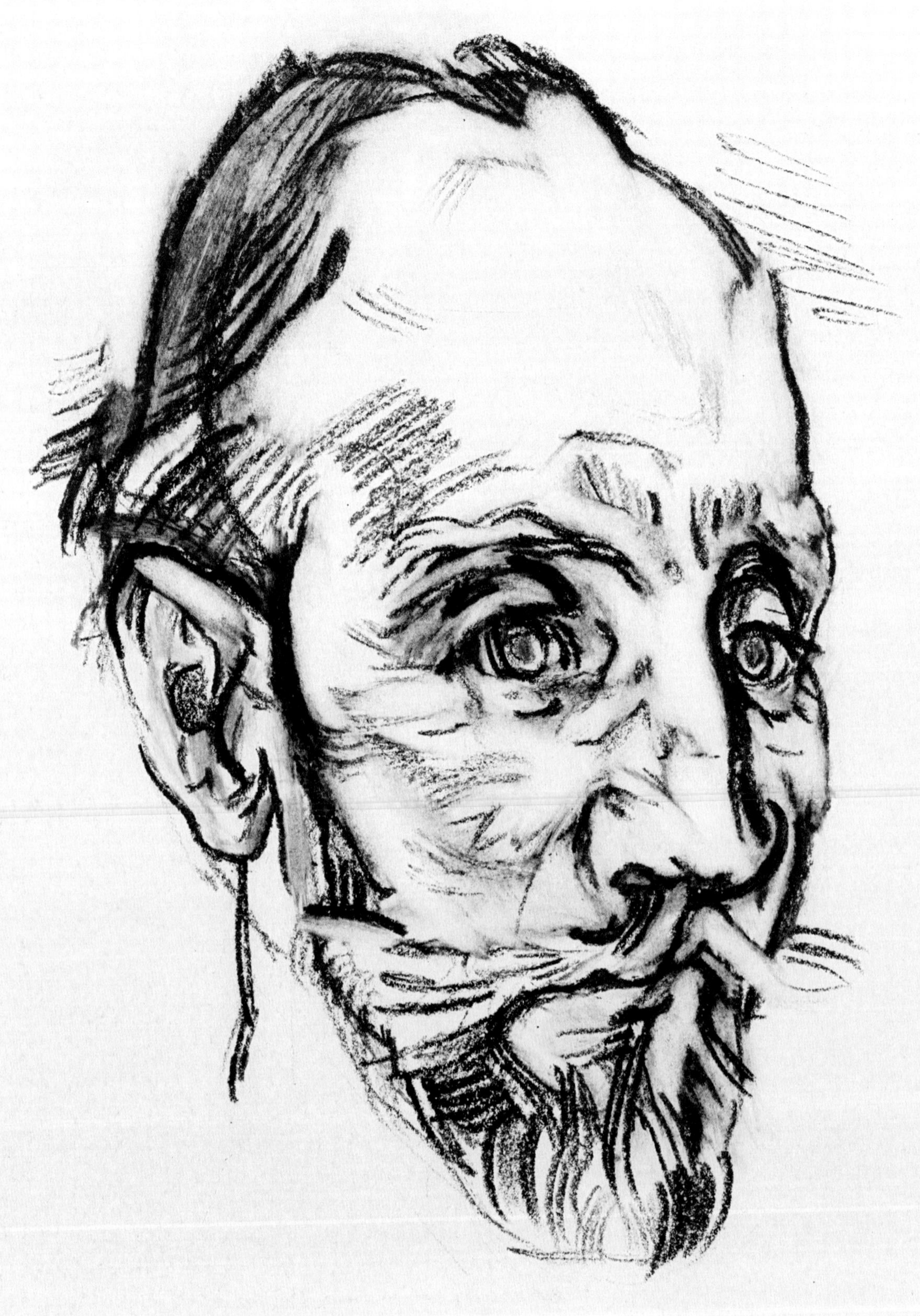

Bernadette Reinhold

Kunstenthusiast und Oberwildling

Franz Hauer und Oskar Kokoschka

> *„In kurzer Zeit hatte er seine weit über hundert Bilder [...] zählende Sammlung zustande gebracht und überraschend schnell den Abstand von Egger-Lienz zu Kokoschka durchmessen [...].“*
> Erica Tietze-Conrat über Franz Hauer, 1920[1]

„Aber den Kokoschka würde ich Ihnen nicht empfehlen, auch ungesehen.“[2] Die Warnung von Albin Egger-Lienz im Februar 1914 galt Franz Hauer, Wirt des legendären Wiener Griechenbeisls, der „nur eine Leidenschaft [hatte]: Bilder, und zwar Bilder aus seiner Zeit“ zu sammeln.[3] Der Ratschlag kam jedoch zwei Jahre zu spät und traf ins Leere, denn Hauers Sammlerinteressen spannten sich von 1909 bis zu seinem frühen Tod 1914 – wie Tietze-Conrat es so treffend charakterisierte – weit. Dem Osttiroler Meister bereitete es offensichtlich Unbehagen, gemeinsam mit dem „Oberwildling“ (Ludwig Hevesi) der Wiener Kunstszene in der Sammlung *seines* Mäzens vertreten zu sein. Dessen unverständliches Engagement konnte und wollte er lediglich als Almosen deuten: „[...] wenn er unter anderem auch Kokoschka kauft, tut er es wohl hauptsächlich darum, um in seiner Sammlung auch solche Dokumente unseres Kunst-Zeitbildes zu haben. Daß er auch der Hypnose der Verkehrtheit nicht ganz verschloßen ist, ist menschlich doch bin ich überzeugt, daß er im Inneren niemals in dem Maaße wie Sie glauben, von dieser Kunst berührt ist. Ich habe Herrn H. schon einigemale wegen der Kokoschkas Vorstellungen gemacht, so unverblümt wie ich es gewöhnt bin, dabei gewann ich den Eindruck, den ich erwartete; nämlich, daß es nicht so ernst gemeint ist. Auch sind die Preiße sicher nicht hoch. Freilich sollte man in Anbetracht so vieler ernster ehrlicher Künstler, einen solchen Humbug auch nicht mit keinem Kreuzer unterstützen.“[4]

Wann und wo Hauer mit der Kunst Oskar Kokoschkas in Berührung kam, liegt im Dunkeln. Aufgrund der Quellen scheint der Sammler über Ausstellungen beziehungsweise den Kunsthandel auf den Künstler aufmerksam geworden zu sein. Der erhaltene Briefwechsel konzentriert sich auf das Jahr 1913, erste Erwerbungen sind aber seit dem

Bernadette Reinhold

Art Enthusiast and Enfant Most Terrible

Franz Hauer and Oskar Kokoschka

> “In a short period of time, he had assembled a collection numbering well over a hundred pictures . . . and crossed, with surprisingly celerity, the gulf between Egger-Lienz and Kokoschka. . . .”
> *Erica Tietze-Conrat on Franz Hauer, 1920*[1]

“By contrast, I wouldn’t recommend the Kokoschka to you, even without having seen it.”[2] Albin Egger-Lienz offered this advice in a letter in February 1914 to Franz Hauer, proprietor of the Griechenbeisl, a legendary restaurant in Vienna, who had “only one passion: collecting pictures, and more specifically, the art of his time.”[3] Yet the warning came two years too late, and in any case the addressee was not inclined to take it to heart—his interests as a collector as they evolved between 1909 and his early death in 1914 were, as Tietze-Conrat aptly noted, wide-ranging. The master from East Tyrol was manifestly discomfited by the notion that his art should share his *patron’s affection with the work of the Viennese art scene’s “enfant most terrible” (Ludwig Hevesi). The most charitable explanation for Hauer’s incomprehensible support for Kokoschka that he could think of was that it was an attempt to keep a struggling talent afloat: “. . . when he buys Kokoschka, among others, then presumably in the main so as to include in his collection even these documents of what is regarded as art in our time. If he is not altogether immune to the hypnotic power of perversity, that is only human; still, I am convinced that this art has never affected him as deeply as you believe. I have remonstrated with Mr. H. in the matter of the Kokoschkas with my wonted bluntness on several occasions, and my impression was what I expected: that he is not altogether very serious about them. What is more, the prices are surely modest. Still, given that there are so many dedicated and honest artists, one should not expend even a penny in support of such humbug.”[4]*

It is difficult to say when and where Hauer first encountered Oskar Kokoschka’s art. The available sources suggest that exhibitions or the art trade brought the artist to his attention. Most of the surviving correspondence between them dates from 1913, but documents show that Hauer started buying

Oskar Kokoschka
Männlicher Porträtkopf (Bildnis Franz Hauer)/*Portrait Head of a Man (Portrait of Franz Hauer)*
Kreidezeichnung/*chalk drawing*, 1914
41,1 × 30,3 cm
Bayerische Staatsgemäldesammlungen – Sammlung Moderne Kunst in der Pinakothek der Moderne München

Frühjahr 1912 nachweisbar. Heute kennt man zehn Gemälde und drei Zeichnungen Kokoschkas, die sich in der Sammlung Hauer befunden haben. Dabei waren alle Genres und Motive aus den Jahren 1911 bis 1914 vertreten – ein Zeitraum, in dem Kokoschkas Arbeiten einem starken stilistischen Wandel unterlagen. Nach dem Tod Hauers wurden die meisten seiner Arbeiten über Carl Moll an den Berliner Galeristen Paul Cassirer verkauft, was der Künstler mit Sorge um seinen Ruf (und seine Preise!) aufnahm: „Über den Bilderkauf meines Freundes Moll bin ich nicht sehr einverstanden. Er hat die mehrmals durchgesichteten Reste eines größeren Bestandes an Bildern von mir von den Erben eines Mannes gekauft, der mich in einer nicht sehr glücklichen künstlerischen Periode schätzen gelernt hatte. […] Übrigens habe ich die Arbeiten schon einige Jahre nicht wieder gesehen, vielleicht wird P.C. sie besser finden, als ich denke."[5] Cassirer war offensichtlich überzeugt und ließ die günstige Preislage im vierten Kriegsjahr 1917 nicht ungenutzt. Viele der Kokoschka-Bilder, die sich in der Sammlung befunden hatten, nahmen teils noch abenteuerliche Stationen: Zwei wurden vor beziehungsweise während des Zweiten Weltkriegs zerstört, viele gelangten nach etlichen Zwischenetappen teils im Kunsthandel in deutsche, wenige in österreichische Museen; ein Porträt wird heute in Tschechien, drei

his work as early as the spring of 1912. We now know of ten paintings and three drawings by the artist that were in Hauer's collection, a set that covered all genres and motifs that appear in the artist's oeuvre between 1911 and 1914—years during which Kokoschka's art underwent substantial stylistic changes. After Hauer's death, most of these works were sold via Carl Moll to the Berlin-based gallery owner Paul Cassirer, leaving Kokoschka concerned for his reputation (and his market standing!): "I am not entirely pleased with my friend Moll's buying these pictures. He has purchased what remained of a larger stock of pictures by me after it had been picked over several times, from the heirs of a man who came to appreciate me during a somewhat unhappy period in my creative development . . . Then again, I haven't seen these works again in some years, maybe P.C. will like them better than I think."[5] Cassirer, for his part, was obviously convinced of their quality and seized the opportunity to buy at affordable prices—this was in 1917, after three years of war. Many of the Kokoschkas that had been in the collection would go on similar journeys, some to far-flung destinations, others ending in destruction: two were lost, one before, the other during World War II, with the rest passing through the hands of several collectors and art dealers before arriving in German or, in a smaller number of cases, Austrian museums.

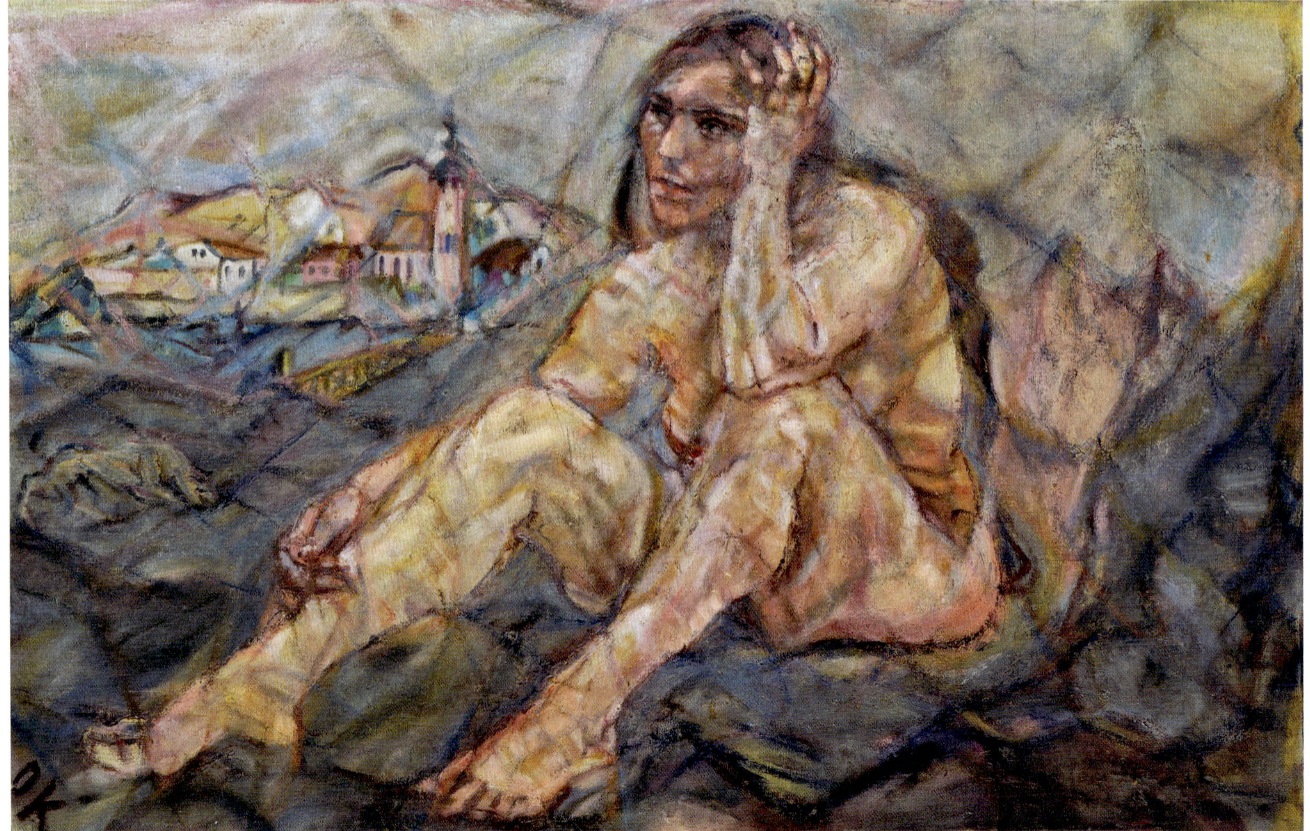

Oskar Kokoschka
Heimsuchung/ *The Visitation*, 1912
Öl auf Leinwand/ *oil on canvas*, 80 × 127 cm
Belvedere, Wien/*Vienna*, 1945 Legat Carl Moll

Bilder werden in bekannten Museen in den USA verwahrt. Bei einigen sind die Provenienzen während der NS-Zeit unklar. Werner J. Schweiger hat 1983 und 1996 grundlegende Forschungs-und Rekonstruktionsarbeit geleistet, die im vorliegenden Ausstellungs- und Forschungsprojekt konsequent vorangetrieben wurde. In Verknüpfung vieler heute bekannter Quellen mit Ergebnissen der jüngeren kritischen Kokoschka-Literatur sollen im Folgenden in loser Chronologie das Verhältnis Kokoschkas zu einem seiner wichtigsten frühen Sammler nachgezeichnet und einzelne Arbeiten in ihrem Entstehungskontext und ihrer kunsthistorischen Relevanz beleuchtet werden.

Im Spiegel alter und moderner Meister

Frühe Kontakte liefen über Moll, der als künstlerischer Leiter der Galerie Miethke und internationaler Kurator tätig war. Er hatte den jungen Kollegen eingeladen, an der *Großen Kunstausstellung* in Dresden (Mai–Oktober 1912) teilzunehmen. Da Kokoschka aufgrund seiner prekären Lage aber keine repräsentative Arbeit zur Verfügung hatte, bestellte offiziell die Galerie ein Gemälde und finanzierte das Modell. In Folge entstand *Heimsuchung*, die „in Wien ein Kunstenthusiast originellster Art" erwarb: Franz Hauer.[6] Die Ikonografie knüpft nicht an christliche Traditionen an, sondern an eine schicksalhafte Heimsuchung wie etwa bei Dürers *Melencolia*: eine nackte Frauenfigur sitzt in wüster Landschaft, durch die ein bei Kokoschka oft Unheil kündender Hund schweift, während im Hintergrund ein weit entrücktes, idyllisches Dorf sichtbar wird. Ähnlich rätselhaft war auch das *Stillleben mit Katze, Hammel und Fisch* (S. 92), das Ende 1911, Anfang 1912 entstand und von Kokoschkas damaligem Berliner Galeristen Herwarth Walden schon im April in Hauers Besitz überging.[7] Eine Katze, beim Künstler oft als ambivalentes Tier präsent, lagert am Bildrand – halb ruhend, halb lauernd, während Hammel, Fisch und Kaninchen eine mehrdeutig (christlich) aufgeladene Symbolik andeuten, die mit einem Reiter vor ferngelegener Ansiedlung zum schwer deutbaren Bildrätsel verschmilzt. Durch die Verlassenschaftsabhandlung samt umfangreichem Gemäldeinventar vom September 1914 weiß man, dass auch das Bild *Verkündigung* im Mai oder Juni 1911 entstanden und im Hauerschen Besitz war.[8] Vor einer in diffus dämmrige Abendstimmung getauchten Stadt erscheinen die an Gian Lorenzo Berninis *Verzückung der hl. Theresa von Avila* (um 1650) erinnernde Figur der Maria und ein entblößter, androgyner Verkündigungs-Genius nahe an den Bildrand gerückt. Ihre pathetischen Gesten

One portrait is now in the Czech Republic; three pictures are in renowned museums in the United States. The provenance of some of the pictures during the Nazi era remains uncertain. In 1983 and 1996, Werner J. Schweiger published the results of seminal scholarship reconstructing these histories that the present exhibition and research project has built on. Synthesizing numerous sources that have come to light with the findings of the more recent critical literature on Kokoschka, the following discussion will attempt to sketch a chronology of Kokoschka's relationship with one of his most important early collectors and shed light on selected works and their contexts of origin and art-historical relevance.

Through the lens of masters old and modern

Early contacts between the two were brokered by Moll, who served as artistic director of the Galerie Miethke and was active as a curator on the international scene. He had invited his young colleague to contribute to the Große Kunstausstellung *in Dresden (May–October 1912). Kokoschka, however, was in dire financial straits and did not have a representative work ready, so the gallery officially commissioned a painting and paid for the model. The result was* The Visitation, *which sold to "a most original art enthusiast in Vienna": Franz Hauer.*[6] *The work's iconography derives not from Christian traditions but rather from depictions of portentous visitations such as Dürer's* Melencolia: *a seated female nude appears in a barren landscape prowled by a dog, often an ominous motif in Kokoschka, while an idyllic village can be glimpsed in the far distance. A similar air of mystery surrounds the* Still Life with Cat, Lamb and Fish *(p. 92), which was painted in late 1911 or early 1912 and sold to Hauer by Herwarth Walden, whose gallery represented Kokoschka in Berlin at the time, as early as April of that year.*[7] *The cat, generally an ambivalent animal in the painter's work, is stretched out along the edge of the picture, half resting, half lying in ambush, while the lamb and fish as well as a rabbit hint at a polysemous (Christian) symbolism; together with the rider on horseback before a distant cluster of houses, it all makes for a visual puzzle that is hard to dechiper. Thanks to the estate settlement for Hauer, which includes an extensive inventory of the painting collection drawn up in September 1914, we know that* The Annunciation, *created in May or June 1911, was in his collection as well.*[8] *A town bathed in hazy evening light forms the backdrop for a Virgin Mary that is reminiscent of Gian Lorenzo Bernini's* Ecstasy of Saint Teresa of Ávila *(ca. 1650) and a naked androgynous genius of Annunciation. Brought*

künden von höchster Erregung und verwandeln die biblische Erzählung in eine enigmatische Szene.

Kokoschkas Auseinandersetzung mit alten Meistern, insbesondere mit der Kunst El Grecos, war in dieser Zeit von großer Bedeutung.[9] Letzterer erfuhr zwischen 1910 und 1912 eine Wiederentdeckung durch Kunsthistoriker und Künstler. Neben mystisch-okkulten, religiös-spiritistischen Affinitäten in europäischen Avantgardekreisen war es El Grecos „ausdrucksteigernde Visualisierung seelischer Phänomene und Befindlichkeiten", die bei den jungen Expressionisten auf fruchtbaren Boden fiel.[10] Gelängte, in exaltierten Körperhaltungen verschraubte Figuren, die psychische Bewegtheit ins Bild brachten, sowie einzelne Motive wie am (nächtlich) getrübten Horizont inszenierte Stadtsilhouetten, zählen ebenso dazu, wie die zwischen höchster Intensität und fahler Grauabstufung gesetzten Farben: „Oskar Kokoschka hat etwas Straßenstaub mitgebracht, den er für ein Kolossalgemälde braucht", ätzte Walden über die omnipräsente El Greco-Manie.[11]

Doch auch zeitnahe Impulse finden sich in Kokoschkas Bildern und somit in der Sammlung Hauer. Im Juli 1913 schilderte der Maler Anton Peschka seinem späteren Schwager Egon Schiele seine Eindrücke vom Besuch in Hauers Galerie in der Silbergasse: „Auch Faistauer, Schütt, Andersen und Kokoschka! Kokoschka bildet sich im Französischen aus gemischt mit ‚stramm Berlinerisch futuristisch'. ‚2 Akte'."[12] Ein Jahr zuvor hatte der Künstler in einem Brief an Alma Mahler von einem „Antrag auf das große Bild mit den zwei Akten" berichtet, hinter dem Hauers Kaufinteresse an *Doppelakt: Zwei Frauen* zu vermuten ist.[13] Die Entstehung des Gemäldes geht auf die Zeit *vor* der Beziehung mit Gustav Mahlers Witwe zurück, mit der er ab April 1912 in einer Amour fou

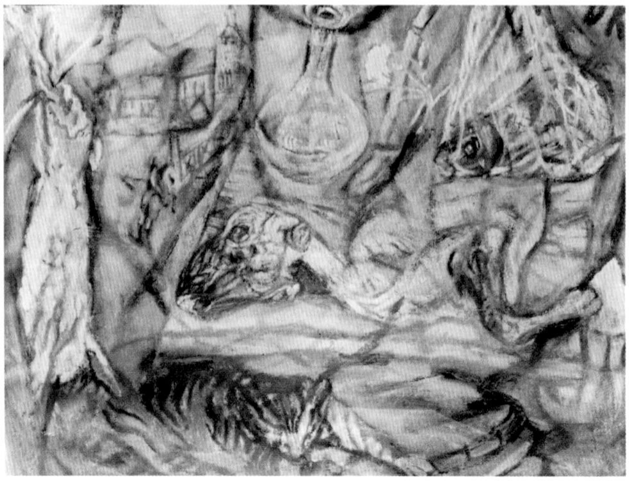

Oskar Kokoschka Stillleben mit Katze, Hammel und Fisch/ *Still Life with Cat, Lamb and Fish*, 1911/12 Öl auf Leinwand/*oil on canvas*

up close, the figures convey their profound agitation with impassioned gestures that transmute the biblical plot into an enigmatic scene.

Kokoschka's work from this period is recognizably informed by his study of Old Master art, and of the work of El Greco in particular.[9] Between 1910 and 1912, the latter was being rediscovered by art historians and artists. The European avant-gardes were drawn to him because of their general affinity for the mystical and occult, for religious experience and spiritism. More specifically, El Greco's "intensely expressive visualization of psychological phenomena and states of mind" appealed to the young Expressionists.[10] They imitated his elongated bodies, figures contorted in exalted postures, and selected motifs such as the silhouettes of towns looming on murky (nocturnal) horizons as well as his palette ranging from the lushest colors to gradations of pallid grays. As Walden once caustically quipped about the ubiquitous mania for El Greco: "Oskar Kokoschka has brought some road dust he needs for a colossal painting."[11]

Yet much more recent impulses, too, found their way into Kokoschka's art and thus into Hauer's collection. In July 1913, the painter Anton Peschka, writing to his future brother-in-law Egon Schiele, described his impressions of a visit to Hauer's gallery on Silbergasse: "Faistauer, Schütt, Andersen, and Kokoschka are there as well! Kokoschka shows some French influence combined with 'bold Berlin futurism.' '2 Nudes.'"[12] A year earlier, Kokoschka had mentioned an "overture concerning the large picture with the two nudes" in a letter to Alma Mahler, likely referring to Hauer's interest in buying Double Nude: Two Women.*[13] The painting's origins go back to before the artist's torrid affair with Gustav Mahler's widow, for whom he conceived an amour fou in April 1912. The model who appears in twofold interpretation was probably Elsa Romanic, an assistant to the Viennese art history professor Max Dvořák; she was a member of Kokoschka's circle of friends around 1911/12 and sat for several portraits.[14] The flesh tones are almost translucent; the composition appears fractured along the lines of a web spanning the picture, as seen through a set of prisms, making it difficult to read some of the figurative elements and motifs such as the Venus shell and various animal creatures. Cubist and Futurist works that the artist had seen in exhibitions in Vienna and Berlin no doubt provided inspiration for this work[15] as well as for* Alpine Landscape, Mürren, *created on a trip to Switzerland with Alma in August 1912 and subsequently acquired by Hauer. Anton Faistauer's book* Neue Malerei in Österreich *(1923) is a vital source for the reconstruction of the Kokoschka ensemble*

verbunden war. Als zweifach interpretiertes Modell fungierte wohl Elsa Romanic, eine Mitarbeiterin des Wiener Kunstgeschichte-Ordinarius Max Dvořák, die um 1911/12 zu Kokoschkas Freundeskreis zählte und öfters porträtiert wurde.[14] Das Inkarnat wirkt transluzid, das Bild wie durch ein Netz prismatisch zerlegt, in Auflösung begriffen. Dadurch wird die Lesbarkeit einzelner Bildfiguren und -motive, wie die Venusmuschel und diverse Tierwesen, erschwert. Zweifellos waren kubistische und futuristische Arbeiten in Ausstellungen in Wien und Berlin eine Inspirationsquelle.[15] Das war auch bei der *Alpenlandschaft bei Mürren* der Fall, die im August 1912 auf einer Reise mit Alma in die Schweiz entstanden und in Hauers Sammlung gelangt war. Anton Faistauers Buch *Neue Malerei in Österreich* (1923) ist bei der Rekonstruktion der Kokoschka-Bestände in der Sammlung Hauer eine wichtige Quelle. Trotz größter Wertschätzung bleiben Kokoschkas stilistische Volten nicht ohne Kritik: „Die Zeit bis 1913 war dem Suchen geweiht. [...] Das Erlebnis der Gasse leitet er durch die Säle der Museen und speicherte Gesichte und Ausdrucksformen in sich auf. [...] Seine schwerste Krise fällt in das Jahr 1914. In dieser Zeit packt ihn der Modernismus. Fast sämtliche Bilder aus dieser Zeit: der Doppelakt, Porträt Ehrenstein, ein paar Selbstbildnisse, die Neapler Landschaft, tragen Zeichen kubistisch-futuristischer Infektion. Ihre Farbe ist schillernd, ohne Kraft, opalisierend süßlich. Der Stoff ist sentimental, ohne Tragkraft. [...] Ein Herrenporträt – ‚Franz Hauer', der übrigens diese Bilderreihe zuerst erwarb – [...] beharr[t] allein in alter Kraft."[16]

„... das Sie in Wien zu meinem Vorkämpfer macht"

Die „Säle der Museen", eine Italienreise mit Alma Mahler im Frühjahr 1913 und die intensive Auseinandersetzung mit venezianischer und neapolitanischer Malerei fanden nachhaltigen künstlerischen Niederschlag. In dieser Zeit setzt auch die bekannte Korrespondenz Kokoschkas mit Hauer ein, die sich im Sommer und Herbst verdichtet und etliche Bitten um finanzielle Unterstützung, Vorschüsse und Kaufangebote beinhaltet. Wenn sie auch nur einseitig erhalten ist, so wird Hauers bedingungsloses Interesse und eine zumindest künstlerisch enge Vertrautheit evident.[17] Nach Venedig und Rom waren Alma und der Künstler nach Neapel gereist, wo das bei Faistauer erwähnte Bild *Neapel bei Sturm* entstand.[18] Hauer hatte sich bei einem der häufigen Atelierbesuche sofort für das Bild begeistert, das der Künstler aber notgedrungen an einen schnelleren Interessenten verkaufte. Wenig später klärten sich die

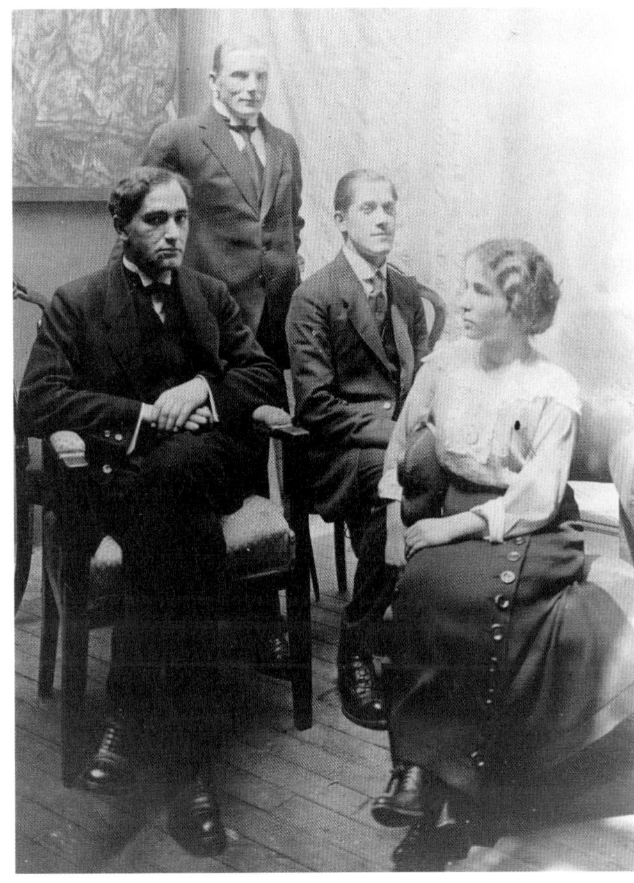

Oskar Kokoschka mit Alexis Gustaf Maximilian af Enehjelm (stehend), dem Schriftsteller Emil Alphons Rheinhardt und Elsa Romanic [?], im Hintergrund Stillleben mit Katze, Hammel und Fisch/*Oskar Kokoschka with Alexis Gustaf Maximilian af Enehjelm (standing), the writer Emil Alphons Rheinhardt, and Elsa Romanic [?]; in the background Still Life with Cat, Lamb and Fish*, 1912
Foto auf Karton geklebt/*photo glued to cardboard*, 24 × 18 cm
Universität für angewandte Kunst Wien/*University of Applied Arts Vienna*, Oskar Kokoschka-Zentrum

in Hauer's collection. Although Faistauer held the artist in high esteem, he was hardly uncritical of the stranger twists in his stylistic evolution: "The years until 1913 were dedicated to exploration . . . Channeling what he experienced in the streets through the museum halls, he treasured up faces and forms of expression within himself. . . . His most severe crisis occurred in 1914, when he was in the thrall of modernism. Almost all pictures from this period—the double nude, the portrait of Ehrenstein, several self-portraits, the Neapolitan landscape—bear signs of Cubist-Futurist infection. Their color is redolent, anemic, opalescent, saccharine. The subjects are sentimental, insubstantial. . . . Only a portrait of a gentleman—'Franz Hauer,' who, as it happens, first acquired this series of pictures—. . . has stood the test of time as a token of the artist's erstwhile vigor."[16]

". . . that make you my champion in Vienna"

The "museum halls"—a trip to Italy with Alma Mahler in the spring of 1913 and the close study of Venetian and Neapolitan painting—had a sustained effect on Kokoschka's work. It is also from this time that his first extant letters to Hauer date; their correspondence grew more frequent over the summer and fall as they exchanged numerous pleas for financial support and

Umstände – Moll, zugleich Almas Stiefvater, hatte über einen Strohmann das Bild erworben und damit Hauer ungewollt verstimmt: „Ich hörte von Freund Kokoschka, dass Sie sein neues Bild Adam + Eva gekauft haben, aber sehr böse waren, dass er seine schöne Landschaft aus Neapel Ihnen nicht reserviert hatte.“[19] In Folge arrangierte er einen fingierten Weiterverkauf, der letztlich Hauers Besitzwunsch erfüllte. Kokoschka sollte von dem Handel nichts erfahren und versuchte auf seine Weise den Sammler zu versöhnen. Dabei wird klar, wie zentral und singulär Hauer für ihn als konsequenter Förderer war: „Sehr geehrter Herr Hauer, ich bin sehr betrübt, daß [Sie] mir übelgenommen haben, wenn ich mein Bild vor Ihrem Besuch verkauft habe. Ich konnte nicht mehr warten, weil ich ohne Geld war, ganz abgebrannt, und nicht sicher rechnen konnte, ob Sie mein Bild ankaufen. [...] Ich hoffe[,] Sie würdigen meine Entschuldigung und bewahren meinen Bildern das Interesse und Verständnis, das Sie in Wien zu meinem Vorkämpfer macht, der auch mit seinem Vermögen seine Überzeugung bekräftigt. Ihr Typus ist in Wien für mich sehr vereinzelt, es kommen aus Amerika, Frankreich, Deutschland viele Leute zu mir, aus

advances and bids for pictures. Unfortunately, Hauer's replies have not survived, but his genuine interest in and unreserved embrace of Kokoschka, or at least of his creative aspirations, is evident.[17] *After seeing Venice and Rome, the artist and Alma had traveled to Naples, where he painted the picture* Naples in a Storm *mentioned by Faistauer.*[18] *Hauer took an enthusiastic liking to the work when he first saw it during one of his frequent visits to the studio, but Kokoschka, who was perpetually pressed for money, sold it to a faster bidder. It soon came to light that Moll, who was also Alma's stepfather, had bought the painting through a front man, inadvertently upsetting Hauer: "I've heard from my friend Kokoschka that you've purchased his new picture Adam + Eve but were very angry that he didn't reserve his beautiful landscape from Naples for you."*[19] *He then arranged for a fictitious resale so that Hauer was able to add the coveted piece to his collection after all. Kokoschka, who was to be kept in the dark about the deal, for his part sought to regain his good graces with the collector. The letters reveal the central and singular role that Hauer played for him as a dependable patron: "Dear Mr. Hauer, I am quite distressed that [you] hold it against me that I sold my picture before your*

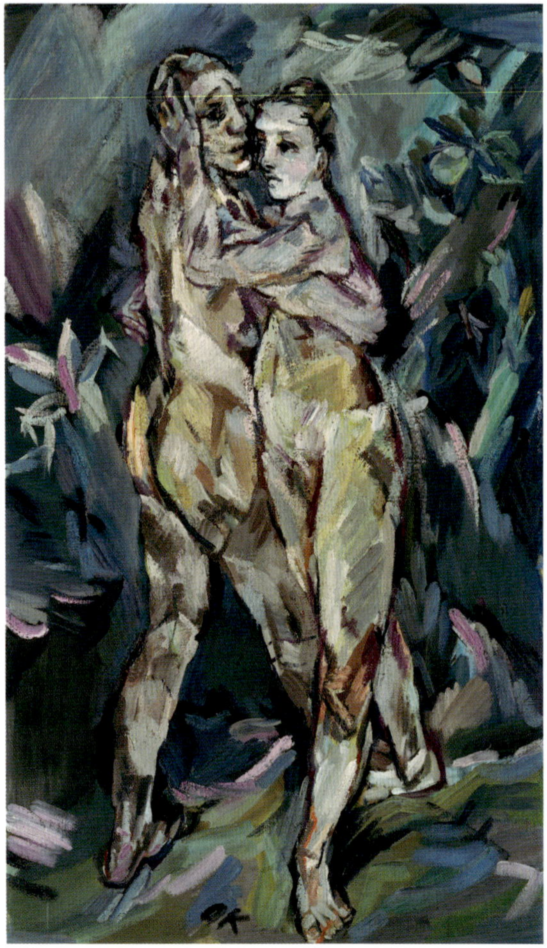

Oskar Kokoschka Doppelakt: Liebespaar/ *Two Nudes (Lovers)*, 1913 Öl auf Leinwand/ *oil on canvas*, 163,2 × 97,5 cm Museum of Fine Arts, Boston, Bequest of Sarah Reed Platt

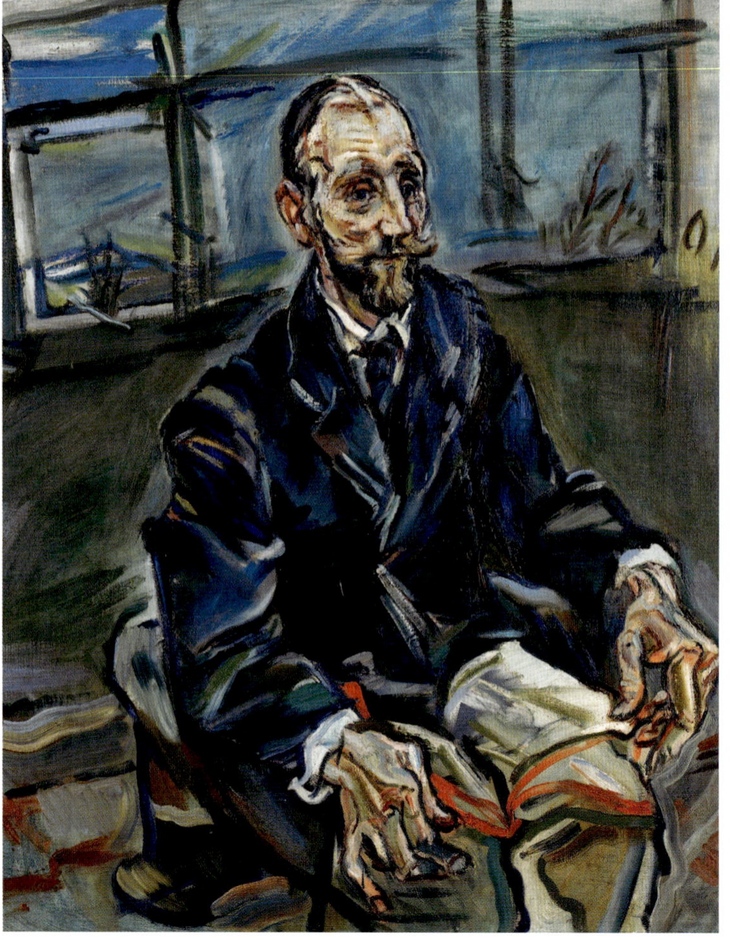

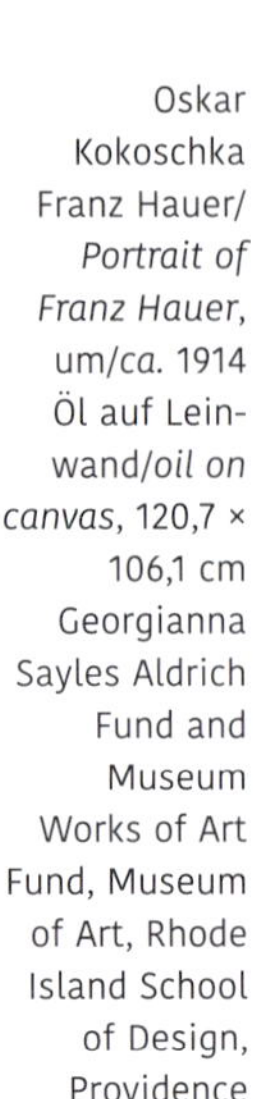

Oskar Kokoschka Franz Hauer/ *Portrait of Franz Hauer*, um/*ca.* 1914 Öl auf Leinwand/*oil on canvas*, 120,7 × 106,1 cm Georgianna Sayles Aldrich Fund and Museum Works of Art Fund, Museum of Art, Rhode Island School of Design, Providence

Wien sehr selten. Deshalb liegt mir sehr viel daran[,] Sie zu versöhnen und ich lade Sie höflichst ein, mich am Ende der Woche nochmals zu besuchen, um die 2 Figuren (Adam u. Eva) in ihrer Vollendung zu sehen. Sollte Ihr Wohlwollen und Ihre Verliebtheit in meine Bilder wieder zurückgekehrt sein und Sie das Bild, das besser ist an Qualität wie die Landschaft, weil es monumentaler ist, erwerben wollen[,] so würde es mir eine große Freude sein, meinen Stock von guten Arbeiten bei Ihnen wieder um eines vermehrt zu haben. Mit besten Grüßen Ihr Oskar Kokoschka."[20]

Hinter dem erwähnten Gemälde *Adam und Eva* verbarg sich eines der Hauptwerke des Künstlers, nämlich *Doppelakt: Liebespaar* (S. 94), das – wie bislang nur vermutet – also noch vor dem bekannten Sammler Oskar Reichel in Hauers Erstbesitz gewesen war. In der Verlassenschaftsabhandlung von 1914 ist es als *Akt tanzendes Paar* bezeichnet und geht auf Bewegungsstudien zurück, die Kokoschka als Assistent der Aktklasse an der Kunstgewerbeschule anstellte.[21] Doch der Tanzschritt entpuppt sich bei näherer Betrachtung als sperrige Verschränkung, der biblische Titel verweist auf den selbst erfahrenen Sündenfall: Evas gekreuzte Beine, seit dem Mittelalter Sinnbild der Unkeuschheit, entsprachen Kokoschkas Angst vor Almas Untreue. Hauer muss die Intensität der Paardarstellung fasziniert haben. Denn auch zwei Kreidezeichnungen aus seinem Besitz nehmen darauf Bezug: *Begegnung* und *Alma Mahler mit Kind und Tod*, eine Reflexion der für den Künstler traumatischen (ersten) Abtreibung Almas im Oktober 1912.

Seine Farbpalette hatte unübersehbare Impulse der venezianischen Malerei aufgenommen, die schon vor seiner Venedig-Reise speziell am Werk Jacopo Tintorettos festzumachen sind.[22] Diese Tendenz wirkt weit in das Jahr 1914 hinein, auch wenn sich der Malduktus wieder beruhigte und die Kompositionen respektive Porträtierten oft vor dunklen oder stärker neutralisierten Raumfolien platziert sind. Dazu zählt auch das Bildnis des Dichterfreundes *Albert Ehrenstein*, der Ende März 1914 „zum petrifizieren [sic]. (Im schwarzen Kleid, nach Sterbevorschrift.)" ins Atelier eingeladen wurde.[23] Das Bild wurde im April des Jahres, noch bevor der Porträtierte die Chance dazu hatte, an Hauer verkauft.[24]

Der Sammler mit dem „merkwürdigen Blick für Qualität"

Wenige Monate vor seinem überraschenden Tod erwarb Hauer noch zwei Bilder, die den Sammler persönlich

visit. I couldn't wait any longer because I had no money—I was flat broke—and didn't know for sure whether you would buy my picture. . . . I hope you will accept my apologies and continue to consider my work with the interest and appreciation that make you my champion in Vienna, and a champion, moreover, who backs up his conviction with his wealth. There are very few men of your kind in Vienna for me; I have many visitors from America, France, Germany, but hardly at all from Vienna. That is why I am anxious to appease you and politely invite you to visit me again at the end of this week to see the 2 figures (Adam and Eve) completed. If your sympathy and your infatuation with my pictures have reawakened and you wish to acquire the picture, which is qualitatively superior to the landscape because it is more monumental, I will be most delighted to have added another piece to your stock of good works by me. With best regards, your Oskar Kokoschka."[20]

The painting of Adam and Eve *mentioned in the letter is actually one of the artist's masterpieces, now known as* Two Nudes (Lovers) *(p. 94); the documentary record proves that, as art historians have conjectured, it was sold by the artist to Hauer before entering the possession of the well-known collector Oskar Reichel. The 1914 estate settlement for Hauer lists it as* Nude: Dancing Couple, *and it indeed grew out of motion studies Kokoschka had conducted as an assistant in the nude drawing class at the Kunstgewerbeschule.*[21] *Upon closer inspection, however, the two figures are engaged not so much in a pas de deux as in an awkwardly posed entanglement of limbs, and the biblical title refers to the descent into sin as reflected in the artist's own experience: Eva's crossed legs, a symbol of sexual incontinence since the Middle Ages, denote Kokoschka's fear that Alma was unfaithful to him. Hauer must have been fascinated by the intensity of the double portrait, as he also purchased two related chalk drawings:* Encounter *and* Alma Mahler with Child and Death, *an expression of the artist's trauma over Alma's decision to get an abortion (her first) in October 1912.*

The palette is unmistakably informed by the inspiration he had found in Venetian painting, and especially in the work of Jacopo Tintoretto, even before the trip to Venice.[22] *The same tendency remains recognizable well into 1914, although the brushwork in the paintings from that year is no longer quite so agitated and the compositions or sitters are often placed before dark or more fully neutralized backdrop sceneries. One example is the portrait of* Albert Ehrenstein, *a poet and friend of the artist, whom he invited to his studio in late March 1914 "for petrifaction. (In black attire, as per regulation for the*

ansprachen. Dazu zählt zweifellos sein Bildnis, das auf Kokoschkas Initiative zurückging. Letzterer schrieb im Herbst 1913: „Sehr geehrter Herr Hauer. Ich möchte sehr gerne ein Portrait von Ihnen machen, für mich oder Sie, wie Sie wollen, weil ich schon lange dazu die Absicht habe […].“[25] So entstanden im Oktober und November eine Zeichnung und ein Gemälde, das auf berührend-verstörende Weise die durchaus ambivalente Persönlichkeit Hauers ins Bild bringt (S. 94).[26] Letzteres gelangte nach etlichen Stationen ins Kunstmuseum Düsseldorf, wo es aber 1937 als „entartet“ aus dem Bestand entfernt wurde. Heute befindet es sich im Museum of Art der Rhode Island School of Design und war 1953 wohl auf Empfehlung des dortigen Kurators, des aus Wien vor den Nazis geflüchteten Kunsthistorikers Heinrich Schwarz, erworben worden. Der Sammler sitzt vor großflächig gemaltem Fenster und erinnert an van Goghs Porträts, etwa das Porträt von Joseph Roulin (1888), aber einmal mehr auch an die alten venezianischen Farbvirtuosen. Auffällig ist, dass Hauer, damals 46 Jahre alt, als alter Mann dargestellt erscheint: Ein – wie Schwarz in seiner sensiblen Beschreibung festhält – gütig, feinfühlig, fast scheu und verträumt blickender Mann, der in seinem zu großen Jackett etwas verloren und unsicher wirkt und so gar nicht den Vorstellungen eines vielbeschäftigten Geschäftsmanns entspricht.[27] Der schmale, durch die Pinselstruktur mehr modellierte als gemalte Kopf ist ähnlich gestaltet wie die großen, wurzelartigen Hände, die in einem Buch, vielleicht ein Kunst- oder Auktionskatalog, blättern, dessen rot herausleuchtende Seitenränder wie darüber hinaus wirkende Kraftlinien erscheinen.

Noch im Erwerbungsjahr fragte Schwarz nach den Umständen und der dargestellten Person und erhielt eine im Umgang mit Fakten elastische Antwort vom Künstler: Hauer sei ursprünglich Knecht im Griechenbeisl gewesen, bevor er die Wirtswitwe heiratete, sei lungenkrank von der schweren Arbeit in der Jugend gewesen und fand „in Kunst Erholung und Inspiration“ mit einem „merkwürdigen Blick für Qualität, dank seiner Unverdorbenheit […]“.[28] Fälschlich nannte er Adolf Loos als Berater, stellte aber fest: „[…] mir hat er [Hauer] in den ersten Jahren, als ich noch unbekannt, höchstens ein wenig berüchtigt, mit ein paar Bildern, die er von mir erworben hat, den Weg nach Berlin geöffnet […]“, womit er vor allem die Verkäufe an Cassirer nach Hauers Tod

dying.)”.[23] Without giving the sitter so much as an opportunity to buy it, Kokoschka sold it to Hauer in April of the same year.[24]

The collector with the “peculiar eye for quality”

Only months before his unexpected death, Hauer purchased two more pictures that spoke to him on a personal level. That was certainly the case with his own portrait, created at the initiative of Kokoschka, who wrote in the fall of 1913: “Dear Mr. Hauer. I would very much like to paint your portrait, for myself or for you, as you wish, because I have been meaning to do so for a long time. . . .”[25] In October and November, Hauer sat for a drawing and a painting. The latter, a touching and vaguely unsettling rendition that captures his personality in all its ambivalence, (p. 94)[26] passed through several hands before entering the collection of the Kunstmuseum Düsseldorf, where it was culled as “degenerate” in 1937; it is now at the Rhode Island School of Design Museum, which acquired it in 1953, presumably at the recommendation of the curator Heinrich Schwarz, an art historian who had escaped Nazi-era Vienna. The collector is seen sitting before a large window in a composition that is reminiscent of portraits by Van Gogh such as that of Joseph Roulin (1888), but also once again recalls the virtuoso use of color in the Venetian Old Masters. Strikingly, although Hauer is just forty-six he is depicted as an old man: wearing an expression of kindness and tender emotion, of almost bashful and dreamy abstraction, as Schwarz puts it in a sensitive description of the work, he looks a little lost and anxious in his oversized jacket and not at all like the tireless businessman one might have imagined.[27] The narrow head, not so much painted as modeled in brushwork, finds a visual echo in the large hands; the gnarled fingers thumb the pages of a book, perhaps an art or auction catalogue, whose bright red edges suggest a force field transcending the object’s physical reality.

Schwarz contacted the artist the same year his museum bought the work with inquiries concerning the circumstances of its creation and the person of the sitter. In his reply, Kokoschka took some liberty with the facts: he wrote that Hauer had been a menial at the Griechenbeisl before marrying the proprietor’s widow and that hard work in his youth had left him with ailing lungs. He had found “recreation and inspiration in art,” where he had been gifted with a “peculiar eye for quality thanks to his ingenuousness. . . .”[28] Mistakenly identifying Adolf Loos as a consultant to the collector, the artist also noted, with reference primarily to the works that were sold to Cassirer after Hauer’s death: “. . . in my early years, when I was fameless or at most

meinte. „Friede seiner Asche, er war einer der letzten großen und echten Wiener mit Kultur [...].“

Kurz vor seinem Tod kaufte Hauer noch ein Bild, das zu den wohl bedeutendsten Kinderbildnissen überhaupt zählt. In einer dunklen, unklaren Raumsituation befinden sich die titelgebenden *Bruder und Schwester/Geschwister*.[29] Im Mai 1914 hatte Kokoschka berichtet, dass er „ein großes Bild mit zwei Knaben“ beginnen werde – letztlich saß ihm aber auch ein Mädchen Modell.[30] Ihre gespensterbleichen Gesichter wirken müde und traurig, den dunklen, kragenlosen Kleidern sind sie offensichtlich entwachsen; jegliche kindliche Bewegungslust ist erlahmt, die Körperhaltung gedrückt, die Hände erscheinen groß und sonderbar verkrampft, schwer am Schoß liegend. Trotz des dunklen Grundtons ist das Bild reich an intensiv leuchtenden, neapolitanisch-venezianisch inspirierten Farbpartien. Für Hauer war es in seiner Kokoschka-Serie bestimmt ein Höhepunkt – rein malerisch betrachtet, aber auch thematisch, führte es den Sammler und Selfmademan doch zurück in seine eigene, schwere Kindheit, die er mit 15 größtenteils jung verstorbenen Geschwistern teilte. Als er das Kinderbildnis erwarb, waren Hauers Tage schon gezählt – mit seinem Tod verlor nicht nur Kokoschka einen außergewöhnlichen Förderer und Sammler.

a little infamous, he [Hauer] opened doors in Berlin for me with a few of my pictures he bought. . . . Peace to his ashes, he was one of the last great and true Viennese men of culture. . . .”

Shortly before his death, Hauer bought one last picture that arguably ranks among the finest children's portraits ever painted. The titular Brother and Sister/Siblings *are seated in a dark setting whose character remains obscure.*[29] *In May 1914, Kokoschka had told Alma that he was about to begin work on “a large picture with two boys”—in the end, a girl sat for him as well.*[30] *The children's ghostly pale faces look tired and dejected; stuck in dark collarless dresses they have evidently grown out of, their bodies seem drained of all childlike sprightliness, their postures oppressed, the hands large and strangely tense resting heavily in their laps. Despite the preponderance of dark tones, the picture abounds with intensely luminous colors inspired by the Neapolitans and Venetians. In Hauer's eyes, the work was surely a highlight in his Kokoschka series—in purely painterly terms, but also thematically speaking, as it transported the collector and self-made man back to his own difficult childhood with fifteen siblings, most of whom died young. When he acquired the portrait of two children, his days were already numbered. His death came as a harsh blow to Kokoschka; like other artists, he lost an extraordinary patron and collector.*

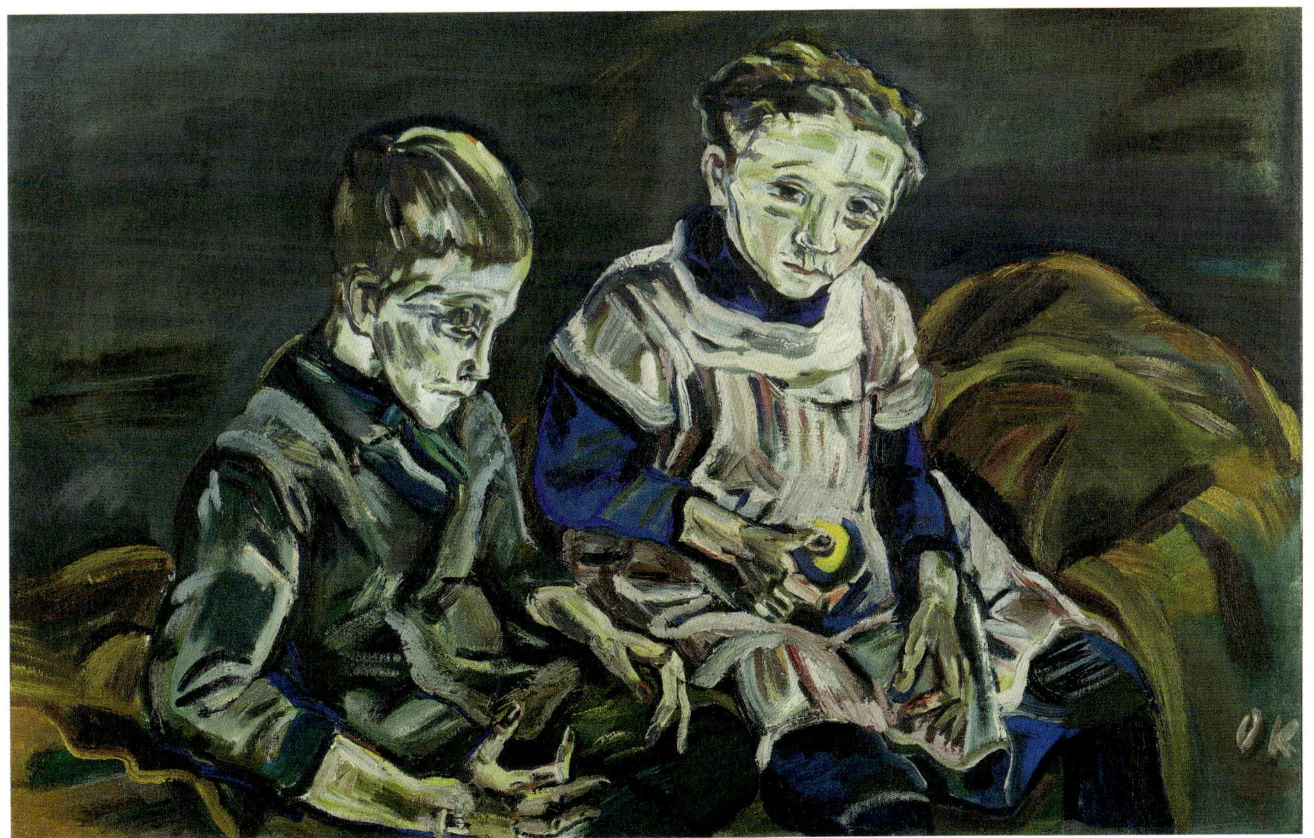

Oskar Kokoschka
Bruder und Schwester/Geschwister/*Brother and Sister/Siblings*, 1914
Öl auf Leinwand/*oil on canvas*, 79 × 120 cm
Leopold-Hoesch-Museum & Papiermuseum Düren

1 Erica Tietze-Conrat, „Eine Egger-Lienz-Ausstellung“, in: *Kunstchronik und Kunstmarkt*, Nr. 27 (02.04.1920), S. 545, zit. nach Werner J. Schweiger, „Ein Kunstenthusiast originellster Art“, in: Amt der Niederösterreichischen Landesregierung (Hg.), *Künstler (Sammler) Mäzene. Porträt der Familie Hauer*, Katalog zur gleichnamigen Ausstellung der Kunsthalle Krems, Krems 1996, S. 20.

2 Albin Egger-Lienz an Franz Hauer, St. Justina, 02.02.1914 (Leopold Museum, Inv.-Nr. 5532).

3 Carl Moll, „Aus den Hinterlassenschaften des Wiener Malers Carl Moll. 1861–1945“, in: *Die Schönen Künste*, Nr. 1 (1947), S. 48.

4 Albin Egger-Lienz an Heinrich Krause, St. Justina, 08.11.1913, zit. nach Wilfried Kirschl, *Albin Egger-Lienz. 1868–1926. Das Gesamtwerk*, Bd. I und II, Wien/München 1996, S. 150. Kokoschka hatte im Vergleich zu Schiele stets hohe Preise, vgl. Werner J. Schweiger, *Der junge Kokoschka. Leben und Werk 1904–1914*, Wien/Salzburg 1983, S. 142–144.

5 Oskar Kokoschka an Leo Kestenberg, Dresden, 31.03.1917, zit. nach Schweiger 1996, S. 31. – Die Ankaufs- und Verkaufsbücher 1903–1919 und die Protokollkataloge der Auktionen bei Cassirer 1916–1936 (heute Archiv der Galerie Walter Feilchenfeldt, Zürich) geben Auskunft über diese Erwerbungen.

6 Moll 1947, S. 48; hier fälschlich als *Empfängnis* bezeichnet.

7 Das Bild verbrannte im Zweiten Weltkrieg in Düsseldorf, vgl. Johann Winkler/Katharina Erling, *Oskar Kokoschka. Die Gemälde. 1906–1929*, Salzburg 1995, WE 76, S. 44–45. Auch als „Jagdstilleben“ geführt, vgl. Nr. 74, Hauptinventur, Verlassenschaftsabhandlung Franz Hauer, Gastwirt, verstorben 05.06.1914 in Wien, WStLA, Bezirksgericht Döbling, A5: I P 98/1914 (im Folgenden: Verlassenschaftsabhandlung). Mein Dank gilt Alexandra Sattler für ihre weitreichenden Recherchen zu Hauer.

8 Verlassenschaftsabhandlung, Nr. 62; Winkler/Erling 1995, WE 68, S. 40–41.

9 Vgl. Annette Windisch, *Oskar Kokoschka und die alten Meister: theoretische und künstlerische Auseinandersetzung mit der europäischen Kunsttradition*, Diss. Universität Neuchâtel 2013.

10 Veronika Schroeder, „‚Wir können Formen nur solange verstehen als wir ihrer bedürfen.‘ El Greco im Blick junger Expressionisten“, in: Beat Wismer/Michael Scholz-Hänsel (Hg.), *El Greco und die Moderne*, Ausst.-Kat. Museum Kunstpalast Düsseldorf, Ostfildern 2012, S. 242.

11 Ebd., S. 220.

12 Anton Peschka an Egon Schiele, Wien, 22.07.1913 (Egon Schiele Datenbank der Autographen, ID 659; Albertina, Inv.-Nr. ESA 174).

13 Oskar Kokoschka an Alma Mahler, Semmering, 20.07.1912, in: Olda Kokoschka/Heinz Spielmann (Hg.), *Oskar Kokoschka. Briefe I (1905–1919)*, Düsseldorf 1984, S. 50; Winkler/Erling 1995, WE 80, S. 47.

14 Vgl. *Sposalizio* (1912) gemeinsam mit E. A. Rheinhardt (WE 79) oder in Zeichnungen, vgl. Alice Strobel/Alfred Weidinger, *Oskar Kokoschka. Die Zeichnungen und Aquarelle 1897–1916*, Salzburg 2008, Nr. 391–392, S. 280–281.

15 Vgl. Agnes Husslein-Arco/Alfred Weidinger (Hg.), *Kokoschka. Träumender Knabe – Enfant terrible*, Ausst.-Kat. Belvedere, Wien 2008, S. 206.

16 Anton Faistauer, *Neue Malerei in Österreich. Betrachtungen eines Malers*, Zürich/Leipzig/Wien 1923, S. 76–77.

17 Briefe von Kokoschka an Hauer, vgl. auch Schweiger 1996, v. a. S. 27–32 und Dokumente im selben Katalog, S. 206–208.

18 Das Bild wurde 1931 beim Brand des Münchner Glaspalastes zerstört.

19 Carl Moll an Franz Hauer, 20.07.1913, zit. nach Schweiger 1996, S. 28.

20 Oskar Kokoschka an Franz Hauer, Juli 1913 (Leopold Museum, Inv.-Nr. LM 5634).

21 Verlassenschaftsabhandlung, Nr. 73. Mein Dank gilt Katharina Erling und Victoria Reed, Museum of Fine Arts, Boston.

1 *Erica Tietze-Conrat, “Eine Egger-Lienz-Ausstellung,”* Kunstchronik und Kunstmarkt, *no. 27 (Apr. 2, 1920), 545, quoted in Werner J. Schweiger, “Ein Kunstenthusiast originellster Art,” in Office of the Lower Austrian Government (ed.),* Künstler (Sammler) Mäzene: Porträt der Familie Hauer, *exh. cat. (Kunsthalle Krems: Krems, 1996), 20.*

2 Albin Egger-Lienz to Franz Hauer, St. Justina, Feb. 2, 1914 (Leopold Museum, inv. 5532).

3 *Carl Moll, “Aus den Hinterlassenschaften des Wiener Malers Carl Moll. 1861–1945,”* Die Schönen Künste, *no. 1 (1947): 48.*

4 *Albin Egger-Lienz to Heinrich Krause, St. Justina, Nov. 8, 1913, quoted in Wilfried Kirschl,* Albin Egger-Lienz. 1868–1926: Das Gesamtwerk, *vols. I and II (Vienna: Brandstätter, 1996), 150. Compared to Schiele, Kokoschka always charged relatively high prices; see Werner J. Schweiger,* Der junge Kokoschka: Leben und Werk 1904–1914 *(Vienna and Salzburg: Brandstätter, 1983), 142–44.*

5 *Oskar Kokoschka to Leo Kestenberg, Dresden, March 31, 1917, quoted in Schweiger, “Ein Kunstenthusiast,” 31. More information on these acquisitions can be found in Cassirer’s purchase and sales ledgers for the years 1903–1919 and the auctioneer’s copy of the catalogues of the sales held at his dealership between 1916 and 1936 (now in the archives of Galerie Walter Feilchenfeldt, Zurich).*

6 *Moll, “Aus den Hinterlassenschaften,” 48, where the work is misidentified as* Conception.

7 *The picture was destroyed by fire in Düsseldorf during World War II; see Johann Winkler and Katharina Erling,* Oskar Kokoschka: Die Gemälde. 1906–1929 *(Salzburg: Galerie Welz, 1995), WE 76, pp. 44–45. It has also been described as a “hunting still life”; see item no. 74 in the main inventory, Verlassenschaftsabhandlung [estate settlement] for Franz Hauer, tavern keeper, died June 5, 1914, in Vienna, WStLA, Bezirksgericht [district court] Döbling, A5: I P 98/1914 (henceforth referred to as Verlassenschaftsabhandlung). I am indebted to Alexandra Sattler for her extensive research on Hauer.*

8 *Verlassenschaftsabhandlung, no. 62; Winkler and Erling, WE 68, pp. 40–41.*

9 *See Annette Windisch,* Oskar Kokoschka und die alten Meister: Theoretische und künstlerische Auseinandersetzung mit der europäischen Kunsttradition *(PhD diss., University of Neuchâtel, 2013).*

10 *Veronika Schroeder, “‘Wir können Formen nur solange verstehen als wir ihrer bedürfen’: El Greco im Blick junger Expressionisten,” in Beat Wismer and Michael Scholz-Hänsel, eds.,* El Greco und die Moderne, *exh. cat., Museum Kunstpalast Düsseldorf (Ostfildern: Hatje Cantz, 2012), 242.*

11 *Ibid., 220.*

12 *Anton Peschka to Egon Schiele, Vienna, July 22, 1913 (Egon Schiele Autograph Database, ID 659; Albertina, inv. ESA 174).*

13 *Oskar Kokoschka to Alma Mahler, Semmering, July 20, 1912, in Olda Kokoschka and Heinz Spielmann, eds.,* Oskar Kokoschka: Briefe, *vol. 1:* 1905–1919 *(Düsseldorf: Claassen, 1984), 50; Winkler and Erling 1995, WE 80, p. 47.*

14 *See* Sposalizio *(1912), a collaboration with E. A. Rheinhardt (WE 79), as well as several drawings; see Alice Strobel and Alfred Weidinger,* Oskar Kokoschka: Die Zeichnungen und Aquarelle 1897–1916 *(Salzburg: Galerie Welz, 2008), nos. 391–92, pp. 280–81.*

15 *See Agnes Husslein-Arco and Alfred Weidinger, eds.,* Kokoschka: Träumender Knabe—Enfant terrible, *exh. cat. (Vienna: Belvedere, 2008), 206.*

16 *Anton Faistauer,* Neue Malerei in Österreich: Betrachtungen eines Malers *(Zurich, Leipzig, and Vienna: Amalthea, 1923), 76–77.*

17 *Letters from Kokoschka to Hauer; see also Schweiger, “Ein Kunstenthusiast,” especially pp. 27–32, and the documents in Hauer-Fruhmann,* Künstler (Sammler) Mäzene, *206–8.*

18 *The painting was destroyed in the fire that gutted the Glaspalast in Munich in 1931.*

22 Hier sei auf die Impressionisten-Schau 1903 in der Secession verwiesen, die Tintoretto als einen Urvater der Moderne zeigte. – Zu Kokoschkas Nähe zum Umfeld des Kunsthistorikers Max Dvořák: Hans H. Aurenhammer, „Max Dvořák, Tintoretto und die Moderne: Kunstgeschichte ‚vom Standpunkt unserer Kunstentwicklung' betrachtet", in: *Wiener Jahrbuch für Kunstgeschichte*, Bd. IL (1996), S. 9–39.

23 Oskar Kokoschka an Albert Ehrenstein, Wien, 27.03.1914, in: Kokoschka/Spielmann 1984, S. 156.

24 Vgl. Oskar Kokoschka an Albert Ehrenstein, Wien, 19.04.1914, ebd., S. 165.

25 Oskar Kokoschka an Franz Hauer, Wien, o. D. [September 1913], zit. nach Schweiger 1996, S. 30.

26 Winkler/Erling 1995, WE 98, S. 58.

27 Heinrich Schwarz, „Die graphischen Werke von Egon Schiele", in: *Philobiblon. Eine Vierteljahrsschrift für Buch- und Graphik-Sammler*, Jg. V/1 (März 1961), S. 53–54.

28 Oskar Kokoschka an Heinrich Schwarz, 13.03.1953, zit. ebd. 1961, S. 53.

29 Vgl. Winkler/Erling 1995, WE 107, S. 64–65; unter dem Titel *Arme Kinder* in der Verlassenschaftsabhandlung, Nr. 64. Mein Dank an Kai Artinger, Leopold-Hoesch-Museum, Düren.

30 Oskar Kokoschka an Alma Mahler, Mai 1914, in: Kokoschka/Spielmann 1984, S. 160.

19 Carl Moll to Franz Hauer, July 20, 1913, quoted in Schweiger, "Ein Kunstenthusiast," 28.

20 Oskar Kokoschka to Franz Hauer, July 1913 (Leopold Museum, inv. LM 5634).

21 Verlassenschaftsabhandlung, no. 73. I am grateful to Katharina Erling and Victoria Reed, Museum of Fine Arts, Boston, for this information.

22 A key event in this respect was the exhibition of the Impressionists at the Secession in 1903, which portrayed Tintoretto as an ancestor of the modernists. On Kokoschka's proximity to the milieu around the art historian Max Dvořák, see Hans H. Aurenhammer, "Max Dvořák, Tintoretto und die Moderne: Kunstgeschichte 'vom Standpunkt unserer Kunstentwicklung' betrachtet," Wiener Jahrbuch für Kunstgeschichte *49 (1996): 9–39.*

23 Oskar Kokoschka to Albert Ehrenstein, Vienna, March 27, 1914, in Kokoschka and Spielmann, 165.

24 See Oskar Kokoschka to Albert Ehrenstein, Vienna, Apr. 19, 1914, ibid., 165.

25 Oskar Kokoschka to Franz Hauer, Vienna, n.d. [Sept. 1913], quoted in Schweiger, "Ein Kunstenthusiast," 30.

26 Winkler and Erling, WE 98, p. 58.

27 Heinrich Schwarz, "Die graphischen Werke von Egon Schiele," Philobiblon: Eine Vierteljahrsschrift für Buch- und Graphik-Sammler, *vol. 5/1 (March 1961): 53–54.*

28 Oskar Kokoschka to Heinrich Schwarz, March 13, 1953, quoted in ibid., 53.

29 See Winkler and Erling, WE 107, pp. 64–65; listed as no. 64 in Verlassenschaftsabhandlung under the title Poor Children. *I am grateful to Kai Artinger at the Leopold-Hoesch-Museum, Düren.*

30 Oskar Kokoschka to Alma Mahler, May 1914, in Kokoschka and Spielmann, 160.

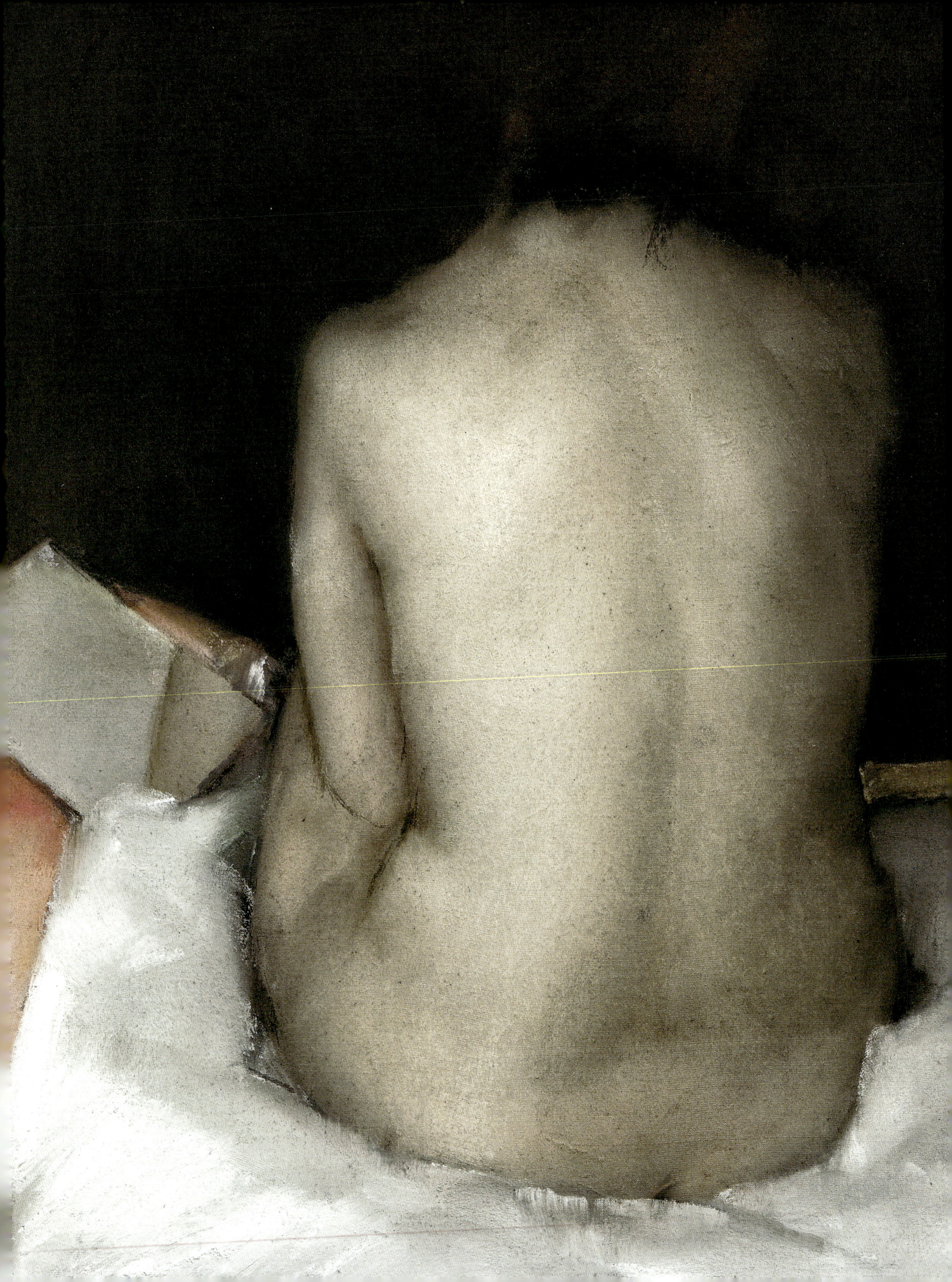

Günther Oberhollenzer

Zarter Farbklang, Neue Sachlichkeit und plakative Propaganda

Der Maler Hubert Lanzinger

Als der Sammler Franz Hauer im Jahr 1912 das Werk von Hubert Lanzinger kennenlernte, war dieser 32 Jahre alt. Lanzinger stand damals noch am Beginn seines künstlerischen Schaffens, er malte einfühlsame Akte, feine Stillleben oder auch religiöse Darstellungen, oft in gekonnter Pastelltechnik ausgeführt. Dies wusste Hauer sehr zu schätzen. Als der Sammler zwei Jahre danach, im Juni 1914, starb, verlor Lanzinger seinen einzigen wahren Mäzen. Erst viele Jahre später sollte der Künstler wieder nachhaltige Förderung erfahren. Doch nun war sie von ganz anderen Intentionen getragen. Seine traditionelle Prägung und seine zunehmend bedingungslose Ablehnung der Moderne führten ihn in den Schoß des Nationalsozialismus. Lanzinger wurde zu einem Paradekünstler des NS-Regimes; seine bekannteste Arbeit, *Der Bannerträger* (1933/34), entsprach genau den nationalsozialistischen Vorstellungen und zeigt Adolf Hitler heroisch in Ritterrüstung auf einem Pferd, mit Hakenkreuzbanner. „Wäre Hubert Lanzingers Werk 1932 abgeschlossen gewesen, könnte man mit der allgemeinen Charakterisierung schließen: ein Künstler traditionsbezogen-klassischer Haltung, der nach einer stilllebenhaften, ganz auf differenzierte Farbwerte konzentrierten ‚reinen Malerei' strebte", schreibt Carl Kraus in seiner Monografie über Hubert Lanzinger aus dem Jahr 2000.[1] Doch Lanzinger lebte bis 1950.

Wie nähert man sich einer künstlerischen Persönlichkeit, die in der Zeit des Nationalsozialismus ihr Werk in den Dienst der politischen Propaganda stellte? Deren *Bannerträger* zum angeblich meistreproduzierten Kunstwerk des Dritten Reiches wurde und natürlich auch nicht auf der *Großen Deutschen Kunstausstellung* 1937 im neu eröffneten Haus der Deutschen Kunst in München fehlen durfte? Kann man die sensibel eingefangenen Rückenakte, die reduzierten wie sinnlich ansprechenden Stillleben oder auch die bedeutungsschweren religiösen Werke aus Lanzingers früher Schaffensphase bewundernd beschreiben, ohne ein „aber" anzufügen?

Lanzinger ist als Mensch nicht leicht zu fassen. Einige Jahre vor seinem *Bannerträger*, in den 1920er-Jahren, erhielt der

Günther Oberhollenzer

Delicate Hues, New Objectivity, and Blatant Propaganda

The painter Hubert Lanzinger

When the art collector Franz Hauer first encountered the artwork of Hubert Lanzinger in 1912, the painter was thirty-two years old. Just setting out on his career at the time, he painted sensitive nudes, delicate still lifes, and religious subjects, often skillfully executed in pastels. Hauer greatly admired Lanzinger's work, and when the collector died two years later, in June 1914, Lanzinger lost his only true patron. Many years were to pass before the artist received significant support again, albeit motivated by very different intentions this time. His traditional mindset and increasingly unconditional rejection of modernism led him into the arms of Nazism. Lanzinger became one of the favorite artists of the Nazi regime; his best-known work, The Standard Bearer *(1933/34), catered to Nazi ideology and portrayed Adolf Hitler as a heroic figure in shining armor on a horse, carrying a swastika flag. "If Hubert Lanzinger's oeuvre had been concluded in 1932, this is how one could characterize him: an artist with a traditional, classical outlook who strove for 'pure' painting in the still-life style, focusing entirely on differentiated hues of color," wrote Carl Kraus in his monograph on Hubert Lanzinger in 2000.*[1] *However, Lanzinger lived until 1950.*

How does one assess an artist who placed his work at the service of political propaganda during the Nazi period? An artist whose Standard Bearer *was allegedly the most frequently reproduced painting of the Third Reich, and which featured prominently in the inaugural* Große Deutsche Kunstausstellung *of 1937 at the new Haus der Deutschen Kunst in Munich? Is it possible to find words of admiration for the sensitive nudes, the restrained yet sensuous still lifes or the deeply-felt religious paintings from Lanzinger's early period without immediately adding a qualifying "but"?*

As a person, Lanzinger defies easy characterization. In the 1920s, years before The Standard Bearer, *the artist was commissioned by the family of his wife, Pia Settari, to rebuild an old inn near Bad Dreikirchen (Italian: Bagni Tre Chiese), north of Barbiano in South Tyrol (Alto Adige) and to outfit it with contemporary furniture, because they knew he took*

Hubert Lanzinger
Sitzender weiblicher Rückenakt/ *Seated Female Nude, Back View,*
um/*ca.* 1910
Öl auf Leinwand/ *oil on canvas,*
32 × 30,1 cm
Landessammlungen Niederösterreich/*State Collections of Lower Austria*

Künstler aufgrund seines allgemein gestalterischen Interesses von der Familie seiner Frau Pia Settari den Auftrag, einen alten Gasthof bei Bad Dreikirchen oberhalb von Barbian in Südtirol umzubauen und mit zeitgemäßen Möbeln auszustatten (Fertigstellung 1928). Er schuf damit ein architektonisches Meisterwerk, das in seiner sachlich-funktionalen Auffassung einen festen Platz in der Tiroler Architekturgeschichte einnimmt. Das Haus wird heute unter dem Namen „Briol" als Pension geführt und gilt als Geheimtipp. Für das deutsche Magazin *Stern* ist es einer der „20 Sehnsuchtsorte" der Welt,[2] die *Süddeutsche Zeitung* schwärmt von einem „Gesamtkunstwerk im Bauhausstil"[3] und für den Architekten Peter Zumthor, der dort schon mehrmals zu Gast war, ist Briol ein „Berghaus mit Seele".[4] Wer also war Hubert Lanzinger?

„Auf einen Künstler muß ich Sie aufmerksam machen. In Wien soll ein ganz eminenter Maler sein der sich Lanzinger schreibt; er soll wenig ausstellen u. von den Vereinigungen unterdrückt werden, soll aber wie gesagt ein ganz großartiger Maler sein (er malt kleinere Formate). er sei Tiroler u. ein sehr famoser Mensch; ich habe leider nichts von ihm gesehen u. kenne ihn auch nicht, was mir leid tut, da dieser Mann auch sehr bedeutend sei. So erzählt mir hier ein sehr gediegener College Herr [Ottomar] Zeiler, mit welchen ich oft zusammen bin. Vielleicht machen Sie diesen Herrn

a keen interest in design. He created an architectural gem (completed in 1928) that occupies a firm place in Tyrolean architectural history thanks to its sober and functional design. Today, the property is run as a bed-and-breakfast under the name Briol and considered a true insider's tip. The German magazine Stern listed it as one of the "20 places one longs to visit" in the world,[2] the Süddeutsche Zeitung *rhapsodized about a "Gesamtkunstwerk in the style of the Bauhaus,"[3] and in the opinion of the architect Peter Zumthor, who has stayed there as a guest several times, Briol is a "mountain house with a soul."[4] Who, then, was Hubert Lanzinger?*

"There is an artist I must draw your attention to. Apparently, there is a quite outstanding painter named Lanzinger in Vienna; he reportedly exhibits very little and is shunned by the associations, but as I said is supposed to be a superb painter (he paints smaller formats). He is a Tyrolean and a splendid person, I hear; unfortunately, I haven't seen any of his work, nor have I met him, which I regret, since he also seems to be very important. I have been told all this by a very respectable colleague, Mr. [Ottomar] Zeiler, with whom I spend a lot of time. Perhaps you should pay Mr. Lanzinger a visit."[5] The author of these lines, written in March 1912, was the artist Albin Egger-Lienz, and they were addressed to Franz Hauer. Hauer was a passionate collector of the work of

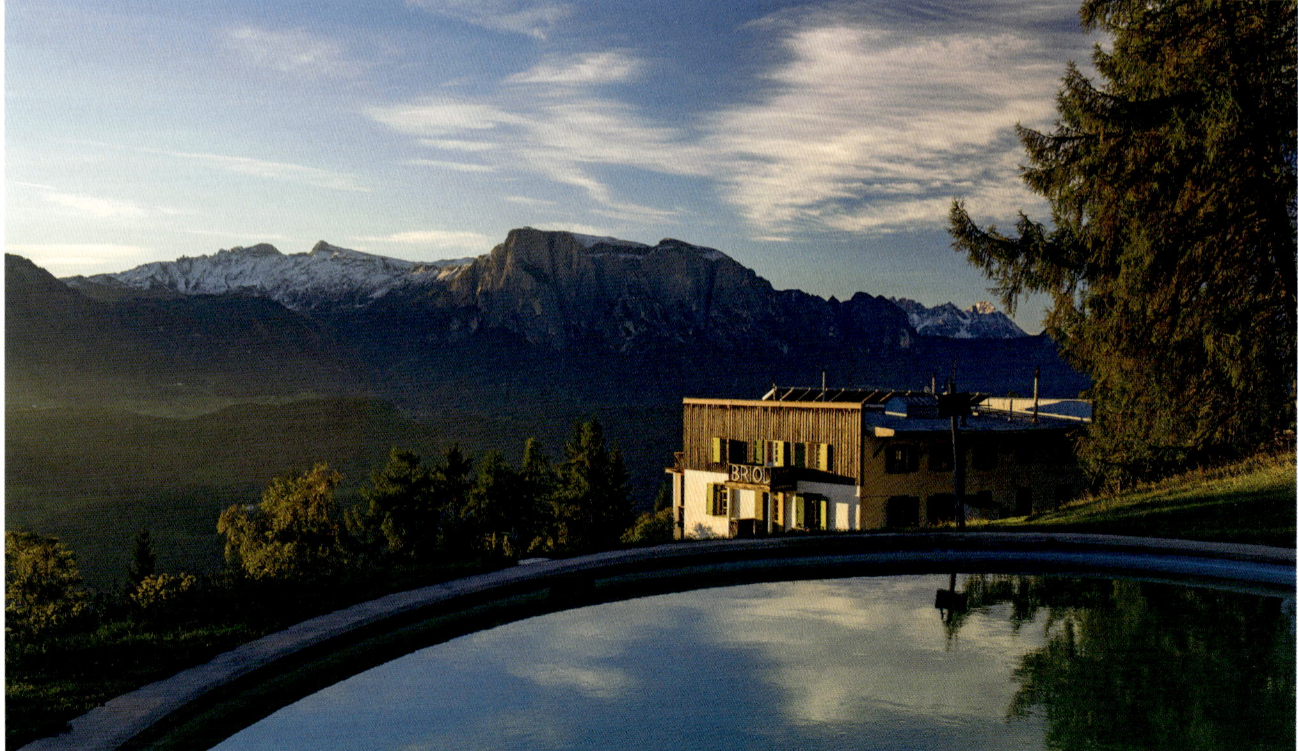

Haus Briol, 1898 erbaut und 1928 von Hubert Lanzinger umgestaltet/*Haus Briol, built in 1898 and redesigned in 1928 by Hubert Lanzinger*

Lanzinger einmal einen Besuch."[5] Verfasser dieser Zeilen, geschrieben im März 1912, ist der Künstler Albin Egger-Lienz. Der Adressat: Franz Hauer. Hauer sammelte leidenschaftlich die Arbeiten von Egger-Lienz, und dieser stand ihm auch immer wieder beratend zur Seite. Nicht immer hörte der Sammler auf den Künstlerfreund (etwa als er sich wenig wertschätzend über Oskar Kokoschka äußerte), doch im Fall Lanzinger nahm er den Rat an und kaufte alsbald erste Arbeiten. Der Künstler hatte damit zum ersten Mal einen Sammler seiner Werke.

Hubert Lanzinger wuchs in einfachen, ja ärmlichen Verhältnissen auf. Er kam 1880 als einziges Kind von Alois Lanzinger und seiner Frau Josefine, geborener Pranzl, in Innsbruck zur Welt, verlor aber mit vier Jahren bereits den Vater. 1901 trat er in die Akademie der bildenden Künste in Wien ein. Sein erster Lehrer war Christian Griepenkerl, zu dessen Schülern unter anderem auch Egon Schiele und Anton Faistauer gehörten; diese verließen aber die Klasse wegen Griepenkerls „antiquierter Auffassungen" unter Protest und gründeten die Neukunstgruppe. Lanzinger hingegen zeichnete sich durch „großen Fleiß und schöne Fortschritte"[6] aus und erhielt zahlreiche Preise und Stipendien. Ein wichtiger Mentor war der aus Bozen gebürtige Maler Alois Delug, in dessen Spezialschule er 1905 Aufnahme fand und der ihn wie kaum einen anderen Schüler schätzte und förderte. Im Gegensatz zu Anton Kolig und Arnold Clementschitsch, die sich der Moderne zuwandten, gehörte Lanzinger wie seine zeitweiligen Mitschüler Wilhelm Dachauer und Karl Sterrer unmissverständlich zu einer traditionsbezogen-klassischen Kunst. 1908 schloss er die Akademieausbildung ab. Stipendien ermöglichten ihm viele Reisen, etwa nach Holland, wo er in den Interieurs von Pieter de Hooch oder Jan Vermeer eine Malerei vorfand, die ganz seinen Vorstellungen entsprach. „Die Abgeklärtheit der Werke der Holländer, ihre stilllebenhafte Zuständigkeit fern jeder Tagesaktualität, die vollendete Ausgewogenheit des kompositorischen Aufbaus und die Delikatesse im Zusammenspiel der Farbklänge – bei all dem wollte Lanzinger ansetzen, um seine eigene Bilderwelt zeitloser Klassizität zu entwerfen", schreibt Carl Kraus treffend.[7] Daneben entdeckte Lanzinger das Pastell als ideale Technik für sich: Es lässt im subtilen Verfeinern der Motive Nuancen zu, wie sie in der Ölmalerei kaum möglich sind.

Mit den Pastellen *Sitzender weiblicher Akt* von 1909 (bei Kraus *Badendes Mädchen*, WV 1.8) und *Sitzender weiblicher Rückenakt* von circa 1910 (*Rückenakt*, WV 1.10) sowie einem

Egger-Lienz, who also frequently advised him in art matters. Hauer did not always listen to his artist friend (his disparaging remarks about Oskar Kokoschka may serve as a case in point), but in the case of Lanzinger he took the advice and soon acquired some initial paintings—the first time anyone had collected Lanzinger's work.

Hubert Lanzinger grew up in humble, even poor, circumstances. He was born in Innsbruck in 1880 as the only child of Alois Lanzinger and his wife Josefine, née Pranzl, but lost his father when he was only four years old. In 1901, he enrolled at the Academy of Fine Arts in Vienna. His first teacher was Christian Griepenkerl, whose students also included Egon Schiele and Anton Faistauer: these two, however, quit the class under protest because of what they considered to be "antiquated views" on the part of Griepenkerl and founded the Neukunstgruppe (New Art Group). Lanzinger, on the other hand, impressed his teachers by demonstrating "great diligence and good progress"[6] and received numerous prizes and scholarships. He had an important mentor in the painter Alois Delug, from Bolzano, whose Allgemeine Malerschule (General School of Painting) he attended in 1905, and who appreciated and encouraged him more than he did almost any other student. Unlike Anton Kolig and Arnold Clementschitsch, who espoused modernism, Lanzinger—just like his onetime fellow students Wilhelm Dachauer and Karl Sterrer—never wavered from his allegiance to traditional, classical art. He graduated from the academy in 1908, and scholarships subsequently enabled him to travel widely, for instance to Holland, where he found a style of painting entirely to his liking in the domestic interiors of Pieter de Hooch and Jan Vermeer. "The serenity of the Dutch paintings, their still-life character untouched by day-to-day concerns, their perfectly balanced composition and delicate interplay of colors—this is what Lanzinger hoped to achieve in order to sculpt his own pictorial cosmos of timeless classicism," Carl Kraus very aptly noted.[7] In addition, Lanzinger discovered pastel painting as the ideal technique for his approach to art: it enabled the painter to subtly refine his motifs with nuances hardly achievable with oils.

Lanzinger had his first exposure to a large audience at the Thirty-Eighth Exhibition of the Vienna Secession in the spring of 1911, where he presented two pastels—the 1909 Seated Female Nude *(No. 1.8 in Kraus's catalogue of works; referred to as* Girl Bathing*) and* Seated Female Nude, Back View*, painted around 1910 (*Nude, Back View*, Kraus No.*

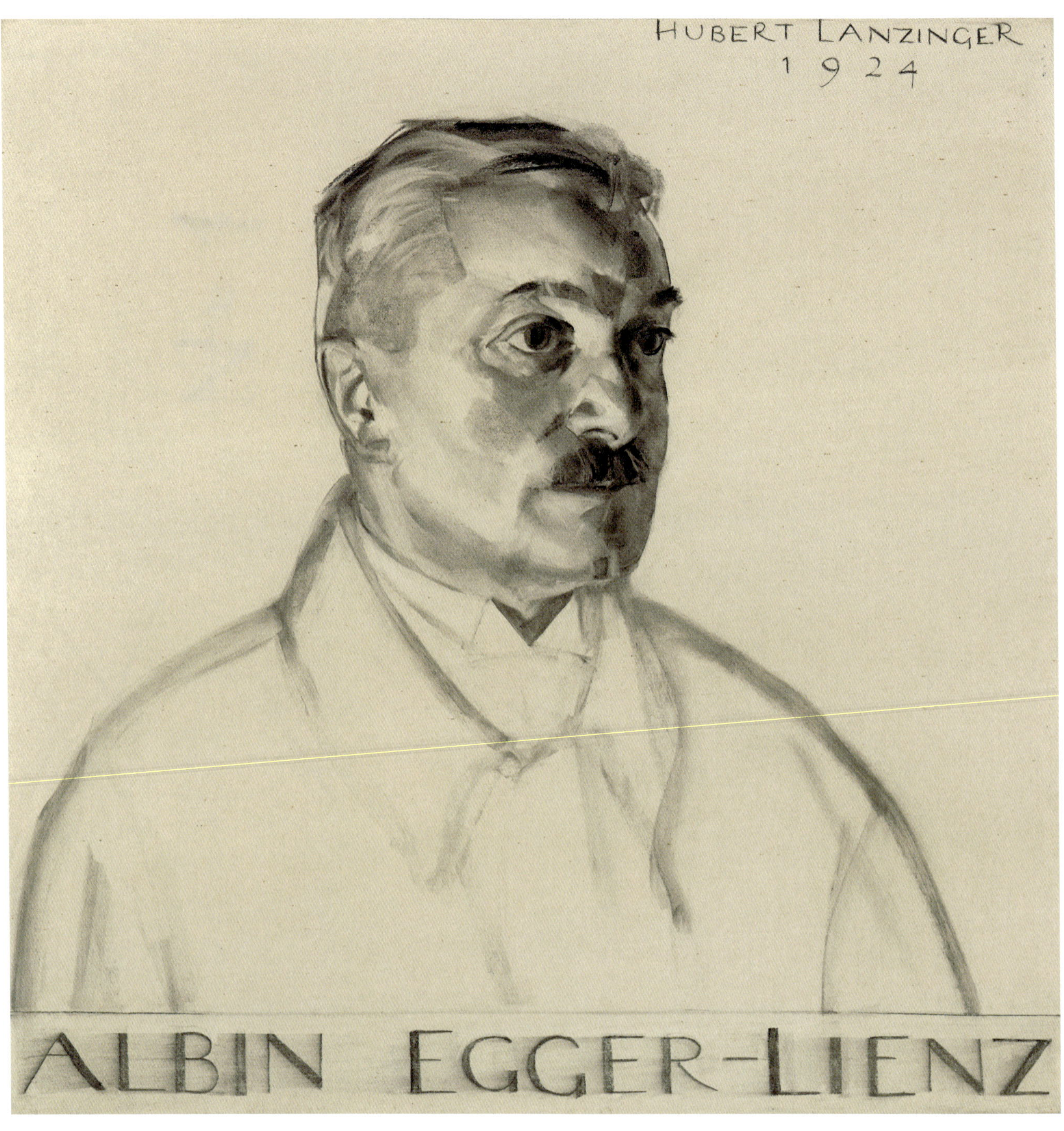

Hubert Lanzinger Porträt Albin Egger-Lienz/ *Portrait of Albin Egger-Lienz*, 1924 Kohle auf Papier/ *charcoal on paper*, 65 × 65 cm Stadtarchiv/ Stadtmuseum Innsbruck

nicht näher bezeichneten *Stillleben* in Öl trat Lanzinger im Frühjahr 1911 auf der 38. Ausstellung der Wiener Secession erstmals vor ein großes Publikum. Man kann davon ausgehen, dass dadurch seine Malerei in Kunst- beziehungsweise Künstlerkreisen eine gewisse Bekanntheit erlangte, sogar Klimt soll sich anerkennend über die Arbeiten ausgesprochen haben.[8] Ein knappes Jahr später setzte sich Egger-Lienz bei seinem Sammlerfreund Hauer für Lanzinger ein. Die Empfehlung von Egger-Lienz, der mit Lanzinger in der Folge bis zu seinem Tod 1926 freundschaftlich

1.10)—as well as an unspecified Still Life *in oil. One may assume that this gave his paintings a certain degree of recognition among art circles and artists; even Klimt is reported to have expressed his appreciation of Lanzinger's works.*[8] *About a year later, Egger-Lienz recommended Lanzinger to his art collector friend Hauer. This endorsement by Egger-Lienz, who remained friends with Lanzinger until his death in 1926 (a portrait of the fellow artist painted in 1924 is one of Lanzinger's best-known works), fell on very fertile ground. Hauer's probate records show that the collector acquired*

verbunden blieb (ein Porträt des Künstlerkollegen aus dem Jahr 1924 gehört zu Lanzingers bekanntesten Arbeiten), fiel auf überaus fruchtbaren Boden. Wie aus Hauers Verlassenschaftsabhandlung hervorgeht, erwarb der Sammler in den folgenden Jahren vier Ölbilder, vier Pastelle sowie zwölf Zeichnungen beziehungsweise Studien. Auch in Hauers Kunstgalerie in der Silbergasse waren Werke von Lanzinger zu sehen. Leider ist anders als etwa bei Egger-Lienz, Karl Sterrer oder Anton Faistauer kein Briefwechsel zwischen Hauer und dem Künstler erhalten. Nur beiläufig taucht Lanzingers Name in einigen Korrespondenzen auf. So berichtete Hauer im Oktober 1913 seinem Sohn Leopold, dass er in Bozen Egger-Lienz und auch Lanzinger getroffen hatte. Und im selben Jahr (das genaue Datum ist nicht entzifferbar) erzählte Hauer seinem Sohn: „Aus privater Hand habe ich einen sehr schönen, großen Lanzinger ‚Das heilige Grab' billig erworben." Egger-Lienz wiederum schrieb im September 1913 an Hauer: „Daß Sie von H. Lanzinger wieder etwas erwerben (Ich kenne das Bild nicht) hat mich gefreut. Der Künstler scheint eben ein Künstler zu sein, was

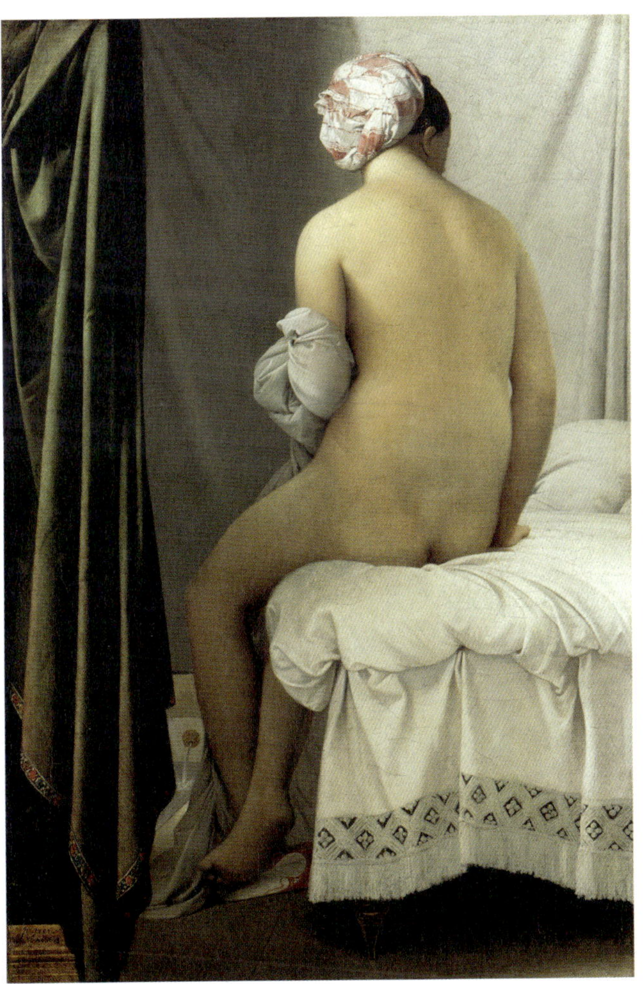

Jean-Auguste-Dominique Ingres
Die Badende von Valpinçon/ *The Valpinçon Bather*, 1808
Öl auf Leinwand/*oil on canvas*, 146 × 98 cm
Musée du Louvre, Paris

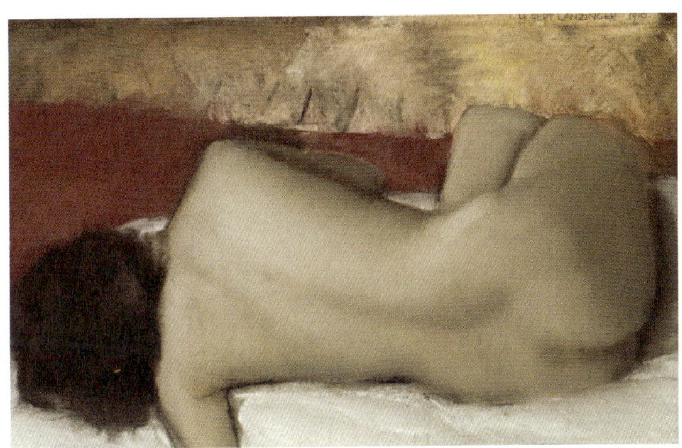

Hubert Lanzinger
Liegender Rückenakt/ *Reclining Nude, Back View*, 1910
Pastell/*pastel*, 27,5 × 41 cm
Privatbesitz/ *private collection*

four oil paintings, four pastels, and twelve drawings or studies in the following years. Hauer displayed works by Lanzinger in his gallery on Silbergasse as well. Unfortunately, in contrast to Egger-Lienz, Karl Sterrer, and Anton Faistauer, no letters between Hauer and the painter have been preserved. Lanzinger's name is merely mentioned in passing in letters to others. In October 1913, for instance, Hauer wrote to his son Leopold that he had met Egger-Lienz and Lanzinger in Bolzano. In the same year (the exact date is illegible), Hauer told his son: "I have bought a very nice, large Lanzinger—The Holy Grave—cheaply from a private source." In September 1913, Egger-Lienz wrote to Hauer: "I was pleased to learn that you have again acquired something by H. Lanzinger (I don't know the painting). That artist seems to be a real artist, according to what I hear." A letter by Sterrer to the collector written in June 1913 also contains some interesting information. He was taking the liberty, said Sterrer in the letter, of recommending two young painters to Hauer, who had been his best friends in his student days: Ferdinand Lorber and Wilhelm Dachauer. He had been in Rome with Lorber, and "the third at that time [was] Lanzinger." He did not include Lanzinger in his recommendation, however.[9]

Hauer had a good eye as far as Lanzinger was concerned. In those years, the artist's work achieved heights of "painterly freedom and subdued poetry"[10] *that it rarely reached later on. Noteworthy examples include several female nudes (back views), particularly the two pastels from the exhibition at the Secession:* Nude, Back View, *reminiscent of Jean-Auguste-Dominique Ingres with its shimmering hues of ivory; and* Girl Bathing, *which shows Impressionist influences in its materiality and composition. Hauer acquired both for his collection, as well as the pastels* Reclining Nude, Back View, *from 1910 (*Bacchante, *Kraus No. 1.9)—its motif very similar to a nude painted by Sterrer in 1912 (also in Hauer's*

Hubert Lanzinger
Pietà, 1914
Öl auf Leinwand/*oil on canvas*, 173 × 190 cm bzw./*and* 173 × 94 cm
Privatbesitz/*private collection*

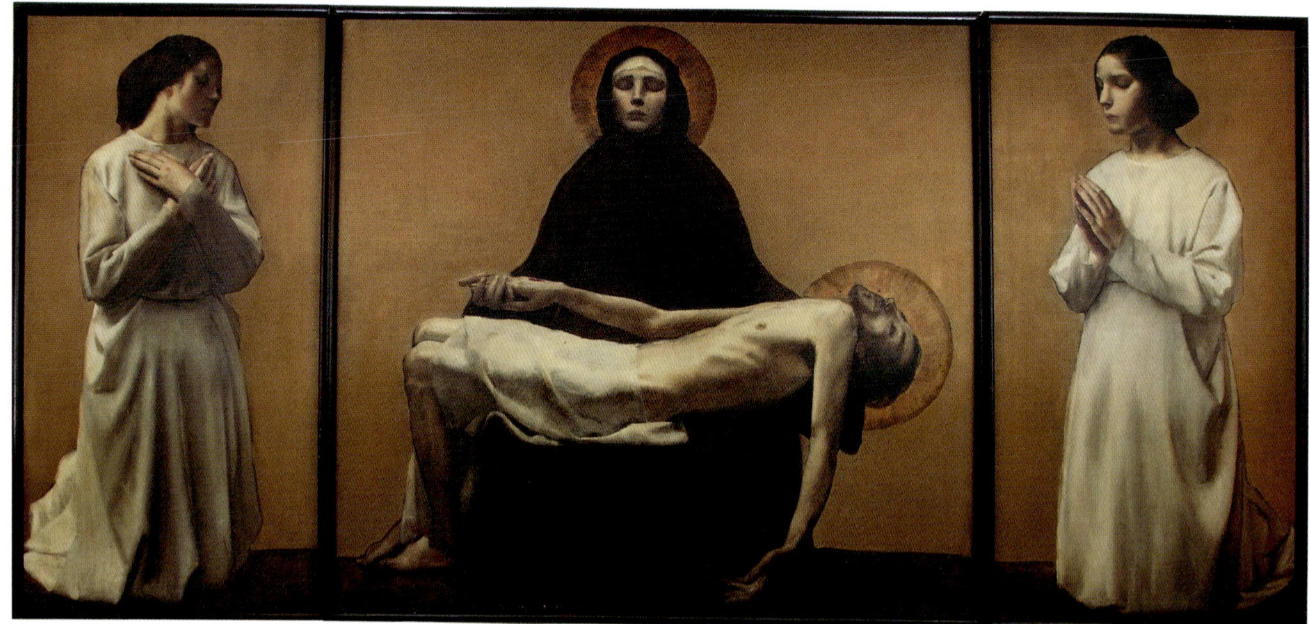

ich so hörte." Interessant ist schließlich noch ein Brief von Sterrer an den Sammler im Juni 1913. Er erlaube sich, so Sterrer, Hauer zwei junge Maler ans Herz zu legen, die als Studenten seine allerbesten Freunde gewesen seien: Ferdinand Lorber und Wilhelm Dachauer. Mit Lorber sei er in Rom gewesen, „als dritter damals Lanzinger". Ihn empfahl er aber nicht.[9]

Hauer hatte bei Lanzinger ein gutes Auge. Dem Künstler gelangen in jenen Jahren Werke von einer „malerischen Freiheit und verhaltenen Poesie",[10] an die er später kaum mehr herankam. Dazu zählen einige weibliche Aktdarstellungen, im Besonderen die zwei Pastelle der Secessionsausstellung, der an Jean-Auguste-Dominique Ingres erinnernde *Rückenakt* in einem schimmernden Elfenbeinton und das *Badende Mädchen* mit impressionistischen Anleihen in Stofflichkeit und Komposition. Beide gelangten in die Sammlung Hauer, wie auch die Pastelle *Liegender Rückenakt* von 1910 (*Bacchantin*, WV 1.9) – motivisch einem Rückenakt von Sterrer aus dem Jahr 1912 sehr ähnlich (ebenfalls Sammlung Hauer) – und *Stillleben mit Äpfeln* von 1910 (WV 3.2), ein auf das Wesentliche reduziertes, fast abstraktes Bild. Daneben erwarb Hauer die Ölbilder *Stillleben* von 1908 (*Stillleben mit Knoblauch*, WV 3.1) und *Vor dem Spiegel (Mädchen mit weißem Schal)* von 1908/10 (WV 1.7). Auffallend ist, dass sich der Sammler auch für mehrere religiöse Darstellungen Lanzingers interessierte. Das Ölbild *Beweinung Christi* von 1907 (WV 1.6) wird im Nachlassakt als Beweinung mit zwei Engeln auf Marmorboden beschrieben. Es dürfte sich hier wohl um „Das heilige Grab" handeln, von dem Hauer in dem

collection)—and the 1910 Still Life with Apples *(Kraus No. 3.2), a painting so reduced to absolute essentials that it is almost abstract. Hauer also acquired the oil paintings* Still Life, *from 1908 (*Still Life with Garlic, *Kraus No. 3.1), and* In Front of the Mirror (Girl with a White Scarf), *from 1908-10 (Kraus No. 1.7). It is noteworthy that the collector was also interested in several of Lanzinger's religious paintings. The 1907 oil painting* Lamentation of Christ *(Kraus No. 1.6) is described as a "lamentation with two angels on a marble floor" in the probate file. This is probably identical to* The Holy Grave, *which Hauer mentioned in the letter to his son. It was displayed at a school exhibition of Lanzinger's mentor Delug in 1907. According to a newspaper review, it was an image of extraordinary simplicity and delicate coloring, a "religious genre painting of the noblest character."[11] In 1921, the widow Anna Hauer selected this monumental work from the remainder of the collection for her daughter Friederike, in an effort to sell it.[12] After that, its traces disappeared for good. Hauer also purchased a number of drawings for* Stations of the Cross, *a* Deposition of Christ *and* Pietà, *as well as the large 1914 canvas* Two Praying Female Saints and Madonna with the Dead Christ *(*Pietà, *Kraus No. 1.14), which a hand-written résumé by Lanzinger described as "a commission from the Hauer private gallery."[13] Almost four meters wide, the triptych is laden with momentous pathos and unusually rigorous in its composition. The figures look like petrified sculptures, and it has none of the delicate sensuality of the nudes. For Lanzinger, Hauer's acquisitions represented tremendous encouragement and eminent prestige, since Hauer had already made a name for himself as a collector*

Brief an seinen Sohn spricht. Es war 1907 in einer Schulausstellung von Lanzingers Mentor Delug zu sehen. Angeblich ein Bild von außerordentlicher Einfachheit und zarten Farbtönen, ein „religiöses Stimmungsbild von edelstem Charakter“, wie es in einem Zeitungsbericht heißt.[11] 1921 wählte die Witwe Anna Hauer das monumentale Werk aus den Restbeständen der Sammlung für ihre Tochter Friederike aus, im Bestreben, es zu verkaufen.[12] Danach verliert sich seine Spur. Heute ist es leider verschollen. Daneben kaufte Hauer eine Reihe von Zeichnungen zu Kreuzwegstationen, Kreuzabnahme und Pietà sowie das große Bild *Zwei betende heilige weibliche Gestalten und Madonna mit todtem Christus* von 1914 (*Pietà*, WV 1.14), laut einer handgeschriebenen Biografie von Lanzinger „ein Auftrag der Privatgalerie Hauer“.[13] Das Triptychon von fast vier Meter Breite ist voll bedeutungsschwerem Pathos und ungewöhnlich streng komponiert, die Figuren wirken wie versteinerte Plastiken, die zarte Sinnlichkeit der Aktbilder fehlt. Für Lanzinger bedeuteten die Ankäufe eine großartige Förderung und ein eminentes Prestige, hatte sich Hauer doch einen Namen als Sammler gemacht und besonders auch Lanzingers Förderer und Freund Egger-Lienz unterstützt. Außerdem waren in Hauers Sammlung die drei wichtigen Themen seines damaligen Schaffens – religiöses Bild, Frauenakt und Stillleben – mit zentralen Werken vertreten.

Der Maler nahm weiterhin selten an Ausstellungen teil, er wurde auch nicht Mitglied der Secession oder der anderen Wiener Künstlervereinigungen (Künstlerhaus und Hagenbund). Im Frühjahr 1913 präsentierte er auf der 44. Ausstellung der Wiener Secession eine Temperafassung der *Pietà*, die er im folgenden Jahr für Hauer in Öl ausführte. Sie war sein letztes Werk, das in die Sammlung Eingang fand.

Nach Hauers Tod schlug sich Lanzinger als Kriegsmaler durch, 1920 erfuhr er von der Hauer-Nachlassauktion und empörte sich in einem Leserbrief im *Allgemeinen Tiroler Anzeiger*, dass zum Teil die Angaben zu seinen Bildern falsch seien und er auch kein Schüler von Egger-Lienz sei.[14] In der Zwischenkriegszeit machte er sich als Porträtmaler einen Namen und erhielt 1920 und 1930 in Innsbruck beachtete Einzelausstellungen mit den Themen Menschenbildnisse, Porträts, Stillleben und Landschaften. In Schwung kam seine Karriere mit dem Nationalsozialismus und dessen Kampfansage an die Moderne. Lanzinger wurde zum NS-Künstler, er führte Aufträge für das Regime aus (Karte zum Parteitag in Nürnberg 1936, Plattenmosaik des *Bannerträgers* für die

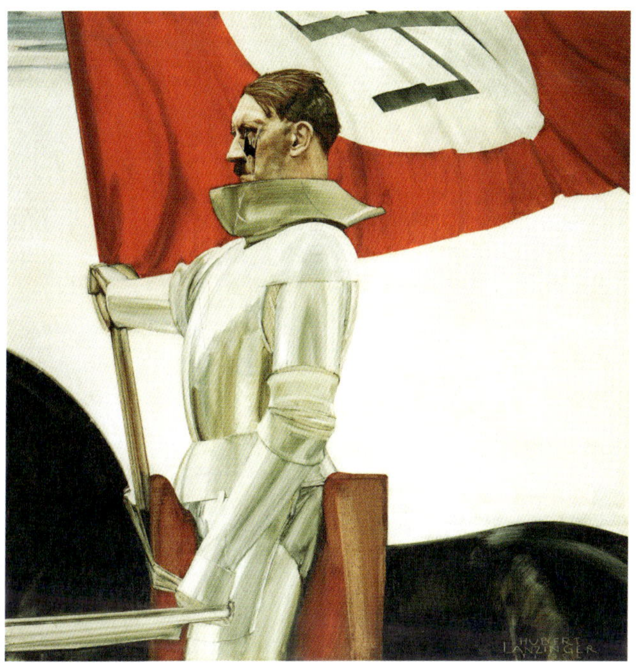

Hubert Lanzinger
Der Bannerträger (Porträt Adolf Hitler)/ *The Standard Bearer (Portrait of Adolf Hitler)*, 1933/34
Tempera auf Holz/*tempera on wood*, 160 × 160 cm
Armeezentrum für Militärgeschichte/*US Army Center of Military History*, Washington D.C.

and had also supported Lanzinger's mentor and friend Egger-Lienz. Moreover, Hauer's collection boasted key works by Lanzinger from the three important areas of his work at the time—religious painting, female nudes, and still lifes.

The painter rarely took part in exhibitions, nor did he become a member of the Secession or the other Viennese artists' associations (Künstlerhaus and Hagenbund). In the spring of 1913, he was represented at the Forty-Fourth Exhibition of the Vienna Secession with a tempera version of the Pietà, *which he executed in oil for Hauer the following year. This was the last work by Lanzinger to be added to Hauer's collection.*

After Hauer's death, Lanzinger eked out a living as a war painter. In 1920 he learned about the auction of Hauer's estate, and in an angry letter to the editor of the Allgemeiner Tiroler Anzeiger, *he complained that some of the information about his paintings was incorrect and that he was not a student of Egger-Lienz's.[14] In the interwar period he became well known as a portrait painter and in 1920 and 1930 mounted well-received solo exhibitions in Innsbruck, where he presented portraits, still lifes, and landscapes. His career received a boost with the advent of Nazism and the Nazis' campaign against modernism. Lanzinger became a Nazi artist: he received commissions from the regime (a propaganda card on the occasion of the 1936 party convention in Nuremberg and a mosaic reproduction of* The Standard Bearer *for the assembly hall of Innsbruck University in 1938), created*

Aula der Universität Innsbruck, 1938), malte Porträts von Nazigrößen (Reichsminister Fritz Todt, 1940, Innsbrucker Oberbürgermeister Egon Denz und Bürgermeister Edmund Christoph, 1941, Gauleiter Franz Hofer, um 1943), hatte 1940 eine Einzelausstellung im Tiroler Landesmuseum (mit dem *Bannerträger* als Leihgabe „des Führers aus seinem Privatbesitz“[15]) und erhielt zahlreiche Ehrungen und Preise. Im letzten Kriegsjahr wurden seine Ateliers in Innsbruck und München zerstört. Nach 1945 wurde es ruhig um den Künstler. Er zog sich in das abgeschiedene Südtiroler Dreikirchen zurück und starb 1950 in der Überzeugung, mit seiner Kunst den einzig richtigen Weg gegangen zu sein.

Hubert Lanzinger war begabt und beherrschte das Pastell mit großer Könnerschaft. Als Traditionalist lehnte er die Moderne bedingungslos ab. Franz Hauer, ein Sammler besonders auch moderner Kunst, schätzte ihn dennoch. Vielleicht war es einem glücklichen Zufall, vielleicht dem Kennerblick des Kunstliebhabers zu verdanken, dass mit den Stillleben und Frauenakten wohl einige der besten Arbeiten Lanzingers den Weg in die Sammlung fanden. Sie blieben lange im Familienbesitz und können auch heute noch mit Freude betrachtet werden.

portraits of Nazi luminaries (Reich Minister Fritz Todt in 1940, Innsbruck's Senior Mayor Egon Denz and Mayor Edmund Christoph in 1941, and Gauleiter *Franz Hofer around 1943), had a solo exhibition at the Tyrolean State Museum in 1940 (where* The Standard Bearer *was featured as a loan "by the Führer from his private collection")*[15] *and received numerous honors and awards. During the last year of the war, his studios in Innsbruck and Munich were destroyed. After 1945, not a great deal was heard from him. He withdrew to the remote village of Bad Dreikirchen in South Tyrol and died in 1950 in the conviction of having chosen the only true and proper path with his art.*

Hubert Lanzinger was talented and very skilled in the use of pastels. As a firm traditionalist, he was uncompromising in his rejection of modernism. Nevertheless, his art was appreciated by Franz Hauer, a collector who was very partial to modernism. It may have been serendipity or Hauer's perspicacity in art matters, but with Lanzinger's still lifes and female nudes, some of his best works found their way into Hauer's collection. They long remained in the ownership of the collector's family and can still be viewed with pleasure today.

1 Carl Kraus, *Hubert Lanzinger*, Monographien Südtiroler Künstler, Bd. 27, Bozen 2000, S. 9. Über Lanzingers Werk wurde bisher nur wenig publiziert. Diese Monografie dient hier als zentrale Referenzliteratur und wichtigste Datenquelle.

2 Hannes Roß, „Und die Welt steht still", in: *Stern*, Nr. 11 (2016).

3 Helmut Luther, „Die Alte", in: *Süddeutsche Zeitung*, Nr. 106 (08./09.05.2013), S. 34.

4 „Der Architekt Peter Zumthor berichtet über ein Haus ‚mit einer Seele'", in: *KunstSpektrum*, https://www.youtube.com/watch?v=RND3xQnCD1o (Zugriff: 03.04.2019). – Zu Briol und seiner Geschichte siehe die umfassende Publikation *Briol. Sommerfrische am Berg*, Bozen 2011, von Mathias Michel.

5 Albin Egger-Lienz an Franz Hauer, 27.03.1912 (Leopold Museum, Inv.-Nr. 5534).

6 Lanzingers Akademiezeugnis, 1907 (Archiv der Akademie der bildenden Künste Wien).

7 Kraus 2000, wie Anm. 1, S. 13, 15.

8 Vgl. Notiz in Lanzingers Nachlass, Bozen, zit. in Kraus 2000, wie Anm. 1, S. 15, 27.

9 Franz Hauer an Leopold Hauer, Oktober 1913 (Privatbesitz). – Franz Hauer an Leopold Hauer, 1913 (Privatbesitz). – Albin Egger-Lienz an Franz Hauer, 15.09.1913 (Leopold Museum, Inv.-Nr. 5587). – Karl Sterrer an Franz Hauer, 24.06.1913 (Privatbesitz).

10 Kraus 2000, wie Anm. 1, S. 15.

11 „Tiroler Kunst in Wien", in: *Neue Tiroler Stimmen* (08.08.1907), S. 2.

12 Vgl. Anna Hauer an das Bezirksamt Döbling, 31.01.1921 (Verlassenschaftsabhandlung Franz Hauer, Gastwirt, verstorben 05.06.1914 in Wien, WStLA, Bezirksgericht Döbling, A5: I P 98/1914).

13 Handgeschriebene Biografie von Hubert Lanzinger, 09.03.1928 (Wienbibliothek, Inv.-Nr. 160.090).

14 Vgl. *Allgemeiner Tiroler Anzeiger*, Nr. 70 (27.03.1920), S. 5, Bezug nehmend auf einen Bericht von Dr. Granichstaedten-Czerva im *Allgemeinen Tiroler Anzeiger*, Nr. 38 (17.02.1920), S. 4. Lanzinger spricht von vier Werken und einem Gesamterlös von 88.750 Kronen (!). In der Nachberichterstattung im *Allgemeinen Tiroler Anzeiger* vom 22.03. ist von drei Werken die Rede, *Piete* um 16.000 Kronen, *Beweinung Christi* um 9.500 Kronen und einem Stillleben (gemeint ist das *Stillleben mit Knoblauch*) um 750 Kronen. Das vierte zur Auktion zugelassene Werk, *Vor dem Spiegel*, scheint hier nicht auf. Aufgrund der geringen Preise wurden die Bilder (mit Ausnahme des Stilllebens) zurückgezogen und blieben im Familienbesitz.

15 „Lanzinger-Ausstellung in Innsbruck", in: *Innsbrucker Nachrichten*, Nr. 296 (14.12.1940), S. 6.

1 *Carl Kraus, "Hubert Lanzinger,"* Monographien Südtiroler Künstler, *vol. 27 (Bolzano, 2000), 9. There are only a few publications about Lanzinger's work. Kraus's monograph has been used as a central work of reference and the most important data source for this essay.*

2 *Hannes Roß, "Und die Welt steht still,"* Stern, *no. 11, 2016.*

3 *Helmut Luther, "Die Alte,"* Süddeutsche Zeitung, *May 8-9, 2013 (no. 106), 34.*

4 *"Der Architekt Peter Zumthor berichtet über ein Haus 'mit einer Seele,'"* KunstSpektrum, *https://www.youtube.com/watch?v=RND3xQnCD1o (accessed: Apr. 3, 2019). On Briol and its history, see Mathias Michel's comprehensive publication* Briol: Sommerfrische am Berg *(Bolzano, 2011).*

5 *Albin Egger-Lienz to Franz Hauer, March 27, 1912 (Leopold Museum, inv. 5534).*

6 *Lanzinger's academy report, 1907 (archives of the Academy of Fine Arts Vienna).*

7 *Kraus, "Hubert Lanzinger," 13, 15.*

8 *See note in Lanzinger's estate, Bolzano, quoted in Kraus, "Hubert Lanzinger," 15, 27.*

9 *Franz Hauer to Leopold Hauer, Oct. 1913 (private collection); Franz Hauer to Leopold Hauer, 1913 (private collection); Albin Egger-Lienz to Franz Hauer, Sept. 15, 1913 (Leopold Museum, inv. 5587); Karl Sterrer to Franz Hauer, June 24, 1913 (private collection).*

10 *Kraus, "Hubert Lanzinger," 15.*

11 *"Tiroler Kunst in Wien,"* Neue Tiroler Stimmen, *Aug. 8, 1907, 2.*

12 *See Anna Hauer to Döbling district authorities, Jan. 31, 1921 (estate settlement for Franz Hauer, tavern keeper, died June 5, 1914 in Vienna, WStLA, Bezirksgericht Döbling, A5: I P 98/1914).*

13 *Handwritten résumé by Hubert Lanzinger, March 9, 1928 (Wienbibliothek, inv. 160.090).*

14 *See* Allgemeiner Tiroler Anzeiger, *March 27, 1920 (no. 70), 5, referencing a report by Dr. Granichstaedten-Czerva in the* Allgemeiner Tiroler Anzeiger, *Feb. 17, 1920 (no. 38), 4. Lanzinger mentions four works and a total revenue of 88,750 kronen. The report after the auction in the* Allgemeiner Tiroler Anzeiger *of March 22 speaks of three works:* Pietà, *sold for 16,000 kronen,* Lamentation of Christ, *sold for 9,500 kronen, and a still life (this refers to the* Still Life with Garlic*), sold for 750 kronen. No mention is made of the fourth item entered at the auction,* In Front of the Mirror. *Due to the low prices, the paintings were withdrawn from the auction (with the exception of the still life) and remained in the family's possession.*

15 *"Lanzinger-Ausstellung in Innsbruck,"* Innsbrucker Nachrichten, *Dec. 14, 1940 (no. 296), 6.*

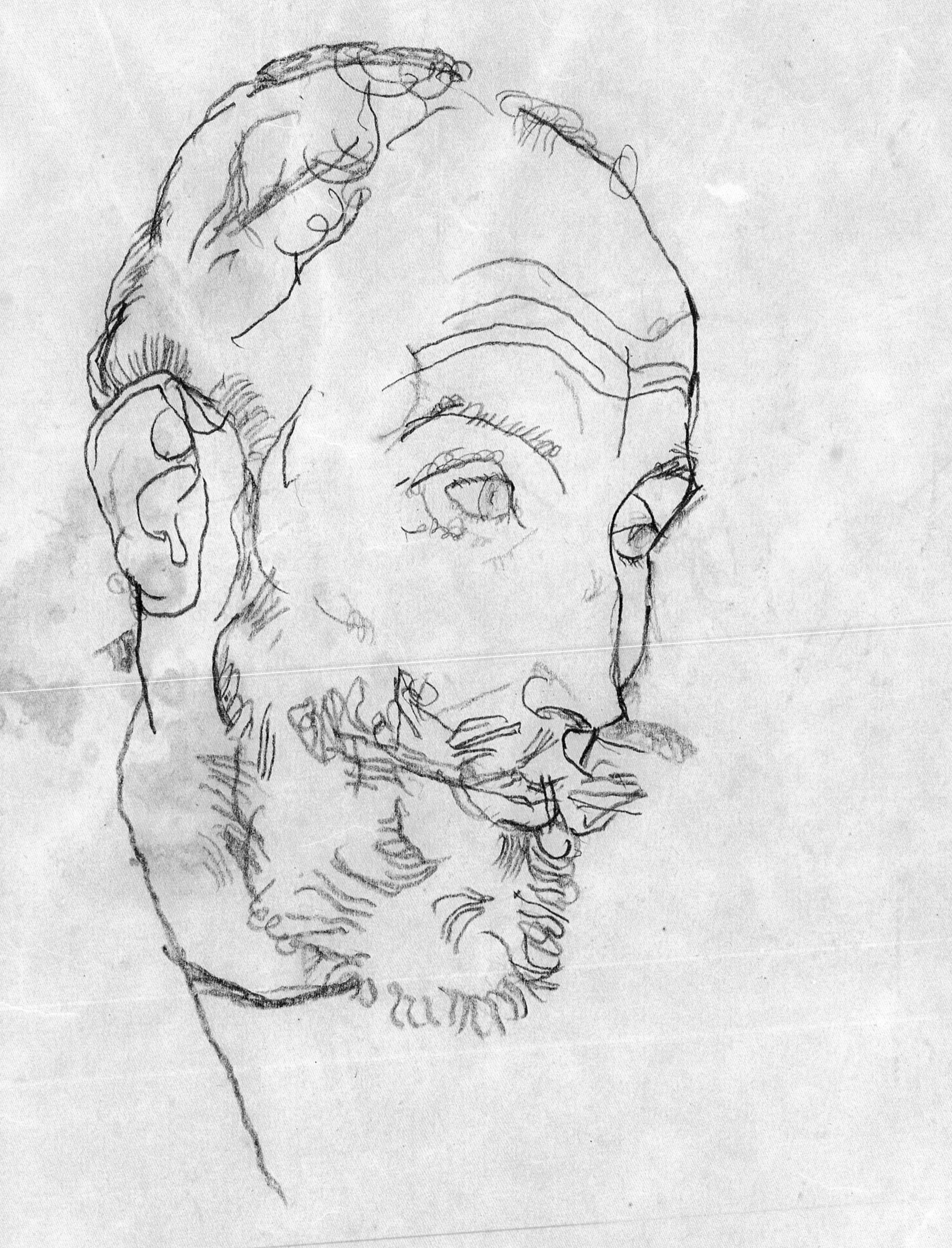

Christian Bauer

„Einer der Wenigen, die Bilder von den Jüngsten erwerben"

Franz Hauer und Egon Schiele

Als Schiele Franz Hauer im Juli 1912 kennenlernte, war der Künstler in einer Phase der Selbstreflexion und Neuorientierung. Erst wenige Wochen davor hatte Schiele die „Affäre Neulengbach" und seinen Gefängnisaufenthalt hinter sich gebracht. Die künstlerische Phase der betonten Sexualisierung des Menschen wurde nun einer Revision unterzogen, spirituelle Bildinhalte und symbolistisch aufgeladene Landschaftsdarstellungen gewannen dagegen an Bedeutung.

Die Geschehnisse von Neulengbach dürften für Schiele noch lange erklärungsbedürftig geblieben sein, denn der Künstler legte Hauer seine Sicht der Dinge noch im Jänner 1914 dar: „– ich brauchte Wien und zog nach Neulengbach [...]. – ich wurde Mensch! und das Schicksal wollte es daß ein Mädchen mich gerne sah und es so weit brachte, daß es selbständig zu mir kam [...]. – Ihr Vater holte es. – Man überzeugte sich daß es unberührt war, – trotzdem kam es vor's Gericht. – Damals wurde ich gemein erniedrigt für meine Güte. – ich verlor jeglichen Glauben an sonst glaubhafte Menschen, – [...]."[1] Nicht nur in dieser sehr vereinfachten Darstellung der Ereignisse von Neulengbach[2] stilisierte sich Schiele zum Opfer einer feindseligen Gesellschaft, das Leiden des Künstlers ist generell eine zentrale Botschaft seiner Selbstdarstellungen: „ich hatte unzählige Hindernisse zu passieren, wie keiner vielleicht, – das schwächt. – Diese Hemmungen kommen in Bildern zum Ausdruck. – Von den Kollegen waren alle Feinde [...]."[3]

Die erhaltenen Briefe lassen durchwegs auf eine große Verbundenheit zwischen dem Künstler und dem Sammler schließen, die auch in den Porträtzeichnungen zum Ausdruck kommt.[4] Dabei ist kaum zu glauben, dass die Beziehung Schieles zu Franz Hauer von der Kontaktnahme bis zum Tod des Sammlers in einer Zeitspanne von nur zwei Jahren stattfand. Alles ging sehr schnell, die Chemie zwischen den beiden stimmte anscheinend auf Anhieb.

Die erste Begegnung Schieles mit Franz Hauer erfolgte – wie so oft – auf Initiative des Künstlers. Schiele durfte zwar mehrfach auf die Vermittlung seines Managers Arthur

Christian Bauer

"One of the Few Who Buy Pictures from the Youngest"

Franz Hauer and Egon Schiele

When Schiele first met Franz Hauer in July 1912, the artist was going through a phase of self-reflection and reorientation. Only a few weeks earlier, Schiele had put the "Neulengbach affair" and his stint in prison behind him. His artistic period of emphasizing human sexualization was now subjected to revision, while spiritual pictorial content and symbolically charged landscapes gained in importance.

It seems that for a long period, Schiele continued to think that the events in Neulengbach needed explanation, as he was still giving Hauer his view of the incident in January 1914: "– I needed Vienna and moved to Neulengbach . . . – I became human! and, as fate would have it, there was a girl who liked to see me, and it got to a point where she visited me on her own. . . . – Her father came to get her. – They were satisfied that she was untouched, – nevertheless it was brought before the court. – At that time I was cruelly humiliated for my kindness. – I lost any faith in otherwise trustworthy people."[1] Not only in this highly simplified version of the Neulengbach events[2] did Schiele paint himself as a victim of a hostile society; the artist's suffering is, in general, central to his self-presentation: "I had to overcome countless obstacles, perhaps like no other, – that weakens a man. – These inhibitions find their expression in the pictures. – All of my colleagues were foes. . . ."[3]

The extant letters consistently suggest a great affinity between the artist and the collector, which found its expression in the portrait drawings.[4] By the same token, it is incredible that Schiele's relationship to Franz Hauer, from their first meeting to the collector's death, unfolded within a period of only two years. All this happened quickly, and it seems the chemistry between the two was perfect right from the start.

As was often the case with Schiele, he initiated the first meeting with the collector. While Schiele could often rely on his manager, Arthur Roessler,[5] to act as a go-between, he mostly approached his supporters and collectors of his own accord and in a focused manner.

Egon Schiele
Bildnis Franz Hauer/*Portrait of Franz Hauer*, 1914
Bleistift auf Papier/*pencil on paper*,
29,4 × 23,5 cm
Landessammlungen Niederösterreich/*State Collections of Lower Austria*

Roessler[5] zählen, doch ging er zumeist selbst fokussiert auf seine Unterstützer und Sammler zu.

Am Beginn der Beziehung steht ein Brief, den Schiele an Franz Hauer richtete: „Geehrter Herr Hauer! ich habe gehört daß Sie einer von den Wenigen sind die Bilder von den Jüngsten erwerben, möchten Sie mich nicht besuchen, oder die Ausstellung des Hagenbundes ansehn wo von mir einige Arbeiten zu sehen sind?"[6]

Schon zwei Wochen später bestätigte Schiele den Empfang von 900 Kronen für die drei Bilder *Herbstland*, *Bekehrung* und *Agonie*, die an Hauer verkauft worden waren.[7] Leider fehlt uns von *Herbstland* jede Vorstellung, die beiden anderen Werke lassen sich hingegen klar zuordnen. Schon dieser

The beginning of their relationship was marked by a letter from Schiele to Franz Hauer: "Dear Mr. Hauer! I have heard that you are one of the few who buy pictures from the youngest. Please consider visiting me or the Hagenbund exhibition, where several of my works are being shown."[6]

A mere two weeks later, Schiele confirmed the receipt of 900 kronen from Hauer for three paintings: Autumn Land, Conversion *and* Agony.[7] *Unfortunately, we have no idea what* Autumn Land *looked like; the two other works, however, are clearly identifiable. This initial acquisition already shows that Hauer was interested in thematically innovative pictures by the young Schiele. The country boy-turned-restaurant owner was enthusiastic about pictures with distinctly enigmatic content, works that to this day continue to be the*

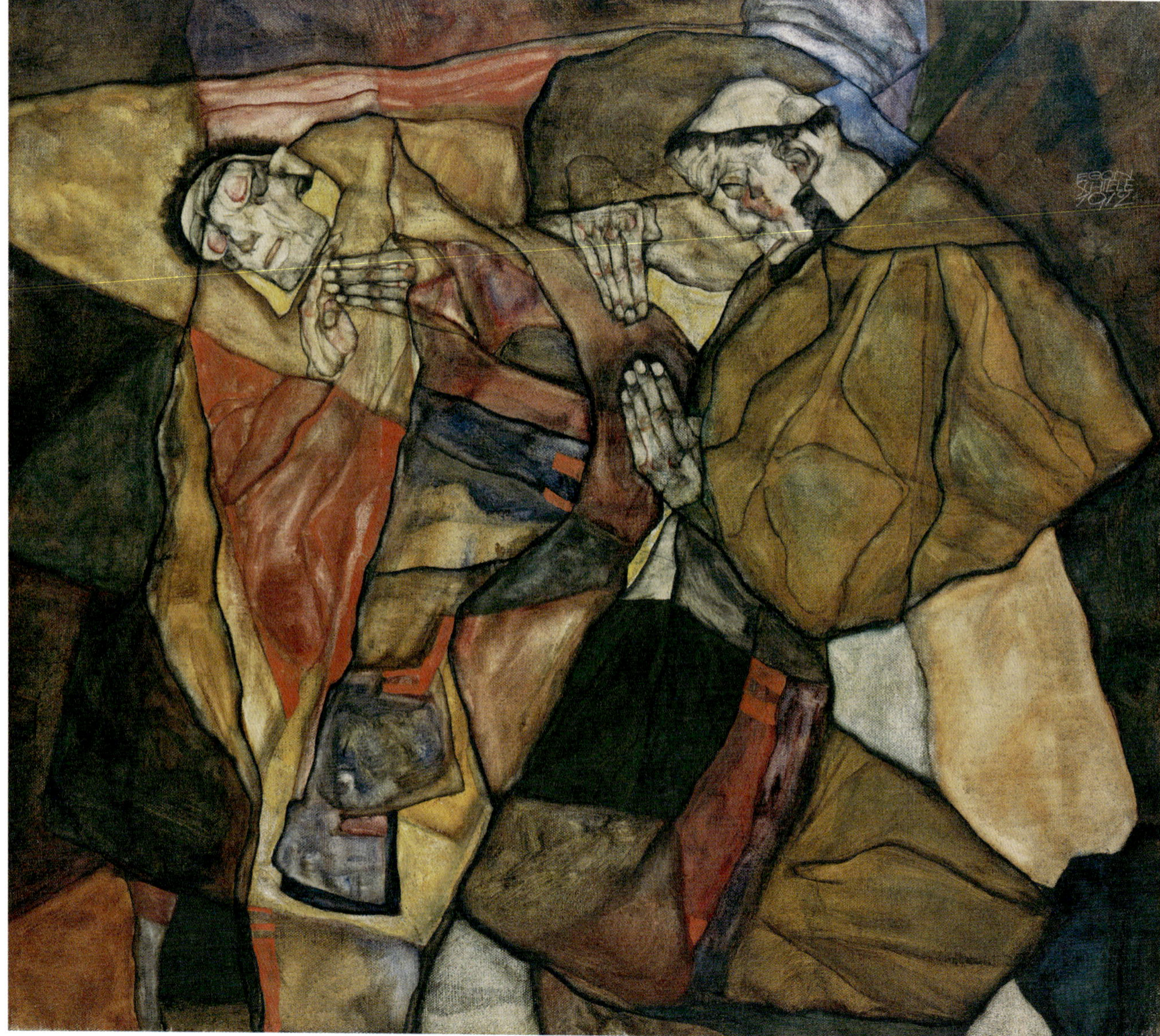

Egon Schiele
Agonie/*Agony*, 1912
Öl auf Leinwand/*oil on canvas*, 70 × 80 cm
Bayerische Staatsgemäldesammlungen – Neue Pinakothek München

erste Ankauf zeigt, dass Hauer sich für thematisch innovative Bilder des jungen Schiele interessierte. Der einfache Gastwirt begeisterte sich für Werke mit ausgesprochen rätselhaften Inhalten, die bis heute zu unterschiedlichsten Deutungen Anlass geben.[8]

Auch zahlreiche Briefpassagen belegen, dass Schiele in Hauer einen seiner kunstsinnigsten Gesprächspartner gefunden hatte. Besonders in puncto Naturwahrnehmung gab Schiele seinem Sammler Einblicke in seine Empfindungen, wie es der Künstler zuvor nur in einem Brief an den Architekten Josef Hoffmann im September 1910 getan hatte.[9] „Hauptsächlich beobachte ich jetzt die körperliche Bewegung von Bergen, Wasser[,] Bäumen und Blumen. Überall erinnert man sich an ähnliche Bewegungen im menschlichen Körper, an ähnliche Regungen von Freuden und Leiden in den Pflanzen. [...] Innigst und mit dem Wesen und Herz empfindet man einen Herbstlichen [sic] Baum im Sommer; diese Wehmut möchte ich malen."[10] Diese Einbindung in spirituelle Erfahrungen ist außergewöhnlich. Der Künstler mag in Hauer eine Vaterfigur gesehen haben, dessen Nähe er auch dadurch zu suchen schien, dass er dem Sammler seine wichtigsten Werke zudachte.

Dies äußert sich wohl am eindrucksvollsten im Verkauf des heute verschollenen Bildes *Auferstehung (Gräber)*, das mit 200 × 220 cm das größte Bild war, von dessen Fertigstellung wir heute wissen. Auch hier fand Schiele mit Gestalten, die sich in Gräbern aufzurichten scheinen, zu einem rätselhaften Bildinhalt. Es handelt sich jedenfalls um ein Werk, dessen spiritueller Inhalt in eine neue Bilderzählung mündet, die bis heute nicht zur Gänze geklärt ist. Das Werk, das in den Korrespondenzen lange „das große Bild" genannt wurde, hatte für Schiele jedenfalls eine zentrale Bedeutung. Durch zahlreiche Briefe wissen wir, dass Schiele das Werk in der Galerie des Gastwirts wissen wollte. „Das große Bild, das ich eigentlich gar nicht zu verkaufen gedachte, sondern weil ich das Gefühl haben könnte daß dieses Bild gewürdigt in der Galerie eines stark Kunstspürenden Menschen aufgestellt ist, kostet für Sie also ganz ausgenommen 1000 K. [...]. Ich lege Ihnen an's Herz das Bild besitzen müßten; ich habe das Gefühl daß es ein ganz bedeutendes ist und ich niemals wieder ein so ähnliches malen würde [...]. Sie werden erst darauf kommen, weil Sie Sich [sic] hineinleben müßten wenn Sie es oft sehen – man opfert wenn man liebt."[11]

Hauer zierte sich und ließ sich lange bitten; schließlich erwarb er das Bild, nachdem er Schiele immer wieder

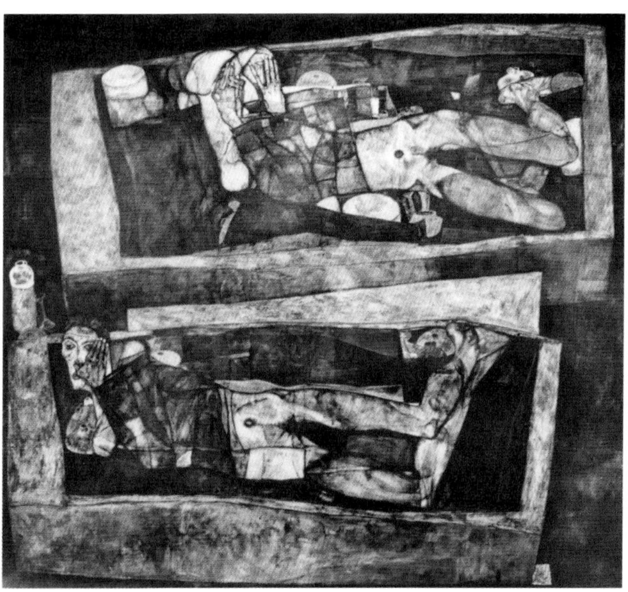

Egon Schiele
Auferstehung (Gräber)/ *Resurrection (Graves)*, 1913
Öl auf Leinwand/*oil on canvas*, 200 × 220 cm

subject of a diverse range of interpretations.[8]

Numerous passages in his letters also show that Schiele had found in Hauer one of his most artistically inclined dialogue partners. Especially when it came to perceptions of nature, Schiele gave his collector an insight into his perceptions in a way the artist had previously only done in a letter to architect Josef Hoffmann from September 1910.[9] *"Primarily, I am now looking more closely at the physical movements of mountains, water[,] trees, and flowers. Everywhere one is reminded of similar movements in the human body, of similar stirrings in friends and suffering in plants. . . . One senses, most intimately and with one's being and heart, an autumn [sic] tree in summer; I want to paint this wistfulness."*[10] *This involvement with spiritual experiences is extraordinary. The artist may have seen Hauer as a father figure whose closeness he seems to have also sought by giving the collector his most important works.*

This is perhaps most impressively evident in the sale of the painting Resurrection (Graves) *whose present whereabouts are unknown. Measuring 200 × 220 cm, it was the largest completed picture we know of today. Here, too, Schiele created enigmatic pictorial content with figures who appear to be rising from their graves. In any event, the spiritual content of this painting invokes a new pictorial narrative that is still not fully understood today. Long referred to in letters as the "the big painting," this work was, in any case, certainly of key importance to Schiele. We know from numerous letters that he wanted to see the picture in the restaurant owner's gallery. "The big painting, which I actually*

Egon Schiele
„Stadt Stein" II/
Stein on the Danube, Seen from the Kreuzberg (Large), 1913
Öl auf Leinwand/
oil on canvas,
91,5 × 91,5 cm
Leopold Museum, Wien/*Vienna*

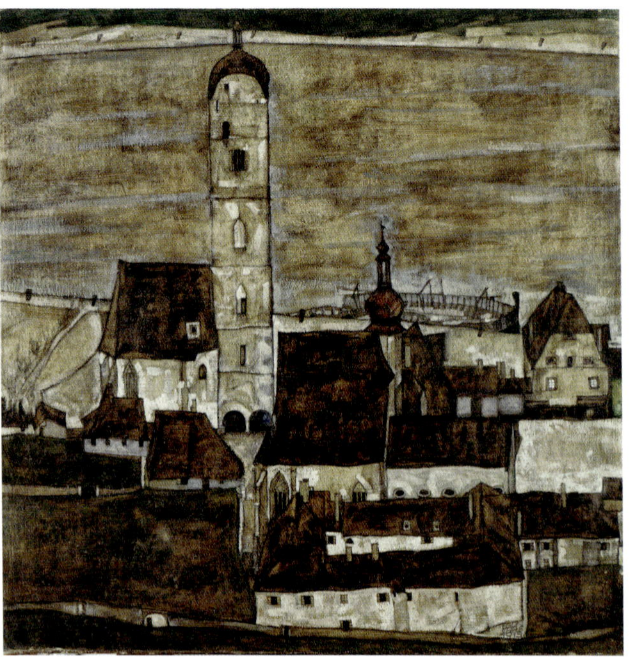

angetrieben hatte, daran weiterzuarbeiten. In der Korrespondenz wird der Verkaufspreis des Bildes, das nun als *Gräber* beziehungsweise *Auferstehung* bezeichnet wird, mehrfach verhandelt. Am Ende dürfte Hauer das Bild gemeinsam mit einem zweiten um 1.300 Kronen erworben haben,[12] was insofern bemerkenswert ist, als Schiele das Werk nach dem Tod von Franz Hauer um 1.200 Kronen von Anna Hauer zurückkaufte, also zu einem höheren Preis, als er es verkauft hatte. Auch dieser Rückkauf belegt die Bedeutung des Werks für Schiele und den Wunsch des Künstlers, dieses bedeutende Bild ausschließlich in der Sammlung von Franz Hauer zu sehen, in der Kollektion der Witwe wollte er es nicht wissen.

Die Entstehungsgeschichte zweier anderer Werke belegt ebenfalls, dass der Künstler spezielle Werke für bestimmte Sammler vorsah. Eine Nachricht vom 23. März 1913[13] war der Auftakt für die Städtebilder von Stein, die zu den Höhepunkten der Stadtlandschaften des Künstlers zählen. Den Hintergrund des Schreibens bildet sowohl die Kindheit Schieles, die er zum Teil in Krems verbracht hatte, wie auch die Bedeutung der Wachau für die Künstlergeneration der frühen Moderne. Nicht zuletzt äußert sich hier auch Schieles Verkaufstalent, ein Sammlerinteresse bedienen zu können. Die Motivwahl Schieles für die Gemälde könnte direkt auf Franz Hauer zurückgehen, der einige Kilometer entfernt in Weißenkirchen geboren wurde und seine ersten Berufsjahre in Krems verbracht hatte, das heute mit Stein eine Einheit bildet. Bevor Hauer sich den neuesten Strömungen der Kunst zuwandte, spielten Wachaulandschaften eine wichtige Rolle.

wasn't intending to sell, but because I would perhaps feel that this painting is appreciated if it is placed in the gallery of someone with a strong feeling for art, as a special exception it will therefore cost you 1000 k. . . . I warmly suggest to you that you should own this picture; I have the feeling that it is a very important work and that I will never again paint anything like it. . . . You will only come to understand it when you have looked at it many times, for you must enter into it completely – we sacrifice when we love."[11]

Hauer hesitated and played hard-to-get; he ultimately acquired the painting after having repeatedly pushed Schiele to keep working on it. The price of the picture, which was now referred to as Graves *or* Resurrection, *was discussed on several occasions in their correspondence. It appears that Hauer ultimately acquired the painting together with a second one for 1,300 kronen,[12] which is remarkable in that after the death of Franz Hauer, Schiele bought the picture back for 1,200 kronen from Anna Hauer—that is, more than what it was sold for. His repurchasing of the work again shows what importance Schiele attached to it. The artist wished to see this key painting only in Franz Hauer's collection and not in that of the widow.*

The history of two other works also provides evidence that the artist had intended specific works for specific collectors. A note dated March 23, 1913,[13] was the prelude to his townscapes of Stein, which mark a culmination in the development of the artist's urban landscapes. The background of this letter was Schiele's childhood, part of which he had spent in Krems, as well as the importance of the Wachau Valley for the early modernist generation of artists. Not least, this also highlights Schiele's sales talent, which enabled him to accommodate a collector's interests. Schiele's choice of subjects for his painting may be owed directly to Franz Hauer, who was born only a few kilometers away in Weißenkirchen and spent the first years of his professional life in Krems, which today has merged with Stein. Before Hauer turned to the most recent trends in art, Wachau landscapes played an important role in his collection.

The Wachau Valley had already in the nineteenth century become a "place of desire" for artists from the city, and this attraction only increased in the years after 1900. With the rapid growth of Vienna's population to over two million,[14] the landscape between Krems and Weißenkirchen had emerged as an idyllic counterworld to the bustling imperial

In den Jahren nach 1900 konnte die Wachau ihre schon im 19. Jahrhundert erlangte Stellung als Sehnsuchtsort der Künstler mehr und mehr ausbauen. Mit dem rasanten Wachstum Wiens auf mehr als zwei Millionen Einwohner[14] hatte sich die Landschaft zwischen Krems und Weißenkirchen zur idyllischen Gegenwelt der Donaumetropole entwickelt, die längst schon zum Reibebaum der jungen Künstlerinnen und Künstler geworden war. Sie „träumten von einem ‚Südsee-Erlebnis', das sie näher an die Quellen des Schöpferischen heranführte und das sie sich [...] auch von einem Aufenthalt [...] in der Wachau erhofften".[15]

Nach zwei kleinformatigen Stein-Bildern, die Schiele an Carl Reininghaus verkaufen sollte, ging der Künstler daran, die großformatigen Werke zu schaffen,[16] die er Franz Hauer zugedacht hatte: „Jetzt werde ich diese Stadt erst größer malen auf Leinwand, natürlich werden Örtlichkeiten nicht mehr berücksichtigt, sondern nach meiner Erinnerung, (nach den Studien die ich mitbrachte), – noch vieles anders komponiert."[17]

„In Schieles Landschafts- und Städtebildern gibt es keine Industrialisierung, keine rauchenden Schlote oder Zeugnisse moderner Technik. [...] Es scheint, als wären ihm Großstadt und modernes Leben [...] als die gleichermaßen verhängnisvollen Folgen der ‚materialistischen Tendenzen unserer Zivilisation' erschienen, denen er in seinem Werk keinerlei Aufmerksamkeit schenken wollte."[18] So kommentiert Reinhard Steiner Schieles Städtebilder, die ohne Versatzstücke des Fortschritts ganz auf die Vergangenheit ausgerichtet sind.

Hauer genoss zahlreiche Privilegien, die er von Schiele eingeräumt bekommen hatte. Am 2. Juli 1913 bedankte sich der Sammler für „das Vorbesichtigungsrecht auf Ihre bis zum Herbste entstandenen Bilder".[19] Drei Wochen später berief er sich gegenüber Schiele darauf, ein Umtauschrecht ausverhandelt zu haben.[20] Die beiden waren einander nicht nur nahe, auch die Entstehung zahlreicher Kunstwerke wurde von Hauer intensiv begleitet. Er wollte an den künstlerischen Prozessen teilhaben und Schiele kam diesem Wunsch nach, indem er den Sammler umfassend informierte und in künstlerische Entscheidungen einbezog.

Am Ende besaß Hauer zahlreiche Gemälde des Künstlers,[21] darunter Hauptwerke seines Schaffens, und eine Vielzahl an Aquarellen und Zeichnungen, bevor er am 5. Juni 1914 durch seinen plötzlichen Tod ebenso überraschend von der

capital, which young artists had long "loved to hate." They "dreamed of a 'South Sea adventure' that would lead them closer to the sources of creativity . . . an expectation they also brought to . . . a sojourn in the Wachau."[15]

After completing two small-format Stein paintings, which Schiele was to sell to Carl Reininghaus, he began working on the large-format works[16] *that were intended for Franz Hauer: "I will now paint this town larger, on canvas. Of course, localities will no longer be a consideration, but based on my memory (after the studies I brought with me)—more will be composed differently."*[17]

"In Schiele's landscapes and townscapes there is no industrialization, no smoking chimneys or evidence of modern technology. . . . It seems the big city and modern life . . . appeared to him as equally fateful consequences of the 'materialistic tendencies of our civilization,' to which he did not want to give attention in his work,"[18] *wrote the German art historian Reinhard Steiner about Schiele's townscapes, which omit any elements representing progress and are oriented entirely toward the past.*

Hauer enjoyed numerous privileges granted by Schiele. On July 2, 1913, the collector thanked Schiele for granting him "the right to preview pictures painted up until the fall."[19] *Three weeks later, he reminded Schiele of their agreement that he was entitled to exchange previously purchased*

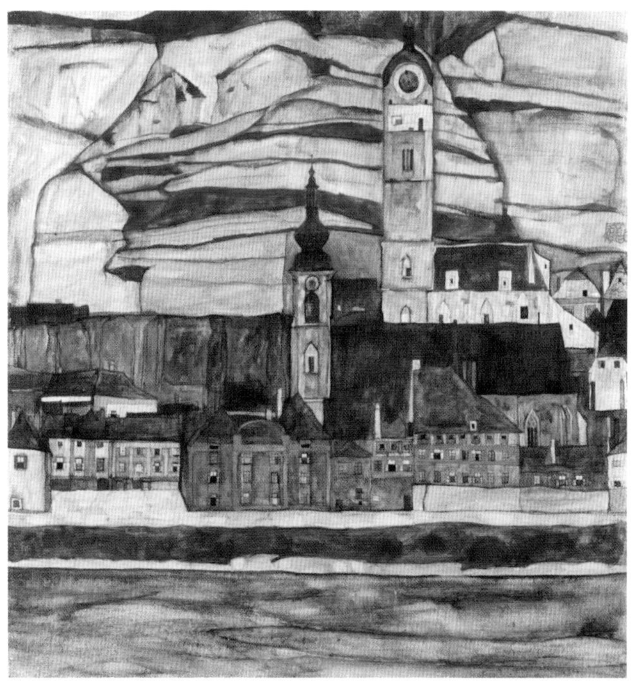

Egon Schiele
Stein an der Donau, vom Süden gesehen (groß)/
Stein on the Danube, Seen from the South (Large), 1913
Öl auf Leinwand/
oil on canvas, 89,8 × 89,6 cm
Neue Galerie New York
(Dieses Werk ist Teil der Sammlung Estée Lauder und wurde von Estée Lauder großzügig zur Verfügung gestellt/
This work is part of the collection of Estée Lauder and was made available through the generosity of Estée Lauder)

Bildfläche verschwand, wie er wenige Jahre zuvor als Kunstsammler in Erscheinung getreten war.

Wir müssen uns Franz Hauer am Ende seines Lebens als Sammler mit beinahe grenzenloser Leidenschaft für Kunst vorstellen. Sein Leben galt der Kunst, seine finanziellen Mittel gingen restlos darin auf, wie er in einem Brief an Schiele mitteilt: „[...] gegenwärtig bin ich fast ausgepumpt, und alles ist fast wieder – wie gewöhnlich in die Taschen der Jungen geflossen. Es soll aber mit Vergnügen geschehen, wenn nur der Zweck damit erreicht ist den Erfolg des Einen oder Anderen einmahl [sic] noch mit erleben zu können, würde mich glücklich machen und für alles entschädigen."[22] Nur ein Jahr später starb Franz Hauer. Die großen Erfolge seiner Künstler, wie jenen des Egon Schiele, sollte er nicht mehr erleben.

works for newer ones.[20] *The two not only had a close relationship; Hauer also paid intense attention to the development of numerous works. He wanted to participate in the artistic process, and Schiele accommodated his wish by providing the collector with comprehensive information and involving him in artistic decisions.*

In the end, Hauer owned many of the artist's paintings[21]*—including main works of his oeuvre—as well as numerous watercolors and drawings. When he died unexpectedly on June 5, 1914, he disappeared from the scene just as surprisingly as he had arrived on it as an art collector just a few years earlier.*

Approaching the end of his life, Franz Hauer was by all indications a collector with an almost boundless passion for art. He dedicated his life to it, along with almost all of his financial resources, as he wrote in a letter to Schiele: "Right now I am almost pumped dry, and almost all has again – flowed into the pockets of the young, as usual. But this shall be afforded with pleasure, if I could only live to just once see the intended purpose accomplished, the success of one or the other, that would make me happy and reward me for all my efforts."[22] *Only one year later, Franz Hauer passed away. He did not live to see the great successes of his artists, including that of Egon Schiele.*

1 Egon Schiele an Franz Hauer, 25.01.1914 (Egon Schiele Datenbank der Autographen, ID 736; Albertina, Inv.-Nr. ESA 101).

2 Die Kindesentführung war nur einer von mehreren Anklagepunkten. Siehe dazu: Ernst Ploil, „‚Bestraft für seine Kunst'. Egon Schieles Prozess – von Mythen befreit", in: *Parnass*, Nr. 3 (2006), S. 116.

3 Wie Anm. 1.

4 Es existieren insgesamt vier Porträtzeichnungen (Kallir D 1622, 1623, 1624 und 1625) und eine Porträtradierung (Kallir G 5a) zu Franz Hauer. Schiele wollte im März 1914 – ähnlich wie Kokoschka – aus eigenem Antrieb ein Porträt im Gemäldeformat anfertigen, das nie zur Ausführung gelangte. Siehe dazu: Visitenkarte von Egon Schiele mit einer Notiz für Franz Hauer, 03.03.1914 (Egon Schiele Datenbank der Autographen, ID 1918; Leopold Museum, Inv.-Nr. LM 5442).

5 Arthur Roessler unterstützte Schiele seit dem Jahr 1909 umfassend, setzte sich mit Veröffentlichungen in zahlreichen Medien für ihn ein, vermittelte ihn an Sammler und kaufte selbst Arbeiten des Künstlers. Tobias Natter vermutet, dass auch die Vermittlung an Franz Hauer von Roessler ausging. Siehe dazu: Tobias G. Natter, „Franz Hauer", in: Tobias G. Natter/Ursula Storch (Hg.), *Egon Schiele & Arthur Roessler. Der Künstler und sein Förderer. Kunst und Networking im frühen 20. Jahrhundert*, Ostfildern/Ruit/Wien 2004, S. 126.

1 *Egon Schiele to Franz Hauer, Jan. 25, 1914 (Egon Schiele Autograph Database, ID 736; Albertina, inv. ESA 101).*

2 *Child abduction was only one of several charges. See Ernst Ploil, "'Bestraft für seine Kunst.' Egon Schieles Prozess—von Mythen befreit,"* Parnass, *no. 2 (2006), 116.*

3 *Egon Schiele to Franz Hauer, Jan. 25, 1914.*

4 *In all, Schiele completed four portrait drawings (Kallir D 1622, 1623, 1624, and 1625) and a portrait etching (Kallir G 5a) of Franz Hauer. In March 1914, Schiele, like Kokoschka, wanted to create a painted portrait of Hauer on his own initiative, but the idea was never realized. See "Visitkarte von Egon Schiele mit einer Notiz für Franz Hauer," March 3, 1914 (Egon Schiele Autograph Database, ID 1918; Leopold Museum, inv. LM 5442).*

5 *Arthur Roessler had amply supported Schiele since 1909, championed his work in essays in various print media, put him in contact with collectors, and bought some of the artist's works himself. Tobias Natter believes that it was also at Roessler's initiative that Schiele contacted Franz Hauer. See Tobias G. Natter, "Franz Hauer," in* Egon Schiele & Arthur Roessler. Der Künstler und sein Förderer. Kunst und Networking im frühen 20. Jahrhundert, *ed. Tobias G. Natter and Ursula Storch (Vienna, 2004), 126.*

6 *Egon Schiele to Franz Hauer, July 12, 1912 (Egon Schiele Autograph Database, ID 493; Albertina, inv. ESA 91).*

6 Egon Schiele an Franz Hauer, 12.07.1912 (Egon Schiele Datenbank der Autographen, ID 493; Albertina, Inv.-Nr. ESA 91).

7 Siehe dazu: Quittung von Egon Schiele für Franz Hauer, 26.07.1912 (Egon Schiele Datenbank der Autographen, ID 496; Albertina, Inv.-Nr. ESA 118).

8 Siehe dazu: Tobias G. Natter (Hg.), *Egon Schiele. Sämtliche Gemälde. 1909–1918*, Köln 2017, Nr. 119 und Nr. 120, S. 529; hier findet sich ein Abriss der bisherigen Deutungen.

9 Siehe dazu: Egon Schiele an Josef Hoffmann, 20.09.1910 (Dauerleihgabe der Familie Nebehay an die Landesgalerie Niederösterreich); siehe auch: Christian Bauer (Hg.), *Ich bin alles zugleich. Selbstdarstellung von Schiele bis heute*, Ausst.-Kat. Landesgalerie Niederösterreich, Krems 2019.

10 Egon Schiele an Franz Hauer, 25.08.1913 (Egon Schiele Datenbank der Autographen, ID 674; Albertina, Inv.-Nr. ESA 107).

11 Egon Schiele an Franz Hauer, 11.06.1913 (Egon Schiele Datenbank der Autographen, ID 623; Albertina, Inv.-Nr. ESA 117).

12 „[…] also zusammen für das Gräber= und Steinerbild im ganzen 1100 K. Unsere Vereinbarung im Juni geht aber für beide Bilder auf 1300 K.“; siehe dazu: Egon Schiele an Franz Hauer, 11.08.1913 (Egon Schiele Datenbank der Autographen, ID 667; Albertina, Inv.-Nr. ESA 109).

13 Egon Schiele an Carl Reininghaus, 23.03.1913 (Egon Schiele Datenbank der Autographen, ID 57; Leopold Privatsammlung).

14 Die Zahl von 2,1 Mio. Einwohnern wurde bei der Volkszählung 1910 erreicht. Siehe dazu: de.wikipedia.org/wiki/Volkszählung_in_Österreich-Ungarn_1910 (Zugriff: 27.03.2019).

15 Siehe dazu: Nikolaus Schaffer, „Sehnsucht nach Größe“, in: *Anton Faistauer. 1887–1930*, Salzburg 2005, S. 55.

16 Zur Entstehungsgeschichte der Stein-Bilder Egon Schieles siehe: Christian Bauer, „Sehnsuchtsorte und Stadtlandschaften. Egon Schieles Bilder von Krems und Stein“, in: Christian Bauer (Hg.), *Egon Schiele. Fast ein ganzes Leben*, München 2015, S. 83.

17 Egon Schiele an Carl Reininghaus, 24.03.1913 (Egon Schiele Datenbank der Autographen, ID 58; Leopold Privatsammlung).

18 Reinhard Steiner, *Egon Schiele. 1890–1918. Die Mitternachtsseele des Künstlers*, Köln 1981, S. 91.

19 Franz Hauer an Egon Schiele, 02.07.1913 (Egon Schiele Datenbank der Autographen, ID 638; Albertina, Inv.-Nr. ESA 114).

20 Franz Hauer an Egon Schiele, 23.07.1913 (Egon Schiele Datenbank der Autographen, ID 660; Privatbesitz/USA).

21 Der Nachlass des Franz Hauer führt folgende Werke: *Stein an der Donau* (*Stein an der Donau, vom Süden gesehen, groß*, Nachlass Nr. 65, Kallir Nr. 268), *Zwei Nonnen* (*Bekehrung*, Nachlass Nr. 63, Kallir Nr. 231), *Belebung* (*Agonie*, Nachlass Nr. 65, Kallir Nr. 230), *Stein an der Donau 2* (*Stein an der Donau, vom Kreuzberg aus gesehen, groß*, Nachlass Nr. 67, Kallir Nr. 269), *Mumienstudie* (*Auferstehung [Gräber]*, Nachlass Nr. 72, Kallir Nr. 70), *Stein an der Donau* (*Häuser am Fluss II/Die alte Stadt II*, Nachlass Nr. 94, Kallir Nr. 279) und *Mühle* (*Sägemühle*, Nachlass Nr. 479, Kallir Nr. 271); einige Gemälde, die eindeutig der Sammlung Hauer zugeordnet werden können, fehlen im Nachlass: *Vorstadt I*, Kallir Nr. 282, sowie *Herbstabend*, Kallir Nr. XXXIX, wozu keine näheren Informationen verfügbar sind.

22 Franz Hauer an Egon Schiele, 10.06.1913 (Egon Schiele Datenbank der Autographen, ID 622; Albertina, Inv.-Nr. ESA 94).

7 See receipt written by Egon Schiele to Franz Hauer, July 26, 1912 (Egon Schiele Autograph Database, ID 496; Albertina, inv. ESA 118).

8 See Tobias G. Natter, ed., Egon Schiele. Sämtliche Gemälde. 1909–1918 *(Cologne, 2017), 529, figs. 119 and 120. An outline of the interpretations suggested so far is provided here.*

9 See Egon Schiele to Josef Hoffmann, Sept, 20, 1910 (permanent loan by the Nebehay Family to the State Gallery of Lower Austria); see also Christian Bauer, ed., Ich bin alles zugleich. Selbstdarstellung von Schiele bis heute, *exh. cat. (State Gallery of Lower Austria: Krems, 2019).*

10 Egon Schiele to Franz Hauer, Aug. 25, 1913 (Egon Schiele Autograph Database, ID 674; Albertina, inv. ESA 107).

11 Egon Schiele to Franz Hauer, June 11, 1913 (Egon Schiele Autograph Database, ID 623; Albertina, inv. ESA 117).

12 ". . . so, together the Graves= and Stein paintings are 1100 k. Our June agreement, however, has both pictures at 1300 k.;" see Egon Schiele to Franz Hauer, Aug. 11, 1913 (Egon Schiele Autograph Database, ID 667; Albertina, inv. ESA 109).

13 Egon Schiele to Carl Reininghaus, March 23, 1913 (Egon Schiele Autograph Database, ID 57; Leopold Private Collection).

14 Vienna's population reached 2.1 million in 1910, as reported by that year's census. See de.wikipedia.org/wiki/Volkszählung_in_Österreich-Ungarn_1910 (accessed: March 27, 2019)

15 See Nikolaus Schaffer, "Sehnsucht nach Größe," in Anton Faistauer. 1887–1930 *(Salzburg, 2005), 55.*

16 Regarding the developmental history of Egon Schiele's Stein paintings, see Christian Bauer, "Places of Desire and Townscapes: Egon Schiele's Paintings of Krems and Stein," in Egon Schiele: Almost a Lifetime, *ed. Christian Bauer (Munich, 2015), 83.*

17 Letter by Egon Schiele to Carl Reininghaus, March 24, 1913 (Egon Schiele Autograph Database, ID 58; Leopold Private Collection).

18 Reinhard Steiner, Egon Schiele. 1890–1918: Die Mitternachtsseele des Künstlers *(Cologne, 1981), 91.*

19 Franz Hauer to Egon Schiele, July 2, 1913 (Egon Schiele Autograph Database, ID 638; Albertina inv. ESA 114).

20 Franz Hauer to Egon Schiele, July 23, 1913 (Egon Schiele Autograph Database, ID 660; private collection, USA).

21 The estate of Franz Hauer lists the following works: Stein on the Danube *(*Stein on the Danube, Seen from the South, Large, *Estate no. 65, Kallir no. 268),* Two Nuns *(*Conversion, *Estate no. 63, Kallir no. 231),* Revival *(*Agony, *Estate no. 65, Kallir no. 230),* Stein on the Danube 2 *(*Stein on the Danube, Seen from the Kreuzberg, Large, *Estate no. 67, Kallir no. 269),* Mummies *(*Resurrection, [Graves], *Estate no. 72, Kallir no. 70),* Stein on the Danube *(*Houses on the River [The Old Town], *Estate no. 94, Kallir no. 279), and* Mill *(*Sawmill, *Estate no. 479, Kallir no. 271); some paintings that were clearly in the Hauer collection are missing from the estate:* Suburb I, *Kallir no. 282 as well as* Autumn Evening, *Kallir no. XXXIX, on which no further information is available.*

22 Franz Hauer to Egon Schiele, June 10, 1913 (Egon Schiele Autograph Database, ID 622, Albertina ESA 94).

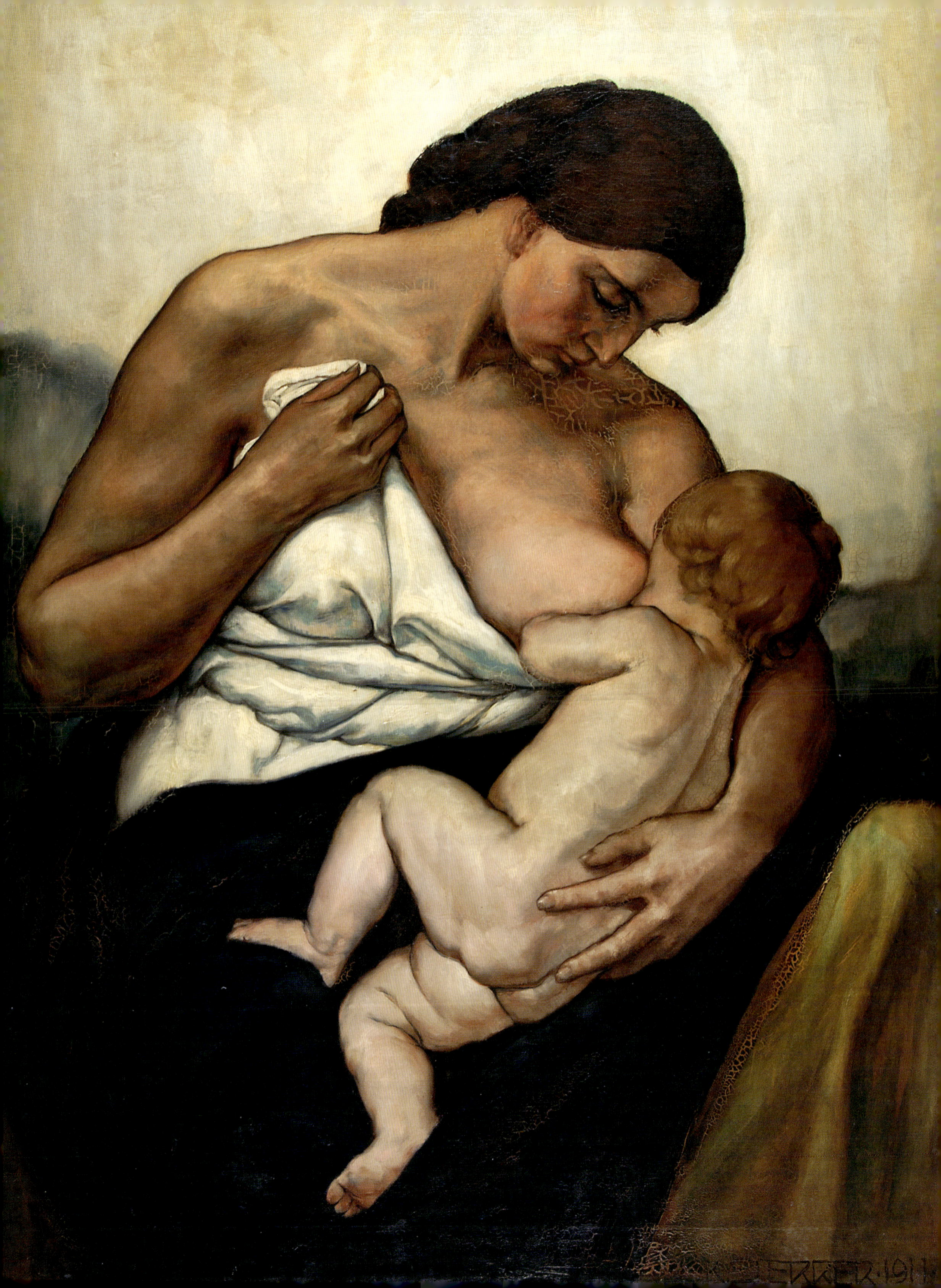

Josef Seiter

„... haben Sie wirklich eine gute Gesinnung noch zu mir, werden wir wieder auf einen grünen Zweig kommen."[1]

Franz Hauer und Karl Sterrer

Anfang April 1911 waren Karl Sterrer und seine Frau Elise auf Capri angekommen. Sie hatten wenige Tage zuvor geheiratet. Der junge Maler, den die Feuilletons der Presse gerade wohlwollend zu entdecken begannen, hatte von Franz Hauer den Auftrag erhalten, einen Bilderzyklus für die Ausgestaltung des Speisezimmers seines Hauses in der Sternwartestraße in Wien-Währing zu entwickeln. Der Erwerb des Ölbildes *Liebesfrühling* nach der Herbstausstellung des Künstlerhauses 1910[2] war dem Sammler nur der Anfang, die Fähigkeiten des jungen, ernsten, talentierten Malers zu fördern. Der Künstler versuchte, im November 1910 das erste Konzept für Hauer vorzulegen: „Das Schönste wird villeicht eine ‚Legende' sein, in deren Mitte Ihre werte Familie, in Portrait lebt. [...] Die ganzen Bilder sollen ein hochstrebendes Leben schildern, das Leben von schön u. tief fühlend u. denken[den] Menschen [...]."[3]

Capri schien Sterrer der geeignetste Ort zu sein, den Auftrag erfüllen zu können: Capri mit seinem ausgeglichenen, milden Klima und dem so reizvollen Zusammenspiel von Landschaft und Architektur im Licht des Mittelmeers. Es sollten 14 Monate werden, die die Sterrers auf der Insel im Tyrrhenischen Meer mit finanzieller Unterstützung Hauers schließlich verbrachten. Dort gebar Elise das erste Kind.

Karl Sterrer wurde am 4. Dezember 1885 in Wien geboren.[4] Sein Vater[5] war von Linz nach Wien zugezogen, hatte sich die Position eines „Ringstraßenbildhauers" erarbeitet. In solch familiärem Kunstambiente aufgewachsen, war der Weg des jungen Karl vorgezeichnet. An der Wiener Kunstakademie durchlief er die Malerklassen von Christian Griepenkerl und Alois Delug. 1908 wurde er für würdig befunden, das Studium mit der sogenannten „Romreise", auf der er auch Capri besuchte, zu beenden. Die Begegnung mit den Kunstschätzen Italiens sollte ihn zutiefst berühren und doch wieder verunsichern. „Oft genug bis zur Verzweiflung erdrückt von der Wucht des Gesehenen",[6] schwankte er bald zwischen der Berufung zur Malerei oder zur Skulptur und

Josef Seiter

"Should you still have a positive disposition toward me, we will again be able to come to terms with each other."[1]

Franz Hauer and Karl Sterrer

At the beginning of April 1911, Karl Sterrer and his wife, Elise, arrived in Capri. They had married only a few days before. The young painter, whom art critics had just started to discover and write about favorably, had been commissioned by Franz Hauer to create a series of pictures to decorate the dining room of the collector's house on Sternwartestraße, in Vienna's Währing district. Hauer's purchase of the oil painting Springtime of Love *following the Künstlerhaus's* Herbstausstellung *of 1910*[2] *was for the collector merely the beginning of fostering the abilities of this young, earnest, talented painter. In November 1910 the artist attempted to present Hauer with an initial concept for the project: "The most beautiful element will perhaps be a 'Legend,' in the middle of which your esteemed family will be immortalized in a portrait. . . . All the pictures are to depict an ambitious life, the life of people with lovely and profound feelings and thoughts."*[3]

Capri seemed to Sterrer to be the ideal place to execute the commission, with its temperate climate and delightful combination of landscape and architecture, bathed in the light of the Mediterranean. With Hauer's financial support, the Sterrers would ultimately spend fourteen months on this island in the Tyrrhenian Sea. It was here that Elise gave birth to their first child.

Karl Sterrer was born in Vienna on December 4, 1885.[4] *His father*[5] *had moved to Vienna from Linz and worked his way up to the position of a sculptor for the buildings along Vienna's Ringstraße. Growing up in such an artistic environment, the career choice of young Karl was virtually predestined. He studied painting in the classes of Christian Griepenkerl and Alois Delug at Vienna's Academy of Fine Arts and in 1908 was judged to be worthy of concluding his studies with a so-called "Rome journey," in the course of which he visited Capri as well. The encounter with Italy's art treasures moved him deeply and unsettled him. "Often enough crushed to the point of despair" by what he saw,*[6] *he soon began to waver*

Karl Sterrer
Mutter mit Säugling/
Mother with Infant
Öl auf Leinwand/
oil on canvas,
135 × 103 cm
Privatbesitz/
private collection

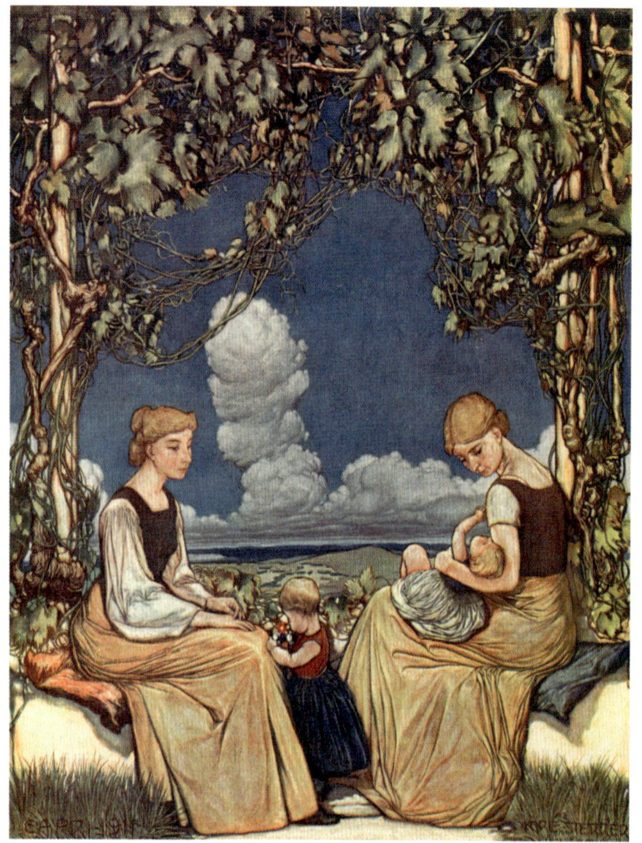

Karl Sterrer
Das Glück/
Happiness,
1911
Öl auf
Leinwand/
oil on canvas,
112 × 85 cm

zweifelte gar an seinen Fähigkeiten als freier Kunstschaffender.

Nun, auf Capri, entstanden mehrere Werkblöcke zusammen mit den dazu nötigen Vorstudien, fernab von Wien und seinen Künstlern und Künstlervereinigungen. Sie alle waren Sterrer ja Konkurrenz. Im Hauerschen Sammlungsbereich jedoch, im Forum arrivierter Künstler, wie etwa Albin Egger-Lienz, vertreten zu sein, verhieß ihm andere Hoffnung. Unsicherheit bestand trotzdem. Die tatsächlichen Bedingungen für den Auftrag können wir nur Briefen des Künstlers an Hauer entnehmen. Antwortbriefe des Sammlers sind hingegen wenige erhalten. Ganz eindeutig scheinen die Vorgespräche dazu nicht gewesen zu sein.

Eine Preisabmachung gab es zumindest: „6000 Kronen, in Raten zu zahlen […]".[7] Doch musste der Vorschuss dafür nicht nur für ungewisse, noch nicht fertiggestellte Arbeiten herhalten, sondern auch die existenziellen Rahmenbedingungen abdecken. Ein Risiko für den Mäzen, sicher. Sterrer war auf jeden Fall von seinem Gönner abhängig, er hatte Arbeiten zu liefern, die dem informellen Vertrag entsprechen sollten.

indecisively between painting and sculpture, even coming to doubt his abilities as an independent artist.

Now, in Capri, he created several work groups along with the necessary preliminary studies, far removed from Vienna and its artists and artists' associations, which Sterrer naturally viewed as competition. Being given a place in Hauer's collection, however, in the forum of established artists that included such names as Albin Egger-Lienz, gave him hope. But there was still an element of insecurity. The only information we have about the actual conditions of the commission is what we can glean from the artist's letters to Hauer; few replies from the collector have survived. Preliminary discussions concerning the project appear to have been rather vague.

There was, at least, an agreement on the price: "6,000 kronen, to be paid in installments."[7] The advance payment of this sum, however, had to not only pay for indeterminate, not yet completed works but also cover living expenses. This certainly represented a risk for the patron. Sterrer was in any case dependent on his benefactor: he was obligated to deliver works that met the terms of the informal contract.

While Hauer apparently advanced the significant sums necessary for the Sterrers' travel to and later their return journey from Capri without argument, Sterrer had to constantly plea to Hauer for additional advances to pay for everything required for daily life there, including rent, food, painting supplies, books, and picture transport. Moreover, the transfer of funds from Hauer did not function as smoothly as the artist would have wished, so that Sterrer had to constantly beg for money.

As a client, Hauer often interfered in the artist's work to make demands in terms of form and content. Even after acquiring his first work from Sterrer, Springtime of Love, *he had requested corrections to the painting, and he did not hold back with criticism later either. Sometimes he was also quite impatient in insisting on the completion of works that had been only vaguely agreed upon.*

Sterrer formulated a new pictorial concept.[8] He now reduced the original seven-picture series to five works centering on the theme of "Life." It was a program about love, freedom, war, work, and death.

Wohl hatte Hauer die für die Anreise, später auch die für die Heimreise benötigten größeren Summen problemlos vorgestreckt. Doch für die zur Bewältigung des Alltags notwendigen Beträge – Miete, Lebensmittel, Malmaterial, Bücherankauf, Bildertransport – waren Sterrers ständige Bitten um weitere Vorschüsse erforderlich. Dazu kam das Veranschlagen von Bildpreisen, die die gestattete Summe abdecken sollte. Zudem liefen die Überweisungen der Geldbeträge nicht so reibungslos, wie sich Sterrer das gewünscht hatte. Es war dem Künstler ein Bettel.

Als Auftraggeber erwies sich Hauer durchaus so selbstbewusst, um mit formalen und inhaltlichen Forderungen in die Arbeiten der Künstler einzugreifen. Hatte er schon nach seinem ersten Ankauf Wünsche um Korrektur im Bild *Liebesfrühling* geäußert, enthielt er sich auch später nicht der Kritik. Und manchmal drängte er eher ungeduldig auf die Ausführung des unklar Vereinbarten.

Sterrer formulierte ein neuerliches Bildkonzept.[8] Den ursprünglich auf eine Folge von sieben Bildern angelegten Bilderzyklus reduzierte er nun auf fünf Arbeiten um das Thema „Leben". Ein Programm über Liebe, Freiheit, Krieg, Arbeit, Tod.

Sterrer wollte „Lyrisches" – nur nach der Natur zu arbeiten lag nicht in seinem Interesse, und das schien auch für Hauer von Reiz gewesen zu sein. Der Künstler änderte die Themen für den Zyklus nochmals, arbeitete nun am *Glück* und wieder an neuen Ideen. Das Bild *Die Blümlein fein* stellte Hauer neuerlich auf die Probe. Das *Glück* „[...] gefiel dem Besteller nicht", befand Sterrers Biograf Arpad Weixlgärtner, „und der ganze Auftrag wurde rückgängig gemacht. Damit stürzte das Fundament, auf dem nicht nur der Aufenthalt auf Capri, sondern in gewissem Sinne auch die beschleunigte Heirat aufgebaut war, kläglich zusammen." *Blümlein fein* wurde von Hauer ebenfalls nicht angenommen, „sondern als ‚Kitsch' zurückgewiesen".[9]

Kleine Naturstudien fanden wieder Gnade vor den Augen des Mäzens. Ende Juli wurden neue Ölbilder – *Grande Feste* und *Am Ende der Länder* – zum Versand nach Wien aufgegeben, wo sie Mitte August eintreffen sollten. Anbei Sterrers Preisvorstellungen: 1400 beziehungsweise 1200 Kronen, versichert hatte er sie auf 4000.[10]

Wenn in der Zwischenzeit die thematischen Divergenzen ausgeräumt schienen, drohte nun wegen divergierender

Sterrer wanted something "lyrical;" he was not interested in simply working according to nature, and this seemed to appeal to Hauer as well. The artist changed the themes for the series once again, working now on Happiness *and again on new ideas.* Happiness *"did not find favor with the client," reported Sterrer's biographer, Arpad Weixlgärtner, "and the entire commission was rescinded. Thus did the foundation completely collapse on which not only the sojourn in Capri but also to a certain extent the expedited marriage was built."* The Fairest Flowers *was not accepted by Hauer either; it was "rejected as 'kitsch.'"*[9]

Small nature studies, on the other hand, found favor in the eyes of the patron. At the end of July, two new paintings— Grande Feste *and* Land's End*—were shipped to Vienna, where they were to arrive in mid-August. Enclosed were the prices Sterrer expected to receive: 1,400 and 1,200 kronen, respectively; he had them insured for 4,000 kronen.*[10]

While the thematic divergences seemed to have been resolved, a new conflict threatened to erupt due to differing

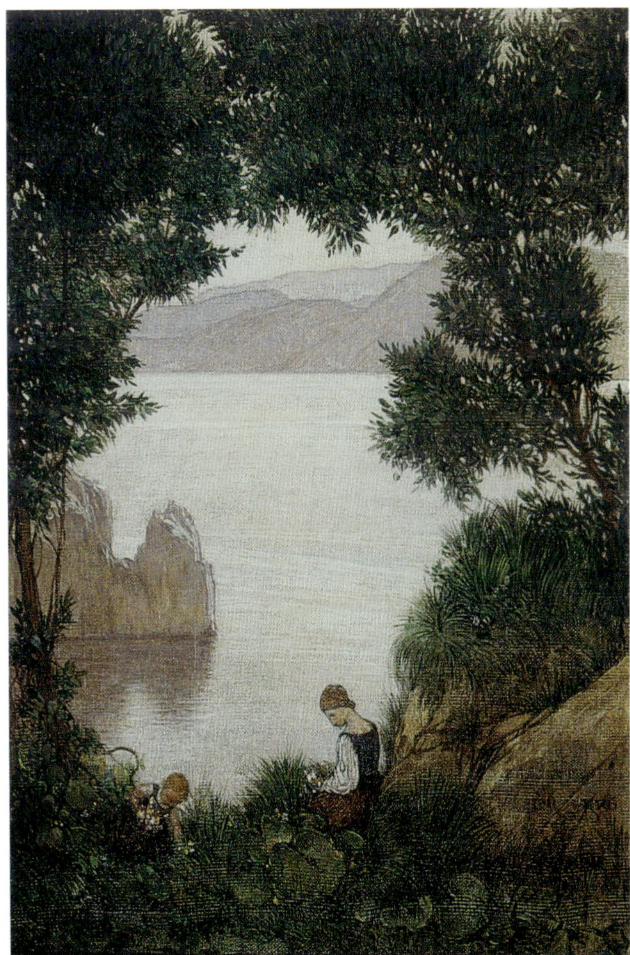

Karl Sterrer
Die Blümlein fein/*The Fairest Flowers*, 1911
Öl auf Leinwand/ *oil on canvas*, 54 × 36 cm
Privatbesitz/ *private collection*

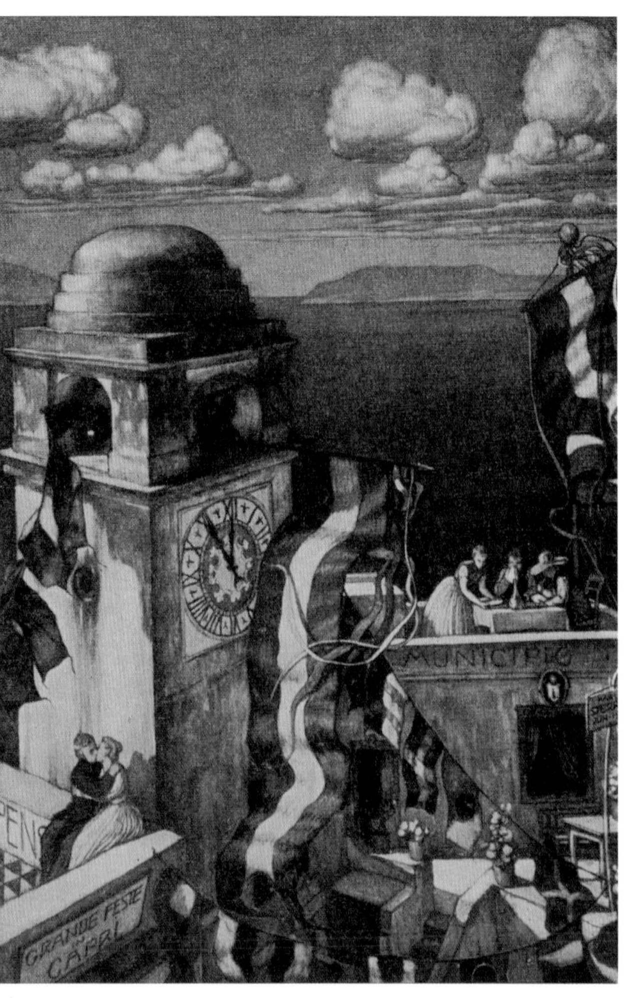

Karl Sterrer
Grande Feste
in Capri
1911
Öl auf
Leinwand/
oil on canvas,
70 × 50 cm
Privatbesitz/
private collection

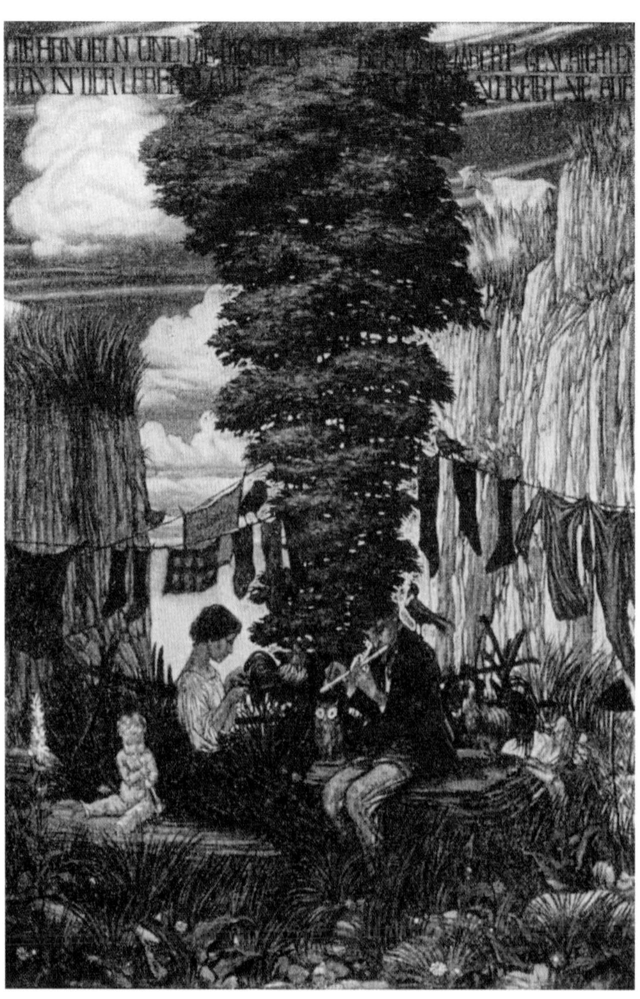

Karl Sterrer
Erste Liebe
(Die handeln
und die dichten/Das ist der
Lebenslauf/Der
eine macht
Geschichten/
Der andre
schreibt sie
auf)/*First Love (They act and they poeticize; this is their course of life. The one makes stories; the other inscribes them)*, 1911
Öl auf
Leinwand/
oil on canvas,
67,5 × 48 cm
Privatbesitz/
private collection

Preisvorstellungen ein neuerlicher Konflikt aufzubrechen. In der Antwort schrieb Hauer: „In künstlerischer Hinsicht will ich wie schon erwähnt über die Bilder nichts verlautbaren, aber über den Preis den ich in der Lage wäre dafür auszugeben will ich Ihnen mitteilen. [...] Wenn es Ihnen möglich ist mir die Bilder um den Betrag zu belassen, so wird es mich recht herzlich freuen dieselben mein Eigen nennen, und sie zu den anderen geben zu können, ein Sterrerzimmer würde durch Ergänzungen dann leicht zustande kommen können. In dem Preise sind verstanden die drei Bilder ‚Grande Feste'[,] ‚Blümelein fein' u. ‚Am Ende der Länder'."[11] Schließlich zeigte sich Sterrer mit 1500 Kronen für alle drei Arbeiten zufrieden.[12]

Trotz allem wich Sterrer weiter vom früheren Konzept ab und setzte sich ein im Format viel größeres Werk in den Kopf: die *Heilige Familie*. Seinen Mäzen ließ er wegen des neuen Themas noch länger im Unklaren, nicht jedoch darüber, dass er den ursprünglichen Bildzyklus „Das Leben" nicht ausführen wird.[13]

ideas about prices. As Hauer replied: "I have already mentioned that I do not wish to make any proclamations about the pictures in the artistic sense, but I do want to inform you of the price I would be prepared to pay for them. . . . If it is possible for you to let me have the pictures for this sum, it would please me very much to call them my own and to be able to place them with the others. It would then be easy to complement them with other works to create a Sterrer room. Included in this price are the three pictures 'Grande Feste,' 'The Fairest Flowers,' and 'Land's End.'"[11] In the end, Sterrer agreed to the price of 1,500 kronen for all three works.[12]

Despite everything, Sterrer diverged even more from his earlier concept, now determined to create a work much greater in size: Holy Family. *He long kept his patron in the dark about the new theme, but not about the fact that he would not be completing the original series of pictures, "Life."*[13]

The first works Sterrer completed in Capri became documents of a (hoped-for, yearned-for) "blessedness,"[14] *sym-*

Die ersten Arbeiten auf Capri wurden zu Dokumenten eines (erhofften, ersehnten) „Beglücktsein[s]",[14] symbolische Kompositionen um Mutter-, Ehe-, Familienglück vor der Folie der capresischen Landschaft. Zwischen Frühjahr und Herbst 1911 folgten thematisch noch *Blaublümelein* und *Erste Liebe*.

Auch im Projekt der *Heiligen Familie* lag der Schwerpunkt im (eigenen) Familienmotiv: „Eigentlich ist es eine Madonna mit dem Kinde, [...] ich will nur das heimliche Glück einer Familie darstellen u. die kleinen Kerle auf den Wolken, sind alle die tollen Geister, die das Leben umschwirren [...]."[15] Ein weiteres religiöses Motiv, die *Heilige Nacht* (Frühjahr 1912), romantisiert das Thema. Die anderen biblisch geprägten Arbeiten, *Die keusche Susanna* und *Tod und Teufel*, später *Wanderer* genannt, bedienen eine andere Ebene.

Diese kleinen „Kerle" in der *Heiligen Familie* werden in *Der wunderliche Stern* (beendet 1912) zu den, wenn auch passiven Hauptakteuren. Kompositorisch schließen hier die Werke *Geburt der Venus* und *Io und Jupiter* an, deren Themen sich an antiken und kunsthistorischen Mythen orientieren. Neben Landschaftsskizzen, Porträtstudien, Stillleben und der Arbeit am *Selbstporträt* maß sich Sterrer auch gegen Ende seines Aufenthaltes auf Capri weiter am Symbolischen: nochmals das Glück der Frau, der Mutter, thematisiert im *Frühling* (1912), dann als Widerpart dazu die Einsamkeit des Mannes, sein zumindest partielles Ausgeschlossensein. An dieser als männlich erachteten *Einsamkeit* (1912, S. 125) hatte sich der Künstler schon 1910 in der *Winternacht* versucht, auf Capri lieferte der geharnischte Ritter das Bild, das Sterrer auch in der *Heimkehr* im Jahr darauf einmal mehr verwenden wird. Der Künstler Sterrer fühlte sich dieser Einsamkeit besonders ausgesetzt: „Mir ist die Arbeit etwas Heiliges kann ich wohl sagen [...]. Es ist dann wohl natürlich, dass mir dann Anfeindungen [...], sehr wehe tun, aber direckt ekelhaft sind mir die lächerlich kritischen Blicke der meisten Herrn im Künstlerh."[16] Dieses Zitat ist nur ein Beispiel für Sterrersche Rundumschläge gegen die Genossenschaft der bildenden Künstler Wiens, die auch mehrmals in antisemitischen Ausbrüchen gipfelten.[17]

Angesichts dieser Einschätzung erschien dem Künstler die Präsenz in einer von Hauer eingerichteten Galerie als glücklicher Ausweg: „Ihre Pläne gefallen mir riesig, [...] sollten Sie meine Kräfte einmal brauchen, so bin ich natürlich mit Freuden bereit [...]."[18] Ein gemeinsames Streben, das nicht unbedingt von absolutem Vertrauen geprägt war. Es drängte

bolic compositions centering on the joys of motherhood, of marriage, and of family against the backdrop of the Caprese landscape. In this thematic vein, Little Blue Flowers *and* First Love *followed between spring and autumn 1911.*

In the Holy Family *project as well, the emphasis was on motifs related to family—specifically Sterrer's own: "It is actually a Madonna with the Child, . . . I simply want to depict the domestic happiness of a family, and the little fellows up on the clouds; they are all the fantastic spirits that flit through life."[15] Another religious motif,* Holy Night *(spring 1912), romanticizes this theme. The other biblically influenced works,* Chaste Susanna *and* Death and the Devil, *later called* Wanderer, *operate on a different level.*

In the 1912 Star of Wonder, *these "little fellows" from* Holy Family *become the main—albeit passive—actors. This compositional thread is picked up by the works* Birth of Venus *and* Io and Jupiter, *whose themes are linked to classical mythology. In addition to landscape sketches, portrait studies, still lifes, and the work on his* Self-Portrait, *Sterrer continued his work on symbolic themes near the end of his stay in Capri: again the happiness of the woman, of the mother, which was the subject of* Spring *(1912); then as a counterpart to this the loneliness of the man, and his at least partial exclusion. The theme of* Loneliness *(1912, p. 125) which the artist regarded as masculine, had already been the subject of his 1910* Winter Night; *in Capri, the armor-clad knight supplied the image that Sterrer would use once again a year later in his* Homecoming. *As an artist, Sterrer felt particularly vulnerable to this loneliness: "I must say that my work is*

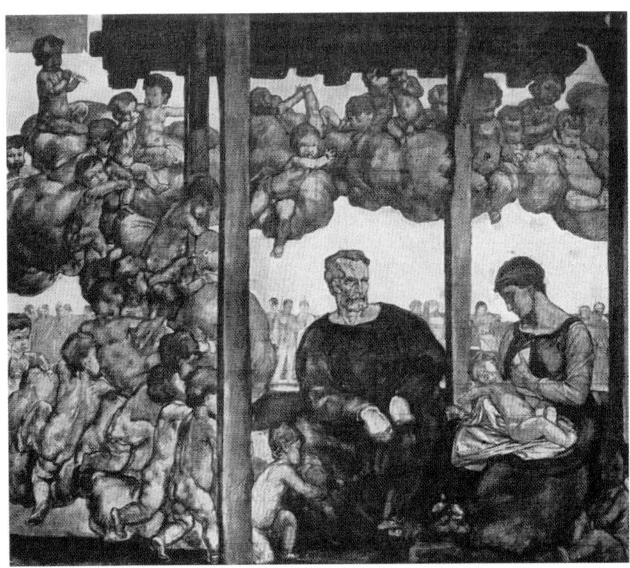

Karl Sterrer
Heilige Familie, erste Fassung/*Holy Family, first version*, 1911
Öl auf Leinwand/
oil on canvas,
134 × 158 cm

den Künstler zum Wienbesuch, um die Hängung der Bilder bei Hauer und ihre Präsentation bei der 37. Jahresausstellung des Künstlerhauses vorzubereiten.[19]

Wenn Sterrer auf Capri künstlerisch auch vorwärts gekommen war, meinte er, das große Werk der *Heiligen Familie*,[20] das er ja Hauer zueignen wollte, in einem anderen Ambiente besser weiterbringen zu können. So begannen sich die Sterrers Anfang Juli 1912 in Kärnten, in Fellach bei Villach einzurichten. Doch Fellach wurde zum Ort der Leere, der Krankheit, verstärkt durch die schleichende Erkenntnis der zunehmenden Distanz zu Hauer. Neuerlich türmten sich existenzielle Probleme. Nun war es nicht so, dass Hauer überhaupt keine Unterstützung mehr gewährt hätte,[21] er schien aber gleichzeitig eine Absage erteilt zu haben, alle Bilder anzukaufen. Aufgeregt schloss Sterrer daraus, dass Hauer ihm nun gar keine Aufträge mehr erteilen würde. Er bot schließlich an, ein Porträt der Hauerschen Familie zu malen und kündigte an, die Arbeit an seinem *Selbstporträt* (S. 126) fortzusetzen.[22]

Wieder in Wien, schien die Korrespondenz mit Hauer eine Zeit zu ruhen. Wohl besuchte man seine Galerie, schon in der Silbergasse; Sterrer lud Hauer zu sich ein, um ihm weitere Arbeiten zu zeigen. Das Jahr 1913 brachte für Sterrer

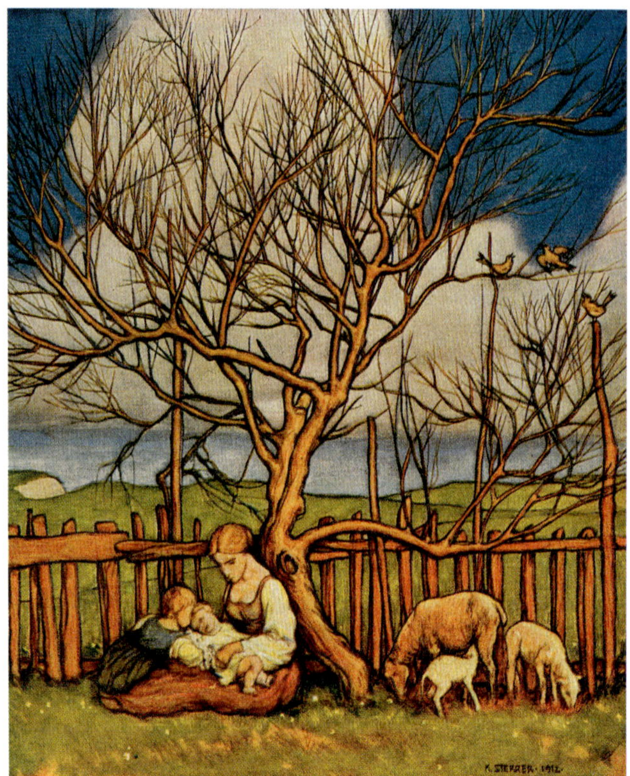

Karl Sterrer
Frühling/
Spring, 1912
Öl auf
Leinwand/
oil on canvas

something sacred to me. It is then quite natural, of course, that hostilities . . . are very injurious to me, but absolutely loathsome for me are the ludicrously critical gazes of most of the gentlemen at the Künstlerh[aus].”[16] This statement is only one example of Sterrer’s sweeping attacks on Vienna’s Association of Austrian Artists, which on several occasions also culminated in anti-Semitic outbursts.[17]

In light of this appraisal, the artist saw his presence in Hauer’s gallery as a fortuitous alternative. “I like your plans immensely,” Sterrer wrote to Hauer in 1911. “Should you ever require my services, I am naturally happy to comply.”[18] This was a mutual endeavor not necessarily characterized by absolute trust. It prompted the artist to pay a visit to Vienna in order to prepare for the hanging of the pictures in Hauer’s home and for their presentation at the Künstlerhaus’s 1912 Jahresausstellung.[19]

Although Sterrer had made significant artistic progress during his stay in Capri, he thought that a different environment would be more conducive to his work on his large-scale Holy Family,[20] *which he wished to present to Hauer. At the beginning of July 1912, the Sterrers therefore settled in the Carinthian village of Fellach. But Fellach became a place of emptiness, of sickness, and the creeping recognition of the increasing distance to Hauer. Problems of day-to-day survival also began to build up. While it was not that Hauer no longer provided any support at all,[21] he seemed to have rejected purchasing all the pictures. Agitated, Sterrer concluded from this that Hauer would absolutely not supply him with any more commissions. The artist ultimately offered to paint a portrait of the Hauer family and announced that he would resume work on his* Self-Portrait *(p. 126).[22]*

Back in Vienna, Sterrer’s correspondence with Hauer seems to have ceased for a time, but Sterrer did pay a visit to Hauer’s gallery, which had now been installed on Silbergasse, in Vienna’s nineteenth district. Sterrer also invited Hauer to visit him in order to show him more of his works. The year 1913 marked an upturn in Sterrer’s career. Near the end of the 1912/13 Aquarellistenausstellung *at the Künstlerhaus,[23] he received the news that he was to be awarded the Drasche Prize[24] and that the Austrian Ministry of Education wished to purchase two of his nude studies. And only a few days after the end of this exhibition, Sterrer did, in fact, publicly present a large number of the works from Capri that were in Hauer’s col-*

Aufschwung. Gegen Ende der Aquarellistenausstellung im Künstlerhaus 1912/13[23] erhielt er Nachricht von der Zuerkennung des „Drasche-Preises“[24] und vom Ankauf zweier Aktstudien durch das Unterrichtsministerium. Und wenige Tage nach dem Ende dieser Ausstellung trat Sterrer nun tatsächlich mit einem Großteil der Arbeiten aus Capri, die sich in Hauers Besitz befanden, an die Öffentlichkeit. In den Räumlichkeiten der Vereinigung bildender Künstlerinnen Österreichs begeisterte er gemeinsam mit den Kollektiven von zwei anderen von Hauer unterstützten Künstlern, Alfred Buchta und Oskar Larsen, das interessierte Wiener Publikum.[25]

Wenn in späteren Erinnerungen auch immer wieder Ressentiments[26] zu der Arbeit für seinen „merkwürdigen Maecen[s]“[27] aufbrechen sollten, hatte er doch im Dezember 1913 an Hauer geschrieben: „Ich danke Gott, dass er mir Sie lieber Herr Hauer gegeben. [...] Ich freue mich dass zwischen uns nun wieder Friede ist, im zartesten Teil der Brust u. freue mich bald wieder in Ihrer Galerie genießen zu dürfen.“[28]

Karl Sterrer war der einzige Maler, dem Hauer einen so langen Auslandsaufenthalt gesichert hatte. Zu Ende ihrer Beziehung besaß der Mäzen an die drei Dutzend größerer Arbeiten des Malers und eine nicht feststellbare Zahl von Skizzen und Entwürfen.

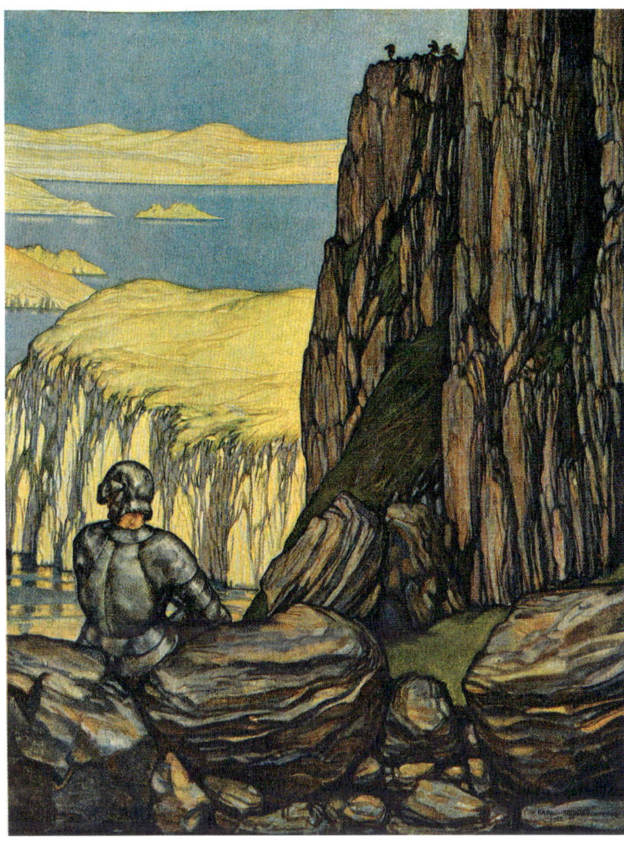

Karl Sterrer
Einsamer Ritter oder Einsamkeit/ *Lone Knight or Loneliness*, 1912
Öl auf Leinwand/ *oil on canvas*, 70,2 × 55,2 cm
Privatbesitz/ *private collection*

lection. An exhibition in the spaces of the Austrian Association of Women Artists (Vereinigung bildender Künstlerinnen Österreichs) of works by Sterrer and two other artists supported by Hauer—Alfred Buchta and Oskar Larsen—was enthusiastically received by the Viennese public.[25]

Even if Sterrer later expressed resentment in his recollections[26] *regarding his work for his “peculiar patron,”*[27] *in December 1913 he did write to Hauer: “I thank God that he gave me you, dear Herr Hauer. . . . I am happy that there is now peace between us again, in the most tender part of my heart, and I look forward to enjoying a visit to your gallery again soon.”*[28]

Karl Sterrer was the only painter who enjoyed such a long stay abroad at Hauer’s expense. By the end of their relationship, the patron owned some three dozen large works by the painter and an inestimable number of sketches and drafts.

Karl Sterrer
Selbstporträt/
Self-Portrait,
1912/13
Öl auf
Leinwand/
oil on canvas,
70 × 50 cm

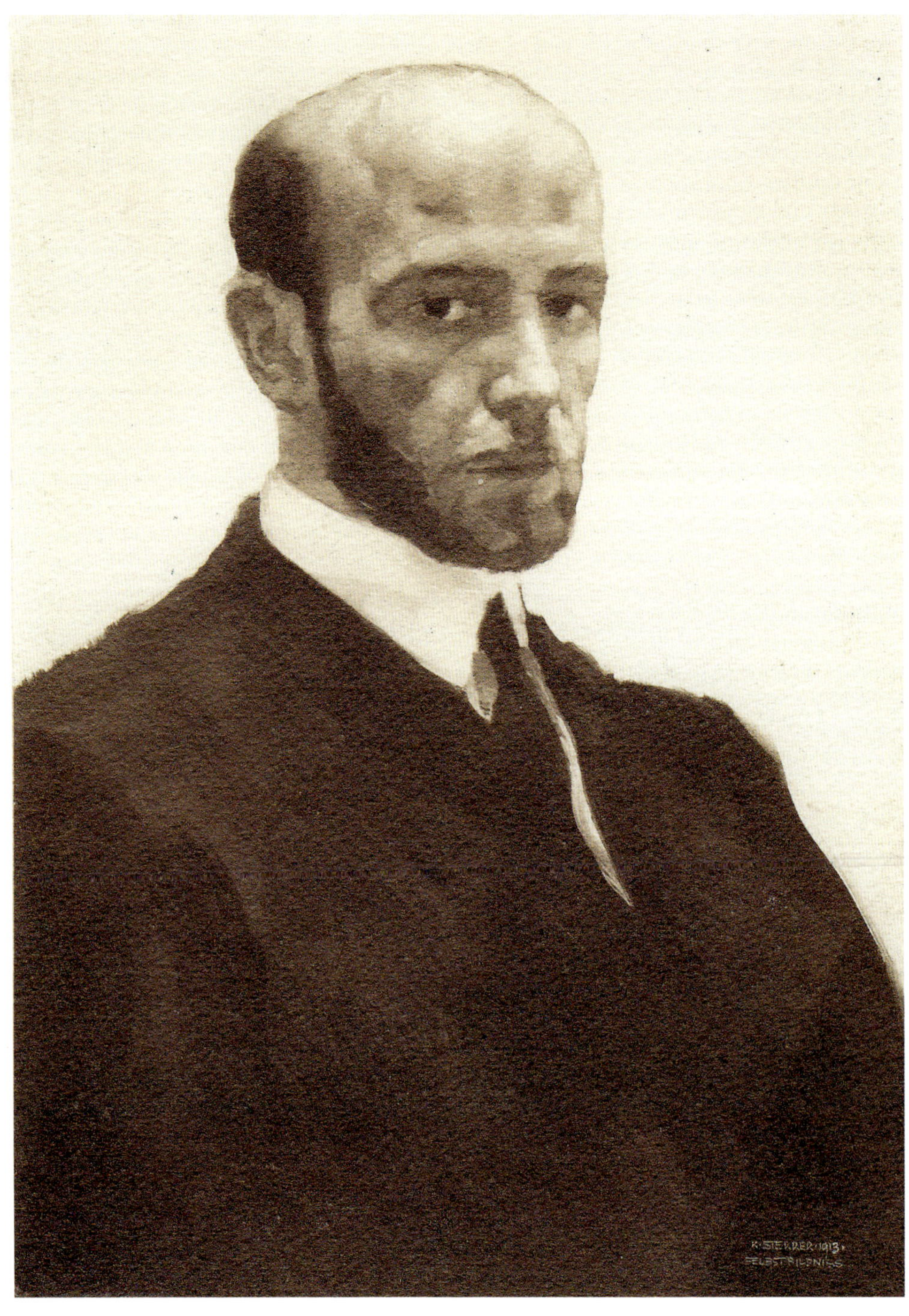

1 Karl Sterrer an Franz Hauer, 20.08.1911 (Archiv Marckhgott Wolf).

2 Herbstausstellung des Künstlerhauses, 13.11.–20.12.1910.

3 Karl Sterrer an Franz Hauer, 09.11.1910 (Landesgalerie NÖ/lgnö).

4 Karl Sterrer, im 1. Weltkrieg Kriegsmaler, 1921–1945 Professor an der Akademie der bildenden Künste in Wien, starb 1972.

5 Karl Sterrer sen. (1844–1918) hatte für die Ausgestaltung des Wiener Parlaments, des Kunsthistorischen Museums, der Hofburg gearbeitet.

6 K. E. Hirt, „Karl Sterrer. Ein Vorläufer der deutschen Wiedergeburt", in: *Innsbrucker Nachrichten*, Nr. 61 (16.03.1925), S. 3–4, hier S. 3.

7 Arpad Weixlgärtner, *Karl Sterrer. Ein Wiener Maler der Gegenwart*, Wien 1925, S. 30–31.

8 Vgl. Karl Sterrer an Franz Hauer, April 1911 (Landesgalerie NÖ/lgnö).

9 Weixlgärtner 1925, wie Anm. 7, S. 32.

10 Vgl. Karl Sterrer an Franz Hauer, 29.07.1911 (Archiv Marckhgott Wolf).

11 Franz Hauer an Karl Sterrer, Anfang August 1911 (Archiv Marckhgott Wolf).

12 Vgl. Karl Sterrer an Franz Hauer, 20.08.1911 (Landesgalerie NÖ/lgnö).

13 Vgl. Karl Sterrer an Franz Hauer, 20.07.1911 (Privatbesitz).

14 Weixlgärtner 1925, wie Anm. 7, S. 36.

15 Karl Sterrer an Franz Hauer, 22.08.1911 (Archiv Marckhgott Wolf).

16 Karl Sterrer an Franz Hauer, 06.09.1911 (Landesgalerie NÖ/lgnö).

17 Vgl. Karl Sterrer an Franz Hauer, 15.09.1911 und 12.02.1912 (Archiv Marckhgott Wolf).

18 Karl Sterrer an Franz Hauer, 15.08.1911 (Archiv Marckhgott Wolf).

19 37. Jahresausstellung des Künstlerhauses, 16.03.–16.06.1912.

20 Vgl. Weixlgärtner 1925, wie Anm. 7, S. 38.

21 Vgl. Karl Sterrer an Franz Hauer, 08.06.1912 (Archiv Marckhgott Wolf).

22 Vgl. Karl Sterrer an Franz Hauer, 06.08.1912 (Archiv Marckhgott Wolf).

23 Vgl. Weixlgärtner 1925, wie Anm. 7, S. 45. – Aquarellistenausstellung im Künstlerhaus, 21.12.1912–31.01.1913.

24 Brief der Jury des Aquarellisten-Clubs an Karl Sterrer, 18.01.1913 (Archiv Schmutz); Brief des Ministeriums, 28.01.1913 (Künstlerhausarchiv, KHA Ausstellungen).

25 Siehe etwa: A. F. S(eligmann), „Feuilleton. Kunstausstellungen", in: *Neue Freie Presse*, Nr. 17411 (11.02.1913), S. 1–3, hier S. 3.

26 Vgl. Karl Sterrer an A. F. Seligmann, 13.09.1919 (Wienbibliothek, Inv.-Nr. 94.506, Wb Ha Slg).

27 Weixlgärtner 1925, wie Anm. 7, S. 33.

28 Karl Sterrer an Franz Hauer, 12.12.1913 (Archiv Marckhgott Wolf).

1 *Karl Sterrer to Franz Hauer, Aug. 20, 1911 (Marckhgott Wolf Archive).*

2 Herbstausstellung *(Fall Exhibition) of the Künstlerhaus, Nov. 13–Dec. 20, 1910.*

3 *Karl Sterrer to Franz Hauer, Nov. 9, 1910 (State Gallery of Lower Austria/ lgnö).*

4 *Karl Sterrer, war artist in World War I; professor at Vienna's Academy of Fine Arts from 1921 to 1945; died in 1972.*

5 *Karl Sterrer Sr. (1844–1918) worked on the decoration of Vienna's Parliament, Kunsthistorisches Museum, and Hofburg.*

6 *K. E. Hirt, "Karl Sterrer: Ein Vorläufer der deutschen Wiedergeburt,"* Innsbrucker Nachrichten, *March 16, 1925 (no. 61), 3–4, here: 3.*

7 *Arpad Weixlgärtner,* Karl Sterrer: Ein Wiener Maler der Gegenwart, *Vienna, 1925, 30–31.*

8 *See Karl Sterrer to Franz Hauer, Apr. 1911 (State Gallery of Lower Austria/ lgnö).*

9 *Weixlgärtner 1925, 32.*

10 *See Karl Sterrer to Franz Hauer, July 29, 1911 (Marckhgott Wolf Archive).*

11 *Franz Hauer to Karl Sterrer, beginning of Aug. 1911 (Marckhgott Wolf Archive).*

12 *See Karl Sterrer to Franz Hauer, Aug. 20, 1911 (State Gallery of Lower Austria/lgnö).*

13 *See Karl Sterrer to Franz Hauer, July 20, 1911 (private collection).*

14 *Weixlgärtner 1925, 36.*

15 *Karl Sterrer to Franz Hauer, Aug. 22, 1911 (Marckhgott Wolf Archive).*

16 *Karl Sterrer to Franz Hauer, Sept. 6, 1911 (State Gallery of Lower Austria/ lgnö).*

17 *See Karl Sterrer to Franz Hauer, Sept. 15, 1911, and Feb. 12, 1912 (Marckhgott Wolf Archive).*

18 *Karl Sterrer to Franz Hauer, Aug. 15, 1911 (Marckhgott Wolf Archive).*

19 *Thirty-Seventh* Jahresausstellung *(Annual Exhibition) of the Künstlerhaus, March 16–June 16, 1912.*

20 *See Weixlgärtner 1925, 38.*

21 *See Karl Sterrer to Franz Hauer, June 8, 1912 (Marckhgott Wolf Archive).*

22 *See Karl Sterrer to Franz Hauer, Aug. 6, 1912 (Marckhgott Wolf Archive).*

23 *See Weixlgärtner 1925, 45: Watercolor Exhibition at the Künstlerhaus, Dec. 21, 1912–Jan. 31, 1913.*

24 *Letter from the jury of the "Aquarellisten-Club" to Karl Sterrer, Jan. 18, 1913 (Archiv Schmutz); letter from the Ministry of Education, Jan. 28, 1913 (Künstlerhausarchiv, KHA Ausstellungen).*

25 *See, for example: A. F. S(eligmann), "Feuilleton. Kunstausstellungen,"* Neue Freie Presse, *Feb. 11, 1913 (no. 17411), 1–3, here: 3.*

26 *See Karl Sterrer to A. F. Seligmann, Sept. 13, 1919 (Wienbibliothek, inv. 94.506, Wb Ha Slg).*

27 *Weixlgärtner 1925, 33.*

28 *Karl Sterrer to Franz Hauer, Dec. 12, 1913 (Marckhgott Wolf Archive).*

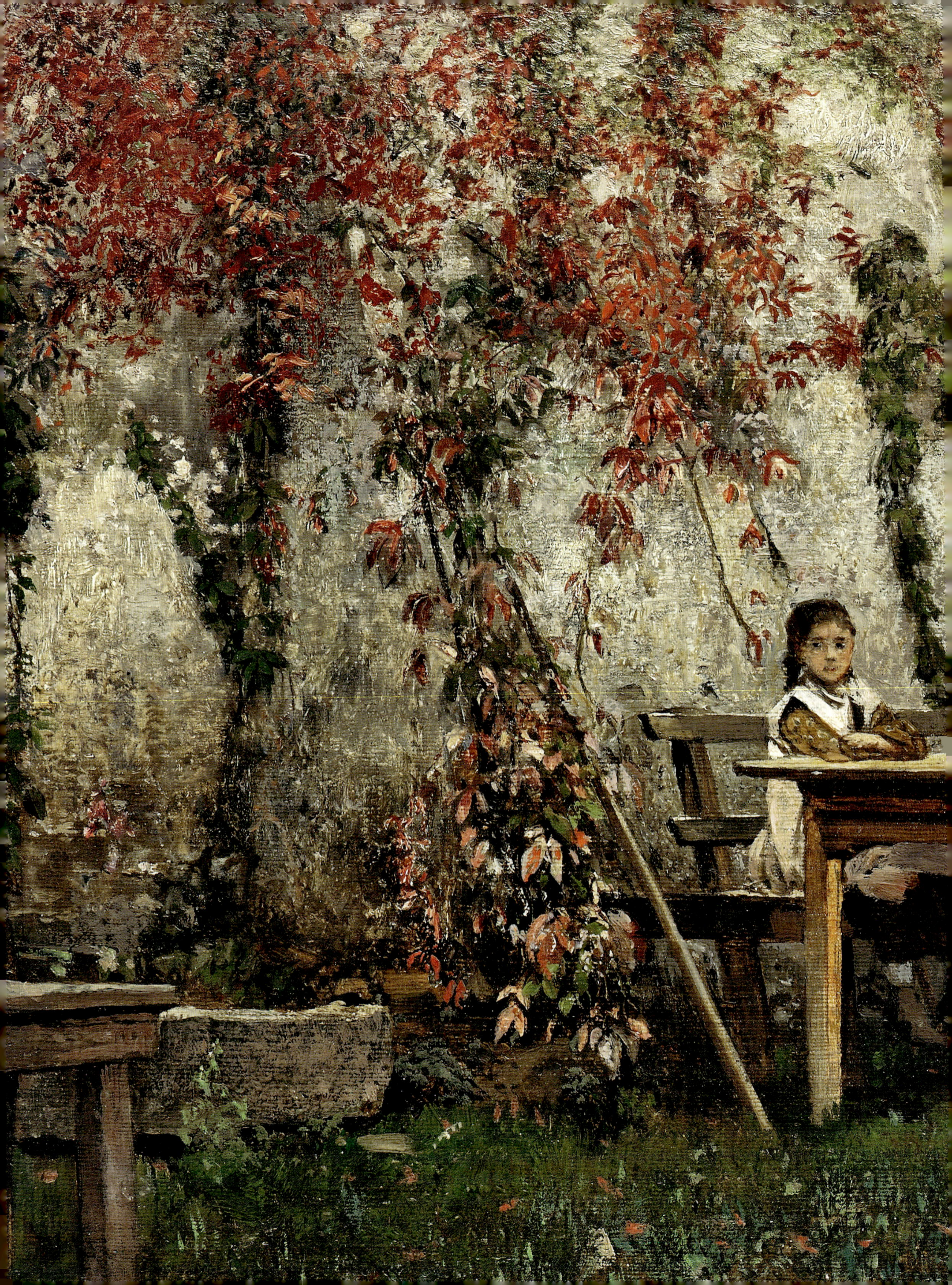

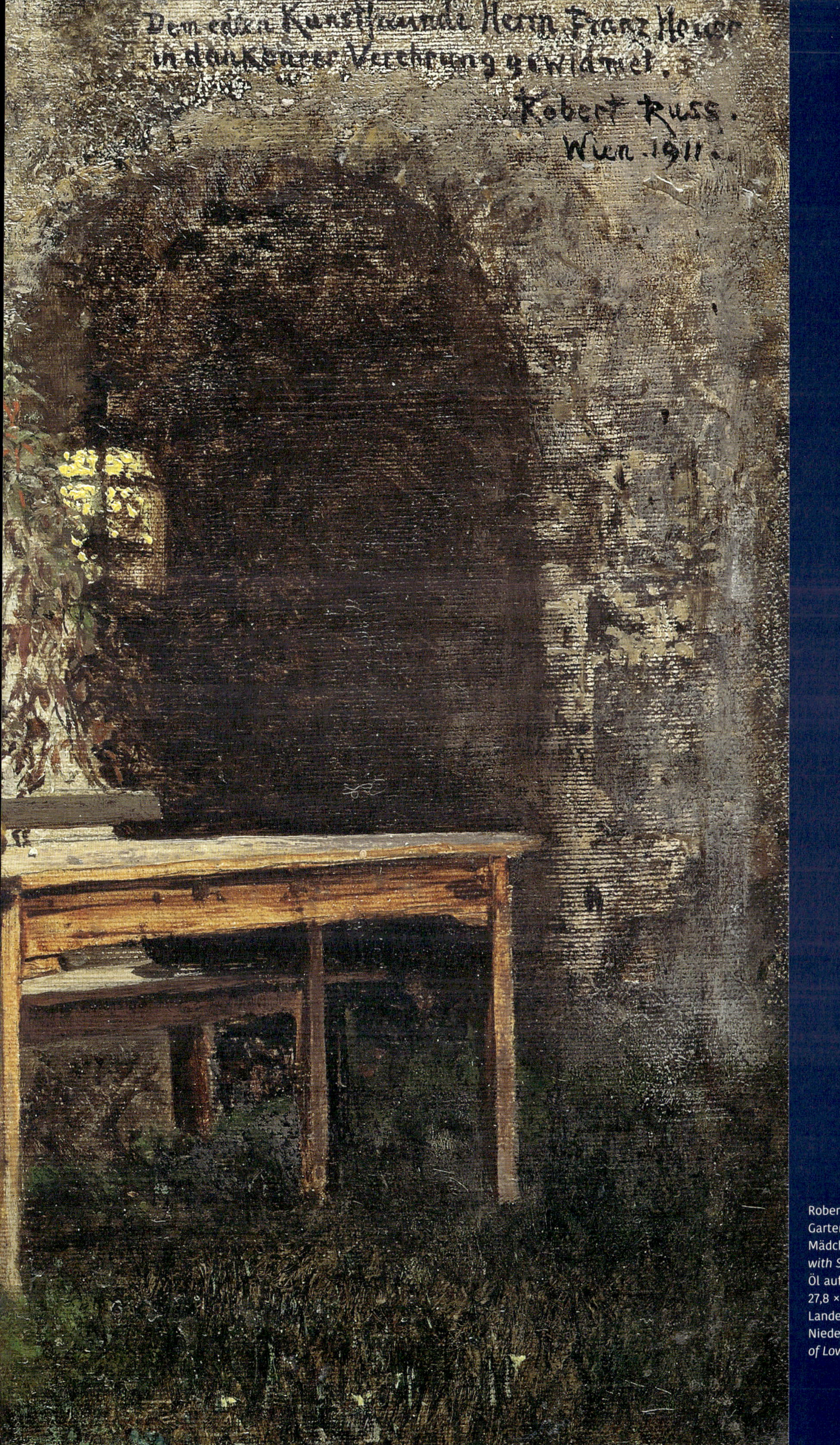

Robert Russ
Gartenszene mit sitzendem Mädchen/*Garden Scene with Seated Girl, 1911*
Öl auf Leinwand/*oil on canvas*,
27,8 × 41 cm
Landessammlungen Niederösterreich/*State Collections of Lower Austria*

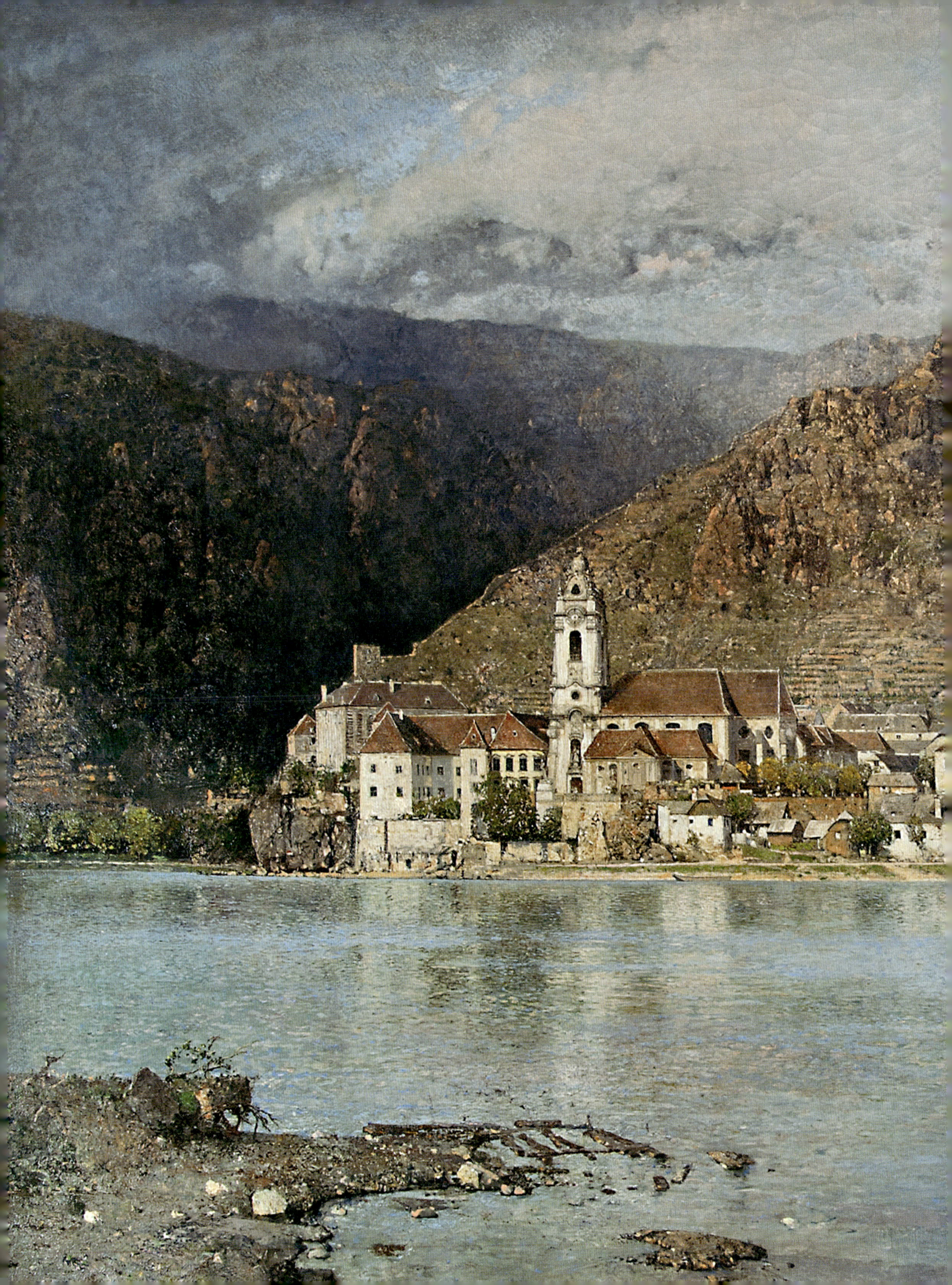

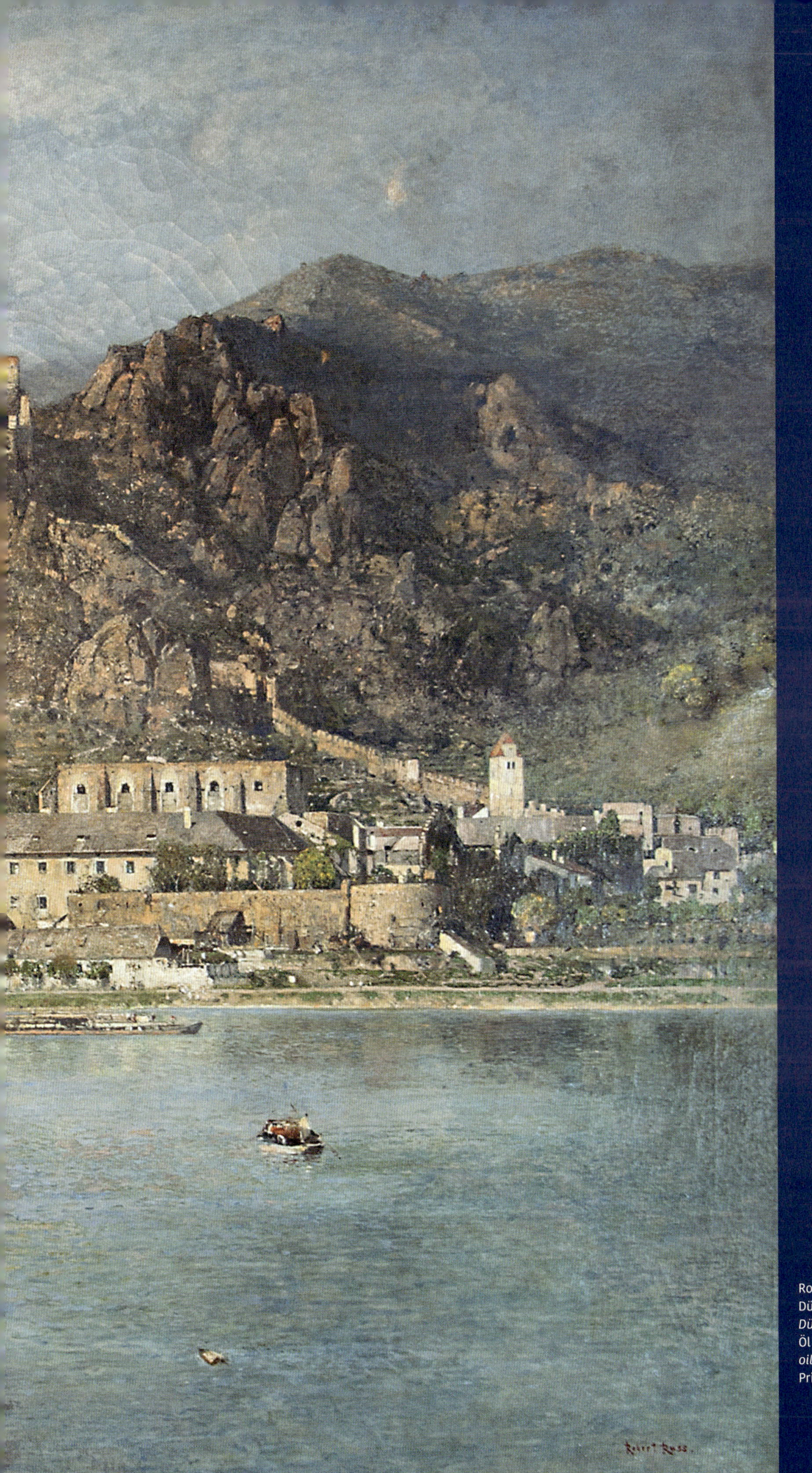

Robert Russ
Dürnstein an der Donau/
Dürnstein on the Danube
Öl auf Leinwand/
oil on canvas, 139 × 185 cm
Privatbesitz/*private collection*

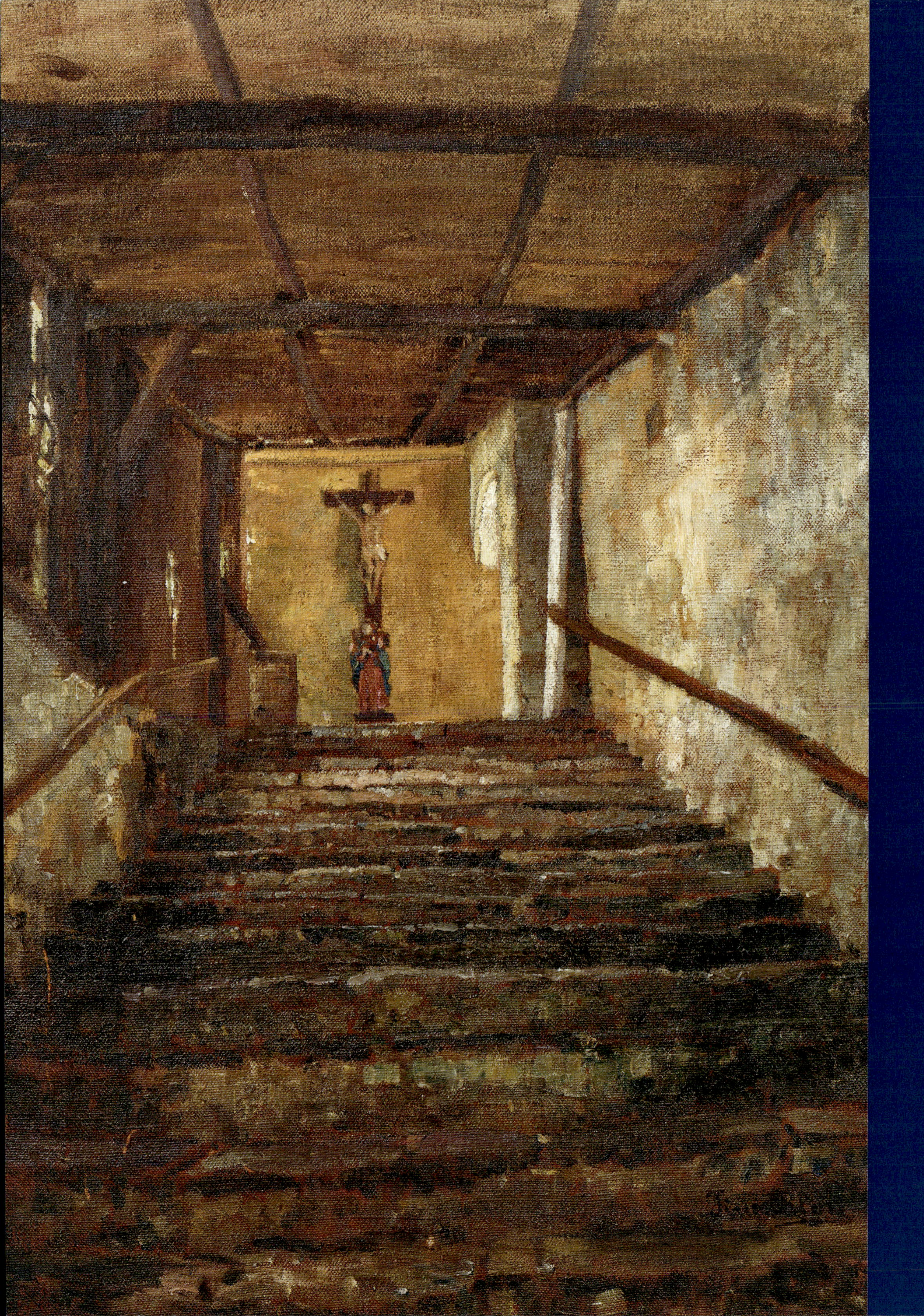

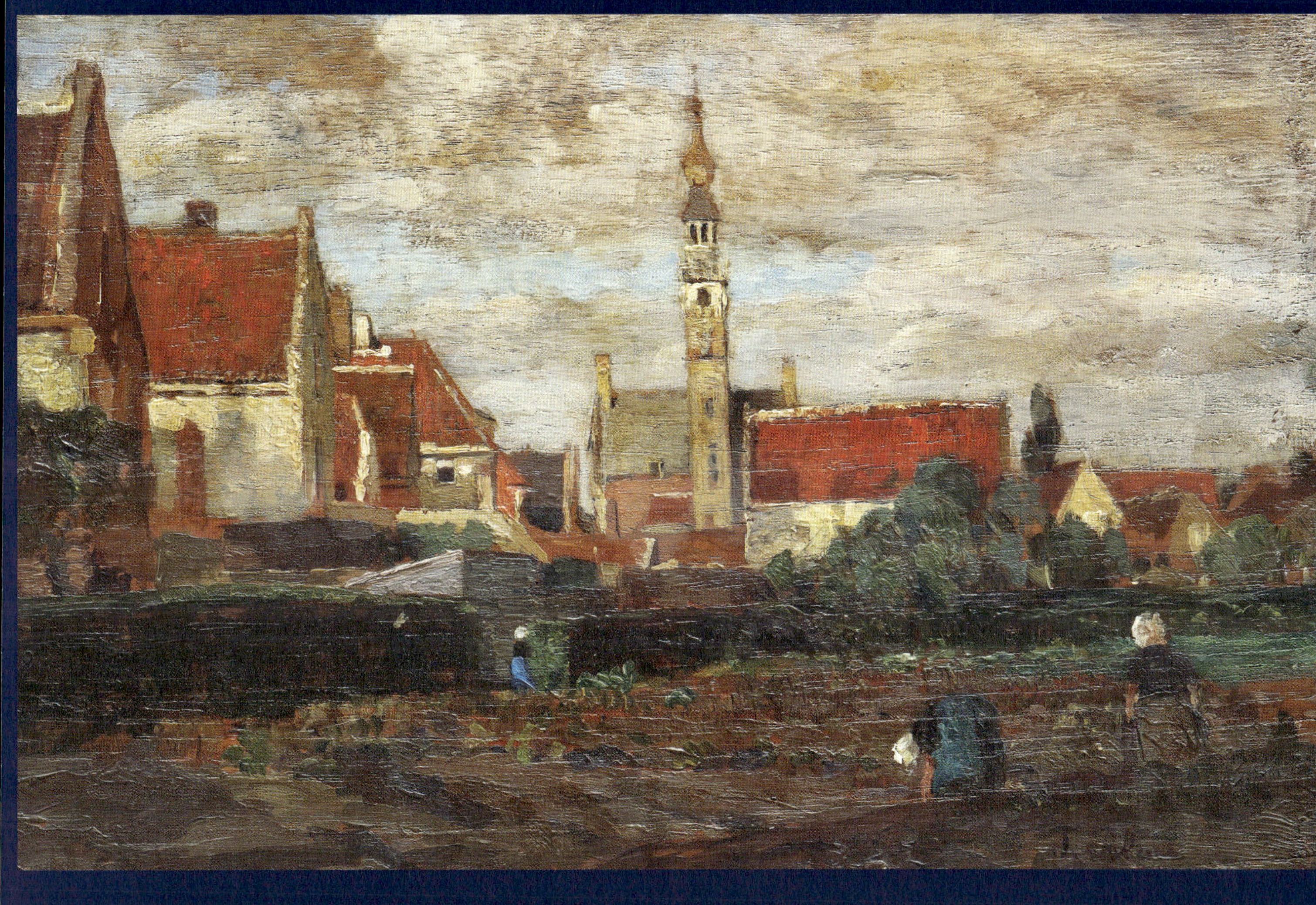

←

Tina Blau
Kirchenstiege in Weissenkirchen/*Church Steps in Weissenkirchen*, 1910
Öl auf Leinwand/*oil on canvas*, 52,5 × 36 cm
Privatbesitz/*private collection*

Tina Blau
Ansicht von Veere mit dem Rathausturm/*View of Veere with the City Hall Tower*, um/*ca.* 1906/08
Öl auf Holz/*oil on wood*, 15 × 24 cm
Landessammlungen Niederösterreich/*State Collections of Lower Austria*

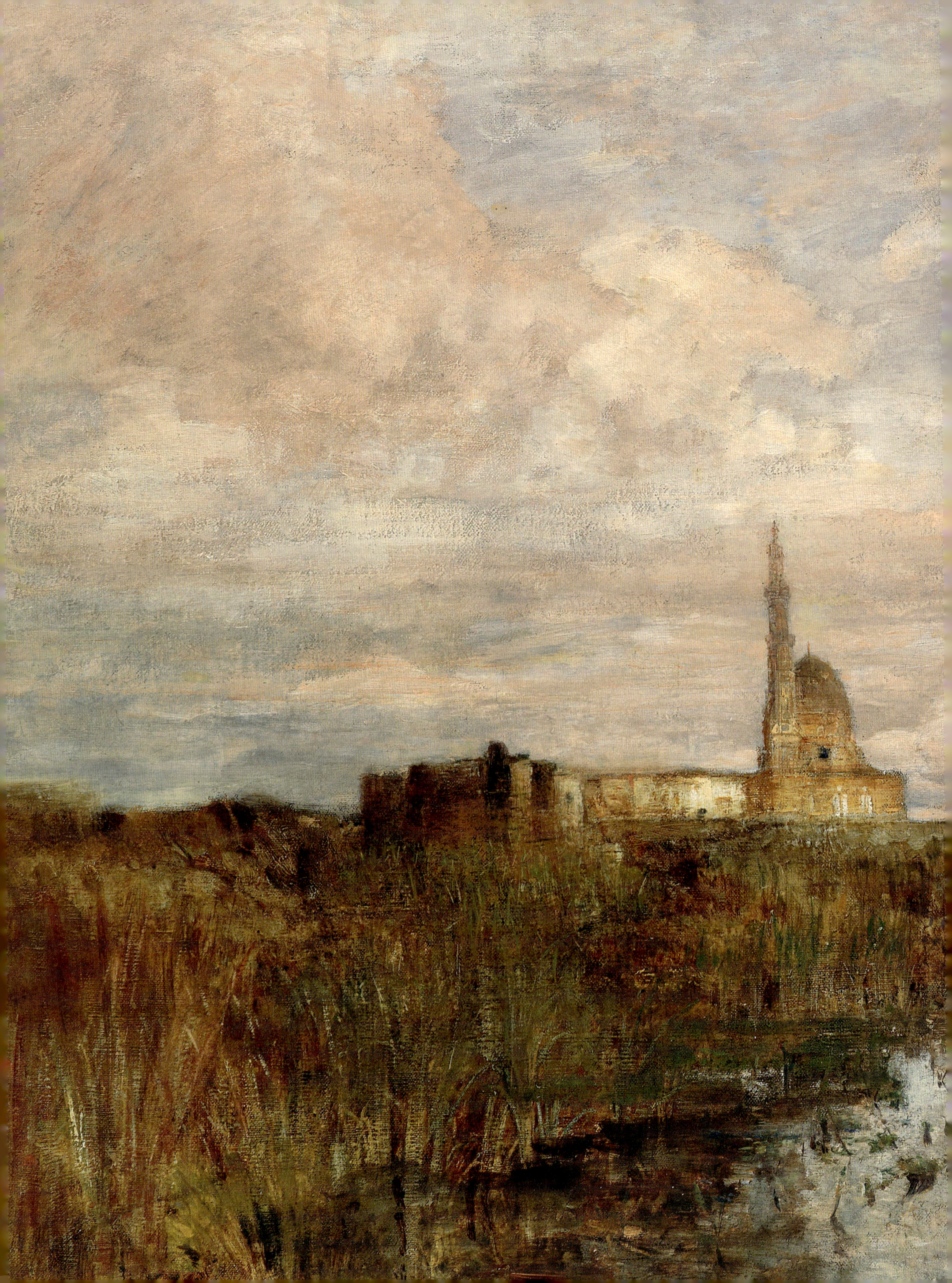

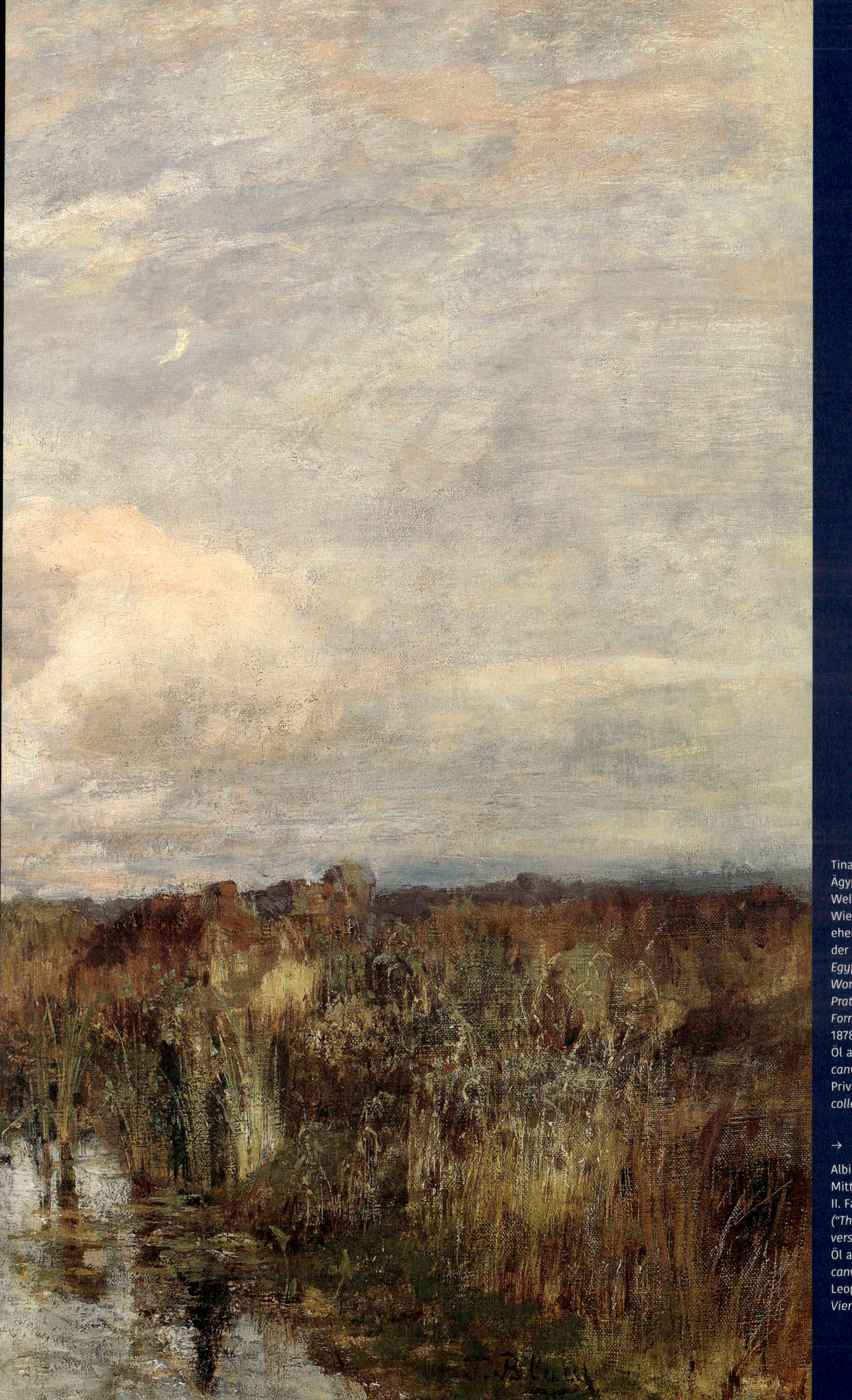

Tina Blau
Ägyptischer Palast bei der Weltausstellung 1873 im Wiener Prater von einem ehemaligen Seitenarm der Donau aus gesehen/ *Egyptian Palace at the 1873 World Exhibition in Vienna's Prater as Seen from a Former Arm of the Danube*, 1878
Öl auf Leinwand/*oil on canvas*, 64,5 × 89 cm
Privatbesitz/*private collection*

→

Albin Egger-Lienz
Mittagessen („Die Suppe", II. Fassung)/*Midday Meal ("The Soup," second version)*, 1910
Öl auf Leinwand/*oil on canvas*, 91 × 141 cm
Leopold Museum, Wien/*Vienna*

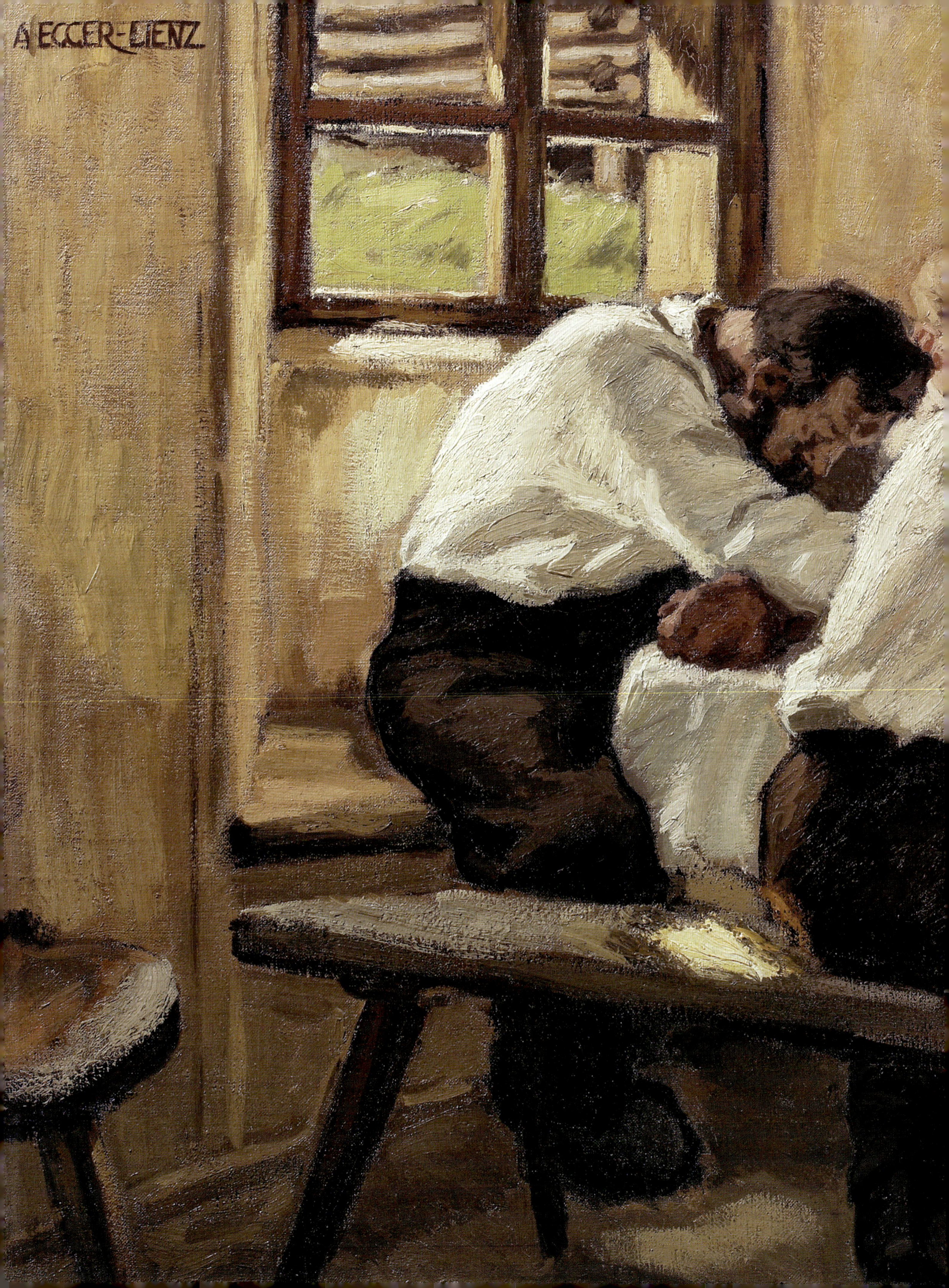
A EGGER-LIENZ

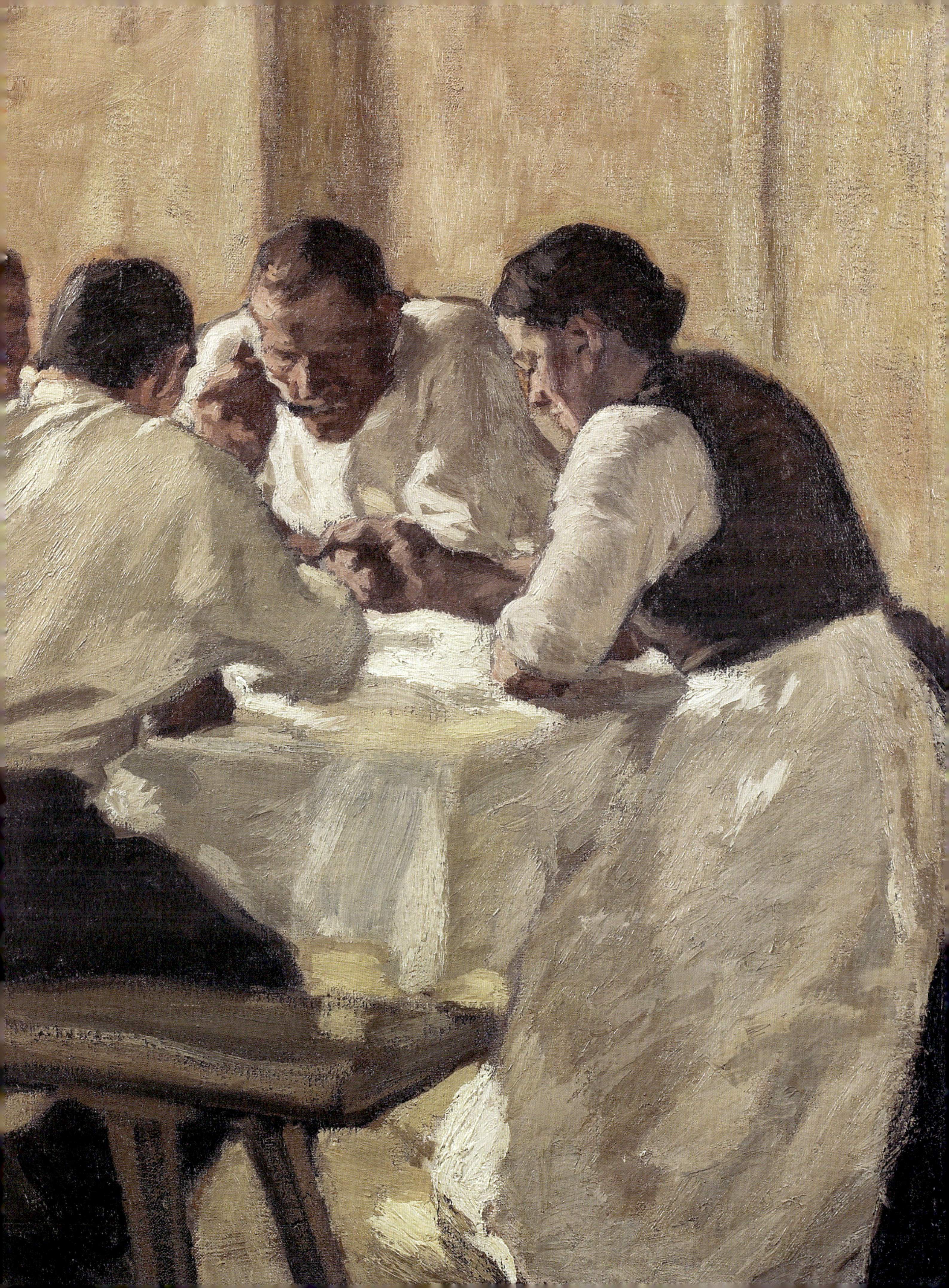

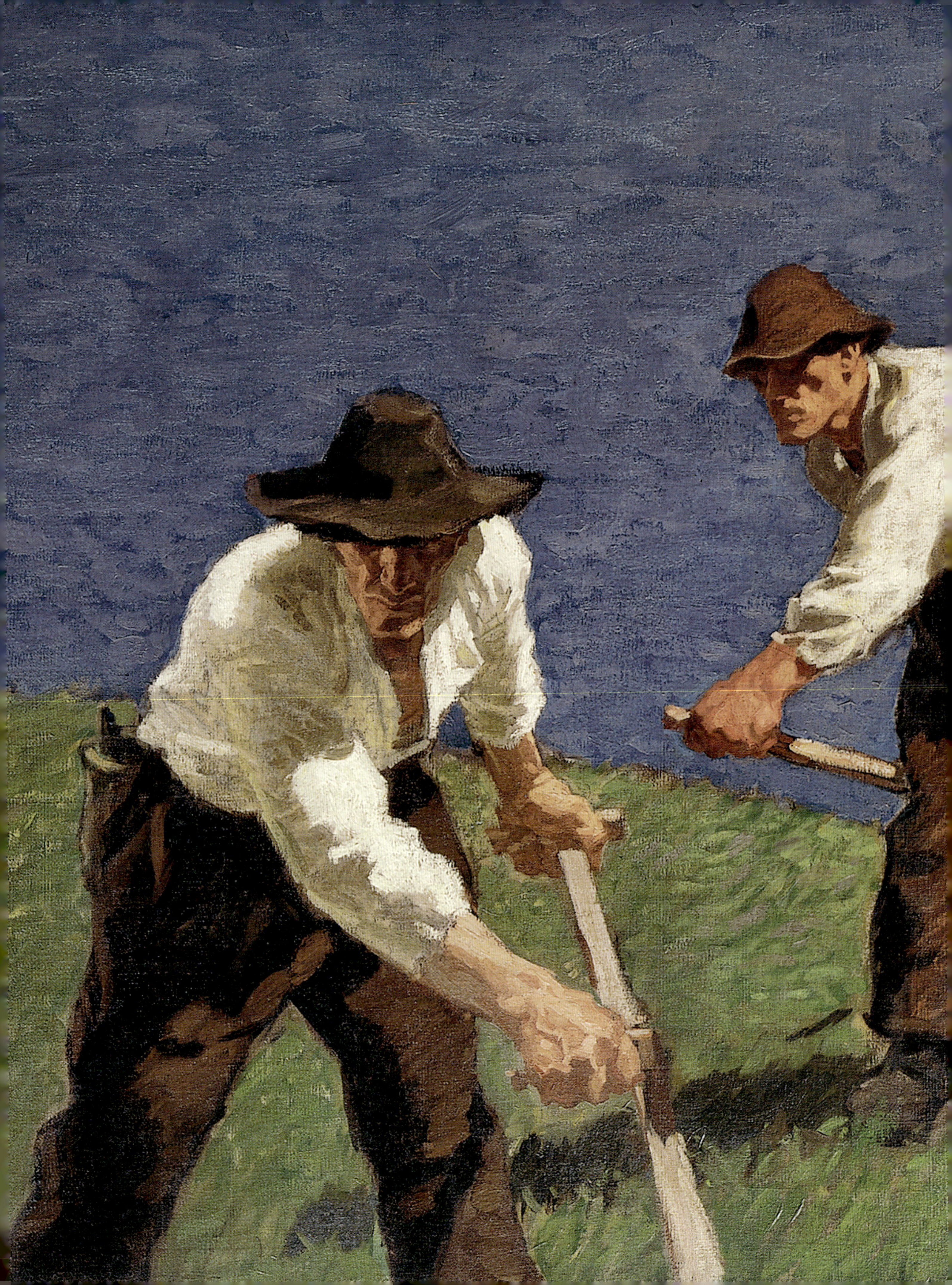

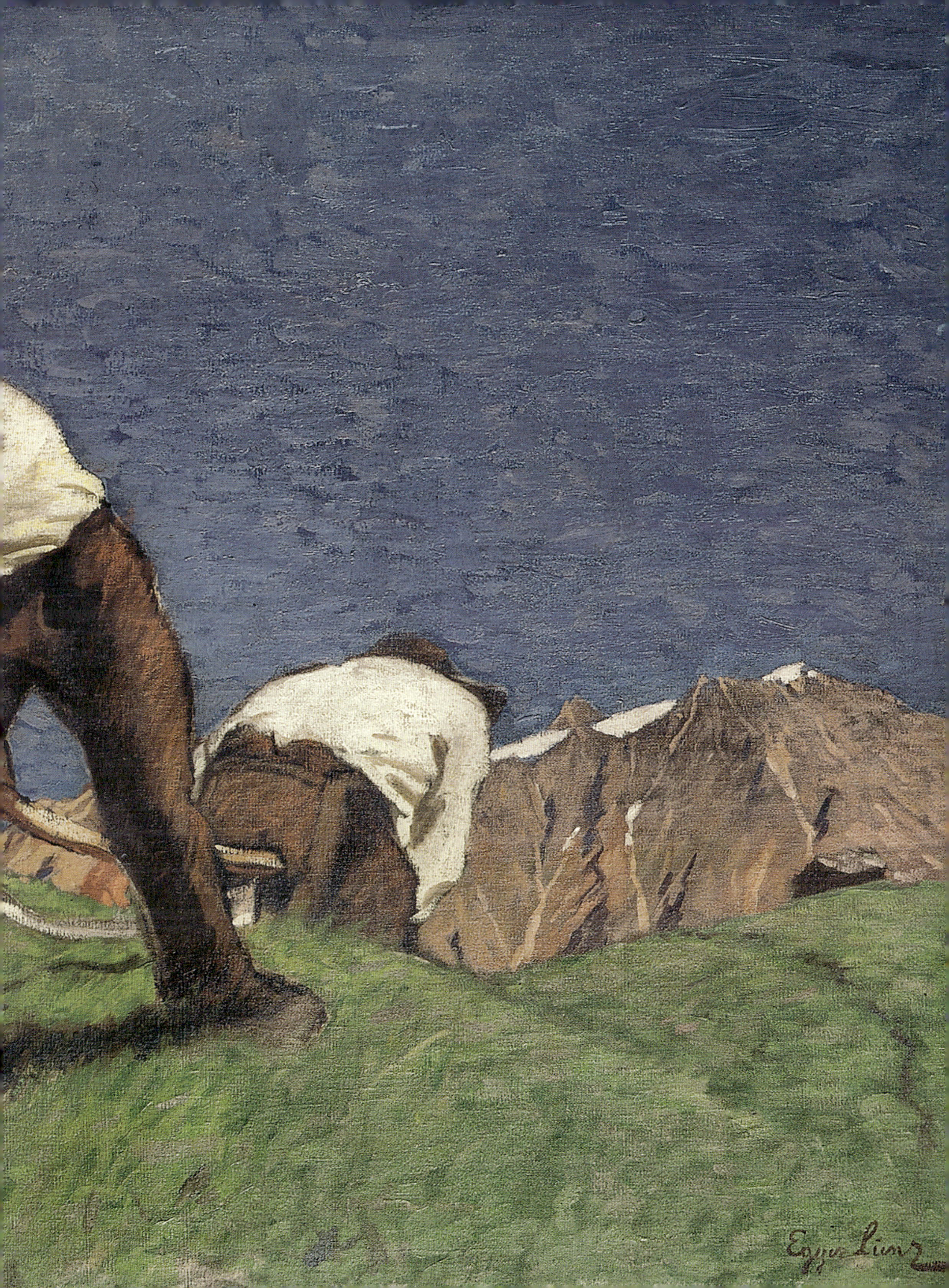
Egger Lienz

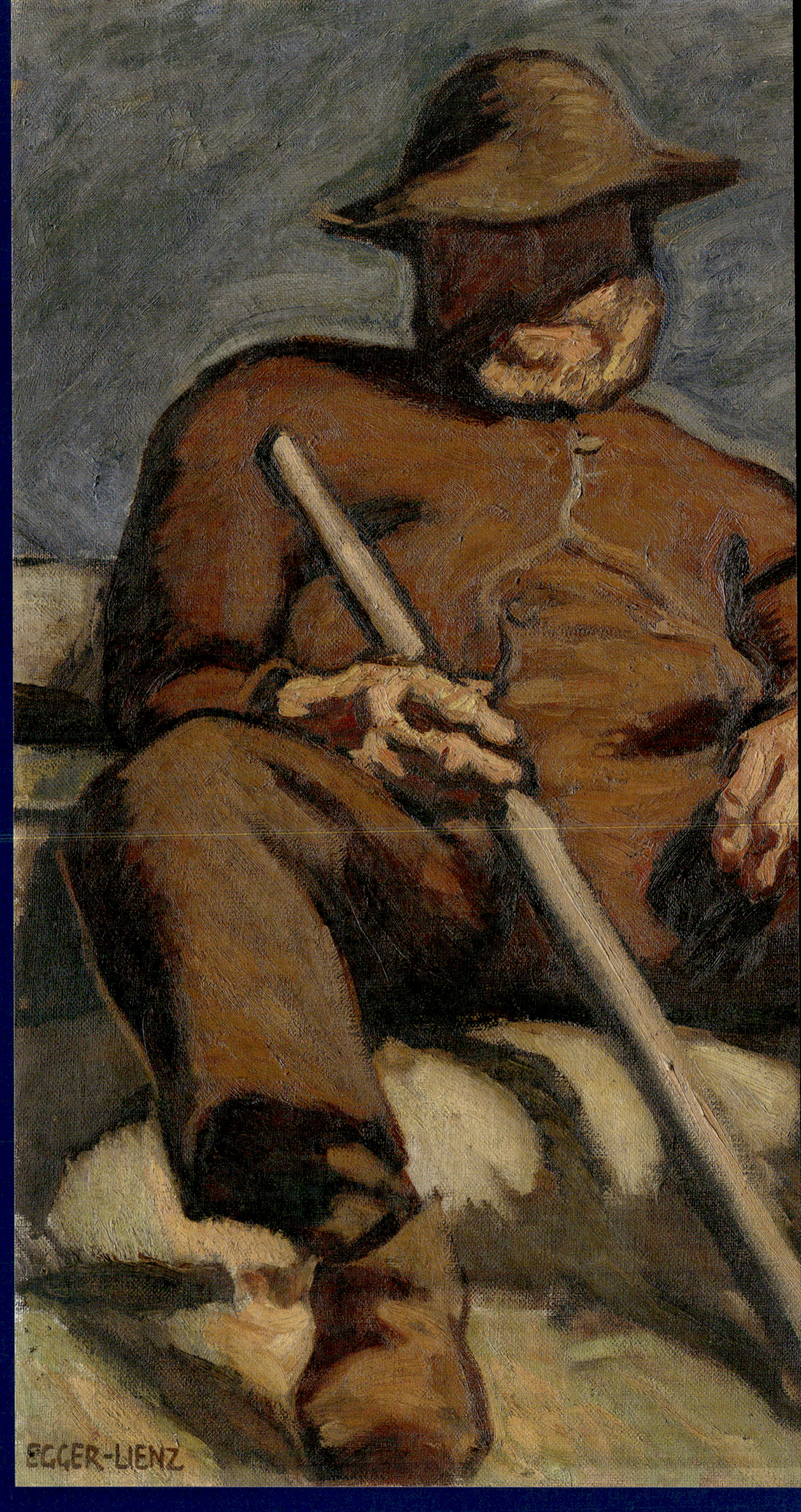

←
Albin Egger-Lienz
Bergmäher (I. Fassung)/
Mountain Mowers (first version), 1907
Öl auf Leinwand/*oil on canvas*, 94,6 × 150 cm
Leopold Museum, Wien/*Vienna*

Albin Egger-Lienz
Ruhende Hirten, erste Fassung/
Resting Shepherds, first version, 1911
Öl auf Leinwand/*oil on canvas*, 135 × 190 cm
The Gallery of Fine Arts in Ostrava

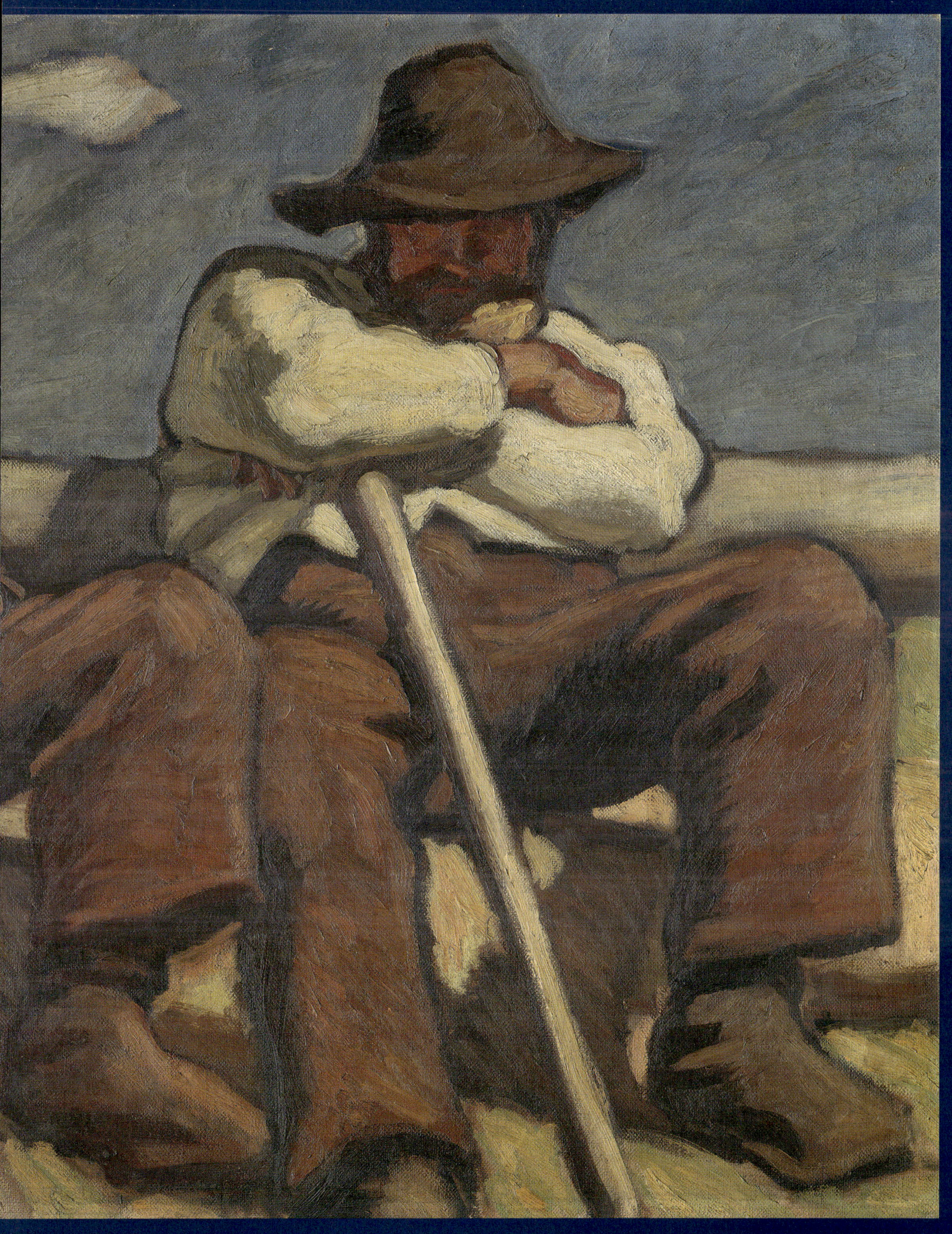

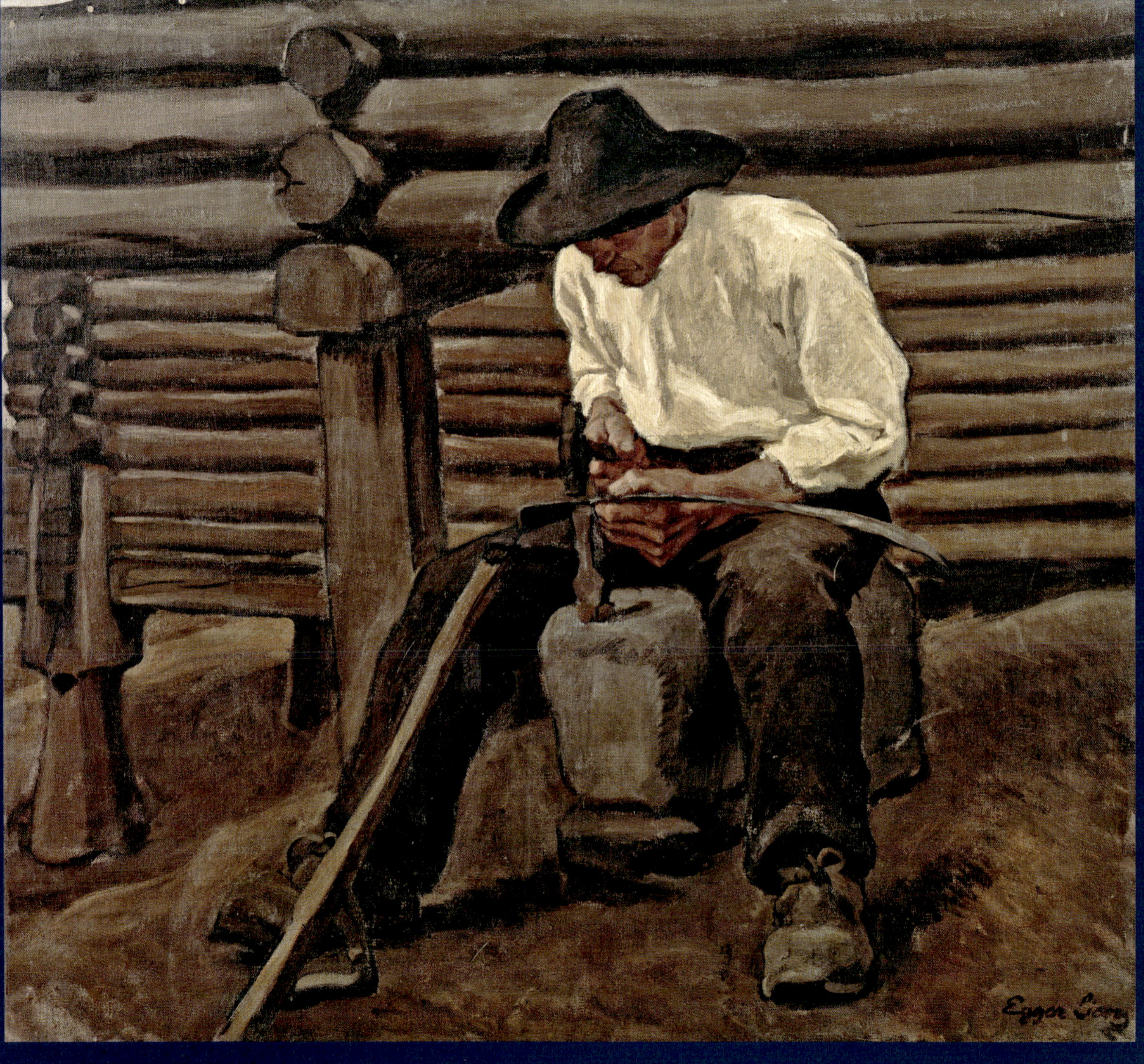

Albin Egger-Lienz
Der Dengler (I. Fassung)/*The Scythe Sharpener (first version)*, 1910
Öl auf Leinwand/*oil on canvas*, 90,2 × 100,6 cm
Leopold Museum, Wien/*Vienna*

→
Albin Egger-Lienz
Der Sämann, aus „Sämann und Teufel"/*The Sower, from "Sower and Devil,"* 1908
Öl auf Leinwand/*oil on canvas*, 126,5 × 111,3 cm
Leopold Museum, Wien/*Vienna*

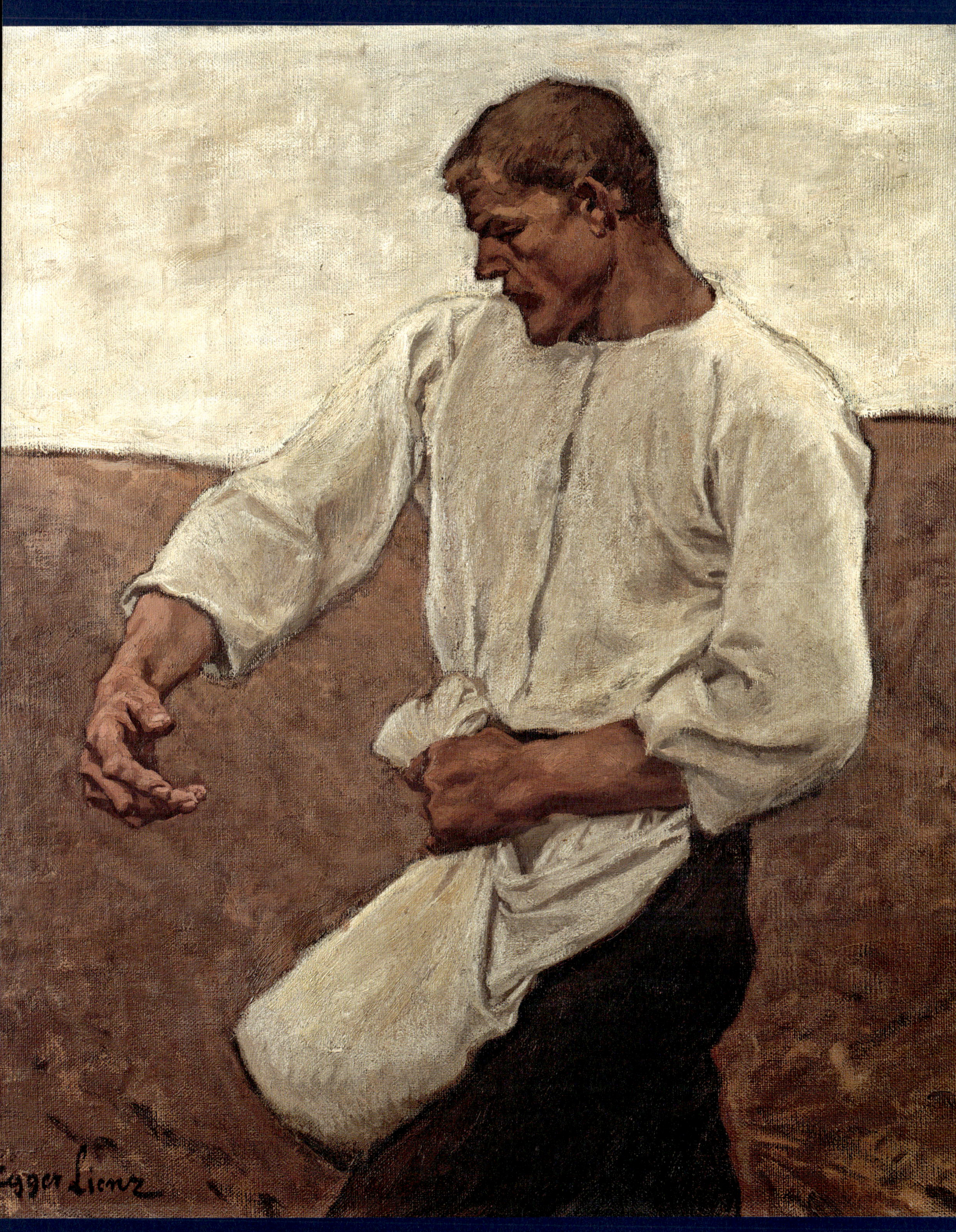

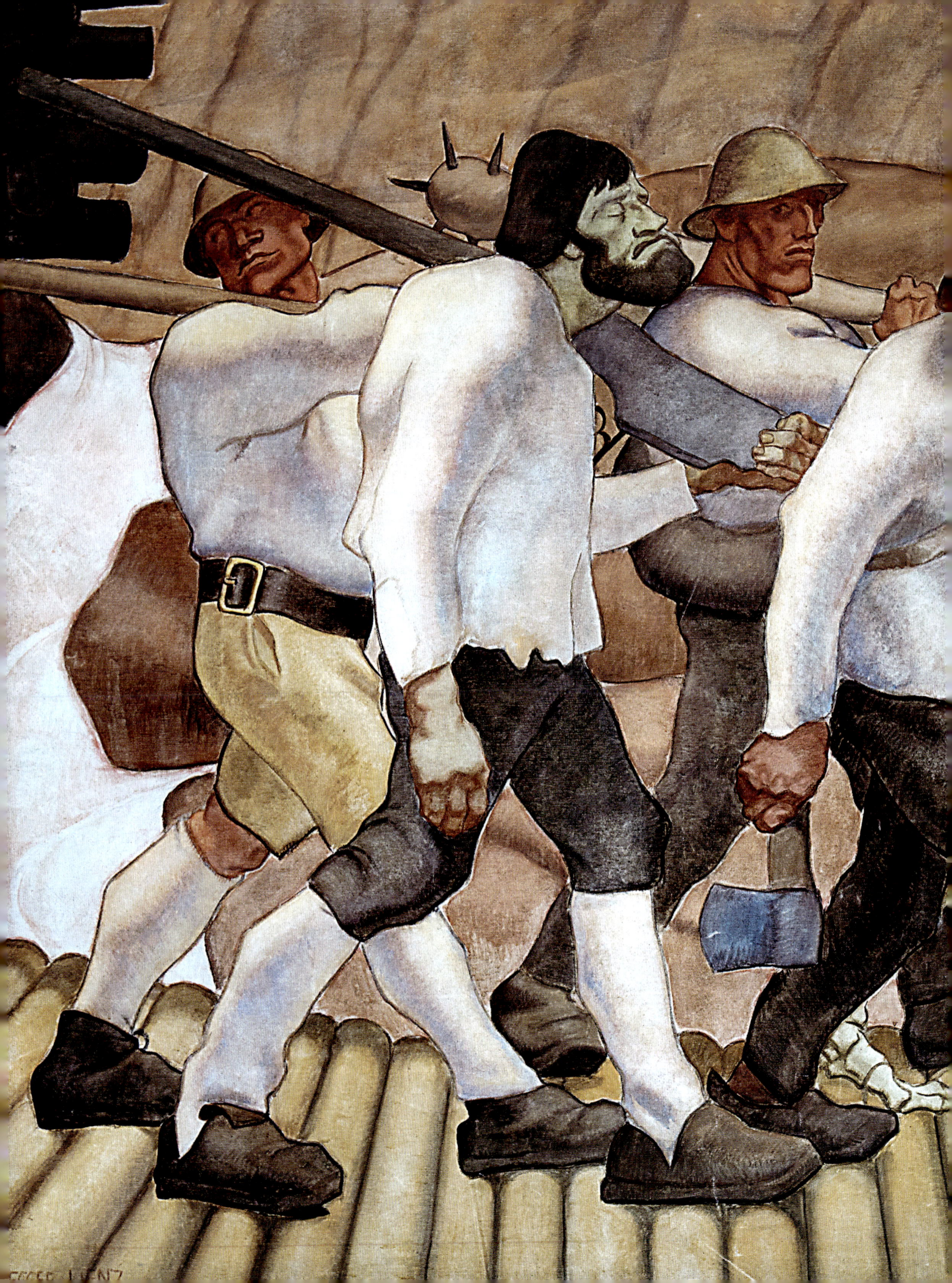

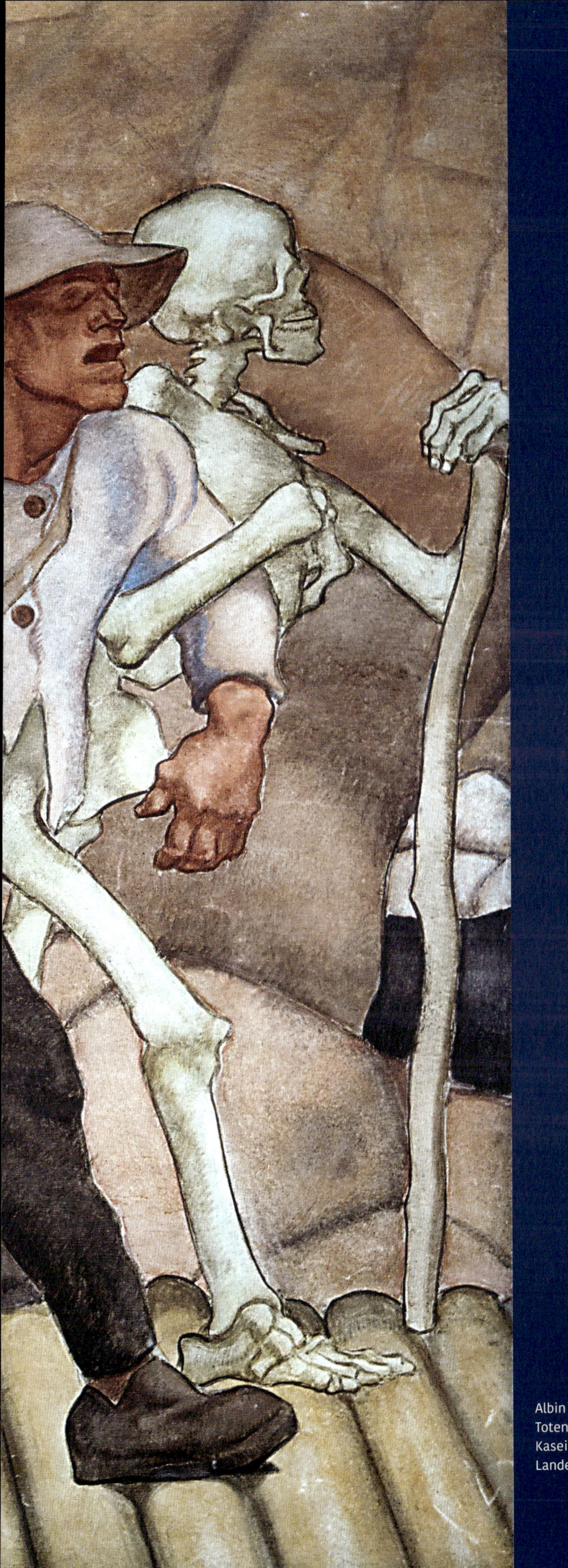

Albin Egger-Lienz
Totentanz, 3. Fassung/*Dance of Death, third*
Kasein auf Leinwand/*casein on canvas*, 243
Landesmuseum für Kärnten

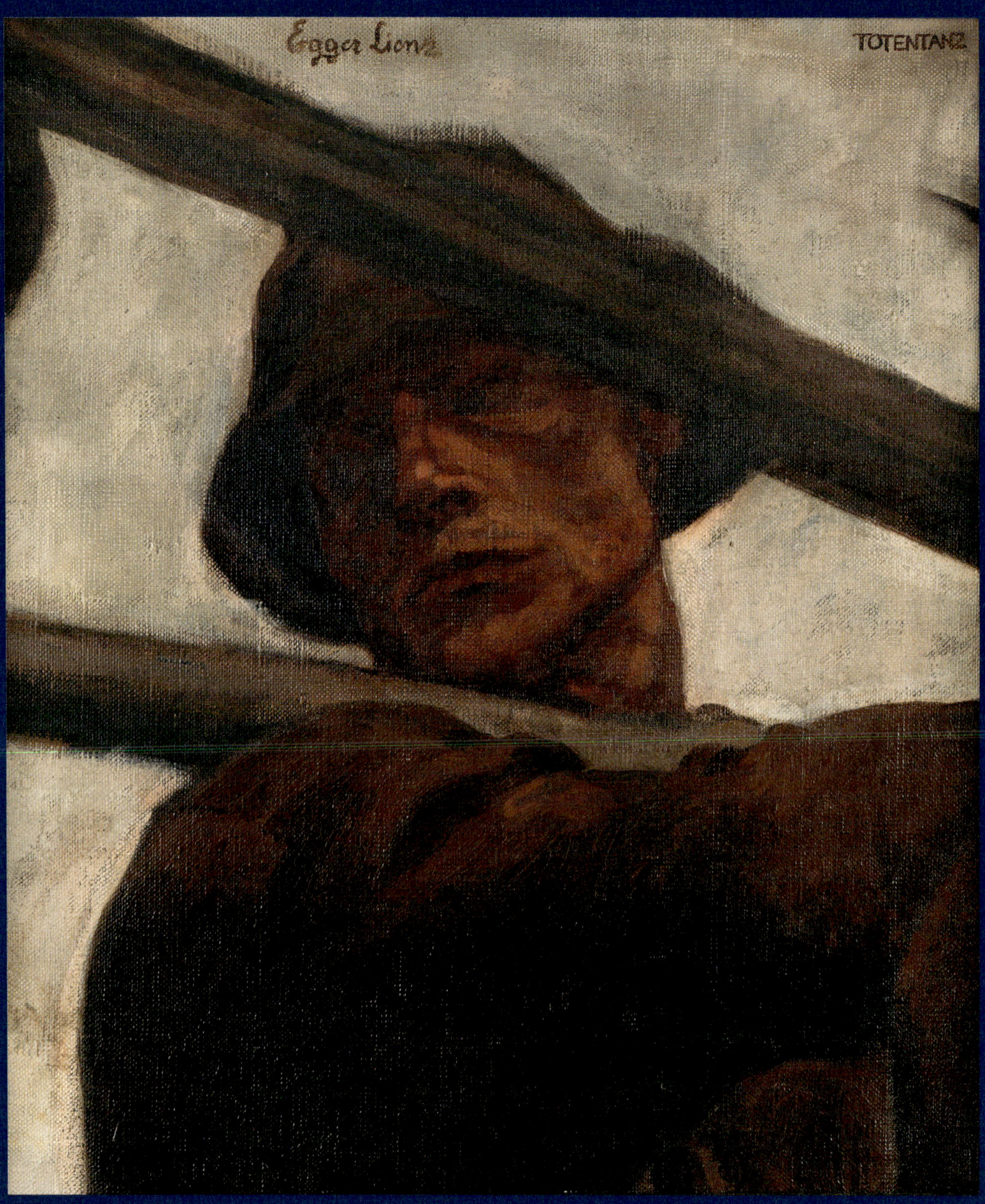

Albin Egger-Lienz
Der letzte zurückschauende Bauer, Fragment III der ersten Version „Der Totentanz von Anno Neun"/*The Last Backward-Looking Farmer, Fragment III of the first version of "Dance of Death of Year Nine,"* 1906/07
Öl auf Leinwand/*oil on canvas*, 55 × 48 cm
Museum der Stadt Lienz Schloss Bruck

→

Albin Egger-Lienz
Tod und erster Bauer, Fragment I der ersten Fassung (Der Totentanz von Anno Neun)/*Death and First Farmer, Fragment I of the first version of "Dance of Death of Year Nine"*, 1906/07
Öl auf Leinwand/*oil on canvas*, 102 × 78 cm
Privatbesitz/*private collection*, Wien/*Vienna*,
(Courtesy Kunsthandel Giese & Schweiger, Wien)

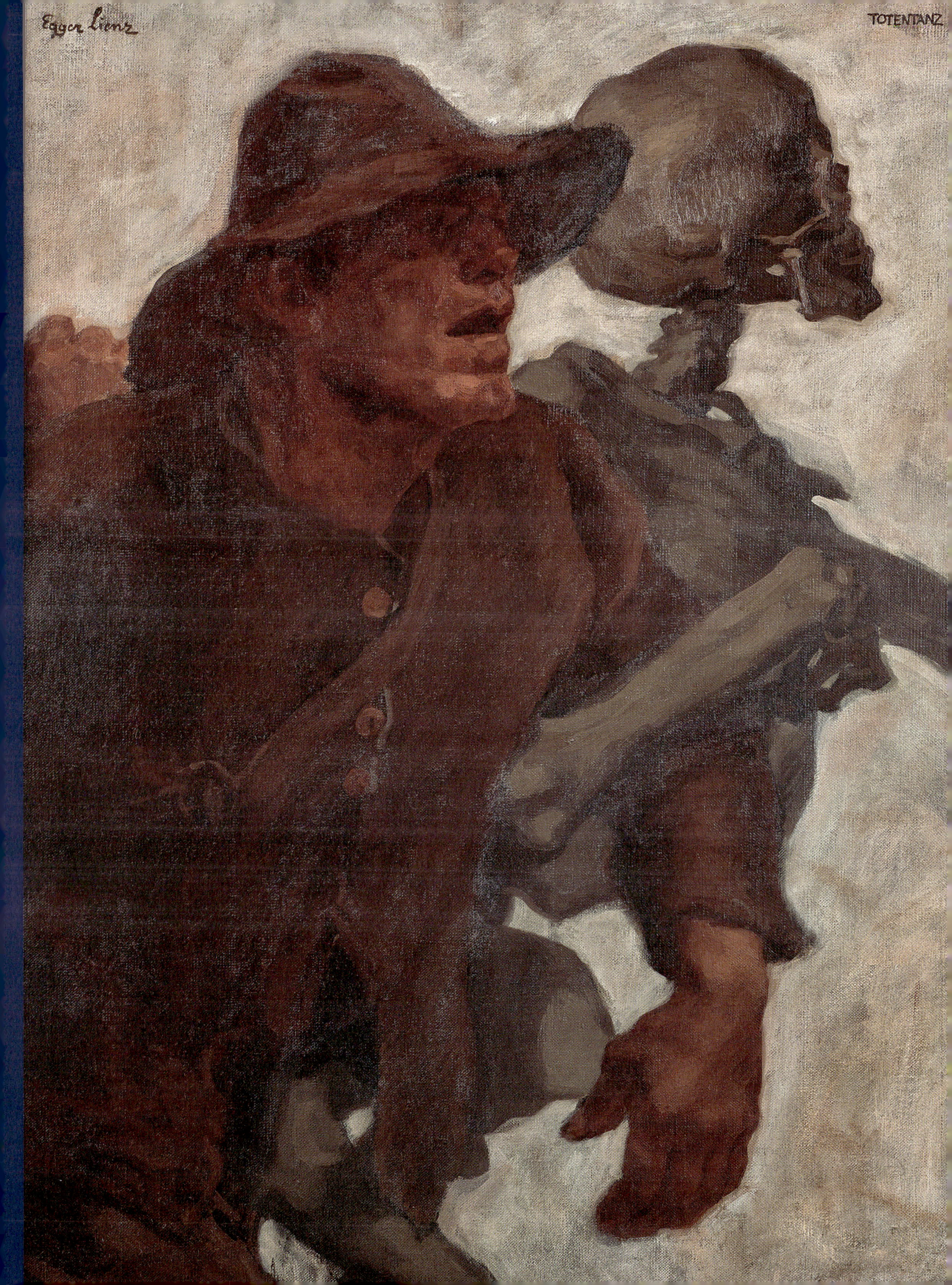
Egger Lienz
TOTENTANZ

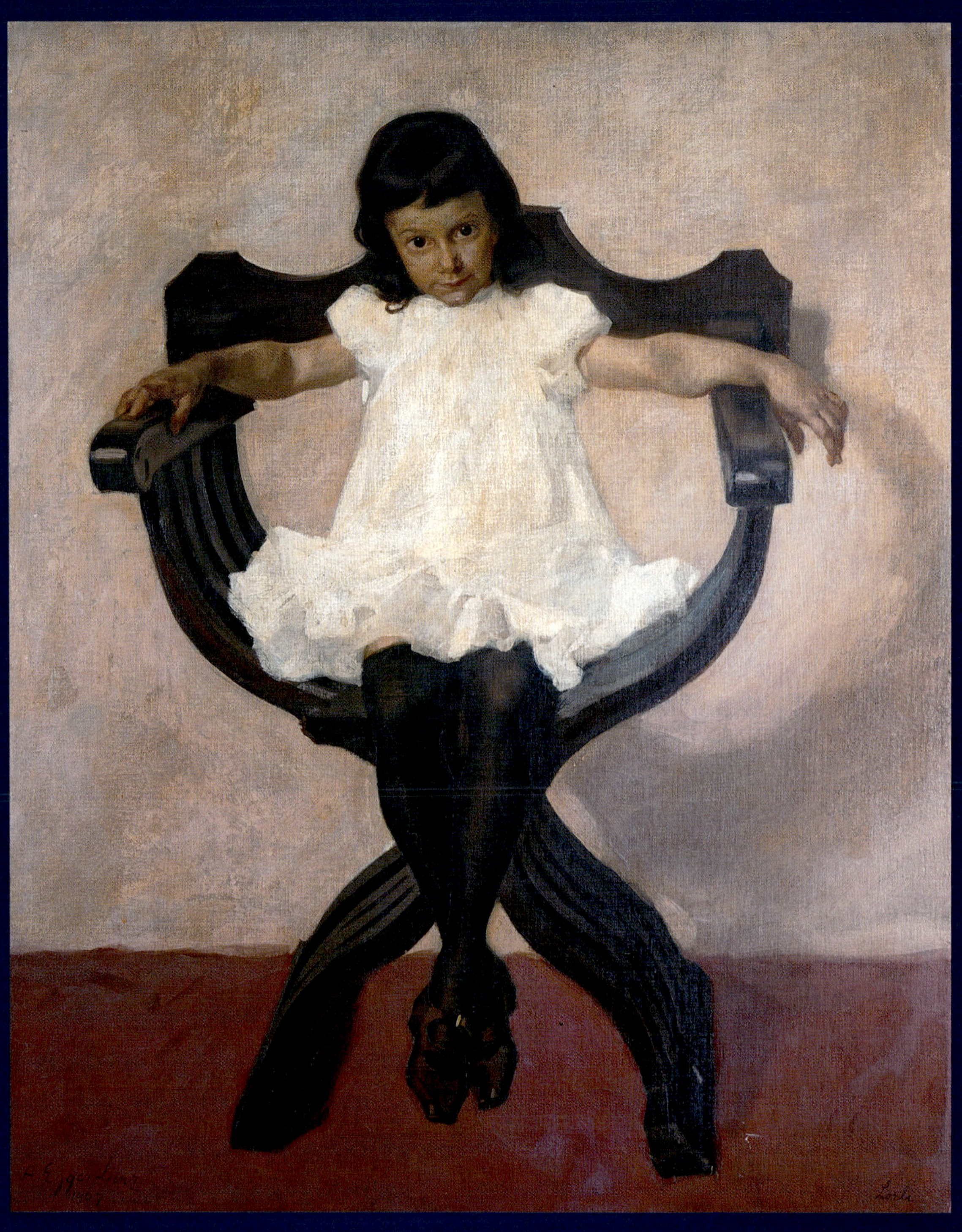

Albin Egger-Lienz
Lorli, Porträt der Tochter des Künstlers/
Portrait of the Artist's Daughter Lorli, 1907
Öl auf Leinwand/*oil on canvas*, 102 × 91 cm
Privatbesitz/*private collection*

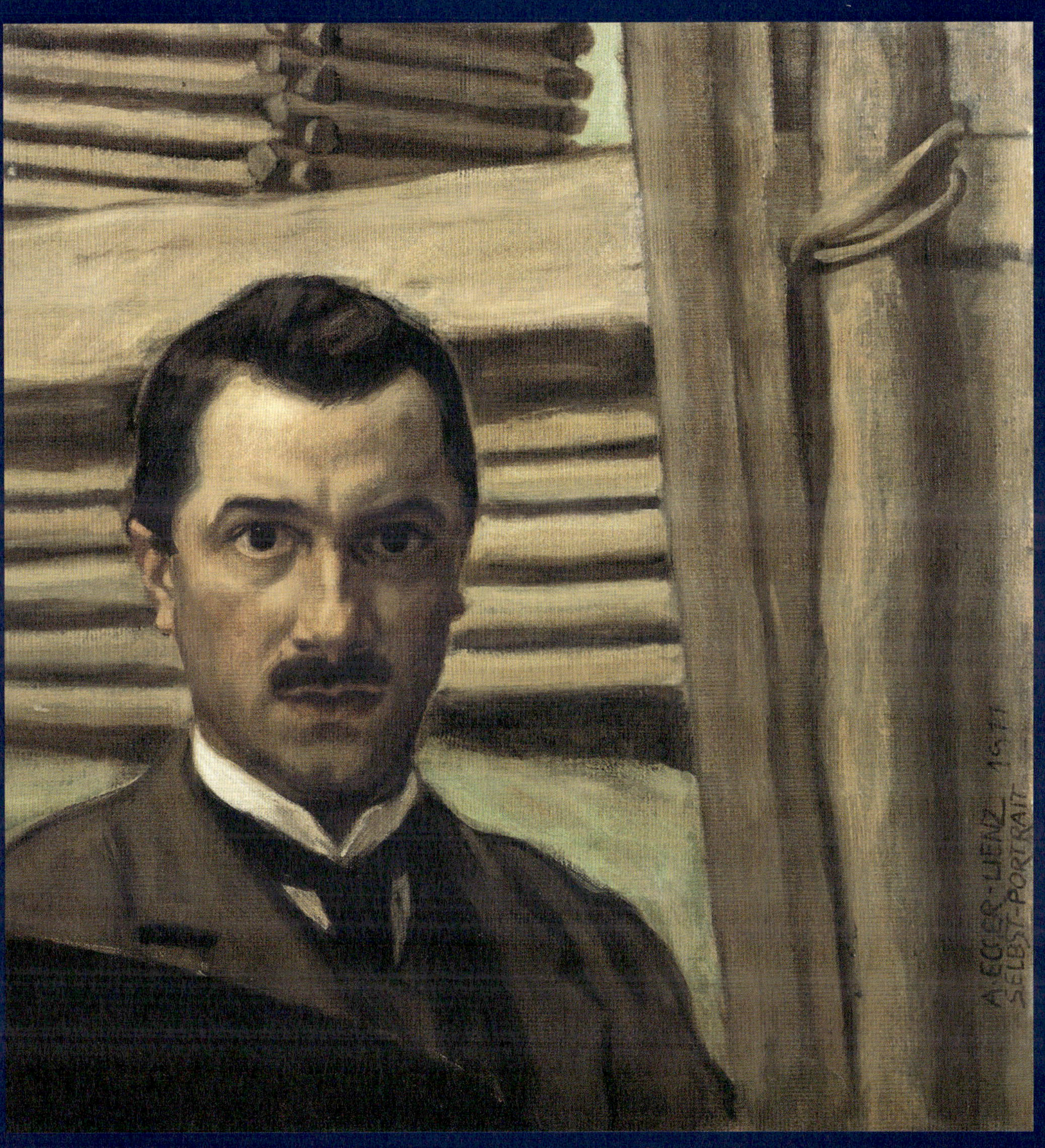

Albin Egger-Lienz
Selbstbildnis/*Self-Portrait*, 1911
Öl auf Leinwand/*oil on canvas*, 64,5 × 61,5 cm
Privatbesitz/*private collection*

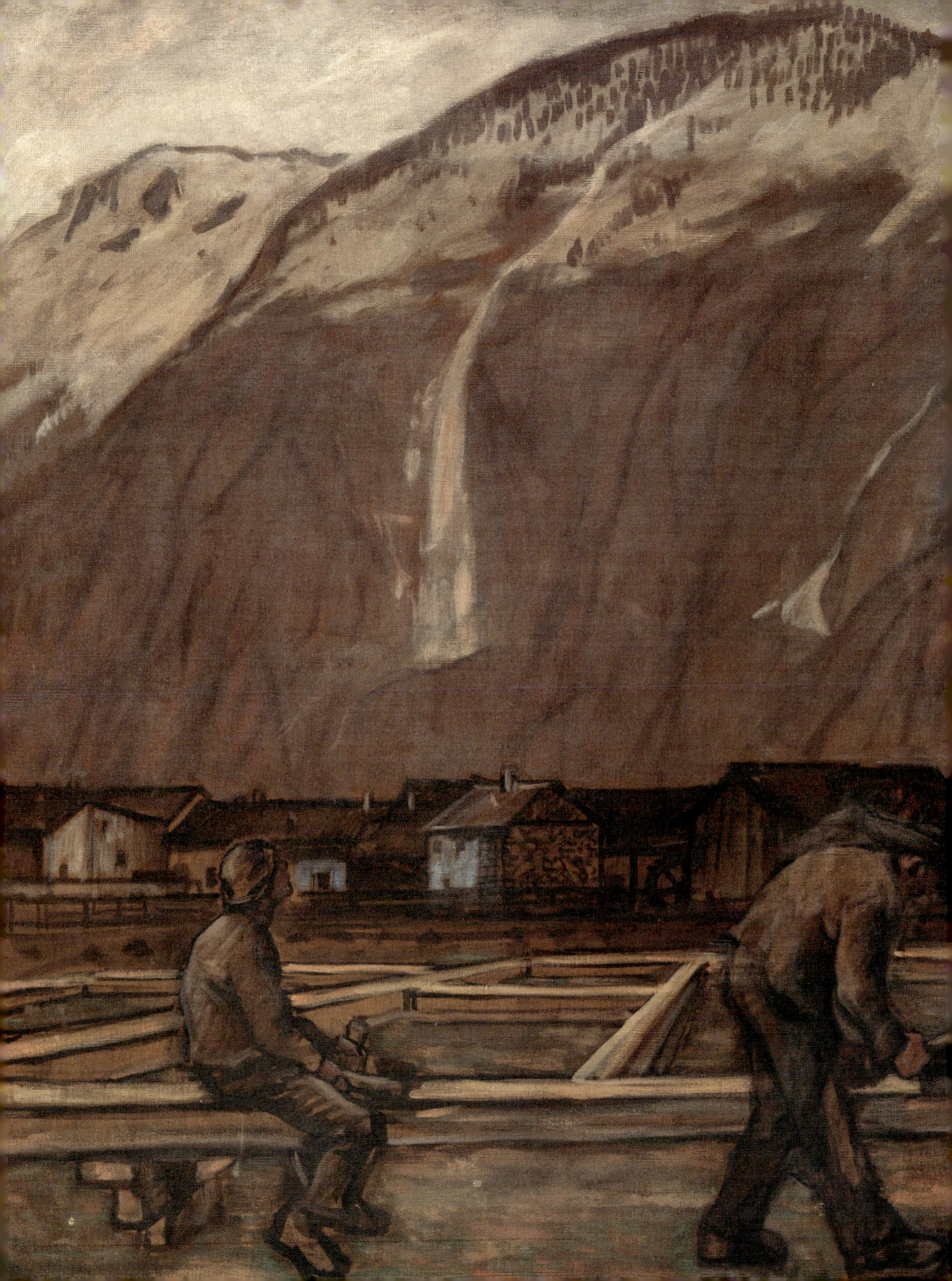

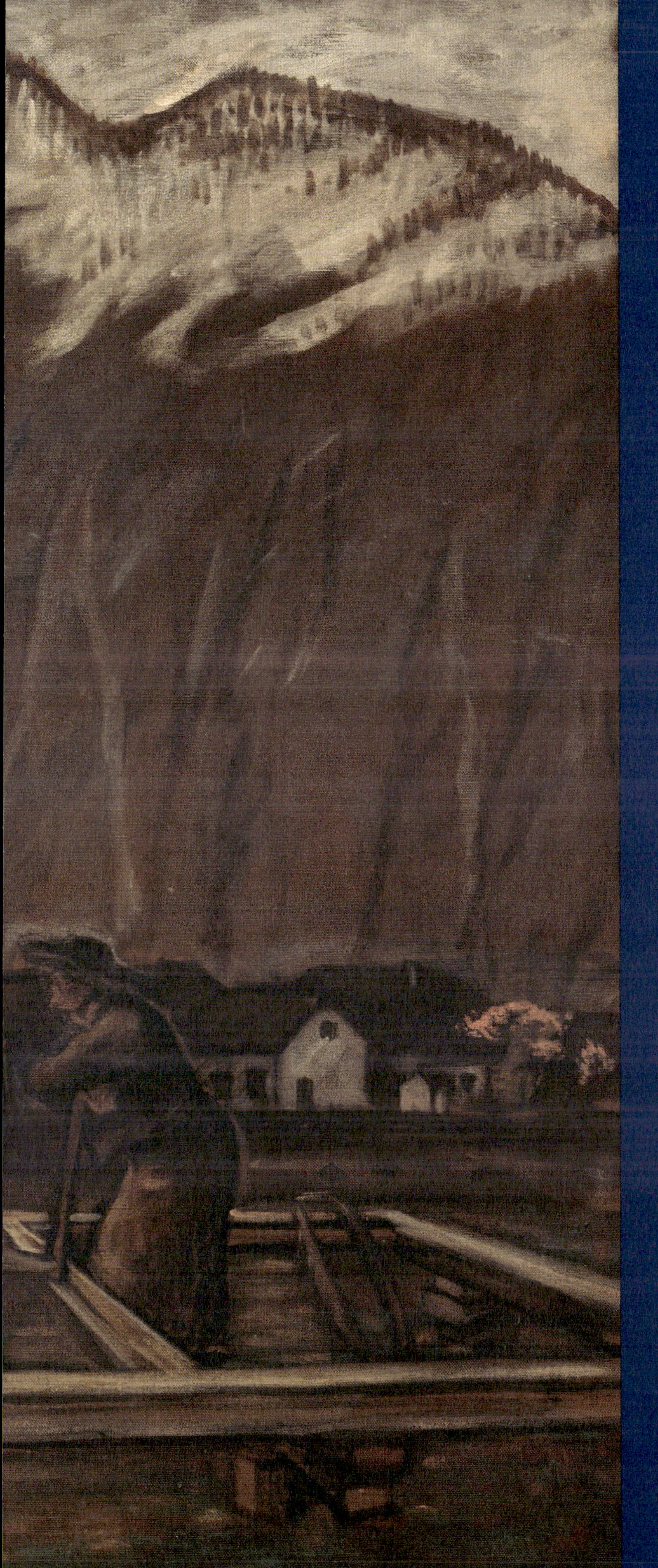

Albin Egger-Lienz
Vorfrühling, Erste Fassung/*Early Spring, first version*, 1906
Öl auf Leinwand/*oil on canvas*, 130 × 155 cm
Privatbesitz/*private collection*

→

Albin Egger-Lienz
Das Meer. Katwijk/*The Sea. Katwijk*, 1913
Öl auf Leinwand/*oil on canvas*, 100 × 150 cm
Museum der Stadt Lienz Schloss Bruck

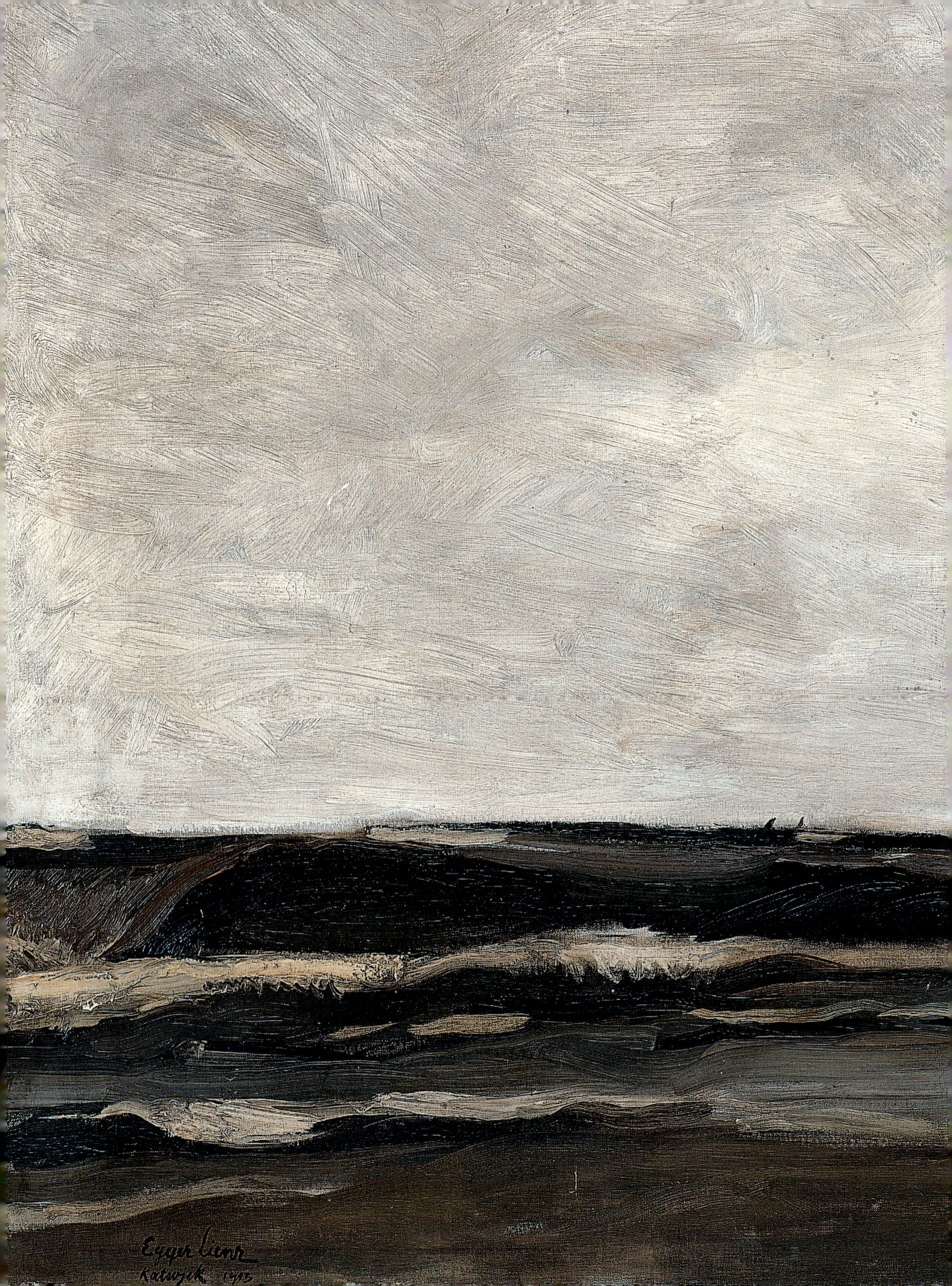

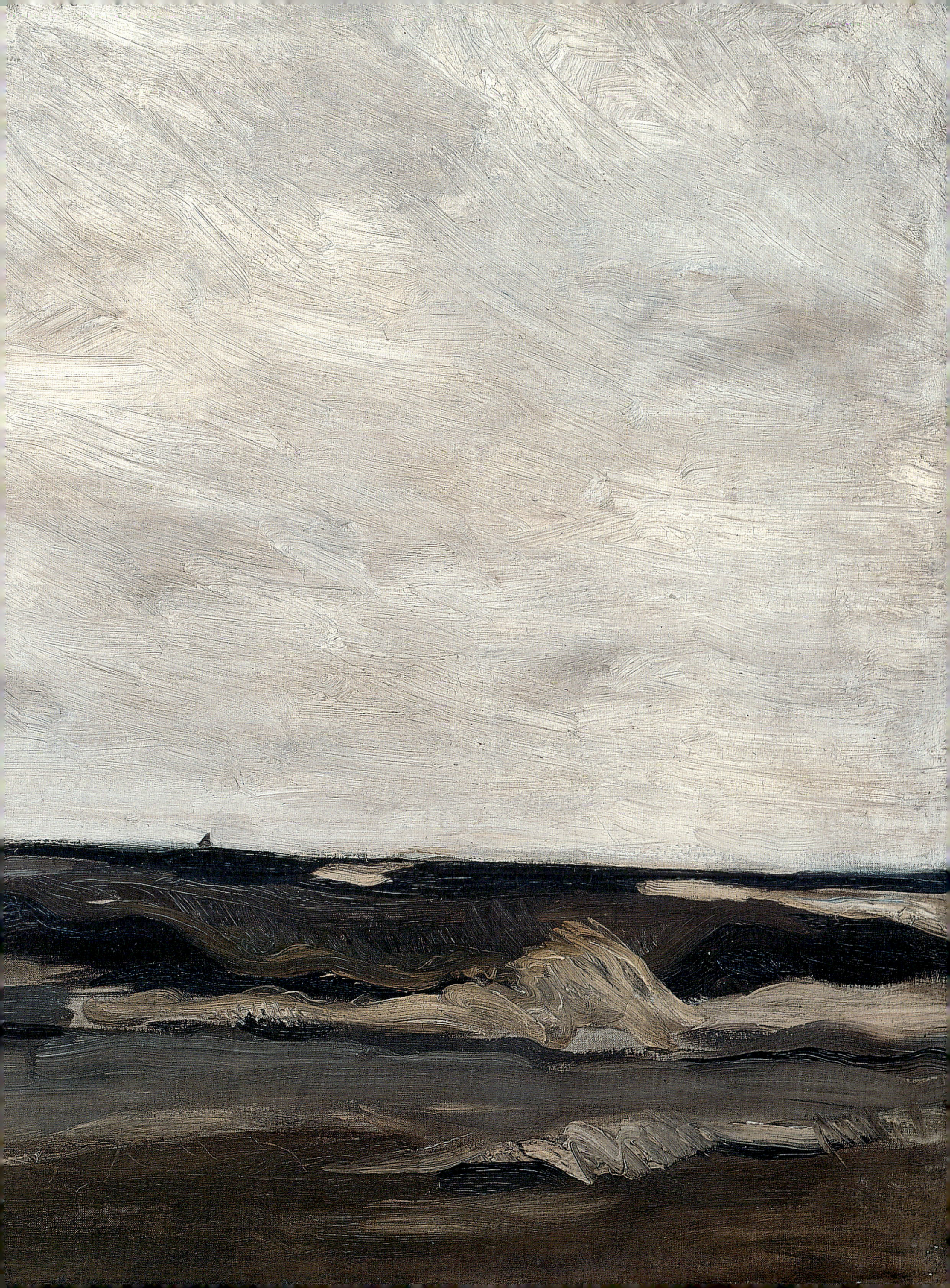

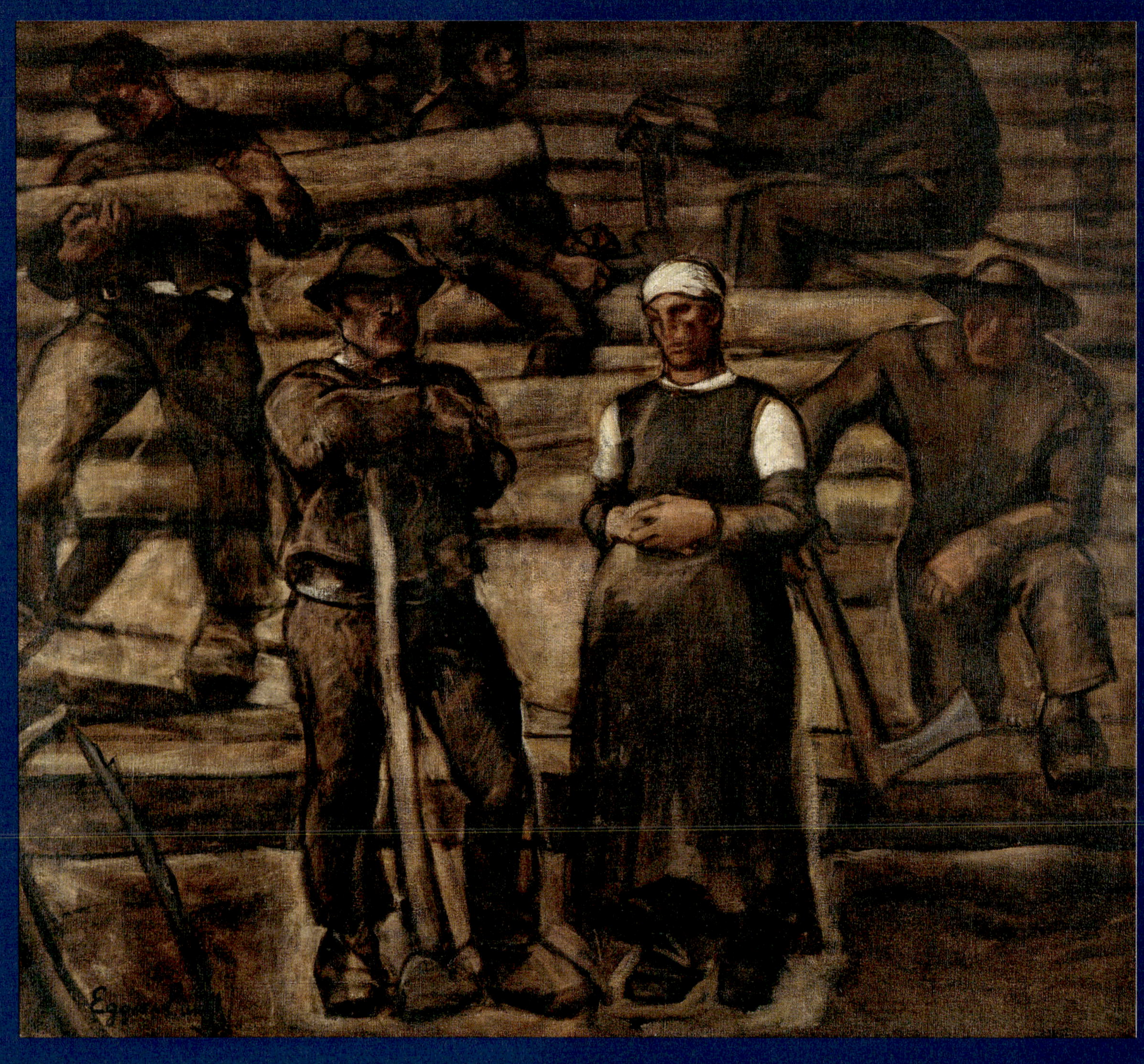

Albin Egger-Lienz
Die Lebensalter, Entwurf/*The Ages of Life, sketch* 1909/10
Öl auf Leinwand/*oil on canvas*, 131 × 150,5 cm
Privatbesitz/*private collection*

→
Albin Egger-Lienz
Mann und Weib/*Man and Woman*, 1910
Kasein, Ölfarbe auf Leinwand/*casein, oil on canvas*, 186 × 145 cm
Landesmuseum für Kärnten

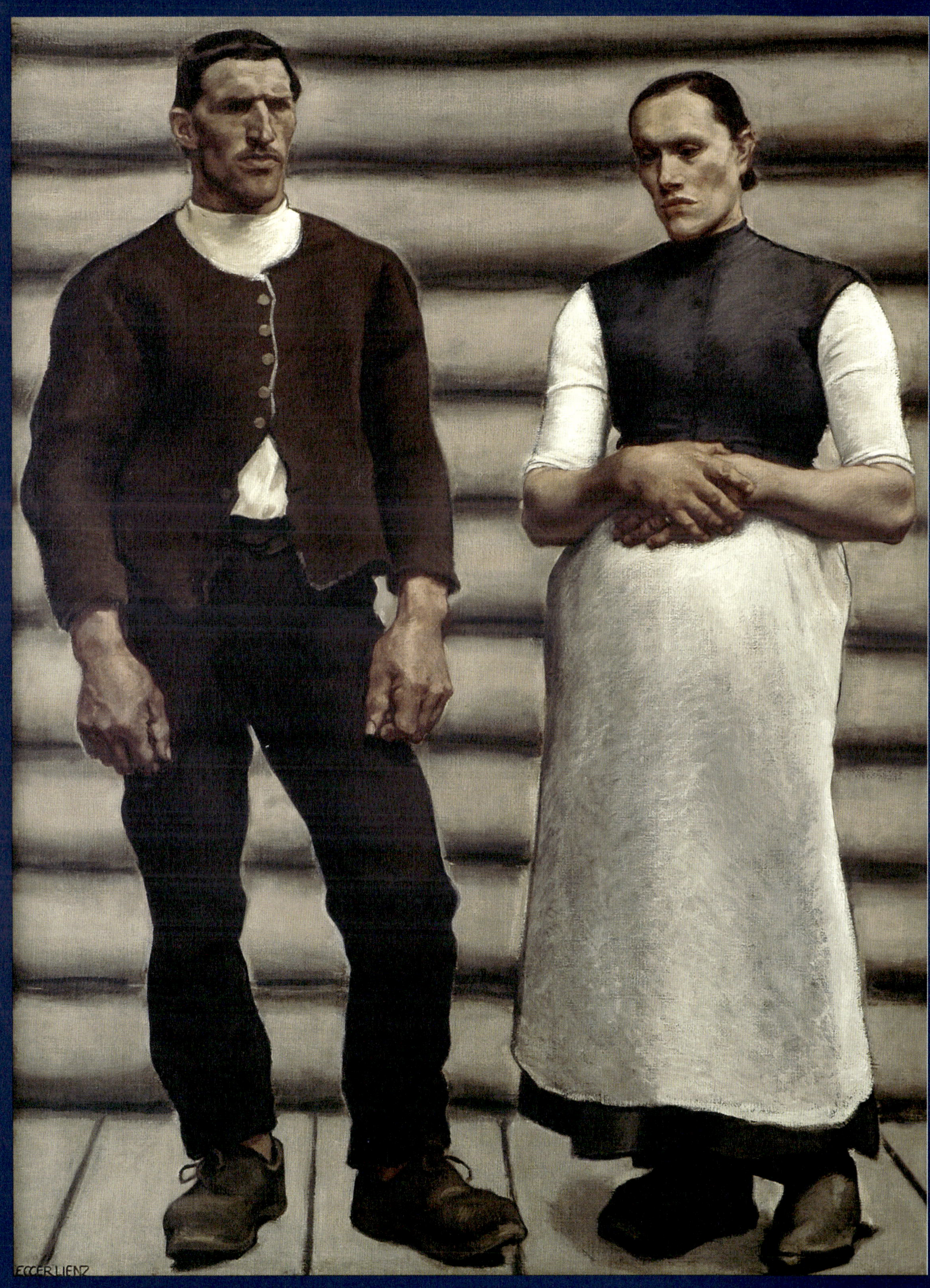
EGGER LIENZ

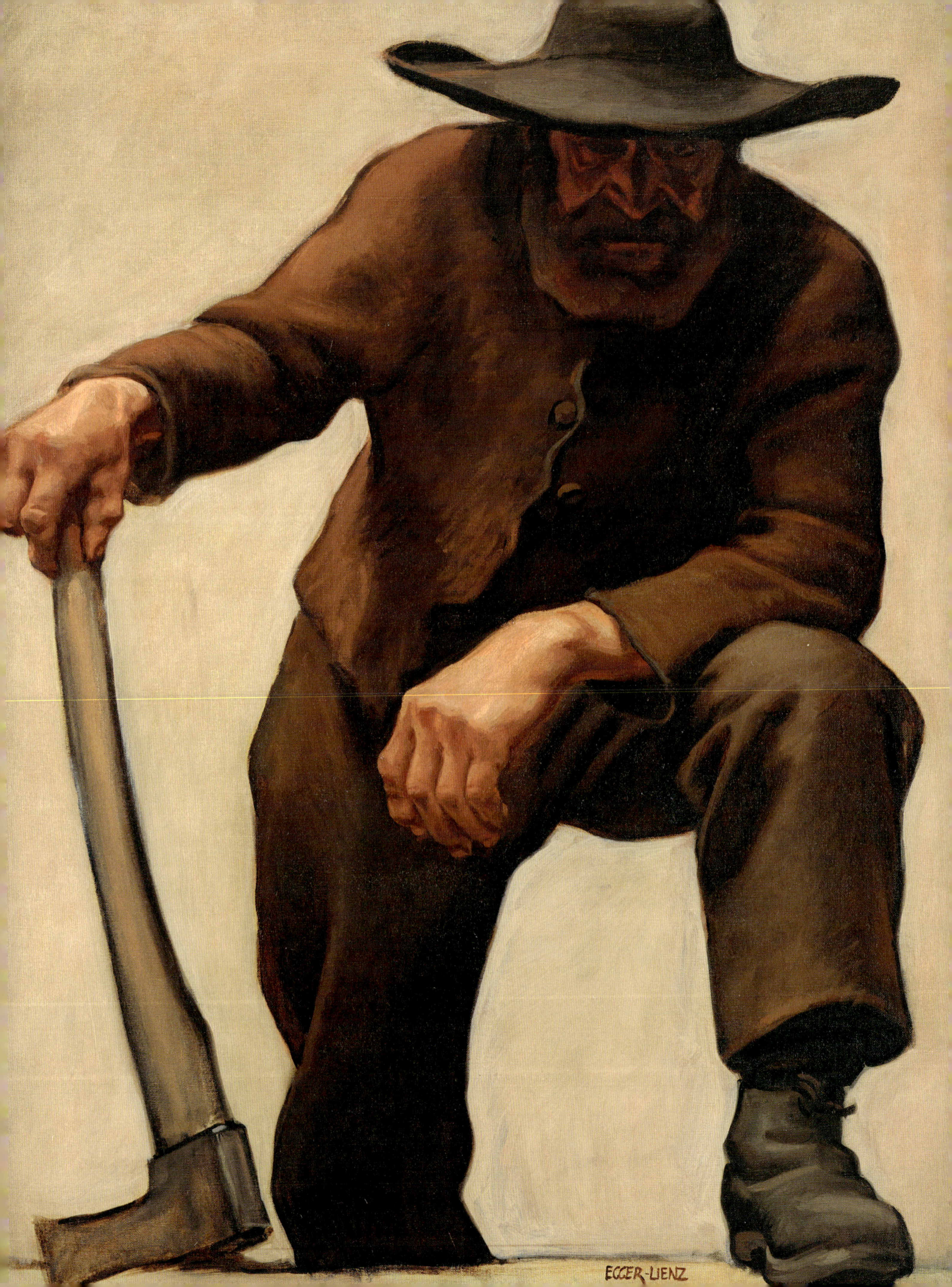
EGGER-LIENZ

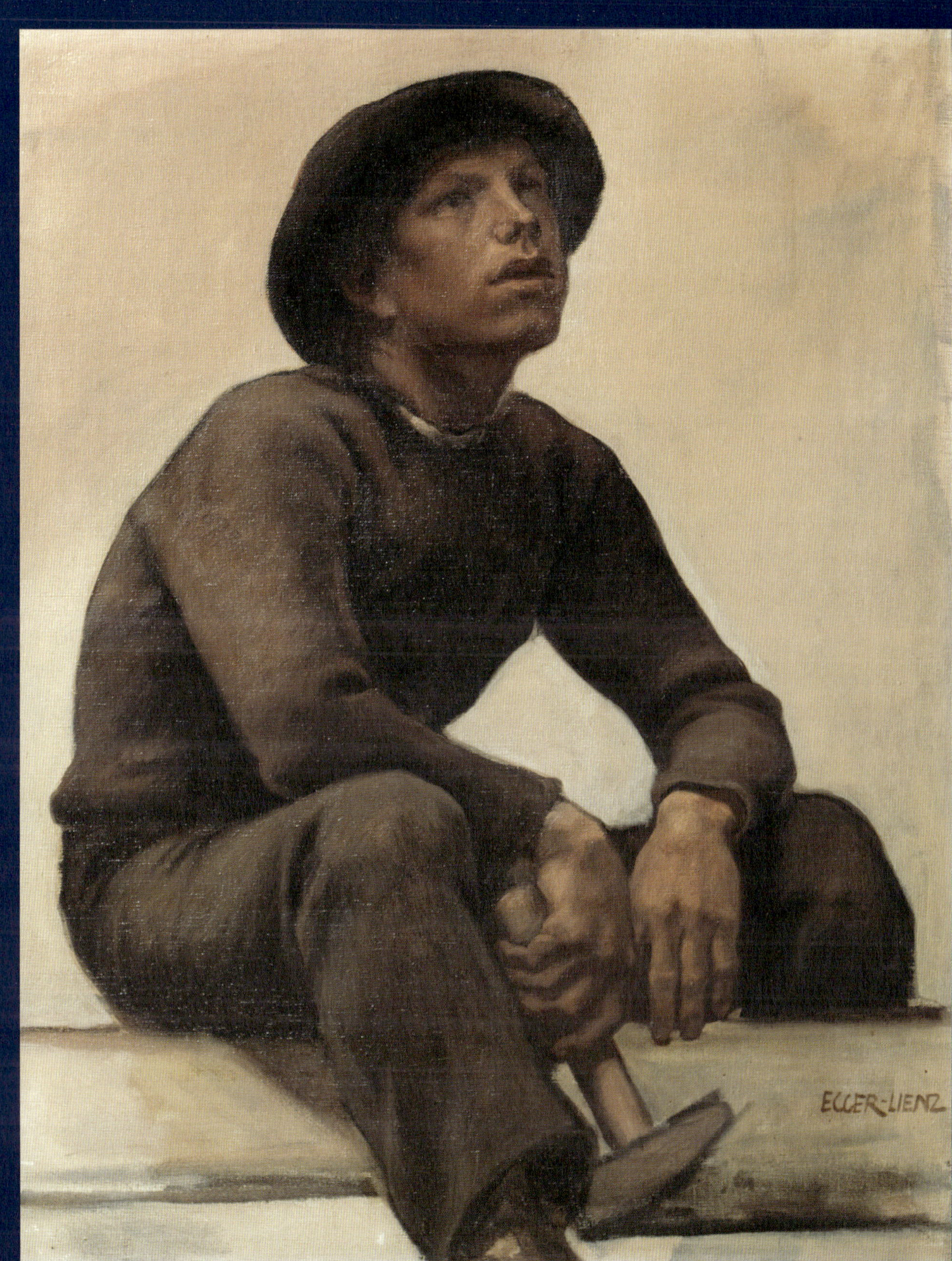
EGGER-LIENZ

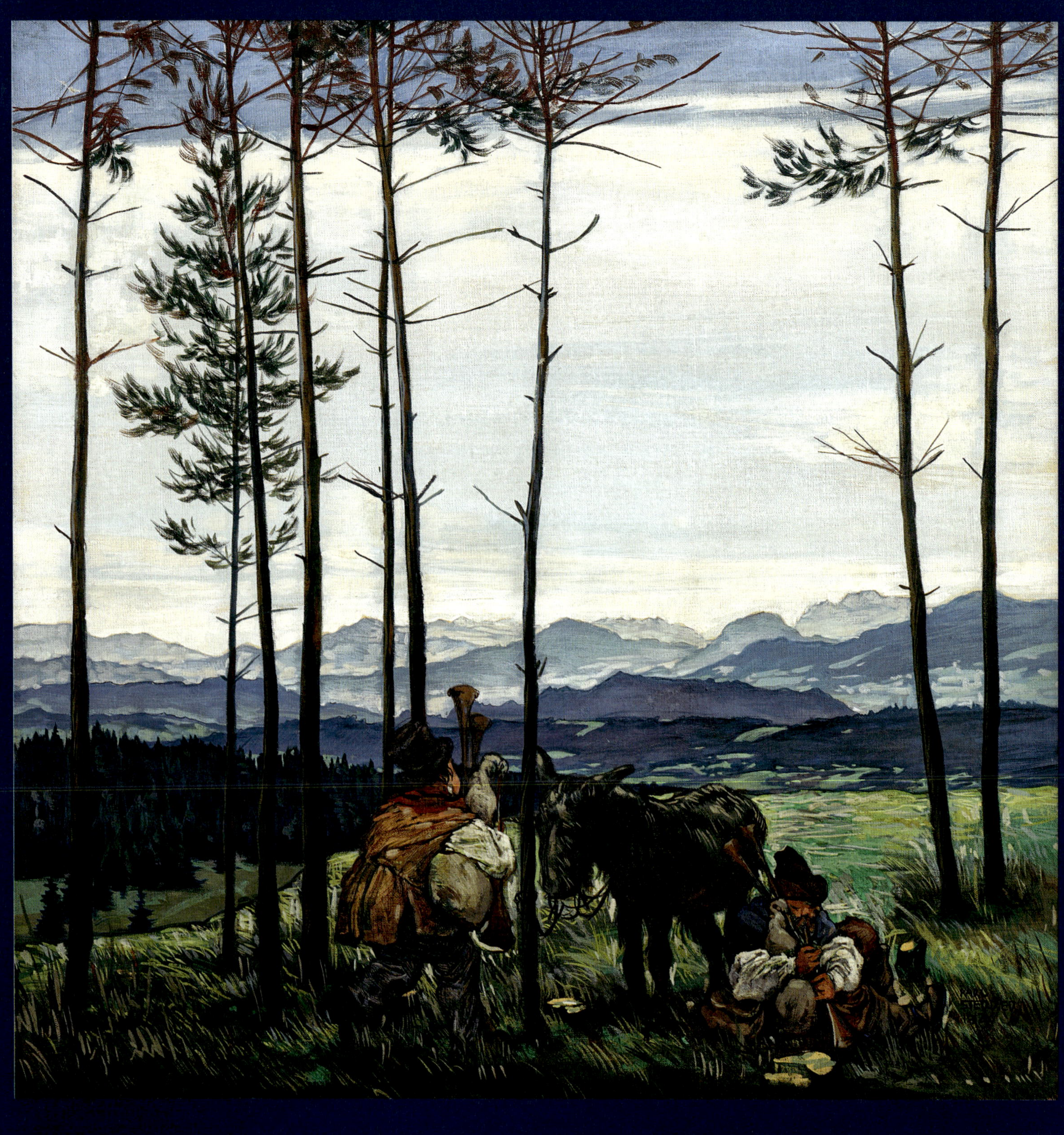

Karl Sterrer
Verständigen/*Musical Exchange*, 1912
Öl auf Leinwand/*oil on canvas*, 61 × 60,4 cm
Leopold Privatsammlung

→
Karl Sterrer
Die keusche Susanna/*Chaste Susanna*, 1912
Öl auf Leinwand/*oil on canvas*, 70 × 55 cm
Privatbesitz/*private collection*

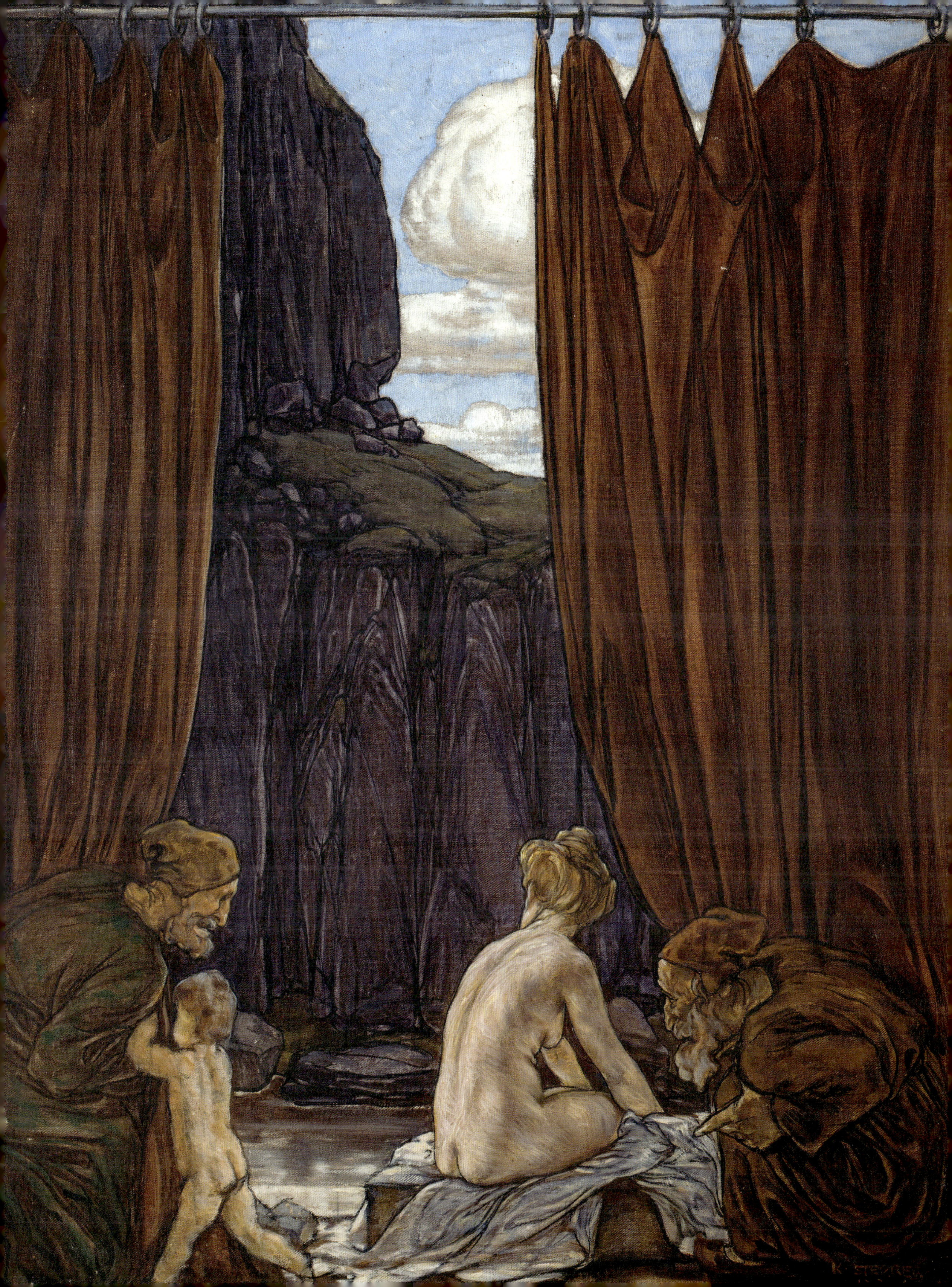

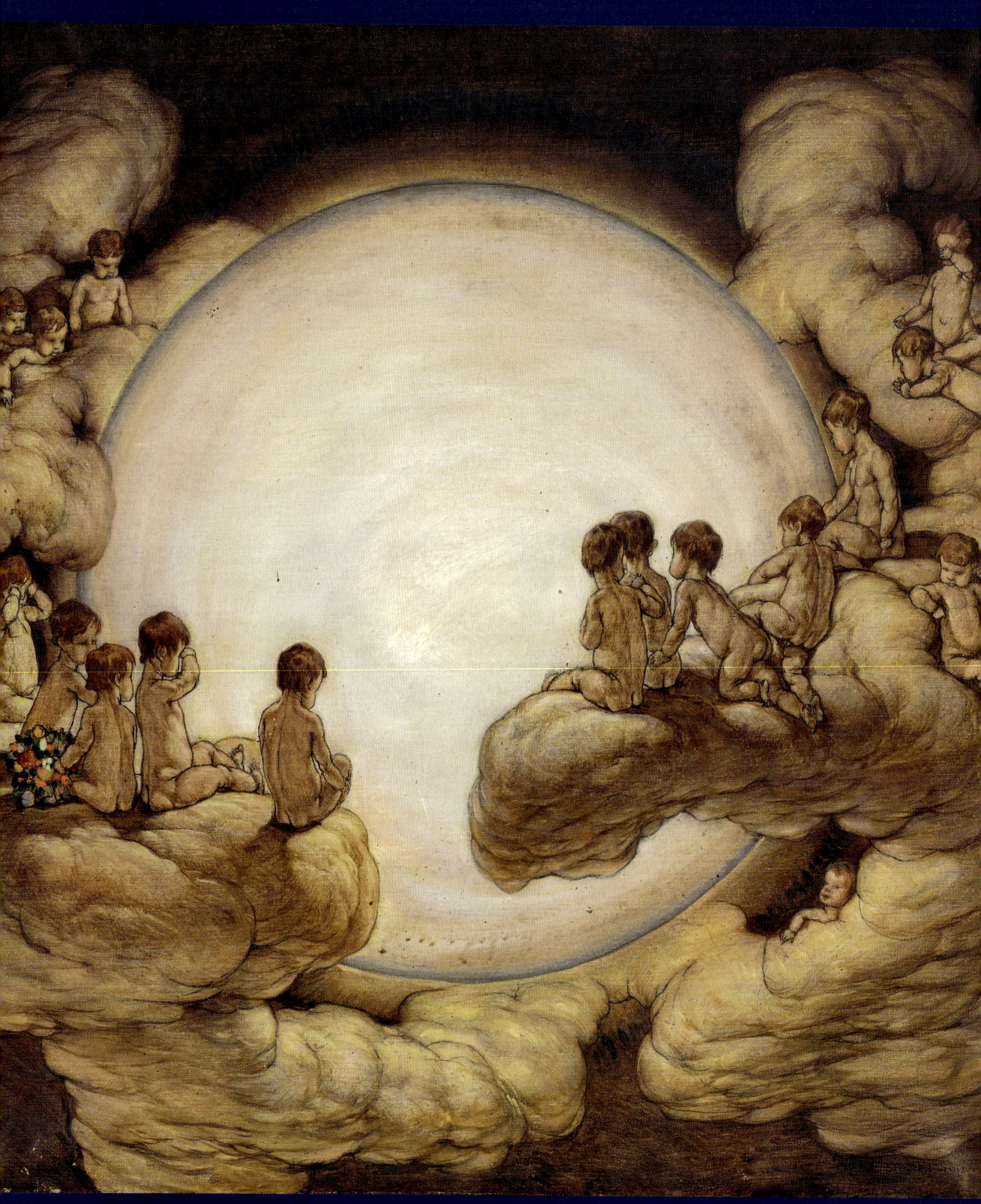

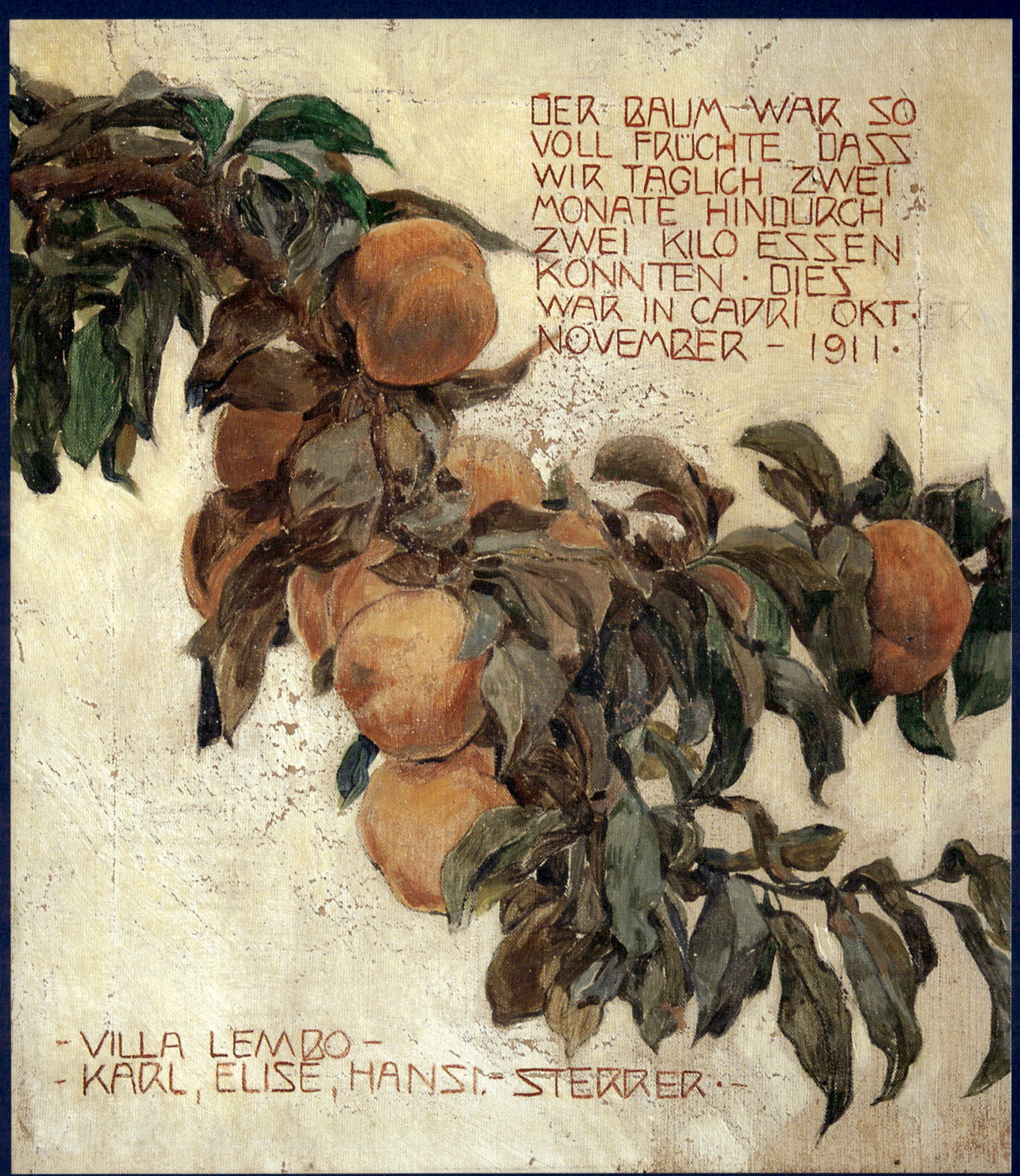

←
Karl Sterrer
Der wunderliche Stern/*Star of Wonder*, 1912
Öl auf Leinwand/*oil on canvas*, 65 × 60 cm
Privatbesitz/*private collection*

Karl Sterrer
Zweig mit Früchten/*Branch with Fruit*, 1911
Öl auf Leinwand/*oil on canvas*, 45 × 40 cm
Privatbesitz/*private collection*

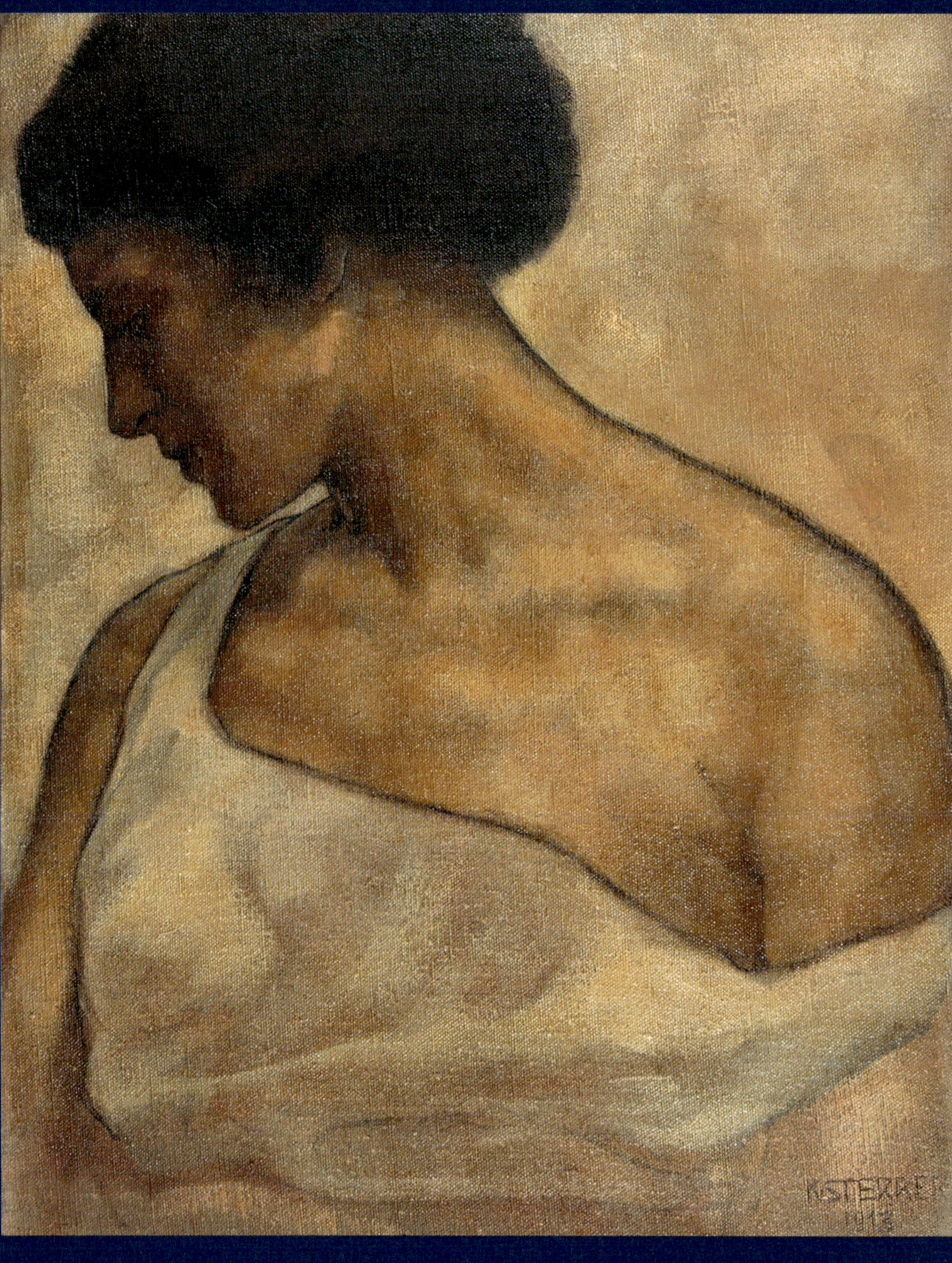

Karl Sterrer
Die Tänzerin/*The Dancer*
Öl auf Leinwand/*oil on canvas*, 67 × 53 cm
Privatbesitz/*private collection*

→
Karl Sterrer
Mutter mit Säugling/*Mother with Infant*
Öl auf Leinwand/*oil on canvas*, 134 × 103 cm
Privatbesitz/*private collection*

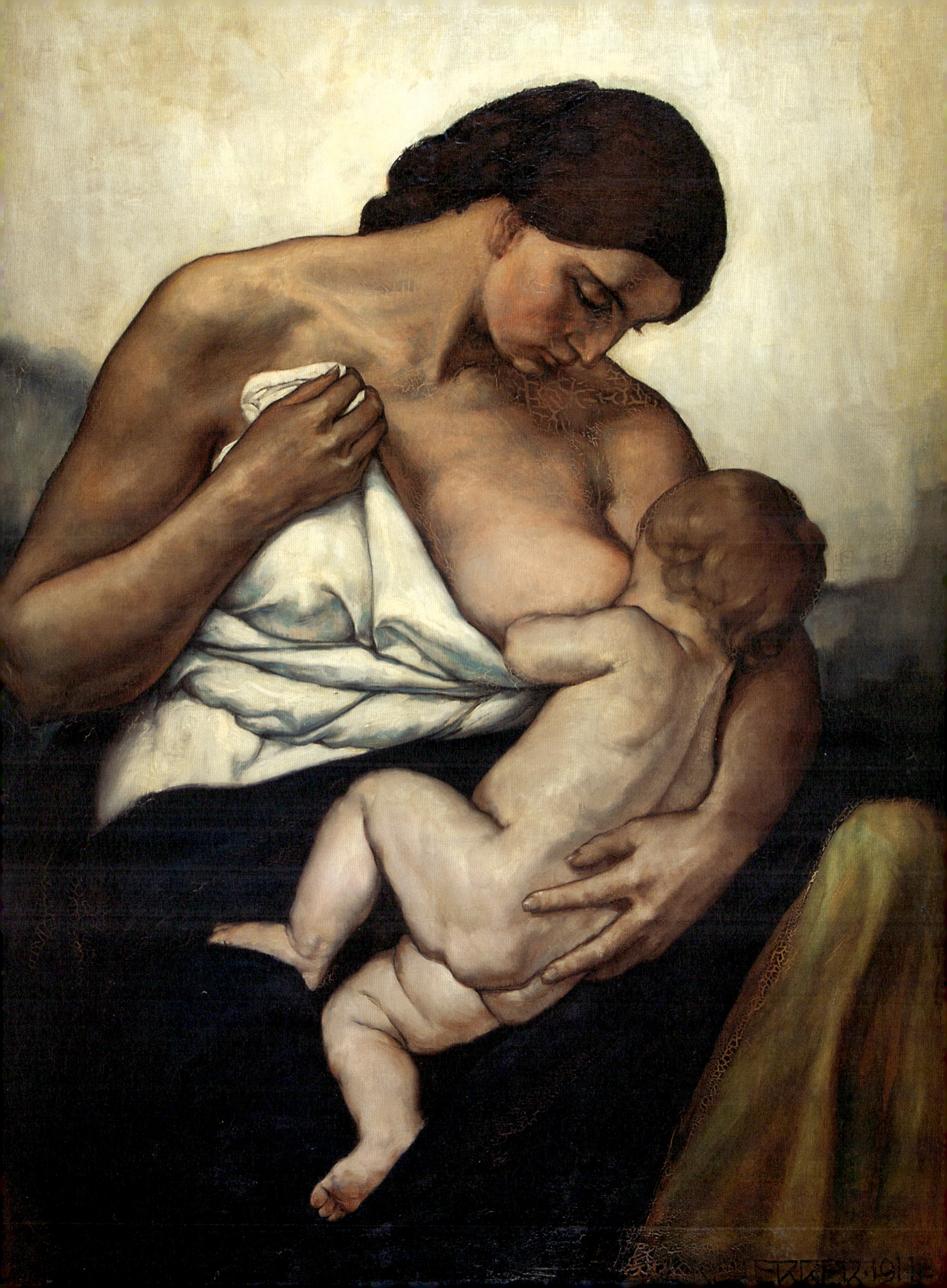

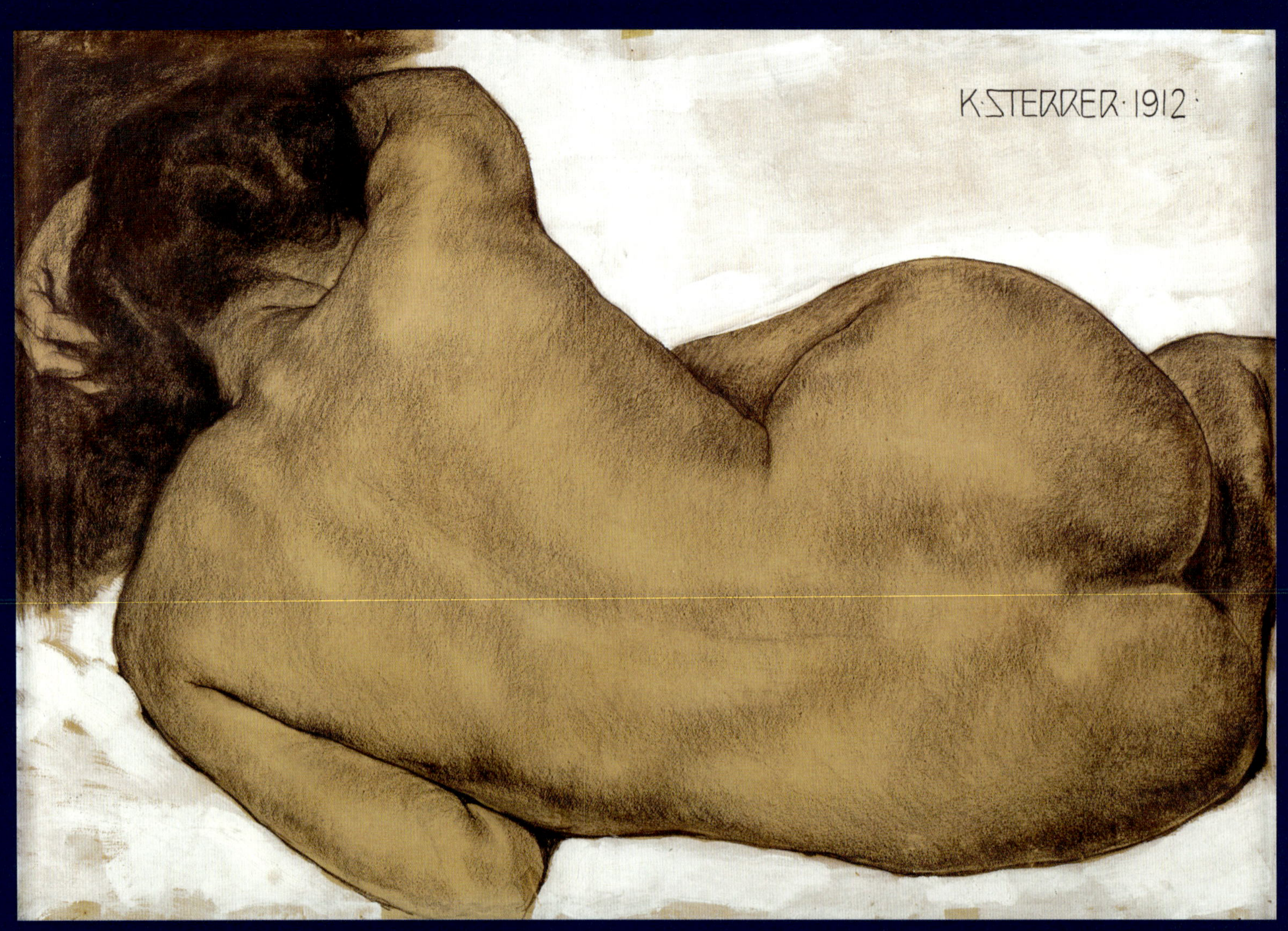

Karl Sterrer
Rückenakt/*Nude, Back View*, 1912
Mischtechnik, Kreide, Bleistift, Tempera auf Papier/*mixed media, chalk, pencil, tempera on paper*, 63 × 90 cm
Privatbesitz/*private collection*

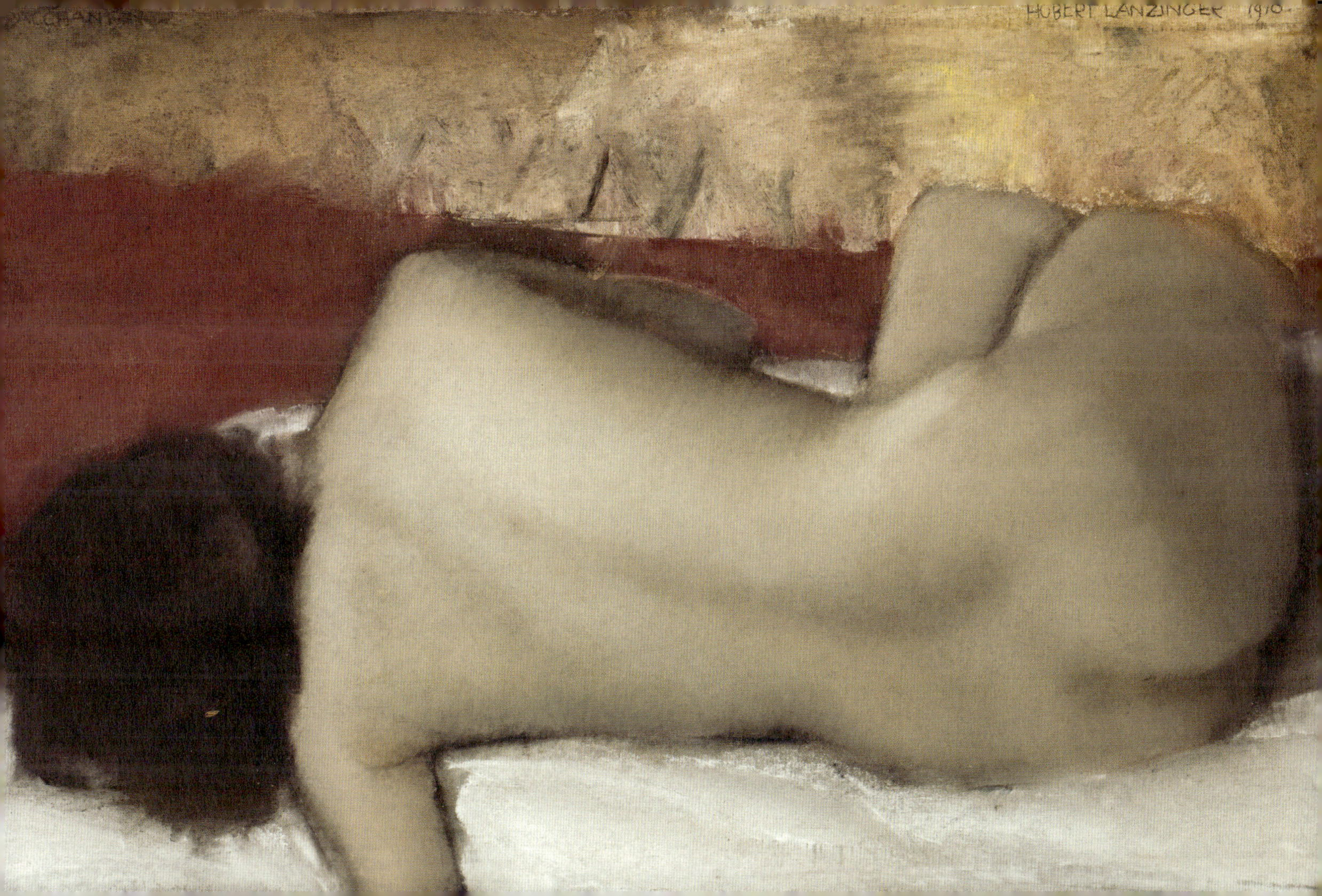
HUBERT LANZINGER 1910

Hubert Lanzinger
Sitzender weiblicher Rückenakt/
Seated Female Nude, Back View, um/*ca.* 1910
Öl auf Leinwand/*oil on canvas*, 32 × 30,1 cm
Landessammlungen Niederösterreich/*State Collections of Lower Austria*

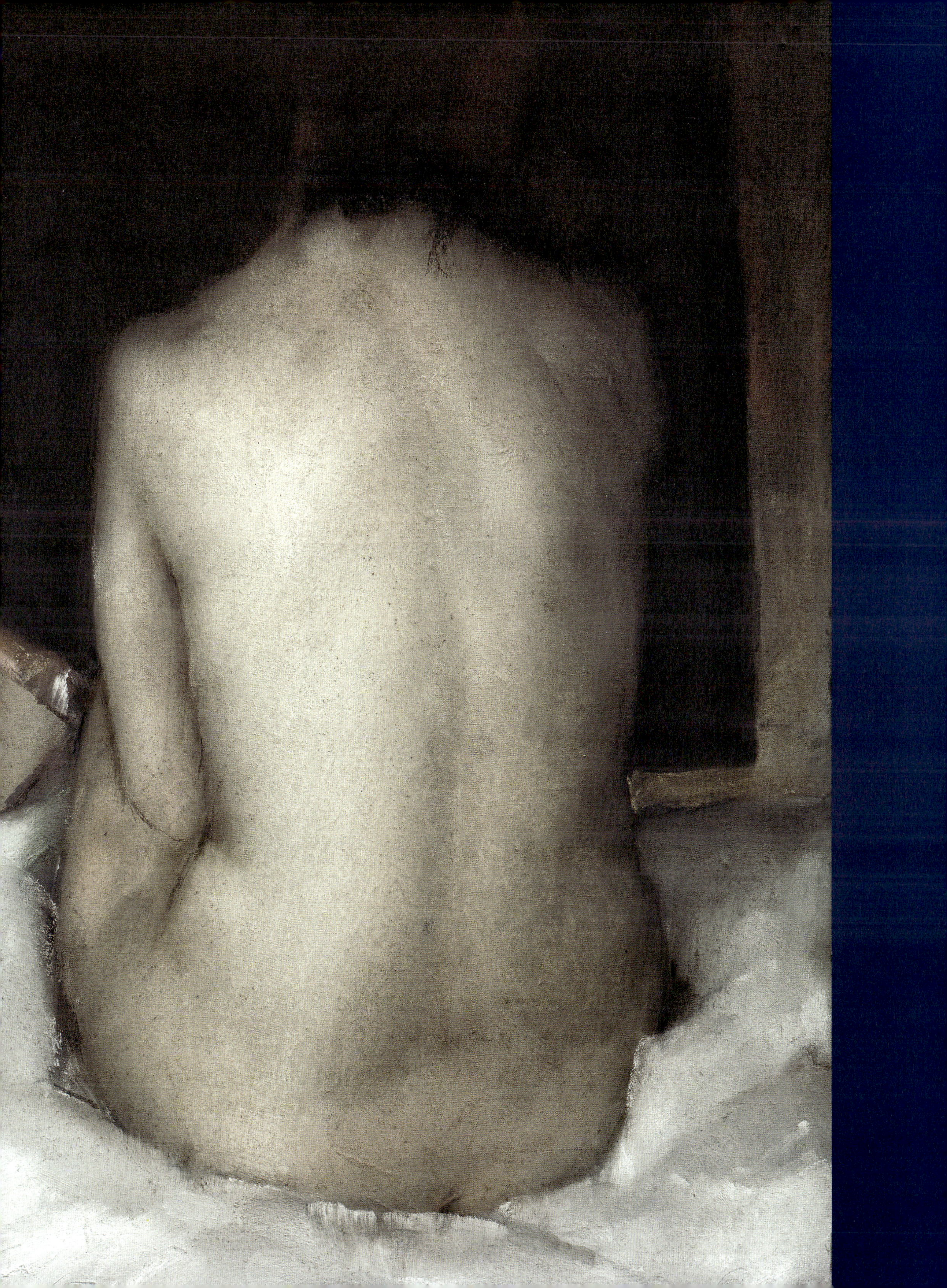

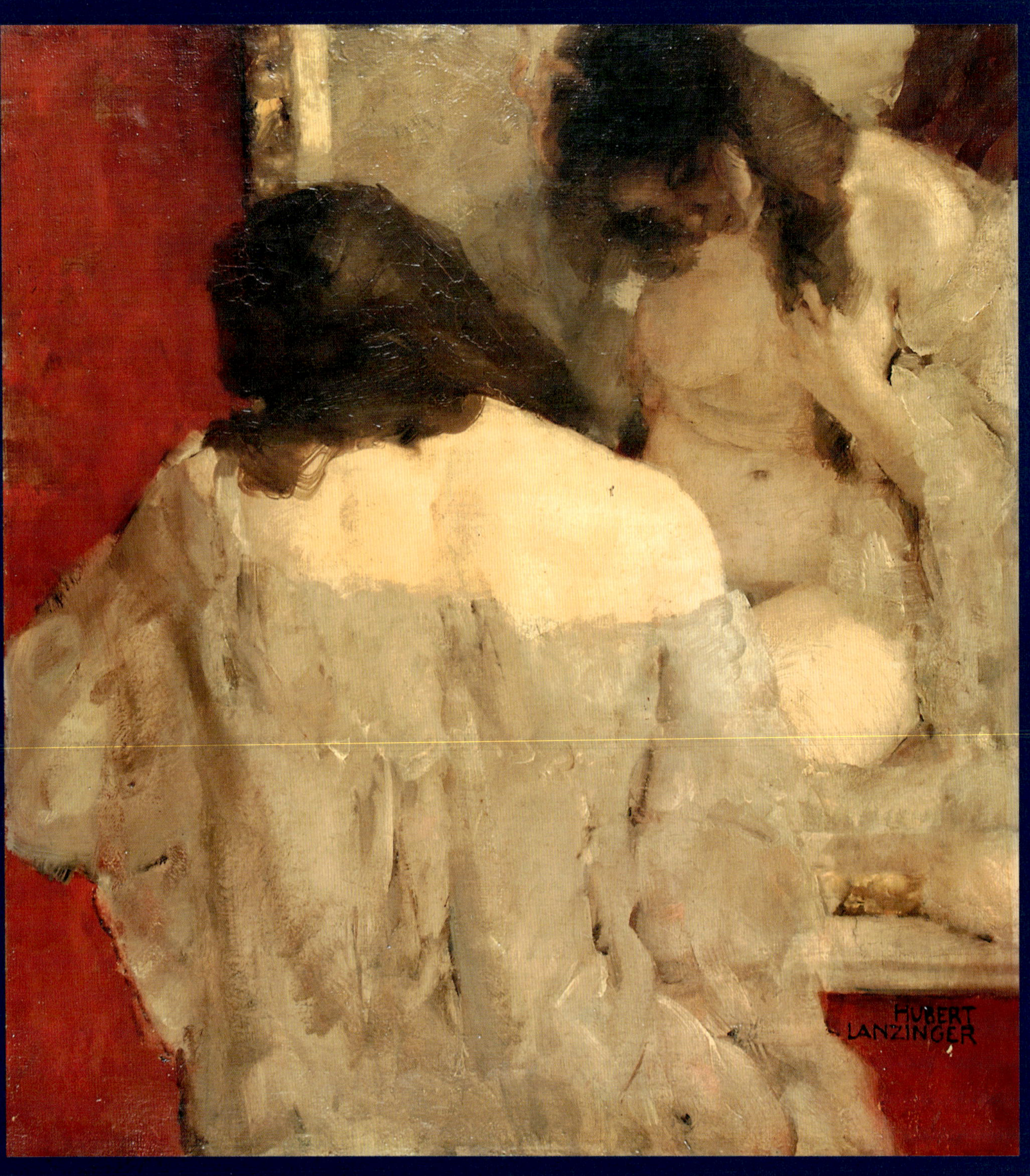

Hubert Lanzinger
Vor dem Spiegel (Mädchen mit weißem Schal)/
In Front of the Mirror (Girl with a White Scarf), um/*ca.* 1908–1910
Öl auf Leinwand/*oil on canvas*, 81 × 74 cm
Privatbesitz/*private collection*

→
Hubert Lanzinger
Sitzender weiblicher Akt/*Seated Female Nude*, um/*ca.* 1909
Öl auf Leinwand/*oil on canvas*, 31,7 × 32,1 cm
Landessammlungen Niederösterreich/
State Collections of Lower Austria

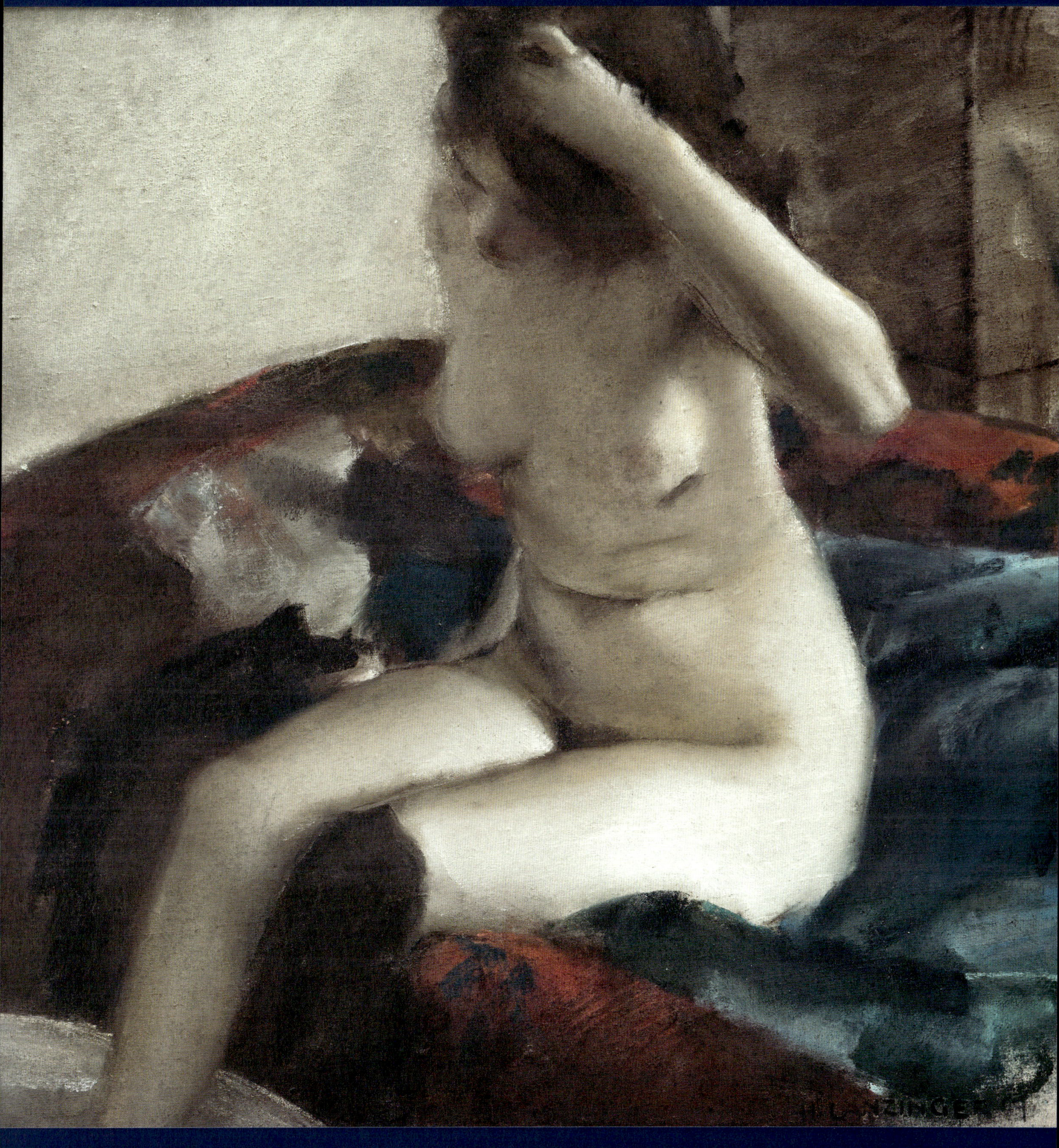

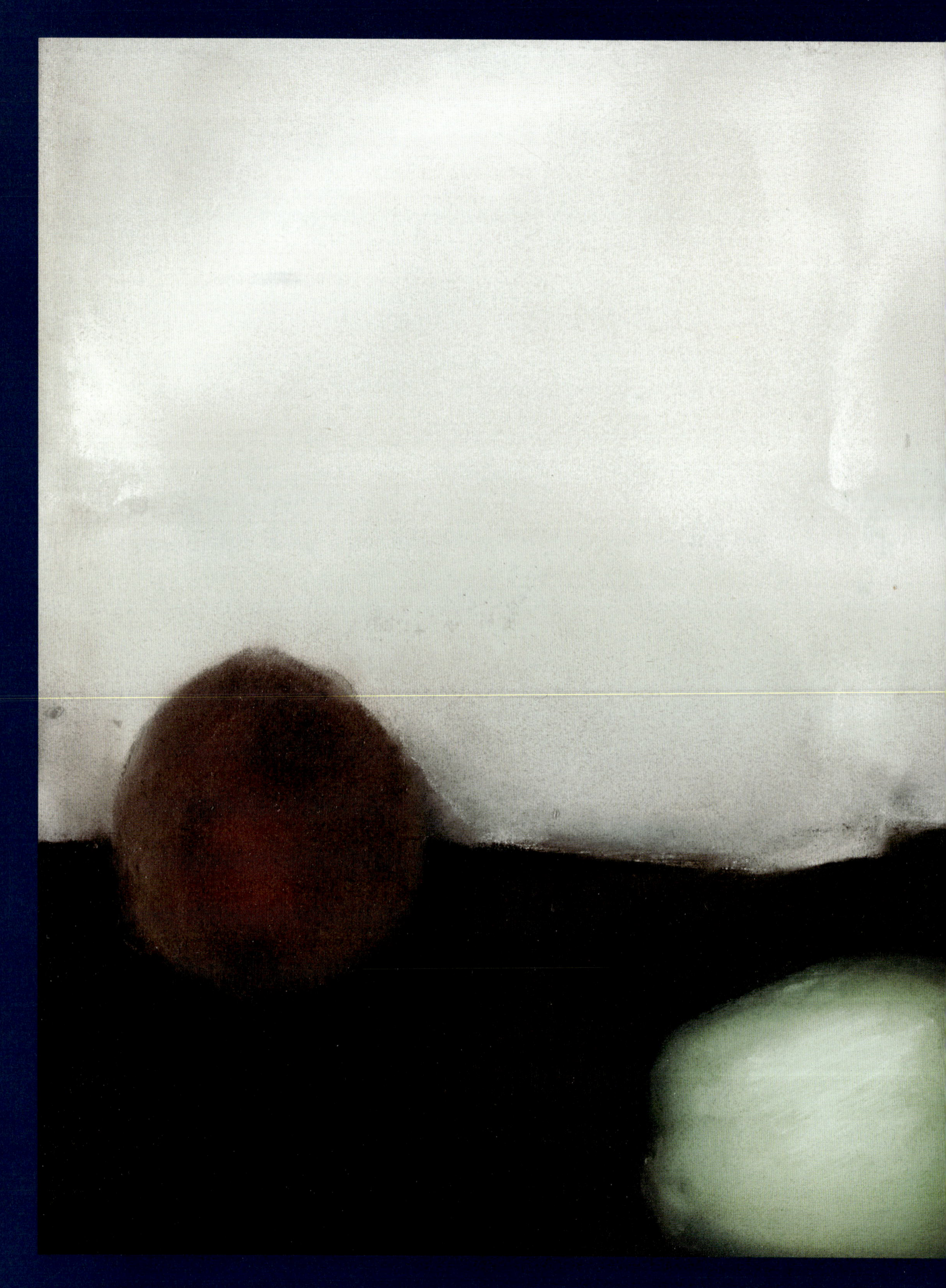

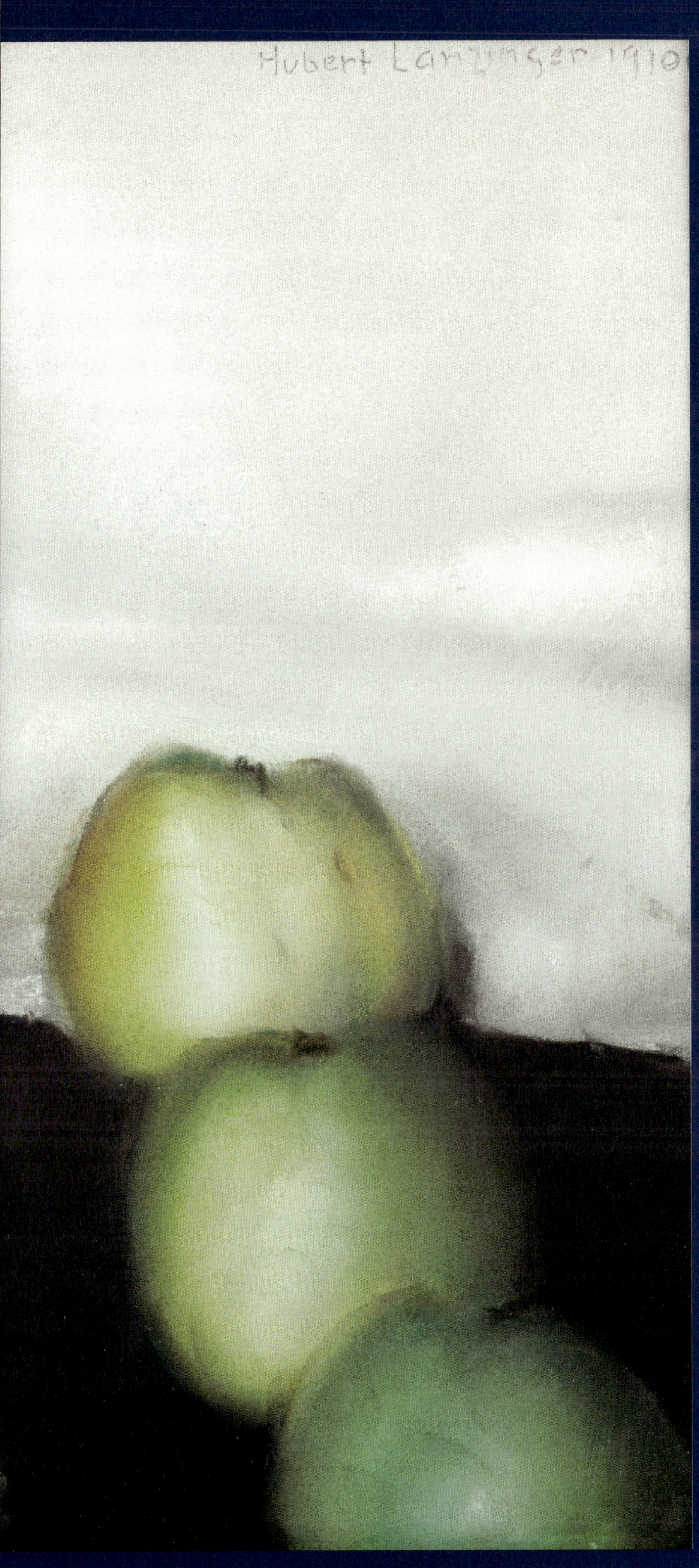

Hubert Lanzinger
Stillleben mit Äpfeln/*Still Life with Apples*, 1910
Pastell/*pastel*, 28 × 36 cm
Privatbesitz/*private collection*

→

Robin Christian Andersen
Mädchenbildnis im blauen Kleid/
Portrait of a Girl in a Blue Dress, um/*ca.* 1913/14
Öl auf Leinwand/*oil on canvas*, 68,5 × 55,2 cm
Leopold Museum, Wien/*Vienna*

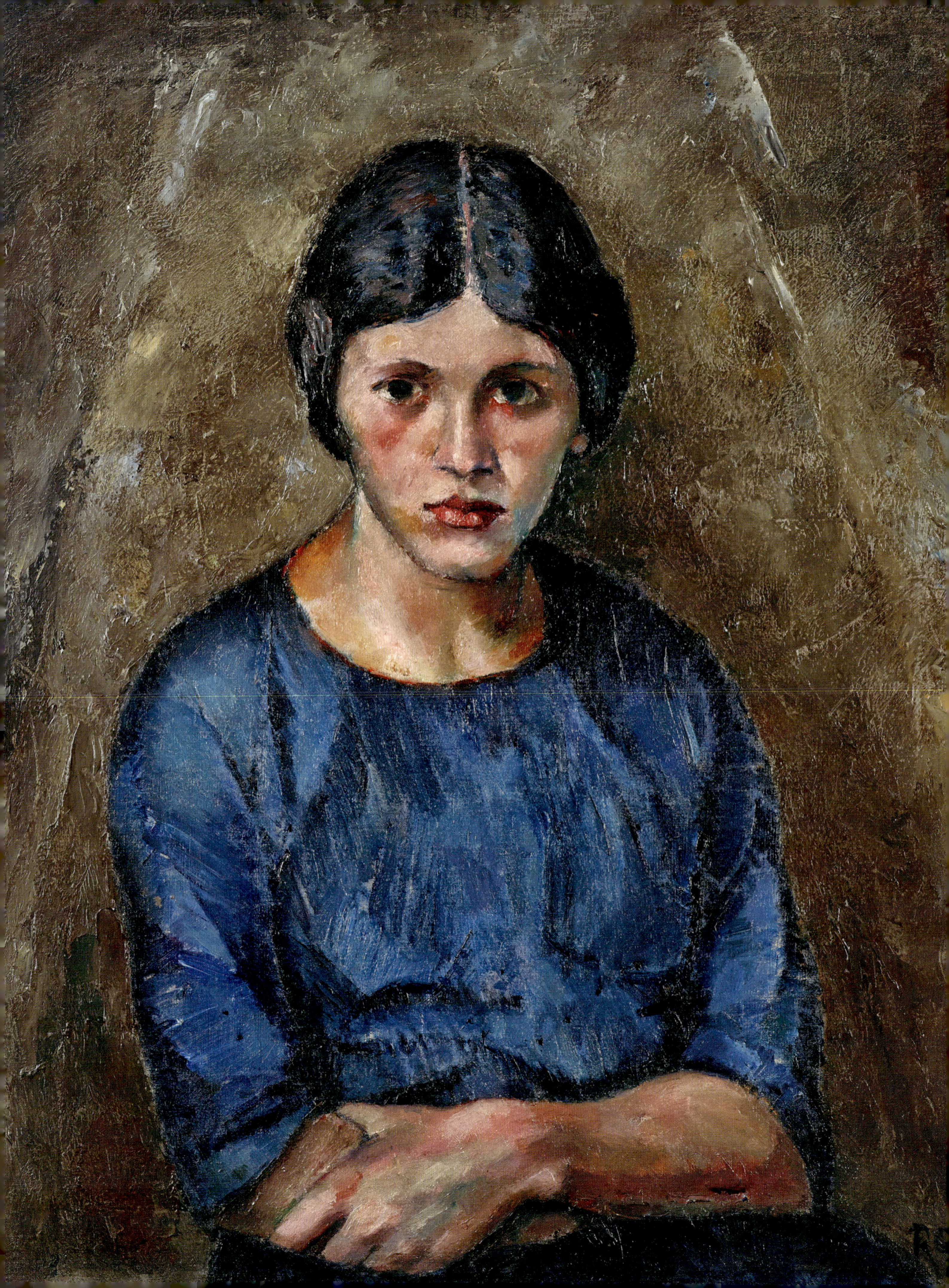

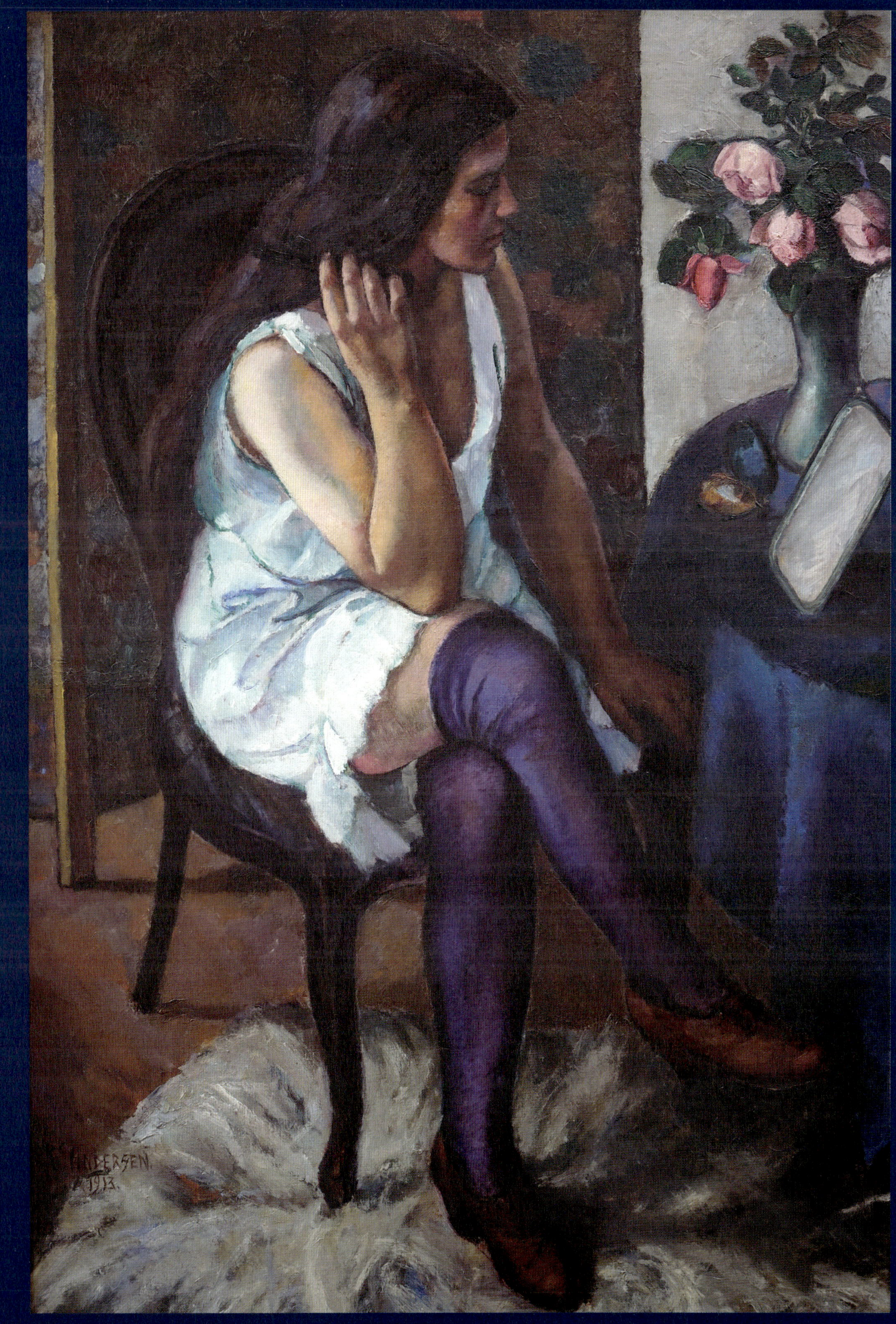
ANDERSEN
1913

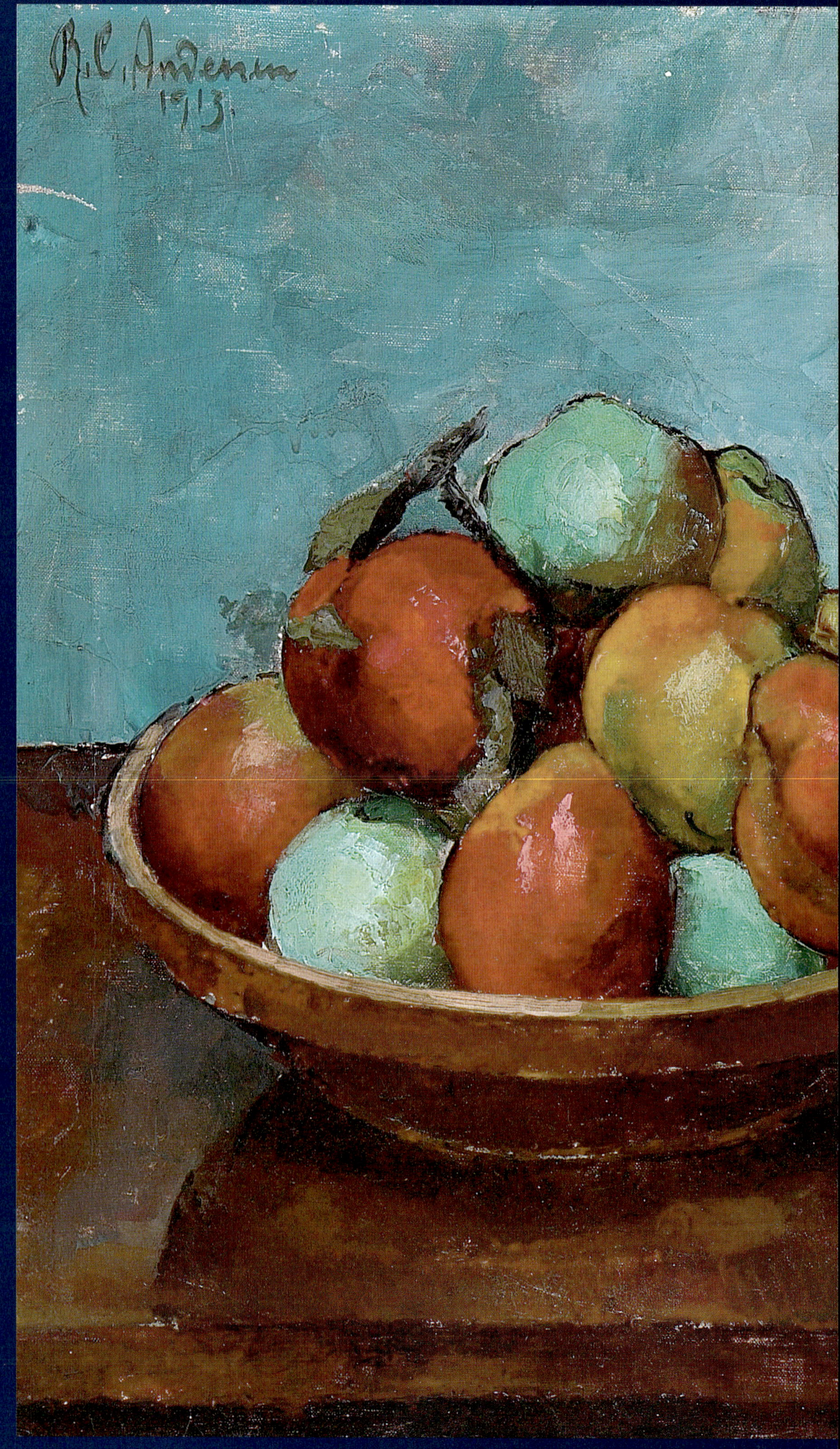

←
Robin Christian Andersen
Mädchen beim Ankleiden/
Girl Dressing, 1913
Öl auf Leinwand/*oil on canvas*,
120 × 81,5 cm
Sammlung/*collection*
Joyce Rohrmoser

Robin Christian Andersen
Stillleben mit Äpfeln, Birnen und irdenem Krug/
Still Life with Apples, Pears and Earthen Jug, 1913
Öl auf Leinwand/*oil on canvas*,
49 × 69 cm
Familie Dr. Förster/*Förster Family*, Salzburg

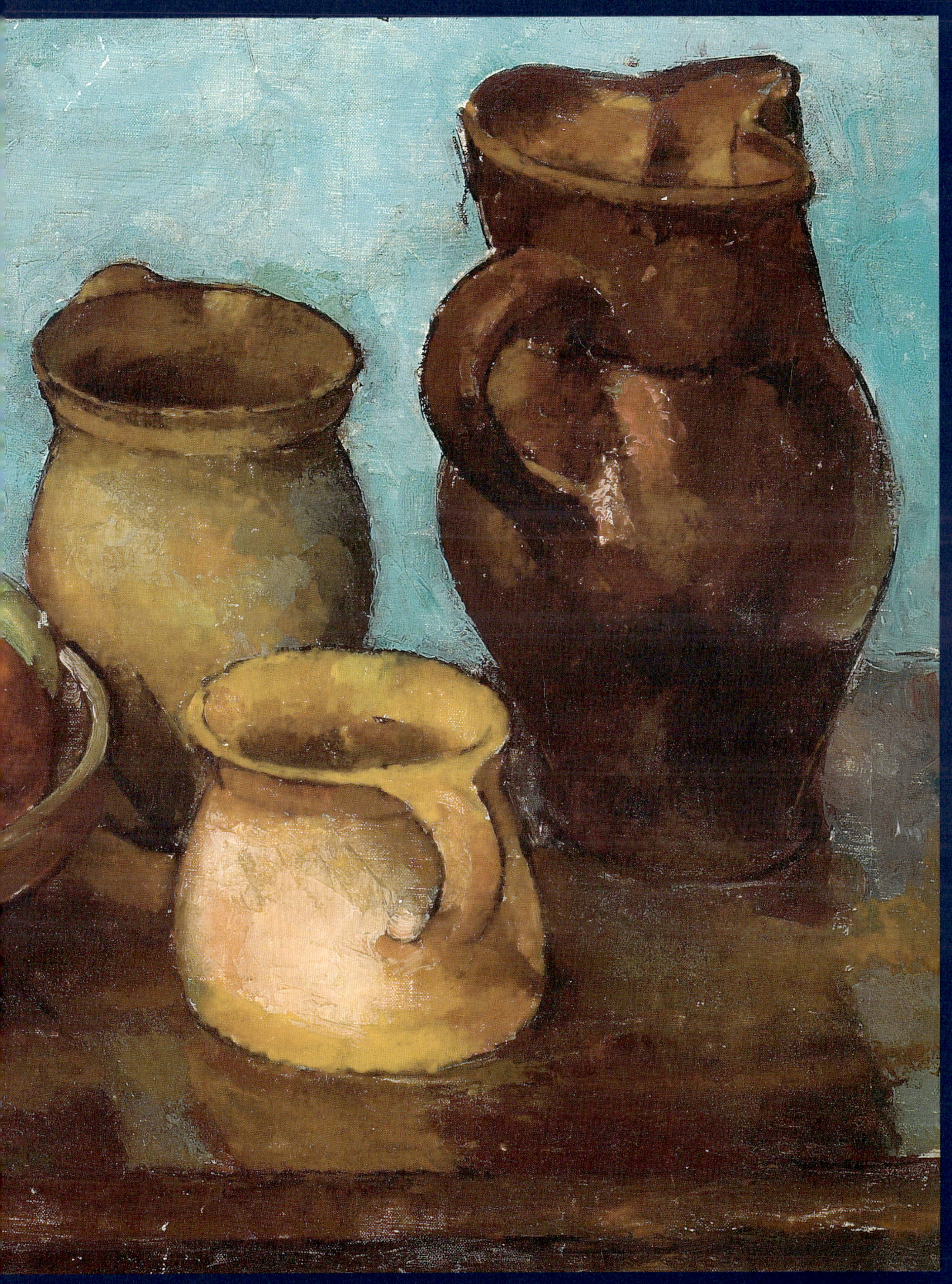

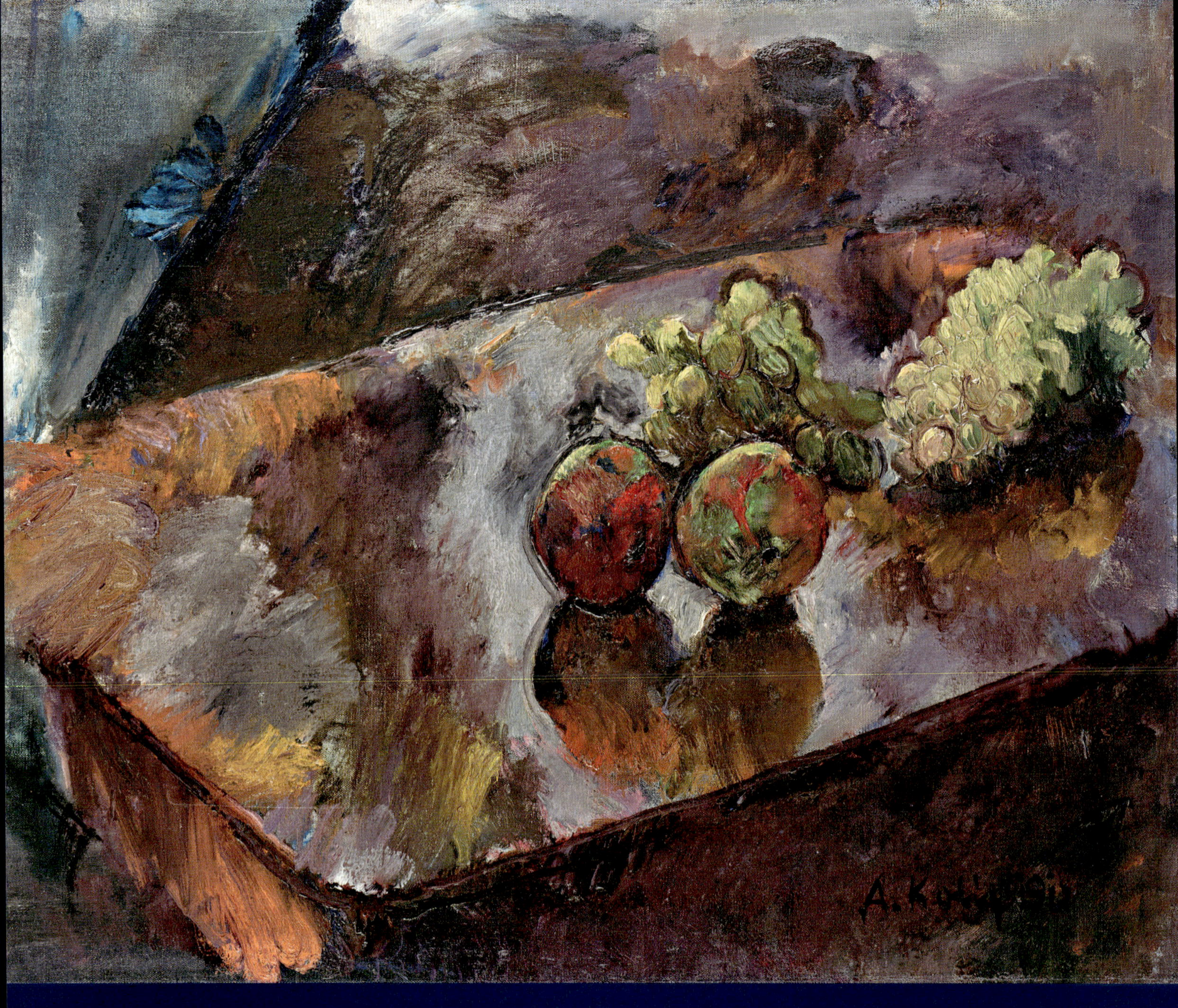

Anton Kolig
Stillleben mit Äpfeln und Weintrauben/*Still Life with Apples and Grapes*, 1912
Öl auf Leinwand/*oil on canvas*, 49,2 × 63,5 cm
Leopold Museum, Wien/*Vienna*

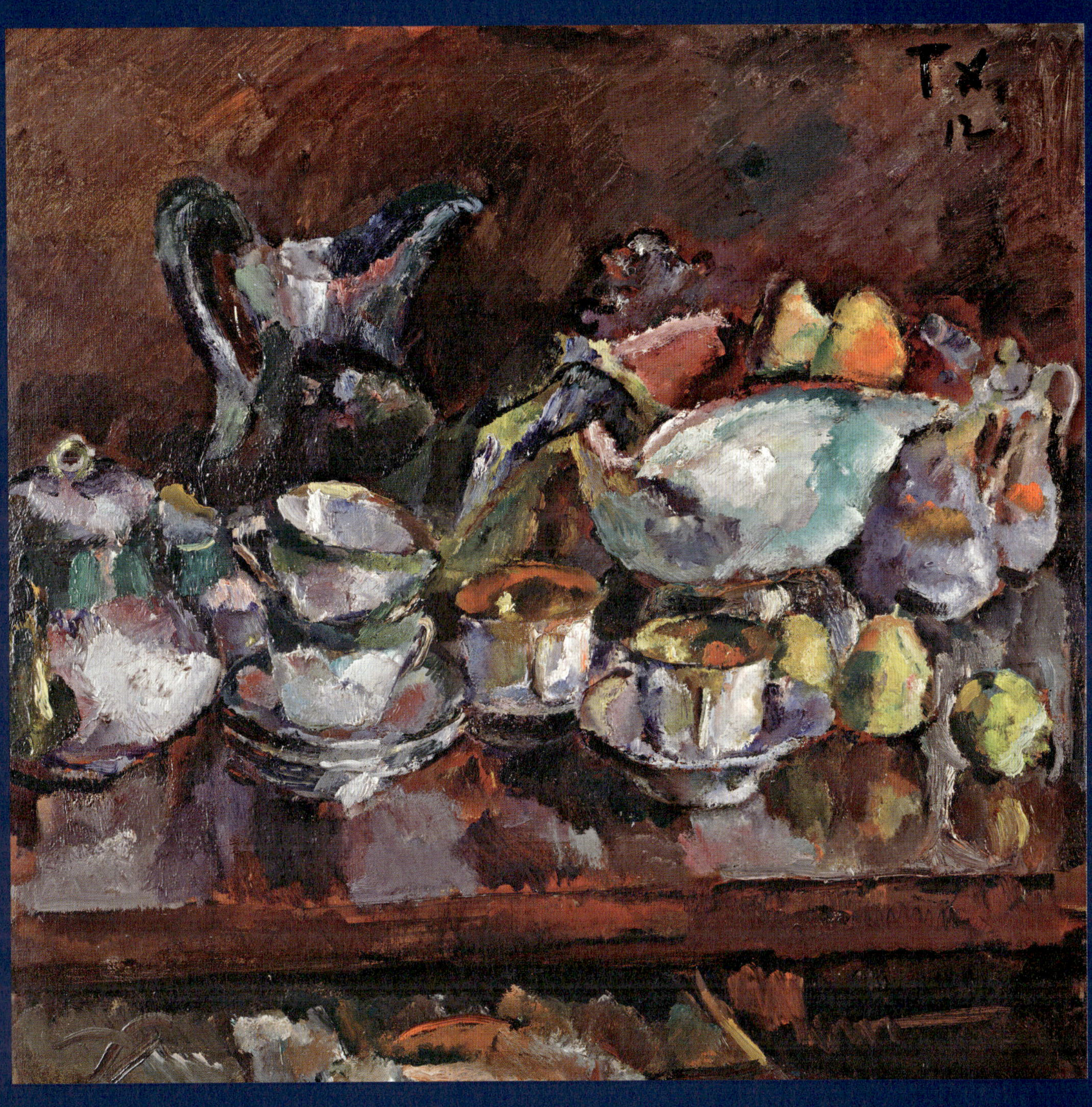

Anton Faistauer
Stillleben mit Kaffeetassen/*Still Life with Coffee Cups*, 1912
Öl auf Leinwand/*oil on canvas*, 71,5 × 74,5 cm
Leopold Museum, Wien/*Vienna*

→
Anton Faistauer
Stillleben mit Fisch, Wasserflasche und -glas/
Still Life with Fish, Carafe and Water Glass, 1913
Öl auf Leinwand/*oil on canvas*, 59 × 80 cm

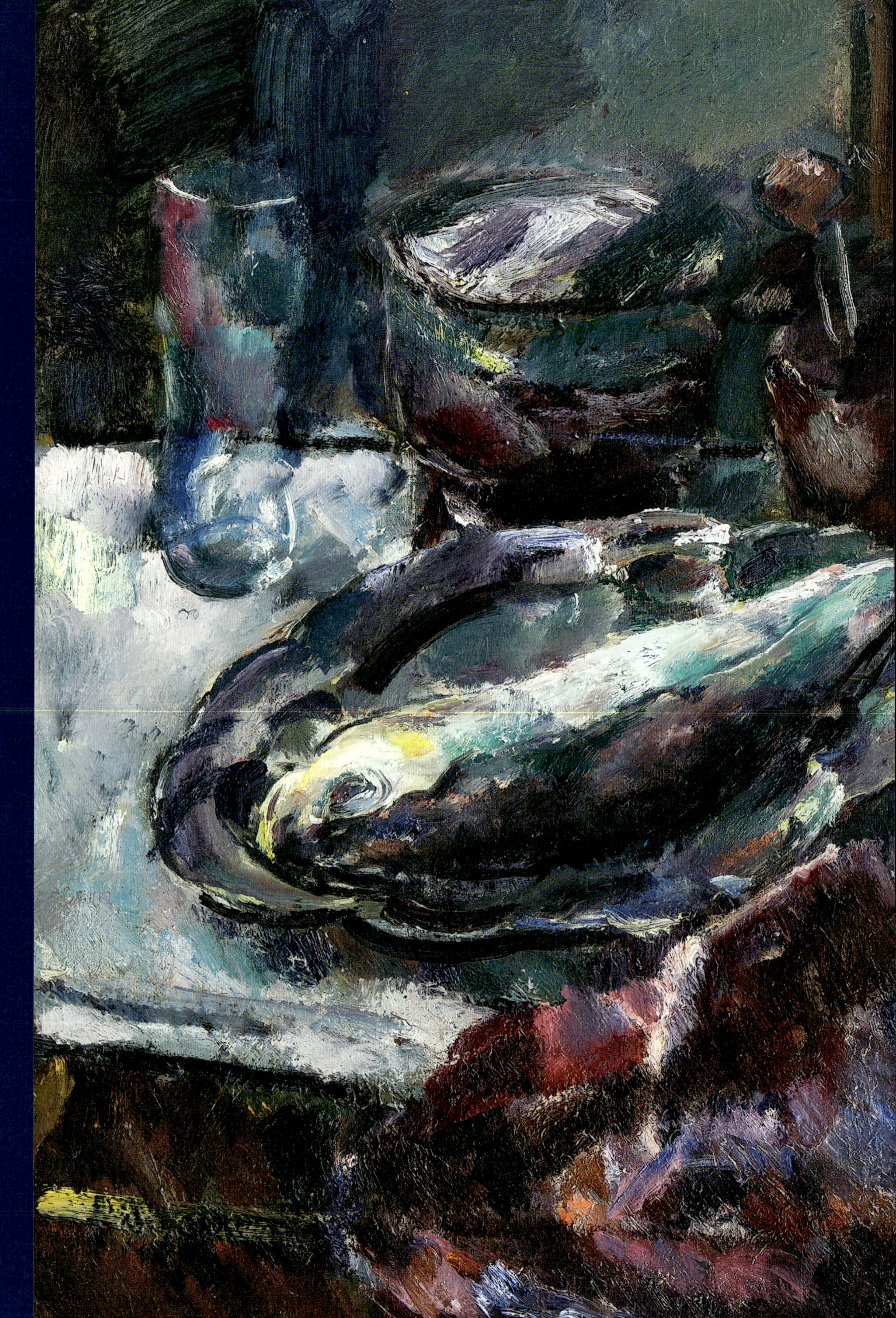

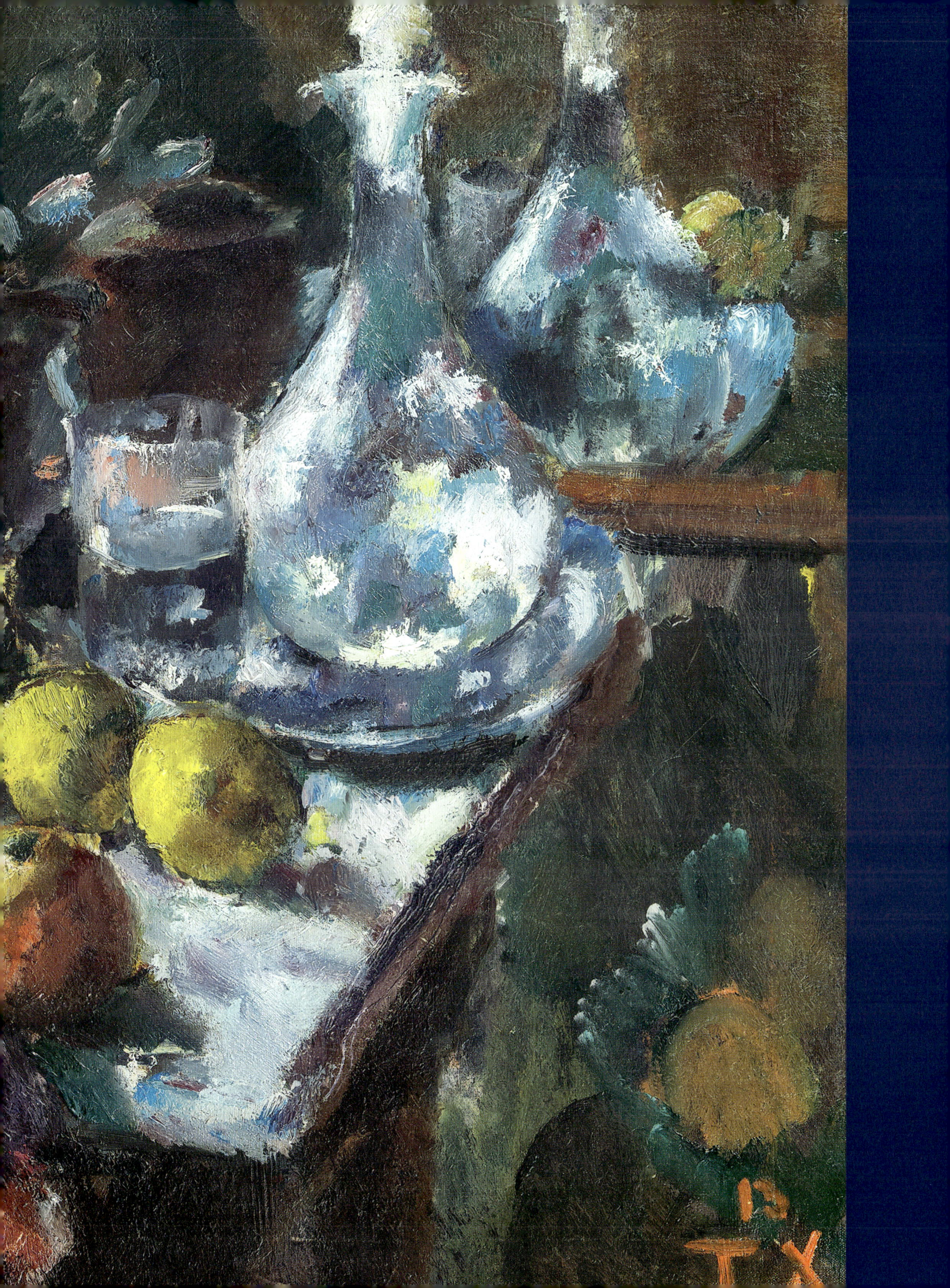

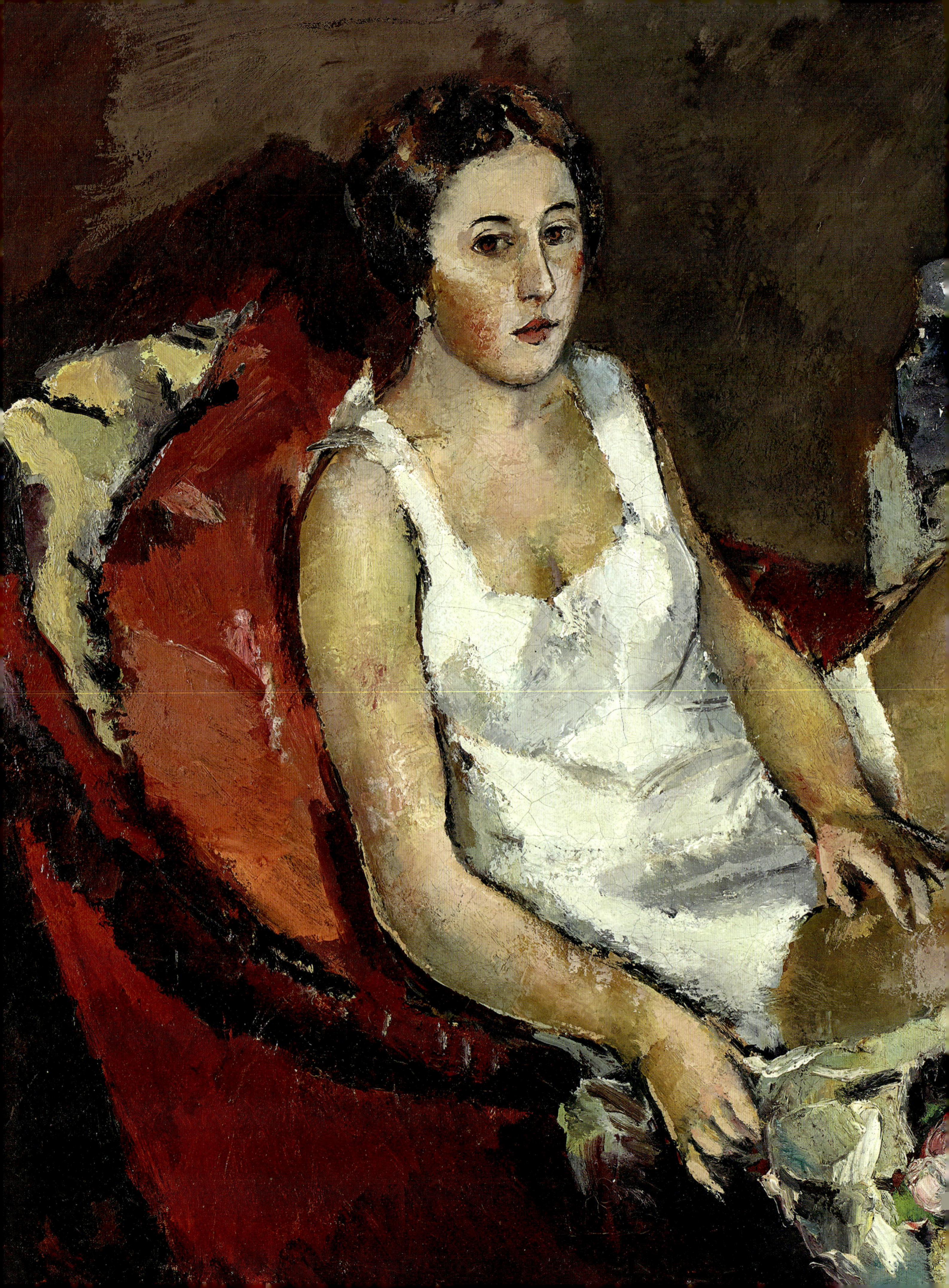

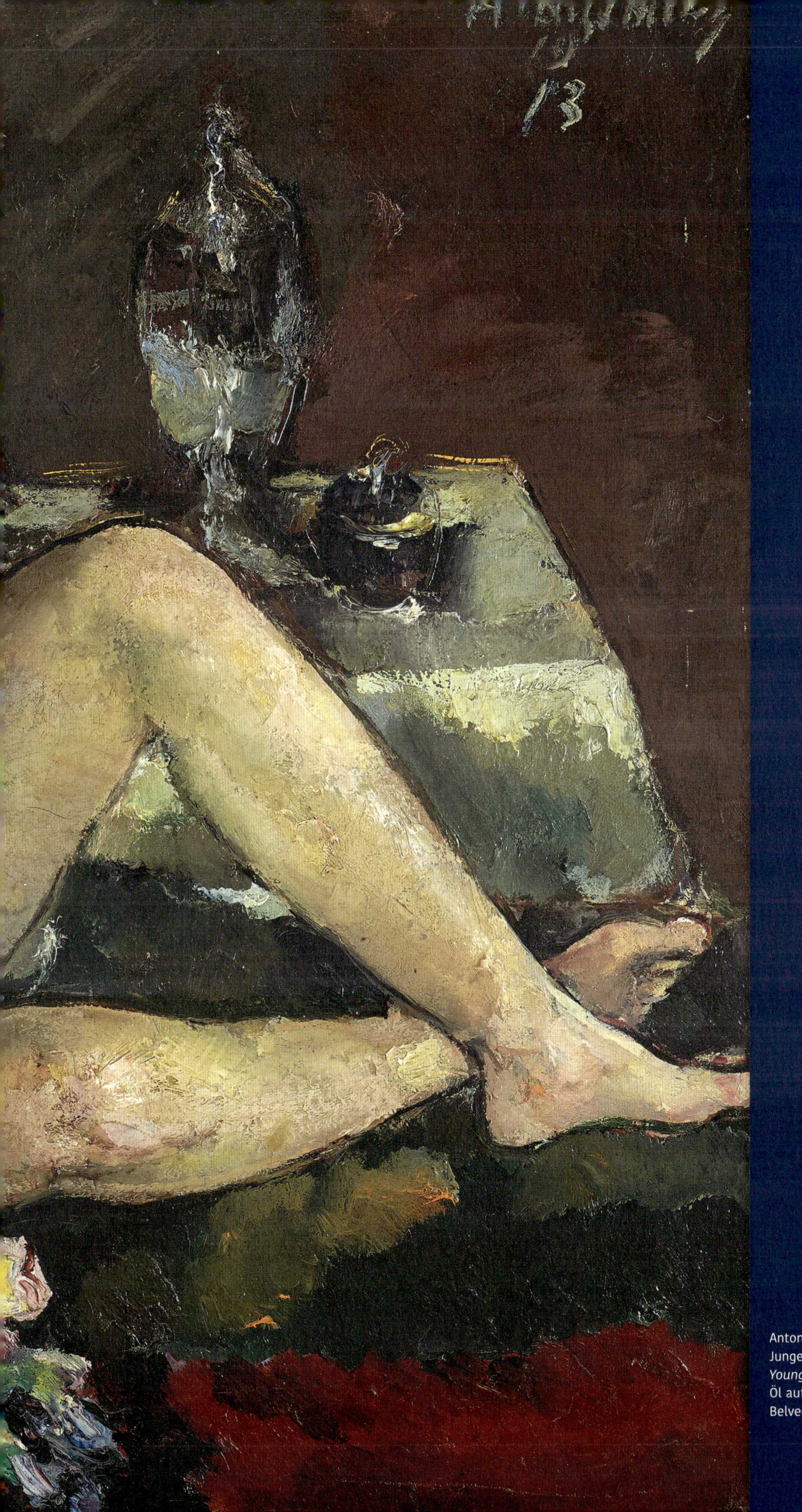

Anton Faistauer
Junge Frau auf rotem Sofa/
Young Woman on a Red Sofa, 1913
Öl auf Leinwand/*oil on canvas*, 96 × 125 cm
Belvedere, Wien/*Vienna*

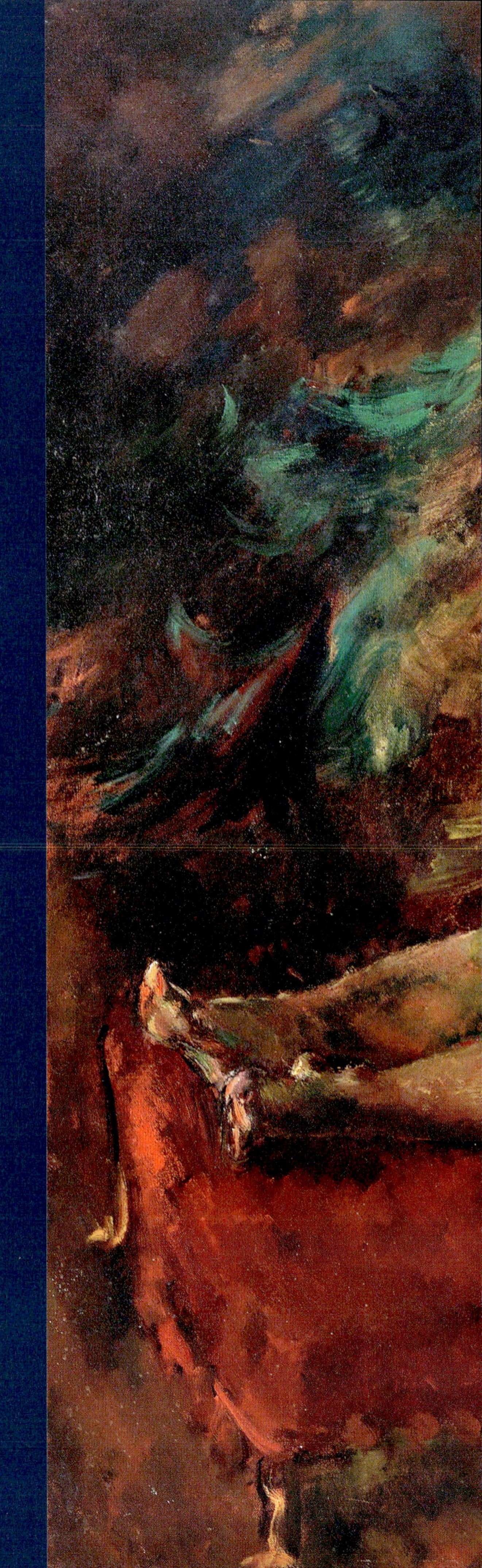

Anton Faistauer
Akt auf rotem Sofa/*Nude on a Red Sofa*, 1912/13
Öl auf Leinwand/*oil on canvas*, 150 × 150 cm
Salzburg Museum

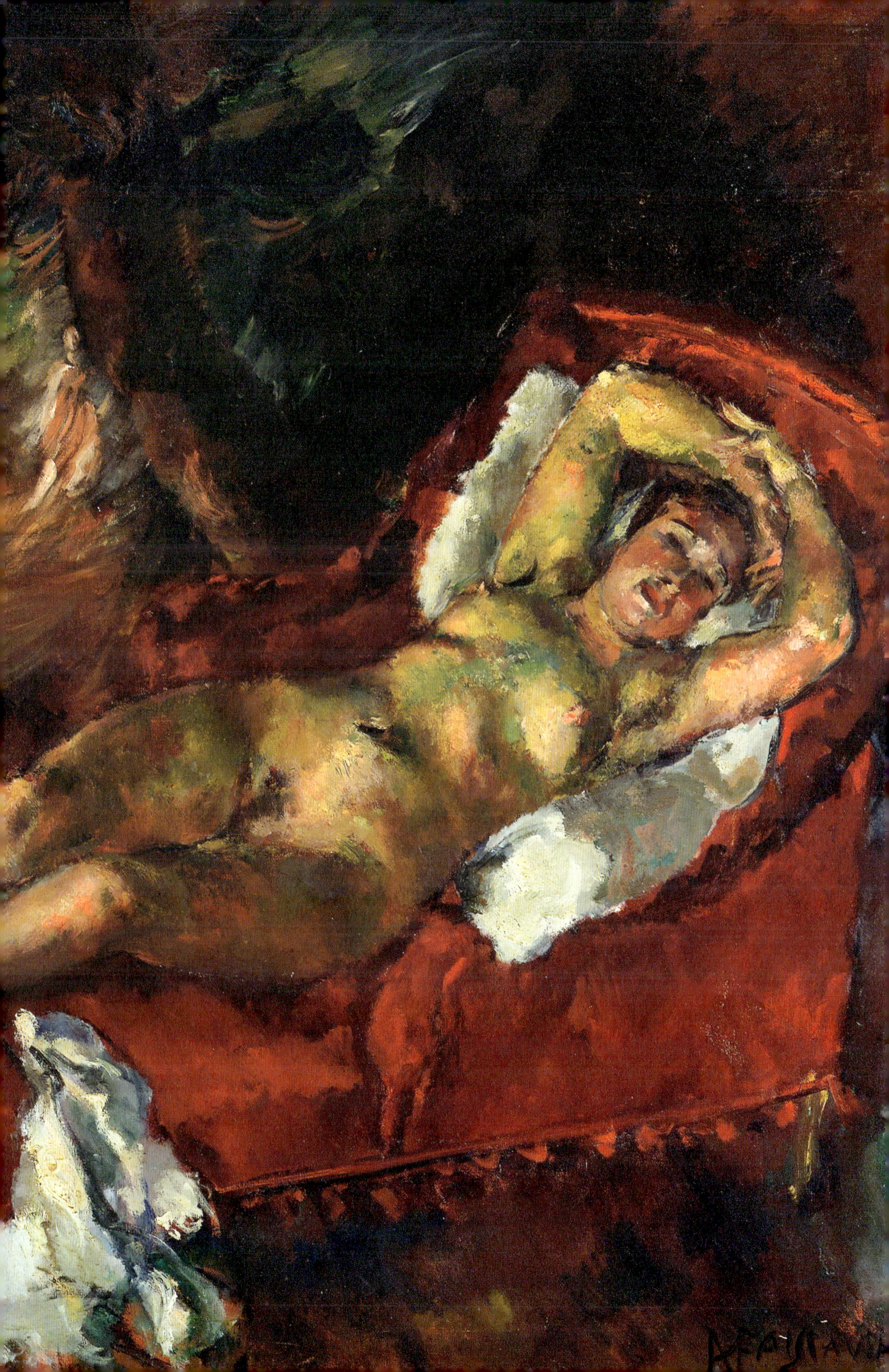

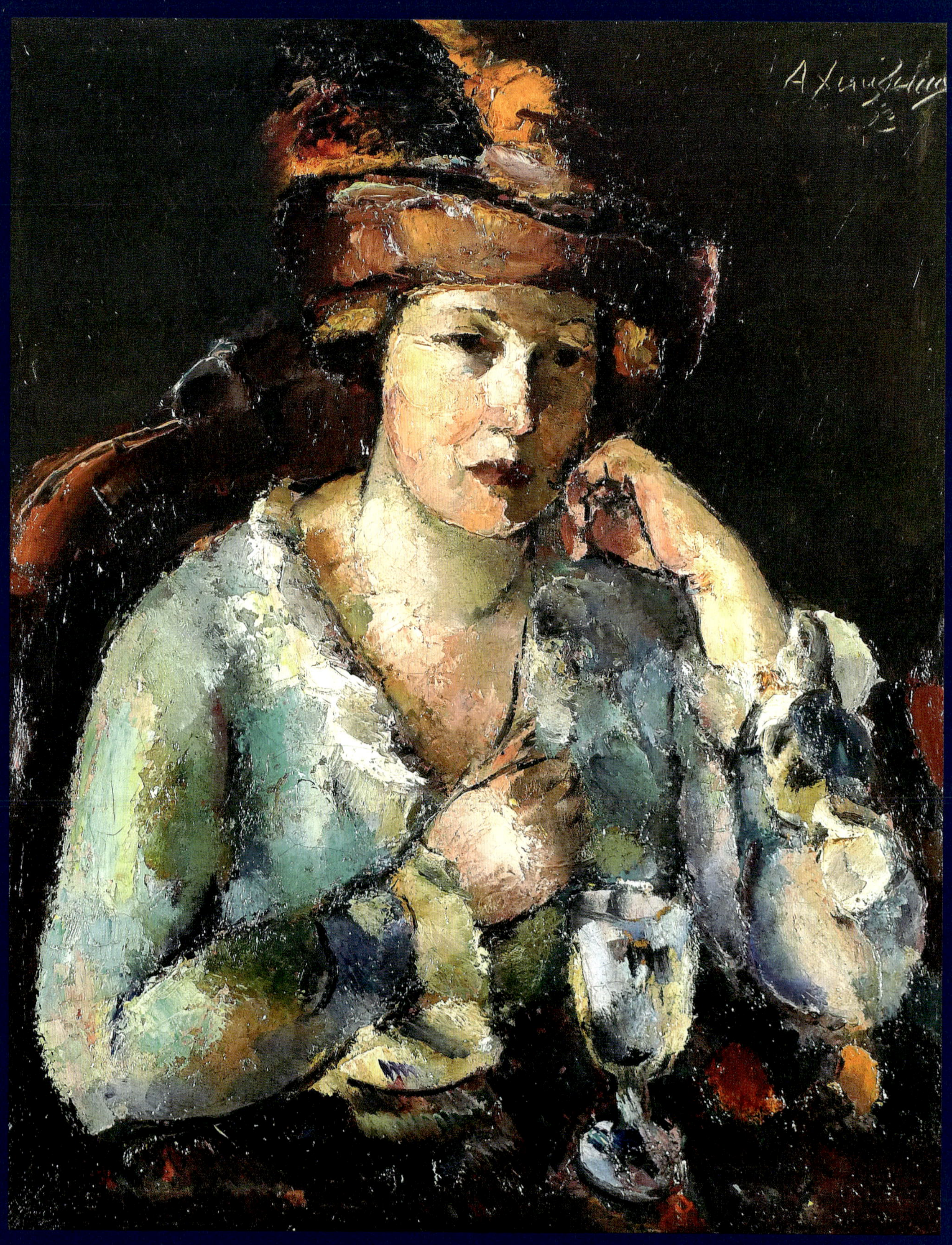

Anton Faistauer
Dame mit Weinglas/*Lady with Wineglass*, 1913
Öl auf Leinwand/*oil on canvas*, 68,5 × 55,5 cm
Privatbesitz/*private collection*
(Courtesy Kunsthandel Giese & Schweiger, Wien)

→
Anton Faistauer
Dame in weißer Bluse (Erste Gattin des Künstlers)/
Lady in a White Blouse (Artist's First Wife), 1913
Öl auf Leinwand/*oil on canvas*, 108 × 66 cm
Belvedere, Wien/*Vienna*

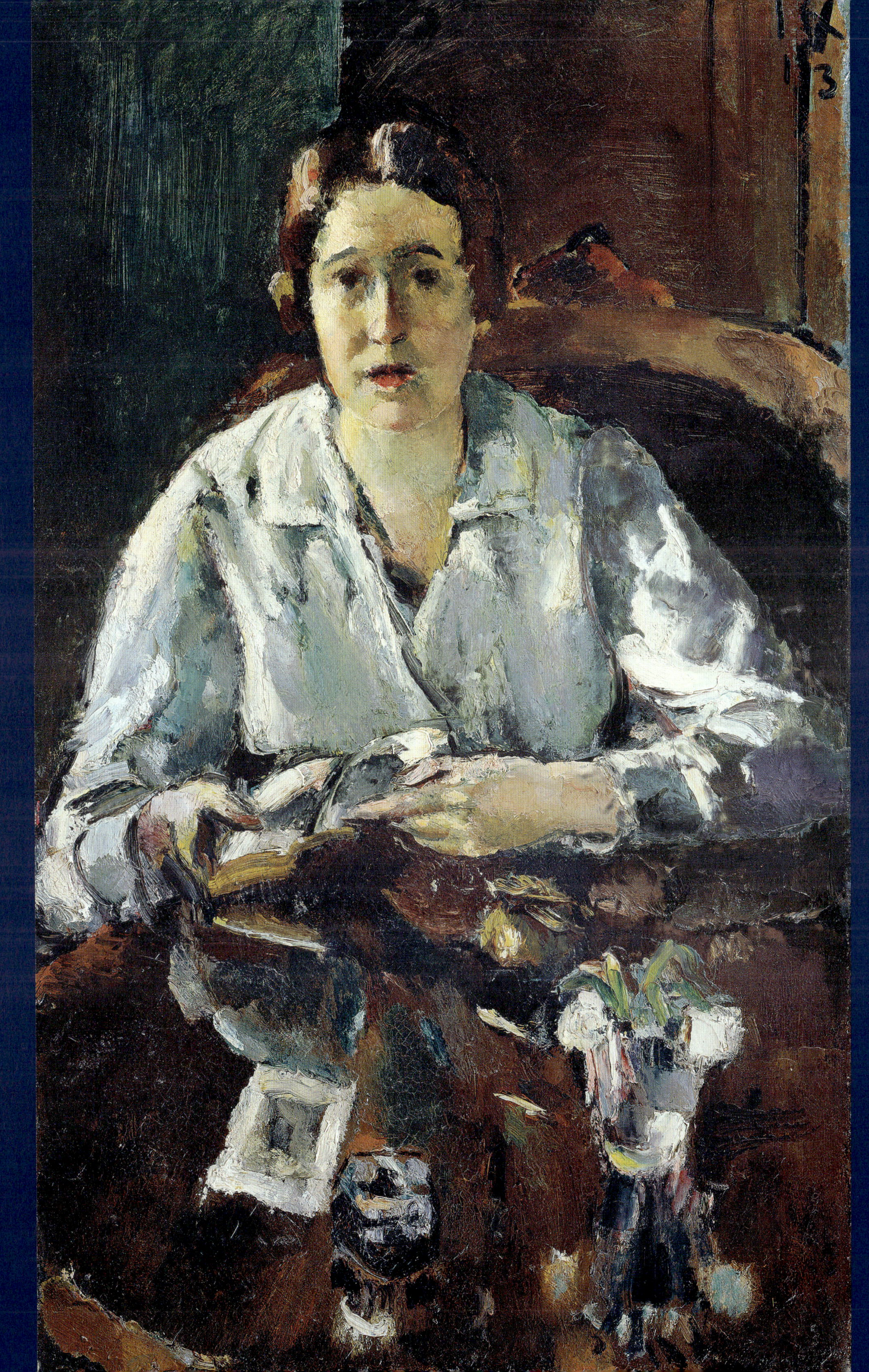

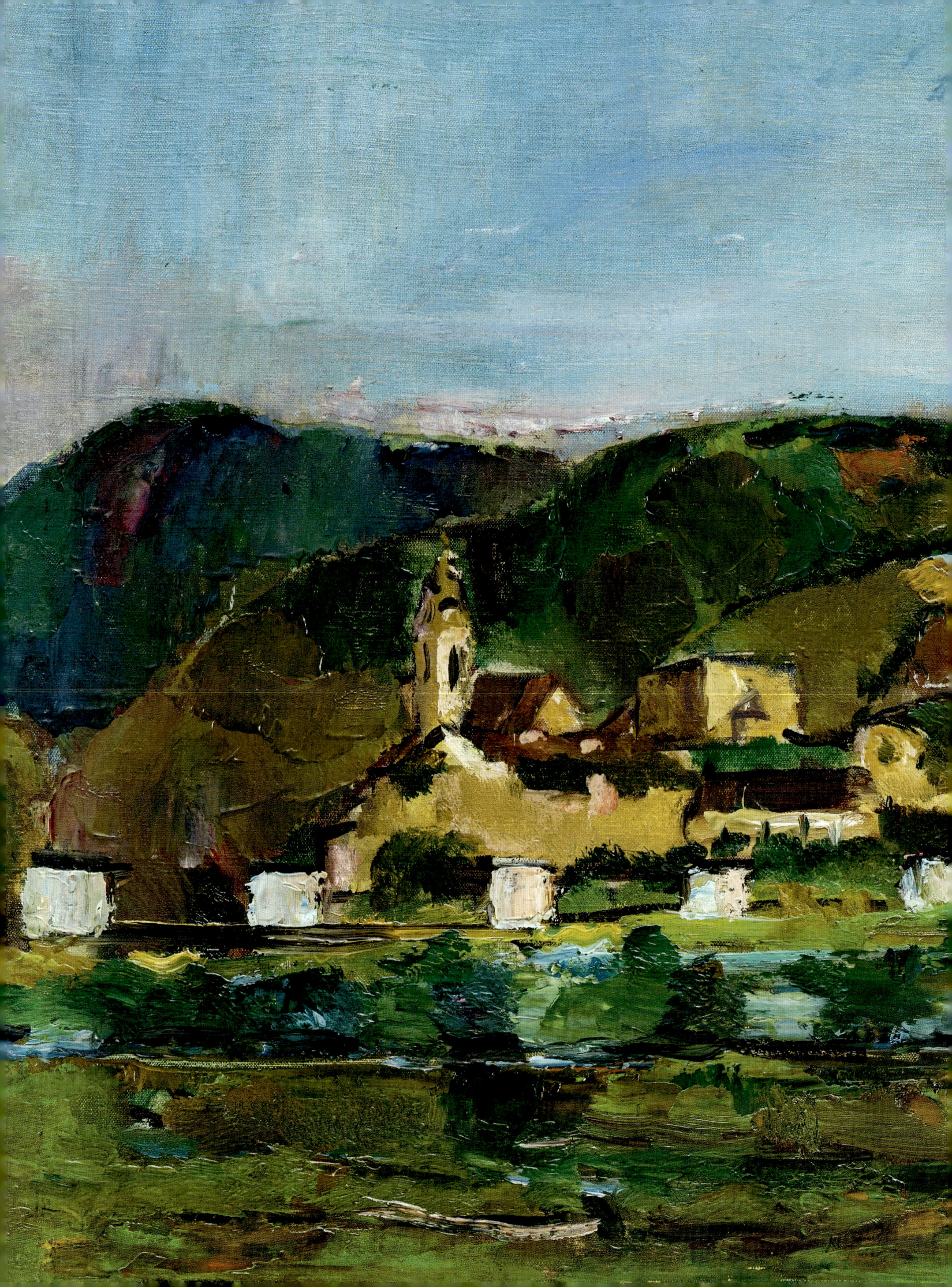

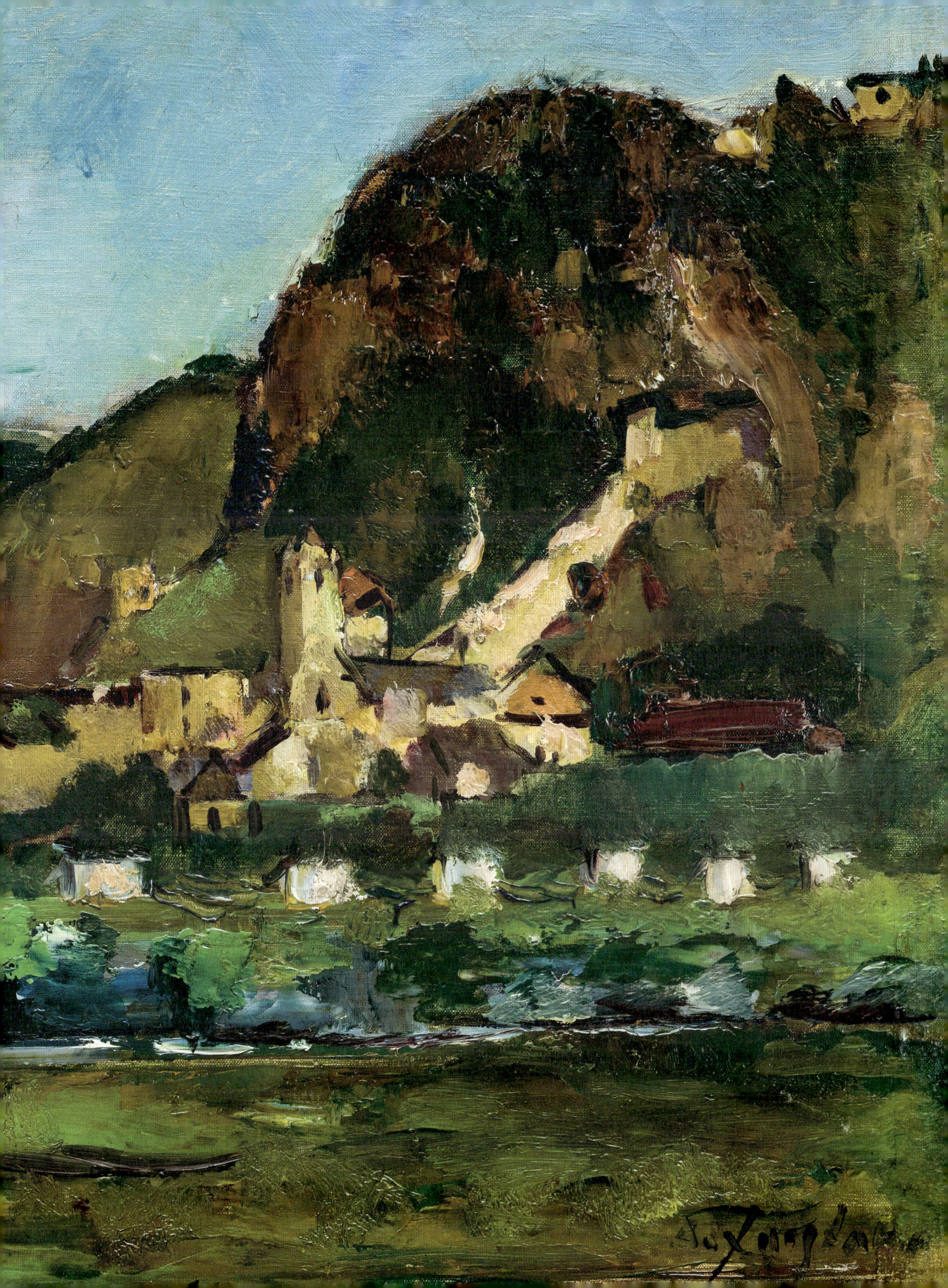

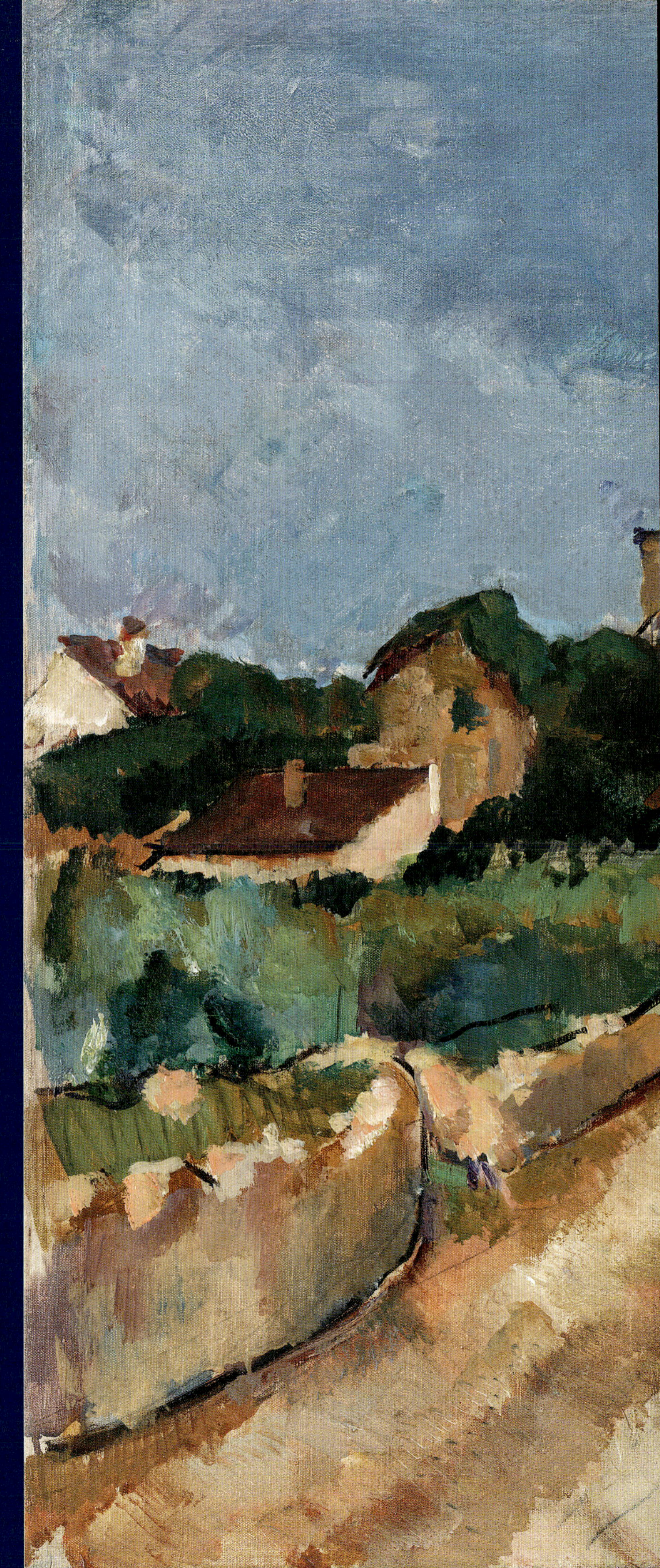

←

Anton Faistauer
Dürnstein, 1913
Öl auf Leinwand/*oil on canvas*, 51,2 × 71,1 cm
Landessammlungen Niederösterreich/*State Collections of Lower Austria*

Anton Faistauer
Straße nach Dürnstein/*Street Toward Dürnstein*, 1913
Öl auf Leinwand/*oil on canvas*, 67,7 × 82,4 cm
Leopold Museum, Wien/*Vienna*

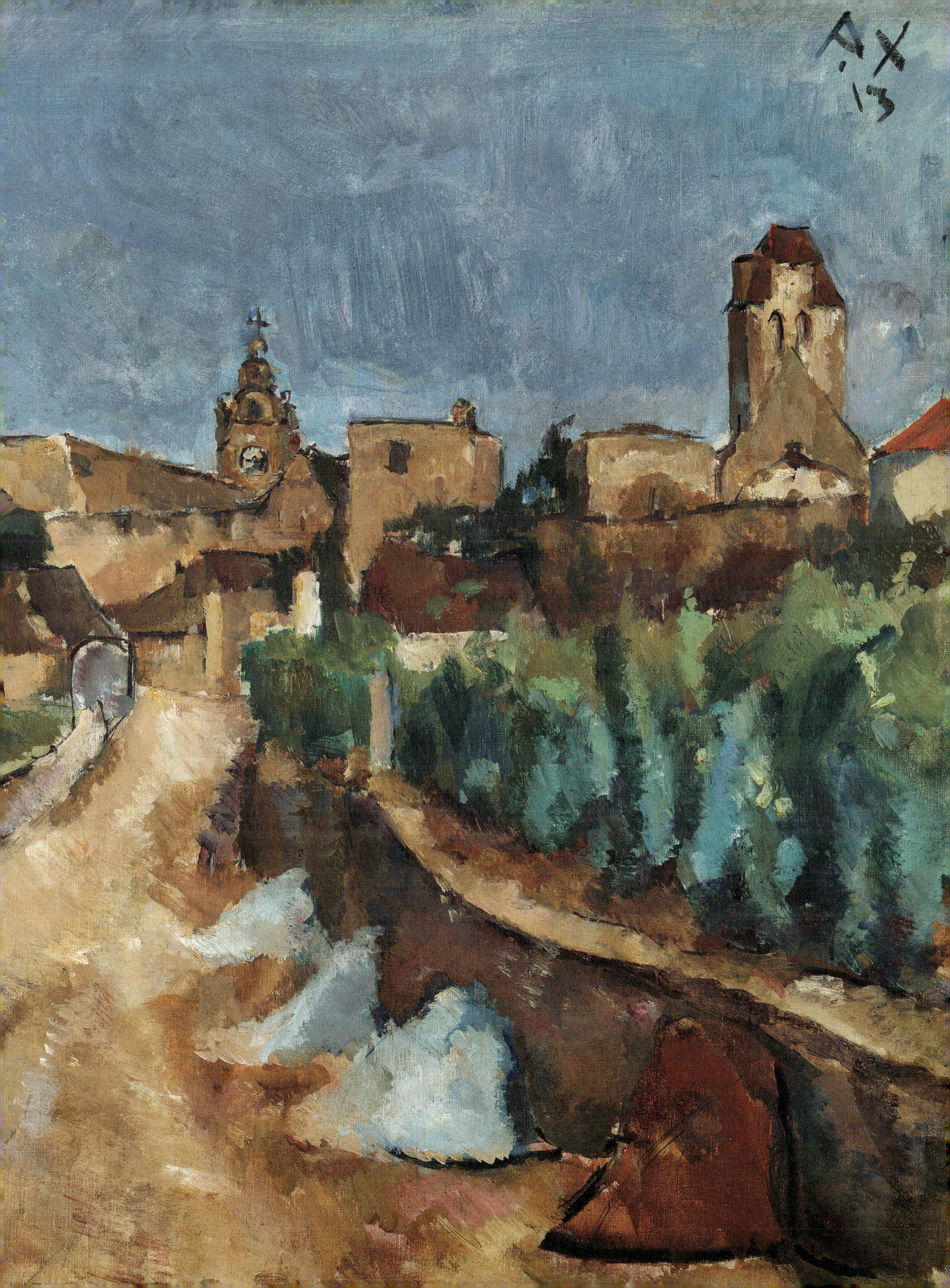
AX
13

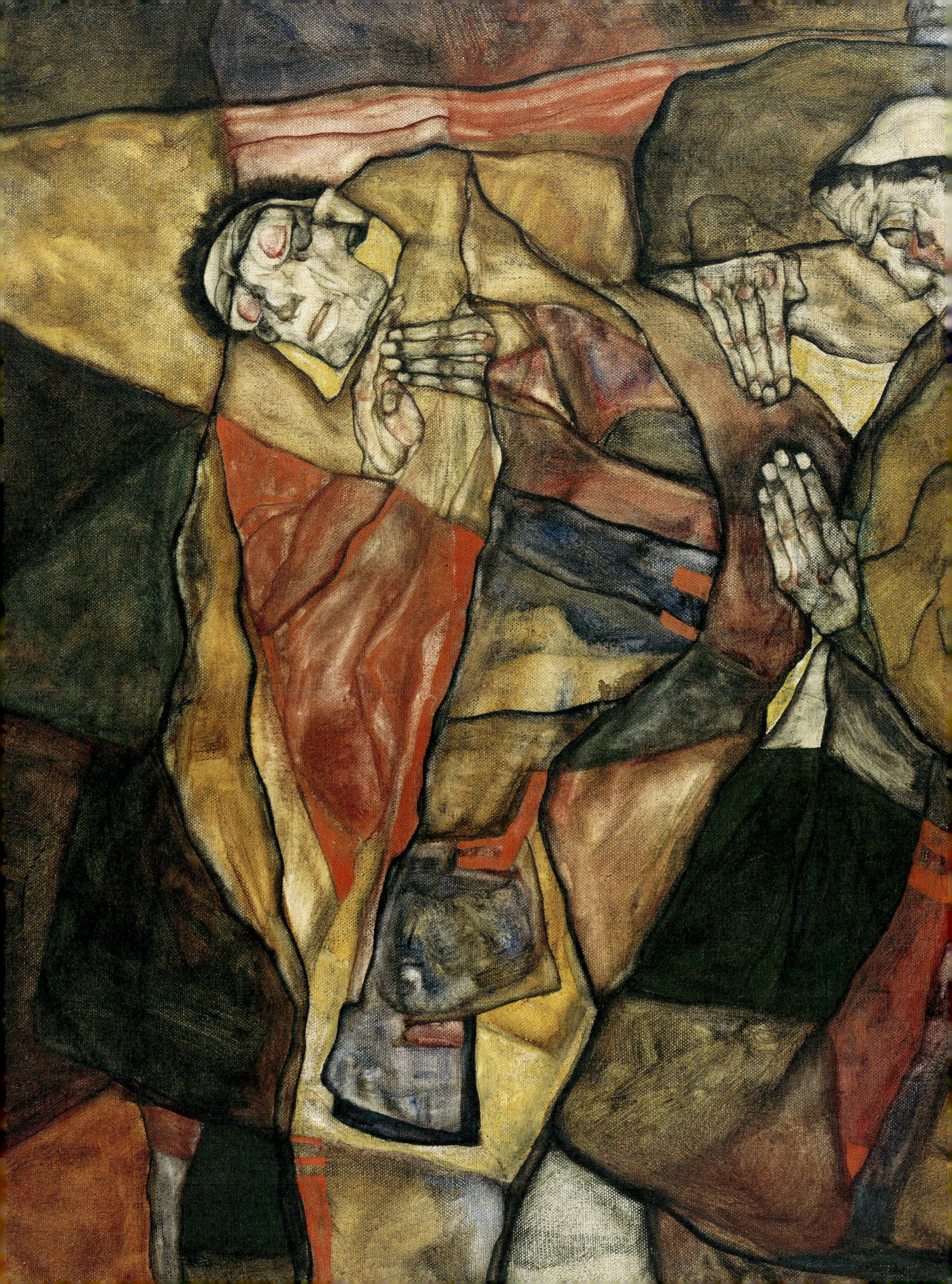

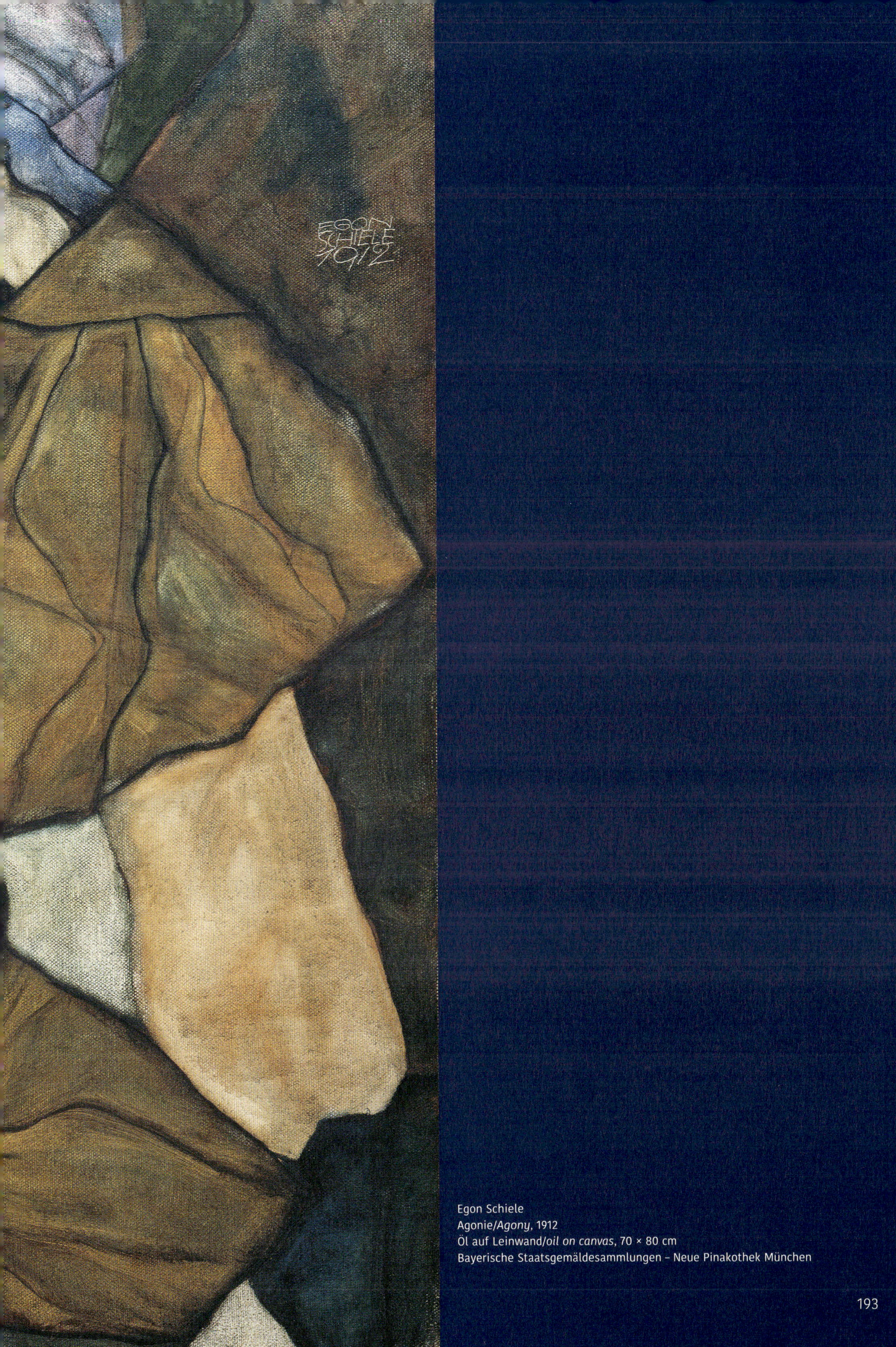

Egon Schiele
Agonie/*Agony*, 1912
Öl auf Leinwand/*oil on canvas*, 70 × 80 cm
Bayerische Staatsgemäldesammlungen – Neue Pinakothek München

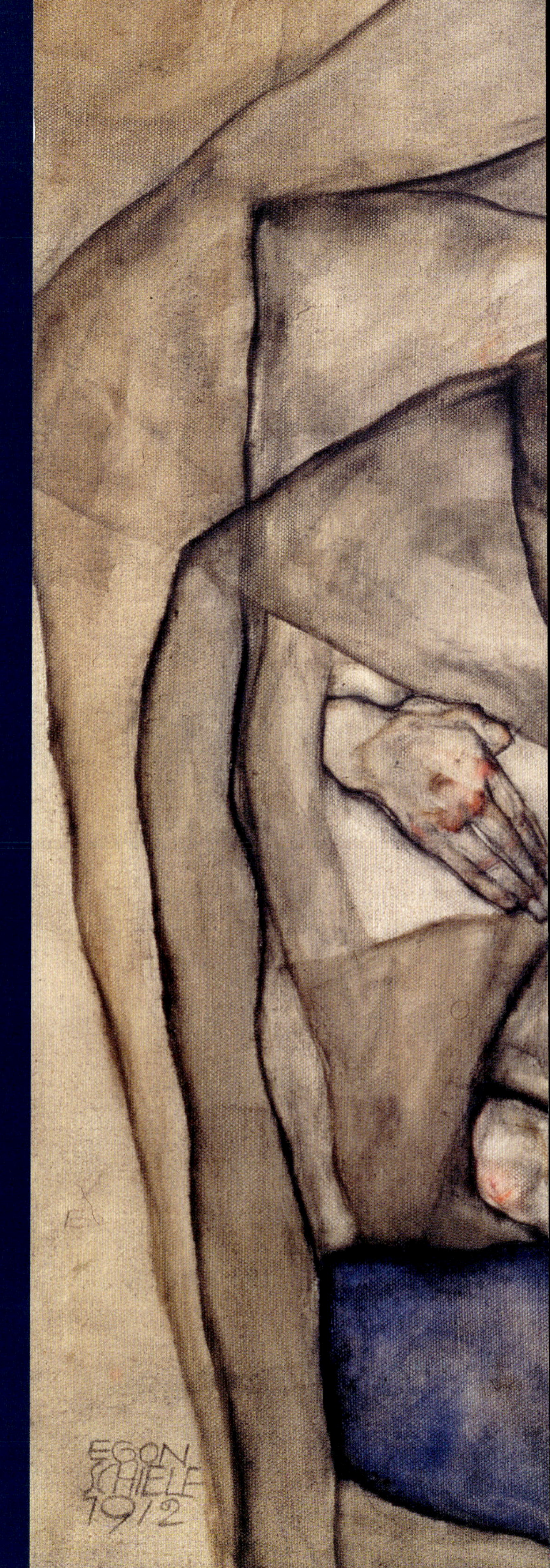

Egon Schiele
Bekehrung/*Conversion*, 1912
Öl auf Leinwand/*oil on canvas*, 69,9 × 80 cm
Privatbesitz/private collection, Courtesy Galerie St. Etienne, New York

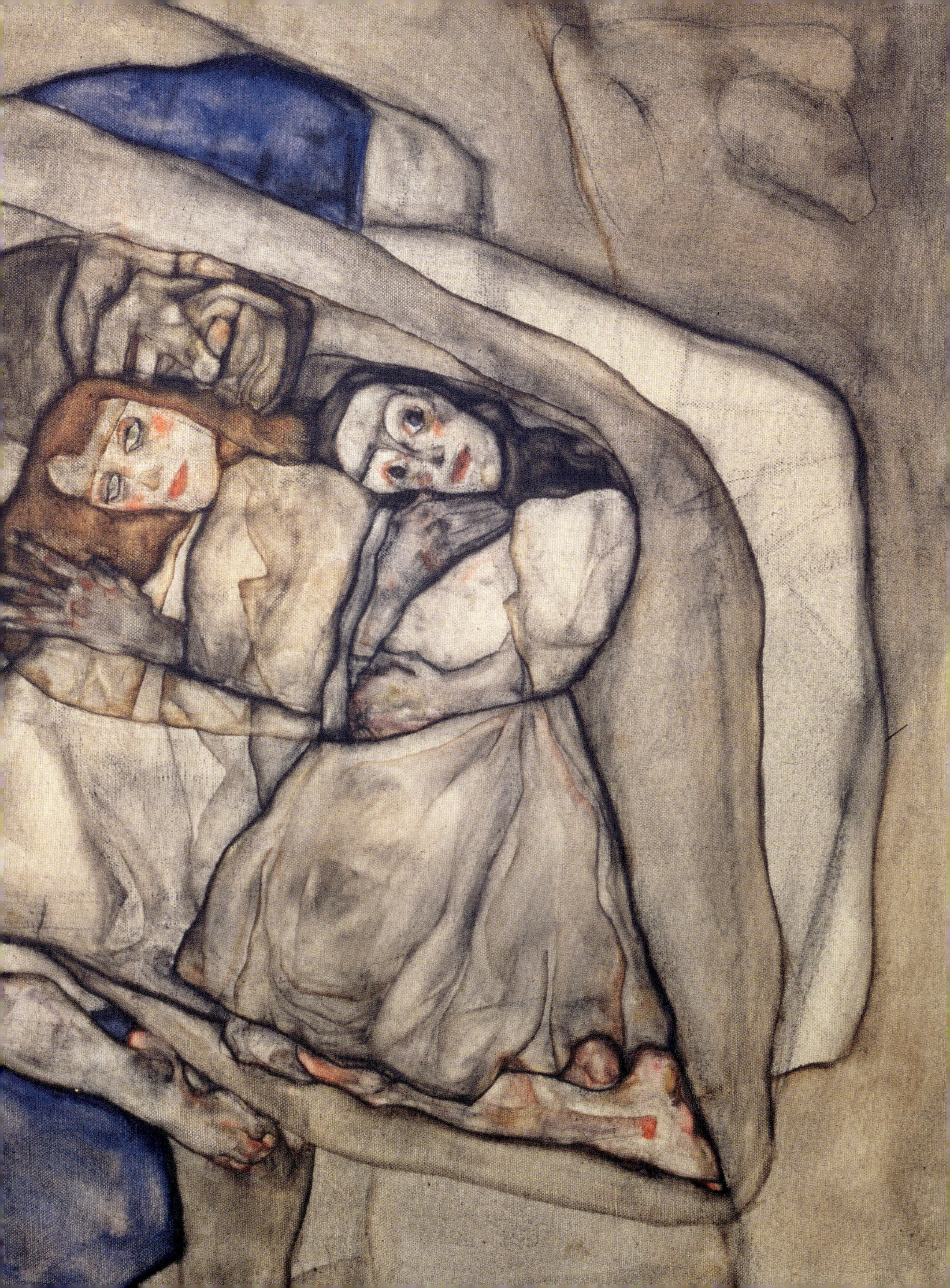

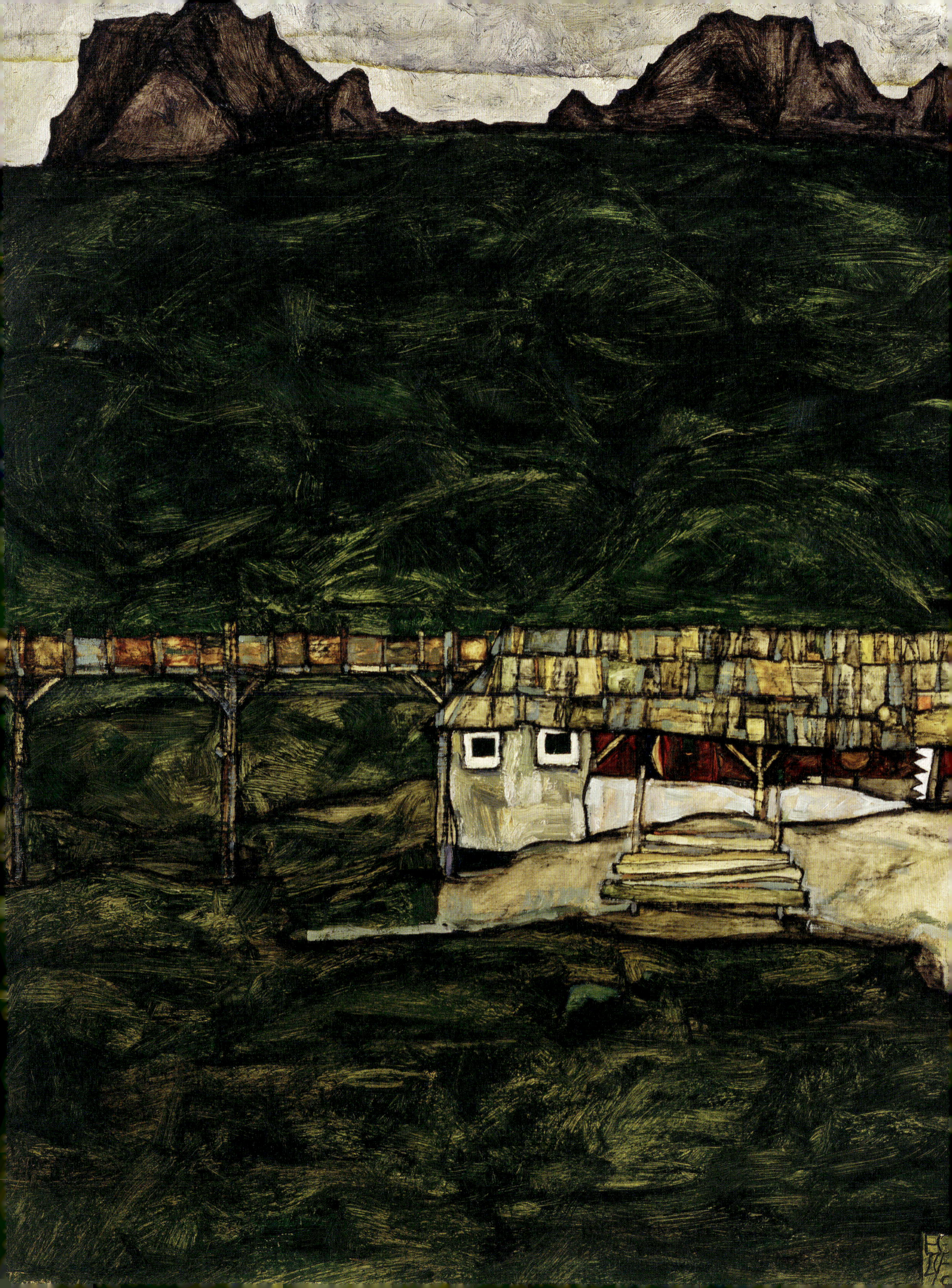

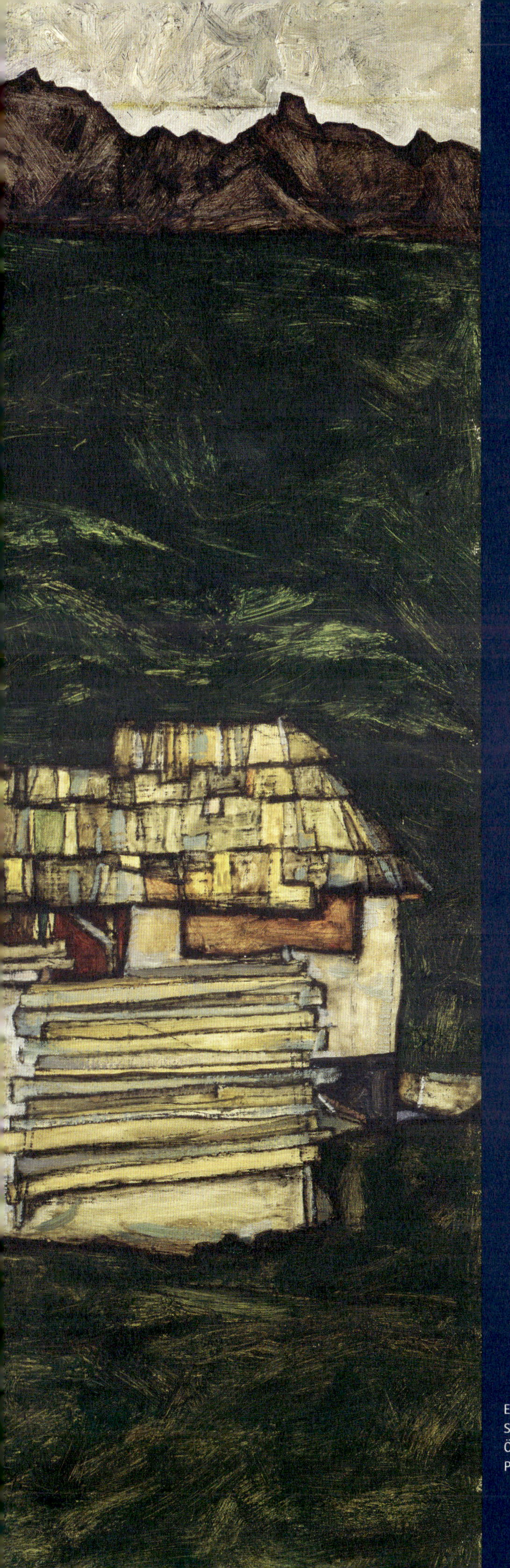

Egon Schiele
Sägemühle/*Sawmill*, 1913
Öl auf Leinwand/*oil on canvas*, 80,1 × 89,8 cm
Privatbesitz/*Private collection*, Courtesy Galerie St. Etienne, New York

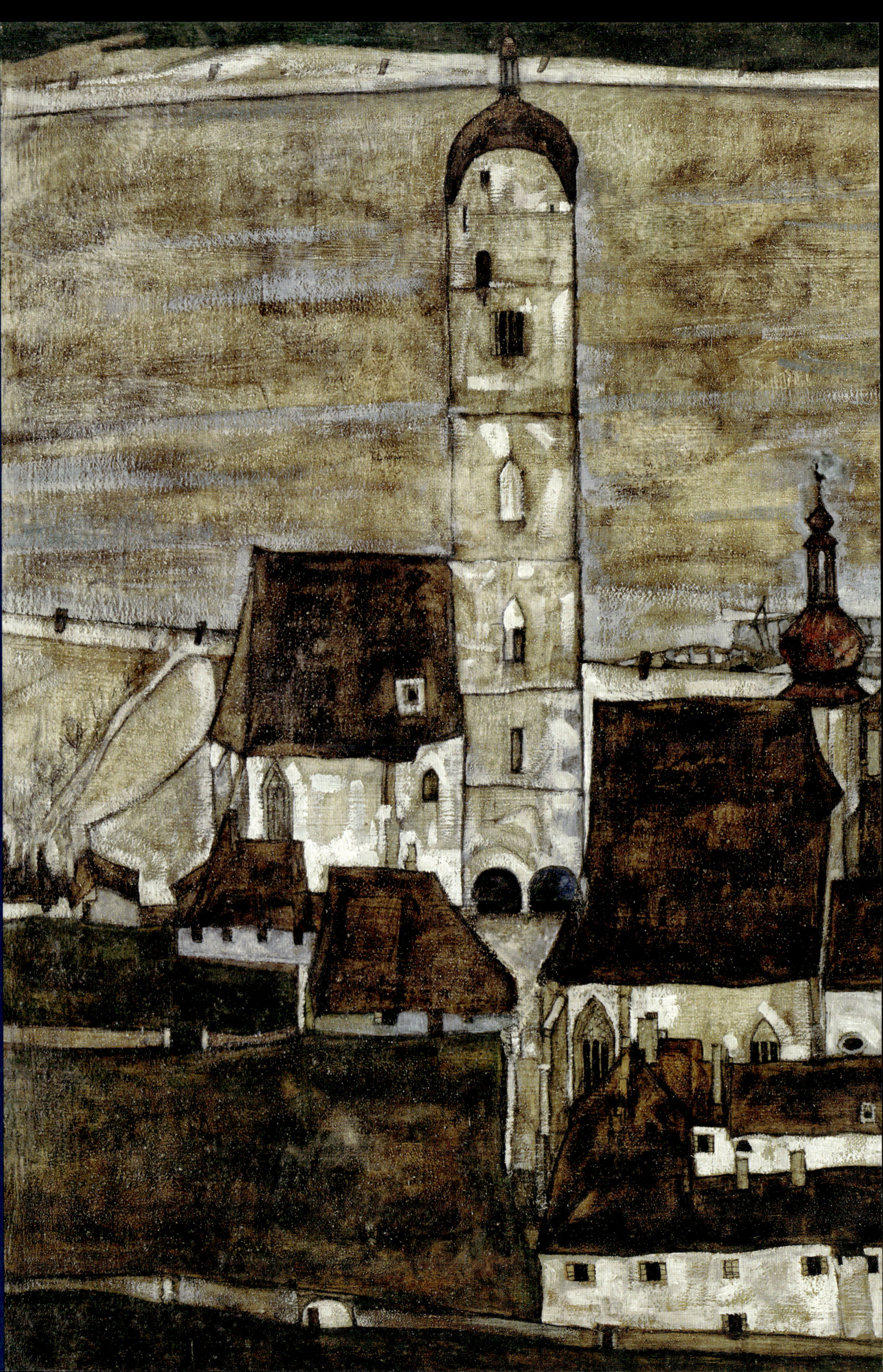

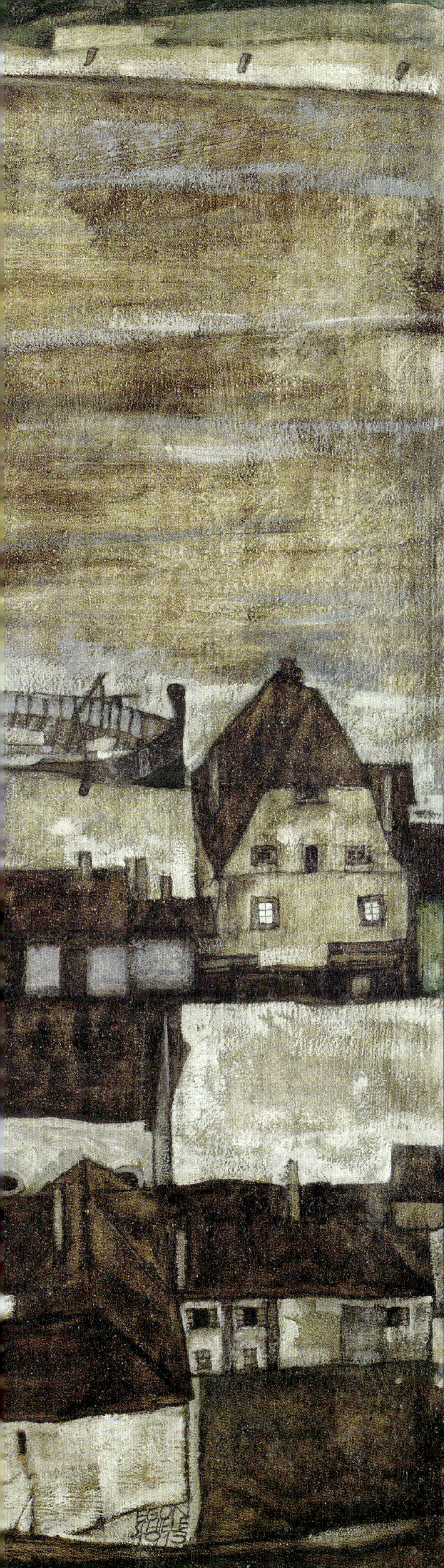

Egon Schiele
„Stadt Stein“ II/*Stein on the Danube, Seen from the Kreuzberg (Large)*, 1913
Öl auf Leinwand/*oil on canvas*, 91,5 × 91,5 cm
Leopold Museum, Wien/*Vienna*

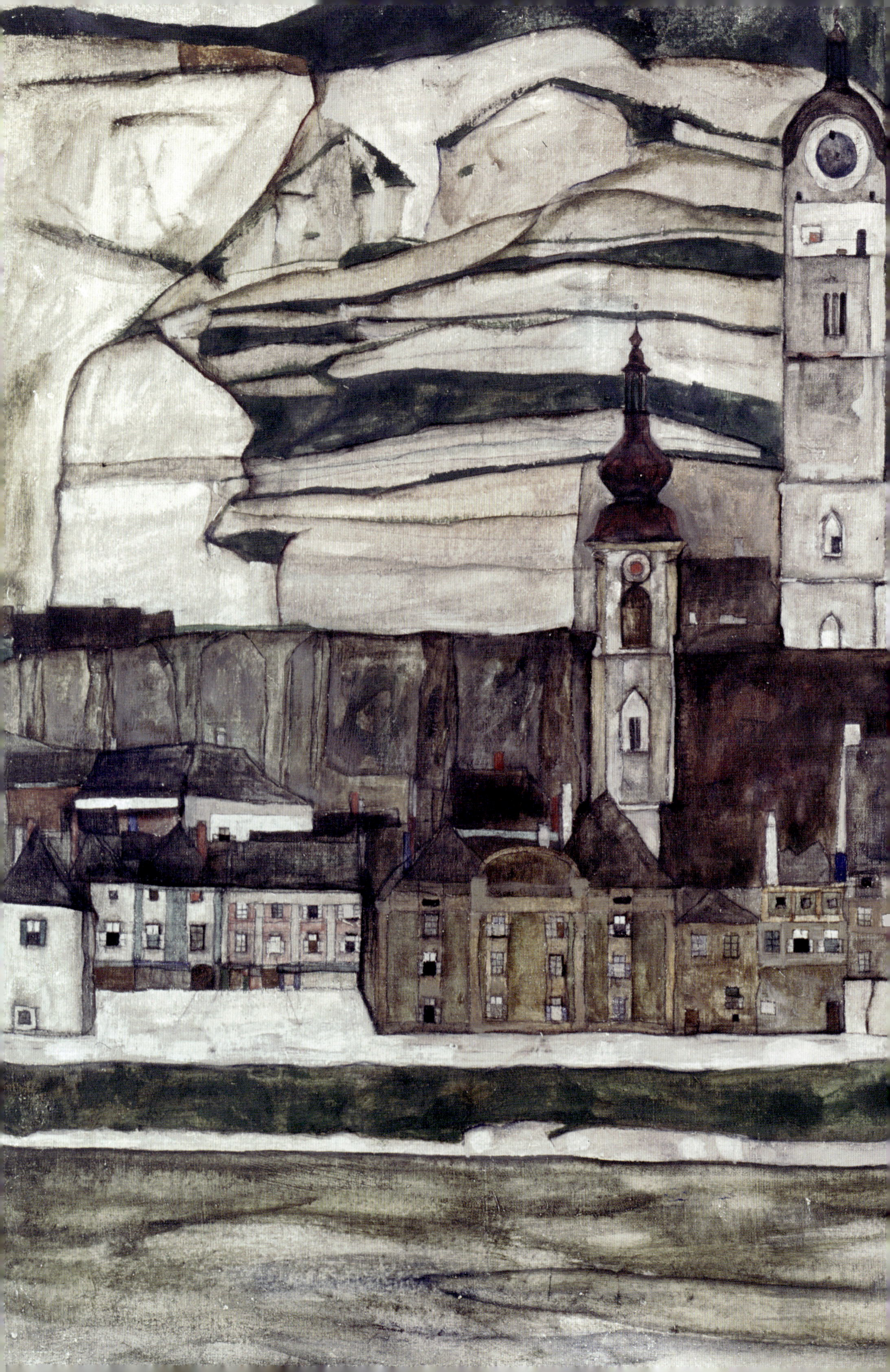

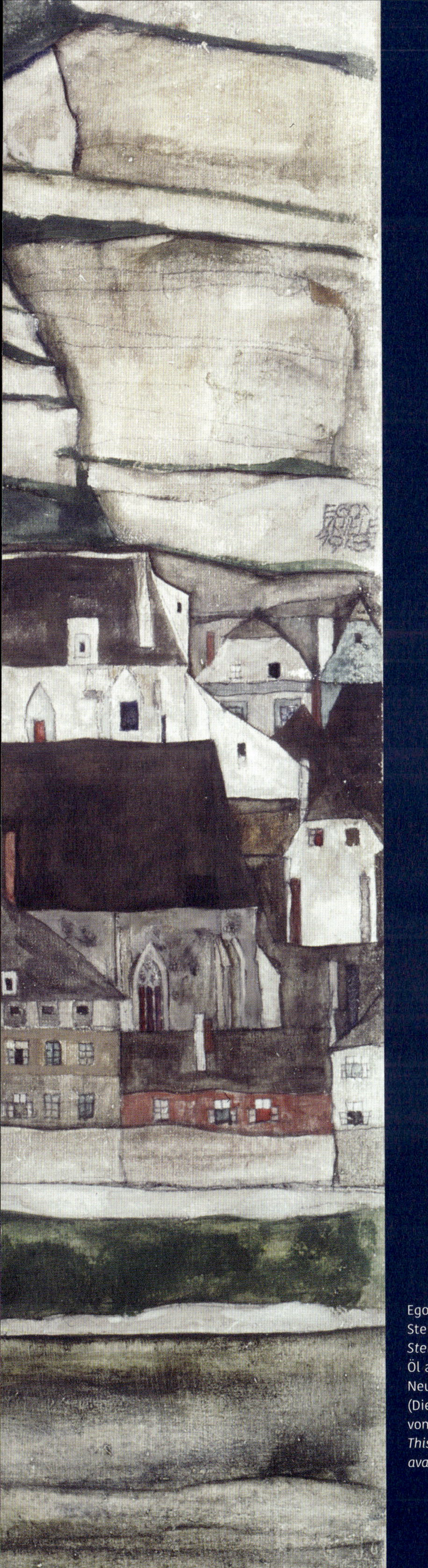

Egon Schiele
Stein an der Donau, vom Süden gesehen (groß)/
Stein on the Danube, Seen from the South (Large), 1913
Öl auf Leinwand/*oil on canvas*, 89,8 × 89,6 cm
Neue Galerie New York
(Dieses Werk ist Teil der Sammlung Estée Lauder und wurde von Estée Lauder großzügig zur Verfügung gestellt/
This work is part of the collection of Estée Lauder and was made available through the generosity of Estée Lauder)

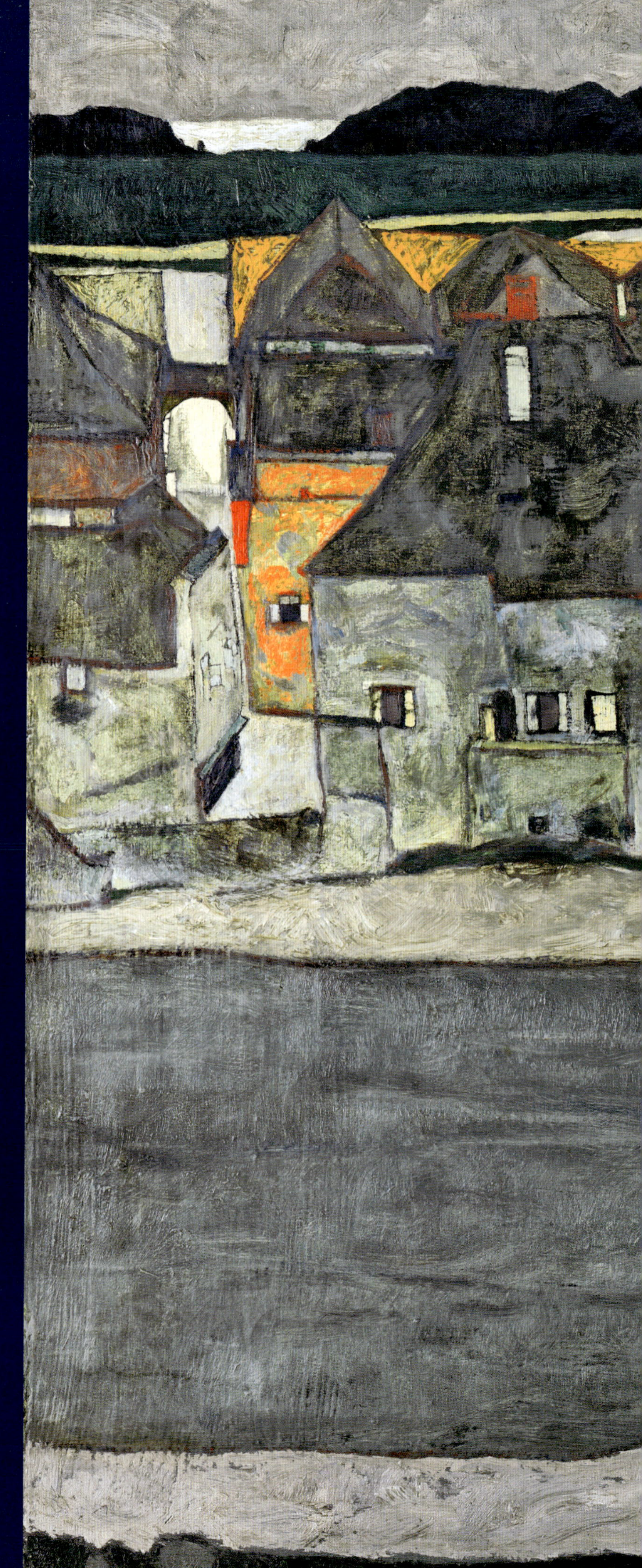

Egon Schiele
Häuser am Fluss II (Die alte Stadt II)/
Houses on the River (The Old Town), 1914
Öl auf Leinwand/*oil on canvas*, 100 × 120,5 cm
Museo Nacional Thyssen-Bornemisza, Madrid

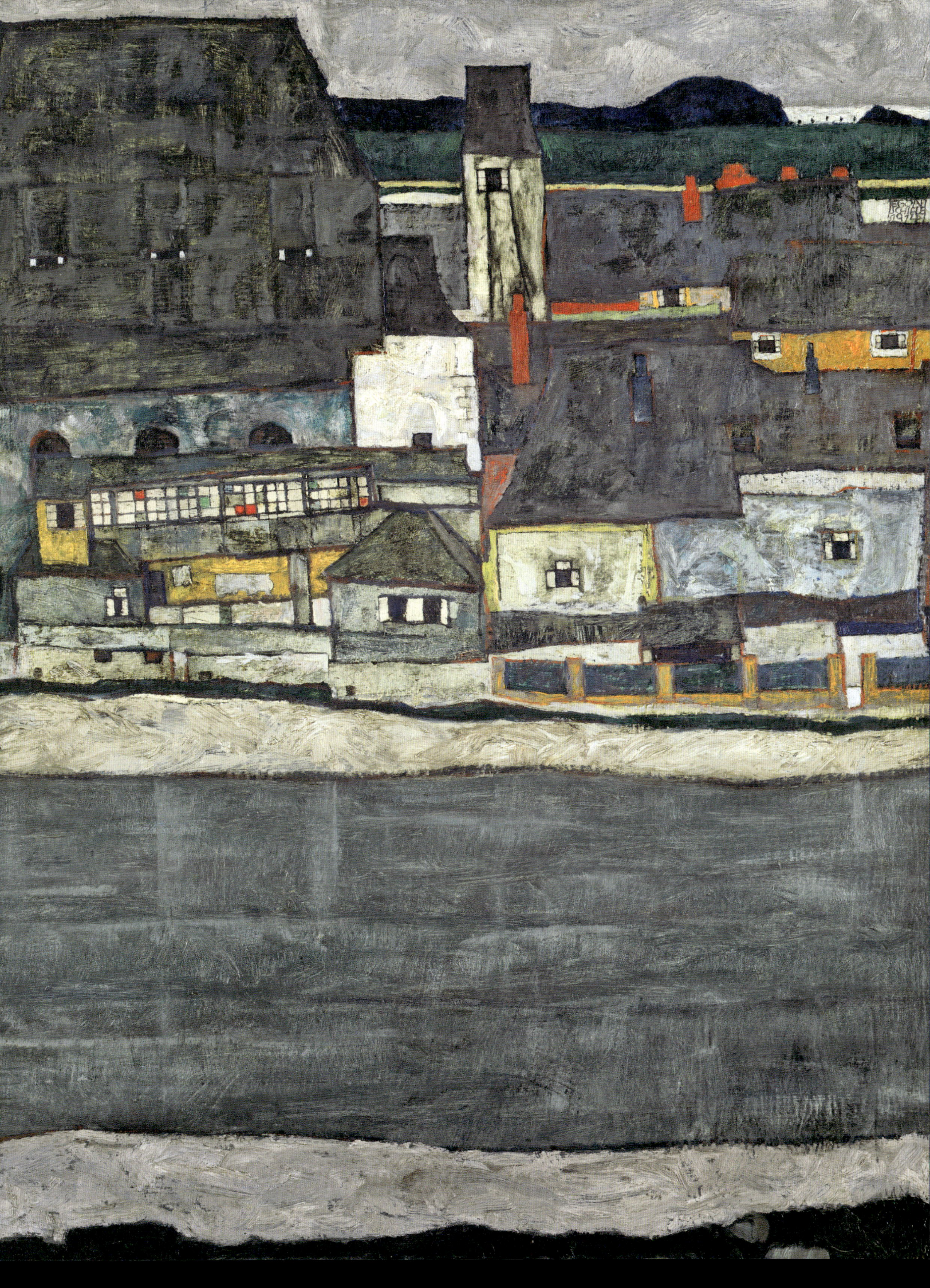

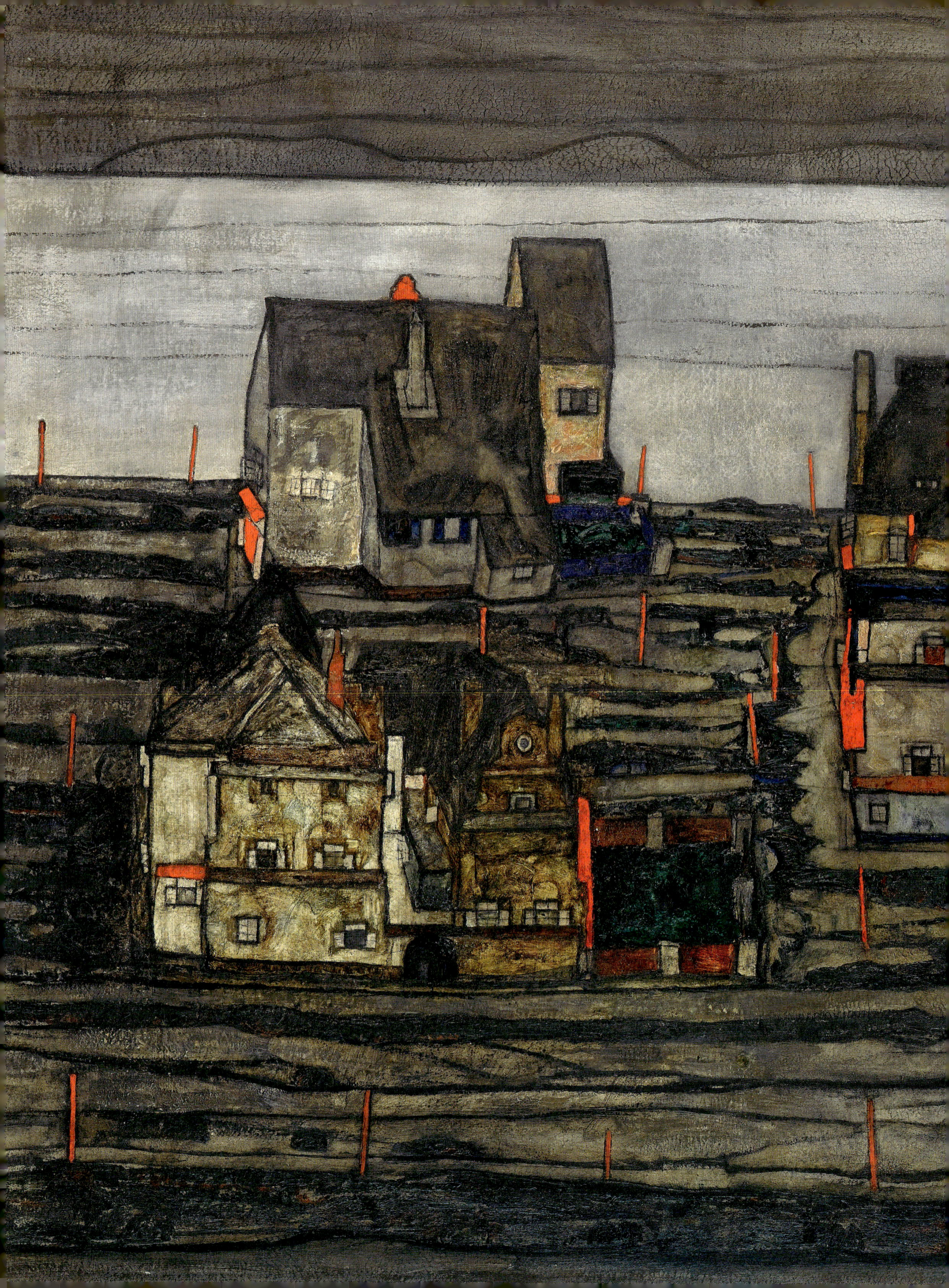

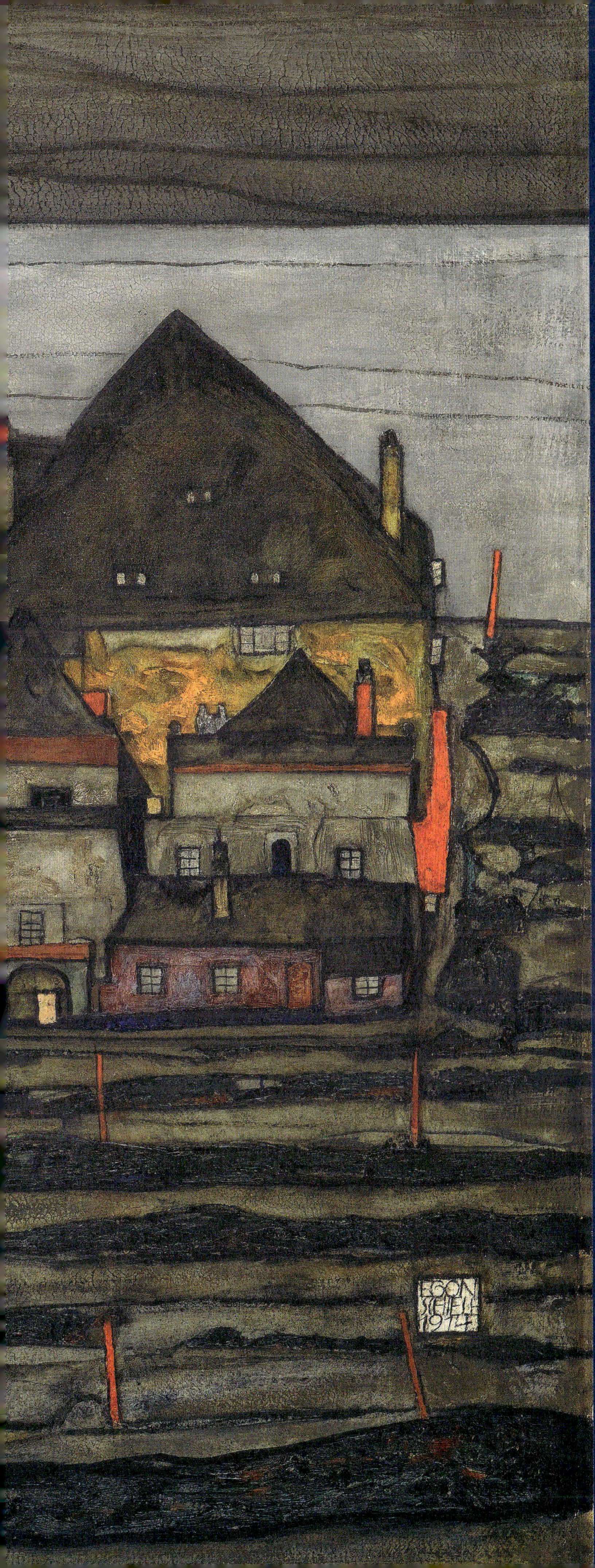

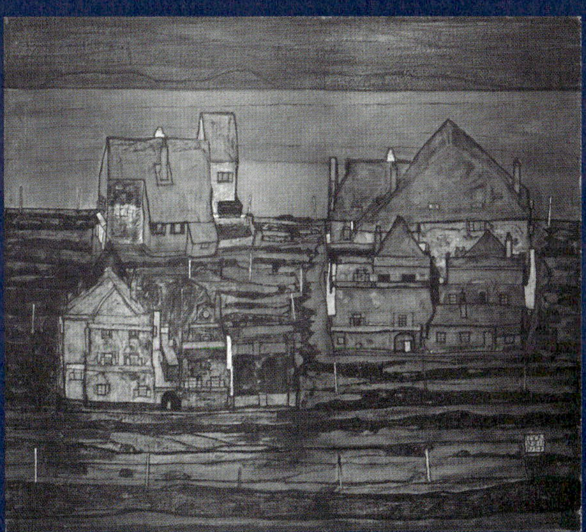

Infrarotaufnahme der Staatlichen Akademie der Bildenden Künste Stuttgart/*Infrared photograph by the Staatliche Akademie der Bildenden Künste Stuttgart*

←
Egon Schiele
Vorstadt I/*Suburb I*, 1914
Öl auf Leinwand, Masonit/*oil on canvas, Masonite*, 101 × 120,5 cm
Staatsgalerie Stuttgart, erworben mit Lotto-Mitteln 1966/
acquired with lottery revenues in 1966

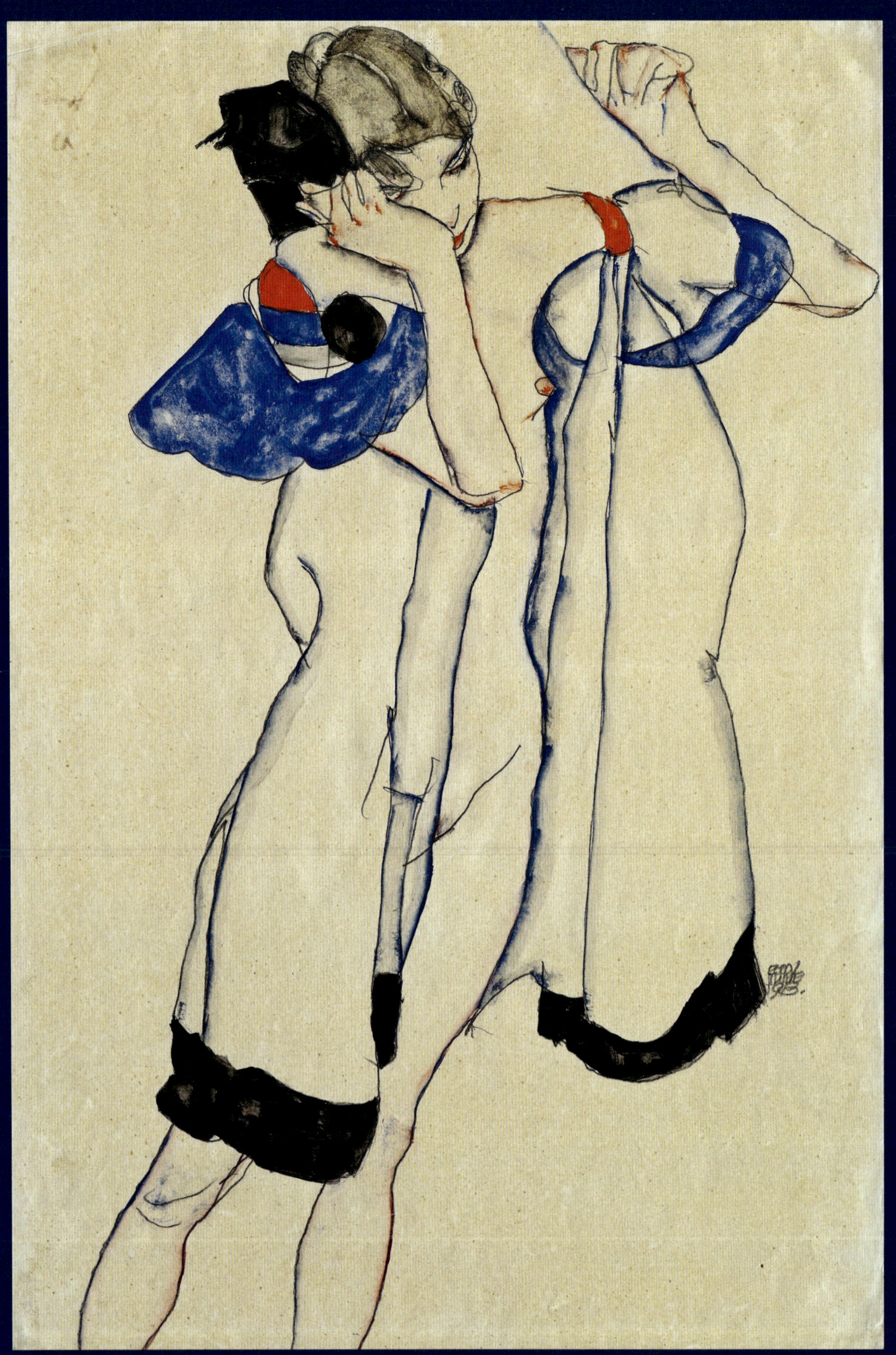

Egon Schiele
Frau im Morgenmantel/*Standing Girl, Head Resting on Hand*, 1912
Bleistift, Aquarell, Deckfarbe auf Papier/
pencil, watercolor, gouache on paper, 45,1 × 30,8 cm
Landessammlungen Niederösterreich/*State Collections of Lower Austria*

→
Egon Schiele
Wally, 1912
Bleistift und Deckfarbe auf Papier, aquarelliert/
pencil, gouache, watercolor on paper, 29,7 × 25,9 cm
Landessammlungen Niederösterreich/*State Collections of Lower Austria*

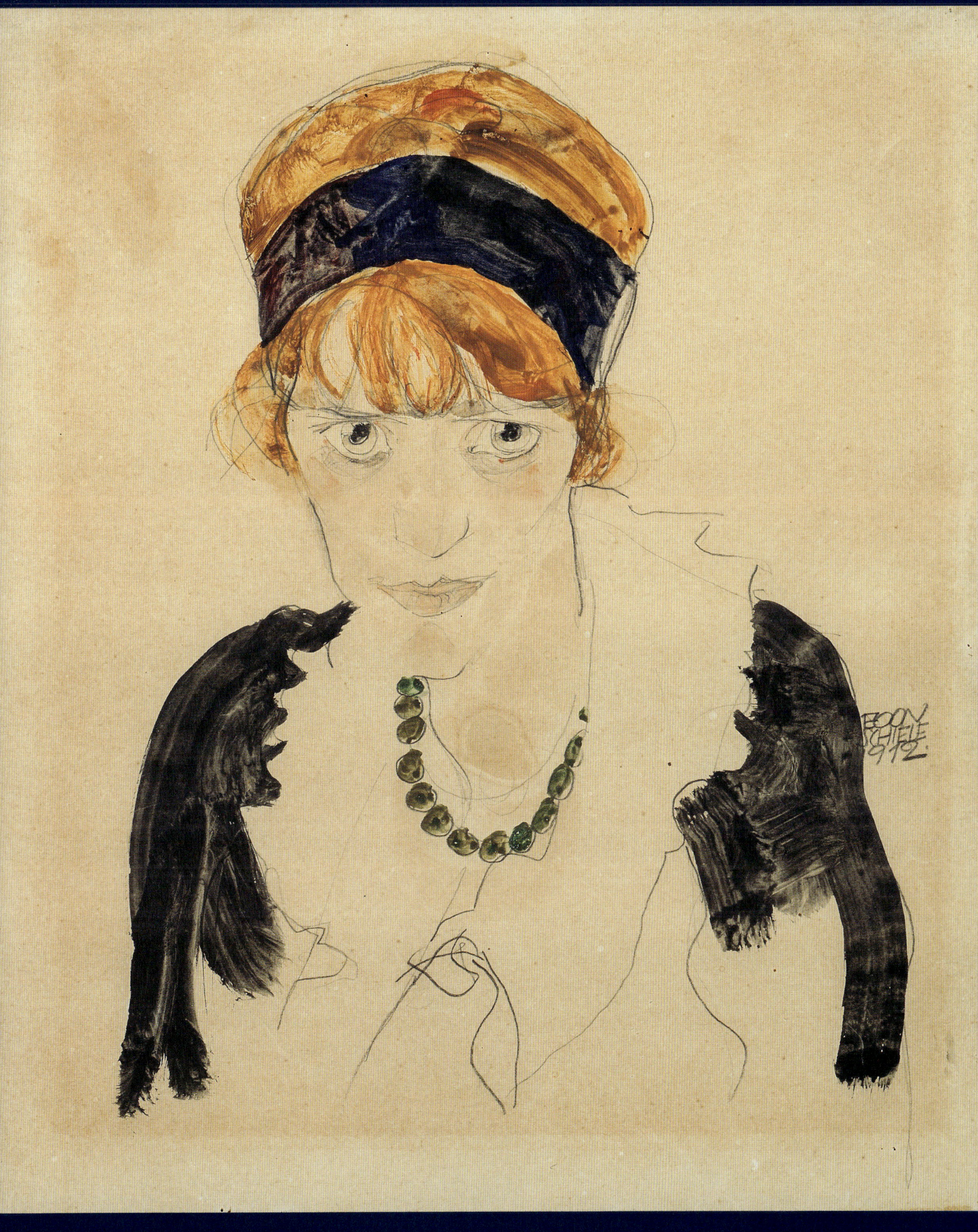
EGON
SCHIELE
1912.

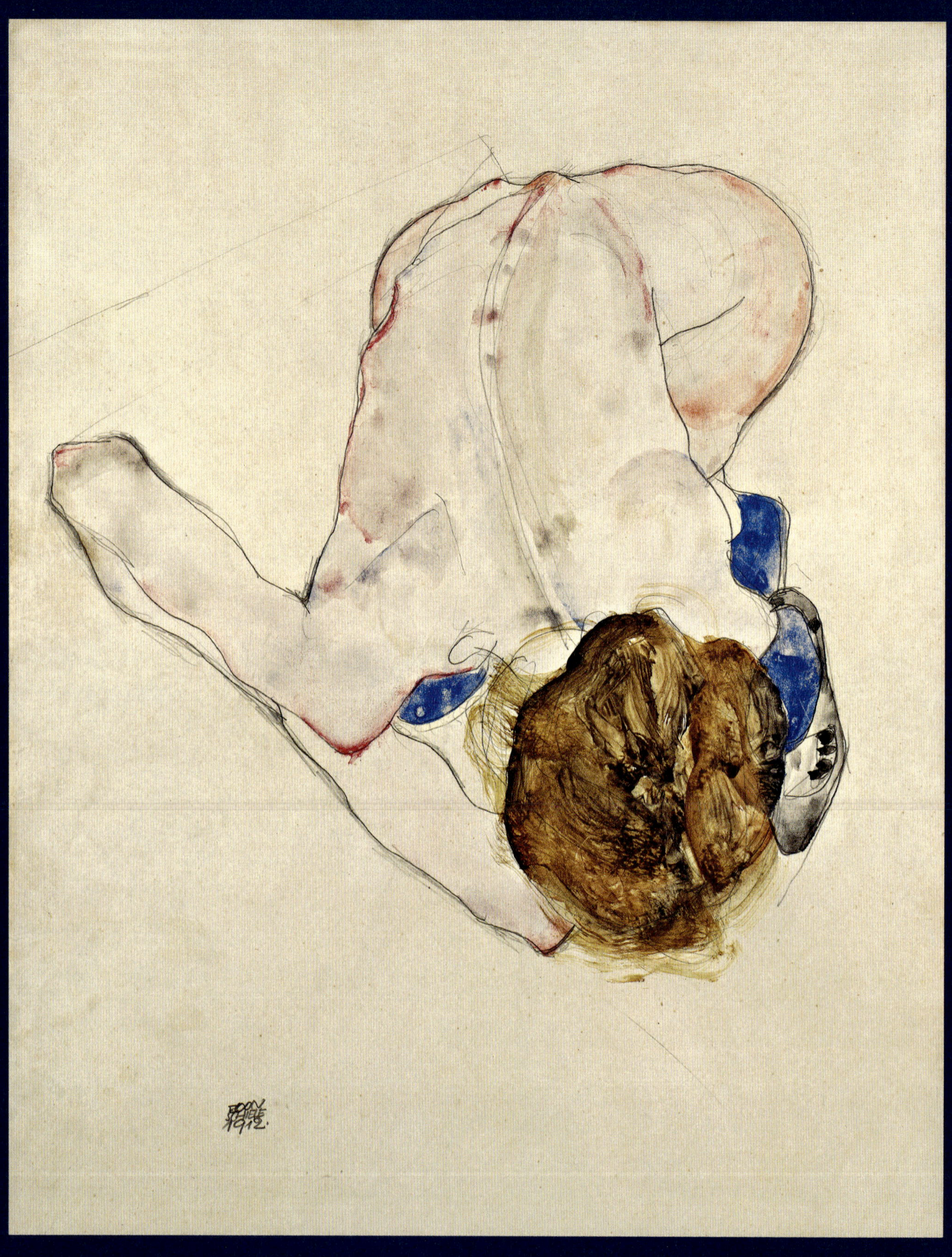

Egon Schiele
Nach vorne gebeugter Akt mit blauen Strümpfen/*Crouching Female Nude, Bending Forward*, 1912
Bleistift, Gouache auf Papier/*pencil, gouache on paper*, 37,5 × 28,9 cm
Leopold Museum, Wien/*Vienna*

→
Egon Schiele
Kauernder Mädchenakt in orangefarbenem Kleid/
Crouching Nude Girl in Orange Dress, 1914
Bleistift und Aquarell auf Papier/*pencil, watercolor on paper*, 41,4 × 31,6 cm
Leopold Privatsammlung

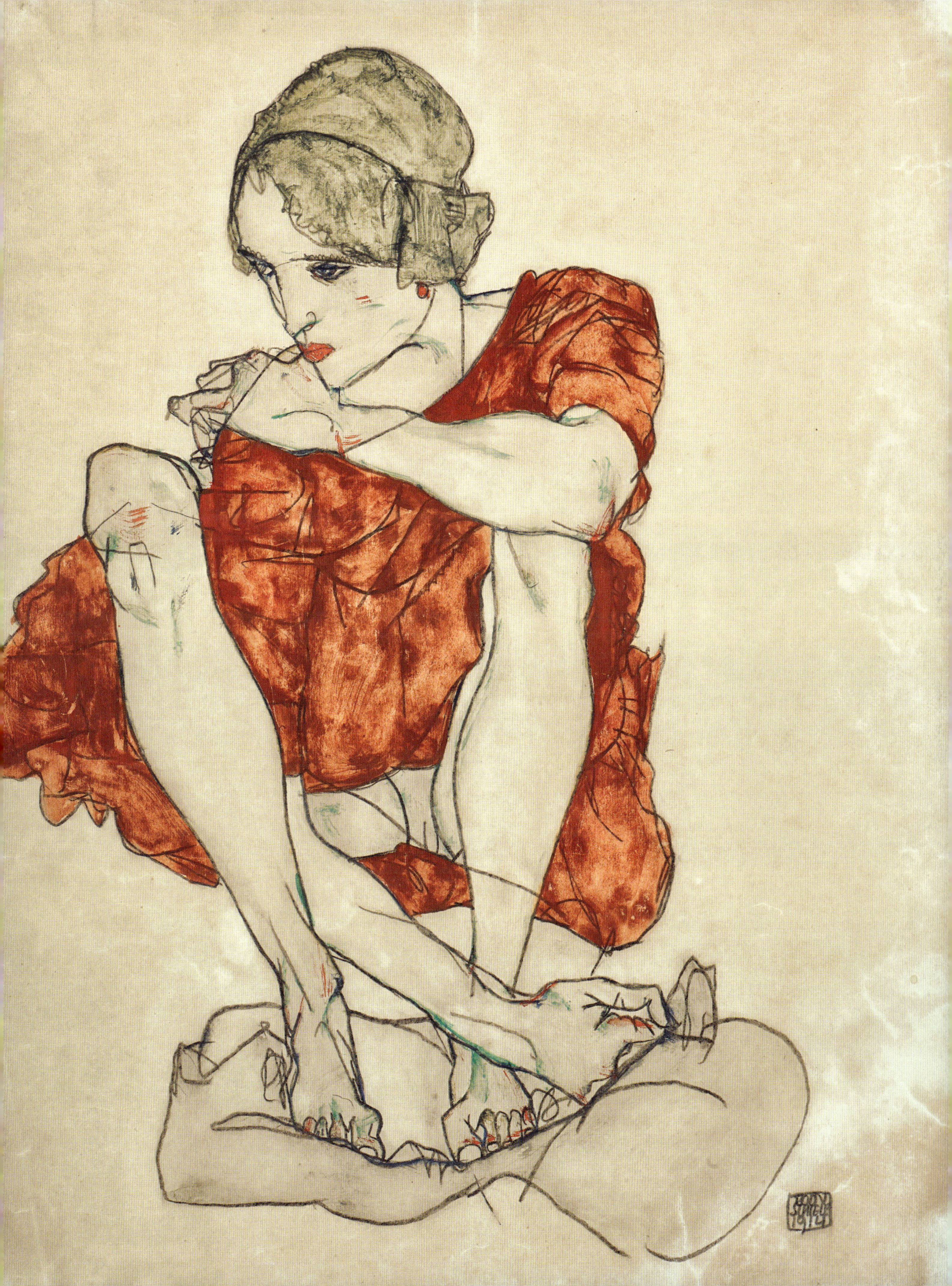

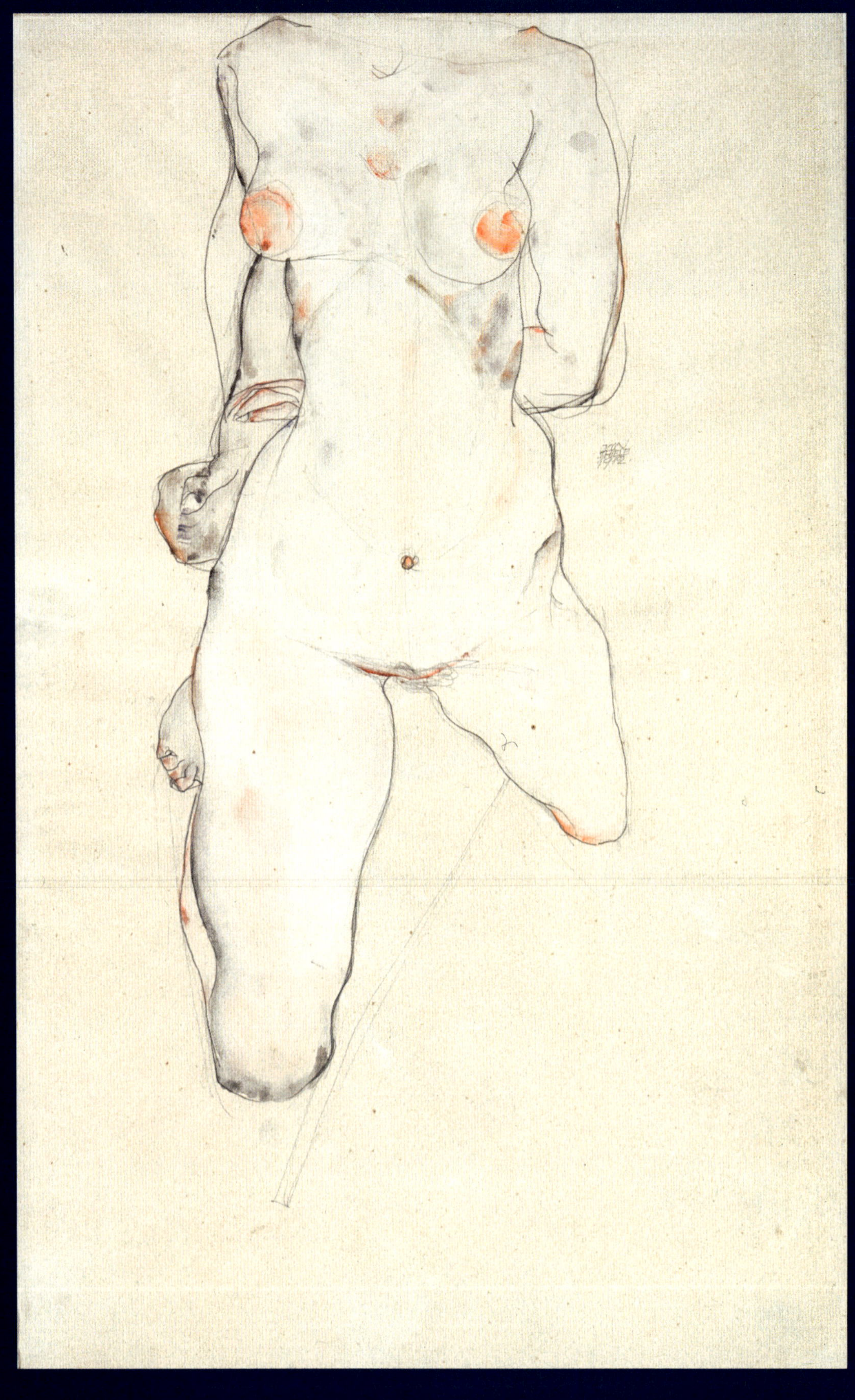

Egon Schiele
Akt ohne Kopf/*Nude without Head*, 1912
Bleistift, Aquarell, Deckfarbe/
pencil, watercolor, gouache, 48 × 30,3 cm
Privatbesitz/*private collection*

Egon Schiele
Gelber und weißer Akt/
Yellow and White Nudes, 1913
Deckfarbe auf Papier/*gouache on paper*, 48 × 30 cm
Privatbesitz/*private collection*

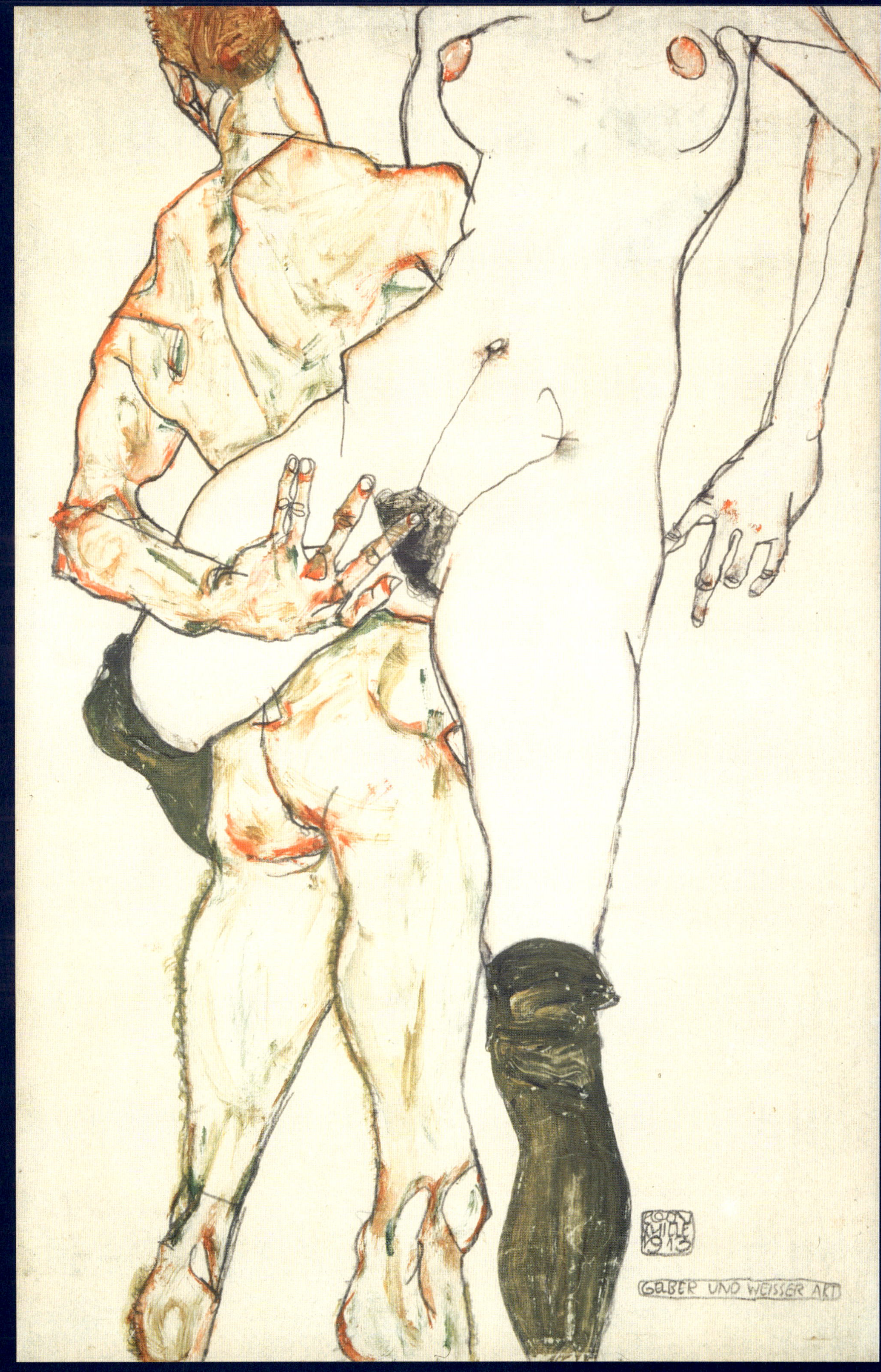
EGON
SCHIELE
1913
GELBER UND WEISSER AKT

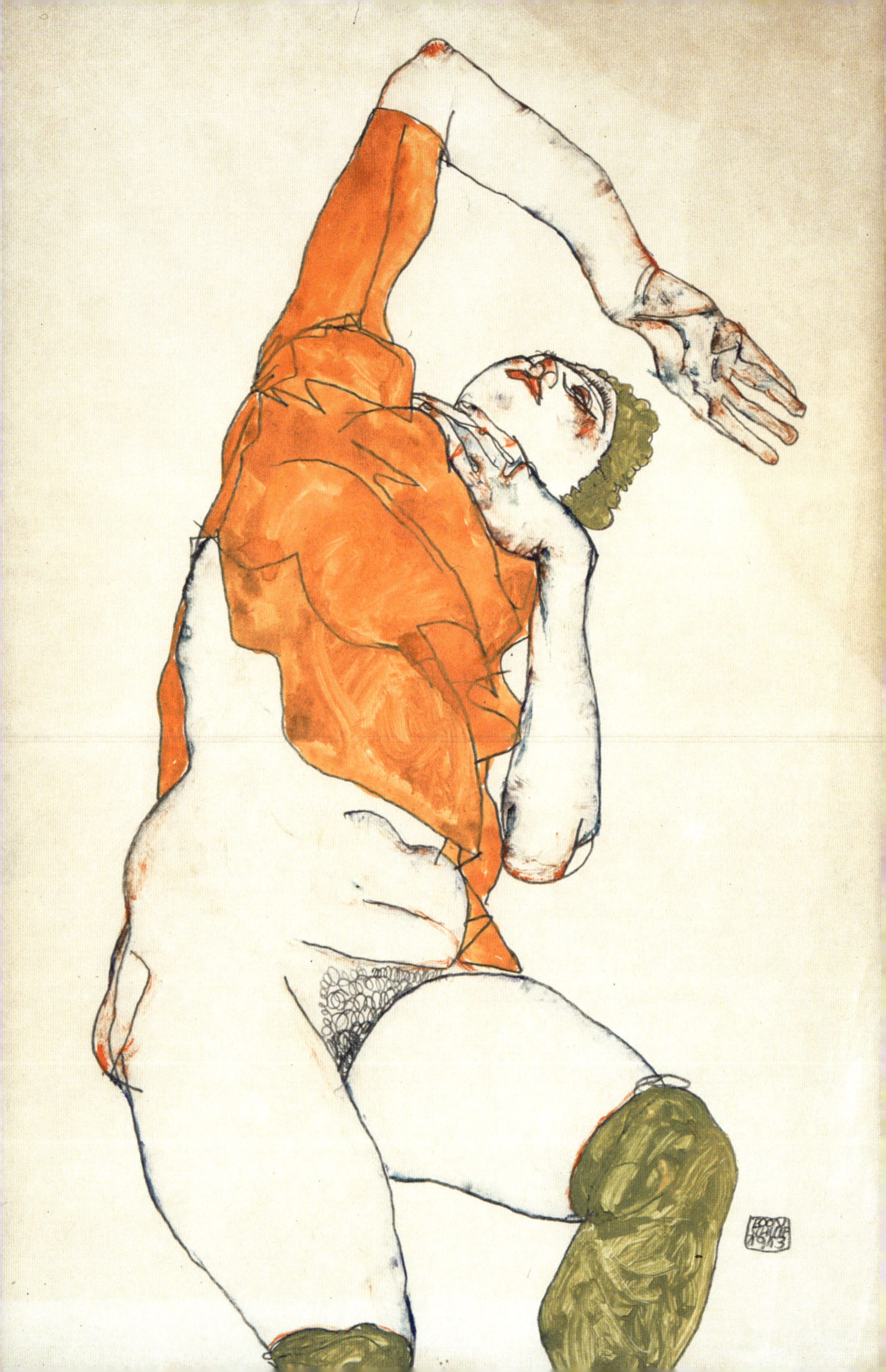
1913

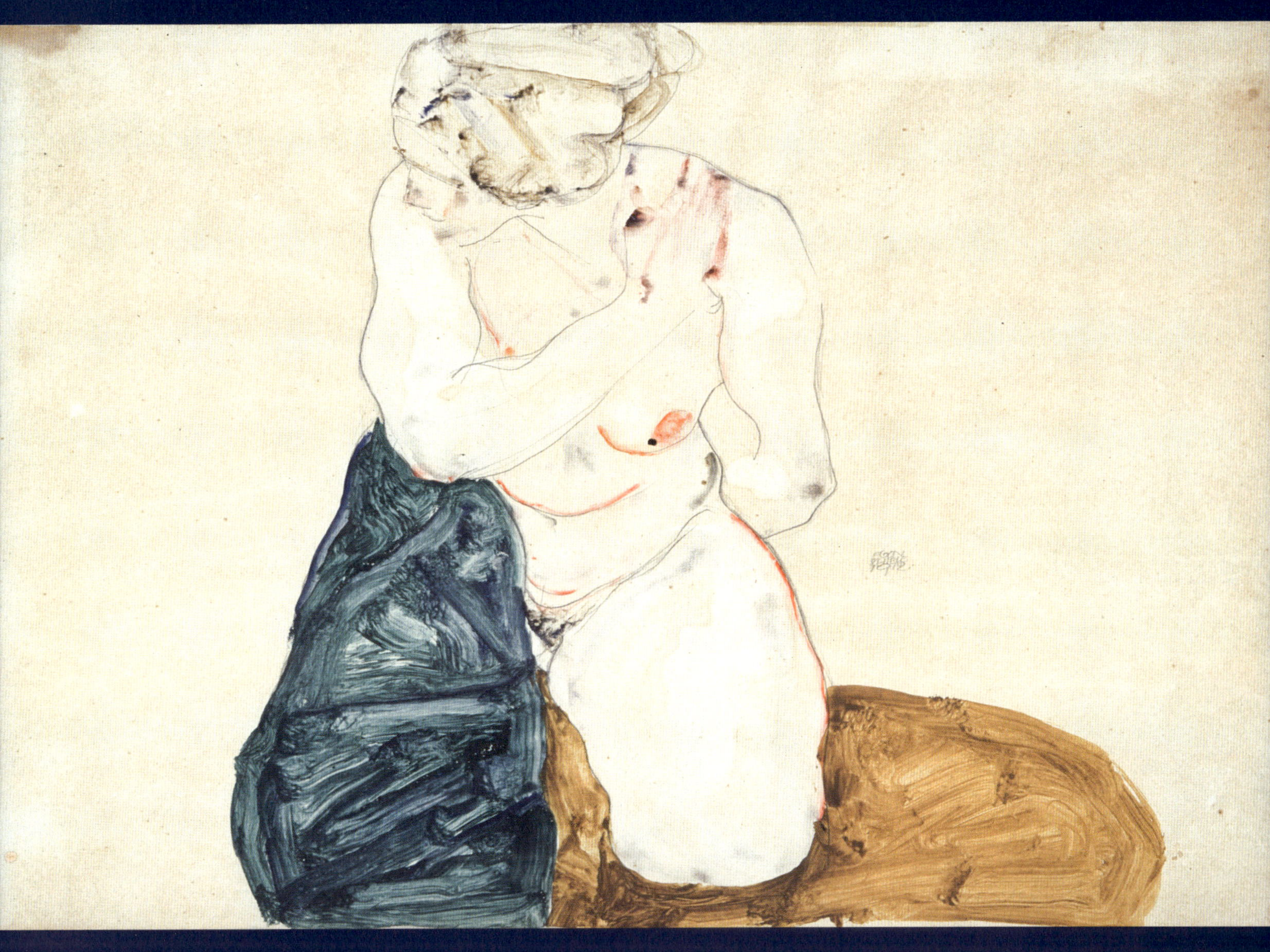

←

Egon Schiele
Halbakt/*Semi-Nude*, 1913
Deckfarbe auf Papier/*gouache on paper*, 48,3 × 31,5 cm
Privatbesitz/*private collection*

Egon Schiele
Kniender Akt/*Kneeling Nude*, 1912
Deckfarbe auf Papier/
gouache on paper, 30,3 × 48 cm
Privatbesitz/*private collection*

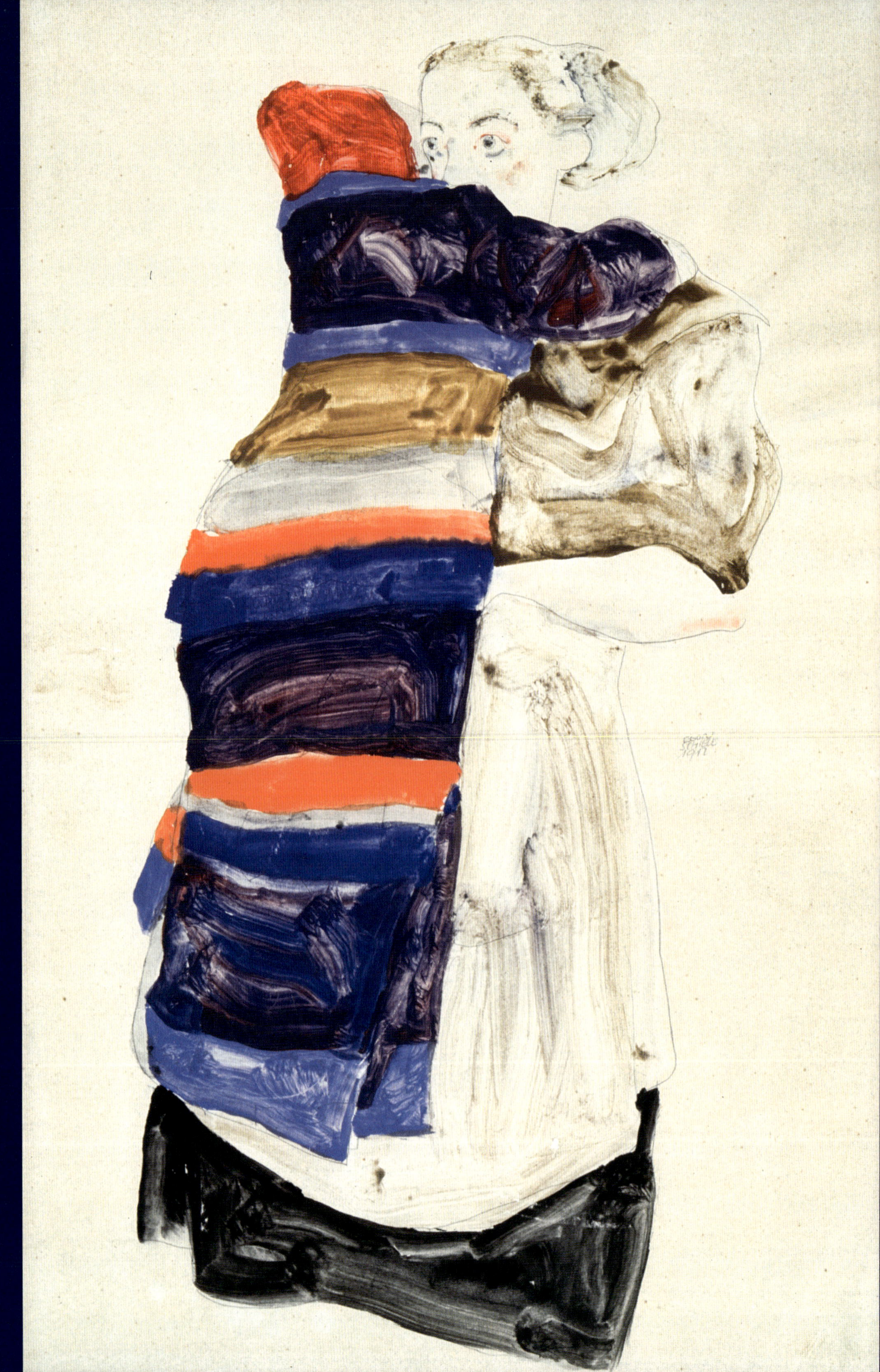

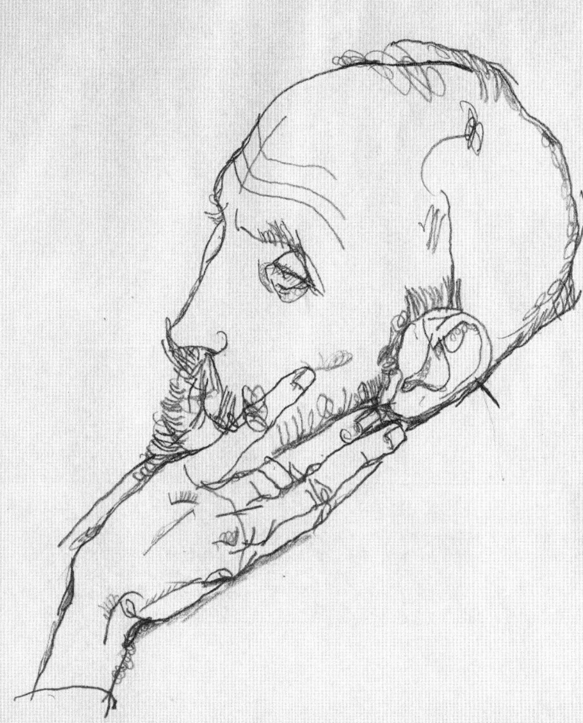

←

Egon Schiele
Mutter und Kind mit gestreifter Decke/
Mother and Child with Striped Blanket, 1912
Deckfarbe auf Papier/
gouache on paper, 48 × 30 cm
Privatbesitz/*private collection*

Egon Schiele
Portrait Franz Hauer/
Portrait of Franz Hauer, 1914
Bleistift auf Papier/*pencil on paper*, 44 × 30,6 cm
Leopold Privatsammlung

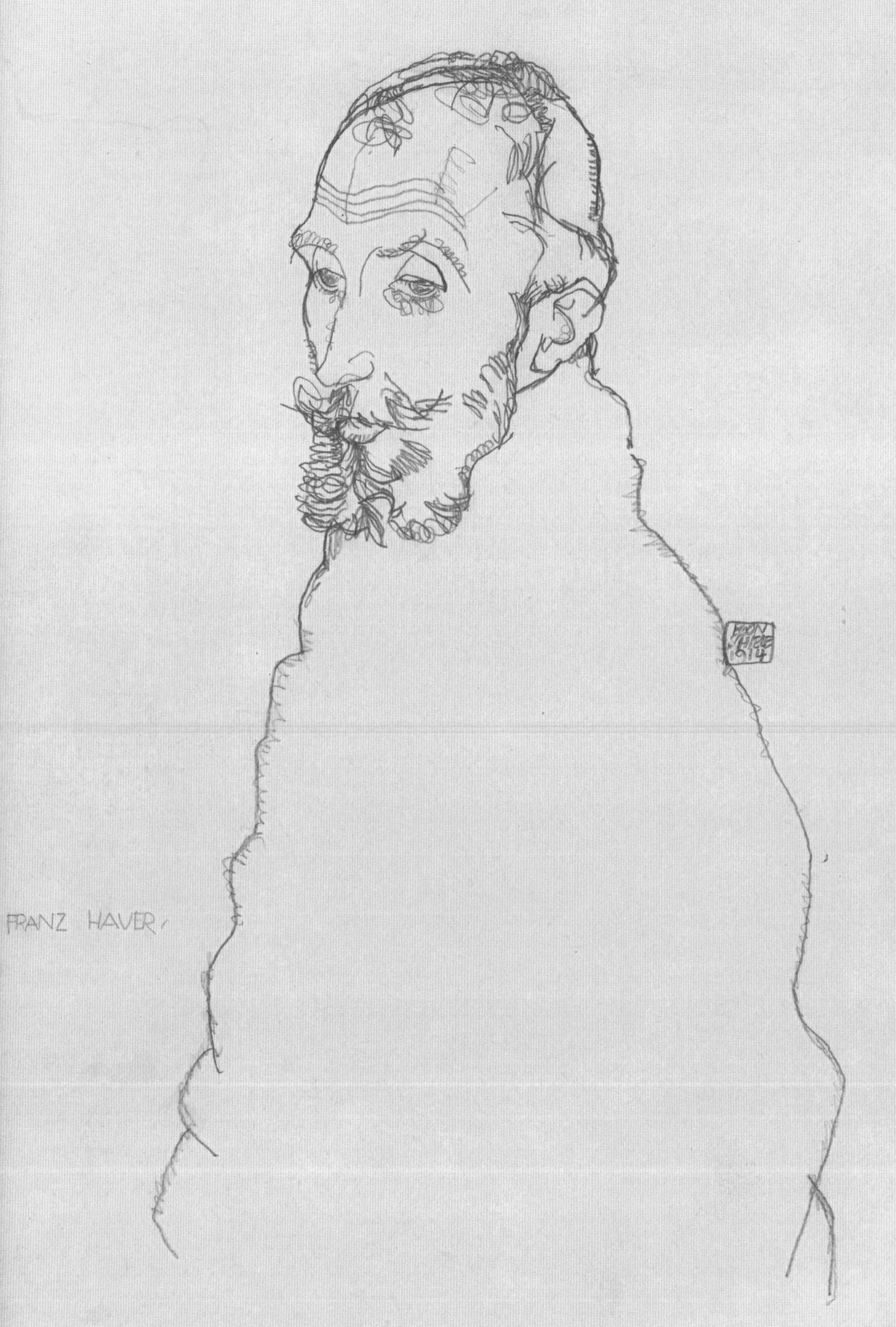
FRANZ HAUER
EGON
SCHIELE
1914

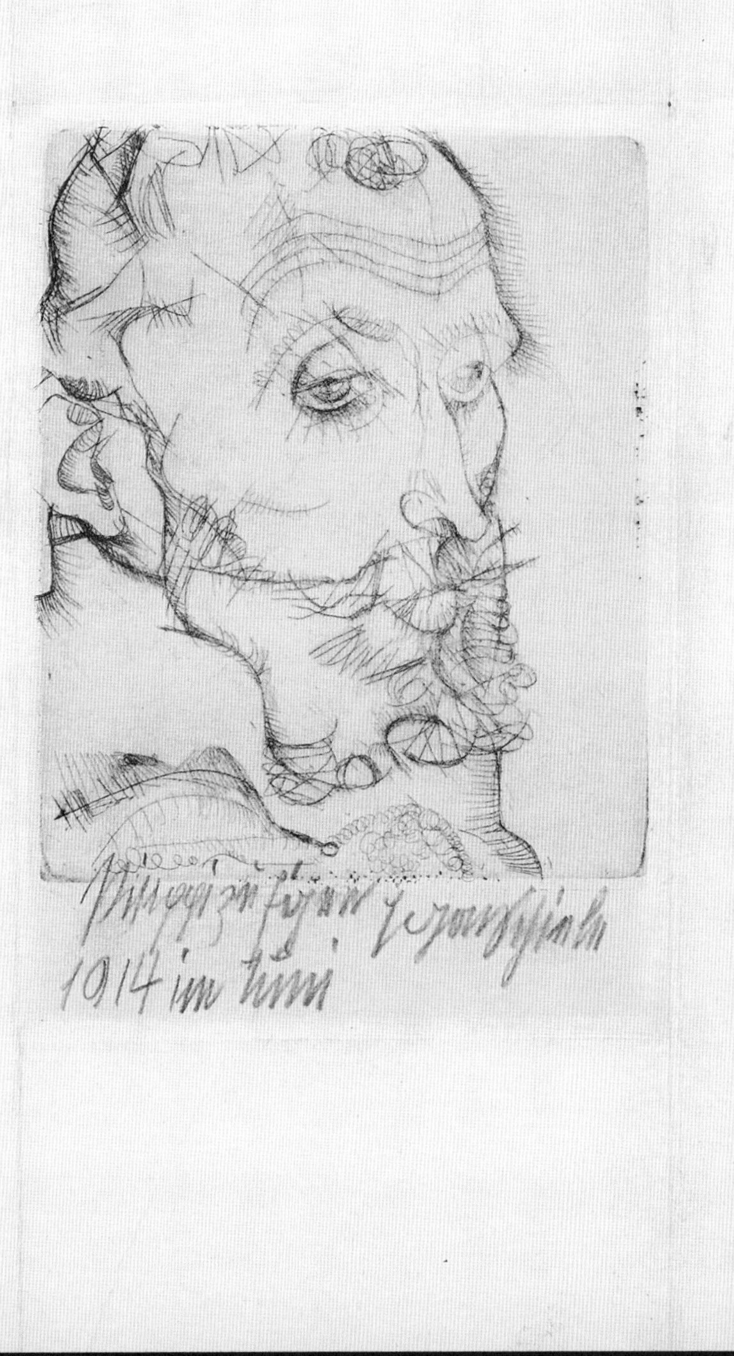

←

Egon Schiele
Franz Hauer/
Portrait of Griechenbeisl Innkeeper Franz Hauer, 1914
Bleistift auf Japanpapier/
pencil on Japan paper, 48,2 × 32 cm
Albertina, Wien/*Vienna*

Egon Schiele
Porträt Franz Hauer/
Portrait of Franz Hauer, 1914
Kaltnadelradierung/*drypoint*, 15 × 10,8 cm
Landessammlungen Niederösterreich/
State Collections of Lower Austria

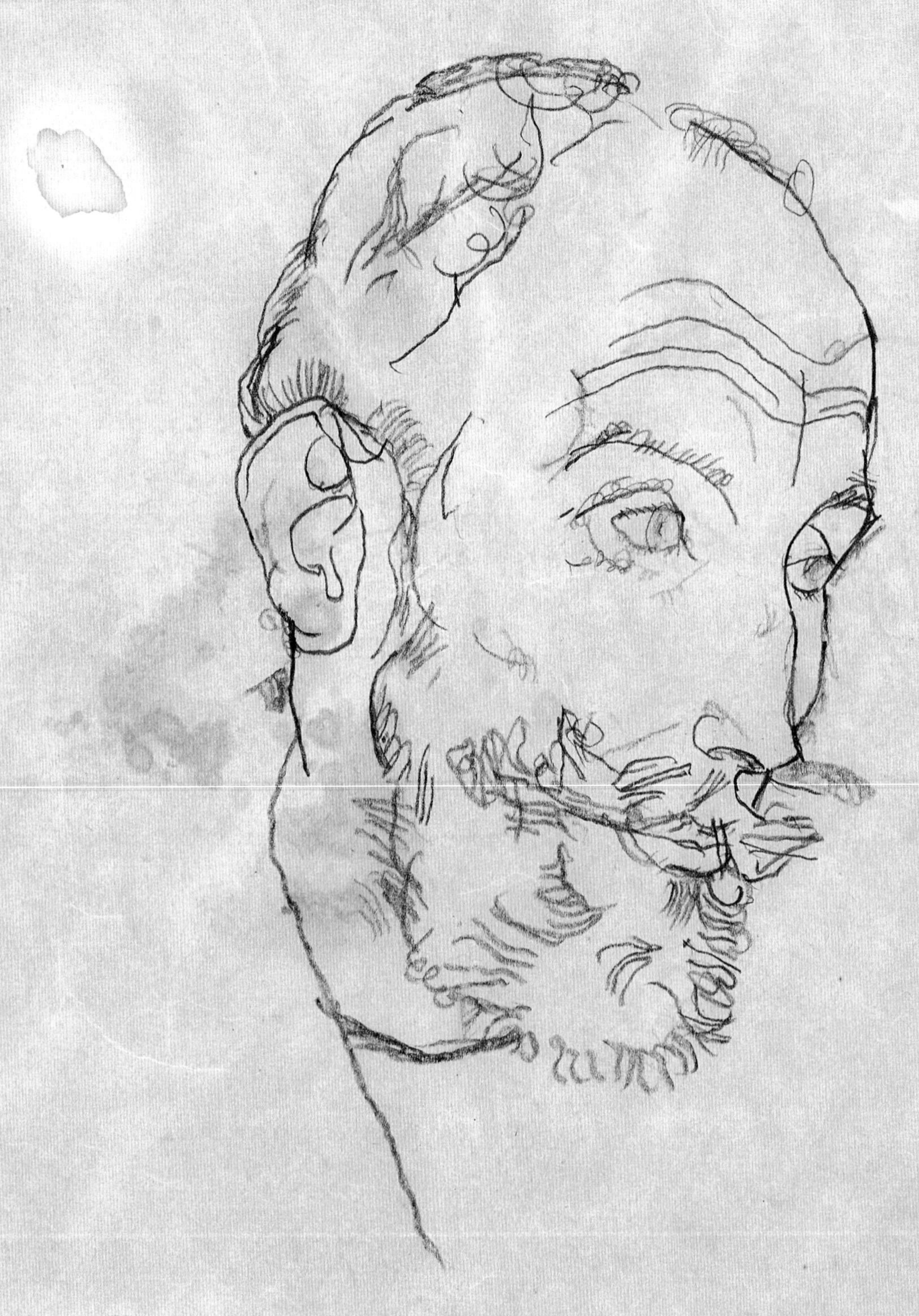

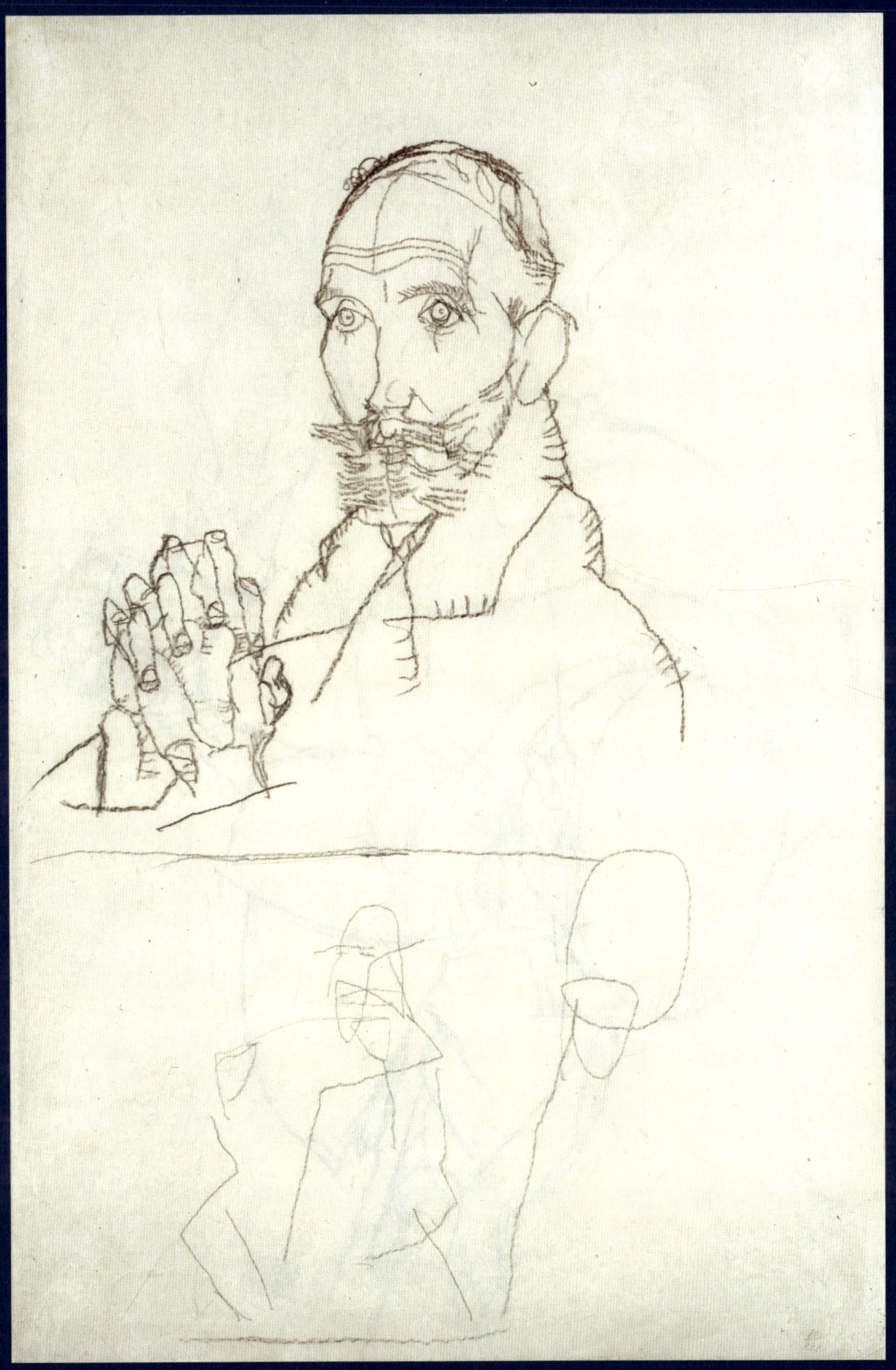

←

Egon Schiele
Bildnis Franz Hauer/*Portrait of Franz Hauer*, 1914
Bleistift auf Papier/*pencil on paper*, 29,4 × 23,5 cm
Landessammlungen Niederösterreich/
State Collections of Lower Austria

Egon Schiele
Bildnis Franz Hauer/
Portrait of Franz Hauer, 1914
Bleistift auf Papier/*pencil on paper*, 47,2 × 32 cm
Privatbesitz/*private collection*,
Courtesy Galerie St. Etienne, New York

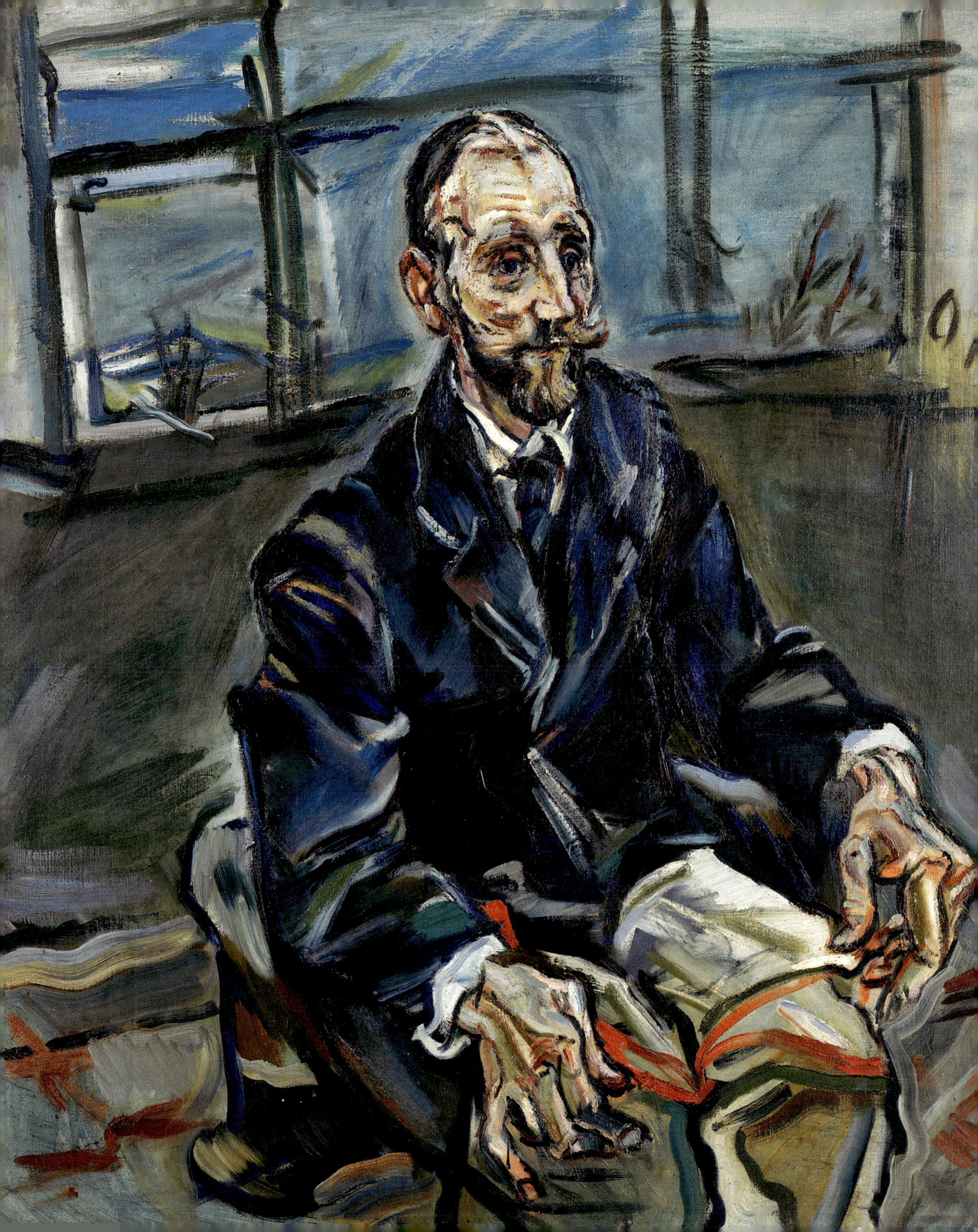

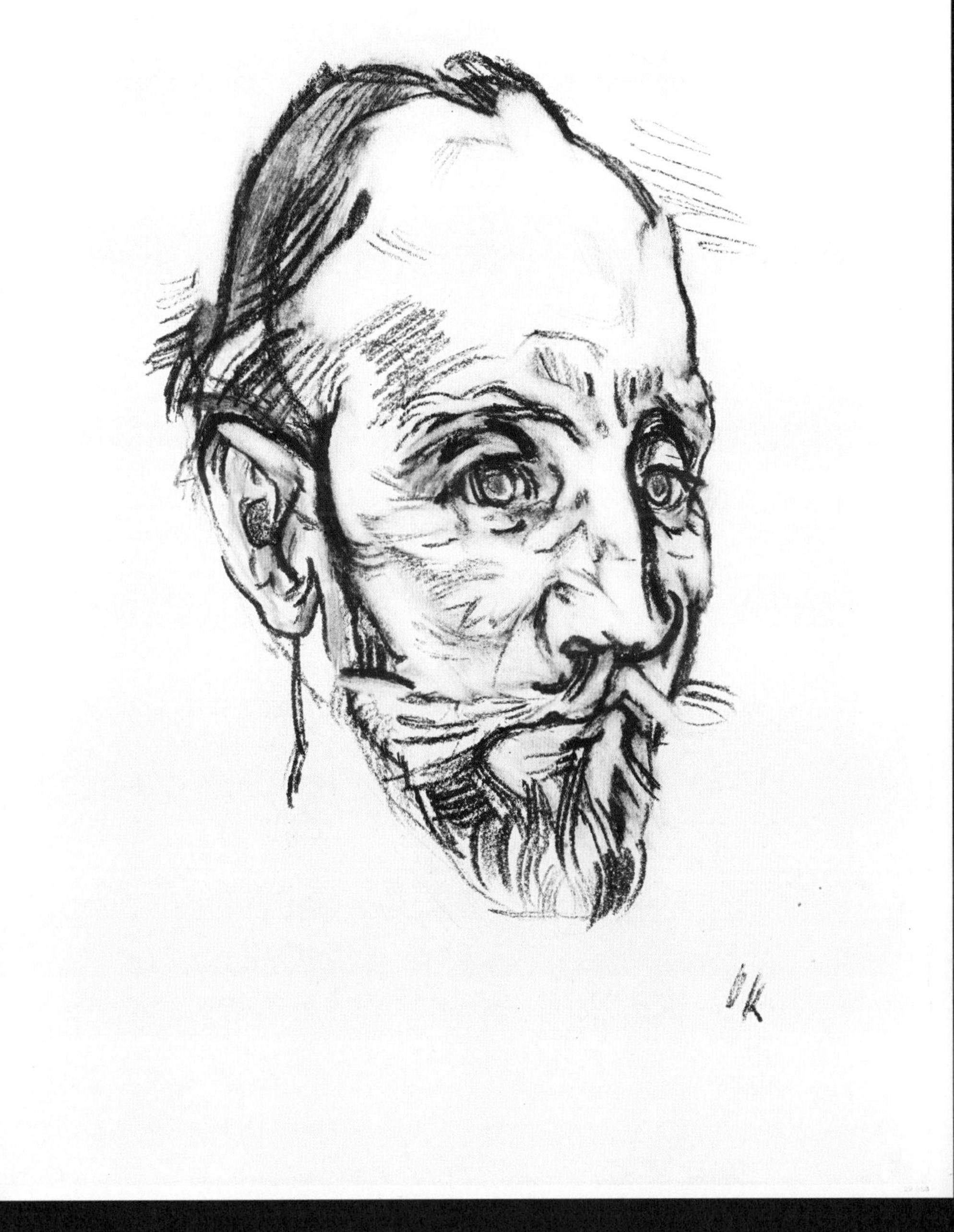

←

Oskar Kokoschka
Franz Hauer/*Portrait of Franz Hauer*, um/*ca.* 1914
Öl auf Leinwand/*oil on canvas*, 120,7 × 106,1 cm
Georgianna Sayles Aldrich Fund and Museum Works of Art Fund, Museum of Art, Rhode Island School of Design, Providence

Oskar Kokoschka
Männlicher Porträtkopf (Bildnis Franz Hauer)/
Portrait Head of a Man (Portrait of Franz Hauer), 1914
Kreidezeichnung/*chalk drawing*, 41,1 × 30,3 cm
Bayerische Staatsgemäldesammlungen – Sammlung Moderne Kunst in der Pinakothek der Moderne, München

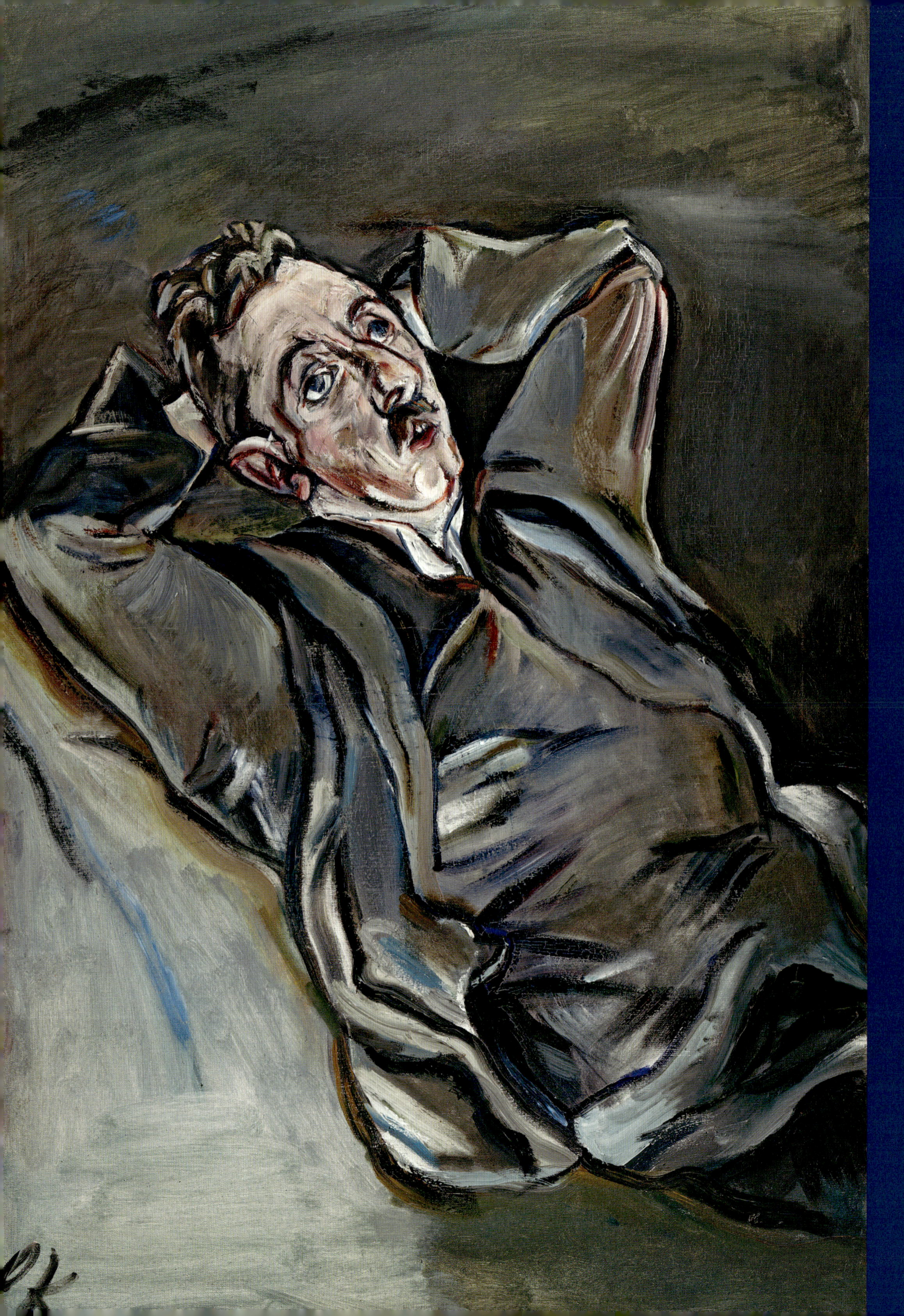

→

Oskar Kokoschka
Heimsuchung/*The Visitation*, 1912
Öl auf Leinwand/*oil on canvas*, 80 × 127 cm
Belvedere, Wien/*Vienna*, 1945 Legat Carl Moll

←

Oskar Kokoschka
Albert Ehrenstein/*Portrait of the Poet Albert Ehrenstein*, 1914
Öl auf Leinwand/*oil on canvas*, 120 × 80 cm
National Gallery in Prague

→ →

Oskar Kokoschka
Die Verkündigung/*The Annunciation*, um/*ca.* 1911
Öl auf Leinwand/*oil on canvas*, 83 × 122,5 cm
Museum Ostwall im Dortmunder U, Dortmund

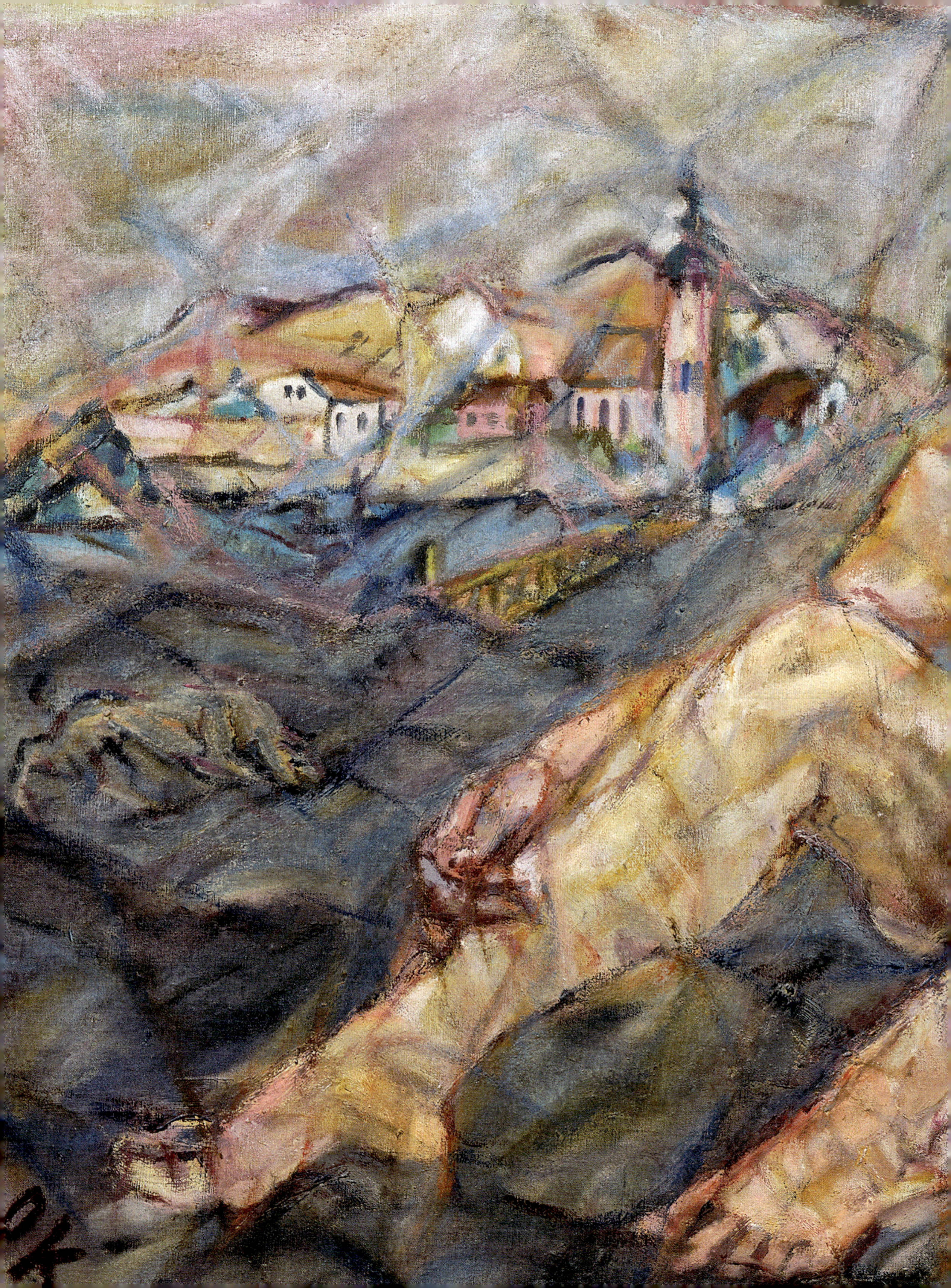

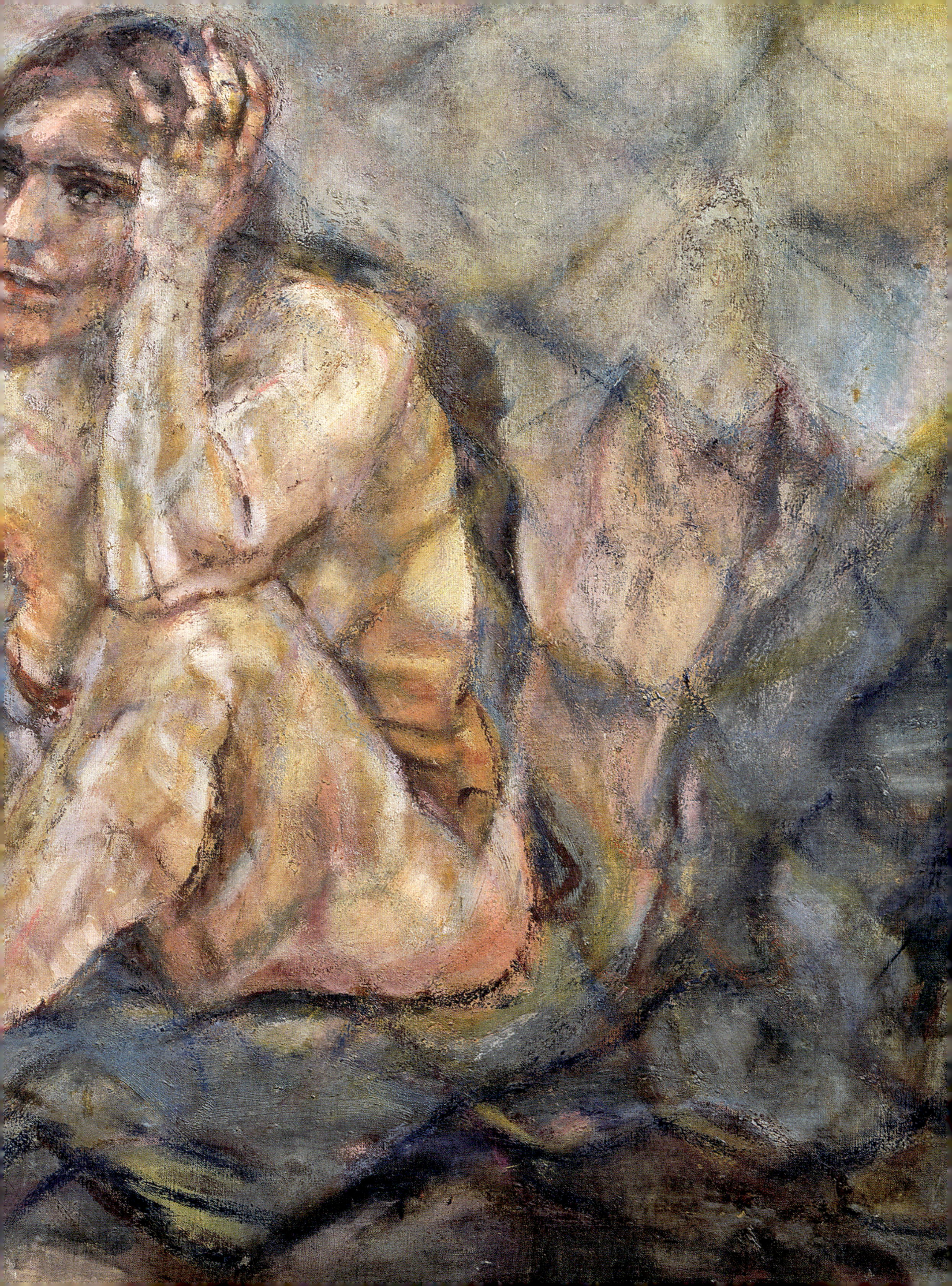

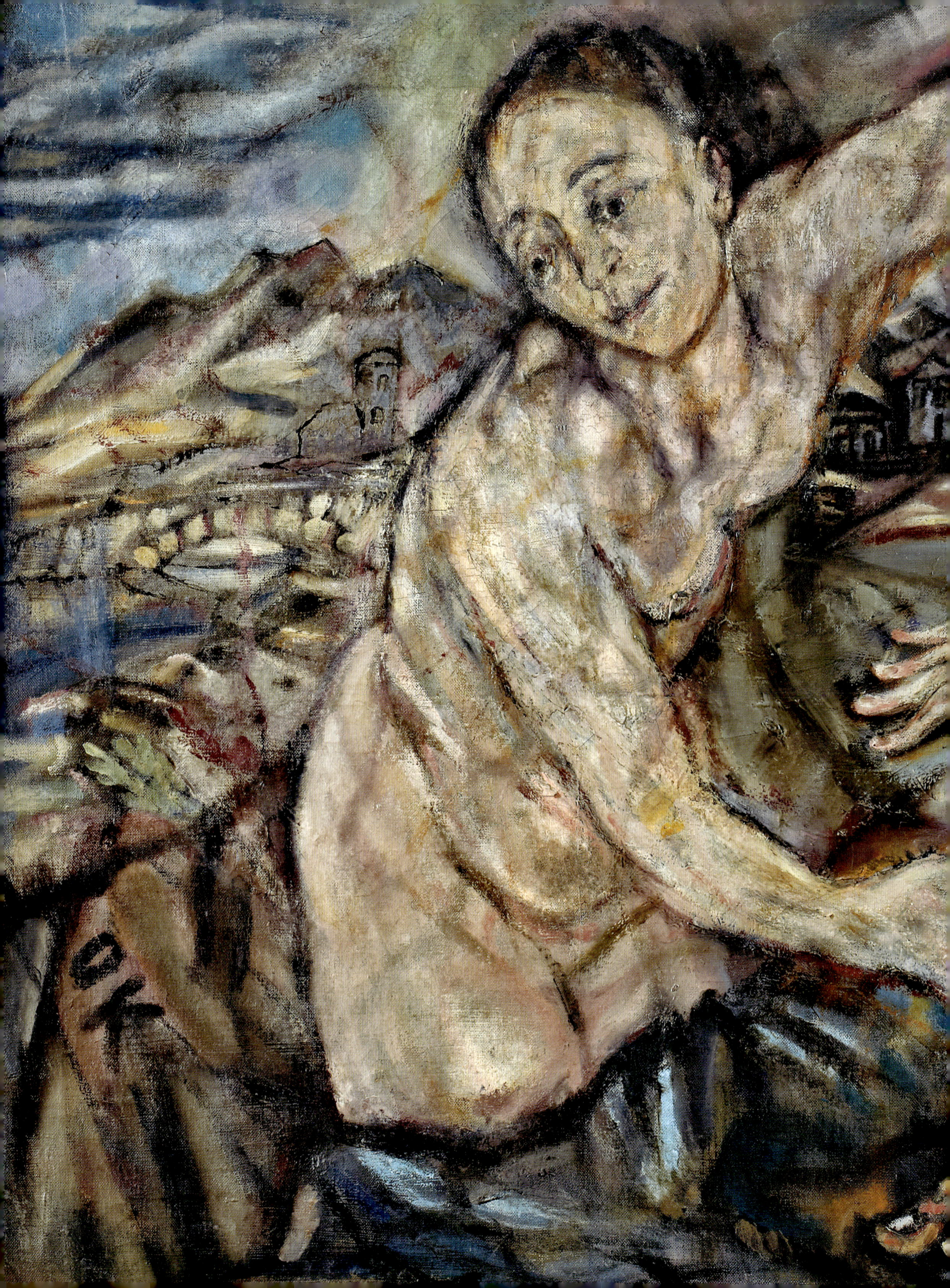

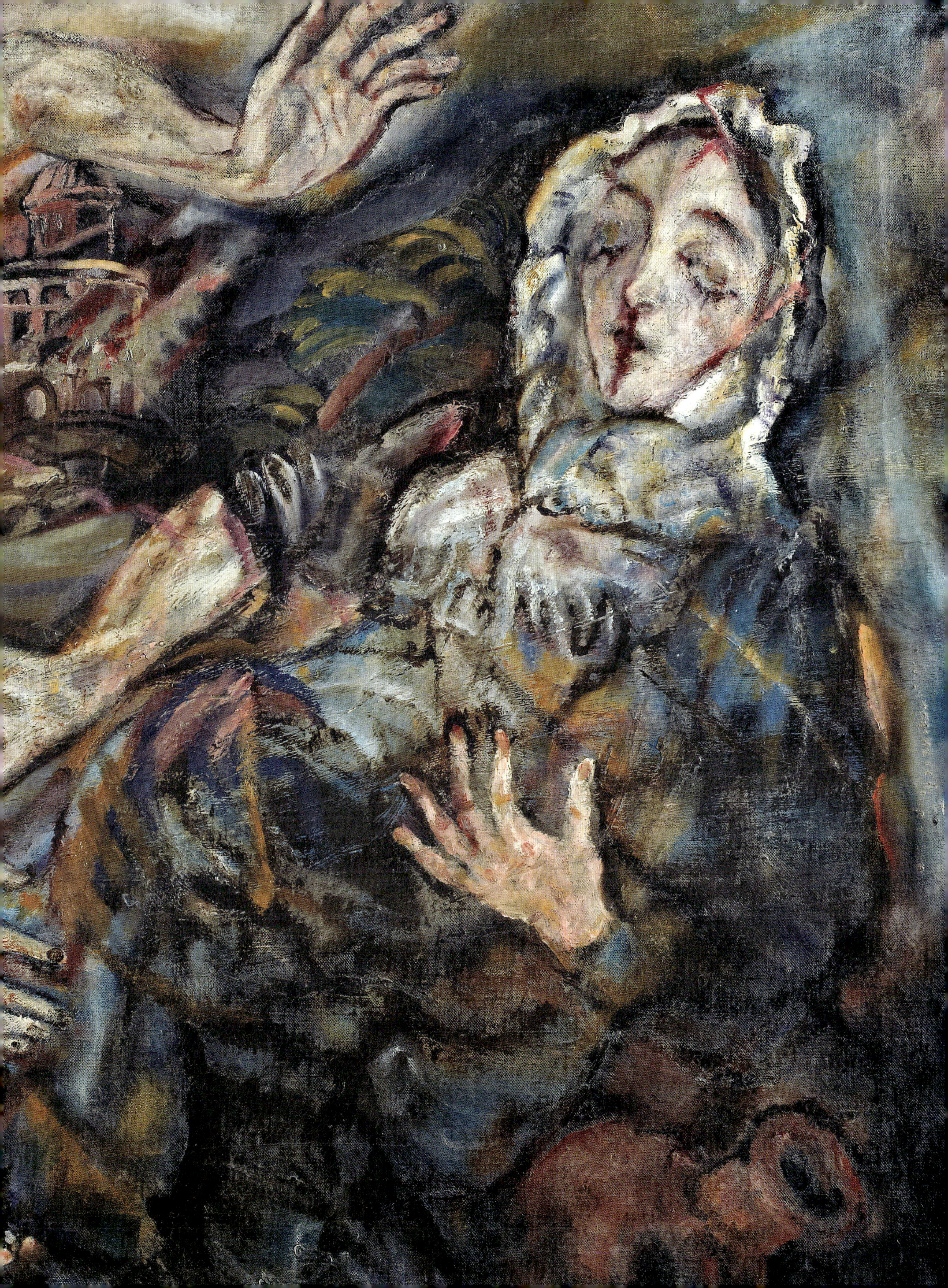

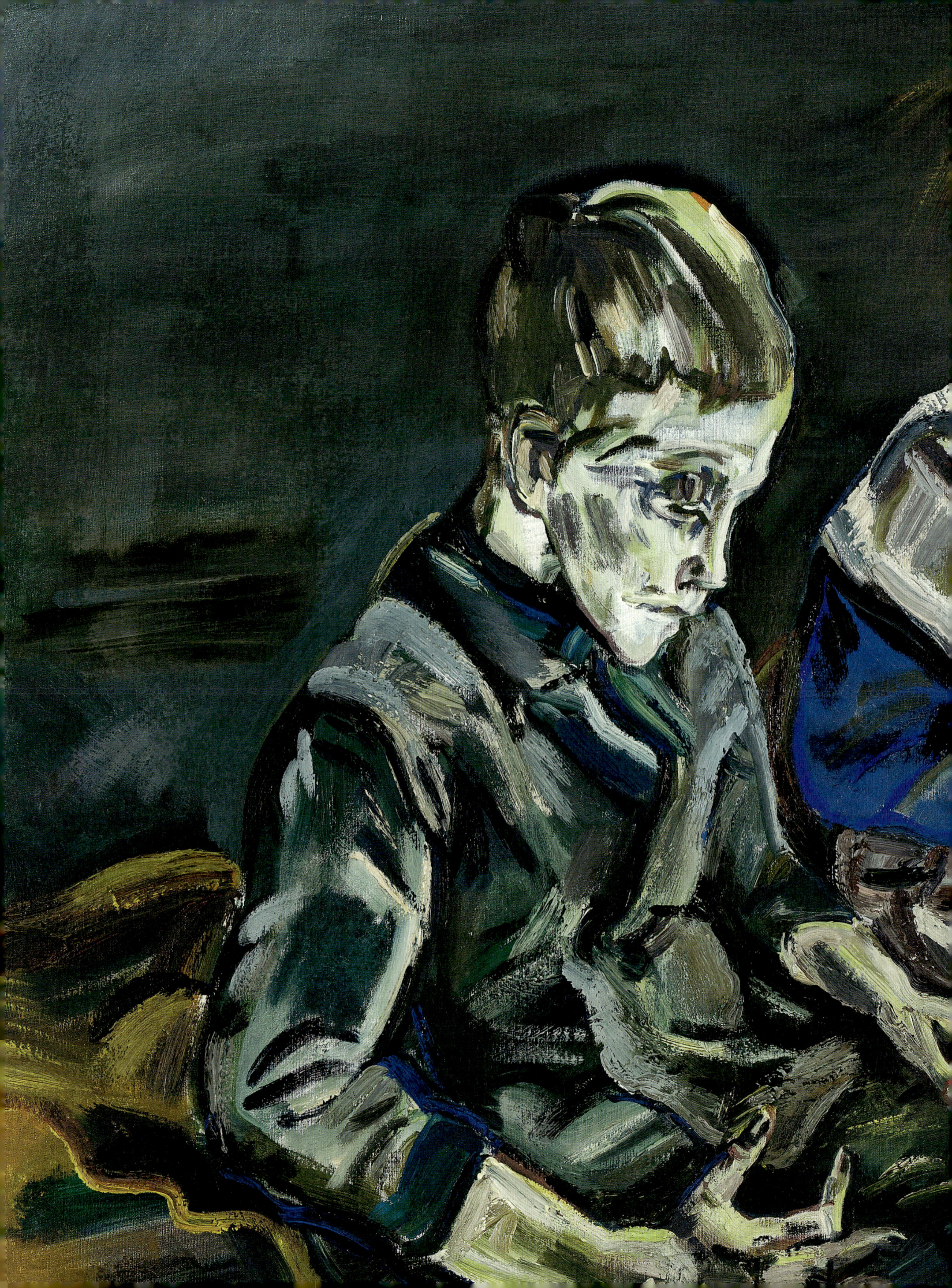

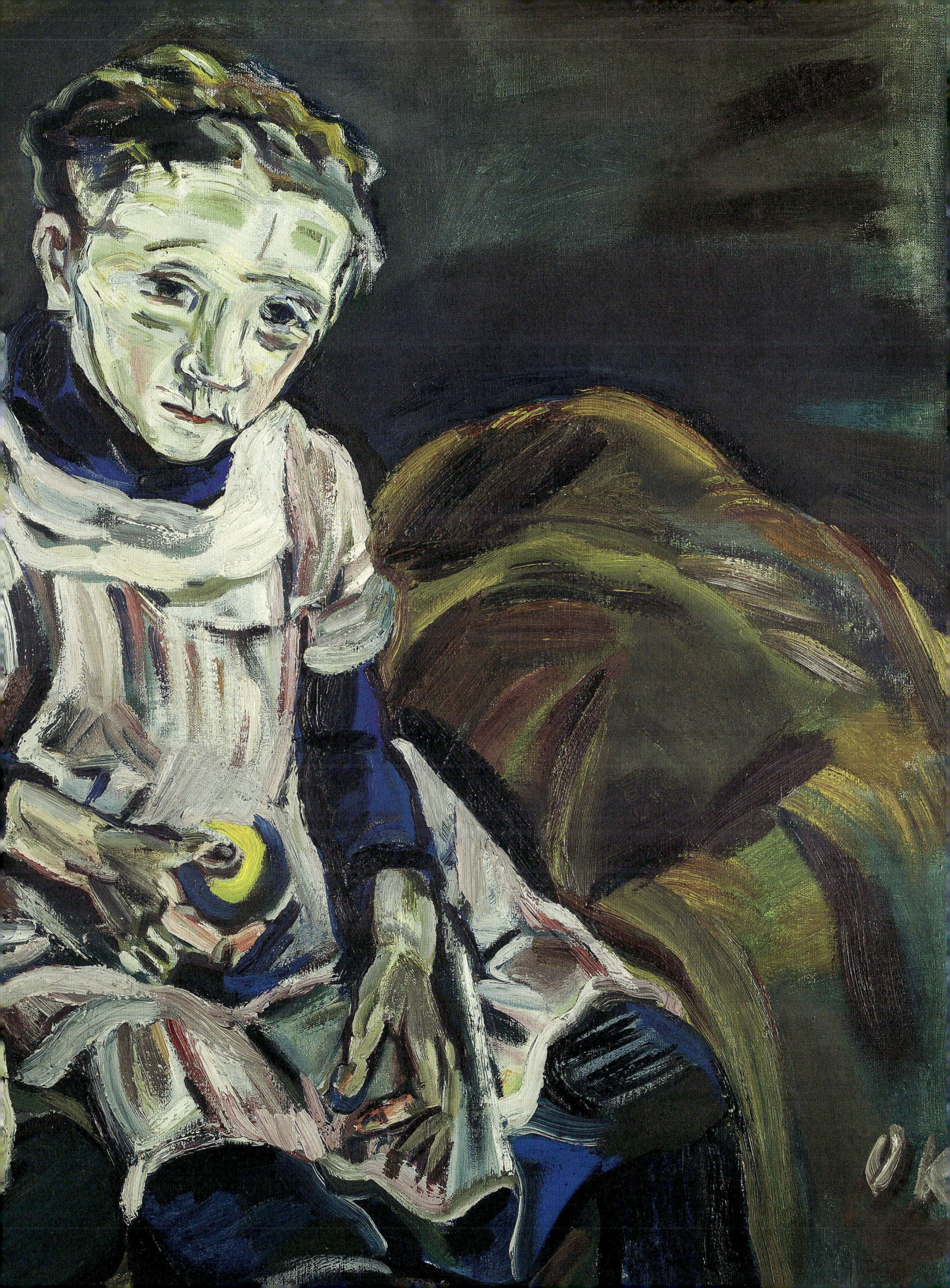

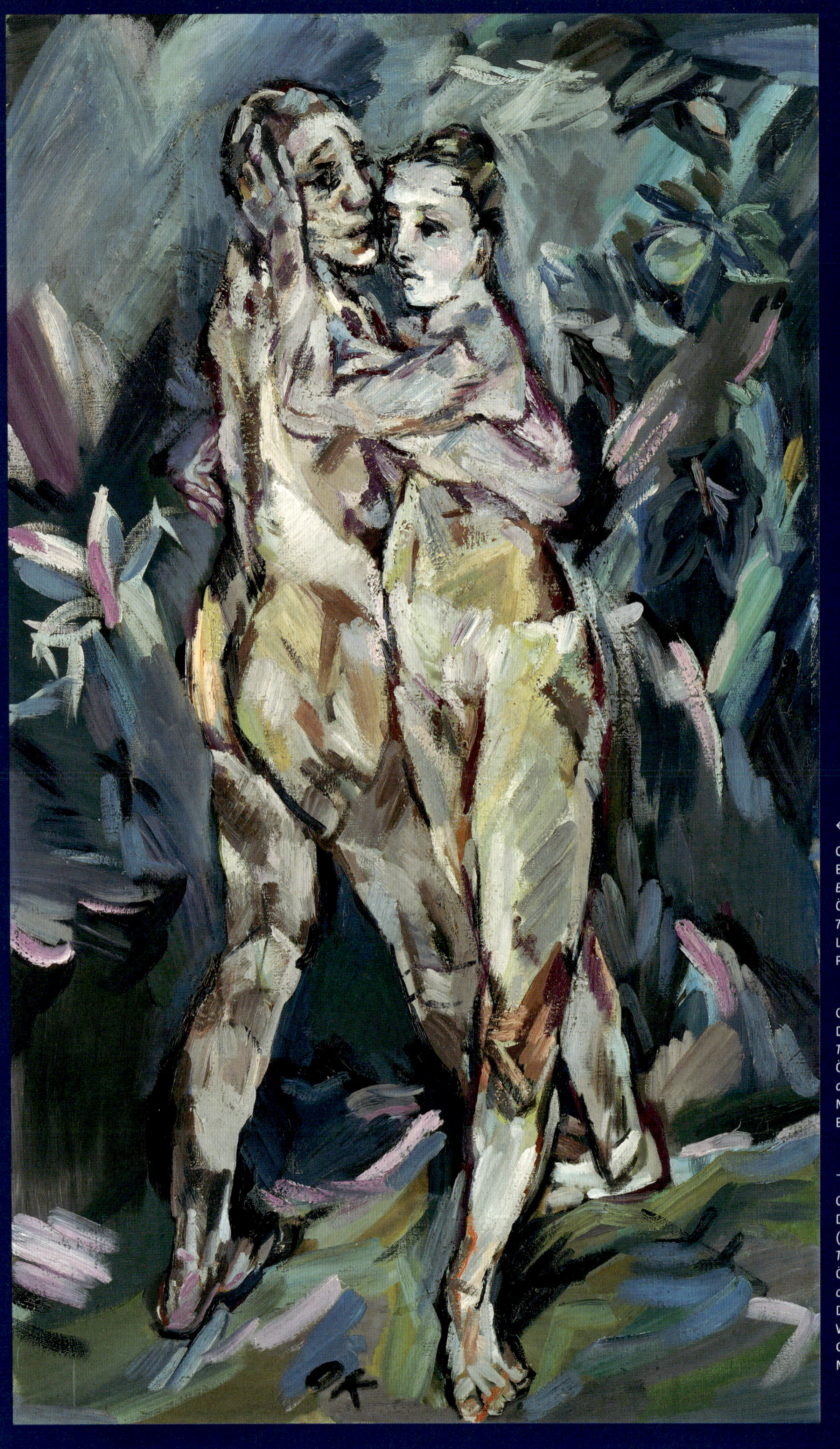

←

Oskar Kokoschka
Bruder und Schwester/Geschwister/
Brother and Sister/Siblings, 1914
Öl auf Leinwand/*oil on canvas*,
79 × 120 cm
Leopold-Hoesch-Museum &
Papiermuseum Düren

Oskar Kokoschka
Doppelakt: Liebespaar/
Two Nudes (Lovers), 1913
Öl auf Leinwand/
oil on canvas, 163,2 × 97,5 cm
Museum of Fine Arts, Boston,
Bequest of Sarah Reed Platt

→

Oskar Kokoschka
Doppelakt: Zwei Frauen
(Skizze)/*Double Nude:*
Two Women (Sketch), 1912
Öl auf Leinwand/
oil on canvas, 147,3 × 84,5 cm
Davis Museum at
Wellesley College, Wellesley, MA,
Gift of Professor and
Mrs. John McAndrew

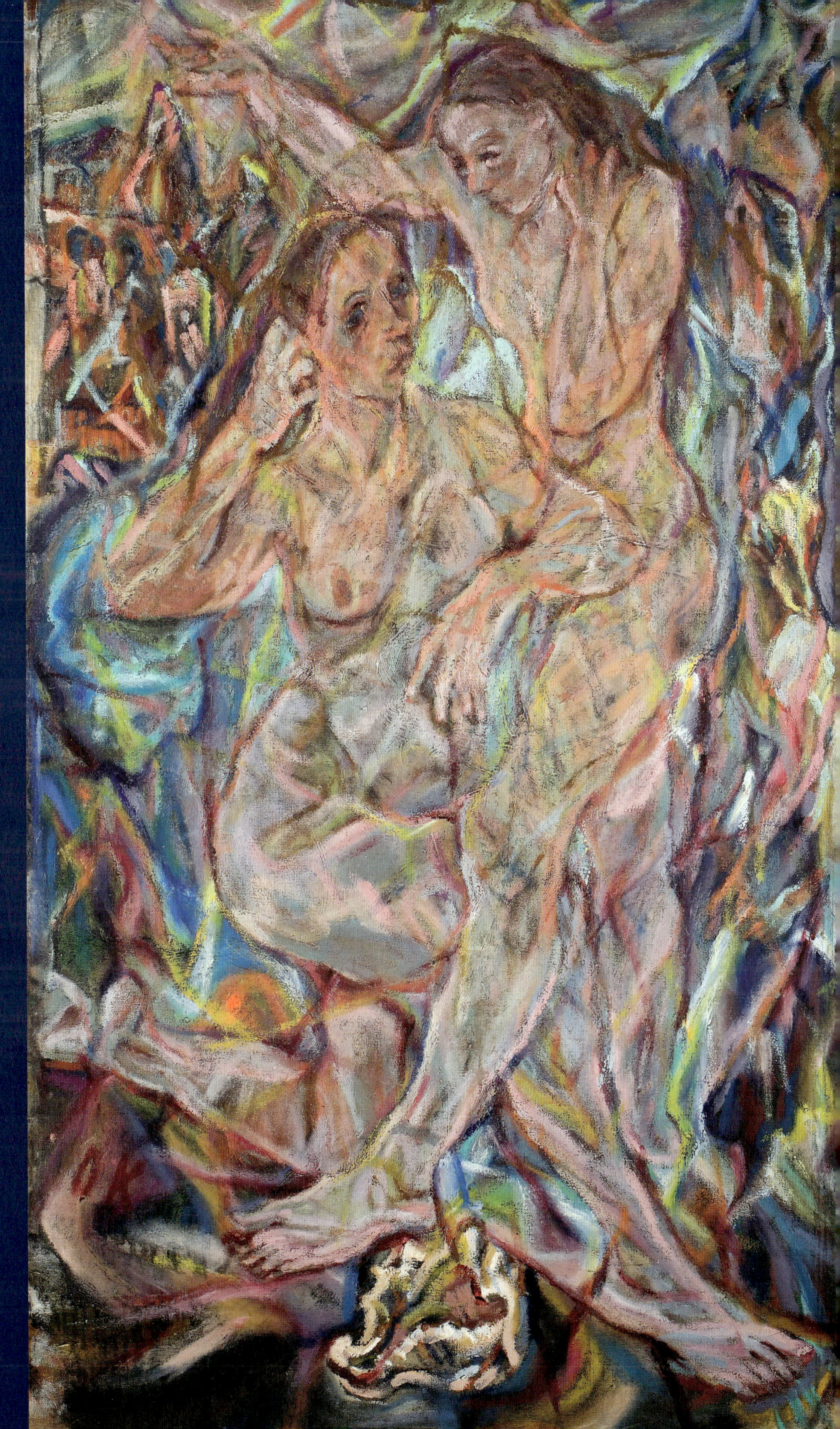

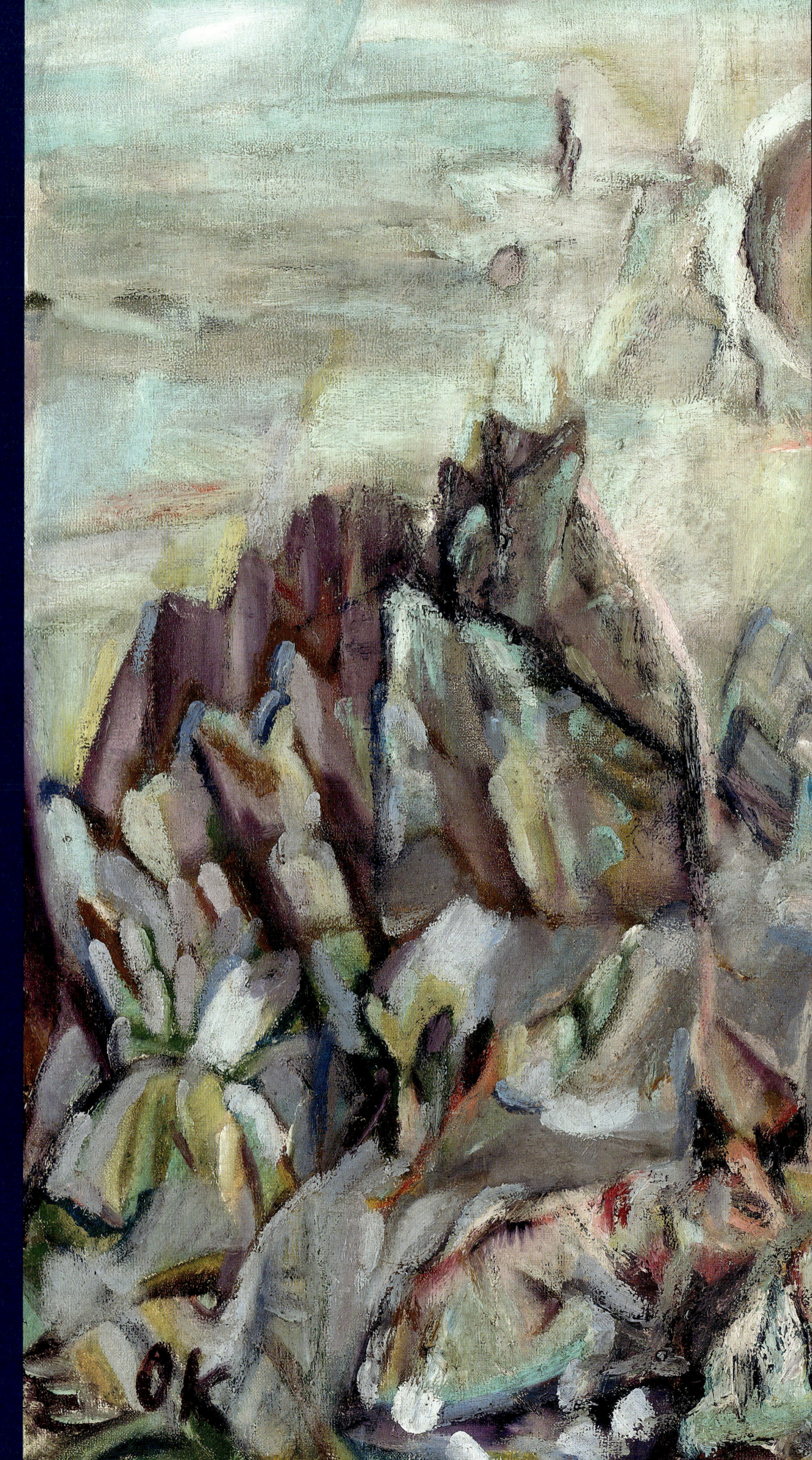

Oskar Kokoschka
Alpenlandschaft bei Mürren/
Alpine Landscape, Mürren, 1912
Öl auf Leinwand/*oil on canvas*,
70,5 × 95,5 cm
Franz Marc Museum, Kochel a. See,
Dauerleihgabe aus Privatbesitz/
permanent loan from
a private collection

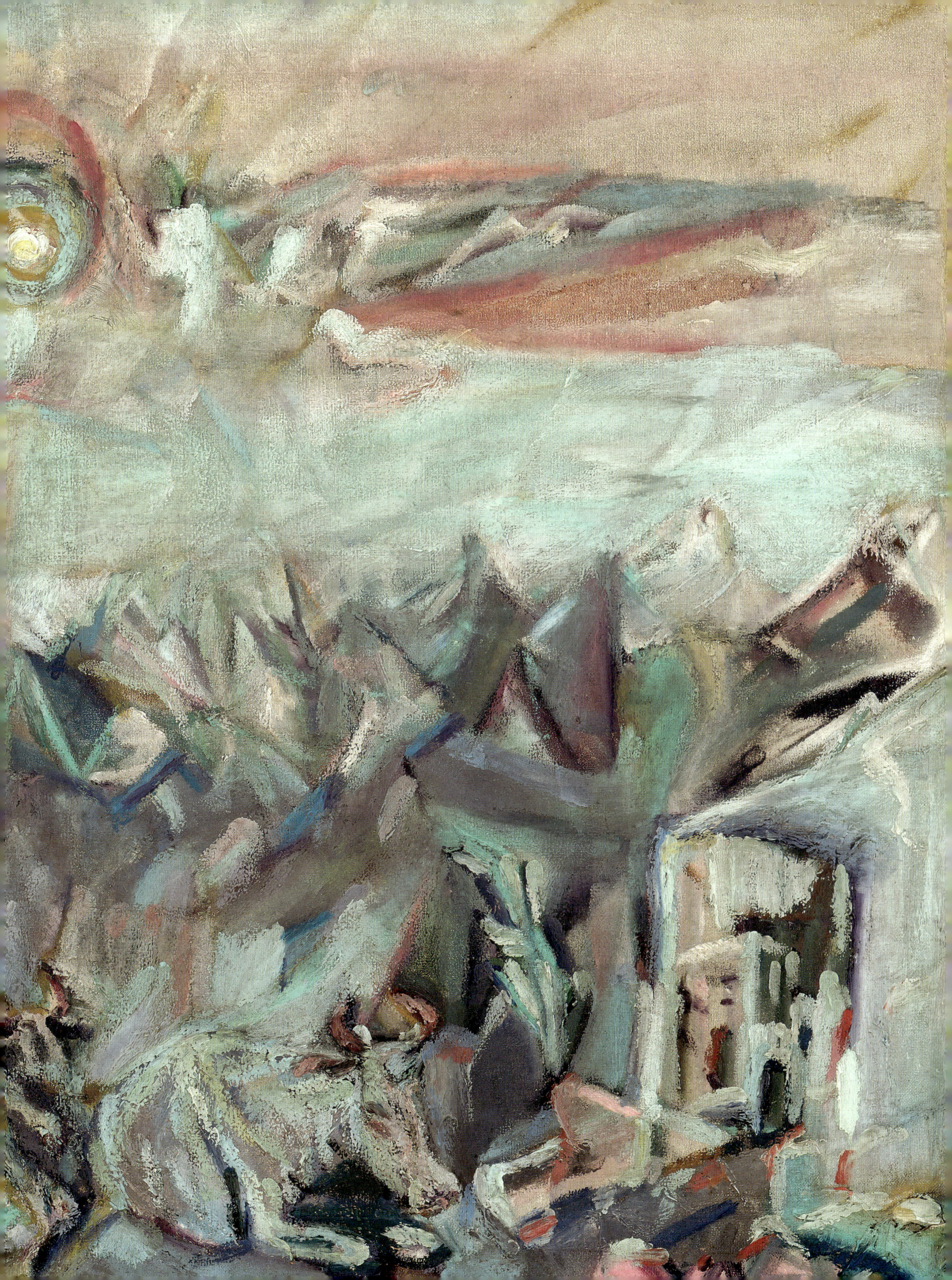

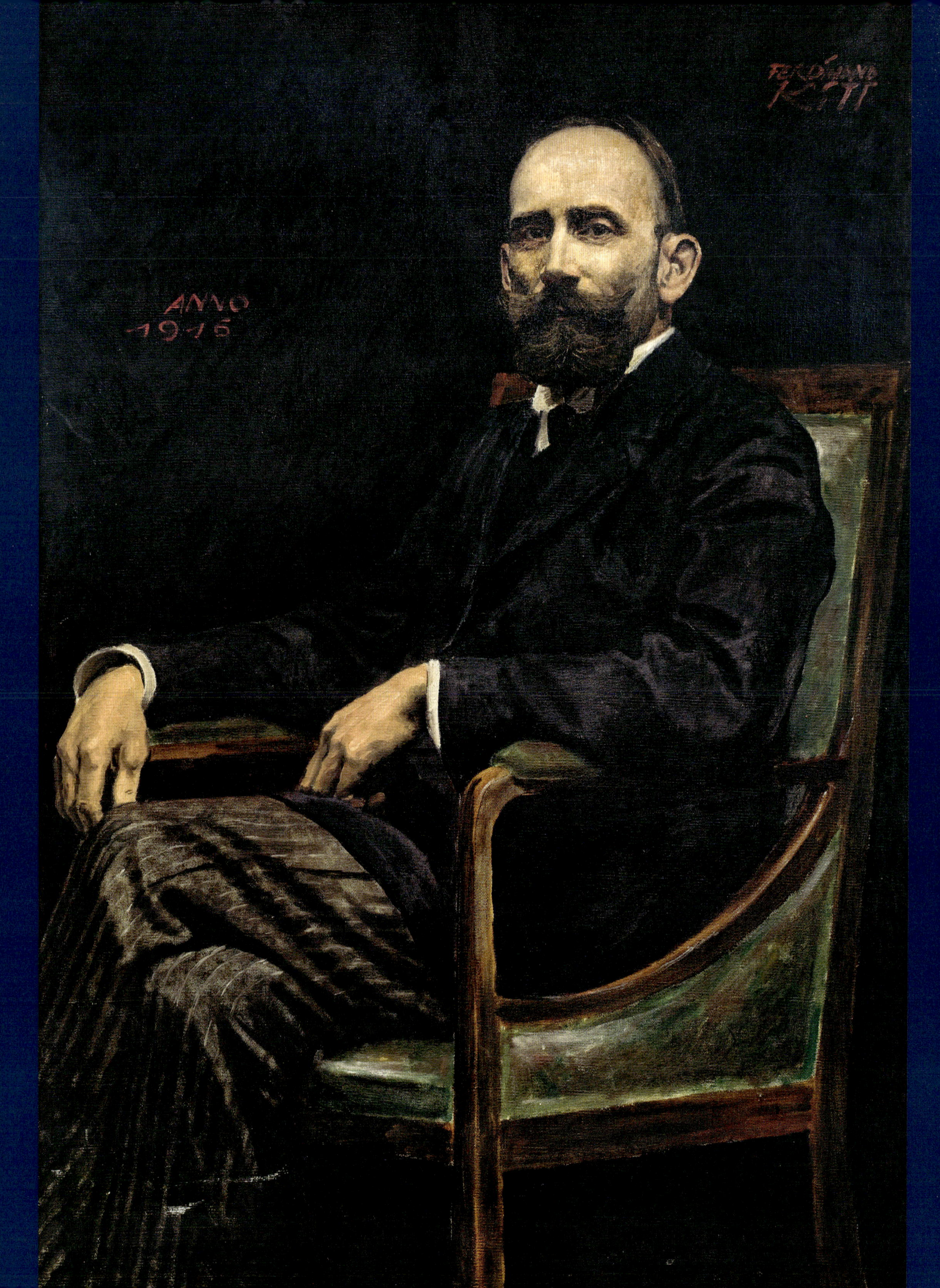
ANNO

Ferdinand Kitt
Porträt Franz Hauer/*Portrait of Franz Hauer*, 1916
Öl auf Leinwand/*oil on canvas*, 131 x 91 cm
Privatbesitz/*private collection*

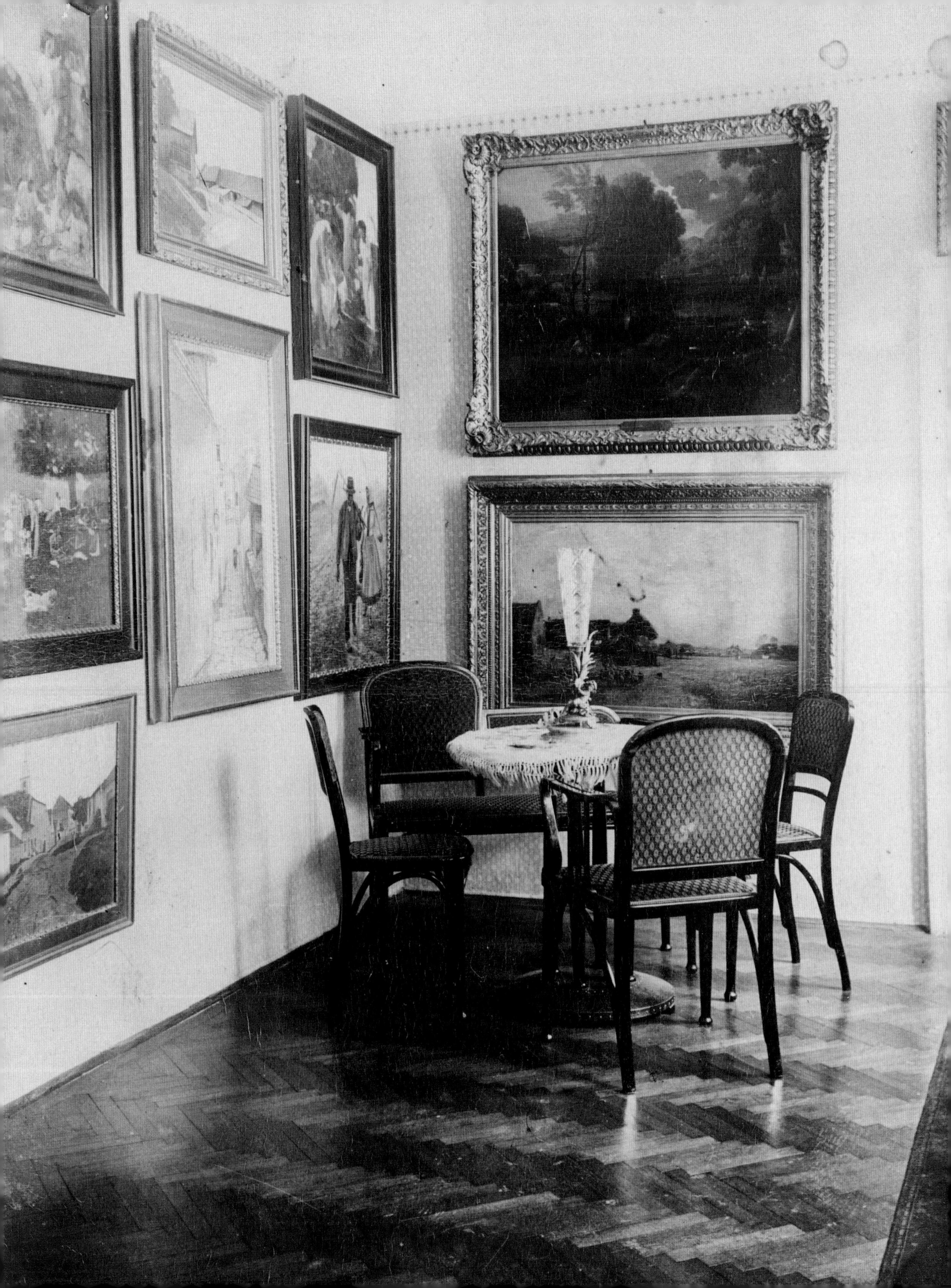

Alexandra Sattler

Das Schicksal einer unterschätzten Sammlung

> *„Herr Hauer, der erst im 47. Lebensjahr stand, hinterläßt ein Vermögen, das auf nahezu eine Million Kronen geschätzt wird.“*[1] – *„Seine Sammlung enthält mehrere hundert Bilder zeitgenössischer Wiener Maler […].“*[2]

Zu Lebzeiten war es Franz Hauer gelungen, sich den Ruf eines Millionärs mit einer Sammlung von mehreren Hundert Bildern aufzubauen. Weiß man heute, dass sein Nachlassvermögen mit 549.156,80 Kronen gerade einmal die Hälfte einer Million betrug, so sollten seine Zeitgenoss(inn)en hinsichtlich der Sammlung recht behalten. Fast vier Monate nach seinem Tod nahm der Kunsthändler und beeidete Schätzmeister Alfred Wawra in der Villa Silbergasse 40 ein Gemäldeinventar auf, das unter 671 Nummern 733 Werke verzeichnet.[3] Die tatsächliche Zahl muss um einiges höher gewesen sein, denn viele Zeichnungen und Aquarelle – etwa von Egon Schiele – wurden nicht berücksichtigt.

Beim Lesen des Inventars können wir den Schritten des Schätzmeisters durch das Haus in der Silbergasse folgen, da die Werke nach Räumen aufgelistet wurden. Das gesamte Haus war bis in die letzte Ecke mit Bildern vollgehängt, vom Eingang bis in das Mansardenzimmer unter dem Dach, vom repräsentativen großen Speisezimmer bis in das private Mädchen- oder das Schlafzimmer des Hausherrn.

Zuerst nahm sich Wawra die angebauten Galerieräume, bestehend aus einem großen Saal und drei Zimmern, vor. Hier war mit 183 Werken fast ein Viertel der Sammlung untergebracht, wobei in den einzelnen Räumen der Schwerpunkt auf ein oder zwei Künstlern lag. Die große Bedeutung, die Albin Egger-Lienz für Hauer gehabt hatte, war wohl der Grund dafür, dass ihm der mit Oberlichten ausgestattete Saal gewidmet war, in dem 50 der 55 verzeichneten Arbeiten von ihm stammten. Im anschließenden „Zimmer b“ hingen Oskar Kokoschkas *Verkündigung*, *Heimsuchung*, *Doppelakt: Liebespaar*, *Doppelakt: Zwei Frauen* und *Geschwister* in einer Reihe mit Schieles *Bekehrung*, *Agonie* und zwei Versionen von *Stein an der Donau*. Im „Zimmer 2“ war Anton Faistauer mit 17 von 29 Landschaften, Stillleben und Porträts bestimmend, im „Zimmer 3“ Karl Sterrer mit 39 von 75 Arbeiten.

Alexandra Sattler

The Fate of an Underrated Collection

> “Mr. Hauer, who was only in his forty-seventh year, leaves behind assets estimated to be worth nearly a million kronen.”[1]—“His collection includes several hundred pictures by contemporary Viennese painters . . . .”[2]

In his lifetime, Franz Hauer had built a reputation as a millionaire boasting a collection of several hundred pictures. We now know that his estate assets actually totaled 549,156.80 kronen, little more than half of that vaunted million; with regard to his collection, however, reality would bear out his contemporaries' imaginings. Almost four months after his death, the art dealer and certified appraiser Alfred Wawra compiled an inventory of the paintings in the villa at Silbergasse 40 that lists 671 entries, itemizing a total of 733 pieces.[3] *The actual number of works must have been considerably higher still, as numerous drawings and watercolors, including works by Egon Schiele, were omitted.*

The inventory catalogues the works room by room, and so perusing it today lets us walk through the building on Silbergasse in the appraiser's footsteps. The villa's walls were covered with pictures to the last nook and cranny, from the entrance hall to the attic, from the representative large dining room to the girls' room and the master bedroom.

Wawra started with the gallery wing that Hauer had added to the building, consisting of a large hall and three smaller rooms. They housed 183 works or almost a quarter of the collection, with the majority of the wall space in each room reserved for one or two artists. Hauer's admiration for Albin Egger-Lienz had presumably led him to dedicate the skylighted hall to this artist, who had created fifty of the fifty-five works installed there. The adjoining “Room b” contained Oskar Kokoschka's Annunciation, The Visitation, Two Nudes (Lovers), Double Nude: Two Women, *and* Siblings *as well as Schiele's* Conversion, Agony, *and two versions of* Stein on the Danube. *Anton Faistauer was the dominant artist in “Room 2” with seventeen out of twenty-nine landscapes, still lifes, and portraits; in “Room 3,” it was Karl Sterrer, with thirty-nine of seventy-five works.*

Wohnraum im Haus von Franz Hauer, Silbergasse, 19. Bezirk/ *Living room in the home of Franz Hauer, Silbergasse, nineteenth district* Privatbesitz/ *private collection*

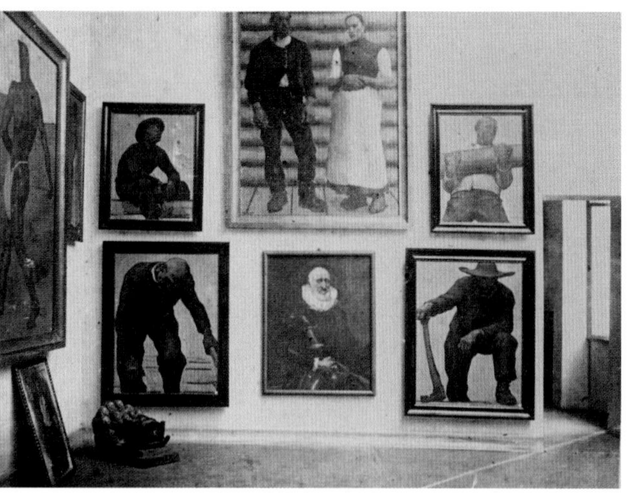

„Galerie Hauer“ mit Werken von Albin Egger-Lienz in der Silbergasse, 19. Bezirk, um 1913/ *“Hauer Gallery” with works by Albin Egger-Lienz on Silbergasse, nineteenth district, ca. 1913* Privatbesitz/ *private collection*

Diese Schwerpunkte wurden durch Einzelpositionen unterschiedlichster Künstler ergänzt: Mit Robin Christian Andersen, Sebastian Isepp und Anton Kolig waren weitere Mitglieder der Neukunstgruppe vertreten. Mit Albert Ritzbergers *Erweckung der Tochter des Jaïrus* und zwei Arbeiten von Otakar Nejedlý zeigte Hauer seine letzten Erwerbungen (1913) aus dem Künstlerhaus. Künstler, von denen er große Werkblöcke besaß, wie Hubert Lanzinger, Gustav Schütt, Ferdinand Brunner, Carl Fahringer und Franz Windhager, oder mit denen er seit seinen Anfängen als Sammler in Verbindung stand, wie Thomas Leitner und Josef Jungwirth, waren mit mindestens einer Arbeit in der Galerie vertreten. Bei der Werkauswahl sind demnach zwei Tendenzen erkennbar: Hauer ließ keinen Zweifel daran, in welche Richtung seine Sammeltätigkeit gehen sollte – die neuesten künstlerischen Strömungen. Dennoch durften Künstler, die ihn über Jahre hinweg begleitet und teils sogar seinen Geschmack geprägt hatten, nicht fehlen.

Mit den restlichen rund 500 Arbeiten lebte der Sammler auf engstem Raum, sie schmückten die Wände seiner Wohnräume. Von den Galerieräumen gelangte man über einen Mittelgang ins Schreibzimmer, über einen Glasgang und ein Vorzimmer ins große Speisezimmer und schließlich zum Eingang. Diese Räume waren mit je rund 30 Werken sehr dicht behängt und dürften als Erweiterung der Galerie gedient haben. Das Schreibzimmer und das Speisezimmer hatten vermutlich repräsentative Zwecke zu erfüllen, denn hier waren mit zwei Gemälden von Robert Russ, zwei von Isidor Kaufmann und einer Arbeit von Jean-François Raffaëlli jene Werke untergebracht, die von Wawra am höchsten geschätzt wurden. Hier konnte der Hausherr seine Geschäftspartner empfangen und mit Gästen und Künstlerfreunden wichtige Anlässe feiern.

These mainstays were complemented by selected works by a wide variety of artists: in Robin Christian Andersen, Sebastian Isepp, and Anton Kolig, additional members of the Neukunstgruppe (New Art Group) were represented in the gallery. Also on display were Albert Ritzberger's Raising of Jairus' Daughter *and two pieces by Otakar Nejedlý, Hauer's last acquisitions (1913) from the Künstlerhaus. Artists from whom he had large ensembles, including Hubert Lanzinger, Gustav Schütt, Ferdinand Brunner, Carl Fahringer, and Franz Windhager, as well as those with whom he had associated since his early days as a collector, such as Thomas Leitner and Josef Jungwirth, likewise had at least one work in the gallery. The selection, in other words, suggested a twofold emphasis: Hauer was clear on what he envisioned as the focus of his collection's future growth—the most recent artistic tendencies—but at the same time he also cherished artists with whom he had longstanding relationships and whose work had in some cases informed his taste.*

The remaining 500 or so works surrounded the collector in his daily life, gracing the walls of his private rooms. A central hallway led from the gallery rooms to a study, whence a glazed corridor and an antechamber opened into the large dining room and then the foyer. With around thirty works each, these rooms were densely hung with art, effectively serving as an extension of the gallery. The study and dining room were presumably designed for representational purposes, containing the works Wawra judged as most valuable: two paintings by Robert Russ, two by Isidor Kaufmann, and one by Jean-François Raffaëlli. It was here that the man of the house welcomed business partners and celebrated important occasions with guests and artist friends.

The villa's private apartments were much less densely decorated, with an average of ten works per room. Here, one might expect to see pictures with personal significance to Hauer. Yet the selections did not emphasize landscapes of his native Wachau region or include Oskar Larsen's portrait of his daughters Rosa and Bertha. Rather, his private room and bedroom transported one back to the early days of his collecting activities, with numerous Old Master paintings and landscapes by Leitner. No fewer than 190 works, more than a quarter of the entire collection, are listed as being in the attic, though it is unlikely that such a large number of paintings would have been hung on its walls: it probably served Hauer as a storage space and was large enough to also accommodate studies by various artists as well as some sixty drawings and etchings in folios.

In den privaten Räumen befanden sich weitaus weniger Kunstwerke, nämlich durchschnittlich zehn. Hier würde man sich Bilder erwarten, zu denen der Sammler einen persönlichen Bezug hatte. Jedoch hatte er weder einen Schwerpunkt auf Landschaften aus seiner Heimat Wachau gelegt noch Oskar Larsens Porträt seiner Töchter Rosa und Bertha aufgehängt. Im Zimmer des Hausherrn sowie seinem Schlafzimmer fühlte man sich in die Anfänge seiner Sammeltätigkeit zurückversetzt, denn es waren vorrangig alte Meister und Landschaften von Leitner zu sehen. Im Mansardenzimmer war mit 190 Arbeiten mehr als ein Viertel der gesamten Sammlung untergebracht. Da eine Hängung an Wänden bei so einer großen Menge undenkbar scheint, wird es Hauer vermutlich als Lager gedient haben. Hier war genügend Platz, um Studien verschiedenster Künstler und rund 60 Zeichnungen und Radierungen in Sammelmappen aufzubewahren.

Nicht alle Kunstwerke befanden sich zum Zeitpunkt der Inventur in der Silbergasse. Sechs nicht näher beschriebene Gemälde wurden bei der Bestandsaufnahme des Griechenbeisls erfasst. Da Hauer seine Gemälde immer wieder für Ausstellungen verlieh, waren gerade fünf Arbeiten von Fahringer in einer Ausstellung in Graz zu sehen. Um die Qualität seiner Sammlung zu verbessern und Platz für Neues zu schaffen, versuchte Hauer Werke über den Kunsthandel zu veräußern. Hiervon konnte Wawra 18 Bilder beim Kunsthändler Hermann Herrmann und sieben in der Galerie Arnot erfassen.

Es ist davon auszugehen, dass sich auch einige Werke bei Künstlern befanden. Denn der Sammler stand mit seinen Malern regelmäßig in Kontakt, um Bilder, die nicht zu seiner vollen Zufriedenheit waren, ausbessern zu lassen oder sogar auszutauschen. Auch wenn die Künstler mit der Auswahl ihres Mäzens nicht immer einverstanden waren, traf seine Vorgehensweise bei manchen auf Verständnis, da sie sich wie Faistauer eine Steigerung ihres Renommees erhofften: „Wenn wir nun gelegentlich den Tausch des großen Alten einmal durchführen wird Ihre Kollektion von mir an Ansehen noch gewinnen."[4] In anderen Fällen handelte sich der Sammler den Ärger der Künstler ein, wie etwa durch den Verkauf des *Totentanzes* nach Dresden, nach dem Egger-Lienz an seine Frau schrieb: „Herr Hauer schreibt heute wegen dem Ankauf seines Totentanzes u. gratuliert mir zu dem Erfolg. Da hört sich doch alles auf [...]."[5]

At the time Wawra drew up the inventory, not all artworks that Hauer owned were in the villa. An inventory of the Griechenbeisl lists six unspecified paintings. Hauer also sometimes sent paintings to exhibitions; at the time of his death, five works by Fahringer were on view in a show in Graz. And to raise the quality of his collection and make room for new purchases, he sought to sell works through the art trade. Wawra lists eighteen pictures at Hermann Herrmann's gallery and seven at the Galerie Arnot.

Moreover, it is likely that some works were in artists' studios: the collector was in regular contact with his painters, requesting touch-ups to pictures he was not entirely satisfied with or even trading them in for new ones. The artists were not always in agreement with their patron's choices; still, some showed understanding for his approach because, like Faistauer, they hoped it would help raise their renown: "If we get around to replacing all the old things sometime soon, your collection of my work will be the more prestigious for it."[4] On other occasions, the collector incurred his artists' anger, as when he sold Egger-Lienz's Dance of Death *to the Gemäldegalerie in Dresden, which prompted the painter to write to his wife: "I've had a letter today from Mr. Hauer*

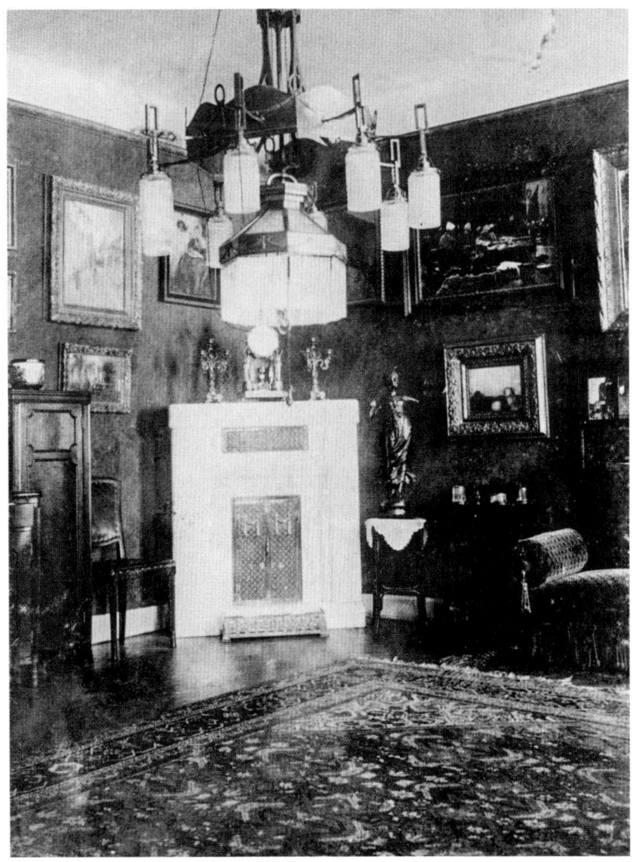

Wohnraum im Haus von Franz Hauer, Silbergasse, 19. Bezirk/ *Living room in the home of Franz Hauer, Silbergasse, nineteenth district* Privatbesitz/ *private collection*

Verlassenschaftsabhandlung Franz Hauer, Gastwirt, verstorben 05.06.1914 in Wien/*Estate settlement of Franz Hauer, tavern keeper, died June 5, 1914, in Vienna* WStLA, Bezirksgericht Döbling

Bei der großen Zahl von Kunstwerken und den unterschiedlichen Standorten war es unmöglich, den Überblick zu behalten.[6] Dennoch ist es auch auf den Geschmack des Schätzmeisters zurückzuführen, welche Werke ins Inventar Eingang fanden. Heute der Sammlung zuschreibbare Zeichnungen, Radierungen und Aquarelle wurden offensichtlich zu gering eingeschätzt, um berücksichtigt zu werden. Zudem vermittelt Wawra den Eindruck, dass sich Hauers Kunstinteresse ausschließlich auf Bilder beschränkte. Von den Verkaufs- und Einlaufbüchern des Wiener Künstlerhauses weiß man jedoch, dass er Skulpturen von Theodor Charlemont, Heinz Müller und Franz Zelezny besaß. Im Inventar der Einrichtungsgegenstände wird man schließlich fündig, hier werden nicht näher beschriebene Figuren aufgelistet.

Das Inventar nennt den Namen des Künstlers, den Titel des Werkes und einen Schätzpreis. Bei den Titeln handelt

notifying me of the sale of his Dance of Death *and congratulating me on this success. That really tops it off. . . .”*[5]

Given the large number of works spread out across several locations, it was inevitable that a few pieces would slip through the appraiser's net.[6] *Yet the selection that made it into the inventory in part also reflects Wawra's own taste. Drawings, etchings, and watercolors that we now know were part of the collection were obviously thought to be of too little value to be listed. Moreover, the inventory creates the impression that Hauer the art collector was single-mindedly focused on pictures. In reality, as the sales and receipts books of the Vienna Künstlerhaus show, he had sculptures by Theodor Charlemont, Heinz Müller, and Franz Zelezny. Excluded from the art inventory, these treasures were instead listed in the inventory of furniture items, which enumerates several unspecified figures.*

es sich teilweise um allgemein gehaltene Bezeichnungen wie „Stillleben Obst", „Blumenstück" oder „Landschaft mit Bäumen". In anderen Fällen hielt Wawra sich an die Titel, unter denen die Arbeiten zur damaligen Zeit bekannt waren. Die Technikangaben sind unpräzise, denn der Großteil der Werke wird unter dem Pauschalbegriff „Bild" zusammengefasst, wenige Einzelfälle sind als Zeichnung, Radierung oder Aquarell genauer ausgewiesen. Da Hauer vermutlich selbst nie Buch über seine Sammlung geführt hatte, leistete Wawra Beträchtliches, von dem er rückblickend berichtet: „Ich habe meine Gebühr für die Schätzung der Bildergalerie Hauer deshalb mit 1.000 K beziffert, weil diese Arbeit eine außerordentlich schwierige war und umfassende Studien sowie Informationen erforderte. Herr Hauer war nämlich ein Anhänger der modernen Richtung und kaufte mit Vorliebe Gemälde von weniger bekannten Meistern, die am Kunstmarkt noch keinen festen Preis haben. Es war daher notwendig bei Kunsthändlern, in Katalogen der Kunstliebhaber etc. Erkundigungen einzuziehen, um nicht fehlzugehen, da nach meinem Dafürhalten viele Bilder nicht einmal den zehnten Teil des Ankaufspreises als Wert repräsentieren. [...] Die Anzahl der Bilder ist nämlich eine außerordentlich große und die Qualität eine sehr verschiedene. Ich kann ruhig sagen, daß dies die schwierigste Inventur während meiner langjähr. Schätzmeistertätigkeit war."[7]

Wawra schätzte den Gesamtwert der Sammlung auf 62.790 Kronen, wobei er die einzelnen Bilder sehr unterschiedlich, mit einer Spannbreite von 5 bis 1.800 Kronen, bewertete. Das teuerste Gemälde ist mit 1.800 Kronen Russ' *Dürnstein an der Donau*, gefolgt von seiner *Großen Landschaft* mit 1.600 Kronen. Kaufmanns *In der Synagoge* wurde auf 1.500 und sein *Jüdischer Knabe* auf 1.200 Kronen geschätzt. Egger-Lienz ist der Künstler mit den meisten hochrangigen Gemälden. Für *Die Suppe* und *Die Bergmäher* wurden je 1.400, für *Ave Maria nach der Schlacht am Berge Isel* 1.200 und für *Skizze zu dem Werk das Leben* 1.000 Kronen veranschlagt. Raffaëllis *Französisches Stadtbild von Paris* taxierte Wawra auf 1.000 Kronen. Mit diesen neun Gemälden nimmt die Liste der hochrangigen Werke bereits ein Ende. Die restlichen rund 700 verzeichneten Bilder wurden alle unter 600 Kronen bewertet, und nur 26 von ihnen kamen auf 300 bis 600 Kronen.

Auffällig ist, dass Wawra Arbeiten von Mitgliedern des Wiener Künstlerhauses höher einschätzte als solche von Kollegen aus der Secession, dem Hagenbund oder der

For each work, the inventory indicates the artist's name, the title, and an appraisal value. Some of the titles are general appellations such as "Still Life with Fruit," "Flower Piece," or "Landscape with Trees." In other instances, Wawra recorded the titles under which the works were known at the time. The technical specifications are imprecise: the great majority of works are grouped under the blanket term "picture," with only a small number of pieces identified more particularly as drawings, etchings, or watercolors. It appears that Hauer himself had never kept a tally of his collection, and so drawing up the inventory was in itself no small feat. In retrospect, Wawra wrote: "I set my fee for appraising the Hauer picture gallery at 1,000 kronen because the task was extraordinarily difficult, requiring extensive study and inquiries. Mister Hauer was an adherent of the modern school and showed a predilection for less well-known masters for whom the art market has not yet fixed a price. To avoid misjudgments, I had to make inquiries with art dealers and consult art enthusiasts' catalogues etc., as I believe many pictures are not worth even a tenth of what he had purchased them for. . . . For the works are extraordinarily numerous and of widely varying degrees of quality. I can certainly say that this inventory was the most difficult assignment in my many years as a certified appraiser."[7]

Wawra estimated the total value of the collection at 62,790 kronen, with the appraisal values of individual pictures ranging widely, from five to 1,800 kronen. Russ's Dürnstein on the Danube *is listed as the single most valuable painting, at 1,800 kronen, followed by the same artist's* Large Landscape, *at 1,600 kronen. Kaufmann's* In the Synagogue *is said to be worth 1,500 kronen; his* Jewish Boy, *1,200 kronen. Egger-Lienz is the artist with the largest number of high-value paintings in the collection: Wawra appraised his* The Soup *and* The Mountain Mowers *at 1,400 kronen each,* Prayer After the Battle of Bergisel *at 1,200 kronen, and* Sketch for the Work "Life" *at 1,000 kronen. Raffaëlli's* French Cityscape of Paris *is valued at 1,000 kronen, completing the list of nine high-value works. None of the roughly 700 remaining pictures is said to be worth more than 600 kronen, and all but twenty-six are valued at less than 300 kronen.*

Remarkably, Wawra appraised works by the members of the Künstlerhaus more highly than those of their colleagues at the Secession, the Hagenbund, or the Neukunstgruppe. The fact that he also assigned comparatively high values to the

Robert Russ
Dürnstein an der Donau/ *Dürnstein on the Danube*
Öl auf Leinwand/ *oil on canvas*, 139 × 185 cm
Privatbesitz/ *private collection*

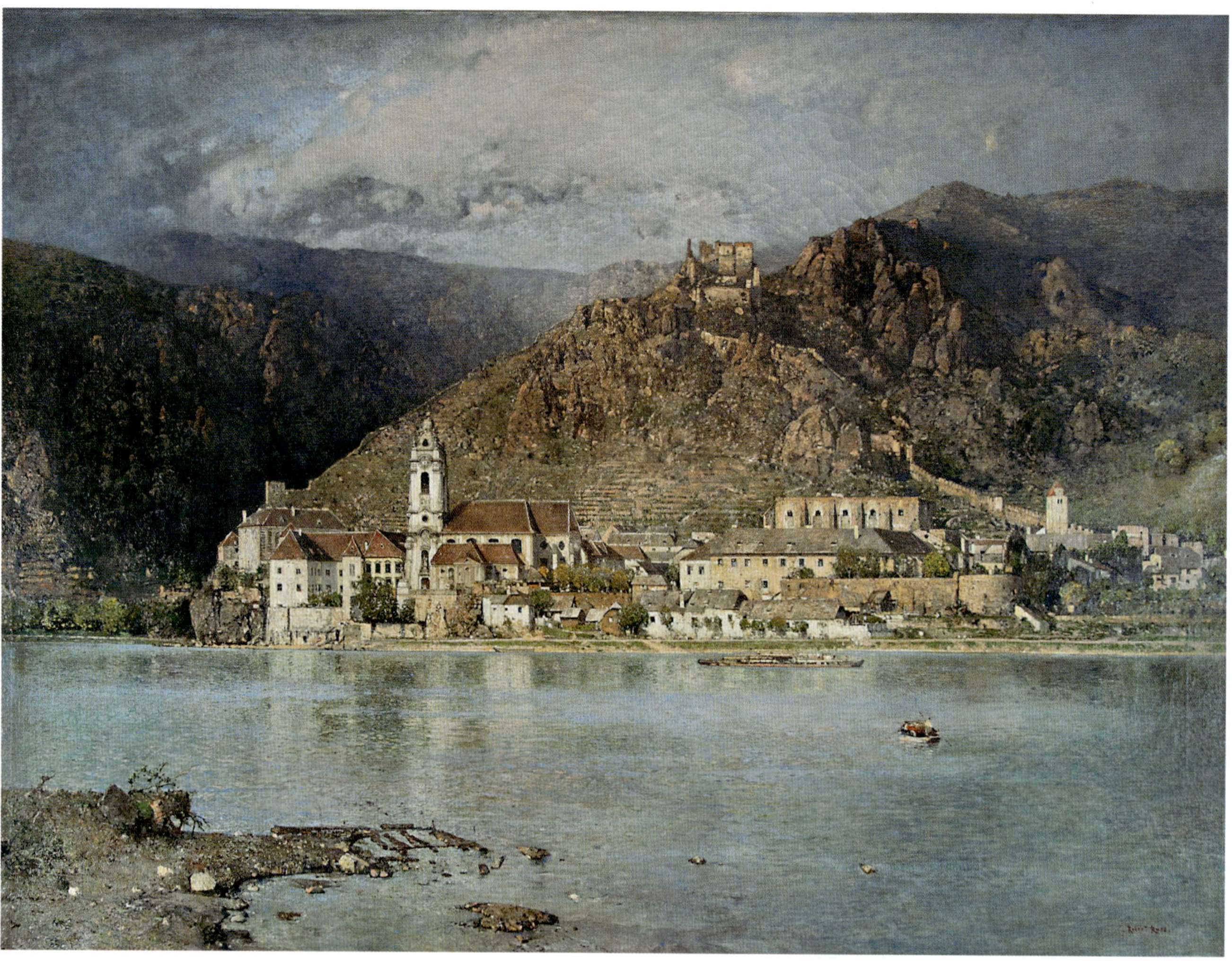

Neukunstgruppe. Die konservative Einstellung des Schätzmeisters zeigt sich weiters darin, dass die überschaubaren alten Meister zu den besser Bewerteten zählen, obwohl bei keinem einzigen Werk der Künstler namentlich bekannt war.

Aus heutiger Sicht ist besonders interessant, wie Wawras Schätzung bei Künstlern ausfiel, die inzwischen zu den großen Namen der Moderne zählen. Schiele schnitt mit 15 bis 50 Kronen und einem Ausreißer in der Höhe von 120 Kronen besonders schlecht ab. Wawra schätzte den Preis für seine Gemälde somit ähnlich wie den damaligen Wert eines Paars Manschettenknöpfe (12 Kronen) oder zweier Pelze (40 Kronen), jedoch bedeutend niedriger als den einer goldenen Herrenuhrkette (120 Kronen). Dank einer Meinungsverschiedenheit zwischen Hauer und Schiele im Juni 1913 ist überliefert, dass dieser für seine Arbeiten im Schnitt zwischen 200 und 1.200 Kronen bekam.[8] Mit 15 bis 180 Kronen setzte Wawra auch für Faistauers Kunst deutlich weniger an, als sie damals im Handel erzielte. Hauer war immerhin bereit gewesen, für sein Apfelstillleben 300 Kronen und für seine

small number of Old Master paintings despite the fact that they were all anonymous likewise reflects his conservative outlook.

Especially interesting from today's perspective are Wawra's assessments of artists who are now universally regarded as big names in modernism. Schiele fared especially poorly, with his paintings valued at between 15 and 50 kronen (the only exception being one work said to be worth 120 kronen)—about as much, at the time, as a pair of cufflinks (12 kronen) or a set of two furs (40 kronen) and considerably less than a gentleman's golden watch chain (120 kronen). Thanks to a dispute between Hauer and Schiele in June 1913, we know that the artist was typically paid between 200 and 1,200 kronen per work.[8] Faistauer's works, too, were listed by Wawra at prices—between 15 and 180 kronen—considerably below what was paid for his art at the time. Hauer had been prepared to pay 300 kronen for his still life with apples and 200 kronen each for his wildflowers and still life with roses,[9] and had sold a nude by the same artist for the tidy

Feldblumen oder sein Rosenstillleben 200 Kronen zu zahlen.[9] Einen Akt des Künstlers hatte er sogar für 600 Kronen weiterverkaufen können.[10] Eine Fehleinschätzung unterlief Wawra auch bei Kokoschka, indem er für seine Arbeiten zwischen 30 und 180 Kronen veranschlagte. Dass Kokoschka bei den Kunstinteressierten besser ankam, zeigte sich bereits bei Verkäufen im Jahr 1917.

Der Verkauf der Sammlung

> *„Um das Schicksal meiner Bilder ist mir nicht sehr bange. Ich fürchte allerdings daß die Sammlung auseinander fallen wird, da weder seine Frau noch seine Söhne Interesse an den Bildern haben dürften. Es war [?], daß eine letztwillige Verfügung zuerst den Verkauf der Bilder verhindert. Wenn sie aber etwa versteigert werden sollten, so dürfte das wohl erst im Winter der Fall sein, wenn wir alle wieder da sind."*[11]

Was Faistauer bereits im Juni 1914 voraussagte, sollte sich in den folgenden Jahren bewahrheiten. Hauer hatte seine sechs Kinder als Erben eingesetzt, die ihren Vormund Ludwig Helling damit beauftragten, die Gemäldesammlung in den nächsten Jahren an den Mann zu bringen. Helling, der, wie es hieß, ein naher Angehöriger und langjähriger intimer Freund und Vertrauter Hauers war, machte es sich zur Aufgabe, die Auflösung des Vermögens akribisch zu dokumentieren.

Bereits einen Monat nach Hauers Tod verließ mit Hans Larwins *Umgang (Fronleichnamsprozession) in Neustift a. W.* das erste Gemälde die Sammlung. Es wurde am 15. Juli 1914 von seiner Witwe und seinen Kindern den Städtischen Sammlungen geschenkt.[12] Die ersten Monate verliefen relativ ruhig, vermutlich musste sich der Vormund einen Überblick über die Sammlung verschaffen. Außerdem war aufgrund des Ausbruchs des Ersten Weltkrieges kaum Interesse an Kunstwerken vorhanden.

In einem ersten Versuch ließ Helling sechs Gemälde zum Schätzwert von 335 Kronen über Herrmanns Kunsthandlung veräußern, wobei 4.450 Kronen eingenommen werden konnten.[13] Das unerwartete Ergebnis bestätigte ihn darin, „dass die Bildergalerie bis auf Weiteres als gemeinsames Gut und der Antheil jedes der 6 Erben daran als pars pro indiviso behandelt" werden sollte. „Denn die Bewerthung der Bilder

sum of 600 kronen.[10] Another victim of Wawra's misjudgment was Kokoschka, whose works he valued at between 30 and 180 kronen. Contemporary art lovers took a more sanguine view of his worth, as sales in 1917 would demonstrate.

The sale of the collection

> "I'm not too apprehensive about the fate of my pictures. Still, I do fear that the collection will be broken up, as neither his wife nor his sons are likely to take any interest in the pictures. It was [?] that a testamentary disposition for now prevents the sale of the pictures. If, however, they'll indeed be auctioned off, that's hardly going to happen before the winter, when we'll all be back in the city."[11]

Faistauer made this prediction early on, in June 1914; over the following years, he would be proven right. Hauer had appointed his six children as heirs, and they gave their legal guardian, Ludwig Helling, the mandate to sell off the collection of paintings in the next few years. Helling, who was said to have been a close relative and longstanding intimate and trusted friend of Hauer's, documented the liquidation of these tangible assets with scrupulous precision.

The first painting to leave the collection, a mere month after Hauer's death, was Hans Larwin's Procession (Corpus Christi Procession) in Neustift a. W.*: the collector's widow and children gifted it to Vienna's Municipal Collections on July 15, 1914.[12] The first several months saw only a small number of transactions, presumably because the guardian needed to get an overview of the collection. Moreover, the market for art was depressed due to the outbreak of the World War I.*

When Helling offered an initial selection of six paintings, valued by Wawra at a total of 335 kronen, for sale through Herrmann's gallery, the works fetched altogether 4,450 kronen.[13] The unexpectedly large proceeds confirmed his belief that "the picture gallery" should for the time being be "treated as joint property and each of the six heirs' share in it as a pars pro indiviso . . . ." "The estimated values of the pictures (see the inventory) naturally reflect the appraiser's view of the market, whereas a division of the estate based on the same valuation standard would necessarily result in considerable inadequacies and indeed inequities. The intention is to sell off the pictures or at least the great majority of them at an opportune time, and only the actual proceeds from

nach der Abschätzung (siehe Inventar) erfolgte naturgemäss von kaufmännischem Standpunkte aus, während die Auftheilung, nach ebendiesem Bewerthungsmassstab vorgenommen, bedeutende Unzukömmlichkeiten, ja Ungerechtigkeiten herbeiführen müsste. Es ist ja daran gedacht, die Bilder oder doch deren Grosstheil zu günstiger Zeit abzustossen, und erst die hiebei wirklich zu erzielenden Erlöse werden den Gegenstand der Auftheilung zu bilden haben. Würde heute die Theilung verfügt, so wäre es nicht zu verhüten, dass dem einen Theil Stücke zufallen, die seinerzeit glänzend abgehen, während ein anderer Theil solche erhält, für die nur mit Preisnachlässen (oder gar nicht) Abnehmer zu finden sind."[14] So verließen bis Ende 1916 nur vereinzelt Werke die Galerie in der Silbergasse 40, wobei jedoch statt des ursprünglichen Schätzwertes von 10.945 Kronen ein Betrag von 103.446,74 Kronen lukriert werden konnte. Es zeigte sich somit, dass die Gemälde das Doppelte des Ankaufspreises und sogar fast das Zehnfache des Schätzwertes erzielten.[15] Helling war bemüht, die Bildersammlung nur unter den besten Bedingungen zu verkaufen, und nahm dafür einiges an Arbeit auf sich, wovon er nachträglich berichtete: „Zu diesem Zwecke waren hunderte von Briefe und Aufstellungen notwendig, nachdem ich mit Interessenten aller Länder in Fühlung getreten bin."[16] Als wichtiger Berater diente Albin Egger-Lienz, mit dem er in regem Briefkontakt stand. Helling hatte sich offensichtlich an Künstler gewandt, um eine Richtlinie für Verkaufspreise zu erhalten. Egger-Lienz gab ihm jedoch den Rat, sich am Kunstmarkt zu orientieren: Der „Geldwert den der Künstler selbst für seine Marke ansetzt, ist für den Marktwert nie maßgebend. Und um den Marktwert handelt es sich doch. Meine Preisangaben müßten entweder zu hoch od. zu niedrig sein, da ich den jeweiligen Wertstand (od. Curs) meiner Bilder nicht kennen kann, wie ein mit den Umständen im Kunsthandel vertrauter

Oskar Kokoschka
Bruder und Schwester/Geschwister/*Brother and Sister/Siblings*, 1914
Öl auf Leinwand/*oil on canvas*, 79 × 120 cm
Leopold-Hoesch-Museum & Papiermuseum Düren

these sales will constitute a solid basis for the division. If the estate were divided up today, it would be impossible to prevent one heir from obtaining works that will prove exceptionally valuable in the future, while another would receive pieces that will sell only at a discount (or not at all)."[14] That is why, until late 1916, no more than a handful of works left the gallery at Silbergasse 40, though instead of their original appraisal values totaling 10,945 kronen, they netted 103,446.74 kronen. The paintings, it turned out, sold for twice what Hauer had paid for them and almost ten times the appraisal values.[15] Helling was determined to sell the collection only under the most favorable conditions and went to great lengths to achieve this objective; he subsequently recalled: "To this end, hundreds of letters and lists needed to be drawn up after I had contacted prospective buyers in all countries."[16] An important source of counsel was Albin Egger-Lienz, with whom he maintained a lively correspondence. It appears that Helling had initially approached the artist for guidance on what the pictures ought to sell for. Egger-Lienz, however, advised him to look to the art market: the "monetary value an artist himself assigns to his brand has no significance for the market value. And the market value is in the end what matters. The prices I might quote would inevitably be too high or too low because I could not possibly know the current value (or market rate) of my pictures the way an art dealer conversant with the intricacies of the art trade would. The price, in other words, is entirely dependent on the art market's sentiments about a particular artist."[17] They also discussed potential sales markets, with the painter advising Helling against selling in the United States: "I'm pleased to hear that you've nixed the idea of San Francisco. For sellers in Germany, the overseas art trade will not offer advantages and opportunities until after the war, when the German Empire will have prevailed and its art will have been restored to its former renown. So for now, there's no need to get involved in the art market there."[18]

In early 1917, a first batch of works was distributed among the six children, to be cherished, as per the deceased's wishes, as mementos. Each of the descendants was free to select pieces whose original purchase prices totaled around 12,000 kronen, with the further restriction that only one large work or two smaller ones from the set of key works were to be selected. The wider public was given access to the gallery through Ludwig W. Abels's "Art Walk," no doubt in part to attract art aficionados (and aficionadas) who might buy one or the other work.[19] This strategy appeared to pay

Kunsthändler. Der Preis richtet sich also ganz nach der Stimmung für den Künstler auf dem Kunstmarkt."[17] Weiters tauschten sie sich über Absatzmärkte aus, wobei der Maler ihm davon abriet, sich nach Amerika zu wenden: „Daß Sie für San Franzisko nicht zu haben sind, begrüße ich. Der überseeische Kunsthandel wird von Deutschland aus erst nach dem Krieg Vorteile und Erfolge bieten, nachdem das deutsche Reich gesiegt u. seine Kunst wieder zu Ehren gekommen ist. Darum hat es noch Weile sich an den Kunstmarkt dort zu beteiligen."[18]

Anfang des Jahres 1917 wurden zum ersten Mal Werke auf die sechs Kinder verteilt, die – wie es der Verstorbene wünschte – zur Erinnerung dienen sollten. Jedes Kind konnte Arbeiten mit einem ursprünglichen Einkaufspreis von insgesamt circa 12.000 Kronen wählen, wobei von den Hauptwerken nur ein großes oder zwei kleinere ausgesucht werden durften. Die Galerie wurde zunächst durch Dr. Ludwig W. Abels' „Kunstwanderung" einem größeren Publikum zugängig gemacht, sicherlich auch, um Käufer(innen) zu gewinnen.[19] Diese Strategie schien erfolgreich zu sein: Bis Jahresende konnten einige gute Verkäufe direkt in der Galerie abgeschlossen und dabei etwa 80.000 Kronen eingenommen werden. Helling sprach sich mit der Witwe Anna und dem ältesten, großjährigen Sohn Franz hinsichtlich der Preise ab. Den Erlös übernahm Anna direkt von den Käufer(inne)n, sie missachtete jedoch die Anweisung, Belege zu unterfertigen.[20] Auf diese Weise muss Egon Schiele sein Werk *Auferstehung* zurückerworben haben, für das er bereit war, mit 1.200 Kronen das Zehnfache des ursprünglichen Schätzwertes zu zahlen.[21] Der Maler und Impresario Carl Moll erwarb gleich einen ganzen Block von Kokoschka-Arbeiten. Während er die *Heimsuchung* behielt, verkaufte er bereits am 30. Juni fünf Werke an den Kunsthändler Paul Cassirer weiter. Für das *Stillleben mit Katze, Hammel und Fisch*, das Wawra auf 40 Kronen geschätzt hatte, erhielt Moll 500 Deutsche Mark von Cassirer, der es wiederum um 3.000 Mark an Georg Caspari veräußerte. Ähnlich verhielt es sich mit *Bruder und Schwester*: Anstelle von 40 Kronen war das Werk Cassirer 3.000 Mark und Caspari 6.700 Mark wert.[22] Die freihändigen Verkäufe zeigten, dass die Marktpreise für die Gemälde „exorbitant" waren und sogar „die Preise in Friedenszeiten" bei Weitem übertrafen. Selbst die futuristischen und kubistischen Meister aus der Sammlung fanden Absatz.[23] Eine gute Voraussetzung, um den nächsten Schritt zu wagen: Anfang des folgenden Jahres sollte die Gemäldegalerie im Dorotheum versteigert

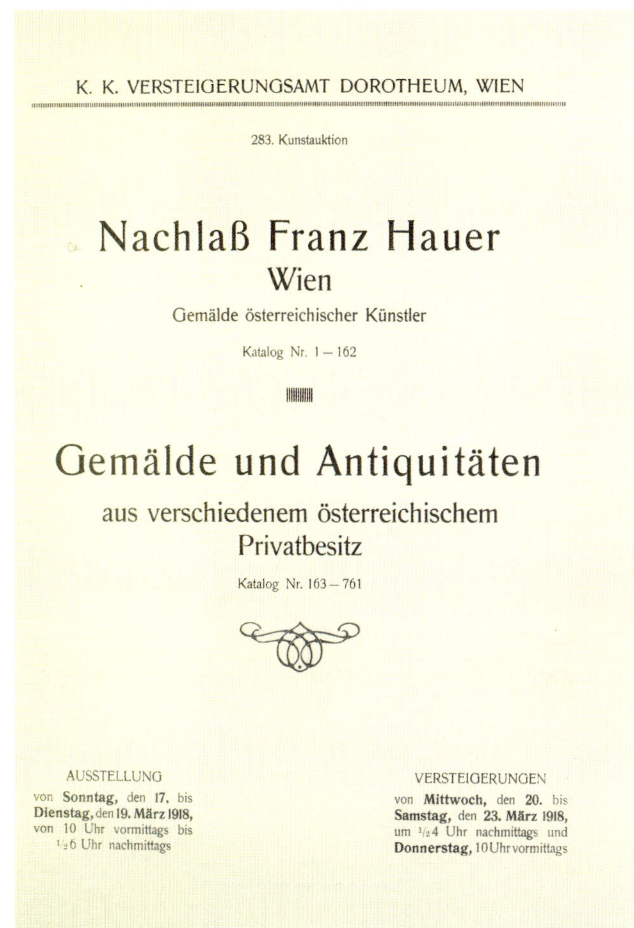

K. K. VERSTEIGERUNGSAMT DOROTHEUM, WIEN

283. Kunstauktion

Nachlaß Franz Hauer

Wien

Gemälde österreichischer Künstler

Katalog Nr. 1 – 162

Gemälde und Antiquitäten

aus verschiedenem österreichischem Privatbesitz

Katalog Nr. 163 – 761

AUSSTELLUNG
von **Sonntag**, den **17.** bis **Dienstag**, den **19. März 1918**, von 10 Uhr vormittags bis 1/2 6 Uhr nachmittags

VERSTEIGERUNGEN
von **Mittwoch**, den **20.** bis **Samstag**, den **23. März 1918**, um 1/2 4 Uhr nachmittags und **Donnerstag**, 10 Uhr vormittags

Versteigerungskatalog Nachlaß Franz Hauer Wien. Gemälde österreichischer Künstler, 283. Kunstauktion K. K. Versteigerungsamt Dorotheum, Wien 20.–23.03.1918/ *Auction catalogue Estate of Franz Hauer, Vienna. Paintings by Austrian Artists, 283rd Art Auction of the K. K. Versteigerungsamt Dorotheum, Vienna, March 20–23, 1918* Universitätsbibliothek Heidelberg

off: by the end of the year, several lucrative sales had been concluded right in the gallery, netting around 80,000 kronen. Helling consulted on the prices with Hauer's widow, Anna, and with Franz, the oldest son, who was of age. Anna directly collected the proceeds from the purchasers but disregarded the instruction to sign receipts.[20] One of these transactions must have been Egon Schiele's repurchase of his Resurrection, *for which he put up 1,200 kronen, ten times the original appraisal value.[21] The painter and impresario Carl Moll acquired an entire block of Kokoschkas. Holding on to* The Visitation, *he quickly resold five other works to the art dealer Paul Cassirer: on June 30, Cassirer paid Moll 500 German marks for* Still Life with Cat, Lamb and Fish, *which Wawra had valued at forty kronen, then sold it to Georg Caspari for 3,000 marks. Similarly,* Brother and Sister, *estimated at forty kronen, was worth 3,000 marks to Cassirer and 6,700 marks to Caspari.[22] These improvised sales demonstrated that the paintings' market value was "exorbitant" and in fact far exceeded "peacetime prices." Buyers were found even for the Futurist and Cubist masters in the collection.[23] The time seemed right to take the plunge:*

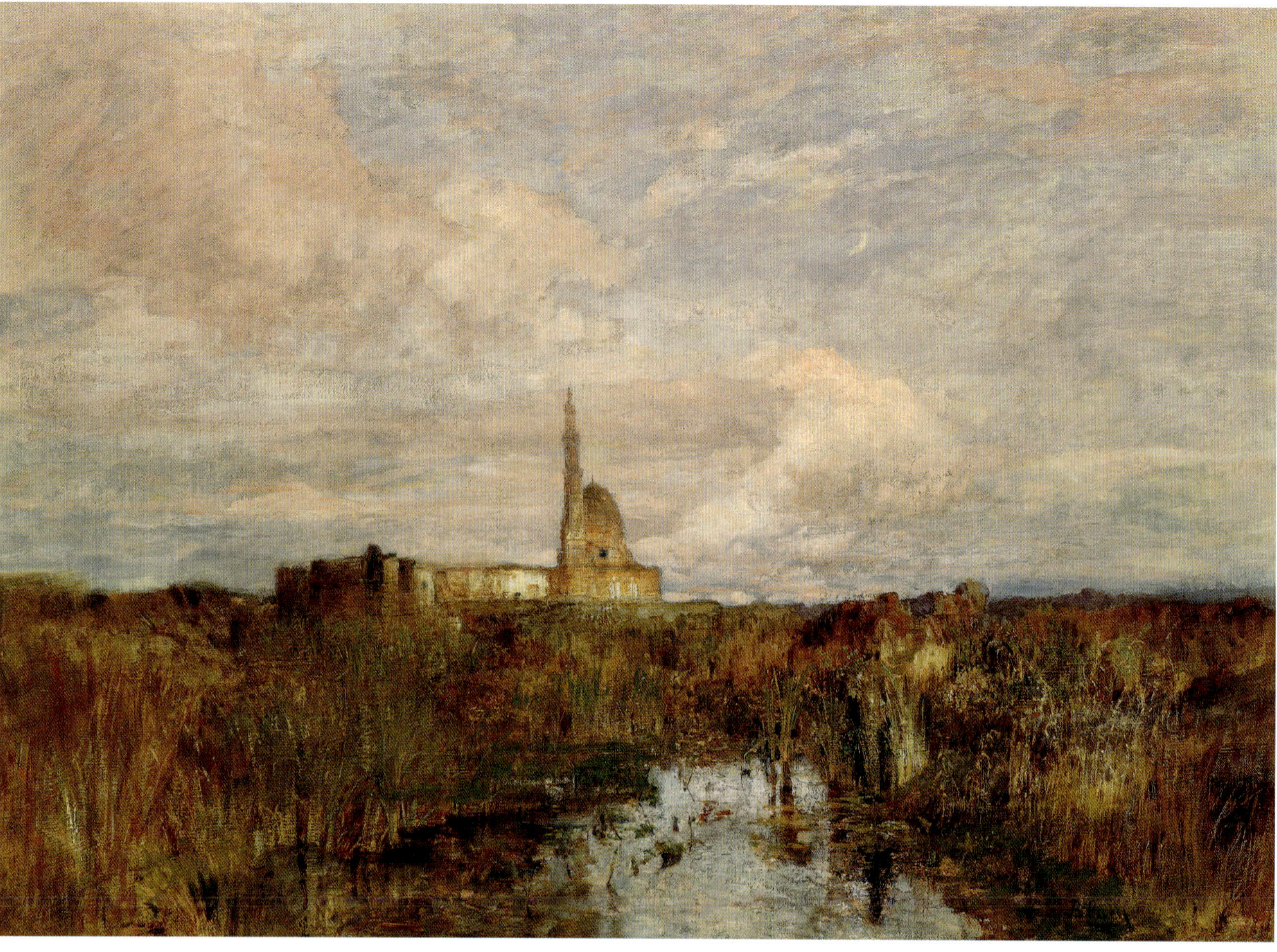

Tina Blau
Ägyptischer Palast bei der Weltausstellung 1873 im Wiener Prater von einem ehemaligen Seitenarm der Donau aus gesehen/*Egyptian Palace at the 1873 World Exhibition in Vienna's Prater as Seen from a Former Arm of the Danube*, 1878
Öl auf Leinwand/*oil on canvas*, 64,5 × 89 cm
Privatbesitz/*private collection*

werden, wobei Helling sich einen Erlös von über 400.000 Kronen erhoffte.

Am 20. März 1918 hatten Interessent(inn)en die Möglichkeit, Gemälde aus Hauers Nachlass zu ersteigern. Um genügend Aufmerksamkeit zu erregen, wurde bereits knapp zwei Wochen vorher in verschiedenen Zeitungen Werbung geschaltet.[24] Zusätzlich wurden Kataloge verschickt, die anfänglich „[i]nfolge technischer Schwierigkeiten, hervorgerufen durch die augenblicklichen wirtschaftlichen Verhältnisse", ohne Illustrationen auskommen mussten. Der illustrierte Katalog konnte erst in der Schaustellung ausgehändigt werden.[25]

Von den 157 Positionen, die unter den Hammer kamen, wurden 109 verkauft und brachten einen Nettoerlös von 115.560 Kronen ein. Damit betrug der Erlös zwar ein Vielfaches des ursprünglichen Schätzwertes (7.030 Kronen), doch Hellings Hoffnungen erfüllten sich bei Weitem nicht.[26] *Der letzte zurückschauende Bauer* von Egger-Lienz brachte mit 9.500 Kronen (120 Kronen) am meisten ein, gefolgt von

Helling planned an auction to be held at the Dorotheum in the early months of the following year that, he hoped, would bring in more than 400,000 kronen.

On March 20, 1918, prospective buyers convened for a large auction of paintings from Hauer's estate. To generate enough interest, advertisements had been taken out in various newspapers almost two weeks before the event.[24] In addition, catalogues were mailed out, though "due to technical difficulties caused by the current economic situation" they had to be printed without images. The illustrated catalogue was not ready until the exhibition of the works to be auctioned off opened.[25]

Of the 157 items that came under the hammer, 109 were sold, netting the heirs 115,560 kronen, many times the original appraisal value (7,030 kronen) but a disappointing sum in comparison to Helling's expectations.[26] Egger-Lienz's The Last Backward-Looking Farmer *fetched the highest price at 9,500 kronen (120 kronen), followed by* Two Kneeling Supplicants *at 7,500 kronen (600 kronen).*

Zwei kniende Beter für 7.500 Kronen (600 Kronen). Rudolf Ribarz' *Pusta Landschaft* ging für 7.000 Kronen (500 Kronen) weg, Tina Blaus *Holländische Landschaft* konnte 6.000 Kronen (150 Kronen) erzielen. Besonders hoch stiegen auch Ludwig Sigmundts *Strasse mit Stiege in Weissenkirchen* mit 5.200 Kronen (100 Kronen), Hugo Charlemonts *Garten in Brioni* mit 4.100 Kronen (200 Kronen) und Johann Nepomuk Gellers *Leben und Treiben am Marktplatz in Krems* mit 4.000 Kronen (120 Kronen). Zu den vielen Künstlern, bei denen sich Wawra geirrt hatte, gehörte Thomas Leitner. Während der Schätzmeister für seine Werke zwischen 5 und 150 Kronen angesetzt hatte, erzielten seine großformatigen Gemälde um die 1.000 bis 1.200, *Erntezeit* sogar 4.000 Kronen.

Das Auktionsergebnis wurde vom *Neuen Wiener Tagblatt* mit folgenden Worten beurteilt: „Ebenso belehrend war die Preisentwicklung bei der Auktion Hauer in Wien. Die Erstehung erfolgte zu Beträgen, die, der allgemeinen Entwicklung auf dem Geldmarkt folgend, höher als früher, aber nicht überraschend waren." Die Versteigerungen der vorangegangenen Monate in Wien, Budapest, München und Berlin hatten gezeigt, dass auf dem Kunstmarkt wieder Normalität eintrat: „Die wilde, oft durch Unverstand und Unwissenheit, nicht selten auch von Eitelkeiten verursachte Haussestimmung auf dem Kunstmarkt der drei Kriegsjahre ist einer ruhigeren Ueberlegung und sachlicheren Prüfung gewichen." Diese Entwicklung kam auch der Versteigerung der Sammlung Hauer zugute. Denn während des Krieges hatte sich die neue, zu Vermögen gelangte Schicht um berühmte bereits verstorbene Meister gestritten, während die lebenden Künstlerinnen und Künstler auf der Strecke geblieben waren.[27]

Unter den übrig gebliebenen Werken durften sich die Kinder im Jänner 1919 erneut welche aussuchen, diesmal um durchschnittlich 3.000 Kronen. Ihre Wahl fiel vor allem auf Aquarelle von Ernst Graner und Gemälde von Karl Sterrer oder Egger-Lienz. Weiters waren Arbeiten von Gustav Schütt, Alfred Buchta und Leitner dabei. Den restlichen Bilderbestand wollte Helling teils im Dorotheum, teils in der Secession veräußern. Bereits im März wurden die 43 Positionen, die im Vorjahr unverkauft geblieben waren, abermals im Dorotheum angeboten.[28] Zu einem Verkauf in der Secession kam es vermutlich nicht, dafür wandten sich 1920 die Nachfahren erneut an Wawra, diesmal, um die Überreste der Sammlung in dem von ihm geführten Auktionshaus

Rudolf Ribarz's Puszta Landscape *went for 7,000 kronen (500 kronen); Tina Blau's* Dutch Landscape *for 6,000 kronen (150 kronen). The disparity between appraisal values and the amounts realized was also quite striking for Ludwig Sigmundt's* Street with Steps in Weissenkirchen, *which sold at 5,200 kronen (100 kronen), Hugo Charlemont's* Garden in Brioni *at 4,100 kronen (200 kronen), and Johann Nepomuk Geller's* Bustling Activity on the Market Square in Krems *at 4,000 kronen (120 kronen). Among the many artists Wawra had misjudged was Thomas Leitner: the appraiser had valued his works at between 5 and 150 kronen, but at auction the large-format paintings went for around 1,000 to 1,200, and* Harvest *brought in a staggering 4,000 kronen.*

The Neues Wiener Tagblatt *offered the following assessment of the auction results: "No less informative was the market trend on display at the Hauer auction in Vienna. The items sold for amounts that, in keeping with the general development in the financial market, were higher than in the past but not surprising." Auctions in Vienna, Budapest, Munich, and Berlin in recent months had shown that the art market was returning to normalcy: "The frenzied bullish mood in the art market of the three war years, which was fed in many cases by foolishness and ignorance and not infrequently also by market participants' vanity, has yielded to more sober consideration and objective examination." This development also proved advantageous in the sale of the Hauer collection. The war had prompted a run on famous dead masters among the newly wealthy, whereas living artists had seen their fortunes plummet.*[27]

In January 1919, the children were once again given the opportunity to select works from what remained of the collection, this time for totals of around 3,000 kronen. They primarily chose watercolors by Ernst Graner and oil paintings by Karl Sterrer and Egger-Lienz, as well as works by Gustav Schütt, Alfred Buchta, and Leitner. Helling's plan was now to liquidate the rest of the pictures in sales to be held at the Dorotheum and the Secession. He acted quickly: in March, the forty-three items that had gone unsold one year earlier were once again offered at the Dorotheum.[28] *The intended sale at the Secession appears not to have taken place. Instead, in 1920 the heirs approached Wawra; six years after he had appraised the collection, they now asked him to sell off the remaining pieces at the auction house he directed. Helling successfully lobbied the papers in Vienna and else-*

zu veräußern. Helling war es möglich, auch die auswärtige Presse zu gewinnen, und er hoffte, durch das Auflegen von Katalogen in den großen Hotels sowie bei allen ausländischen Vertretungen und Missionen das Interesse zu steigern.[29] Für den Katalog verfasste Leo Grünstein einen Beitrag über Hauer als Sammler, in dem er die wichtigsten Künstler und die von ihnen erwerbbaren Arbeiten hervorhob.[30] Der Schwerpunkt des Artikels und auch der Auktion wurde auf Egger-Lienz gelegt, wofür sich Grünstein direkt an den Künstler wandte. Als dieser dadurch von der Auktion erfuhr, versuchte Egger-Lienz noch, das Porträt, das sein Freund Georg Waltenberger von ihm gemalt hatte, aus der Sammlung zu erwerben.[31]

Am 15. März wurden schließlich 90 Arbeiten versteigert, darunter auch zwei Werke von Hauers Sohn Leopold, der mittlerweile an der Akademie der bildenden Künste in Wien studierte.[32] Ein paar Positionen waren bereits aus dem Dorotheum bekannt, teils wurden sie nun mit leicht abgeänderten Titeln angeboten.

Der Großteil der Galerie wurde zwar verkauft, das erhoffte Ergebnis konnte jedoch nicht erreicht werden: „Unter zahlreicher Beteiligung an Kunstsammlern, Bilderhändlern, Galerieagenten, Kriegsgewinnern fand am 15. März 1920 die Versteigerung der Egger-Lienz-Galerie des Sammlers Frz. Hauer statt. Die erzielten Preise waren hoch, haben aber die Erwartungen nicht erfüllt. Es zeigte sich, daß man jetzt in Wien für Bedarfsartikel wie Teppiche, Möbel, Kunstgegenstände (färbiges Glas, Majoliken) mehr Interesse hat, als für Bilder. Die Zuschlagspreise waren bei allen Nummern kleiner als die Schätzwerte. Dem Formate nach kleinere Bilder wurden bevorzugt. [...] Alles in allem sind die Preise im Vergleiche zu jenen in Friedenszeiten sehr hoch, im Vergleiche zu den jetzt in Wien für alte Bilder gebotenen niedrig zu nennen."[33]

Da das Höchstgebot für einige Arbeiten veröffentlicht wurde, könnte der Eindruck entstanden sein, dass sie verkauft worden waren. Helling hatte sich jedoch dazu entschlossen, Hauptwerke zurückzuziehen, weil sie die angegebenen Limits nicht erreichten. Dazu zählten Egger-Lienz' *Totentanz* (Meistgebot 55.000 Kronen), *Vorfrühling* (29.000 Kronen), *Ruhende Hirten* (36.000 Kronen) und *Ave Maria nach der Schlacht am Berge Isel* (35.000 Kronen) sowie Hubert Lanzingers *Pietà* (16.000 Kronen) und sein *Akt vor dem Spiegel*. Helling hatte ursprünglich vor, in Deutschland oder in

where to cover the auction and sought to drum up interest by distributing catalogues in the major hotels as well as all foreign embassies and missions.[29] The catalogue included an essay on Hauer the collector by Leo Grünstein, who took care to highlight the most important artists and their works that would be for sale.[30] The main emphasis of the essay as well as the auction was on Egger-Lienz; when Grünstein, seeking input from the artist himself, alerted him to the upcoming auction, Egger-Lienz tried to purchase his portrait by his friend Georg Waltenberger from the collection.[31]

Finally, on March 15, ninety works were sold at auction, including two by Hauer's son Leopold, who was now a student at Vienna's Academy of Fine Arts.[32] Several items were familiar to prospective buyers who had attended the earlier sale at the Dorotheum; some of them were offered under slightly modified titles.

Though much of the gallery was sold, the proceeds did not live up to hopes: "Numerous art collectors, picture dealers, gallery agents, war profiteers gathered on March 15, 1920, for the auction of the collector F. Hauer's Egger-Lienz gallery. The prices paid for the works were high but fell short of expectations. At this time, buyers in Vienna are evidently more interested in articles of use such as carpets, furniture, and objets d'art (colorful glass, majolica) than in pictures. Hammer prices were lower than estimates throughout. Buyers showed a preference for pictures in small formats. . . . All in all, the prices must be described as very high by peacetime standards but low compared with what is now offered for old pictures in Vienna."[33]

The subsequent publication of the highest bids for several works may have created the impression that they had sold. In reality, Helling had decided to cancel the sale of chief works because the bidding did not reach the reserve prices. This was the case for Egger-Lienz's Dance of Death *(highest offer: 55,000 kronen),* Early Spring *(29,000 kronen),* Resting Shepherds *(36,000 kronen), and* Prayer After the Battle of Bergisel *(35,000 kronen) as well as Hubert Lanzinger's triptych* Pietà *(16,000 kronen), and* Nude in Front of the Mirror. *Helling initially considered trying his luck in Germany or Switzerland, but then, in early January 1921, the heirs urged him to divide up the remaining pictures. As of January 28, he was able to report the complete liquidation of Franz Hauer's collection. Hauer himself had firmly believed that many of the artists he had patronized were "destined to be successful eventually,"[34]*

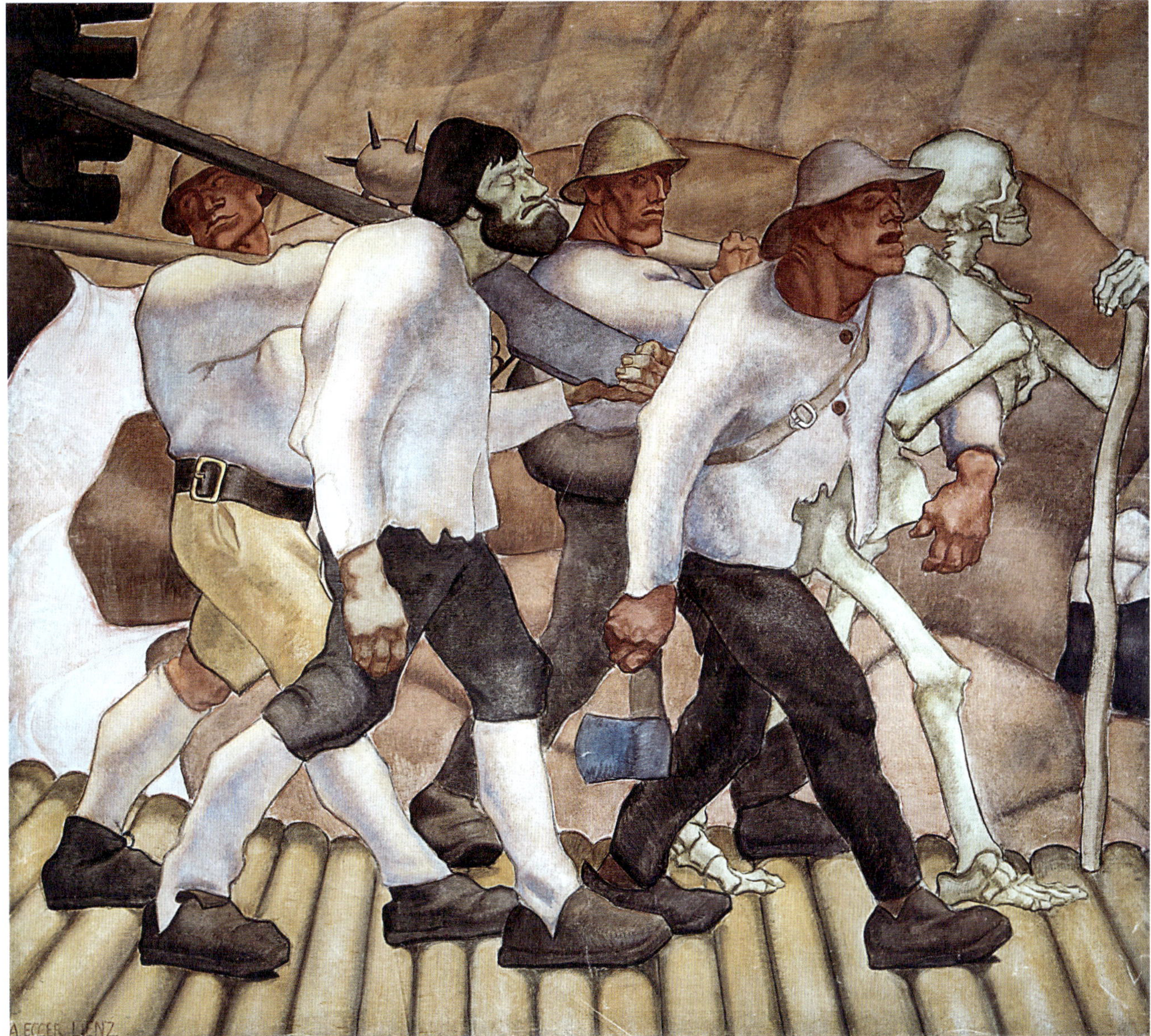

Albin Egger-Lienz Totentanz, 3. Fassung/ *Dance of Death, third version*, 1914 Kasein auf Leinwand/ *casein on canvas*, 243 × 274,5 cm Landesmuseum für Kärnten

der Schweiz sein Glück zu versuchen. Allerdings drängten ihn die Erben Anfang Jänner 1921 dazu, die Bilder aufzuteilen. Mit 28. Jänner konnte die gesamte Sammlung Franz Hauer für aufgelöst erklärt werden. Während Hauer fest daran geglaubt hatte, dass der Erfolg vieler der von ihm gesammelten Künstler „doch unmöglich ausbleiben“[34] könne, wurde nach seinem Ableben die Bedeutung seiner Sammlung lange nicht erkannt. So wurde ein Lebenswerk von enormem ideellen wie auch materiellen Wert binnen sieben Jahren ausgelöscht.

yet the significance of the collection he had built was not appreciated until many years after his death. That is how the achievement of a lifetime, a treasure of enormous ideal as well as material value, was broken up in a mere seven years.

1 *Die Neue Zeitung*, Nr. 159 (11.06.1914), S. 3.

2 *Neues Wiener Tagblatt*, Nr. 155 (07.06.1914), S. 14.

3 Verlassenschaftsabhandlung Franz Hauer, Gastwirt, verstorben 05.06.1914 in Wien, WStLA, Bezirksgericht Döbling, A5: I P 98/1914 (im Folgenden: Verlassenschaftsabhandlung). Diese diente als Grundlage für den vorliegenden Beitrag.

4 Anton Faistauer an Franz Hauer, 30.10.1913 (Privatbesitz).

5 Albin Egger-Lienz an seine Frau Laura, 14.06.1912 (Brenner-Archiv, Kirschl-Teilnachlass).

6 Die vierte Vormundschaftsabrechnung nennt den Verkauf von zwei Bildern von Maximilian Suppantschitsch (je 500 Kronen) und einem von Eduard Zetsche (100 Kronen), die nicht ins Inventar Eingang fanden.

7 Verlassenschaftsabhandlung, fol. 145–146.

8 Egon Schiele an Franz Hauer, 11.06.1913 (Egon Schiele Datenbank der Autographen, ID 623; Albertina, Inv.-Nr. ESA 117).

9 Anton Faistauer an Franz Hauer, 10.10.1913 (Privatbesitz).

10 Anton Faistauer an Franz Hauer, 30.10.1913 (Privatbesitz).

11 Anton Faistauer an Arthur Roessler, 12.06.1914 (Wienbibliothek, Inv.-Nr. 148.410).

12 Heutiges Wien Museum. *Neues Wiener Tagblatt*, Nr. 193 (15.07.1914), S. 6. – *Wiener Zeitung*, Nr. 192 (15.07.1914), S. 4. – *Fremden-Blatt*, Nr. 193 (15.07.1914), S. 11. – *Neue Freie Presse*, Nr. 17919 (15.07.1914), S. 9.

13 Bis 10.05.1915 wurden durch Herrmann verkauft: 2 Bilder (1.850 Kronen), 1 Bild (1.200 Kronen), 1 Bild (900 Kronen), Ernst Nowak (300 Kronen), Ernst Juch (200 Kronen).

14 Verlassenschaftsabhandlung, fol. 205–206.

15 An einer anderen Stelle ist von 103.048 Kronen (Schätzwert 10.415 Kronen) die Rede. Verkauft wurden u. a. durch Herrmann: Karl Reichert (400 Kronen), Hugo Kreyssig: *Alt Bern* (600 Kronen), Vinzenz Havlíček: *Segler* (800 Kronen), Oskar Larsen: *Akt im Freien* (200 Kronen), August Kotzbeck: *Landstrasse* (90 Kronen); an Heinrich Benesch: Otakar Nejedlý (50 Kronen). Zwei Gemälde von Gustav Schütt (Inv.-Nr. 126 und 127) gingen verloren.

16 Verlassenschaftsabhandlung, fol. 491.

17 Albin Egger-Lienz an Ludwig Helling, 12.04.1916 (Leopold Museum, Inv.-Nr. 5488).

18 Albin Egger-Lienz an Ludwig Helling, 15.01.1915 (Leopold Museum, Inv.-Nr. 5593).

19 *Neues Wiener Tagblatt*, Nr. 13 (15.01.1917), S. 14–15.

20 Für 1917 werden abweichende Erlöse genannt: 75.936,09 Kronen, 80.800 Kronen (Schätzwert 23.015 Kronen) oder 88.612,85 Kronen (Schätzwert 5.860 Kronen).

21 Anna Hauer an Egon Schiele, 05.05.1917 (Egon Schiele Datenbank der Autographen, ID 1280; Albertina, Inv.-Nr. ESA 99). Wawra schätzte das Gemälde auf 120 Kronen.

22 Paul Cassirer Archiv, Einkaufsbuch 3. Weiters verkaufte Moll an Cassirer: *Doppelakt: Zwei Frauen*, *Alpenlandschaft bei Mürren* und *Albert Ehrenstein*.

23 Verlassenschaftsabhandlung, fol. 428.

24 *Neues Wiener Journal*, Nr. 8749 (12.03.1918), S. 7, und Nr. 8754 (17.03.1918), S. 14. – *Deutsches Volksblatt*, Nr. 10481 (10.03.1918), S. 15, und Nr. 10488 (17.03.1918), S. 15. – *Neues Wiener Tagblatt*, Nr. 78 (17.03.1918), S. 11, und Nr. 79 (20.03.1918), S. 9. – *Arbeiter-Zeitung*, Nr. 66 (10.03.1918), S. 10. – *Neue Freie Presse*, Nr. 19239 (17.03.1918), S. 9–10. – *Wiener Allgemeine Zeitung*, Nr. 11973 (18.03.1918), S. 6.

25 *Neues Wiener Tagblatt*, Nr. 78 (17.03.1918), S. 11.

26 Nachlaß Franz Hauer Wien. Gemälde österreichischer Künstler, 283.

1 Die Neue Zeitung, *June 11, 1914 (no. 159), 3.*

2 Neues Wiener Tagblatt, *June 7, 1914 (no. 155), 14.*

3 *Verlassenschaftsabhandlung [estate settlement] for Franz Hauer, tavern keeper, died June 5, 1914, in Vienna, WStLA, Bezirksgericht Döbling, A5: I P 98/1914 (henceforth referred to as Verlassenschaftsabhandlung). This file formed the primary basis for the following discussion.*

4 *Anton Faistauer to Franz Hauer, Oct. 30, 1913 (private collection).*

5 *Albin Egger-Lienz to his wife Laura, June 14, 1912 (Brenner Archive, Kirschl partial estate).*

6 *The guardian's fourth settlement with the heirs mentions the sale of two pictures by Maximilian Suppantschitsch (500 kronen each) and one by Eduard Zetsche (100 kronen) that do not appear in the inventory.*

7 *Verlassenschaftsabhandlung, fols. 145–46.*

8 *Egon Schiele to Franz Hauer, June 11, 1913 (Egon Schiele Autograph Database, ID 623; Albertina, inv. ESA 117).*

9 *Anton Faistauer to Franz Hauer, Oct. 10, 1913 (private collection).*

10 *Anton Faistauer to Franz Hauer, Oct. 30, 1913 (private collection).*

11 *Anton Faistauer to Arthur Roessler, June 12, 1914 (Wienbibliothek, inv. 148.410).*

12 *Today's Wien Museum.* Neues Wiener Tagblatt, *July 15, 1914 (no. 193), 6;* Wiener Zeitung, *July 15, 1914 (no. 192), 4;* Fremden-Blatt, *July 15, 1914 (no. 193), 11;* Neue Freie Presse, *July 15, 1914 (no. 17919), 9.*

13 *Sales through Herrmann's gallery until May 10, 1915: 2 pictures (1,850 kronen), 1 picture (1,200 kronen), 1 picture (900 kronen), Ernst Nowak (300 kronen), Ernst Juch (200 kronen).*

14 *Verlassenschaftsabhandlung, fols. 205–6.*

15 *Another source puts the proceeds at 103,048 kronen (appraisal value: 10,415 kronen). Selected sales through Herrmann: Karl Reichert (400 kronen); Hugo Kreyssig:* Old Bern *(600 kronen); Vinzenz Havlíček:* Sailor *(800 kronen); Oskar Larsen:* Nude in the Grass *(200 kronen); August Kotzbeck:* Country Road *(90 kronen). To Heinrich Benesch: Otakar Nejedlý (50 kronen). Two paintings by Gustav Schütt (inv. 126 and 127) were lost.*

16 *Verlassenschaftsabhandlung, fol. 491.*

17 *Albin Egger-Lienz to Ludwig Helling, Apr. 12, 1916 (Leopold Museum, inv. 5488).*

18 *Albin Egger-Lienz to Ludwig Helling, Jan. 15, 1915 (Leopold Museum, inv. 5593).*

19 Neues Wiener Tagblatt, *Jan. 15, 1917 (no. 13), 14–15.*

20 *Various sources put the proceeds from sales in 1917 at 75,936.09 kronen, 80,800 kronen (appraisal value: 23,015 kronen), and 88,612.85 kronen (appraisal value: 5,860 kronen).*

21 *Anna Hauer to Egon Schiele, May 5, 1917 (Egon Schiele Autograph Database, ID 1280; Albertina, inv. ESA 99). Wawra had valued the painting at 120 kronen.*

22 *Paul Cassirer Archive, purchase ledger 3. Moll also sold to Cassirer:* Double Nude: Two Women, Alpine Landscape, Mürren, *and* Portrait of the Poet Albert Ehrenstein.

23 *Verlassenschaftsabhandlung, fol. 428.*

24 Neues Wiener Journal, *March 12, 1918 (no. 8749), 7, and March 17, 1918 (no. 8754), 14;* Deutsches Volksblatt, *March 10, 1918 (no. 10481), 15, and March 17, 1918 (no. 10488), 15;* Neues Wiener Tagblatt, *March 17, 1918 (no. 78), 11, and March 20, 1918 (no. 79), 9;* Arbeiter-Zeitung, *March 10, 1918 (no. 66), 10;* Neue Freie Presse, *March 17, 1918 (no. 19239), 9–10;* Wiener Allgemeine Zeitung, *March 18, 1918 (no. 11973), 6.*

25 Neues Wiener Tagblatt, *March 17, 1918 (no. 78), 11.*

26 Nachlaß Franz Hauer, Wien. Gemälde österreichischer Künstler, 283. Kunstauktion K. K. Versteigerungsamt Dorotheum *(Vienna, March 20–23,*

Kunstauktion K. K. Versteigerungsamt Dorotheum, Wien 20.–23.03.1918. Der Auktionskatalog verzeichnet 162 Positionen, von denen fünf Helling gehörten: Nr. 151–155. Der Erlös der 157 verkauften Positionen betrug 135.960 Kronen abzüglich 15 Prozent Lizitationsgebühr (20.394 Kronen) und 6 Kronen Ausfertigungsgebühr. Fünf Positionen wurden zurückgezogen, 43 blieben unverkauft.

27 *Neues Wiener Tagblatt*, Nr. 90 (05.04.1918), S. 8–9.

28 Gemälde und Antiquitäten, 294. Kunstauktion Versteigerungsamt Dorotheum, Wien 13.–18.03.1919. Insgesamt wurden in den zwei Auktionen im Dorotheum von 157 Werken 126 für 156.220 Kronen (130.562 netto) verkauft, 13 wurden zurückgezogen und 18 blieben unverkauft.

29 *Kunstchronik und Kunstmarkt*, Nr. 22 (1920), S. 7, und Nr. 23 (1920), S. 7. – *Der Cicerone*, Nr. 4 (1920), S. 174–175, und Nr. 5 (1920), S. 221. – *Neues Wiener Journal*, Nr. 9465 (12.03.1920), S. 10. – *Der Morgen am Montag*, Nr. 11 (15.03.1920), S. 7. – *Wiener Sonn- und Montags-Zeitung*, Nr. 11 (15.03.1920), S. 8.

30 *Albin Egger-Lienz und zeitgenössische Künstler in der Sammlung Franz Hauer sen. † Wien. 259. Versteigerung von C. J. Wawra*, Wien 15.03.1920.

31 Albin Egger-Lienz an Ludwig Helling, 31.01.1920 (Leopold Museum, Inv.-Nr. 5509).

32 Egger-Lienz' *Madonna* (Nr. 46) gehörte Helling.

33 *Allgemeiner Tiroler Anzeiger*, Nr. 66 (22.03.1920), S. 3.

34 Franz Hauer an Arthur Roessler, 05.06.1913 (Wienbibliothek, Inv.-Nr. 151.620): „Ich freue mich daß ‚Sterrer' und die oesterreichische Abtheilung überhaupt guten Eindruck macht. Es ist so lobenswerth und edel von Ihnen daß Sie sich der hart kämpfenden, ohnedies kleinen Schaar werthvoller, wirklich ernster Künstler so warm annehmen. Mit dem Erfolge dieser Leute – er kann doch unmöglich ausbleiben – wird man auch Ihnen Dank und Anerkennung schuldig sein, für Ihr, man kann wirklich sagen muthiges und uneigennütziges Eintreten. In Angelegenheit ‚Faistauer' den ich für das stärkste malerische Talent halte meinen speziellen Dank, er ist ein ehrlicher, fleißiger – und was ich für Grundbedingung ansehe – charaktervoller Künstler, der wie kein zweiter verdient, gefördert zu werden."

1918). The auction catalogue lists 162 items, five of which were owned by Helling: nos. 151–55. The proceeds from the 157 sold works totaled 135,960 kronen, minus an auction fee of 15 percent (20,394 kronen) and an issuance fee of six kronen. Five works were withdrawn; forty-three remained unsold.

27 Neues Wiener Tagblatt, *Apr. 5, 1918 (no. 90), 8–9.*

28 *Gemälde und Antiquitäten, 294. Kunstauktion Versteigerungsamt Dorotheum (Vienna, March 13–18, 1919). In the aggregate, of 157 works offered for sale in the two auctions at the Dorotheum, 126 sold for a total of 156,220 kronen (130,562 kronen after fees), 13 sales were canceled, and 18 items were left unsold.*

29 Kunstchronik und Kunstmarkt, *no. 22 (1920), 7, and no. 23 (1920), 7;* Der Cicerone, *no. 4 (1920), 174–75, and no. 5 (1920), 221;* Neues Wiener Journal, *March 12, 1920 (no. 9465), 10;* Der Morgen am Montag, *March 15, 1920 (no. 11), 7;* Wiener Sonn- und Montags-Zeitung, *March 15, 1920 (no. 11), 8.*

30 Albin Egger-Lienz und zeitgenössische Künstler in der Sammlung Franz Hauer sen. † Wien, 259. Versteigerung von C. J. Wawra *(Vienna, March 15, 1920).*

31 *Albin Egger-Lienz to Ludwig Helling, Jan. 31, 1920 (Leopold Museum, inv. 5509).*

32 *Helling was the owner of Egger-Lienz's* Madonna *(no. 46).*

33 Allgemeiner Tiroler Anzeiger, *March 22, 1920 (no. 66), 3.*

34 *Franz Hauer to Arthur Roessler, June 5, 1913 (Wienbibliothek, inv. 151.620): "I am glad that 'Sterrer' and the Austrian section more generally make a favorable impression. It is so commendable and generous of you to devote such heartfelt attention to the struggling band—it is, in any case, a small one—of promising and truly dedicated artists. When these people will achieve success—and they are destined to be successful eventually—it will in no small part be thanks to your work on their behalf, and your courageous and selfless efforts will be recognized. You have my special gratitude in the matter of 'Faistauer,' whom I believe to possess the strongest painterly talent; he is an honest and hardworking artist and—this, in my view, is the fundamental prerequisite—a man of high principles who more than any other deserves support."*

Die Sammlung Franz Hauer

Das Sammlungsinventar

Durch den Fund des im Zuge der Verlassenschaftsabhandlung aufgenommenen Inventars kann die Sammlung Franz Hauer zum ersten Mal umfassend publiziert werden. Das Inventar ist hier nach Namen der Künstler alphabetisch wiedergegeben. Die den Künstlern zugeschriebenen Werke sind nach Gattungen und inhaltlichen Zusammenhängen gereiht. Den einzelnen Werktiteln sind identifizierbare Kunstwerke zugeordnet.

Das Inventar ist durch belegte Ankäufe Franz Hauers und durch Verkäufe seiner Nachfahren vervollständigt. Lassen sich Überschneidungen feststellen, sind sie unter der jeweiligen Inventarnummer angeführt. Auf Grund von zu allgemein gehaltenen Titeln, unpräziser Technikangaben und fehlender Maße ist eine Identifizierung mit Werken aus dem Inventar nicht immer möglich, weshalb ein und dasselbe Werk mehrfach unter verschiedenen Titeln angeführt sein kann.

Wissenschaftliche Aufarbeitung: Alexandra Sattler

The Franz Hauer Collection

The collection inventory

Through the discovery of the inventory compiled as part of the estate settlement, the contents of the Franz Hauer Collection can now be published for the first time in a comprehensive manner. The inventory is organized here alphabetically by the names of the artists. The works attributed to an individual artist are arranged according to genres and thematic connections. The individual work titles are linked to identifiable artworks.

Confirmed purchases by Franz Hauer and sales of works by his descendants complete the inventory. Any ascertained overlaps are listed under the respective inventory number. Due to overly-generic titles, imprecise information with regard to technique, and lack of measurements, an identification with works from the inventory is not always possible, with the result that one and the same work can be listed several times under various titles.

Scholarly preparation: Alexandra Sattler

Sigmund L'Allemand

Inv.-Nr. 459 Kuhstall/
***Cowshed* für/for K20**
Öl auf Karton/*oil on cardboard*, 32 × 44 cm
Literatur/*literature*:
KH EB 1911/12 Nr. 3019;
Dorotheum 1918 Nr. 46,
Dorotheum 1919 Nr. 242

Inv.-Nr. 518 Schlachtenbild mit Erzherzog Albrecht/
***Battle Scene with Archduke Albrecht* für/for K30**
Erzherzog Albrecht und sein Stab/*Archduke Albrecht and His Staff*
Zeichnung/*drawing*
Literatur/*literature*:
KH EB 1911/12 Nr. 3018

Inv.-Nr. 653 Schlachtenbild/
***Battle Scene* für/for K40**
Schlacht bei Caldiero/
Battle of Caldiero
Aquarell/*watercolor*
Literatur/*literature*:
KH EB 1911/12 Nr. 3017

Allmann

Inv.-Nr. 227 Schneelandschaft/
***Snow Landscape* für/for K120**

Eduard Ameseder

Inv.-Nr. 298 Klostergang mit Mönch und Ministrant/
***Cloister with Monk and Acolyte* für/for K15**
Aquarell/*watercolor*, 31 × 43 cm
Literatur/*literature*:
Dorotheum 1918 Nr. 31

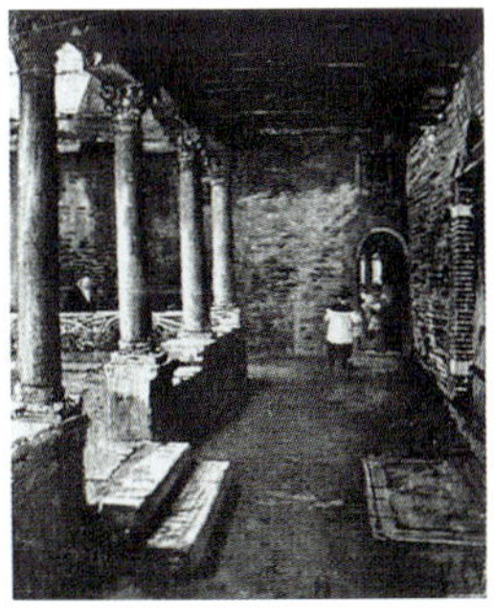

Robin Christian Andersen

Inv.-Nr. 77 Stillleben Obst/*Still Life with Fruit* für/for K60

Inv.-Nr. 98 Stillleben am blauen Teich/*Still Life at the Blue Pond* für/for K40

Inv.-Nr. 103 Stillleben, Schüssel und Thonkrüge/
***Still Life, Bowl, and Earthen Jugs* für/for K40**
Stillleben mit Äpfeln, Birnen und irdenem Krug/
Still Life with Apples, Pears and Earthen Jug, 1913
Öl auf Leinwand/*oil on canvas*, 49 × 69 cm
Familie Dr. Förster/
Förster Family, Salzburg

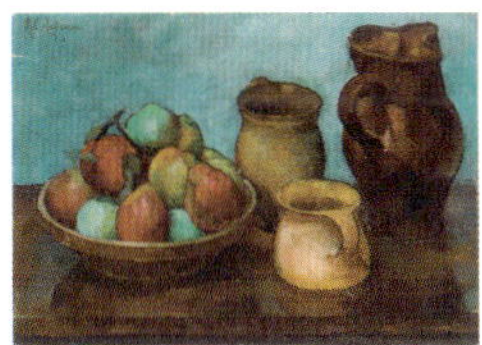

Inv.-Nr. 194 Drei Äpfel auf einem Tuch/*Three Apples on a Cloth* für/for K15

Inv.-Nr. 378 Stillleben Früchte/
***Still Life with Fruit* für/for K10**

Inv.-Nr. 660 Stillleben/
***Still Life* für/for K20**

Inv.-Nr. 661 Stillleben/
***Still Life* für/for K20**

Inv.-Nr. 123 Mädchen mit blauem Kleid/*Girl with a Blue Dress* für/for K30
Mädchenbildnis im blauen Kleid/*Portrait of a Girl in a Blue Dress*, um/*ca.* 1913/14
Öl auf Leinwand/*oil on canvas*, 68,5 × 55,2 cm
Leopold Museum, Wien/
Vienna, Inv.-Nr. 33
Literatur/*literature*:
Wawra 1920 Nr. 3

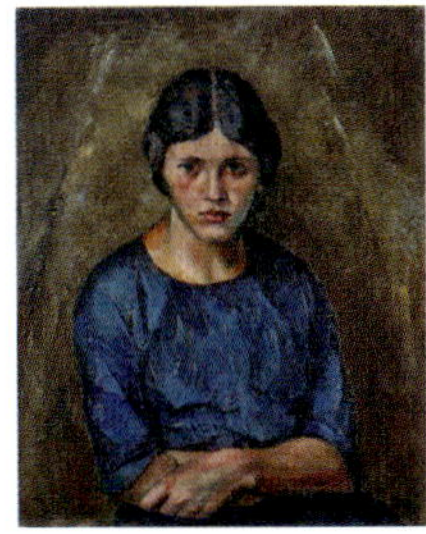

Inv.-Nr. 125 Hockender Knabe/
***Squatting Boy* für/for K40**

Inv.-Nr. 475 Matrosen/
***Sailors* für/for K40**
1914
Öl auf Leinwand/*oil on canvas*, 80 × 100 cm
Privatbesitz/*private collection*

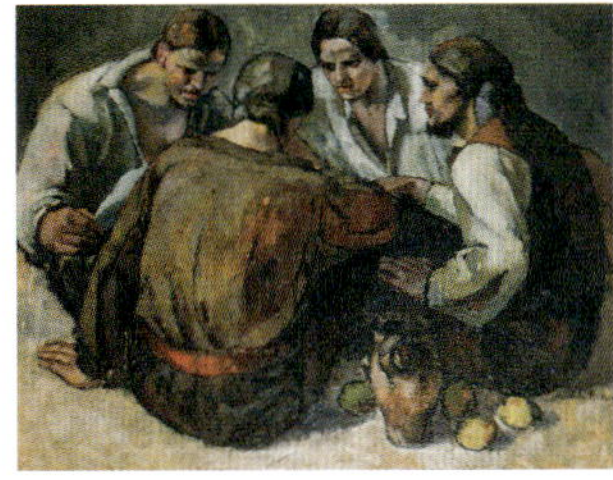

Inv.-Nr. 561 Dame bei der Toilette/*Lady at the Dressing Table* für/for K80
Mädchen beim Ankleiden/
Girl Dressing, 1913
Öl auf Leinwand/*oil on canvas*, 120 × 81,5 cm
Sammlung/*collection*
Joyce Rohrmoser
Literatur/*literature*:
Wawra 1920 Nr. 1

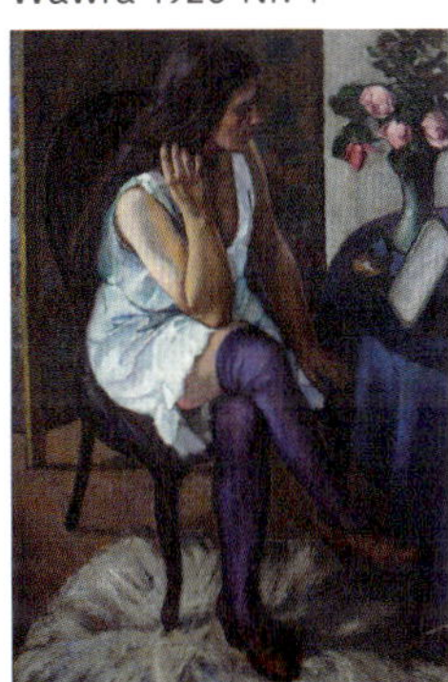

Inv.-Nr. 213 Landschaft/
***Landscape 1* für/for K15**

Inv.-Nr. 214 Landschaft/
***Landscape 2* für/for K15**

Inv.-Nr. 380 Landschaft im Hintergrund Wasser/
***Landscape with Water in Background* für/for K15**

Inv.-Nr. 403 Paradiesgasse für/for K10

Inv.-Nr. 404 Karmeliterkirche/
***Carmelite Church* für/for K10**

Inv.-Nr. 424 In weißen [sic] Rahmen eine Landschaft/
***Landscape in a White Frame* für/for K10**

Inv.-Nr. 425 In weißen [sic] Rahmen eine Landschaft/
***Landscape in a White Frame* für/for K10**

Inv.-Nr. 426 In weißen [sic] Rahmen eine Landschaft/
***Landscape in a White Frame* für/for K10**

Inv.-Nr. 427 In weißen [sic] Rahmen eine Landschaft/
***Landscape in a White Frame* für/for K10**

Inv.-Nr. 428 In weißen [sic] Rahmen eine Landschaft/
***Landscape in a White Frame* für/for K10**

Inv.-Nr. 429 In weißen [sic] Rahmen eine Landschaft/
***Landscape in a White Frame* für/for K10**

Inv.-Nr. 436 Strasse im Süden/
***Road in the South* für/for K10**

Inv.-Nr. 446 Eine Landschaft/
***A Landscape* für/for K10**

Inv.-Nr. 447 Eine Landschaft/
***A Landscape* für/for K10**

Inv.-Nr. 448 Eine Landschaft/
***A Landscape* für/for K10**

Inv.-Nr. 449 Eine Landschaft/
***A Landscape* für/for K10**

Inv.-Nr. 472 Ruine/
***Ruin* für/for K15**

Inv.-Nr. 522 Landschaftsstudie/
***Landscape Study* für/for K10**

Inv.-Nr. 550 Strandstudie/
***Beach Study* für/for K10**

Inv.-Nr. 568 Villa am See/
***Villa on the Lake* für/for K10**

Junges Mädchen (in halb sitzender Stellung im Bett)/
Young Girl (in a Half-Seated Position in Bed), 1913
Öl auf Leinwand/*oil on canvas*, 46 × 57 cm
Literatur/*literature*:
Wawra 1920 Nr. 2

Sitzendes Mädchen/*Seated Girl*
Öl auf Leinwand/*oil on canvas*, 80 × 66 cm
Literatur/*literature*:
Wawra 1920 Nr. 5

Stillleben (mit Äpfeln und Teekanne)/*Still Life (with Apples and Teapot)*
Öl auf Leinwand/*oil on canvas*, 74 × 77 cm
Literatur/*literature*:
Wawra 1920 Nr. 4

Herbert André

Inv.-Nr. 666 Wiese mit Ausflüglern/*Pasture with Day-Trippers* für/*for* K40
Im Luxemburgpark/
In Luxembourg Park
Öl auf Holz/*oil on wood*, 53 × 76 cm
Literatur/*literature*:
Wawra 1920 Nr. 6

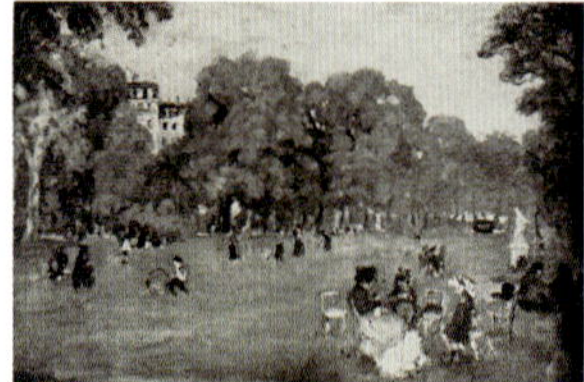

Max Angerer

Inv.-Nr. 382 Schneelandschaft/*Snow Landscape 1* für/*for* K20

Inv.-Nr. 383 Schneelandschaft/*Snow Landscape 2* für/*for* K20

Hugo Baar

Inv.-Nr. 473 Schneelandschaft, groß/*Snow Landscape, Large* für/*for* K120

Leopold Bara

Inv.-Nr. 597 Schwierige Aufgabe/*Difficult Task* für/*for* K60
Öl auf Karton/*oil on cardboard*, 50 × 68 cm
Literatur/*literature*: KH EB 1909/10–1910/11 Nr. 3269;
Dorotheum 1918 Nr. 57

Emanuel Baschny

Inv.-Nr. 185 Hügellandschaft/*Hilly Landscape* für/*for* K80
1909
Öl auf Leinwand/*oil on canvas*, 80 × 95 cm
Literatur/*literature*:
Dorotheum 1918 Nr. 71

Inv.-Nr. 247 Landschaft, im Vordergrunde ein Kind/*Landscape, in the Foreground a Child* für/*for* K100
Kind in der Wiese/
Child in the Meadow
Öl auf Holz/*oil on wood*, 42 × 58 cm
Literatur/*literature*:
Dorotheum 1918 Nr. 113

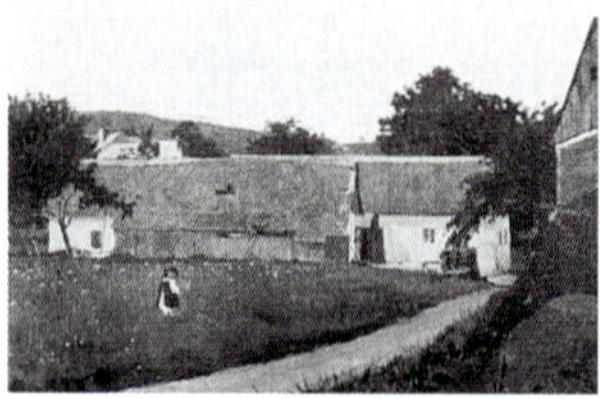

Inv.-Nr. 329 Aussicht vom Schreiberweg/*View from Schreiberweg* für/*for* K200
Blick auf Heiligenstadt/
View of Heiligenstadt, 1911
Öl auf Holz/*oil on wood*, 68 × 86 cm
Literatur/*literature*: KH VB 1907–1912 Nr. 2117, EB 1911/12 Nr. 2316; Dorotheum 1918 Nr. 70, Dorotheum 1919 Nr. 262; Wawra 1920 Nr. 7

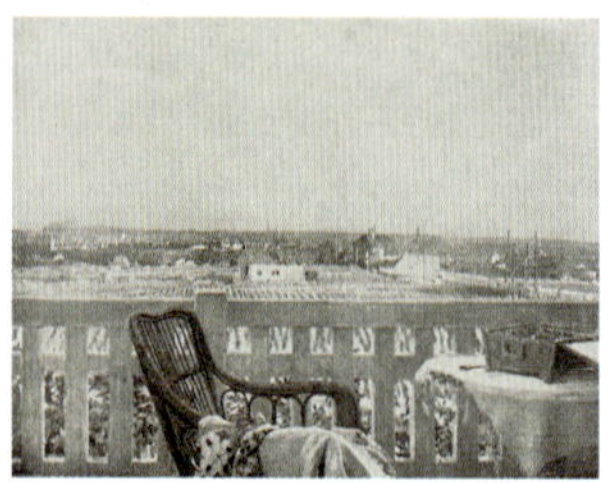

Inv.-Nr. 418 Strohhaufen/*Haystack* für/*for* K30

Sonnige Landschaft/
Sunny Landscape, 1903
Öl auf Holz/*oil on wood*, 34 × 44 cm
Literatur/*literature*:
Dorotheum 1918 Nr. 129

Kind in der Wiese/*Child in the Meadow*
Literatur/*literature*:
KH VB 1907–1912 Nr. 1226,
EB 1909/10–1910/11 Nr. 3919

Fritz Bayerlein

Inv.-Nr. 554 Parkthor/*Park Gate* für/*for* K60
Öl auf Leinwand/*oil on canvas*, 152 × 105 cm
Literatur/*literature*: KH VB 1907–1912 Nr. 1817, EB 1910/11 Nr. 583; Wawra 1920 Nr. 8

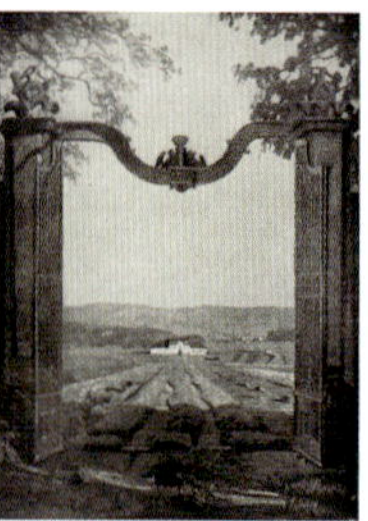

Rudolf Bernt

Inv.-Nr. 217 Prachatitz/*Prachatice* für/*for* K40

Inv.-Nr. 229 Kircheninterieur/*Church Interior* für/*for* K40
1908
Aquarell/*watercolor*, 38 × 24 cm
Literatur/*literature*:
Dorotheum 1918 Nr. 16

Inv.-Nr. 552 Lovrano/*Lovran* für/*for* K80

Marktplatz in Golling/
Market Square in Golling
Aquarell/*watercolor*
Literatur/*literature*:
KH VB 1907–1912 Nr. 1266,
EB 1909/10–1910/11 Nr. 334

Walter Beyermann

Inv.-Nr. 24 Mutter mit Kind, Pastell/*Mother with Child, Pastel* für/*for* K200
Farbstift/*colored crayon*, 117 × 100 cm
Literatur/*literature*:
Wawra 1920 Nr. 9

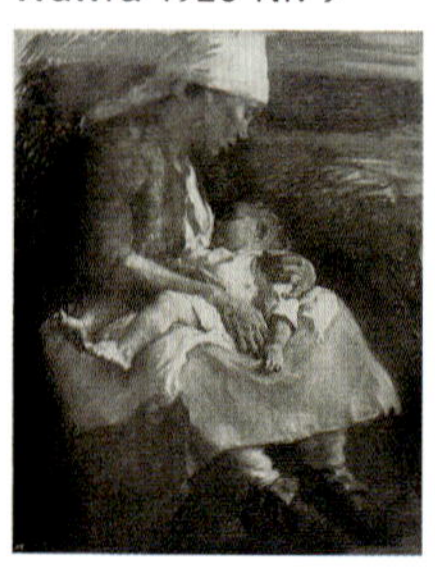

Julius von Blaas

Inv.-Nr. 340 Aquarellstudie/*Watercolor Study* für/*for* K20
Am Felde/*In the Field*, 1911
Aquarell/*watercolor*, 12 × 17 cm
Literatur/*literature*:
KH VB 1907–1912 Nr. 2230,
EB 1911/12 Nr. 288;
Dorotheum 1918 Nr. 112

Tina Blau

Inv.-Nr. 220 Dortrecht [sic]/*Dordrecht* für/*for* K120
Dordrecht in Holland

Inv.-Nr. 246 Hof mit Wasserleitung/*Courtyard with Water Pipe* für/*for* K80
Alter Hof in Erdberg/Alter Wiener Hof/Hof mit grüner Wasserleitung/Altwiener Hof/*Old Courtyard in Erdberg/Old Viennese Courtyard/Courtyard with Green Water Pipe/Old Viennese Courtyard*, 1910
Öl auf Leinwand/*oil on canvas*, 52 × 36 cm
Privatbesitz/*private collection*

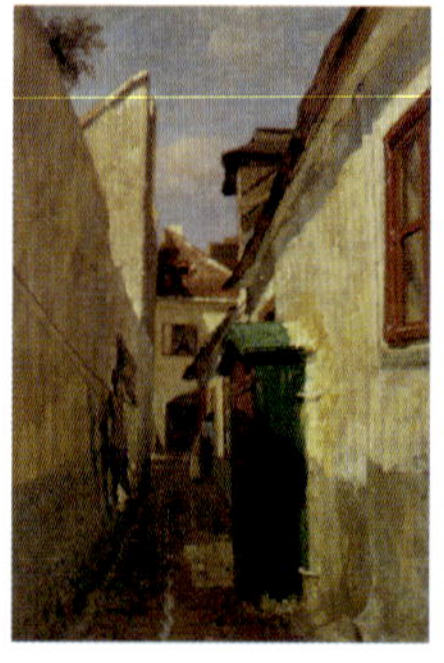

Inv.-Nr. 248 Kirchenstiege in Weissenkirchen/*Church Steps in Weissenkirchen* für/*for* K80
1910
Öl auf Leinwand/*oil on canvas*, 52,5 × 36 cm
Privatbesitz/*private collection*

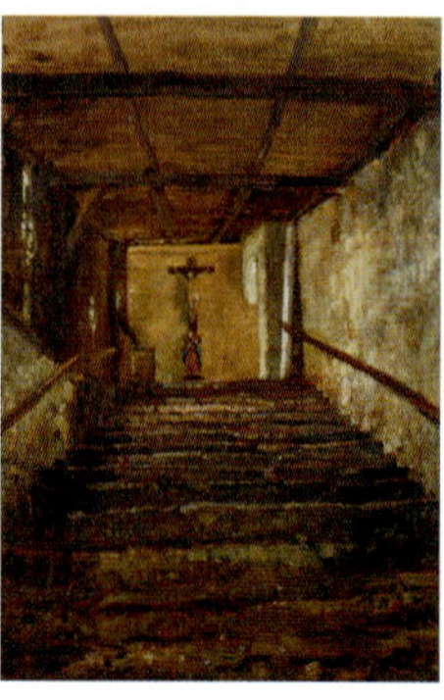

Inv.-Nr. 481 Holländische Landschaft/*Dutch Landscape* für/for K150
Ägyptischer Palast bei der Weltausstellung 1873 im Wiener Prater von einem ehemaligen Seitenarm der Donau aus gesehen/*Egyptian Palace at the 1873 World Exhibition in Vienna's Prater as Seen from a Former Arm of the Danube*, 1878
Öl auf Leinwand/*oil on canvas*, 64,5 × 89 cm
Privatbesitz/*private collection*
Literatur/*literature*:
Dorotheum 1918 Nr. 94

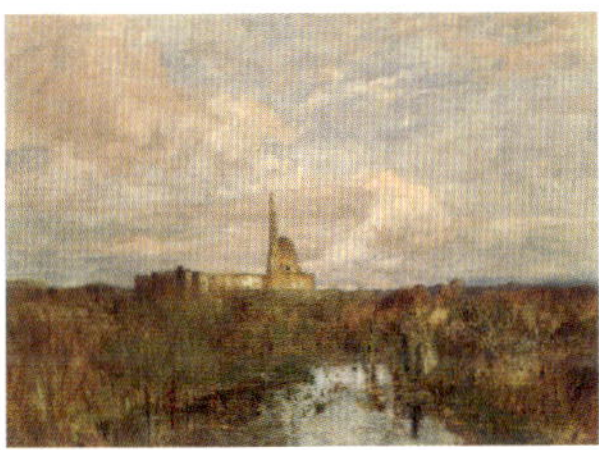

Inv.-Nr. 637 Landschaft, klein/*Landscape, Small* für/for K120
Ansicht von Veere mit dem Rathausturm/*View of Veere with the City Hall Tower*, um/*ca.* 1906/08
Öl auf Holz/*oil on wood*, 15 × 24 cm
Landessammlungen Niederösterreich/*State Collections of Lower Austria*, Inv.-Nr. KS-18332

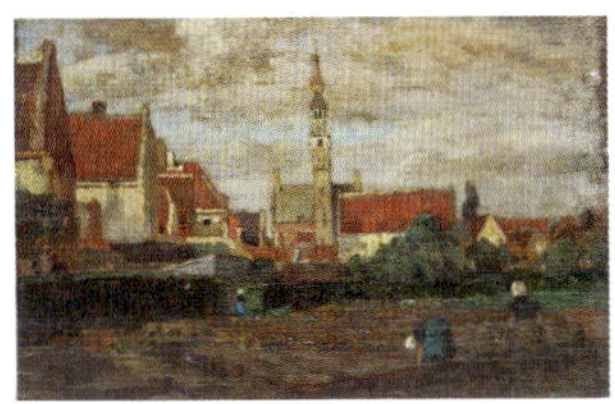

Hugo Böttinger

Inv.-Nr. 128 Drei Akte/*Three Nudes* für/for K40

Inv.-Nr. 662 Landschaft/*Landscape* für/for K40
Landschlösschen/*Country Manor*
Öl auf Leinwand/*oil on canvas*, 77 × 86 cm
Privatbesitz/*private collection*
Literatur/*literature*:
Dorotheum 1918 Nr. 34

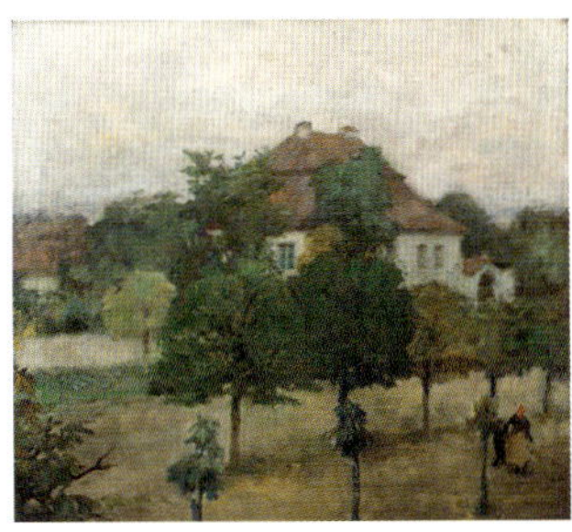

Roman Bratkowski

Inv.-Nr. 241 Häuser im Schnee/*Houses in the Snow* für/for K120
Wintermorgen/*Winter Morning*
Öl/*oil*
Literatur/*literature*:
KH VB 1907–1912 Nr. 1852, EB 1910/11 Nr. 603

Ferdinand Brunner

Inv.-Nr. 129 Graue Wolken/*Gray Clouds* für/for K25

Inv.-Nr. 231 Landschaft mit Kirche/*Landscape with Church* für/for K30
Öl auf Leinwand auf Karton/*oil on canvas on cardboard*, 27 × 34 cm
Privatbesitz/*private collection*

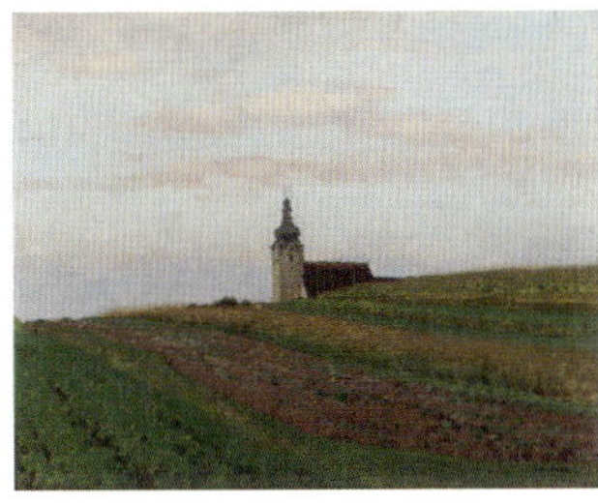

Inv.-Nr. 258 Strasse mit Scheunen/*Road with Barns* für/for K80

Inv.-Nr. 266 Landschaft mit Bäumen/*Landscape with Trees* für/for K30

Inv.-Nr. 267 Gasse mit Schwibbogen/*Street with Flying Buttresses* für/for K30

Inv.-Nr. 270 Am Teich/*At the Pond* für/for K40
Öl auf Leinwand/*oil on canvas*, 26 × 33 cm
Literatur/*literature*:
Dorotheum 1918 Nr. 43

Inv.-Nr. 278 Drohender Regen/*Threatening Rain* für/for K80
Gouache und Farbstift/*gouache and colored crayon*
Literatur/*literature*:
KH EB 1910/11 Nr. 373

Inv.-Nr. 282 Bauernhof/*Farm* für/for K120
Gouache
Literatur/*literature*:
KH VB 1907–1912 Nr. 2217, EB 1911/12 Nr. 305

Inv.-Nr. 290 Gasse mit zwei Frauen/*Lane with Two Women* für/for K120
Alte Gasse bei untergehender Sonne/*Old Lane at Sunset*, 1912
Öl auf Leinwand/*oil on canvas*, 87 × 68 cm
Literatur/*literature*:
Dorotheum 1918 Nr. 81

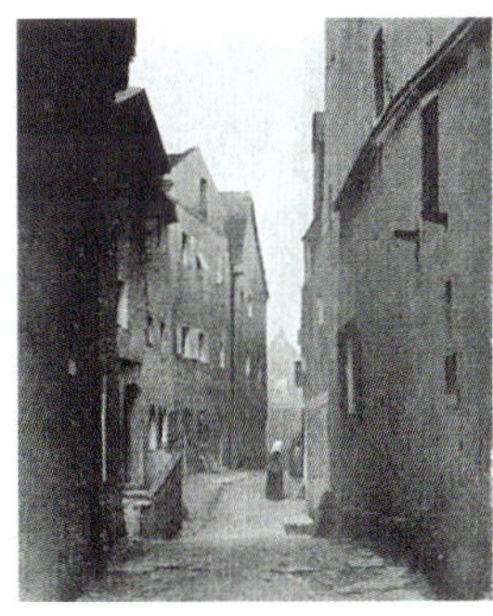

Inv.-Nr. 373 Aus Oberbayern/*From Upper Bavaria* für/for K50

Inv.-Nr. 392 Altes Haus mit Hof/*Old House with Yard* für/for K50

Landschaft mit Haus/*Landscape with House*
Öl auf Karton/*oil on cardboard*, 28 × 27 cm
Privatbesitz/*private collection*

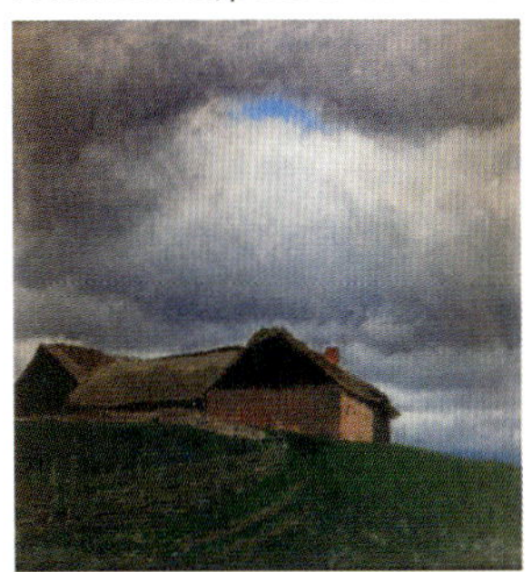

Bauerngehöft, im Vordergrund ein Teich/*Farmstead, in the Foreground a Pond*
Gouache auf Papier/*gouache on paper*, 24,5 × 27,5 cm

Enges Gässchen/*Narrow Lane*
Gouache
Literatur/*literature*:
KH VB 1907–1912 Nr. 2240, EB 1911/12 Nr. 304

Bucher

Inv.-Nr. 186 Gebirgslandschaft/*Mountain Landscape* für/for K10

Alfred Buchta

Inv.-Nr. 109 Weiblicher Rückenakt/*Female Nude, Back View* für/for K80
Rückenakt (Mädchen mit rotbraunem Haar)/*Nude, Back View (Girl with Auburn Hair)*
Öl auf Leinwand/*oil on canvas*, 60 × 50 cm
Literatur/*literature*:
Wawra 1920 Nr. 10

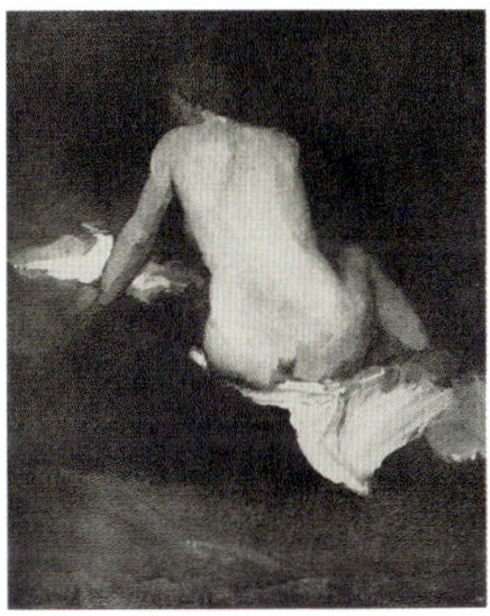

Inv.-Nr. 187 Balletttänzer Studie/*Study of Ballet Dancer* für/for K10

Inv.-Nr. 188 Aktstudie/*Nude Study* für/for K10

Inv.-Nr. 190 Mädchenporträt/*Portrait of a Girl* für/for K15

Inv.-Nr. 191 Tänzer auf einer Bühne/*Dancer on a Stage* für/for K15

Inv.-Nr. 192 Absinthtrinkerin/*The Absinth Drinker* für/for K20

Inv.-Nr. 200 Dame, Strumpf anziehend/*Lady Pulling on Her Stocking* für/for K20

Inv.-Nr. 202 Dame bei der Toilette, klein/*Lady at the Dressing Table, Small* für/for K20

Inv.-Nr. 451 Dame bei Staffelei, Studie/*Lady at the Easel, Study* für/for K5
Vor der Staffelei (junge Malerin)/*At the Easel (Young Painter)*
Öl auf Leinwand/*oil on canvas*, 55 × 45 cm
Literatur/*literature*:
Wawra 1920 Nr. 14

Inv.-Nr. 485 Rückakt/*Nude, Back View* für/for K80

Inv.-Nr. 532 Damengesellschaft/*Ladies' Gathering* für/for K20

Inv.-Nr. 189 Kreuzabnahme/*The Descent from the Cross* für/for K10

Inv.-Nr. 434 Geißelung Christi/*The Flagellation of Christ* für/for K10
Verspottung Christi (an eine Säule gebunden)/*The Mocking of Christ (Tied to a Column)*
Öl auf Leinwand/*oil on canvas*, 48 × 36 cm
Literatur/*literature*:
Wawra 1920 Nr. 13

Inv.-Nr. 112 Blumenvase im Fauteuil/*Flower Vase in an Armchair* für/for K100
Öl auf Leinwand/*oil on canvas*, 64 × 62 cm
Privatbesitz/*private collection*

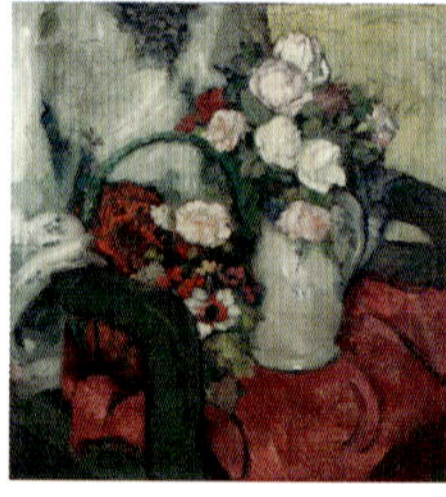

Inv.-Nr. 136 Blumenstück, Nelken/*A Flower Piece, Carnations* für/for K70

Inv.-Nr. 137 Blumenstück, weiße Rosen/*A Flower Piece, White Roses* für/for K120
1914
Öl auf Leinwand/*oil on canvas*, 72 × 50 cm
Privatbesitz/*private collection*

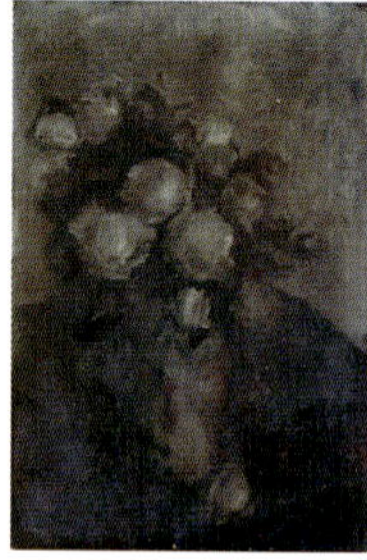

Inv.-Nr. 377 Weiße Rose in einer Vase/*White Rose in a Vase* für/for K80

Inv.-Nr. 453 Blumenstück/*A Flower Piece 1* für/for K40

Inv.-Nr. 454 Blumenstück/*A Flower Piece 2* für/for K40

Inv.-Nr. 608 Blumenstücke/*Flower Pieces 1* für/for K50

Inv.-Nr. 609 Blumenstücke/*Flower Pieces 2* für/for K50

Inv.-Nr. 117 Stillleben, Kürbisse/*Still Life with Squash* für/for K50

Inv.-Nr. 369 Gemüsestillleben/*Still Life with Vegetables* für/for K60

Inv.-Nr. 466 Stillleben Obst und Blumen/*Still Life with Fruit and Flowers* für/for K15

Inv.-Nr. 569 Stillleben/*Still Life* für/for K25

Inv.-Nr. 605 Stillleben/*Still Life* für/for K50

Inv.-Nr. 611 Stillleben Obst/*Still Life with Fruit* für/for K20

Inv.-Nr. 9 Kleine Landschaftsstudie/*Small Landscape Study* für/for K10

Inv.-Nr. 431 Waldstudie/*Woodland Study* für/for K5

Inv.-Nr. 201 Interieur, klein/*Interior, Small* für/for K20

Inv.-Nr. 527 Studie, klein/*Study, Small* für/for K5

Inv.-Nr. 540 Studie/*Study* für/for K5

Inv.-Nr. 547 Studie/*Study* für/for K10

Inv.-Nr. 548 Studie/*Study* für/for K20

Gebirgslandschaft (mit Gewitterwolken)/*Mountain Landscape (with Thunderclouds)*
Öl auf Leinwand/*oil on canvas*, 29 × 43 cm
Literatur/*literature*:
Wawra 1920 Nr. 12

Stillleben – Rosen/*Still Life – Roses*
Öl auf Leinwand/*oil on canvas*, 50 × 40 cm
Literatur/*literature*:
Dorotheum 1918 Nr. 136

Stillleben – gelbe Rosen/*Still Life – Yellow Roses*
Öl auf Leinwand/*oil on canvas*, 50 × 40 cm
Literatur/*literature*:
Dorotheum 1918 Nr. 137

Blumen und Vorhang/*Flowers and Curtain*, um/ca. 1912/13
Öl auf Leinwand/*oil on canvas*, 60 × 80 cm
Privatbesitz/*private collection*

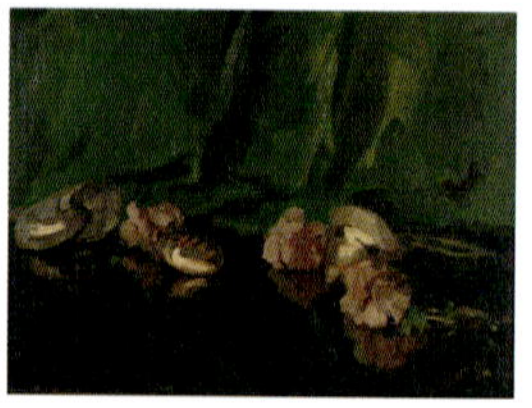

Nach dem Bade (Mädchenakt in Landschaft sich ankleidend)/*After the Bath (Female Nude Dressing in the Landscape)*
Öl auf Leinwand/*oil on canvas*, 70 × 70 cm
Literatur/*literature*:
Wawra 1920 Nr. 11

Frauenakt/*Female Nude*
Öl auf Leinwand/*oil on canvas*, 60 × 70 cm
Privatbesitz/*private collection*

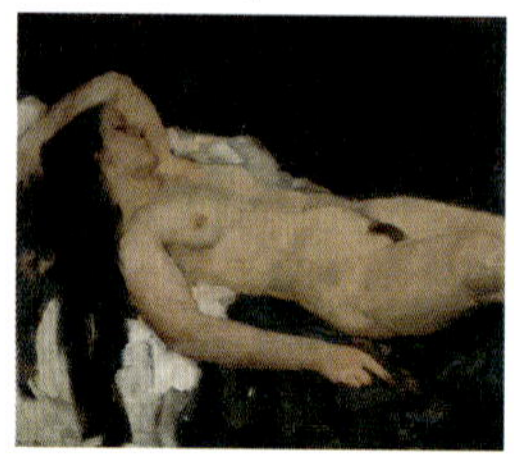

Hugo Charlemont

Inv.-Nr. 132 Töpferwerkstätte/*Pottery Workshop* für/for K80
In der Töpferwerkstätte/*In the Pottery Workshop*, 1885
Öl auf Holz/*oil on wood*, 20 × 18 cm
Literatur/*literature*:
Dorotheum 1918 Nr. 59

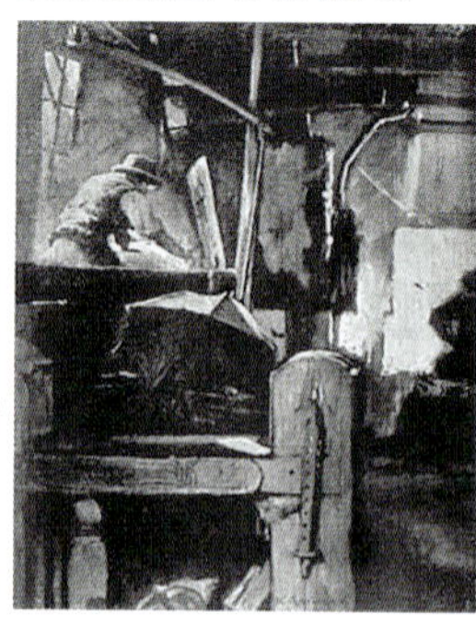

Inv.-Nr. 139 Dame in der Hängematte/*Lady in the Hammock* für/for K80
Öl auf Holz/*oil on wood*, 21 × 16 cm
Literatur/*literature*:
Dorotheum 1918 Nr. 40,
Dorotheum 1919 Nr. 97

Inv.-Nr. 230 Bauernhaus in Seiß/*Farmhouse in Seiß* für/for K70
1907
Aquarell/*watercolor*, 18 × 26 cm
Literatur/*literature*:
Dorotheum 1918 Nr. 44

Inv.-Nr. 273 Schmiede/*Blacksmith Shop* für/for K120
Inneres einer Pflugscharschmiede in Königshof/*Interior of a Plowshare Blacksmith Forge in Königshof*
Öl auf Karton/*oil on cardboard*, 36 × 46 cm
Literatur/*literature*:
Dorotheum 1918 Nr. 107,
Dorotheum 1919 Nr. 78

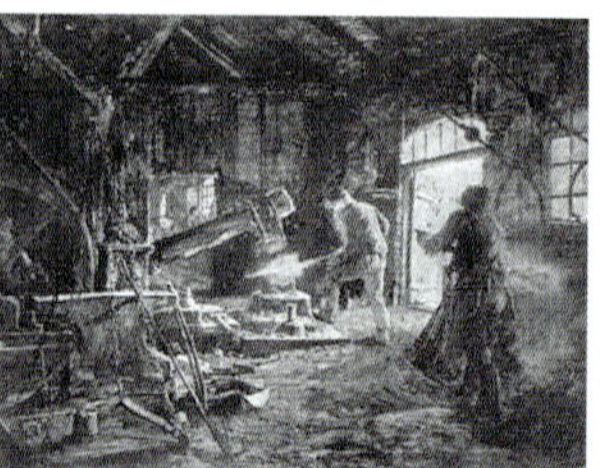

Inv.-Nr. 650 Bauernhaus/ *Farmhouse* für/for K30

Inv.-Nr. 665 Gartenbild/ *Picture of a Garden* für/for K200
Garten in Brioni/
Garden in Brioni, 1909
Öl auf Leinwand/*oil on canvas*, 70 × 104 cm
Literatur/*literature*:
Dorotheum 1918 Nr. 86

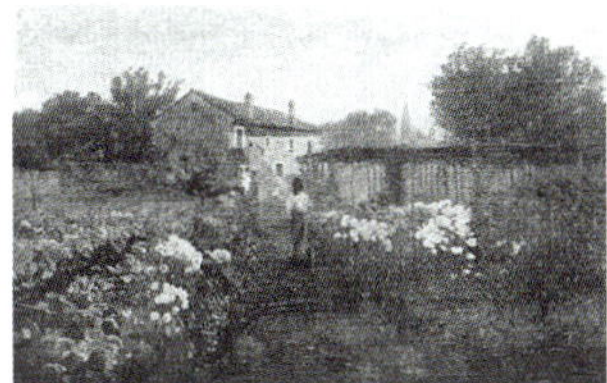

Theodor Charlemont

Porträt des Herrn Obersten von Holzbecher/*Portrait of Colonel von Holzbecher*
Bronze
Literatur/*literature*:
KH EB 1909/10 Nr. 1577

Emil Czech

Inv.-Nr. 492 Madonna am Weg/*Madonna at the Roadside* für/for K70
Lichtentalerkirche, 1908
Aquarell, Mischtechnik auf Karton/*watercolor, mixed media on cardboard*,
64 × 73 cm
Privatbesitz/*private collection*

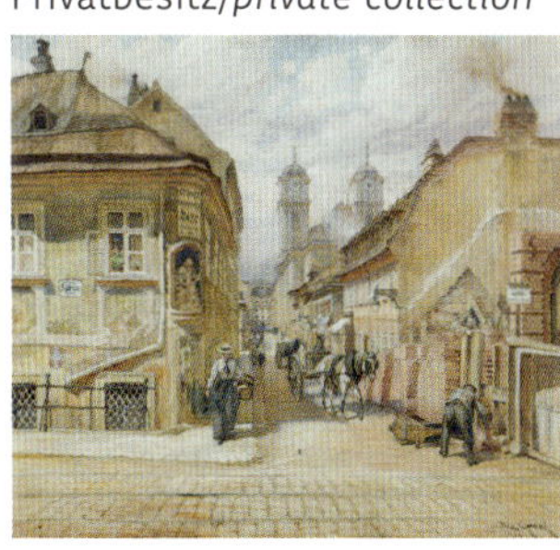

Inv.-Nr. 649 Regentag/ *Rainy Day* für/for K10
Aquarell/*watercolor*,
34 × 25 cm
Literatur/*literature*:
Dorotheum 1918 Nr. 10

Hugo Darnaut

Inv.-Nr. 322 Birkengruppe/*Group of Birch Trees* für/for K100
Birkenwäldchen/*Birch Grove*
Gouache, 62 × 48 cm
Literatur/*literature*:
Dorotheum 1918 Nr. 106

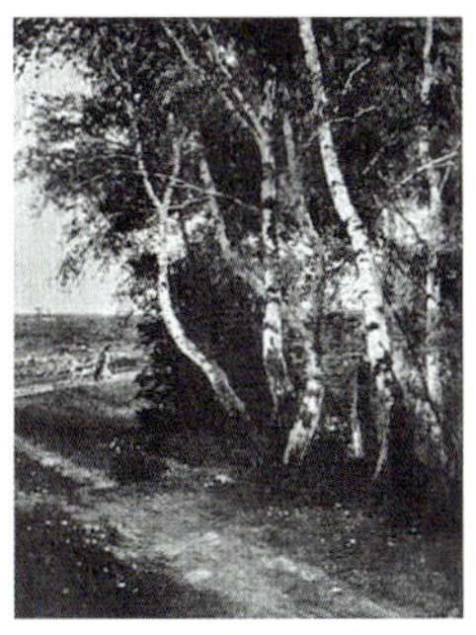

Inv.-Nr. 370 Laubwald/ *Deciduous Forest* für/for K100

Inv.-Nr. 585 Kind in einem Garten/*Child in a Garden* für/for K120

Franz von Defregger

Inv.-Nr. 319 Mädchenkopf/ *Head of a Girl* für/for K600

Delin

Inv.-Nr. 367 Köhlerhütte/ *Collier's Hut* für/for K25

Albin Egger-Lienz

Inv.-Nr. 1 Selbstportrait/ *Self-Portrait* für/for K400
Selbstbildnis/*Self-Portrait*, 1911
Öl auf Leinwand/*oil on canvas*, 64,5 × 61,5 cm
Privatbesitz/*private collection*
Literatur/*literature*: Wawra 1920, Kirschl 1996 M 300

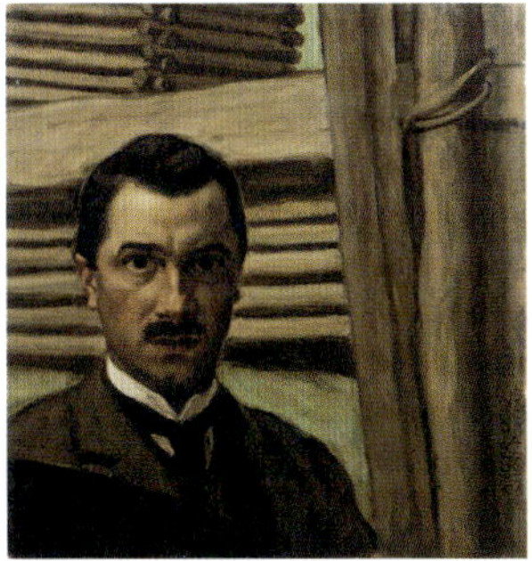

Inv.-Nr. 2 Bauerngehöft mit Marterl/*Farmstead with Wayside Cross* für/ for K100

Inv.-Nr. 3 Landschaftsstudie/ *Landscape Study* zur/ for Ave Maria/*Prayer* für/ for K60
Waldinneres (Studie zum „Ave")/*Forest (Study for "Prayer")*, 1895
Öl auf Leinwand/*oil on canvas*, 65,8 × 92,8 cm
Leopold Museum, Wien/ *Vienna*, Inv.-Nr. 485
Literatur/*literature*:
Kirschl 1996 M 88

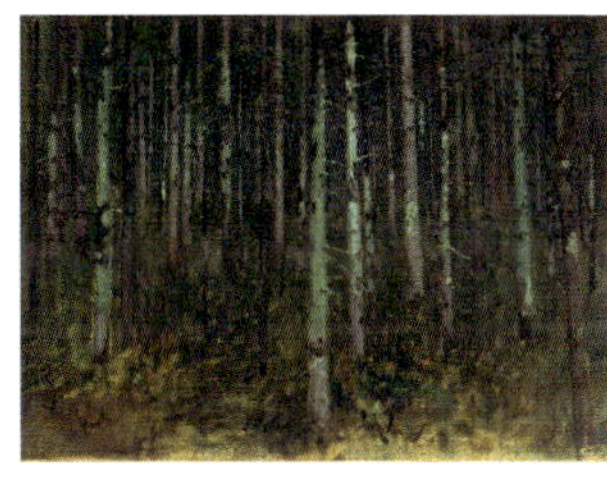

Inv.-Nr. 4 Die Wallfahrer, erste Fassung/ *The Pilgrims, first version* für/for K50
Entwurf zum Bild „Die Wallfahrer" mit Madonna in der Mitte, wohl 1904/*Sketch for "The Pilgrims" with Madonna in the middle, probably 1904*
Gouache auf Leinwand/ *gouache on canvas*,
56 × 108 cm
Privatbesitz/*private collection*
Literatur/*literature*:
Kirschl 1996 M 205

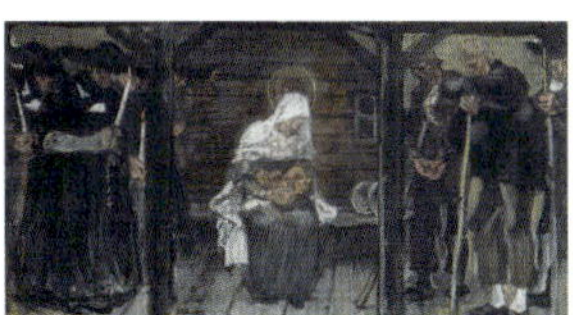

Inv.-Nr. 54 Weiblicher Kopf mit grünem Hut zum Wallfahrer/*Head of a Woman with a Green Hat for The Pilgrims* für/for K150
Zur zweiten Frau von links (Studie zu „Die Wallfahrer")/ *For the Second Woman from the Left (Study for "The Pilgrims")*, 1905
Öl auf Leinwand/*oil on canvas*
Literatur/*literature*:
Kirschl 1996 M 211

Inv.-Nr. 271 Studie zu den Wallfahrern, Mädchenkopf/ *Study for The Pilgrims, Head of a Girl* für/for K80
Frauenkopf zu Wallfahrer/ *Head of a Woman for The Pilgrims*, 1906
Öl auf Leinwand auf Karton/*oil on canvas on cardboard*, 30 × 26,5 cm
Landessammlungen Niederösterreich/*State Collections of Lower Austria*, Inv.-Nr. KS-18338
Literatur/*literature*:
Kirschl 1996 M 209

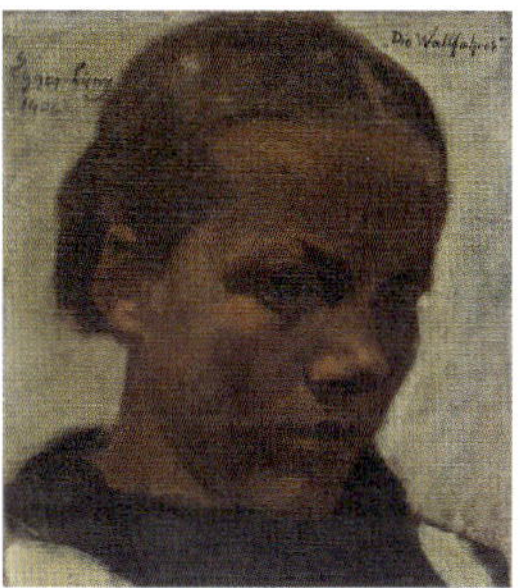

Inv.-Nr. 279 Studie zu den Wallfahrern, alter Mann/ *Study for The Pilgrims, Old Man* für/for K80
Männerkopf zu Wallfahrer/ *Head of a Man for The Pilgrims*, 1906
Öl auf Leinwand auf Karton/ *oil on canvas on cardboard*,
36,8 × 31,5 cm
Landessammlungen Niederösterreich/*State Collections of Lower Austria*,
Inv.-Nr. KS-18337
Literatur/*literature*:
Kirschl 1996 M 207

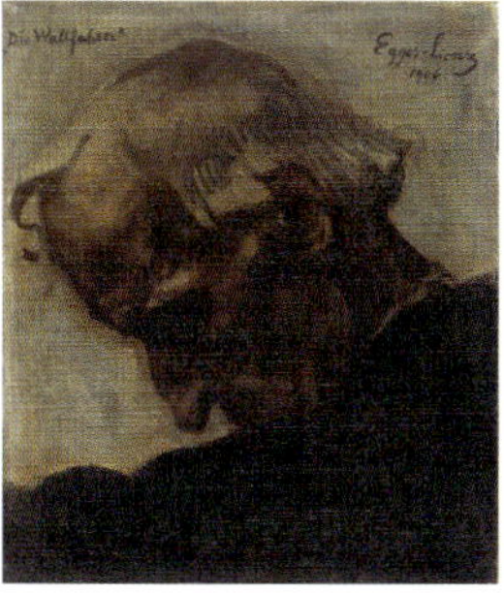

Inv.-Nr. 5 Nach dem Friedensschluß/*After the Peace Agreement* für/for K120
„Nach dem Vriedensschluß 1809" [sic]/*"After the Treaty of Schönbrunn,"* 1902
Öl auf Leinwand/*oil on*

canvas, 64,8 × 107 cm
Leopold Museum, Wien/ *Vienna*, Inv.-Nr. 484
Literatur/*literature*: Kirschl 1996 M 174

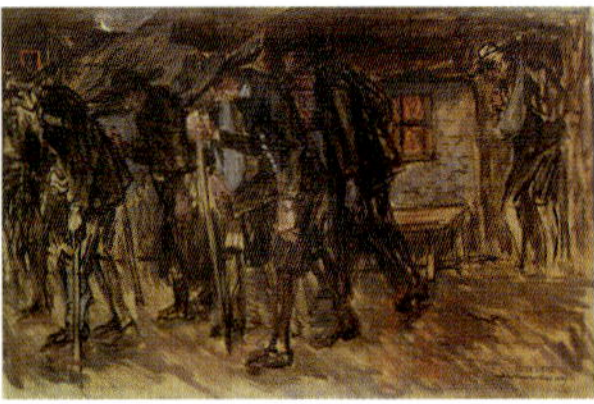

Inv.-Nr. 6 Ave Maria nach der Schlacht am Berge Isel/ *Prayer After the Battle of Bergisel* für/for K1.200
Gesamtentwurf zum „Ave"/*Overall Sketch for "Prayer"*, 1894
Öl auf Leinwand/*oil on canvas*, 138,5 × 192 cm
Literatur/*literature*: Dorotheum 1918 Nr. 99; Wawra 1920 Nr. 22; Kirschl 1996 M 73

Inv.-Nr. 10 Zwei Bauern, Skizze zu Ave Maria/ *Two Farmers, Sketch for Prayer* für/for K600
Zwei kniende Beter/ *Two Kneeling Supplicants*, um/*ca.* 1894
Öl auf Leinwand/*oil on canvas*, 106 × 88 cm
Literatur/*literature*: Dorotheum 1918 Nr. 97; Kirschl 1996 M 87

Inv.-Nr. 406 Studie zu A. v. M. der Trommler/ *Study for The Prayer, the Drummer Boy* für/for K50
1894
Öl auf Pappe/*oil on cardboard*, 22 × 19 cm
Literatur/*literature*: Kirschl 1996 M 78

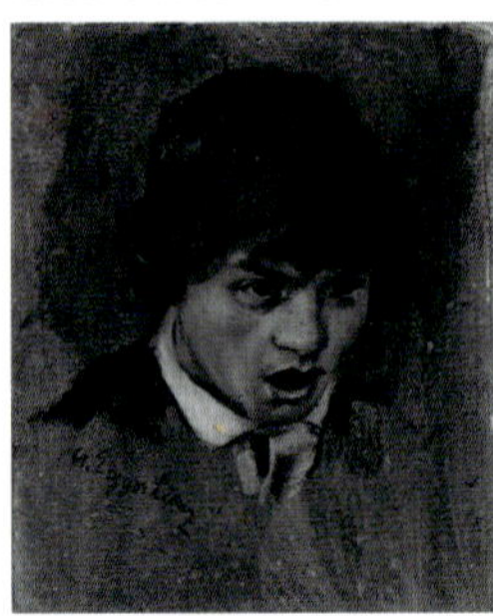

Inv.-Nr. 7 Skizze zu Haspinger/*Sketch for Haspinger* für/for K40
Öl auf Leinwand/*oil on canvas*, 69 × 96 cm
Vorderseite zu „Erster Entwurf zum Bild ‚Die Lebensalter'"/ *Front Side of "First Sketch for the Picture 'The Ages of Life'"*

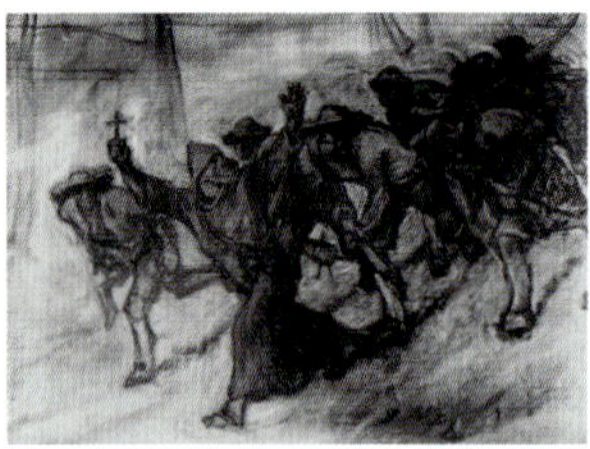

Inv.-Nr. 15 Studie zum Bilde Haspinger junger Mann/*Study for the Picture Haspinger Young Man* für/for 120
Haspinger, Studie zur zweiten Figur von rechts/*Haspinger, Study for the Second Figure from Right*, 1908/09
Öl auf Leinwand/*oil on canvas*, 53,5 × 43,5 cm
Museum der Stadt Lienz Schloss Bruck, Inv.-Nr. AEL 35
Literatur/*literature*: Kirschl 1996 M 249

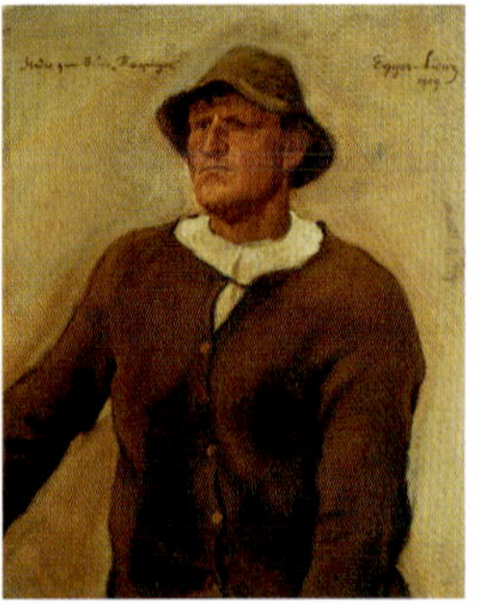

Inv.-Nr. 28 Studie zum Bilde Haspinger Ausschreitender Bauer/*Study for the Picture Haspinger, High-Stepping Farmer* für/for K100
Schreitender Bauer (zur Gestalt links vorne)/ *Striding Farmer (for the Figure at Front Left)*, 1908
Öl auf Leinwand/*oil on canvas*, 95 × 66 cm
Literatur/*literature*: Wawra 1920 Nr. 32; Kirschl 1996 M 250

Inv.-Nr. 307 Schreitender Bauer/*Striding Farmer* für/for K40
Studie zum Kopf des Haspinger, wohl 1908/ *Study for the Head of Haspinger, probably 1908*
Öl auf Leinwand, auf Pappe aufgezogen/*oil on canvas, mounted on cardboard*, 38,3 × 34 cm
Literatur/*literature*: Kirschl 1996 M 253

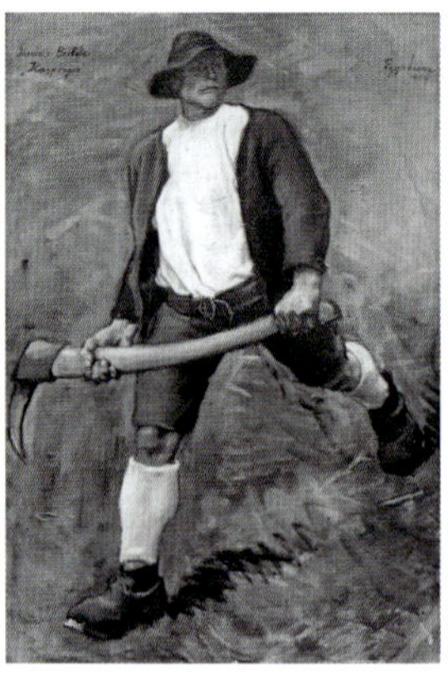

Inv.-Nr. 8 Skizze zu einer Frohnleichnamsprozession/ *Sketch for a Corpus Christi Procession* für/for K40
Die Prozession I/*The Procession I*, 1903
Öl auf Leinwand auf Karton/ *oil on canvas on cardboard*, 29,7 × 46,8 cm
Museum der Stadt Lienz Schloss Bruck, Inv.-Nr. AEL 26
Literatur/*literature*: Kirschl 1996 M 184

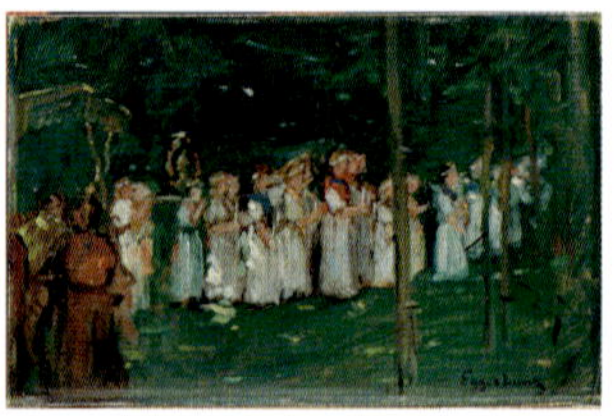

Inv.-Nr. 11 Edeldame I zu den Nibelungen/ *Noblewoman I for the Nibelungen* für/for K60

Inv.-Nr. 22 Edeldame II/ *Noblewoman II* für/for K40

Einzug König Etzels in Wien: Hofdame, Entwurf zur drittletzten Gestalt, wohl 1909/*Entry of King Etzel into Vienna: Gentlewoman, Sketch for the Third from Last Figure, probably 1909*
Öl auf Leinwand/*oil on canvas*, 113 × 43 cm
Museum der Stadt Lienz Schloss Bruck, Inv.-Nr. AEL 37a,b
Literatur/*literature*: Wawra 1920 Nr. 29; Kirschl 1996 M 271a/b recto/verso

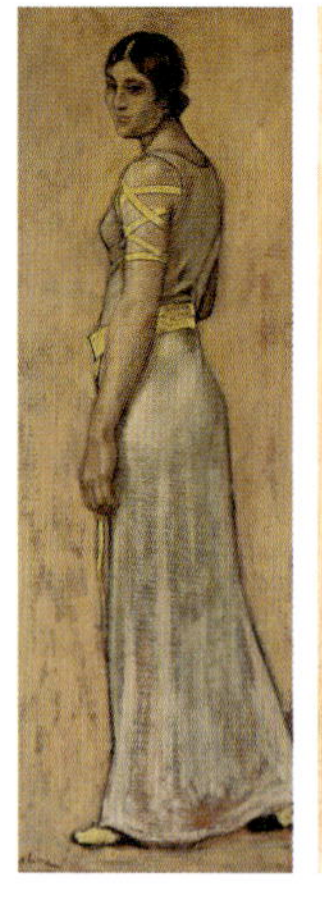
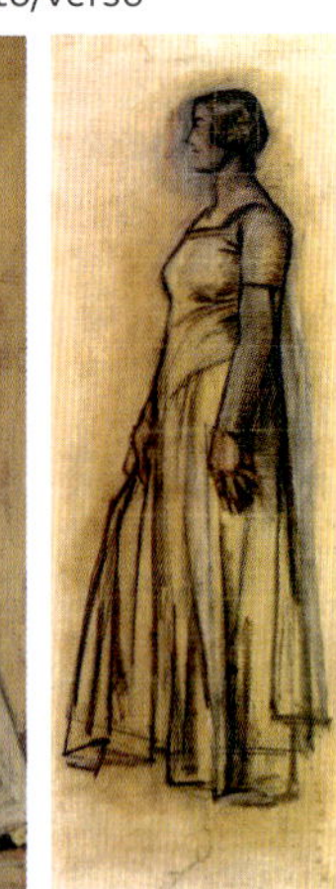

Hofdame (Einzug König Etzels in Wien)/*Gentlewoman (Entry of King Etzel into Vienna)*, um/*ca.* 1909
Öl und Goldbronze auf Leinwand/*oil and gold bronze on canvas*, 92 × 34,5 cm
Landessammlungen Niederösterreich/*State Collections of Lower Austria*, Inv.-Nr. KS-18339
Literatur/*literature*: Kirschl 1996 M 272

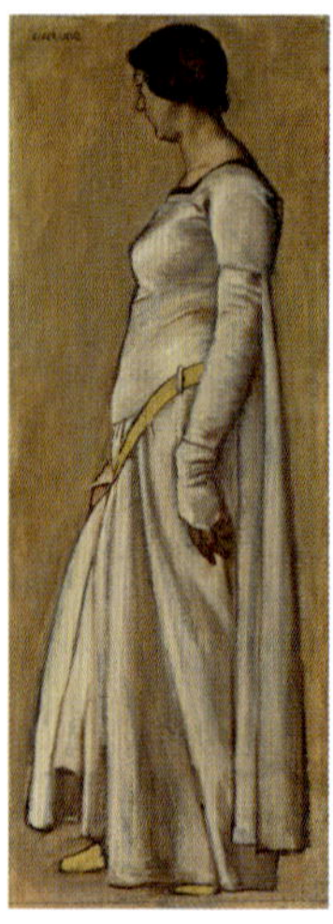

Inv.-Nr. 12 König Etzel zu den Nibelungen/ *King Etzel for the Nibelungen* für/for K60
Modellstudie Etzels als Mongole, wohl 1909/ *Study of a Model of Etzel as a Mongol, probably 1909*
Öl auf Leinwand/*oil on canvas*, 115 × 50 cm

Literatur/*literature*:
Wawra 1920 Nr. 28;
Kirschl 1996 M 268

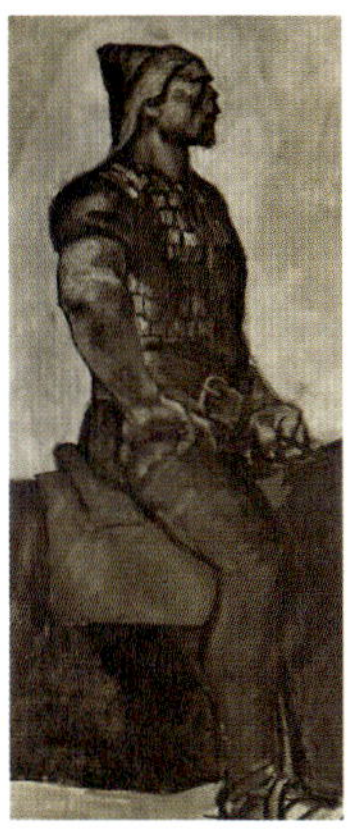

Inv.-Nr. 25 König Etzels Reiterzug/*King Etzel's Cavalcade* für/*for* K50

Inv.-Nr. 34 Ein Theil von König Etzels Reiterzug/*A Part of King Etzel's Calvacade* für/*for* K40

Inv.-Nr. 301 Studie zum Nibelungenzug/*Study for the Procession of the Nibelungen* für/*for* K50

Inv.-Nr. 13 Kapelleninterieur/*Chapel Interior* für/*for* K200
Inneres einer Kapelle/
Interior of a Chapel, 1901
Öl auf Leinwand/*oil on canvas*, 95 × 123 cm
Kunstsammlung des Landes Kärnten/
MMKK, Inv.-Nr. 618
Literatur/*literature*:
Wawra 1920 Nr. 23;
Kirschl 1996 M 160

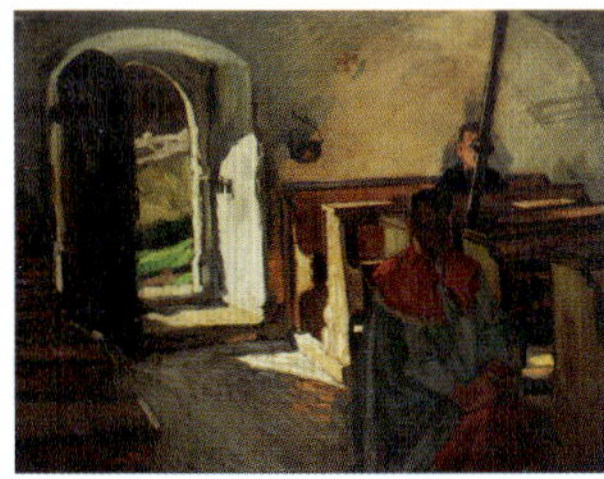

Inv.-Nr. 14 Die Welle/*The Wave* für/*for* K 150
Das Meer.v Katwijk/
The Sea. Katwijk, 1913
Öl auf Leinwand/*oil on canvas*, 100 × 150 cm
Museum der Stadt Lienz
Schloss Bruck, Inv.-Nr. AEL 48
Literatur/*literature*:
Wawra 1920 Nr. 45;
Kirschl 1996 M 336

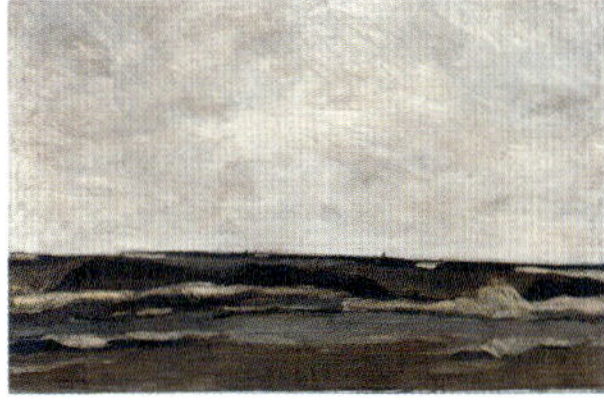

Inv.-Nr. 16 Kopf eines Lienzer Bürgers/*Head of a Lienz Citizen* für/*for* K80
1887
Öl auf Pappe/*oil on cardboard*, 75 × 42 cm
Literatur/*literature*:
Kirschl 1996 M 28

Inv.-Nr. 17 Wandkästchen in einer Werkstätte/*Wall Cabinets in a Workshop* für/*for* K80

Inv.-Nr. 18 Chor der Pfarrkirche in Lienz/*The Choir Gallery of the Parish Church in Lienz* für/*for* K250
Auf dem Kirchenchor der Lienzer Pfarrkirche St. Andrä/*In the Choir Gallery of the Lienz Parish Church St. Andrä*, 1890
Öl auf Leinwand/*oil on canvas*, 100,5 × 122 cm
Museum der Stadt Lienz
Schloss Bruck,
Inv.-Nr. AEL 9
Literatur/*literature*:
Dorotheum 1918 Nr. 89;
Kirschl 1996 M 45

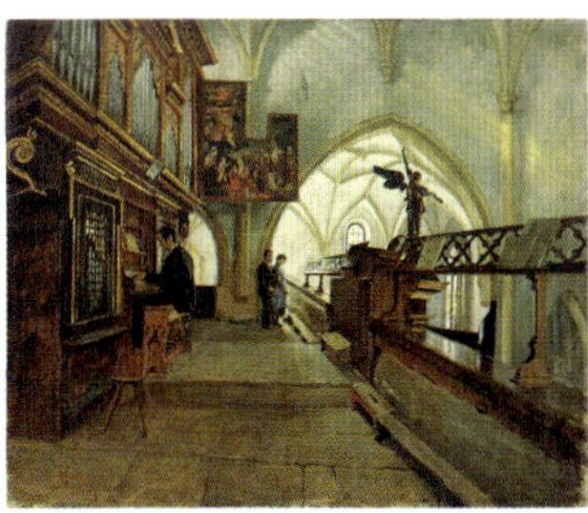

Inv.-Nr. 19 Dünenlandschaft aus Holland/*Dune Landscape in Holland* für/*for* K120
Dünenlandschaft bei Katwijk/
Dune Landscape Near Katwijk, 1913
Öl auf Leinwand/*oil on canvas*,
100 × 140 cm
Literatur/*literature*:
Kirschl 1996 M 335

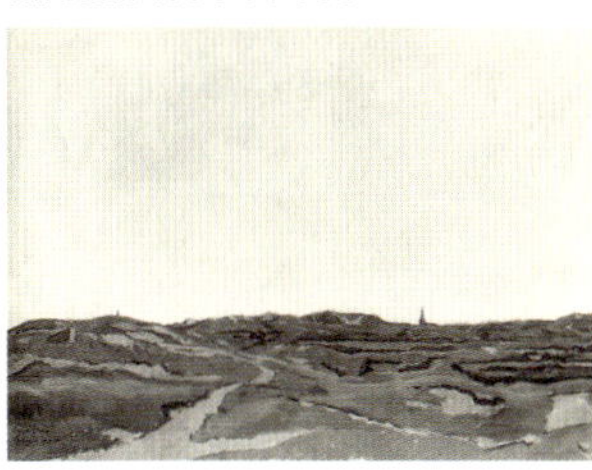

Inv.-Nr. 20 Die Bergmäher/*The Mountain Mowers* für/*for* K1.400
Bergmäher (I. Fassung)/
Mountain Mowers (first version), 1907
Öl auf Leinwand/*oil on canvas*, 94,6 × 150 cm
Leopold Museum, Wien/
Vienna, Inv.-Nr. 716
Literatur/*literature*: Wawra 1920 Nr. 27; Kirschl 1996 M 234

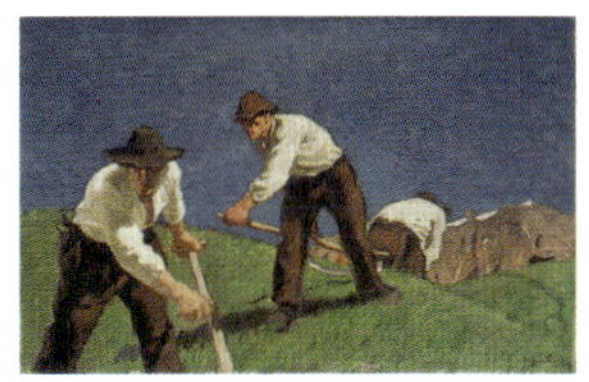

Inv.-Nr. 55 Landschaftsstudie zu Bergmäher/*Landscape Study for Mountain Mowers* für/*for* K120
Studie zur Landschaft in „Bergmäher" (oder: Bergbauernhof)/
Study for the Landscape in "Mountain Mowers" (or: Mountain Farm), 1907
Öl auf Leinwand auf Pappe aufgezogen/*oil on canvas mounted on cardboard*, 36 × 46 cm
Literatur/*literature*:
Kirschl 1996 M 236

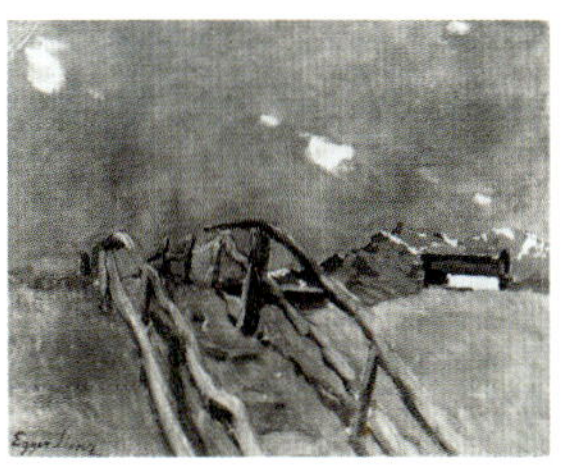

Inv.-Nr. 20a Die Suppe/*The Soup* für/*for* K1.400
Mittagessen („Die Suppe", II. Fassung)/*Midday Meal ("The Soup", second version)*, 1910
Öl auf Leinwand/*oil on canvas*, 91 × 141 cm
Leopold Museum, Wien/
Vienna, Inv.-Nr. 715
Literatur/*literature*:
Wawra 1920 Nr. 31,
Kirschl 1996 M 274

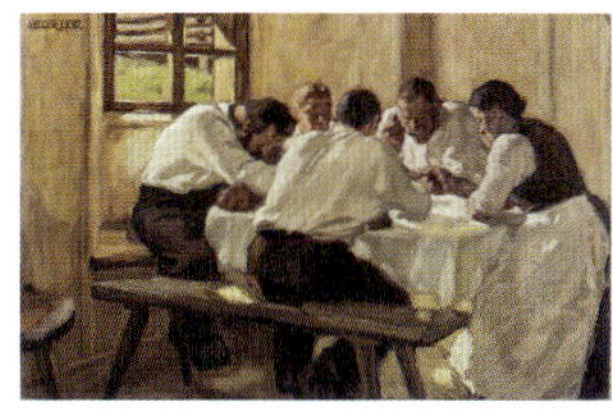

Inv.-Nr. 21 Porträt der Tochter des Künstlers/*Portrait of the Artist's Daughter* für/*for* K250
Lorli, Porträt der Tochter des Künstlers/*Portrait of the Artist's Daughter Lorli*, 1907
Öl auf Leinwand/*oil on canvas*, 102 × 91 cm
Privatbesitz/*private collection*
Literatur/*literature*:
Kirschl 1996 M 232

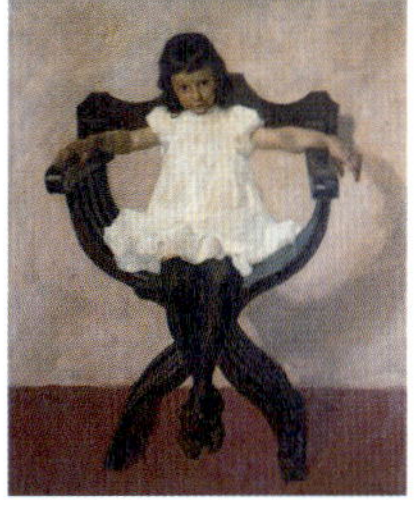

Inv.-Nr. 23 Ruhende Hirten/*Resting Shepherds* für/*for* K250
Ruhende Hirten, erste Fassung/*Resting Shepherds, first version*, 1911
Öl auf Leinwand/*oil on canvas*, 135 × 190 cm
The Gallery of Fine Arts in Ostrava, Inv.-Nr. O 0224
Literatur/*literature*:
Wawra 1920 Nr. 43;
Kirschl 1996 M 294

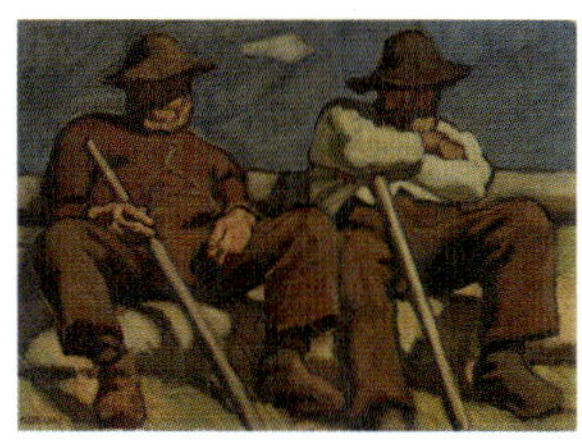

Inv.-Nr. 26 Skizze zu W. das Leben/*Sketch for the Work "Life"* für/*for* K150

Inv.-Nr. 42 Jüngling zu den [sic] W. Das Leben/*Boy for the Work "Life"* für/for K400
Der Knabe/*The Boy*, 1910/11
Öl auf Leinwand/*oil on canvas*, 97 × 76 cm
Privatbesitz/*private collection*
Literatur/*literature*: Wawra 1920 Nr. 36; Kirschl 1996 M 308

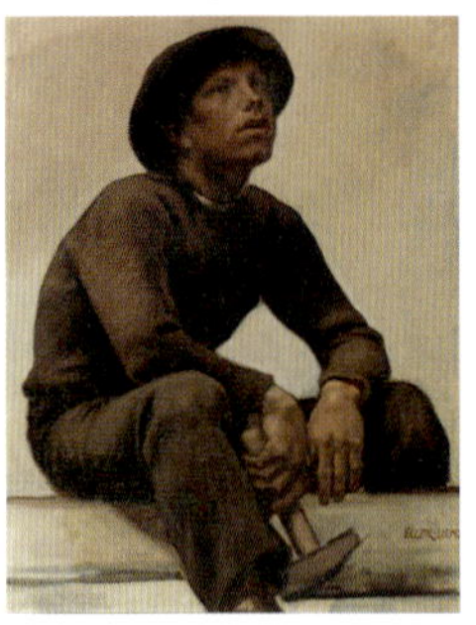

Inv.-Nr. 43 Greis zu den [sic] W. Das Leben/*Old Man for the Work "Life"* für/for K500
Der Greis/*Old Man*, 1910/11
Öl auf Leinwand/*oil on canvas*, 128 × 96 cm
Literatur/*literature*: Wawra 1920 Nr. 39; Kirschl 1996 M 314

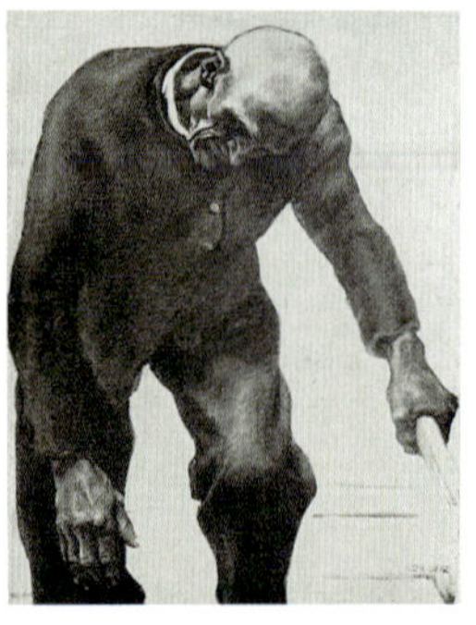

Inv.-Nr. 44 Skizze zu dem Werk das Leben/*Sketch for the Work "Life"* für/for K1.000
Die Lebensalter, Entwurf/*The Ages of Life, sketch*, 1909/10
Öl auf Leinwand/*oil on canvas*, 131 × 150,5 cm
Privatbesitz/*private collection*
Literatur/*literature*: Wawra 1920 Nr. 34; Kirschl 1996 M 304

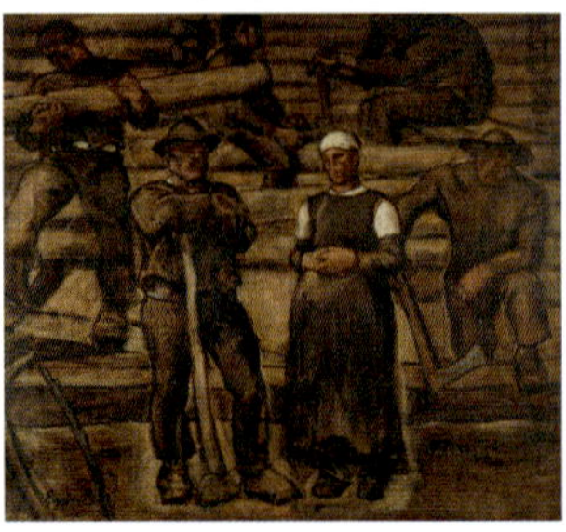

Inv.-Nr. 47 Balkenträger zu dem Werk das Leben/*Beam-Lifter for the Work "Life"* für/for K400
Der Jüngling (Balkenheber)/*The Boy (Beam-Lifter)*, 1910/11
Öl auf Leinwand/*oil on canvas*, 96 × 75 cm
Literatur/*literature*: Wawra 1920 Nr. 37; Kirschl 1996 M310

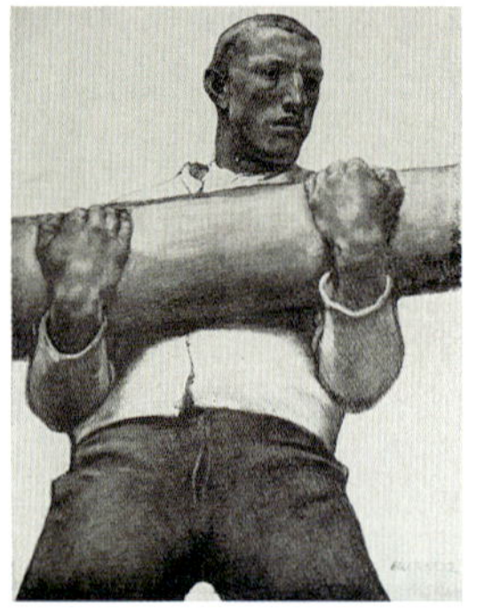

Inv.-Nr. 48 Alter Mann mit Hacke stützend zu dem Werke „das Leben"/*Old Man Leaning on an Ax for the Work "Life"* für/for K400
Der ältere Mann, Studie zu Das Leben/*The Older Man, Study for Life*, 1910/11
Öl auf Leinwand/*oil on canvas*, 128 × 100 cm
Albertina, Wien/*Vienna*. Leihgabe/*loan* E. Ploil
Literatur/*literature*: Wawra 1920 Nr. 38; Kirschl 1996 M 312

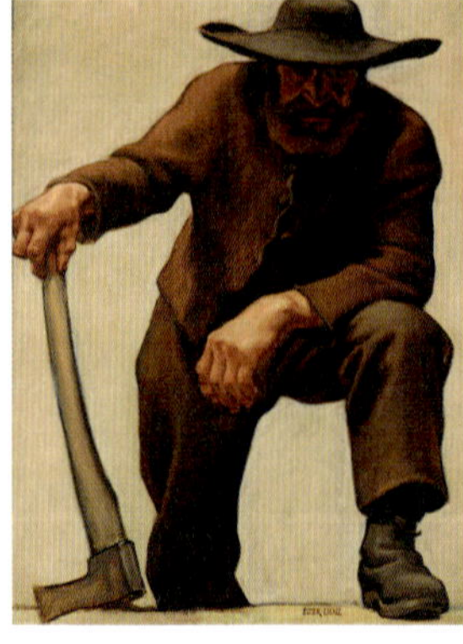

Erster Entwurf zum Bild „Die Lebensalter"/*First Sketch for the Picture "The Ages of Life,"* 1909
Öl auf Leinwand/*oil on canvas*, 69 × 96 cm
Rückseite zu Inv.-Nr. 7 „Skizze zu Haspinger"/*verso of Inv.-Nr. 7, "Sketch for Haspinger"*
Literatur/*literature*: Kirschl 1996 M 303

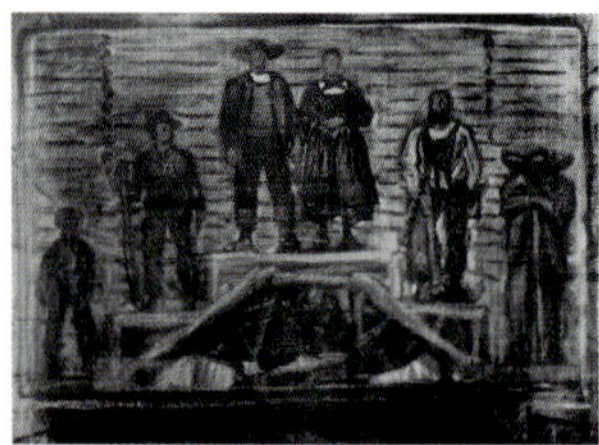

Mann und Weib/*Man and Woman*, 1910
Kasein, Ölfarbe auf Leinwand/*casein, oil on canvas*, 186 × 145 cm
Landesmuseum für Kärnten, Inv.-Nr. K 161
Literatur/*literature*: Wawra 1920 Nr. 35; Kirschl 1996 M 311

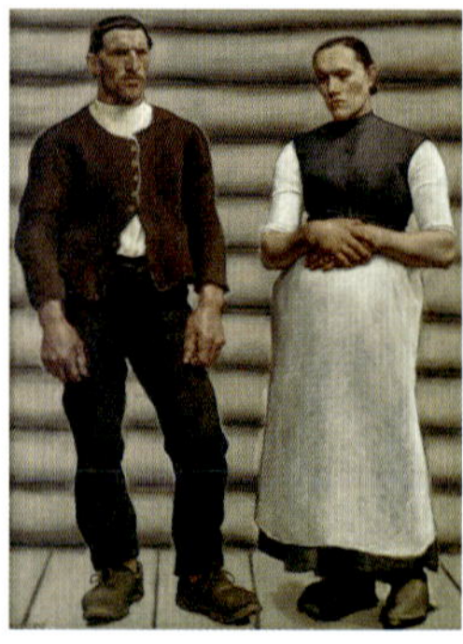

Inv.-Nr. 27 Vorfrühling in Tirol/*Early Spring in Tyrol* für/for K150
Vorfrühling, Erste Fassung/*Early Spring, first version*, 1906
Öl auf Leinwand/*oil on canvas*, 130 × 155 cm
Privatbesitz/*private collection*
Literatur/*literature*: Wawra 1920 Nr. 24; Kirschl 1996 M 218

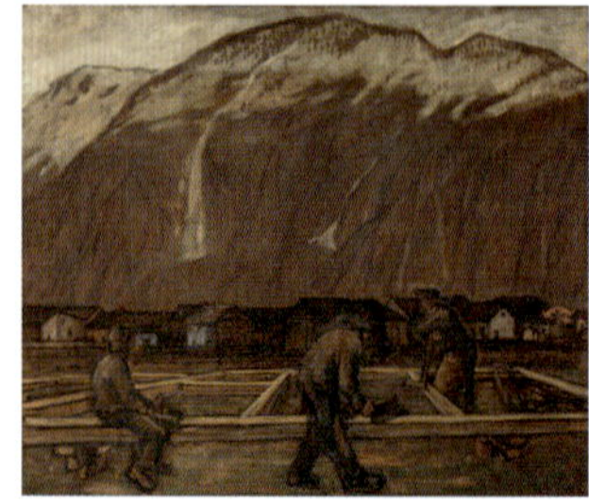

Inv.-Nr. 29 Interieur der Johanneskirche in München/*Interior of St. John's Church in Munich* für/for K120
Inneres der Johanneskirche in München/*Interior of St. John's Church in Munich*, 1890
Öl auf Leinwand/*oil on canvas*, 60 × 73,5 cm
Belvedere, Wien/*Vienna*, Inv.-Nr. 5274
Literatur/*literature*: Kirschl 1996 M 61

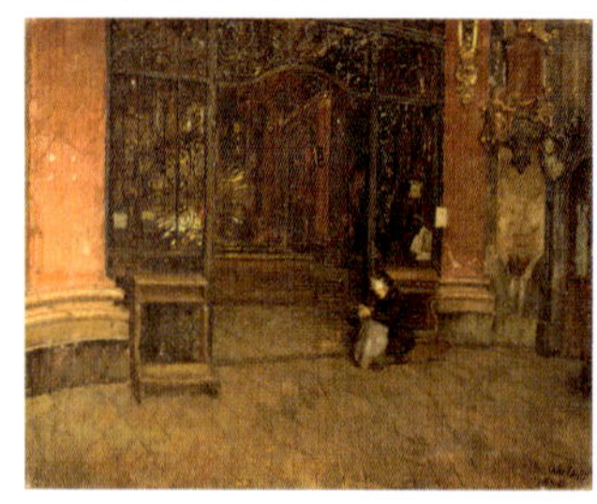

Inv.-Nr. 30 Studie zum Todtentanz ein Kopf/*Study of a Head for Dance of Death* für/for K120
Der letzte zurückschauende Bauer, Fragment III der ersten Version „Der Totentanz von Anno Neun"/*The Last Backward-Looking Farmer, Fragment III of the First Version of "Dance of Death of Year Nine,"* 1906/07
Öl auf Leinwand/*oil on canvas*, 55 × 48 cm
Museum der Stadt Lienz Schloss Bruck, Inv.-Nr. AEL 164
Literatur/*literature*: Dorotheum 1918 Nr. 104; Kirschl 1996 M 223/III

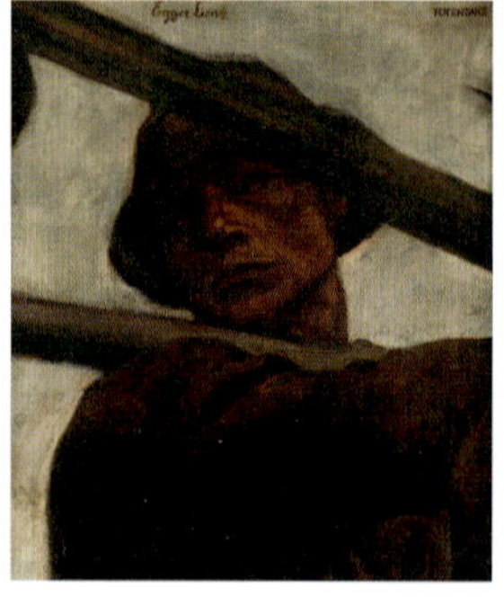

Inv.-Nr. 31 Studie zum Todtentanz, zwei Köpfe/*Study for Dance of Death, Two Heads* für/for K150
Zweiter und dritter Bauer, Fragment II der ersten Fassung/*Second and Third Farmer, Fragment II of the first version*, 1906/07
Öl auf Leinwand/*oil on canvas*, 50 × 72 cm

Literatur/*literature*:
Dorotheum 1918 Nr. 101;
Kirschl 1996 M 223/II

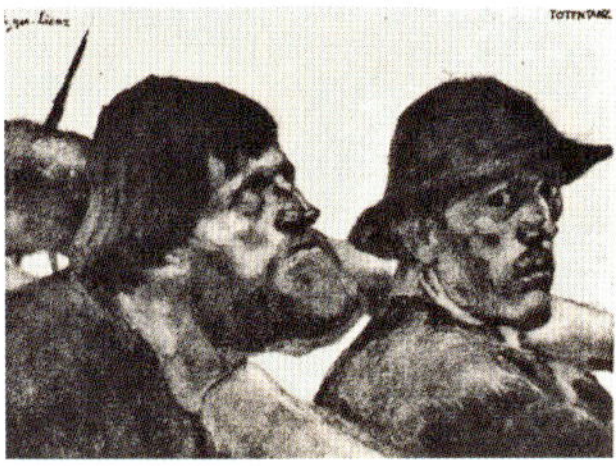

Inv.-Nr. 40 Studie zum Todtentanz, Mann mit Totengerippe/*Study for Dance of Death, Man with Skeleton* für/*for* K400
Tod und erster Bauer, Fragment I der ersten Fassung (Der Totentanz von Anno Neun)/*Death and First Farmer, Fragment I of the first version of "Dance of Death of Year Nine,"* 1906/07
Öl auf Leinwand/*oil on canvas*, 102 × 78 cm
Privatbesitz/*private collection*, Wien/*Vienna* (Courtesy Kunsthandel Giese & Schweiger, Wien)
Literatur/*literature*:
Kirschl 1996 M 223/I

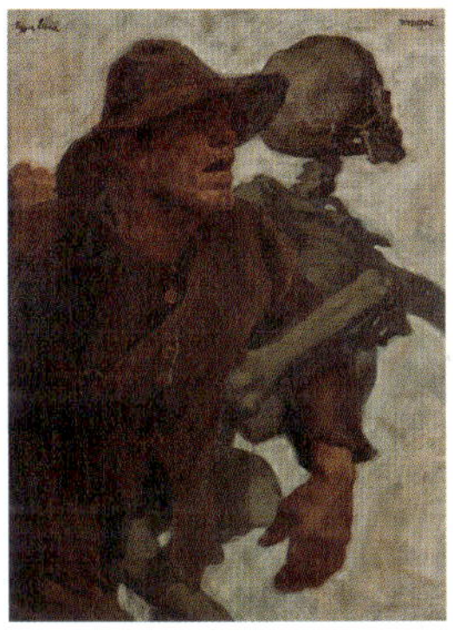

Der Totentanz von Anno Neun/*The Dance of Death of Year Nine*, 1910/11
Kasein auf Leinwand/*casein on canvas*, 226 × 253 cm
Im 2. WK zerstört/*destroyed in WW II*; ehemals/*formerly* Dresden, Staatliche Gemäldegalerie
Literatur/*literature*:
Kirschl 1996 M 291

Totentanz, 3. Fassung/*Dance of Death, third version*, 1914
Kasein auf Leinwand/*casein on canvas*,
243 × 274,5 cm

Landesmuseum für Kärnten, Inv.-Nr. K 8
Literatur/*literature*:
Wawra 1920 Nr. 30;
Kirschl 1996 M 351

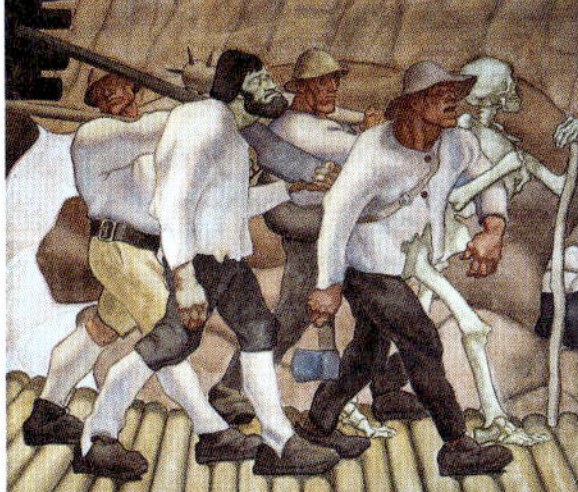

Inv.-Nr. 35 Sämann und Teufel/*Sower and Devil* für/*for* K500
Sämann und Teufel, erste Fassung/*Sower and Devil, first version*, 1908/09
Kasein auf Leinwand/*casein on canvas*, 200 × 220 cm
Literatur/*literature*: Wawra 1920 Nr. 33; Kirschl 1996 M 245

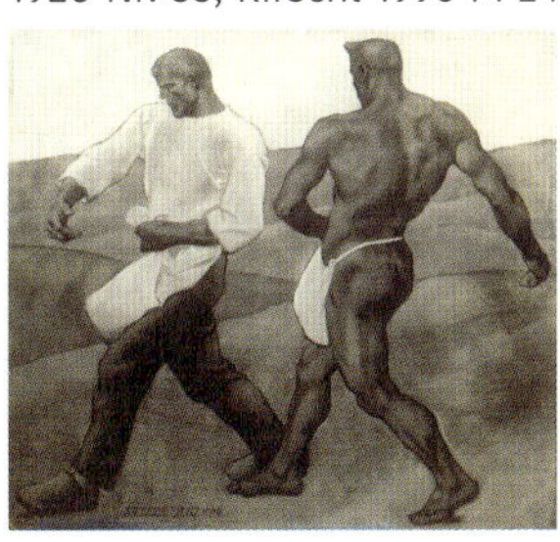

Nr. 37 Karfreitag/*Good Friday* für/*for* K200

Das heilige Grab, Fragment I, Studie zu „Karfreitag"/*The Holy Grave, Fragment I, Study for "Good Friday,"* 1900/01
Öl auf Leinwand auf Karton/*oil on canvas on cardboard*, 70 × 80,5 cm
Museum der Stadt Lienz Schloss Bruck, Inv.-Nr. AEL 73

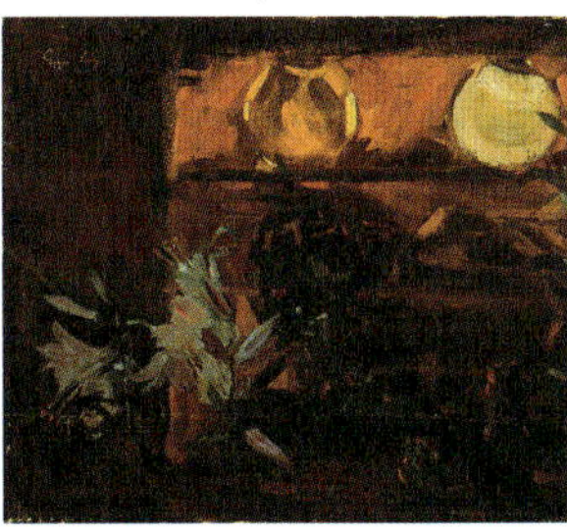

Betendes Mädchen. Das Heilige Grab, Fragment II/*Praying Girl. The Holy Grave, Fragment II*, 1900/01

Öl auf Leinwand/*oil on canvas*, 123,5 × 85,3 cm
Leopold Museum, Wien/*Vienna*, Inv.-Nr. 2082
Literatur/*literature*:
Wawra 1920 Nr. 21; Kirschl 1996 M 169/I und/*and* II

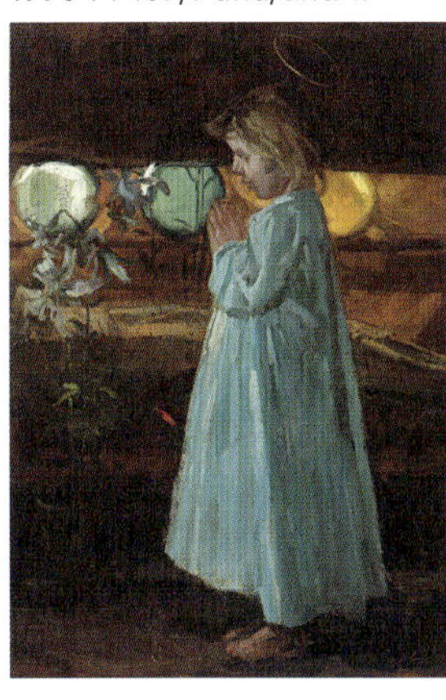

Inv.-Nr. 38 Der Sensendengler/*The Scythe Sharpener* für/*for* K350
Der Dengler (I. Fassung)/*The Scythe Sharpener (first version)*, 1910
Öl auf Leinwand/*oil on canvas*, 90,2 × 100,6 cm
Leopold Museum, Wien/*Vienna*, Inv.-Nr. 526
Literatur/*literature*:
Kirschl 1996 M 289

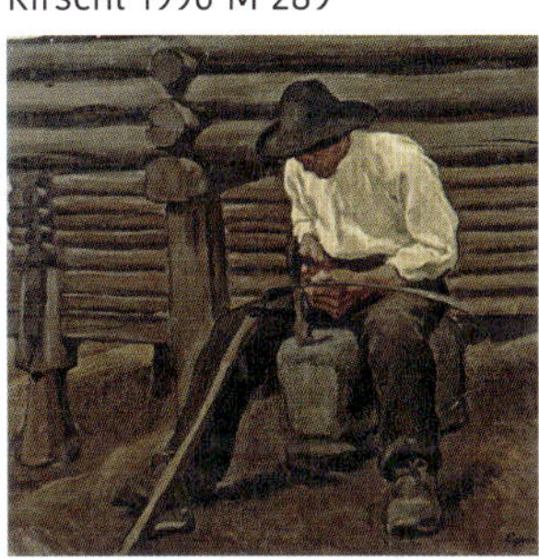

Inv.-Nr. 39 Interieur Scheune mit Bauer, Futter schneidend/*Barn Interior with Farmer Cutting Fodder* für/*for* K350
In der Tenne, wohl 1906/*Threshing Floor, probably 1906*
Öl auf Leinwand/*oil on canvas*, 94 × 74 cm
Literatur/*literature*:
Kirschl 1996 M 231b

Inv.-Nr. 41 Sonntagsmorgen, Mädchen eine Nelke an den Burschenhut steckend/*Sunday Morning, Girl Pinning a Carnation on the Boy's Hat* für/*for* K200

Der Antrag II., 1898 oder später/*The Proposal II, 1898 or later*
Öl auf Leinwand/*oil on canvas*, 74 × 53 cm
Literatur/*literature*:
Dorotheum 1918 Nr. 93;
Kirschl 1996 M 124

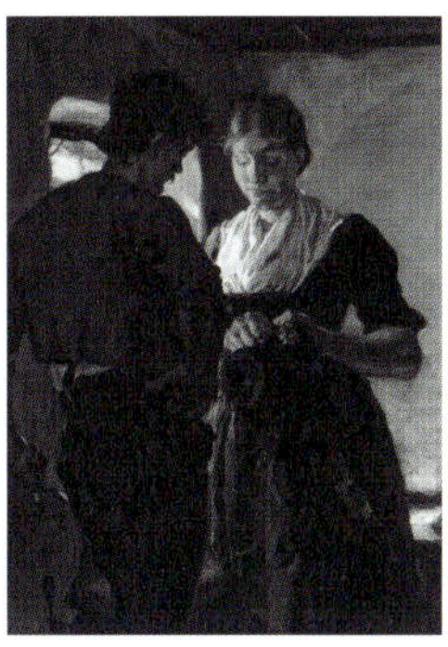

Inv.-Nr. 45 Kreuz der Wallfahrer/*Pilgrims' Cross* für/*for* K200
Studie zum Kruzifix/*Study for the Crucifix*, 1901
Öl auf Leinwand/*oil on canvas*, 122 × 70 cm
Literatur/*literature*:
Kirschl 1996 M 149

Inv.-Nr. 46 Maisernte in Tirol/*Corn Harvest in Tyrol* für/*for* K120
Maisernte/*Corn Harvest*, 1906
Öl auf Leinwand/*oil on canvas*, 74,5 × 64 cm
The Gallery of Fine Arts in Ostrava, Inv.-Nr. O 0857
Literatur/*literature*:
Kirschl 1996 M 221

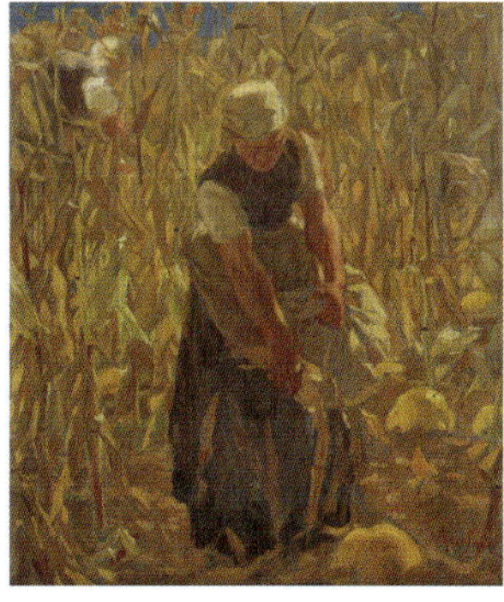

Inv.-Nr. 49 Maria Himmelfahrt/*Assumption Day* für/*for* K300
Immaculata, 1888
Öl auf Leinwand/*oil on canvas*, 128 × 66 cm
Literatur/*literature*:

Dorotheum 1918 Nr. 77;
Kirschl 1996 M 29

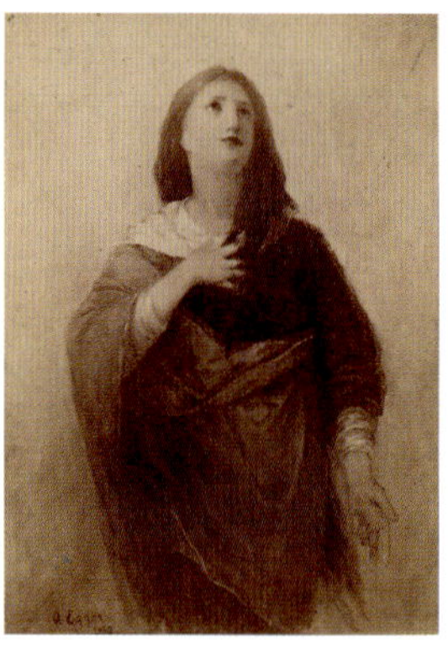

Inv.-Nr. 50 Altes Haus mit Stiege/*Old House with Stairs* für/*for* K60
Auf der Treppe/*On the Stairs*, 1890
Öl auf Leinwand auf Karton/*oil on canvas on cardboard*, 68,5 × 50,5 cm
Museum der Stadt Lienz Schloss Bruck, Inv.-Nr. AEL 10
Literatur/*literature*:
Dorotheum 1918 Nr. 73;
Wawra 1920 Nr. 15;
Kirschl 1996 M 46

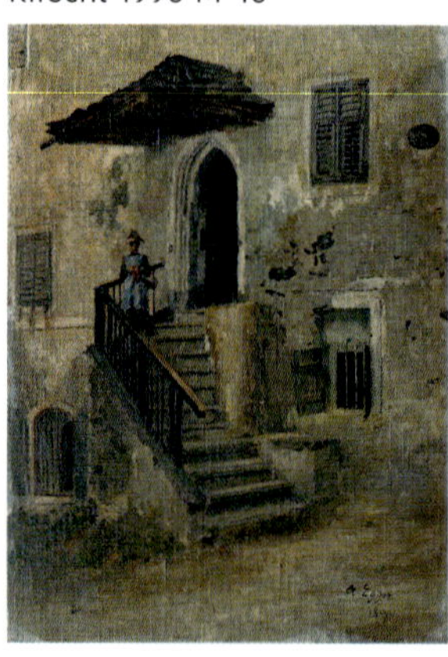

Inv.-Nr. 51 Der Blinde/*Blind Man* für/*for* K50

Inv.-Nr. 52 Porträt des Künstlers Schwester/*Portrait of the Artist's Sister* für/*for* K120
Bildnis der Schwester des Künstlers, Maria Egger als junges Mädchen/*Portrait of the Artist's Sister, Maria Egger, as a Young Girl*, 1889
Öl auf Holz/*oil on wood*, 44 × 35 cm
Literatur/*literature*:
Kirschl 1996 M 38

Inv.-Nr. 53 Waldwiese mit knieendem Mann/*Woodland Glade with Kneeling Man* für/*for* K60
Öl auf Leinwand auf Pappe aufgezogen/*oil on canvas mounted on cardboard*, 48 × 66 cm
Literatur/*literature*:
Wawra 1920 Nr. 17;
Kirschl 1996 M 90

Inv.-Nr. 204 Studie zu Glaube und Heimat/*Study for Faith and Homeland* für/*for* K40

Inv.-Nr. 205 Studie zu Glaube und Heimat/*Study for Faith and Homeland* für/*for* K40

Inv.-Nr. 206 Studie zu Glaube und Heimat/*Study for Faith and Homeland* für/*for* K40

Inv.-Nr. 207 Studie zu Glaube und Heimat/*Study for Faith and Homeland* für/*for* K40

Ein Reiter des Kaisers/*A Rider of the Emperor*, 1910
Tempera auf Pappe/*tempera on cardboard*, 56 × 39 cm
Literatur/*literature*:
Kirschl 1996 M 284

Der Engelbauer von der Au/*Engelbauer von der Au*, 1910
Tempera auf Papier, auf Pappe aufgezogen/*tempera on paper mounted on cardboard*, 55 × 35 cm
Literatur/*literature*:
Kirschl 1996 M 283

Bühnenbild zur Erstaufführung von Schönherrs „Glaube und Heimat", 2. und 3. Akt/*Stage Set for the First Performance of Schönherr's "Faith and Homeland," 2nd and 3rd Act*, 1910
Tempera auf Leinwand/*tempera on canvas*, 60 × 90 cm
Literatur/*literature*:
Kirschl 1996 M 286

Der Spatz, sein (des Christoph Rott) Sohn/*Spatz, His (Christoph Rott's) Son*, 1910
Tempera auf Pappe/*tempera on cardboard*, 46 × 38 cm
Literatur/*literature*:
Kirschl 1996 M 280

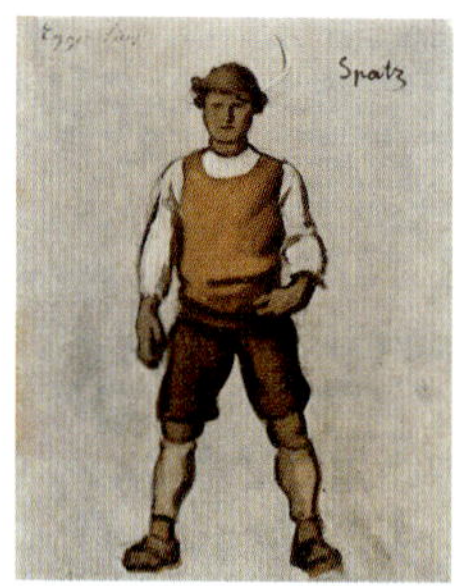

Christoph Rott, ein Bauer, Entwurf zu Karl Schönherrs „Glaube und Heimat"/*Christoph Rott, a Farmer, Sketch for Karl Schönherr's "Faith and Homeland,"* 1910
Tempera auf Leinwand/*tempera on canvas*, 74 × 56 cm
Museum der Stadt Lienz Schloss Bruck, Inv.-Nr. AEL 38
Literatur/*literature*:
Kirschl 1996 M 276

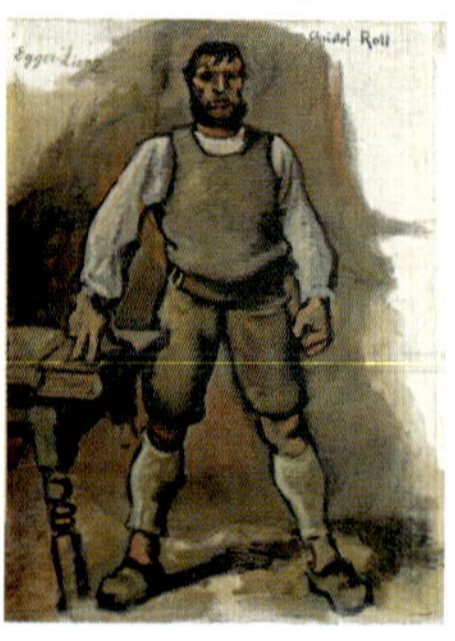

Die Sandpergerin und die Rottin, sein Weib, Entwurf zu Karl Schönherrs „Glaube und Heimat"/*Sandpergerin and Rottin, His Wife, Sketch for Karl Schönherr's "Faith and Homeland,"* 1910
Tempera auf Leinwand/*tempera on canvas*, 69,5 × 54,5 cm
Museum der Stadt Lienz Schloss Bruck, Inv.-Nr. AEL 39
Literatur/*literature*:
Kirschl 1996 M 277

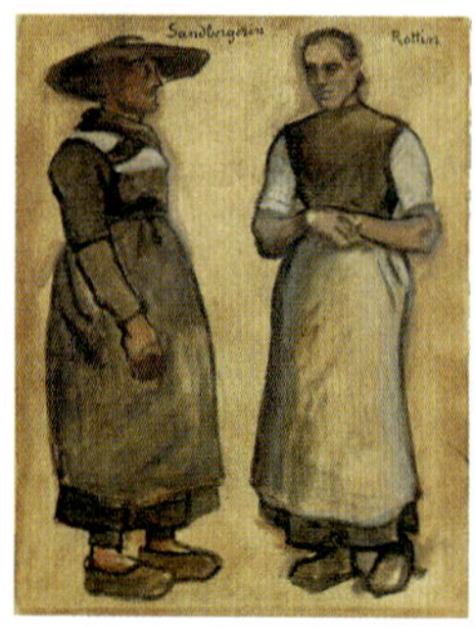

Peter Rott, sein (des Christoph Rott) Bruder, Fragment/*Peter Rott, His (Christoph Rott's) Brother, Fragment*, 1910
Tempera auf Leinwand/*tempera on canvas*, 74,5 × 44 cm
Privatbesitz/*private collection*
Literatur/*literature*:
Kirschl 1996 M 278

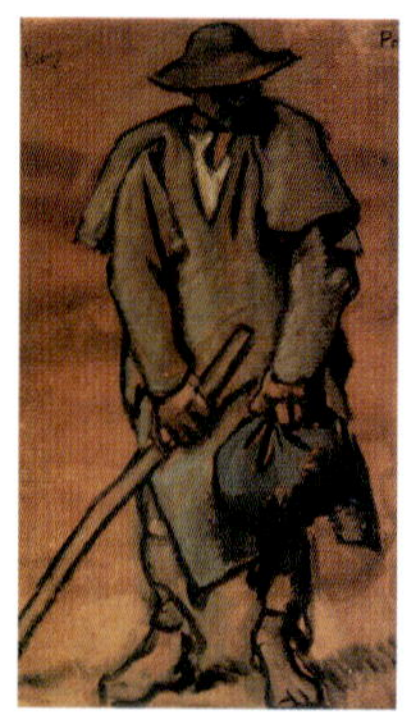

Der Alt-Rott, sein (des Christoph Rott) Vater/*Alt-Rott, His (Christoph Rott's) Father*, 1910
Tempera auf Leinwand, auf Pappe aufgezogen/*tempera on canvas mounted on cardboard*, 84,5 × 41,7 cm
Literatur/*literature*:
Kirschl 1996 M 279

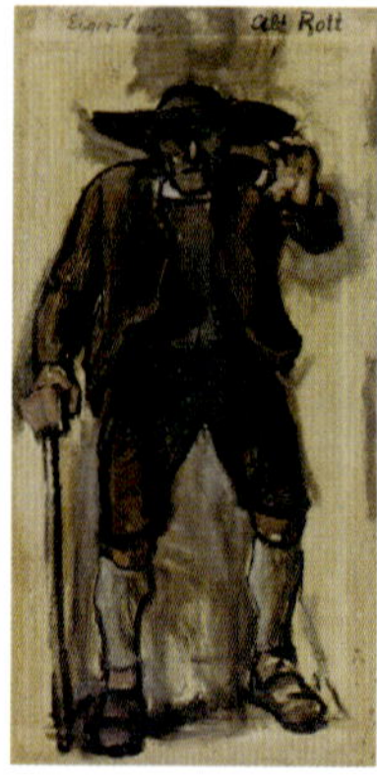

Der Unteregger und die Mutter der Rottin/*Unteregger and the Mother of Rottin*, 1910
Tempera auf Leinwand/*tempera on canvas*, 69,5 × 59,5 cm
Literatur/*literature*:
Kirschl 1996 M 281

Der Kesselflick-Wolf und das Straßentrapper/*Kesselflick-Wolf and Straßentrapper*, 1910
Tempera auf Leinwand/*tempera on canvas*, 36,5 × 26 cm

Literatur/*literature*:
Kirschl 1996 M 285

Inv.-Nr. 398 Sandberger [sic] zu Glaube und Heimat/ *Sandberger [sic] for Faith and Homeland* für/*for* K20
Der Sandperger zu Leithen/ *Sandperger zu Leithen*, 1910
Tempera auf Leinwand/ *tempera on canvas*, 77,5 × 56,5 cm
Literatur/*literature*:
Wawra 1920 Nr. 40;
Kirschl 1996 M 282

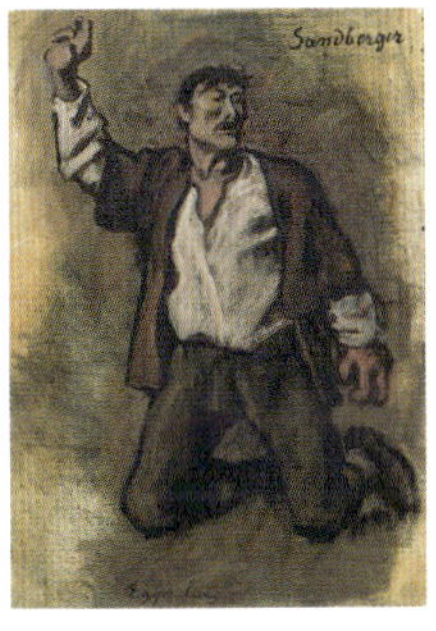

Inv.-Nr. 302 Alter Mann mit Hut/*Old Man with Hat* für/*for* K30

Inv.-Nr. 303 Alter Mannskopf/ *Head of Old Man* für/*for* K25

Inv.-Nr. 362 Costenoble für/*for* K200
Bildnis des Bildhauers Carl Costenoble/*Portrait of the Sculptor Carl Costenoble*, um/*ca.* 1904
Öl auf Leinwand/*oil on canvas*, 117 × 93 cm
Wien Museum,
Inv.-Nr. 66.160
Literatur/*literature*:
Wawra 1920 Nr. 41;
Kirschl 1996 M 212

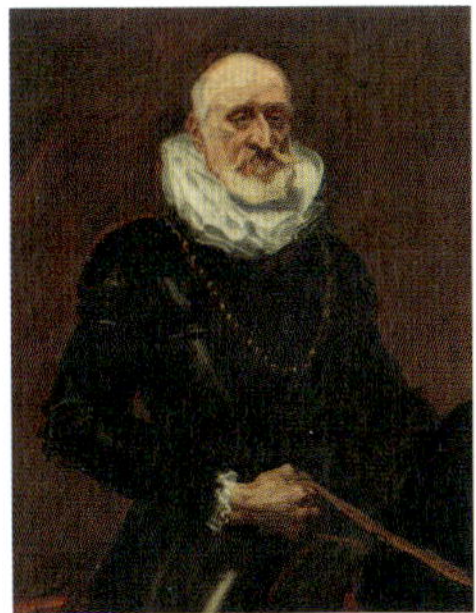

Inv.-Nr. 394 Hof mit einer Kirche/*Courtyard with a Church* für/*for* K50

Inv.-Nr. 395 Bauernhof/ *Farm* für/*for* K25
Bauernhof/*Farm*, 1905
Öl auf Leinwand/*oil on canvas*, 77,5 × 65,2 cm
LAND TIROL
Tiroler Landesmuseum Ferdinandeum Innsbruck/ *Tyrolean State Museum Ferdinandeum Innsbruck*, Moderne Galerie, Gem 1797
Literatur/*literature*: Wawra 1920 Nr. 44; Kirschl 1996 M 217

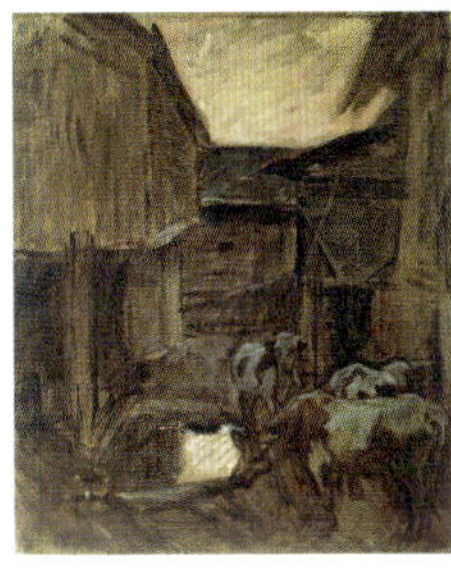

Inv.-Nr. 396 Geburt Christi/ *Birth of Christ* für/*for* K15
Anbetung des Kindes durch die Hirten, Skizze zu „Christnacht" I/*Adoration of the Shepherds, sketch for "Christmas Eve" I*, 1903
Öl auf Leinwand/*oil on canvas*, 41,5 × 60 cm
Literatur/*literature*: Wawra 1920 Nr. 26; Kirschl 1996 M 188

Inv.-Nr. 613 Studie zu Christnacht/*Study for Christmas Eve* für/*for* K100
Studie zu „Christnacht" II/*Study for "Christmas Eve" II*, 1903
Öl auf Leinwand/*oil on canvas*, 36 × 29 cm
Privatbesitz/*private collection*
Literatur/*literature*: Dorotheum 1918 Nr. 65; Wawra 1920 Nr. 25; Kirschl 1996 M 189

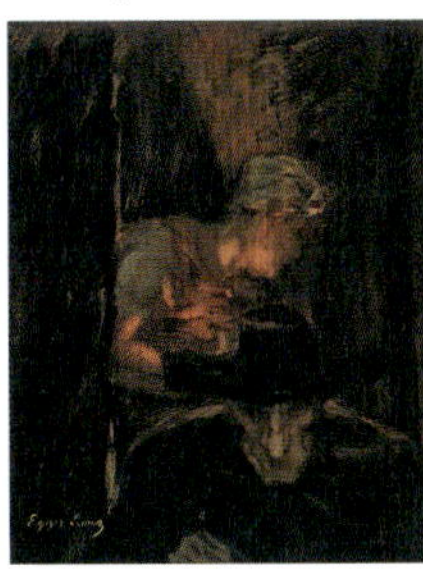

Inv.-Nr. 397 Am Kirchenchor/*In the Church Choir Gallery* für/*for* K30
um/*ca.* 1890
Öl auf Leinwand/*oil on canvas*, 56 × 80 cm
Literatur/*literature*: Wawra 1920 Nr. 18; Kirschl 1996 M 44

Inv.-Nr. 399 Prozession/ *Procession* für/*for* K15
Die Prozession II/*The Procession II*, 1903
Öl auf Leinwand/*oil on canvas*, 47 × 61 cm
Literatur/*literature*: Wawra 1920 Nr. 19; Kirschl 1996 M 185

Inv.-Nr. 419 Landschaftsstudie/*Landscape Study* für/*for* K10
Landschaft, Ackerland/ *Landscape, Farmland*, wohl/*probably* 1903
Öl auf Pappe/*oil on cardboard*, 40,5 × 42,5 cm
Literatur/*literature*: Wawra 1920 Nr. 20; Kirschl 1996 M 200

Inv.-Nr. 469 Der Büsser/ *The Penitent* für/*for* K120
1900
Öl auf Leinwand/*oil on canvas*, 75,5 × 87 cm
Literatur/*literature*: Dorotheum 1918 Nr. 68; Kirschl 1996 M 159

Inv.-Nr. 504 Schwur des Hutten/*Oath of Hutten* für/*for* K20
Der Schwur des Ulrich Hutten/ *The Oath of Ulrich Hutten*, wohl/*probably* 1889
Öl auf Leinwand/*oil on canvas*, 60 × 100 cm
Literatur/*literature*:
Kirschl 1996 M 35

Inv.-Nr. 510 Wirtsstube/ *Tavern* für/*for* K120
Wirtsstube in der Tammerburg/*Tavern Room in Tammerburg Castle*, 1890
Öl auf Leinwand/*oil on canvas*, 83 × 60 cm
Literatur/*literature*: Dorotheum 1918 Nr. 69; Wawra 1920 Nr. 16; Kirschl 1996 M 54

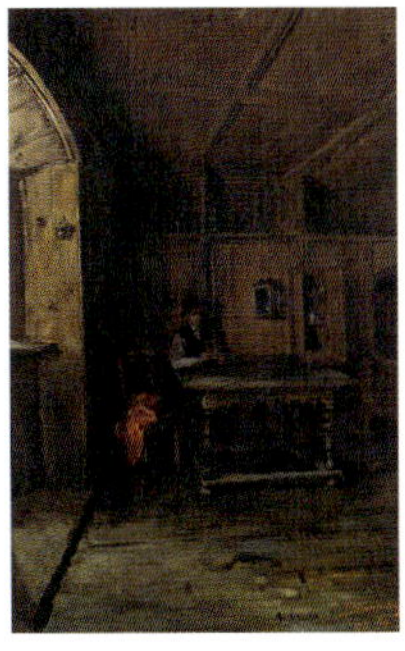

Inv.-Nr. 615 Kopf eines Bauern/*Head of a Farmer* für/*for* K60

Der Sämann, aus „Sämann und Teufel"/*The Sower, from "Sower and Devil,"* 1908
Öl auf Leinwand/*oil on canvas*, 126,5 × 111,3 cm
Leopold Museum, Wien/ *Vienna*, Inv.-Nr. 2000
Literatur/*literature*:
Kirschl 1996 M 244

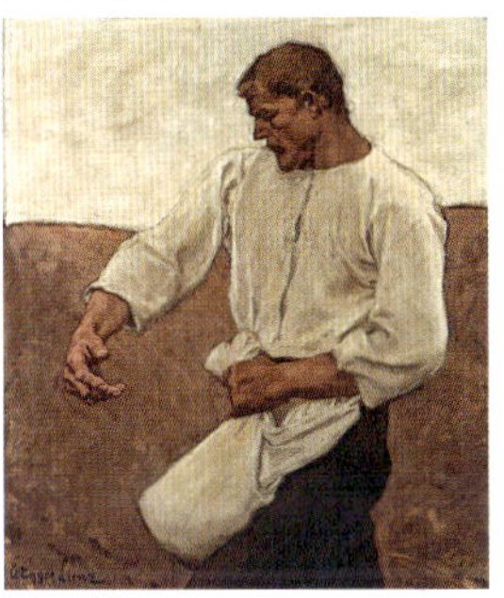

Tenne (Blick aus der Tenne eines Tiroler Bauernhauses auf eine Gebirgsstraße)/*Threshing Floor (View of a Mountain Road from the Threshing Floor of a Tyrolean Farmhouse)*
Öl auf Karton/*oil on cardboard*, 44 × 63 cm
Literatur/*literature*:
Wawra 1920 Nr. 42;
Kirschl 1977 M 192

H. Ehrler

Inv.-Nr. 639 Spielendes Kind/ *Child Playing* für/*for* K50

Andreas Einberger

Inv.-Nr. 490 Landschaft/ *Landscape* für/*for* K60
Herbst am Pass/*Autumn on the Pass*
Öl auf Leinwand/*oil on canvas*, 70 × 100 cm
Literatur/*literature*:
Wawra 1920 Nr. 47

Josef Engelhart

Inv.-Nr. 364 Harfenspieler/ *Harp Player* für/*for* K200
Der alte Harfenspieler/*The Old Harp Player*, 1905
Kreidezeichnung/

chalk drawing, 100 × 100 cm
Literatur/*literature*:
Dorotheum 1918 Nr. 75

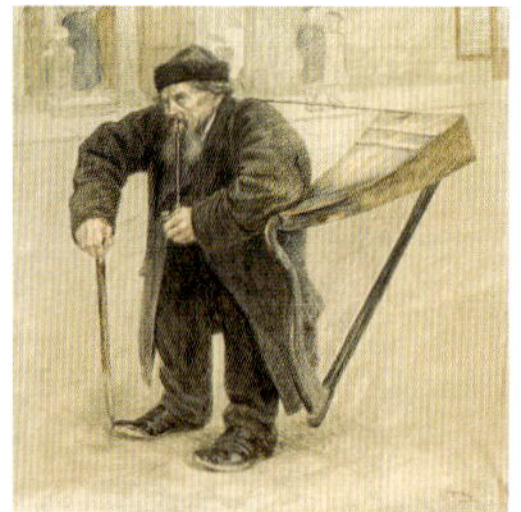

Carl Fahringer

Inv.-Nr. 135 Tiegerkopf [sic]/ *Tiger Head* für/for K100
Öl auf Leinwand/*oil on canvas*, 77 × 50,5 cm
Privatbesitz/*private collection*
Literatur/*literature*:
KH VB 1907–1912 Nr. 1656,
EB 1910/11 Nr. 2478

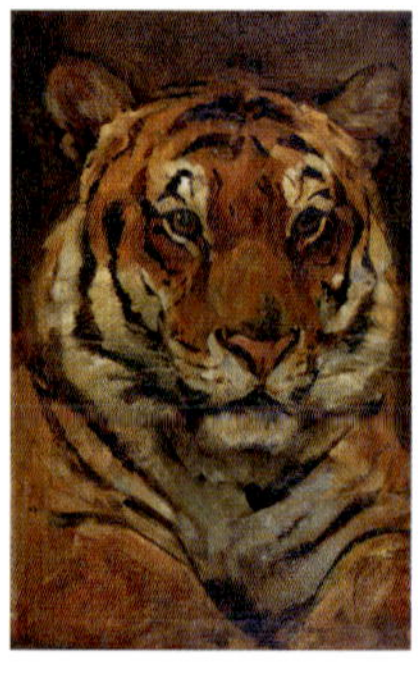

Inv.-Nr. 199 Tragthier rastend/*Pack Animal Resting* für/for K40
Rastende Tragtiere/*Resting Pack Animals*
Öl auf Leinwand/*oil on canvas*, 37 × 56 cm
Literatur/*literature*:
Dorotheum 1918 Nr. 9

Inv.-Nr. 203 Ziege/ *Goat* für/for K10

Inv.-Nr. 275 Fuchs/ *Fox* für/for K50

Inv.-Nr. 337 Thierstück 1 Vögel/*Animal Picture 1 Birds* für/for K20

Inv.-Nr. 338 Thierstück 2 Flamingo/*Animal Picture 2 Flamingo* für/for K80

Inv.-Nr. 341 Papagei/ *Parrot* für/for K25

Inv.-Nr. 355 Flamingo und Goldfasan/*Flamingo and Golden Pheasant* für/for K100

Inv.-Nr. 358 Pfau/ *Peacock* für/for K50
um/*ca.* 1911
Öl auf Leinwand/*oil on canvas*, 120 × 58 cm
Privatbesitz/*private collection*

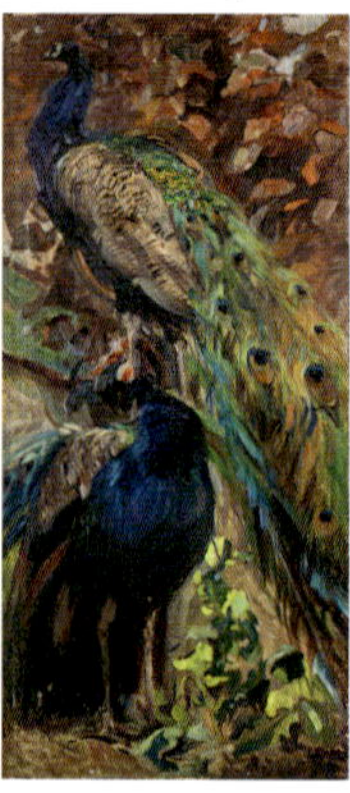

Inv.-Nr. 545 Kakadu/ *Cockatoo* für/for K20

Inv.-Nr. 668 Ochsenschädl/ *Ox Skull* für/for K10
Kopf eines jungen Stiers/ *Head of a Young Bull*, 1914
Öl auf Leinwand auf Karton/*oil on canvas on cardboard*, 53 × 38 cm
Privatbesitz/*private collection*

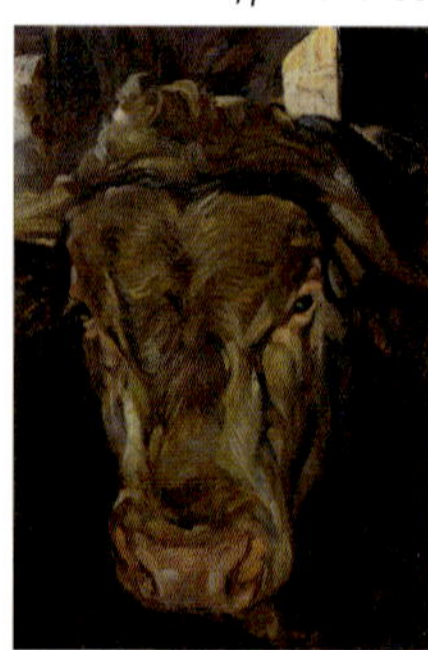

Inv.-Nr. 669 Kuhstall/ *Cowshed* für/for K20
Kuh/*Cow*, 1914
Öl auf Leinwand/*oil on canvas*, 52 × 37 cm
Privatbesitz/*private collection*

Inv.-Nr. 198 Türkische Gasse/ *Turkish Lane* für/for K40

Inv.-Nr. 462 Türkische Kaufleute/*Turkish Merchants* für/for K15
Türkische Kaufläden/ *Turkish Shops*
Öl auf Leinwand/*oil on canvas*, 42 × 36 cm
Literatur/*literature*:
Dorotheum 1918 Nr. 5,
Dorotheum 1919 Nr. 151

Inv.-Nr. 670 Im Hafen von Ragusa/*In the Harbor of Ragusa* für/for K25
Gouache, 49 × 34 cm
Literatur/*literature*:
Dorotheum 1918 Nr. 121

Inv.-Nr. 667 Gehöfte in der Türkei/*Farmsteads in Turkey* für/for K30
Öl auf Karton/*oil on cardboard*, 65 × 47 cm
Literatur/*literature*:
Dorotheum 1918 Nr. 17,
Dorotheum 1919 Nr. 228

Inv.-Nr. 671 Negerkopf/*Head of an African* für/for K25
Öl auf Leinwand/*oil on canvas*, 48 × 37 cm
Literatur/*literature*:
Dorotheum 1918 Nr. 11,
Dorotheum 1919 Nr. 226

Exotische Vögel/*Exotic Birds*
Öl auf Leinwand/*oil on canvas*, 40 × 30 cm
Literatur/*literature*:
Dorotheum 1918 Nr. 131

Feuerwebervögel/*Northern Red Bishop*
Öl auf Leinwand/*oil on canvas*
Literatur/*literature*:
KH VB 1912–1916 Nr. 195,
EB 1912/13 Nr. 1711

Uhu und Schneeeule/*Eagle Owl and Snowy Owl*
Pastell/*pastel*
Literatur/*literature*:
KH VB 1907–1912 Nr. 1495,
EB 1910/11 Nr. 1597

Anton Faistauer

Inv.-Nr. 81 Stillleben/ *Still Life* für/for K120

Inv.-Nr. 83 Stillleben Obst auf einer Tischplatte/ *Still Life with Fruit on a Table* für/for K40

Inv.-Nr. 85 Stillleben, Kanne, Obst u. Gläser/*Still Life with Pitcher, Fruit, and Glasses* für/for K80

Inv.-Nr. 88 Stillleben, Orangen, Citronen und Kaffeeschale/*Still Life, Oranges, Lemons, and Coffee Cup* für/for K60
Stillleben mit Kaffeetassen/ *Still Life with Coffee Cups*, 1912
Öl auf Leinwand/*oil on canvas*, 71,5 × 74,5 cm
Leopold Museum, Wien/ *Vienna*, Inv.-Nr. 362
Literatur/*literature*:
Notizbuch im Salzburg Museum/*Notebook in the Salzburg Museum*;
Galerie Miethke 1913 Nr. 23;
Fuhrmann 1972 Nr. 36

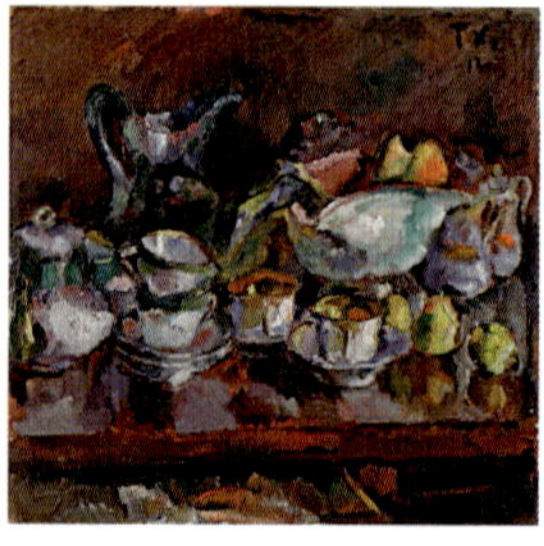

Inv.-Nr. 89 Stillleben/ *Still Life* für/for K120

Inv.-Nr. 606 Fische/ *Fish* für/for K40
Stillleben mit Fisch, Wasserflasche und -glas/ *Still Life with Fish, Carafe and Water Glass*, 1913
Öl auf Leinwand/*oil on canvas*, 59 × 80 cm
Literatur/*literature*:
Fuhrmann 1972 Nr. 55

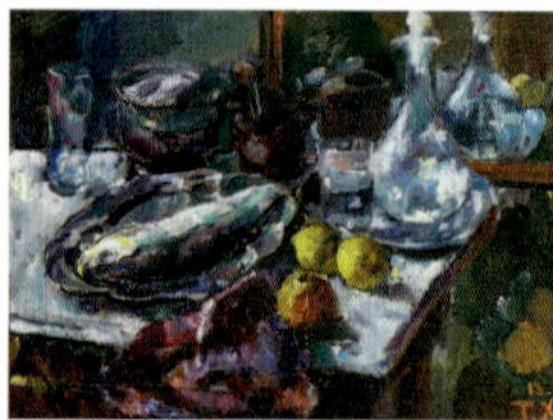

Inv.-Nr. 86 Vase mit Blumen/*Vase with Flowers* für/for K100

Inv.-Nr. 104 Vase mit einer rothen Rose/*Vase with a Red Rose* für/for K80

Inv.-Nr. 193 Blumen und Früchte/*Flowers and Fruit* für/for K25

Inv.-Nr. 80 Häuser mit Bäumen/*Houses with Trees* für/for K60

Inv.-Nr. 96 Straße nach Dürnstein führend/*Street Toward Dürnstein* für/*for* K80
Straße nach Dürnstein/*Street Toward Dürnstein*, 1913
Öl auf Leinwand/*oil on canvas*, 67,7 × 82,4 cm
Leopold Museum, Wien/*Vienna*, Inv.-Nr. 363
Literatur/*literature*: Fuhrmann 1972 Nr. 59

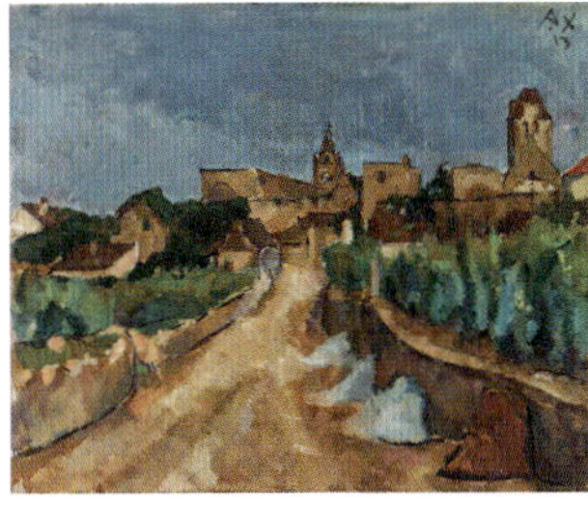

Inv.-Nr. 97 Dürnstein vom Wasser/*Dürnstein Seen from the Water* für/*for* K100
Dürnstein, 1913
Öl auf Leinwand/*oil on canvas*, 51,2 × 71,1 cm
Landessammlungen Niederösterreich/*State Collections of Lower Austria*, Inv.-Nr. KS-3583
Literatur/*literature*: Notizbuch im Salzburg Museum/*Notebook in the Salzburg Museum*; Fuhrmann 1972 Nr. 60

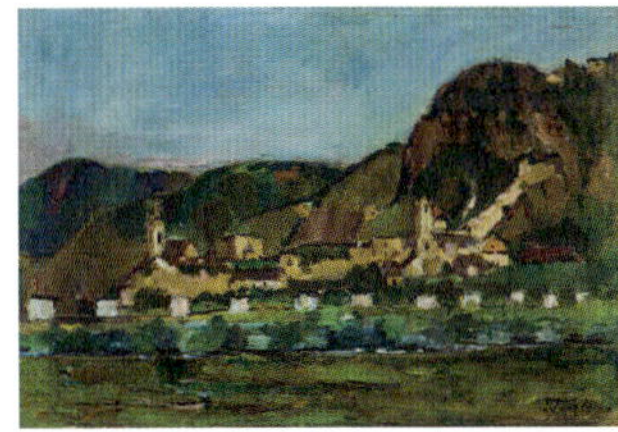

Inv.-Nr. 101 Landschaft mit Fluß/*Landscape with River 1* für/*for* K80

Inv.-Nr. 102 Landschaft mit Fluß/*Landscape with River 2* für/*for* K60
Landschaft bei Maishofen/*Landscape at Maishofen*, 1913
Öl auf Leinwand/*oil on canvas*, 63 × 79 cm
Salzburg Residenzgalerie, Inv.-Nr. 14
Literatur/*literature*: Notizbuch im Salzburg Museum/*Notebook in the Salzburg Museum*; Galerie Miethke 1913 Nr. 6; Fuhrmann 1972 Nr. 63

Inv.-Nr. 438 Bucht/*Bay* für/*for* K15
Ascona Bucht/*Ascona Bay*
Literatur/*literature*: Notizbuch im Salzburg Museum/*Notebook in the Salzburg Museum*

Inv.-Nr. 82 Dame in rothem Kleid/*Lady in a Red Dress* für/*for* K150
Porträt mit rotem Kleid/Rotes Bild von Idschy, schwanger/*Portrait with a Red Dress/Red Picture of Idschy, Pregnant*, 1913
Öl auf Leinwand/*oil on canvas*, 87 × 65 cm
Literatur/*literature*: Notizbuch im Salzburg Museum/*Notebook in the Salzburg Museum*; Fuhrmann 1972 Nr. 53

Inv.-Nr. 84 Dame beim Tisch mit Trinkglas/*Lady at the Table with a Drinking Glass* für/*for* K100
Dame mit Weinglas/*Lady with Wineglass*, 1913
Öl auf Leinwand/*oil on canvas*, 68,5 × 55,5 cm
Privatbesitz/*private collection*, (Courtesy Kunsthandel Giese & Schweiger, Wien)

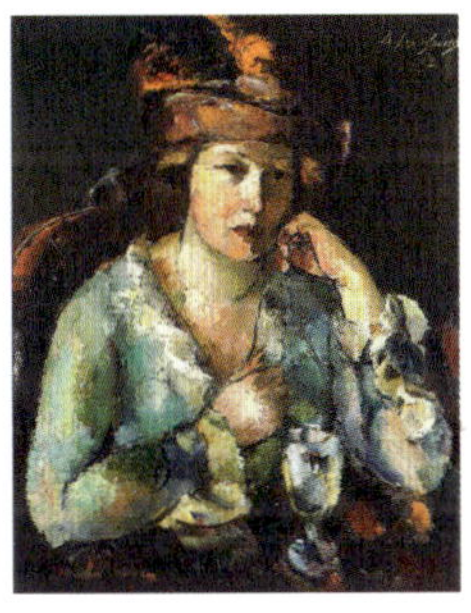

Inv.-Nr. 87 Porträt der Frau des Künstlers/*Portrait of the Artist's Wife* für/*for* K180

Inv.-Nr. 93 Dame im Hemde am Divan sitzend/*Lady in a Chemise Seated on a Divan* für/*for* K150
Junge Frau auf rotem Sofa/*Young Woman on a Red Sofa*, 1913
Öl auf Leinwand/*oil on canvas*, 96 × 125 cm
Belvedere, Wien/*Vienna*, Inv.-Nr. 2496
Literatur/*literature*: Fuhrmann 1972 Nr. 50

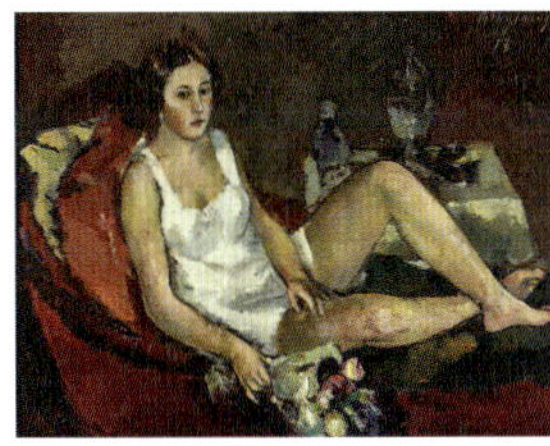

Inv.-Nr. 99 Dame im Hemd vor dem Spiegel/*Lady in a Chemise in Front of the Mirror* für/*for* K80

Inv.-Nr. 559 Akt auf Diwan/*Nude on a Divan* für/*for* K100
Akt auf rotem Sofa/*Nude on a Red Sofa*, 1912/13
Öl auf Leinwand/*oil on canvas*, 150 × 150 cm
Salzburg Museum, Inv.-Nr. 110-73
Literatur/*literature*: Fuhrmann 1972 Nr. 48

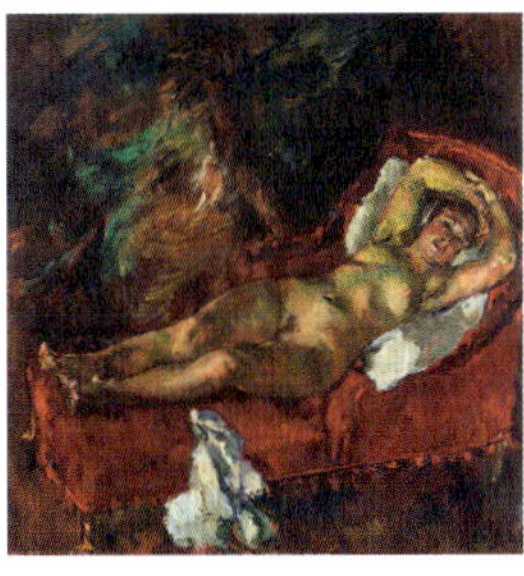

Dame in weißer Bluse (Erste Gattin des Künstlers)/*Lady in a White Blouse (Artist's First Wife)*, 1913
Öl auf Leinwand/*oil on canvas*, 108 × 66 cm
Belvedere, Wien/*Vienna*, Inv.-Nr. 3775
Literatur/*literature*: Notizbuch im Salzburg Museum/*Notebook in the Salzburg Museum*; Fuhrmann 1972 Nr. 49

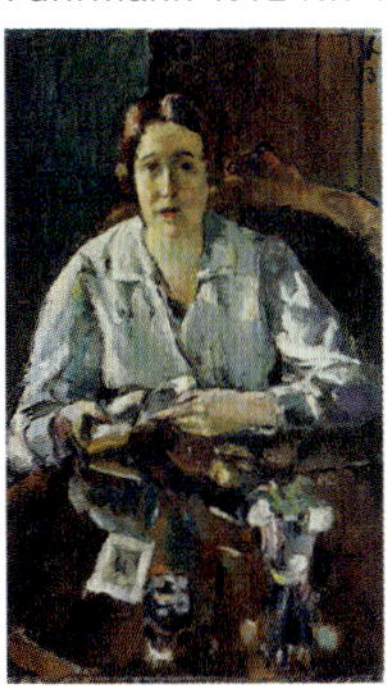

Bei/*in* Galerie Miethke 1913 und im Notizbuch im/*and in the notebook in the* Salzburg Museum:
Nr. 1: Großes dunkles Stillleben/Stilleben mit Schreibtisch/*Large, Dark, Still Life/Still Life with Desk*
Nr. 4: Das Conservatorium/*The Conservatory*
Nr. 8: Rote Äpfel/*Red Apples*
Nr. 15: Dame mit Federnhut/*Lady with a Feather Hat*
Nr. 20: Große liegende Figur/Frau mit Blumenstrauß/*Large Reclining Figure/Woman with Flowers*
Nr. 25: Feldblumen/*Wildflowers*

Miethke:
Nr. 9: Stadtbild/*Cityscape*
Nr. 12: Blumen/*Flowers*
Nr. 17: Stilleben/*Still Life*
Nr. 21: Berglandschaft/*Mountain Landscape*
Nr. 22: Frau J. F. (Ida Faistauer)
Nr. 27: Rosen/*Roses*

Notizbuch/*Notebook*:
Rosa Rosen/*Pink Roses*

Blumenstillleben (Hochzeitsrosen)/*Still Life with Flowers (Wedding Roses)*, 1913
Öl auf Leinwand/*oil on canvas*, 51,5 × 50,5 cm
Literatur/*literature*: Fuhrmann Nr. 52: Hochzeitsrosen II/*Wedding Roses II*

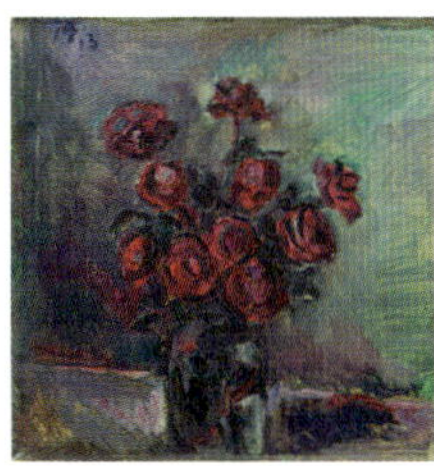

Pfirsichstillleben/*Still Life with Pears*

Lesende/*Woman Reading*

Uferfelsen mit Akt/*Shoreline Rocks with Nude*

Badende/*Bather*

Palmebild/*Palm Picture*

Bunte Blumen/*Colorful Flowers*

Ananasstillleben/*Still Life with Pineapple*

Großes helles Stillleben/*Large, Bright Still Life*

Landschaft aus Salzburg/ *Landscape in Salzburg*

Dürnstein Stadt/ *Town of Dürnstein*

Dürnstein bei Sonnenuntergang/*Dürnstein at Sunset*

Gustav Feith

Inv.-Nr. 197 An der Kremserkirche/*At the Krems Church* für/*for* K25
1911
Aquarell/*watercolor*, 37 × 24 cm
Literatur/*literature*:
Dorotheum 1918 Nr. 141

J. Fischer

Inv.-Nr. 384 Sonnenblumen/ *Sunflowers* für/*for* K15

Inv.-Nr. 402 Männlicher Kopf/ *Head of a Man* für/*for* K10

Inv.-Nr. 405 Landschaft/ *Landscape* für/*for* K10

Inv.-Nr. 467 Gebirgslandschaft/*Mountain Landscape* für/*for* K5

Inv.-Nr. 468 Hockender Akt/ *Squatting Nude* für/*for* K10

Ludwig Hans Fischer

Inv.-Nr. 651 Giardino (Venedig)/*Giardino (Venice)* für/*for* K60
Giardino Pubblico, Venedig/*Venice*
Aquarell/*watercolor*, 20 × 30 cm
Literatur/*literature*:
KH VB 1907–1912 Nr. 1201, EB 1909/10–1910/11 Nr. 3898; Dorotheum 1918 Nr. 130

Carl Fischer-Köystrand

Inv.-Nr. 521 Das Märchen vom Lebensglück/*The Fable of Happiness* für/*for* K80
Tempera
Literatur/*literature*:
KH VB 1907–1912 Nr. 2103, EB 1911/12 Nr. 2176

Hanna Freiin von Gablenz

Inv.-Nr. 642 Blühender Apfelbaum/*Blossoming Apple Tree* für/*for* K15
Öl auf Leinwand/*oil on canvas*, 52 × 43 cm
Literatur/*literature*:
Dorotheum 1918 Nr. 145

Anton Gareis

Inv.-Nr. 348 Feuerwehrübung in Dürnstein/*Fire Drill in Dürnstein* für/*for* K20
Gouache auf Karton/*gouache on cardboard*, 46,5 × 68,5 cm
Privatbesitz/*private collection*

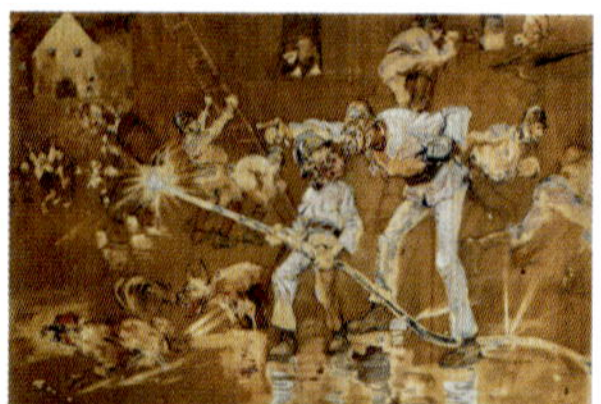

Wilhelm Gause

Inv.-Nr. 349 Frohnleichnamsprozession zu St. Stefan in Wien/*Corpus Christi Procession at St. Stephen's in Vienna* für/*for* K15
Kaiser Franz Joseph bei der Fronleichnamsprozession in der Stephanskirche/*Emperor Franz Joseph at the Corpus Christi Procession in St. Stephen's Cathedral*, 1908
Tuschezeichnung/*ink drawing*, 72 × 51 cm
Literatur/*literature*:
Dorotheum 1918 Nr. 18

Johann Nepomuk Geller

Inv.-Nr. 233 Krakau obere Wolnica/*Kraków Upper Wolnica* für/*for* K450

Inv.-Nr. 240 Restaurantgarten in der Freudenau/ *Restaurant Garden in Freudenau* für/*for* K500
Sillers Gartencafé/In der Krieau/*Siller's Garden Café/In the Krieau*
Öl auf Leinwand/*oil on canvas*, 110 × 140 cm
Literatur/*literature*:
KH EB 1909/10–1910/11 Nr. 1423; Dorotheum 1918 Nr. 91, Dorotheum 1919 Nr. 256; Wawra 1920 Nr. 48

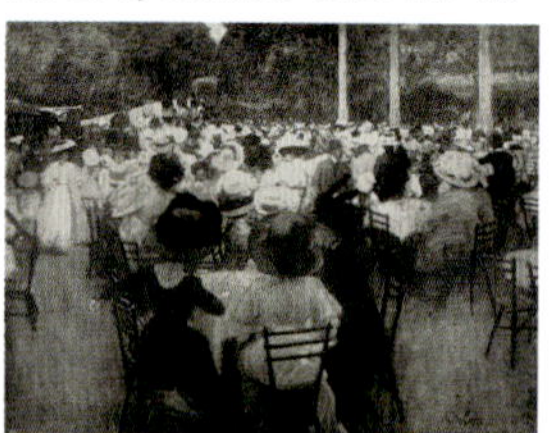

Inv.-Nr. 368 Praterau für/*for* K100
Auf der Praterwiese/ *In the Praterwiese*
Öl auf Karton/*oil on cardboard*, 62 × 77 cm
Literatur/*literature*: KH EB 1910/11 Nr. 1305; Dorotheum 1918 Nr. 82, Dorotheum 1919 Nr. 79; Wawra 1920 Nr. 49

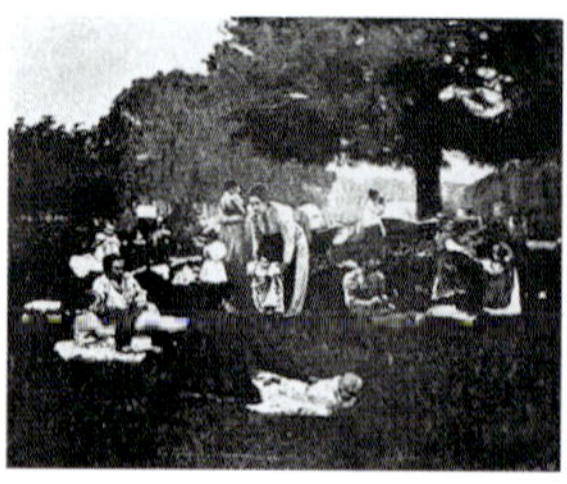

Inv.-Nr. 486 Marktplatz in Krems/*Market Square in Krems* für/*for* K120
Leben und Treiben am Marktplatz in Krems/ *Bustling Activity on the Market Square in Krems*
Öl auf Karton/*oil on cardboard*, 64 × 93,5 cm
museumkrems
Literatur/*literature*:
KH EB 1909/10–1910/11 Nr. 1422;
Dorotheum 1918 Nr. 95

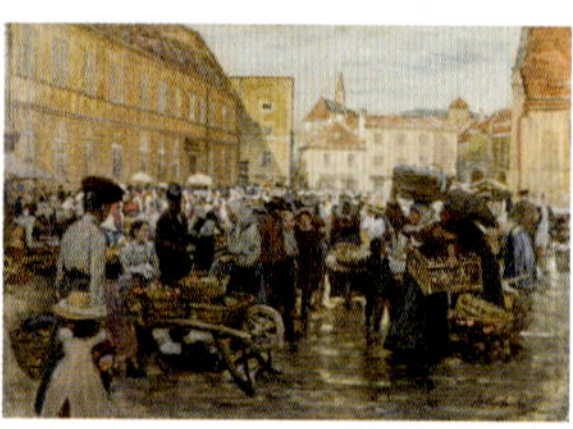

Markt in Krakau/*Market in Kraków*
Öl auf Leinwand/*oil on canvas*, 80 × 100 cm
Literatur/*literature*:
Dorotheum 1918 Nr. 87, Dorotheum 1919 Nr. 62

Hans Götzinger

Inv.-Nr. 222 Alter Hof in Wien/*Old Courtyard in Vienna* für/*for* K10
1901
Aquarell/*watercolor*, 30 × 24 cm
Literatur/*literature*:
Dorotheum 1918 Nr. 3
Neustiftgasse mit Ulrichskirche/*Neustiftgasse with Ulrichskirche*, 1901
Aquarell/*watercolor*, 36 × 53 cm
Literatur/*literature*:
Dorotheum 1918 Nr. 51

Gottlieb

Inv.-Nr. 92 Männerporträt/ *Portrait of a Man* für/ *for* K50

Paul Grabwinkler

Inv.-Nr. 252 Edelweiss für/*for* K150

Ernst Graner

Inv.-Nr. 254 Portal der Peterskirche/*Portal of St. Peter's* für/*for* K100
Literatur/*literature*:
KH VB 1907–1912 Nr. 1268, EB 1909/10–1910/11 Nr. 128

Inv.-Nr. 250 Portal aus der Singerstrasse/*Portal on Singerstrasse* für/*for* K80

Inv.-Nr. 284 Donnerbrunnen für/*for* K60

Inv.-Nr. 285 An der Ferdinandsbrücke/*On the Ferdinandsbrücke* für/*for* K80

Inv.-Nr. 286 Schönlaterngasse für/*for* K50

Inv.-Nr. 287 Finanz Ministerium/*Ministry of Finance* für/*for* K70

Portal des Finanzministeriums/ *Portal of the Ministry of Finance*, 1910
Aquarell/*watercolor*, 65 × 47 cm
Literatur/*literature*: Dorotheum 1918 Nr. 63

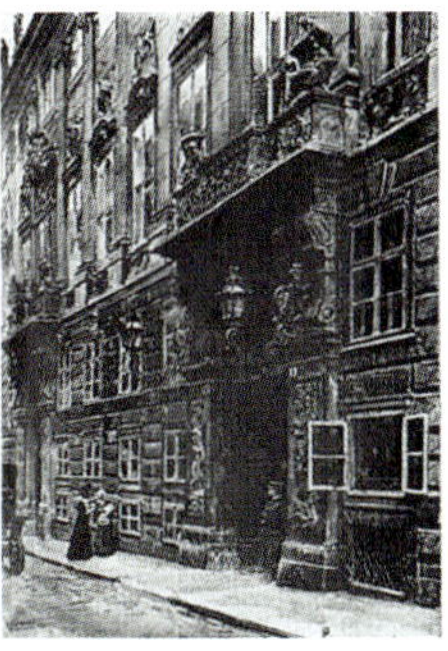

Inv.-Nr. 288 Demolierung des Invaliden-Hauses/ *Demolition of the Invaliden-Haus* für/*for* K70

Inv.-Nr. 291 Fasszieherhaus in Steyr für/*for* K30
1909
Aquarell/*watercolor*, 56 × 40 cm
Literatur/*literature*: Dorotheum 1918 Nr. 25

Inv.-Nr. 292 Weihburggasse für/*for* K30

Inv.-Nr. 293 Franziskanerkirche/*Franciscan Church* für/*for* K70

Inv.-Nr. 295 Alte Universität/ *Old University* für/*for* K40

Inv.-Nr. 297 Landhaushof in Graz für/*for* K50
1910
Aquarell/*watercolor*, 36 × 51 cm
Literatur/*literature*: Dorotheum 1918 Nr. 117

Inv.-Nr. 353 Stadtplatz in Steyr für/*for* K40

Inv.-Nr. 354 Maria am Gestade für/*for* K140
1910
Aquarell auf Karton/*watercolor on cardboard*, 48 × 31 cm
Privatbesitz/*private collection*
Literatur/*literature*: KH VB 1907–1912 Nr. 1424

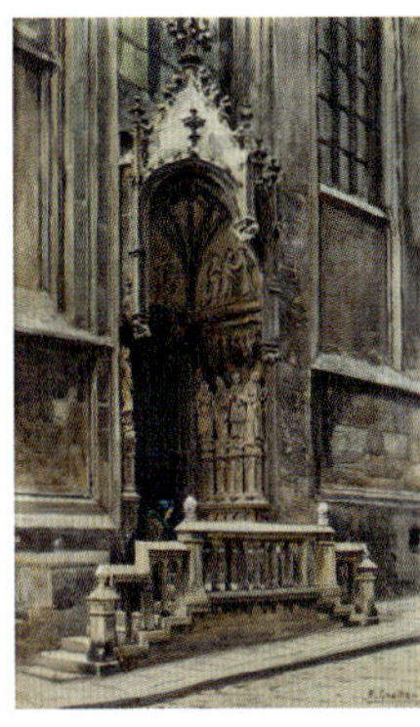

Inv.-Nr. 356 Altes Kriegsministerium/*Old Ministry of War* für/*for* K100

Inv.-Nr. 359 Stefanskirche/*St. Stephen's Cathedral* für/*for* K140

Inv.-Nr. 365 Beschneite Dächer in Erdberg/ *Snow-Covered Roofs in Erdberg* für/*for* K30

Inv.-Nr. 374 Alter Hof in der Erdbergerstrasse in Wien/ *Old Courtyard on Erdbergerstrasse in Vienna* für/*for* K40
Aquarell/*watercolor*
Literatur/*literature*: KH VB 1907–1912 Nr. 1548, EB 1910/11 Nr. 1910

Inv.-Nr. 463 Scheune/ *Barn* für/*for* K20

Inv.-Nr. 513 Lusthaus und Garten/*Summer House and Garden* für/*for* K20
Gloriette, 1910
Aquarell/*watercolor*, 25 × 32 cm
Privatbesitz/*private collection*

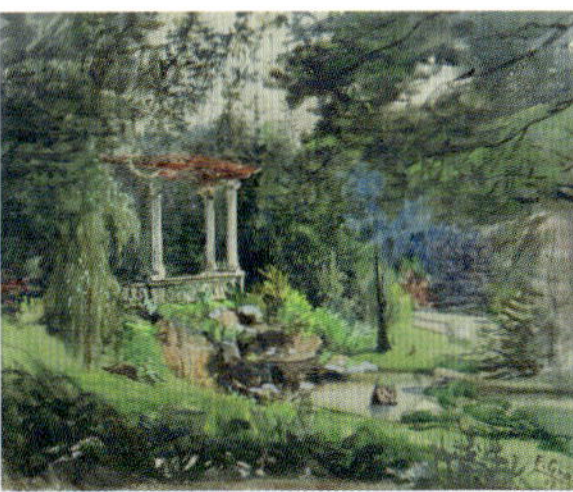

Inv.-Nr. 515 Zwinger in Dresden für/*for* K20

Inv.-Nr. 516 Einspännerhaus/ *Carriage House* für/*for* K20

Inv.-Nr. 519 Schreibzimmer/ *Study* für/*for* K40

Ministerzimmer/*Ministry Room*, 34 × 37 cm
Privatbesitz/*private collection*

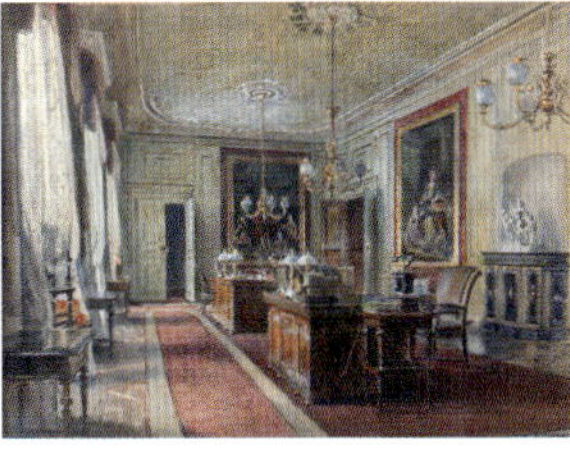

Inv.-Nr. 531 Landschloß/ *Country Manor* für/*for* K20
Tiroler Städtchen mit Schloss/*Tyrolean Town with Palace*, 1910
Aquarell/*watercolor*, 25 × 36 cm
Literatur/*literature*: Dorotheum 1918 Nr. 123

Inv.-Nr. 549 Ministerium des Inneren/*Ministry of the Interior* für/*for* K40

Inv.-Nr. 601 Hof eines Hauses/*Courtyard of a House* für/*for* K50

Inv.-Nr. 602 Seitzergasse für/*for* K50

Inv.-Nr. 612 Portal für/*for* K25

Inv.-Nr. 614 Portal aus Aquilea [sic]/*Portal in Aquileia* für/*for* K20
Aquarell/*watercolor*, 42 × 31 cm
Literatur/*literature*: Dorotheum 1918 Nr. 132, Dorotheum 1919 Nr. 128

Inv.-Nr. 621 Belvedere für/*for* K160

Inv.-Nr. 640 Haus im Schnee/ *House in the Snow* für/*for* K30

Inv.-Nr. 646 Ballhaus der Hofburg/*The Ballhaus of the Hofburg* für/*for* K20
Aquarell/*watercolor*, 38 × 53 cm
Literatur/*literature*: Dorotheum 1918 Nr. 125

Inv.-Nr. 413 Kinder vor der Thür sitzend/*Children Sitting by the Door* für/*for* K5
Aquarell/*watercolor*, 25 × 18 cm
Literatur/*literature*: Dorotheum 1918 Nr. 6

Inv.-Nr. 414 Knabenkopf/ *Head of a Boy* für/*for* K10
1887
Aquarell/*watercolor*, 29 × 26 cm
Literatur/*literature*: Dorotheum 1918 Nr. 146

Inv.-Nr. 357 Studie/ *Study* für/*for* K30

Inv.-Nr. 465 Studien, Aquarell/*Studies, watercolor* für/*for* K80

Inv.-Nr. 623 Aquarell Bild in vergoldeten [sic] Rahmen/*Watercolor in Gilded Frame* für/*for* K30

Inv.-Nr. 624 Kleines Aquarell Bild in vergoldeten [sic] Rahmen/*Small Watercolor in Gilded Frame* für/*for* K30

Inv.-Nr. 625 Kleines Aquarell Bild in vergoldeten [sic] Rahmen/*Small Watercolor in Gilded Frame* für/*for* K30

Inv.-Nr. 626 Kleines Aquarell Bild in vergoldeten [sic] Rahmen/*Small Watercolor in Gilded Frame* für/*for* K30

Inv.-Nr. 627 Kleines Aquarell Bild in vergoldeten [sic] Rahmen/*Small Watercolor in Gilded Frame* für/*for* K30

Inv.-Nr. 628 Kleines Aquarell Bild in vergoldeten [sic] Rahmen/*Small Watercolor in Gilded Frame* für/*for* K30

Inv.-Nr. 629 Kleines Aquarell Bild in vergoldeten [sic] Rahmen/*Small Watercolor in Gilded Frame* für/*for* K30

Inv.-Nr. 630 Kleines Aquarell Bild in vergoldeten [sic] Rahmen/*Small Watercolor in Gilded Frame* für/*for* K30

Griechenbeisl
Verlassenschaftsabhandlung/*estate settlement*: 1919 an/*to* Leopold Hauer

Landschaftsstudie/ *Landscape Study*
Öl auf Karton/*oil on cardboard*, 26 × 31 cm
Literatur/*literature*: Dorotheum 1918 Nr. 144

Aus dem Schwarzenberg-garten/*In the Schwarzenberg Garden*, 1907
Aquarell/*watercolor*, 31 × 41 cm
Literatur/*literature*:
Dorotheum 1918 Nr. 118

Straße in Gmunden/
Street in Gmunden, 1912
Aquarell/*watercolor*, 25 × 19 cm
Literatur/*literature*:
Dorotheum 1918 Nr. 128

Traunkirchen mit dem Traunstein/*Traunkirchen with Traunstein*, 1912
Aquarell/*watercolor*, 19 × 26 cm
Literatur/*literature*:
Dorotheum 1918 Nr. 1,
Dorotheum 1919 Nr. 122

Landhaus/*Country House*
Aquarell/*watercolor*,
24 × 35,5 cm
Privatbesitz/*private collection*

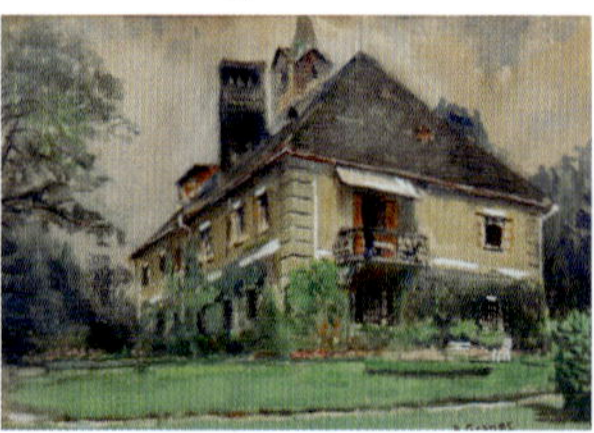

Karl Friedrich Gsur

Das Wiener Diplomatische Korps/*The Vienna Diplomatic Corps*
Zwei Bleistiftzeichnungen/
two pencil drawings
Literatur/*literature*:
KH VB 1907–1912 Nr. 1717
und/*and* 718, EB 1910/11
Nr. 185 und/*and* Nr. 186

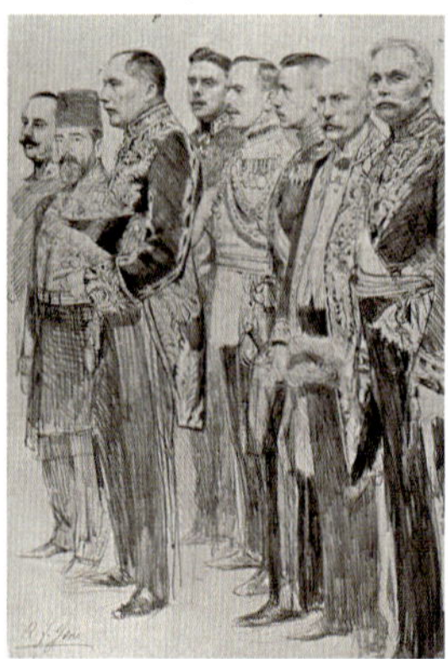

Remigius van Haanen

Inv.-Nr. 634 Gewitter-stimmung/*Thunderstorm* für/*for* K80
Aufziehendes Gewitter/
Approaching Thunderstorm, 1883
Öl auf Holz/*oil on wood*,
21 × 32 cm

Richard von Hagn

Inv.-Nr. 332 Sonnenschein/ *Sunshine* für/*for* K100
Sonniges Interieur/
Sunny Interior
Öl auf Leinwand/*oil on canvas*, 64 × 83 cm
Literatur/*literature*:
KH VB 1907–1912 Nr. 1036,
EB 1909/10 Nr. 1966;
Dorotheum 1918 Nr. 78,
Dorotheum 1919 Nr. 66

Victor Hammer

Bildnis einer alten Dame, Brustbild, Kopf en face/*Portrait of an Old Lady, Half-Length Portrait, Head en Face*
Öl auf Holz/*oil on wood*, 58 × 47 cm
Literatur/*literature*:
Dorotheum 1918 Nr. 39

Felix Albrecht Harta

Inv.-Nr. 60 Gebirgslandschaft im Schnee/*Mountain Landscape in Snow* für/*for* K70

Inv.-Nr. 66 Gebirgslandschaft im Schnee/*Mountain Landscape in Snow 2* für/*for* K70

Rudolf Hausleithner

Alter Mann vor der Tür/
Old Man at the Door
Öl auf Holz/*oil on wood*, 29 × 18 cm
Literatur/*literature*:
Dorotheum 1918 Nr. 19,
Dorotheum 1919 Nr. 144

Vinzenz Havlíček

Inv.-Nr. 555 Segler/ *Sailor* für/*for* K60

Inv.-Nr. 617 Bauernhäuschen/ *Little Farmhouse* für/*for* K30

Inv.-Nr. 652 Winterlandschaft/ *Winter Landscape* für/*for* K50
Winter im Nadelwald/
Winter in a Pine Forest, 1908
Gouache, 75 × 60 cm
Literatur/*literature*:
Dorotheum 1918 Nr. 72

Inv.-Nr. 656 Landschafts-studie/*Landscape Study* für/*for* K10

Inv.-Nr. 658 Aus Brioni/ *In Brioni* für/*for* K40

Inv.-Nr. 659 Aus Brioni/ *In Brioni* für/*for* K40

Küstenpartie auf Brioni/
Coastal Scene in Brioni, 1908
Gouache, 41 × 51 cm

Küste von Brioni/
Coast of Brioni
Gouache, 41 × 52 cm
Literatur/*literature*: Dorotheum 1918 Nr. 22 und/*and* Nr. 119

Josef Hendel

Inv.-Nr. 106 Vase mit Feldblumen/*Vase with Wildflowers* für/*for* K40
Öl auf Leinwand/*oil on canvas*, 52 × 42 cm
Literatur/*literature*:
Dorotheum 1918 Nr. 140

Inv.-Nr. 144 Lilien/ *Lilies* für/*for* K20

Gustav A. Hessl

Inv.-Nr. 326 Holländerin/ *Dutch Woman* für/*for* K80

Inv.-Nr. 506 Küche/ *Kitchen* für/*for* K30
Häusliche Arbeiten/
Domestic Work
Literatur/*literature*:
KH EB 1909/10–1910/11 Nr. 1277

Otto Hettner

Inv.-Nr. 484 Selbstporträt/ *Self-Portrait* für/*for* K30
Selbstbildnis (mit Strohhut im Garten)/*Self-Portrait (with a Straw Hat in the Garden)*
Öl auf Leinwand/*oil on canvas*, 110 × 88 cm
Literatur/*literature*:
Wawra 1920 Nr. 52

Anton Hlavacek

Inv.-Nr. 458 Felsenwand am Mönchsberg/*Rock Face on Mönchsberg* für/*for* K30

Inv.-Nr. 460 Hintersee in Bayern/*Hintersee in Bavaria* für/*for* K10
1864
Öl auf Karton/*oil on cardboard*, 30 × 40 cm
Literatur/*literature*:
Dorotheum 1918 Nr. 111

Landschaftsstudie aus Stillfried (Marchfeld)/
Landscape Study in Stillfried (Marchfeld)
Öl auf Leinwand/*oil on canvas*, 13 × 28 cm
Literatur/*literature*:
Dorotheum 1918 Nr. 150

Franz Hofer

Inv.-Nr. 579 Der Gemeinde-rath, Radierung/*The Town Council, etching* für/*for* K40

Erich Hürden

Inv.-Nr. 393 Hof in Ober-sievering/*Courtyard in Obersievering* für/*for* K20

Sebastian Isepp

Inv.-Nr. 122 Fantasie-landschaft/*Fantasy Landscape* für/*for* K40

Inv.-Nr. 477 Fantasieland-schaft Winter/*Fantasy Landscape in Winter* für/*for* K70

Inv.-Nr. 478 Landschaft mit Häusern/*Landscape with Houses* für/for K5

Inv.-Nr. 556 Fantasielandschaft/*Fantasy Landscape* für/for K30

Albert Janesch

Inv.-Nr. 219 Mädchenporträt/*Portrait of a Girl* für/for K40
Regine
Öl/*oil*
Literatur/*literature*:
KH VB 1907–1912 Nr. 2101,
EB 1911/12 Nr. 2421

Ernst Juch

Inv.-Nr. 410 Juden im Atelier/*Jews in the Studio* für/for K25

K. Jung

Inv.-Nr. 537 Tauernfriedhof/*Tauern Cemetery* für/for K5

Julius Paul Junghanns

Inv.-Nr. 352 Schimmel im Atelier/*White Horse in the Studio* für/for K60
Um/*ca.* 1911
Öl auf Leinwand/*oil on canvas*, 61 × 76 cm
Privatbesitz/*private collection*

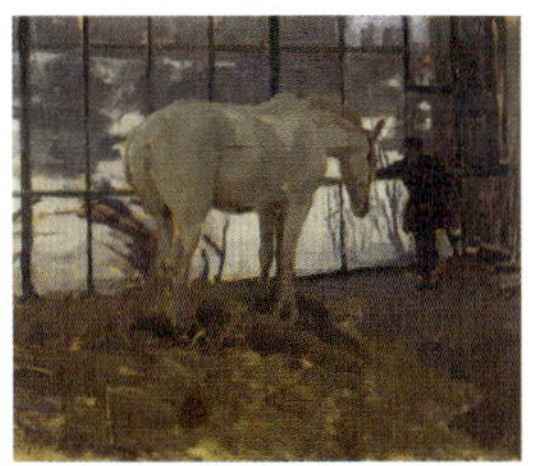

Inv.-Nr. 360 Thierstudien/*Animal Studies* für/for K30

Josef Jungwirth

Inv.-Nr. 140 Topf mit Feldblumen/*Pot with Wildflowers* für/for K50
Blumenstillleben/*Still Life with Flowers*
Öl auf Leinwand/*oil on canvas*, 18 × 13 cm
Privatbesitz/*private collection*

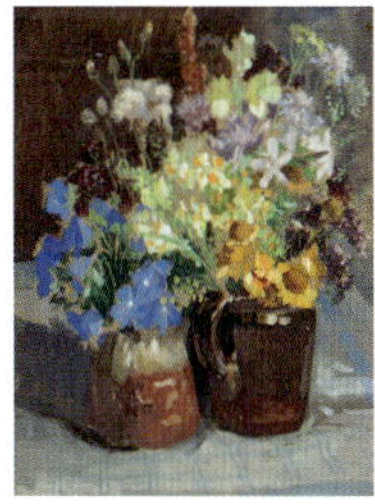

Inv.-Nr. 142 Kücheninterieur/*Kitchen Interior* für/for K70

Inv.-Nr. 232 Leiterwagen mit Sommerfrische/*Handcart in Summer Holidays* für/for K500

Inv.-Nr. 480 Altes Bauernpaar/*Old Farm Couple* für/for K140

Inv.-Nr. 497 Gutsherr und Wirtschafter/*Squire and Farm Manager* für/for K50
Gutsherr und Wirtschafter am Felde/*Squire and Farm Manager in the Field*, 1904
Öl auf Leinwand/*oil on canvas*, 76 × 85 cm
Landessammlungen Niederösterreich/*State Collections of Lower Austria*, Inv.-Nr. KS-24475
Literatur/*literature*:
Dorotheum 1918 Nr. 84

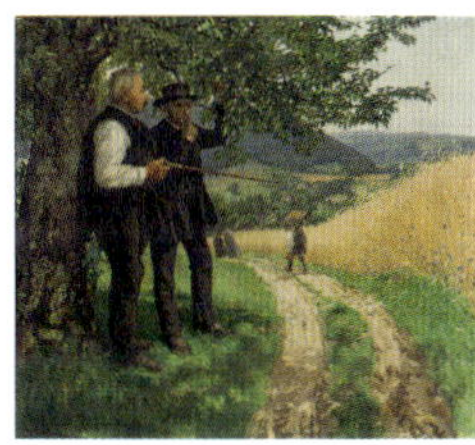

Inv.-Nr. 655 Sommerfrische/*Summer Retreat* für/for K20

Inv.-Nr. 538 Heiligen [sic] Drei Könige/*The Three Magi* für/for K5
Gouache auf Karton/*gouache on cardboard*, 16,5 × 12 cm
Privatbesitz/*private collection*

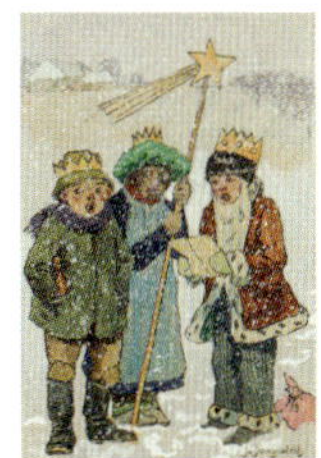

Abschied von der Sommerfrische/*Farewell to Summer Holidays*
Öl/*oil*
Literatur/*literature*:
KH EB 1909/10–1910/11 Nr. 1000

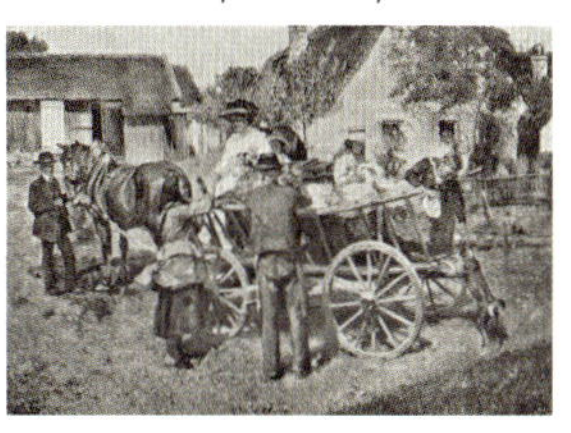

In der Scheune/*In the Barn*
Öl/*oil*
Literatur/*literature*:
KH VB 1907–1912 Nr. 1146,
EB 1909/10–1910/11 Nr. 3645

Karl Karger

Inv.-Nr. 423 Die Rast/*The Rest* für/for K40
Öl/*oil*
Literatur/*literature*:
KH VB 1907–1912 Nr. 1129,
EB 1909/10–1910/11 Nr. 2883

Anton Hans Karlinsky

Inv.-Nr. 635 Madonna für/for K100
Madonna mit Kind/*Madonna with Child*, 1909
Öl auf Leinwand/*oil on canvas*, 117 × 87 cm
Privatbesitz/*private collection*

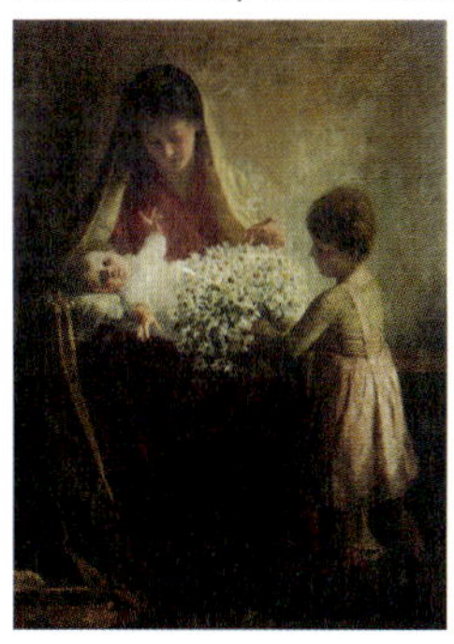

Luigi Kasimir

Inv.-Nr. 576 Schweizerthor, Radierung/*etching* für/for K30

Inv.-Nr. 577 Klosterneuburg, Radierung/*etching* für/for K30
Stift Klosterneuburg/*Klosterneuburg Abbey*
Farbige Radierung/*color etching*, Exemplar/*copy* Nr. 41
Literatur/*literature*:
Dorotheum 1918 Nr. 160

Inv.-Nr. 578 Melk, Radierung/*etching* für/for K30
Stift Melk/*Melk Abbey*
Farbige Radierung/*color etching*, Exemplar/*copy* Nr. 41
Literatur/*literature*:
Dorotheum 1918 Nr. 162

Konvolut von farbigen Radierungen, Vorzugsausgabe Exemplar Nr. 95/*Set of color etchings, special edition, copy No. 95*:

Blick aus der Burg auf den Michaelerplatz/*View from the Hofburg to Michaelerplatz*

Blick über Dächer auf Maria am Gestade/*View over the Rooftops to Maria am Gestade*

Blick auf die Salesianerkirche/*View of the Salesianerkirche*

Hoher Markt

Kahlenberg und Leopoldsberg im Winter/*Kahlenberg and Leopoldsberg in Winter*

Karlskirche

Mölkerbastei

Motiv aus dem Belvedere/*Belvedere Palace*

Motiv vom Hof/*Motif from Am Hof*

Motiv vom alten Universitätsplatz/*Motif from the Old Universitätsplatz*

Motiv aus Schönbrunn/*Schönbrunn Palace*

Stephanskirche/*St. Stephen's Cathedral*
Literatur/*literature*:
Dorotheum 1918 Nr. 156

Der innere Burgplatz/*The Inner Burgplatz*
Farbige Radierung/*color etching*, Exemplar/*copy* Nr. 41
Literatur/*literature*:
Dorotheum 1918 Nr. 157

Schloss Kreuzenstein/
Kreuzenstein Castle
Farbige Radierung/*color etching*, Exemplar/*copy* Nr. 41
Literatur/*literature*:
Dorotheum 1918 Nr. 158

Schloss Schönbühel/
Schönbühel Castle
Farbige Radierung/*color etching*, Exemplar/*copy* Nr. 41
Literatur/*literature*:
Dorotheum 1918 Nr. 159

Aggstein
Farbige Radierung/*color etching*, Exemplar/*copy* Nr. 41
Literatur/*literature*:
Dorotheum 1918 Nr. 161

Hugo Kauffmann

Inv.-Nr. 218 Männlicher Kopf/ *Head of a Man* für/*for* K180
Charakterkopf/*Head of a Man*
Öl/*oil*
Literatur/*literature*:
KH VB 1907–1912 Nr. 1051,
EB 1909/10 Nr. 2245

Isidor Kaufmann

Inv.-Nr. 312 In der Synagoge/ *In the Synagogue* für/*for* K1500

Inv.-Nr. 308 Jüdischer Knabe/ *Jewish Boy* für/*for* K1200

Am Sabbath/*On the Sabbath*
Literatur/*literature*:
KH EB 1912/13 Nr. 1392

Im Verhör/*Questioning*
Literatur/*literature*:
KH EB 1912/13 Nr. 1391

Gottlieb von Kempf-Hartenkampf

Landstraße/*Country Road*
Radierung/*etching*
Literatur/*literature*:
Dorotheum 1918 Nr. 147

Hausierer/*Peddler*
Radierung/*etching*
Literatur/*literature*:
Dorotheum 1918 Nr. 148

Josef Kinzel

Inv.-Nr. 256 Hof in Weissenkirchen/*Courtyard in Weissenkirchen* für/*for* K200

Inv.-Nr. 257 Abschied von der Heimat/*Farewell to the Homeland* für/*for* K350

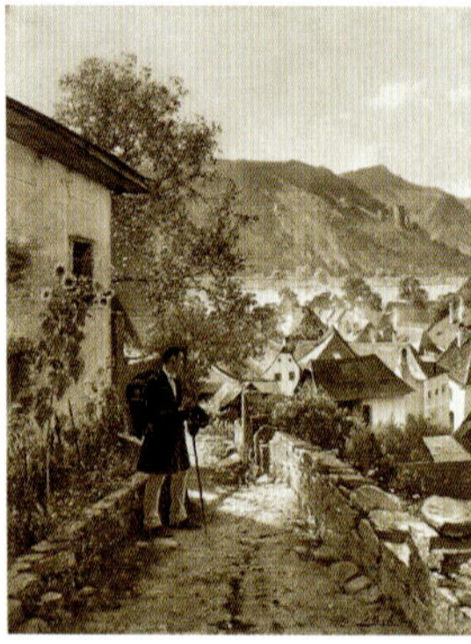

Inv.-Nr. 260 Die drei Dorfmusikanten/*The Three Village Musicians* für/*for* K200

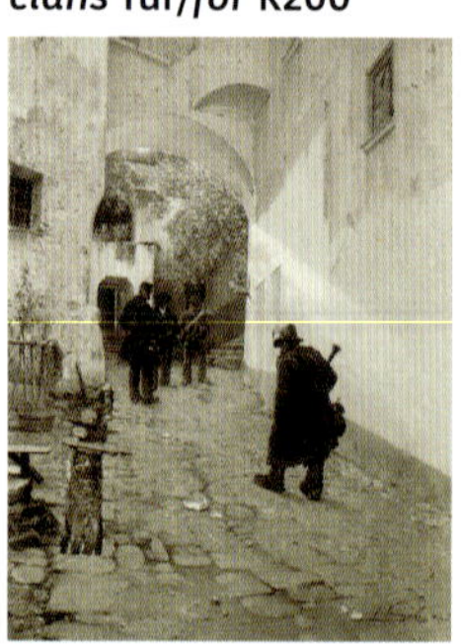

Inv.-Nr. 328 Eingeschlafen/ *Fallen Asleep* für/*for* K200
Öl auf Leinwand/*oil on canvas*, 58 × 48 cm
Literatur/*literature*:
Dorotheum 1918 Nr. 53

Inv.-Nr. 381 Kopfskizze eines Mannes/*Sketch of a Man's Head* für/*for* K70
Männliche Kopfskizze eines Weißenkirchners/*Sketch of a Man's Head, Inhabitant of Weißenkirchen*
Öl auf Holz/*oil on wood*, 23 × 20,5 cm

Inv.-Nr. 643 Rast in der Wachau/*Rest in the Wachau* für/*for* K180
Garten in der Wachau/
Garden in the Wachau
Öl auf Leinwand/*oil on canvas*, 82 × 63 cm
Literatur/*literature*:
KH VB 1907–1912 Nr. 1421,
EB 1909/10–1910/11 Nr. 1046;
Dorotheum 1918 Nr. 83

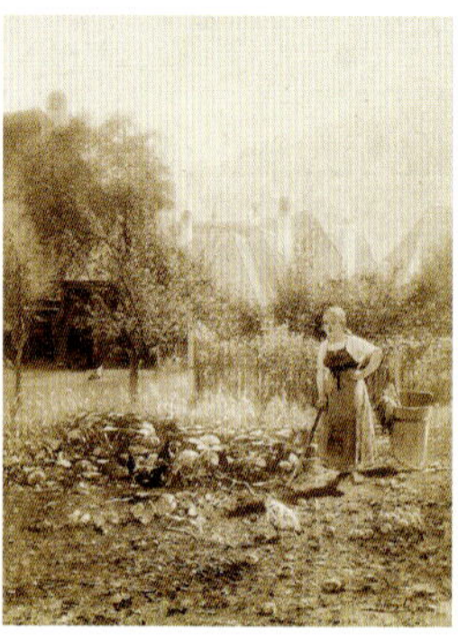

Friedrich von Knapitsch

Inv.-Nr. 435 Landschaft/ *Landscape* für/*for* K15

Friedrich Koch

Inv.-Nr. 184 Verregneter Sonntag/*Rainy Sunday* für/*for* K15

Josef Köpf

Inv.-Nr. 351 Regensburg für/*for* K20
Farbstift, aquarellierte Kreidezeichnung/*colored crayon, watercolor, chalk drawing*, 63 × 63 cm
Literatur/*literature*:
KH VB 1907–1912 Nr. 1273,
EB 1909/10–1910/11 Nr. 250;
Dorotheum 1918 Nr. 35,
Dorotheum 1919 Nr. 154

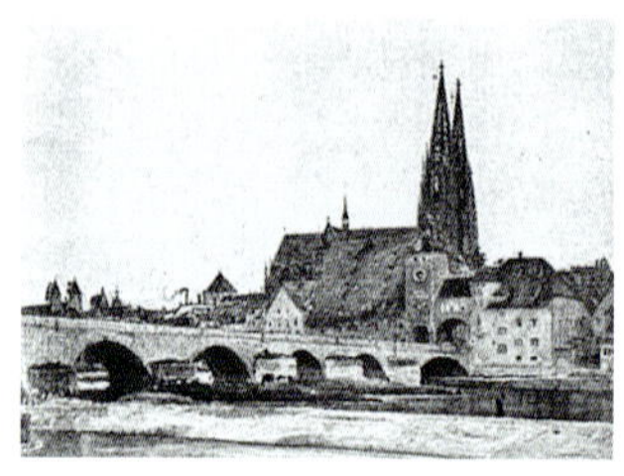

Oskar Kokoschka

Inv.-Nr. 62 Verkündigung/ *Annunciation* für/*for* K100
Die Verkündigung/*The Annunciation*, um/*ca.* 1911
Öl auf Leinwand/*oil on canvas*, 83 × 122,5 cm
Museum Ostwall im Dortmunder U, Dortmund, Inv.-Nr. SG 92
Literatur/*literature*:
Winkler/Erling 1995 Nr. 68

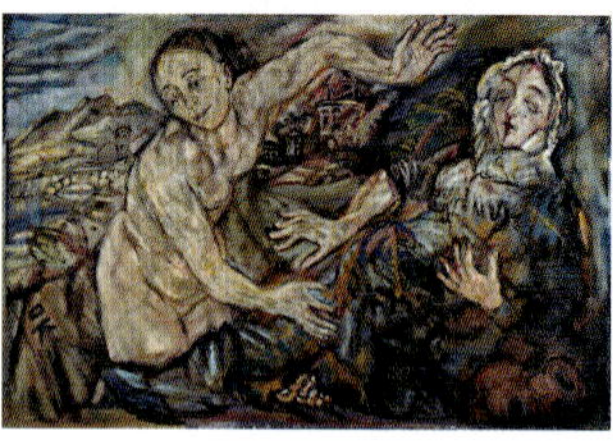

Inv.-Nr. 68 Heimsuchung/ *The Visitation* für/*for* K120
1912
Öl auf Leinwand/*oil on canvas*, 80 × 127 cm
Belvedere, Wien/*Vienna*, 1945 Legat Carl Moll, Inv.-Nr. 4008
Literatur/*literature*:
Winkler/Erling 1995 Nr. 77

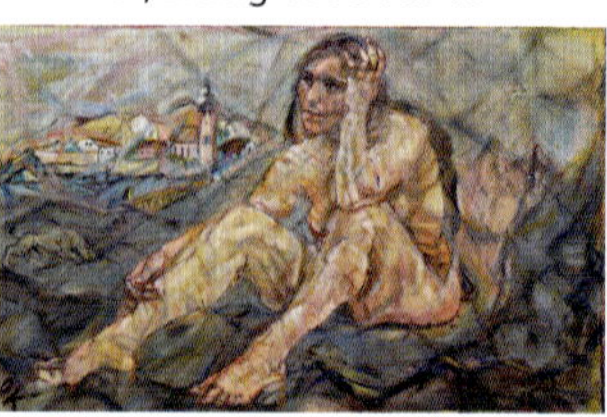

Inv.-Nr. 64 Arme Kinder/ *Poor Children* für/*for* K40
Bruder und Schwester/
Geschwister/*Brother and Sister/Siblings*, 1914
Öl auf Leinwand/*oil on canvas*, 79 × 120 cm
Leopold-Hoesch-Museum & Papiermuseum Düren, Inv.-Nr. 1951/862
Literatur/*literature*:
Winkler/Erling 1995 Nr. 107

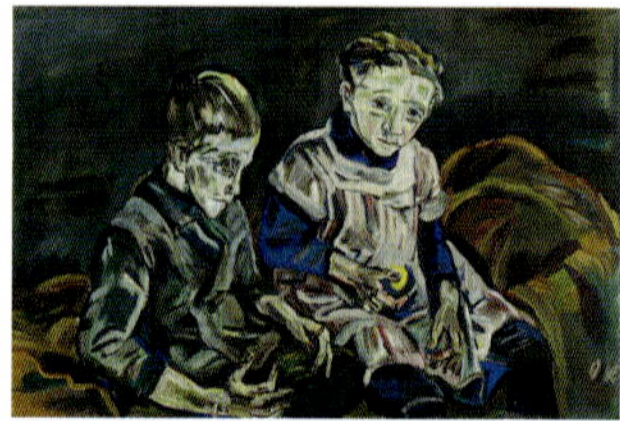

Inv.-Nr. 73 Akt tanzendes Paar/*Nude: Dancing Couple* für/*for* K60
Doppelakt: Liebespaar/
Two Nudes (Lovers), 1913
Öl auf Leinwand/*oil on canvas*, 163,2 × 97,5 cm
Museum of Fine Arts, Boston, Bequest of Sarah Reed Platt, Inv.-Nr. 1973.196

Literatur/*literature*:
Winkler/Erling 1995 Nr. 91

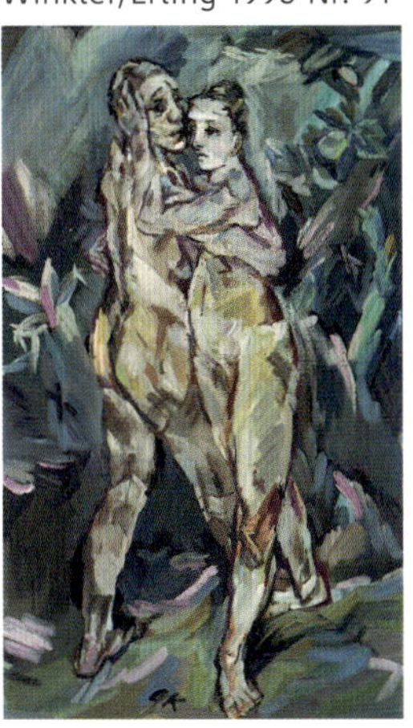

Inv.-Nr. 76 Mädchenakte/ *Nude Girls* für/*for* K60
Doppelakt: Zwei Frauen/ *Double Nude: Two Women (Sketch)*, 1912
Öl auf Leinwand/*oil on canvas*, 147,3 × 84,5 cm
Davis Museum at Wellesley College, Wellesley, MA, Gift of Professor and Mrs. John McAndrew, Inv.-Nr. 1957.58
Literatur/*literature*:
Winkler/Erling 1995 Nr. 80

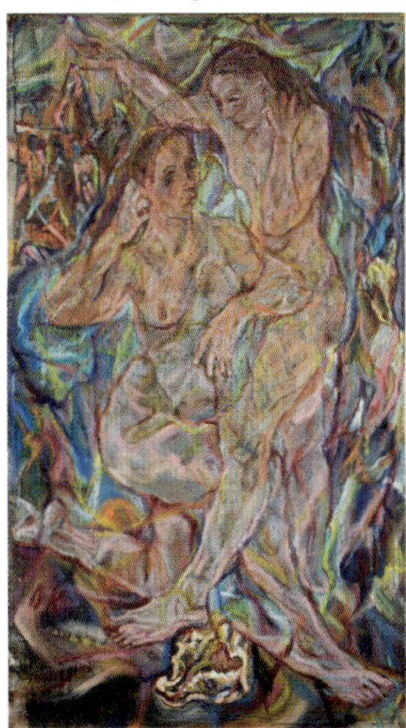

Inv.-Nr. 78 Porträt eines Schriftstellers/*Portrait of a Writer* für/*for* K120
Albert Ehrenstein/*Portrait of the Poet Albert Ehrenstein*, 1914
Öl auf Leinwand/*oil on canvas*, 120 × 80 cm
National Gallery in Prague, Inv.-Nr. O 4405
Literatur/*literature*:
Winkler/Erling 1995 Nr. 104

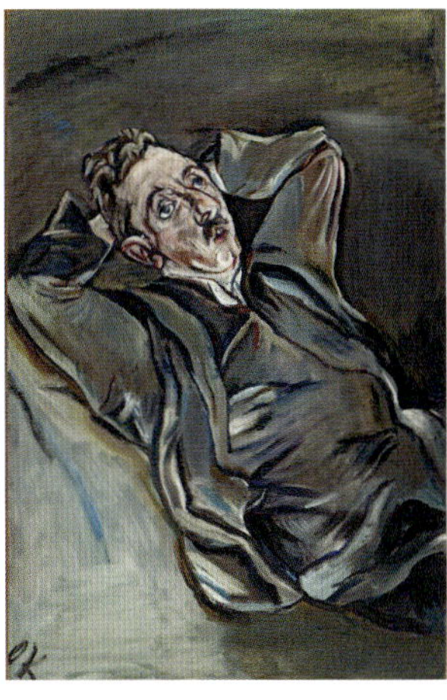

Inv.-Nr. 100 Portrait weiland Herrn Hauer/*Portrait of the Late Herr Hauer* für/*for* K80
Franz Hauer/*Portrait of Franz Hauer*, um/*ca.* 1914
Öl auf Leinwand/*oil on canvas*, 120,7 × 106,1 cm
Georgianna Sayles Aldrich Fund and Museum Works of Art Fund 53.121, Museum of Art, Rhode Island School of Design, Providence
Literatur/*literature*:
Winkler/Erling 1995 Nr. 98

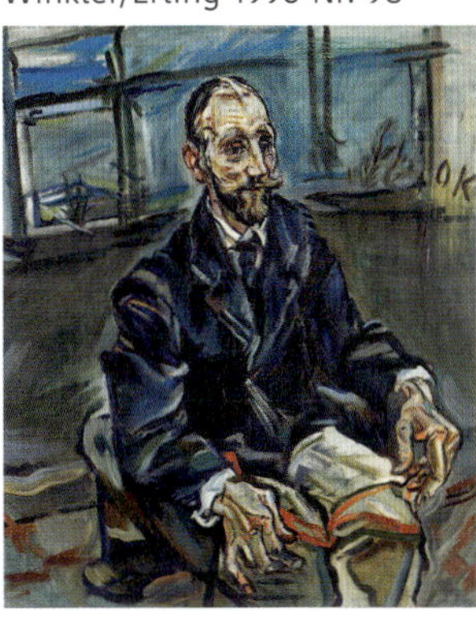

Inv.-Nr. 74 Jagdstilleben/*Still Life with Game* für/*for* K40
Stillleben mit Katze, Hammel und Fisch/*Still Life with Cat, Lamb and Fish*, 1911/12
Öl auf Leinwand/*oil on canvas*
Literatur/*literature*:
Winkler/Erling 1995 Nr. 76

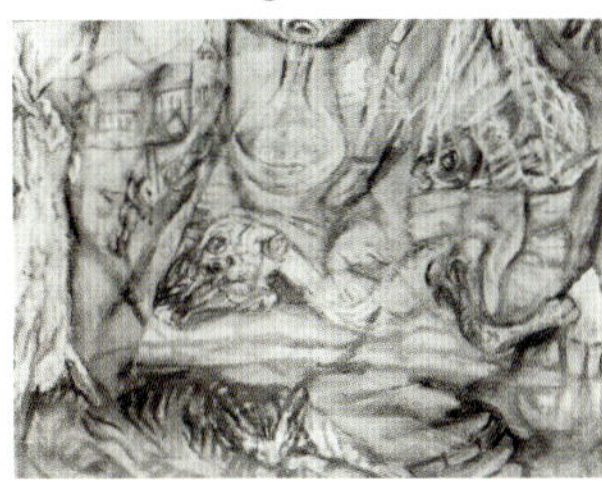

Inv.-Nr. 75 Schweizer Landschaft/*Swiss Landscape* für/*for* K40
Alpenlandschaft bei Mürren/ *Alpine Landscape, Mürren*, 1912
Öl auf Leinwand/*oil on canvas*, 70,5 × 95,5 cm
Franz Marc Museum, Kochel a. See, Dauerleihgabe aus Privatbesitz/*permanent loan from a private collection*
Literatur/*literature*:
Winkler/Erling 1995 Nr. 87

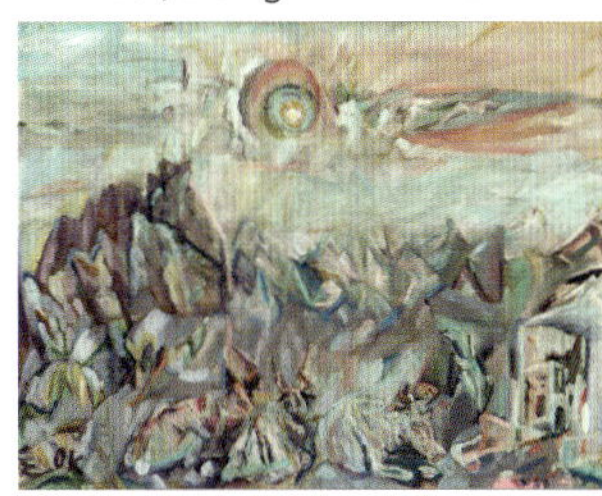

Inv.-Nr. 90 Die Stadt Neapel/ *City of Naples* für/*for* K30
Neapel bei Sturm/ *Naples in a Storm*, 1913
Öl auf Leinwand/*oil on canvas*
Literatur/*literature*:
Winkler/Erling 1995 Nr. 92

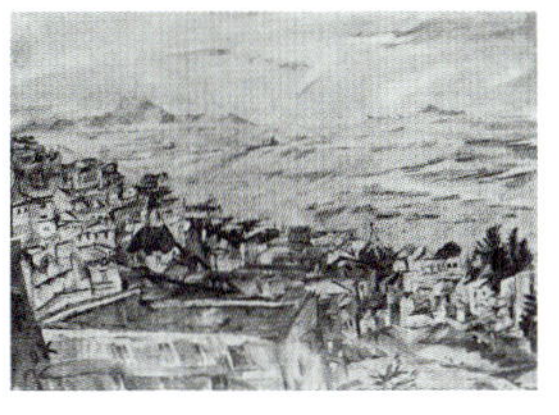

Männlicher Porträtkopf (Bildnis Franz Hauer)/ *Portrait Head of a Man (Portrait of Franz Hauer)*
Kreidezeichnung/ *chalk drawing*, 1914
41,1 × 30,3 cm
Bayerische Staatsgemäldesammlungen – Sammlung Moderne Kunst in der Pinakothek der Moderne, München, Inv.-Nr. 13516

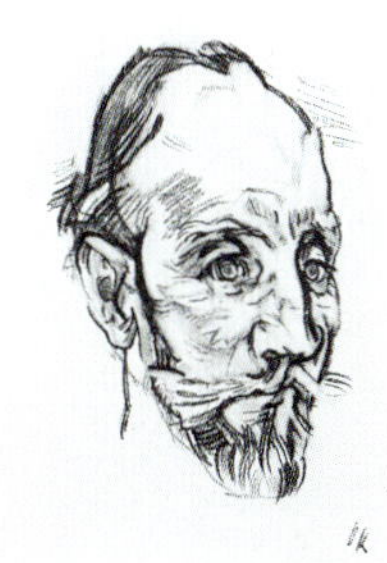

Begegnung, Mann und Weib stehend/*Encounter: Man and Woman Standing*, 1913
Schwarze Kreide auf Transparentpapier/*black chalk on tracing paper*, 32,5 × 30 cm
Albertina, Wien/*Vienna*. Sammlung Essl, Inv.-Nr. Obj/1220/0

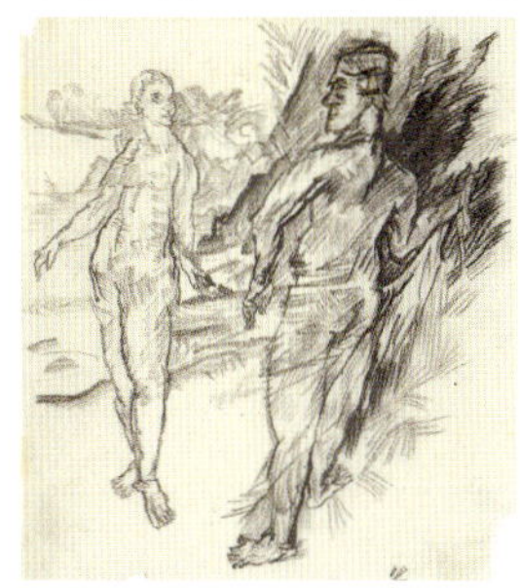

Alma Mahler mit Kind und Tod/*Alma Mahler with Child and Death*, 1913
Schwarze Kreide auf Transparentpapier/*black chalk on tracing paper*, 46,4 × 29,7 cm
Albertina, Wien/*Vienna*. Sammlung Essl, Inv.-Nr. Obj/1221/0

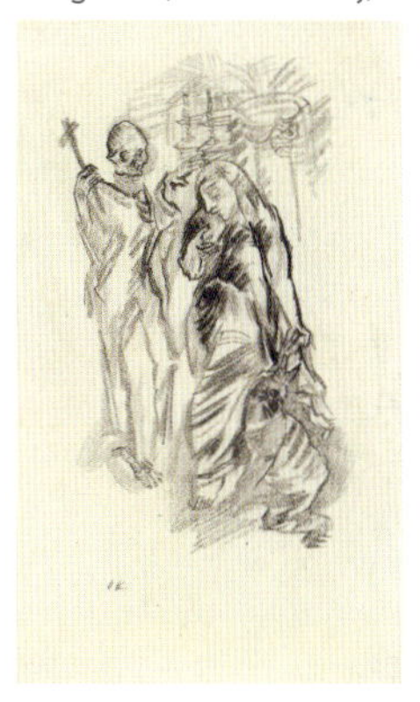

Anton Kolig

Inv.-Nr. 124 Stillleben, Weintrauben und Aepfel [sic]/*Still Life with Grapes and Apples* für/*for* K30
Stillleben mit Äpfeln und Weintrauben/*Still Life with Apples and Grapes*, 1912
Öl auf Leinwand/*oil on canvas*, 49,2 × 63,5 cm
Leopold Museum, Wien/ *Vienna*, Inv.-Nr. 507

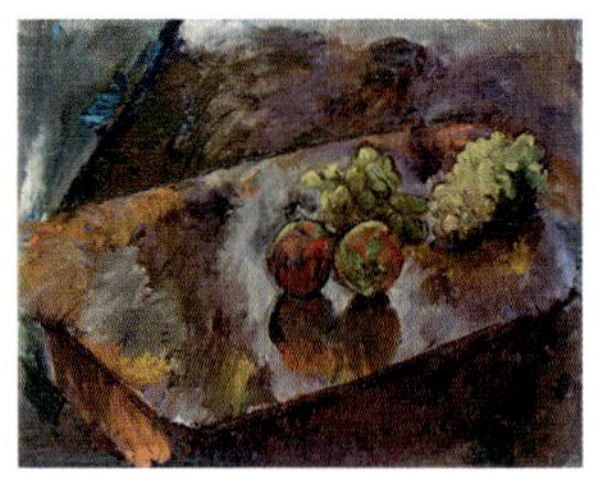

August Kotzbeck

Inv.-Nr. 440 Bauernhaus/ *Farmhouse* für/*for* K15

Inv.-Nr. 461 Landstrasse in Abendstimmung/ *Country Road in the Evening* für/*for* K15

Inv.-Nr. 618 Seeweg/*Path by the Lake* für/*for* K10
Öl auf Leinwand/*oil on canvas*, 25 × 16 cm
Literatur/*literature*:
Dorotheum 1918 Nr. 139

Südliche Landschaft/
Southern Landscape
Öl auf Leinwand/*oil on canvas*, 77 × 41 cm
Literatur/*literature*:
Dorotheum 1918 Nr. 135

Lazar Krestin

Bibelexegese/*Biblical Exegesis*
Literatur/*literature*: KH VB 1907–1912 Nr. 1425

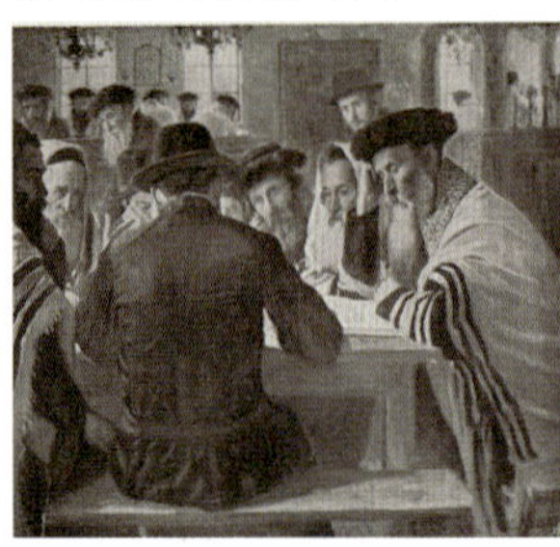

Hugo Emil Albert Kreyssig

Inv.-Nr. 71 Waldstudien, Baumstämme/*Woodland Study, Logs* für/*for* K50

Inv.-Nr. 113 Sonne im Fichtenwalde/*Sun in a Spruce Forest* für/*for* K150

Inv.-Nr. 311 Alte Stadt (Bern)/ *Old Town (Bern)* für/*for* K50

Inv.-Nr. 525 Starhemberggasse für/*for* K150

Inv.-Nr. 566 Alt Bern/ *Old Bern* für/*for* K80

Fritz Lach

Inv.-Nr. 215 Hof in Weissenkirchen/*Courtyard in Weissenkirchen* für/*for* K15

Inv.-Nr. 216 Alter Mann unter einer Thüre/*Old Man in a Doorway* für/*for* K30

Inv.-Nr. 224 Altes Haus am Felsen/*Old House on the Rocks* für/*for* K15

Inv.-Nr. 294 Tragößgrüner See/*Tragößß Green Lake* für/*for* K10
Grüner See bei Tragößß/
Green Lake by Tragößß, 1906
Bleistiftzeichnung/
pencil drawing, 29 × 42 cm
Literatur/*literature*:
Dorotheum 1918 Nr. 8

Inv.-Nr. 296 Segen ist der Mühe Preis/*Blessing is the Reward for Toil* für/*for* K150
Triptychon/*Triptych*, 1909
Aquarell/*watercolor*
Literatur/*literature*:
Dorotheum 1918 Nr. 74

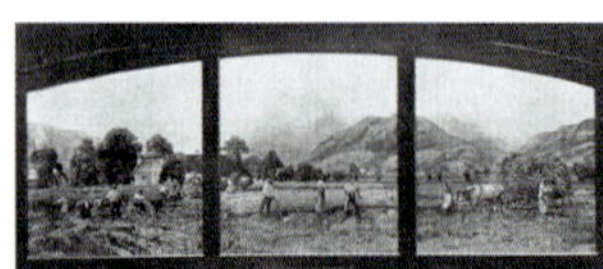

Inv.-Nr. 411 Im Steyrthal/ *In Steyrthal* für/*for* K30
Landschaftsstudie aus Leonstein/*Landscape Study in Leonstein*, 1908
Aquarell/*watercolor*, 26 × 23 cm
Literatur/*literature*:
Dorotheum 1918 Nr. 124

Wilhelm Langer

Inv.-Nr. 417 Solie auf Arbe/ Solie on Arbe für/*for* K10
Scolia auf Arbe/Scolia on Arbe
Öl auf Leinwand/*oil on canvas*, 25 × 32 cm
Literatur/*literature*:
Dorotheum 1918 Nr. 134

Hubert Lanzinger

Inv.-Nr. 118-120 Triptychon, zwei betende heilige weibliche Gestalten und Madonna mit todtem Christus/*Triptych: Two Praying Female Saints and Madonna with the Dead Christ* für/*for* K600
Pietà, 1914
Öl auf Leinwand/*oil on canvas*, 173 × 190 cm bzw./*and* 173 × 94 cm
Privatbesitz/*private collection*
Literatur/*literature*:
Wawra 1920 Nr. 53;
Kraus 2000 Nr. 1.14

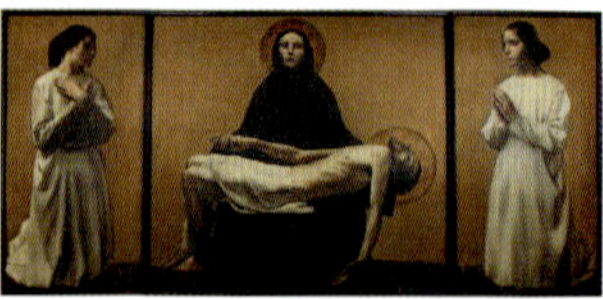

Inv.-Nr. 343 Kreuzweg/ *Station of the Cross* 1 (Zeichnung/*drawing*) für/*for* K25

Inv.-Nr. 344 Kreuzweg/ *Station of the Cross* 2 (Zeichnung/*drawing*) für/*for* K25

Inv.-Nr. 345 Kreuzweg/ *Station of the Cross* 3 (Zeichnung/*drawing*) für/*for* K25

Inv.-Nr. 346 Kreuzweg/ *Station of the Cross* 4 (Zeichnung/*drawing*) für/*for* K25

Inv.-Nr. 363 Beweinung Christi/*Lamentation of Christ* für/*for* K150
Beweinung Christ (Marmorboden, 2 Engel)/*Lamentation of Christ (Marble Floor, Two Angels)*, 1907
Öl auf Leinwand/*oil on canvas*, 132 × 200 cm
Literatur/*literature*:
Wawra 1920 Nr. 54;
Kraus 2000 Nr. 1.6

Inv.-Nr. 514 Studie zu einer Pieta und Kreuzabnahme/ *Study for a Pietà and Descent from the Cross* für/*for* K30

Inv.-Nr. 238 Schlafender Mann/*Sleeping Man* für/*for* K15

Inv.-Nr. 339 Männerkopf/ *Head of a Man* für/*for* K10

Inv.-Nr. 333 Kleine Akte/ *Small Nude* 1 für/*for* K60

Inv.-Nr. 334 Kleine Akte/ *Small Nude* 2 für/*for* K60

Inv.-Nr. 335 Kleine Akte/ *Small Nude* 3 für/*for* K60

Inv.-Nr. 530 Porträt, Kohlenzeichnung/*Portrait, Charcoal Drawing* für/*for* K10

Inv.-Nr. 563 Akt vor dem Spiegel/*Nude in Front of the Mirror* für/*for* K80
Vor dem Spiegel (Mädchen mit weißem Schal)/*In Front of the Mirror (Girl with a White Scarf)*, um/*ca.* 1908–1910
Öl auf Leinwand/*oil on canvas*, 81 × 74 cm
Privatbesitz/*private collection*
Literatur/*literature*:
Wawra 1920 Nr. 55;
Kraus 2000 Nr. 1.7

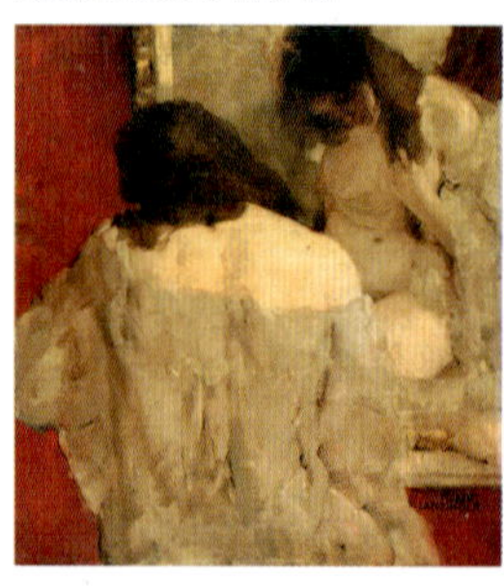

Inv.-Nr. 330 Obststilleben/*Still Life with Fruit* für/*for* K50
Stillleben mit Äpfeln/*Still Life with Apples*, 1910
Pastell/*pastel*, 28 × 36 cm
Privatbesitz/*private collection*
Literatur/*literature*:
Kraus 2000 Nr. 3.2

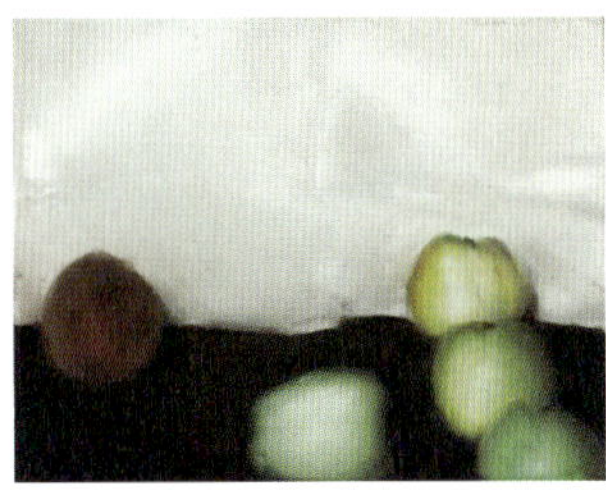

Inv.-Nr. 539 Knoblauch/*Garlic* für/*for* K5
Stillleben mit Knoblauch/*Still Life with Garlic*, 1908
Öl auf Leinwand/*oil on canvas*, 20 × 30 cm
Literatur/*literature*:
Wawra 1920 Nr. 56;
Kraus 2000 Nr. 3.1

Liegender Rückenakt/*Reclining Nude, Back View*, 1910
Pastell/*pastel*, 27,5 × 43,5 cm
Privatbesitz/*private collection*
Literatur/*literature*:
Kraus 2000 Nr. 1.9

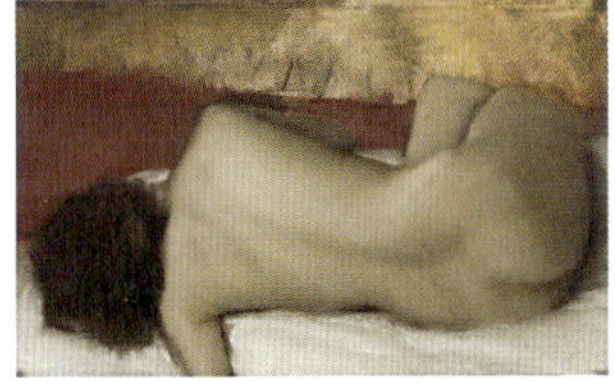

Sitzender weiblicher Rückenakt/*Seated Female Nude, Back View*, um/*ca.* 1910
Öl auf Leinwand/*oil on canvas*, 32 × 30,1 cm
Landessammlungen Niederösterreich/*State Collections of Lower Austria*, Inv.-Nr. KS-18347
Literatur/*literature*:
Kraus 2000 Nr. 1.10

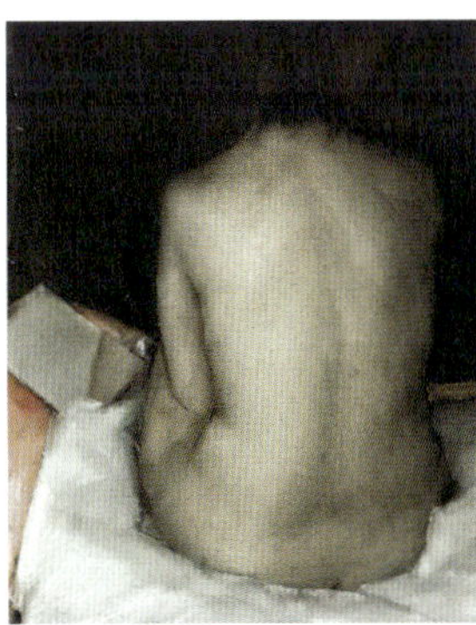

Sitzender weiblicher Akt/*Seated Female Nude*, um/*ca.* 1909
Öl auf Leinwand/*oil on canvas*, 31,7 × 32,1 cm
Landessammlungen Niederösterreich/*State Collections of Lower Austria*, Inv.-Nr. KS-18346
Literatur/*literature*:
Kraus 2000 Nr. 1.8

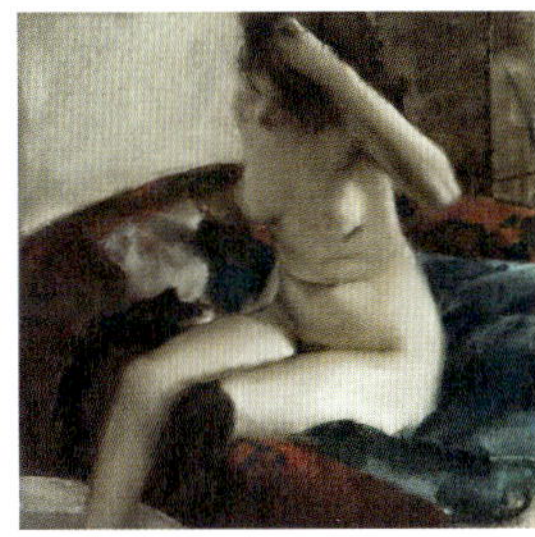

Entwurf zu Beweinung Christi/*Sketch for the Lamentation of Christ*, 1907
Zeichnung/*drawing*, 48 × 52 cm
Literatur/*literature*:
Kraus 2000 Nr. 1.5

Oskar Larsen

Inv.-Nr. 110 Drei Mädchen badend/*Three Girls Bathing* für/*for* K120

Inv.-Nr. 115 Nackte Mädchen/*Nude Girls* für/*for* K80

Inv.-Nr. 116 Porträt von Fräuleins Rosa und Bertha Hauer/*Portrait of the Girls Rosa and Bertha Hauer* für/*for* K120
um/*ca.* 1912/13
Öl auf Leinwand/*oil on canvas*, 68 × 60 cm
Privatbesitz/*private collection*

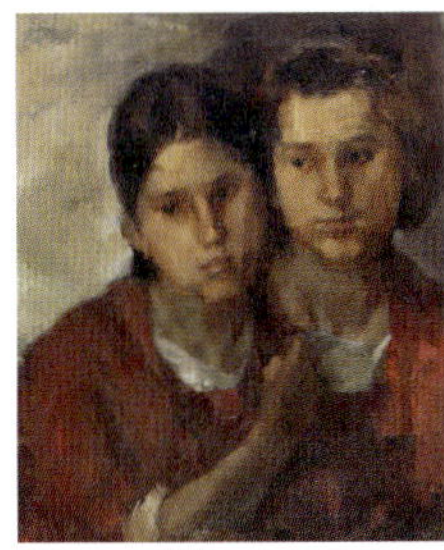

Inv.-Nr. 264 Spielende Akte/*Nudes Playing* für/*for* K40

Inv.-Nr. 376 Akt beim Ziehbrunnen/*Nude by the Well* für/*for* K60

Inv.-Nr. 408 Herr bei einem Tisch/*Gentleman at a Table* für/*for* K10

Inv.-Nr. 444 Akt im Gras/*Nude in the Grass* für/*for* K40

Inv.-Nr. 607 Akte und Landschaft/*Nudes and Landscape* für/*for* K80

Inv.-Nr. 664 Aktfiguren/*Nude Figures* für/*for* K40

Inv.-Nr. 209 Christi Grablegung/*The Entombment of Christ* für/*for* K30

Inv.-Nr. 210 Maria Verkündigung/*The Annunciation* für/*for* K30

Inv.-Nr. 211 Heiligen [sic] Drei Könige/*The Three Magi* für/*for* K30

Inv.-Nr. 212 Kreuzabnahme/*The Descent from the Cross* für/*for* K30
Öl auf Leinwand/*oil on canvas*, 34 × 34 cm
Literatur/*literature*:
Wawra 1920 Nr. 59

Inv.-Nr. 430 Grablegung, Studie/*The Entombment of Christ, Study* für/*for* K20
Öl auf Leinwand/*oil on canvas*, 47 × 65 cm
Literatur/*literature*:
Wawra 1920 Nr. 60

Inv.-Nr. 622 Vertreibung aus dem Paradiese/*Expulsion from Paradise* für/*for* K20

Inv.-Nr. 379 Landschaft mit weiblichen [sic] Akt/*Landscape with Female Nude* für/*for* K80

Inv.-Nr. 432 Blumenstudie/*Flower Study* für/*for* K15

Inv.-Nr. 533 Aquarellbild/*Watercolor* für/*for* K60

Inv.-Nr. 534 Aquarellbild/*Watercolor* für/*for* K60

Inv.-Nr. 535 Aquarellbild/*Watercolor* für/*for* K60

Inv.-Nr. 536 Aquarellbild/*Watercolor* für/*for* K60

Bad im Freien/*Outdoor Bath*
Verlassenschaftsabhandlung/*estate settlement*:
1919 an/*to* Bertha Hauer

Stillleben mit Gemüse und Eiern/*Still Life with Vegetables and Eggs*, um/*ca.* 1910
Öl auf Leinwand/*oil on canvas*, 50 × 60 cm
Landessammlungen Niederösterreich/*State Collections of Lower Austria*, Inv.-Nr. KS-18348

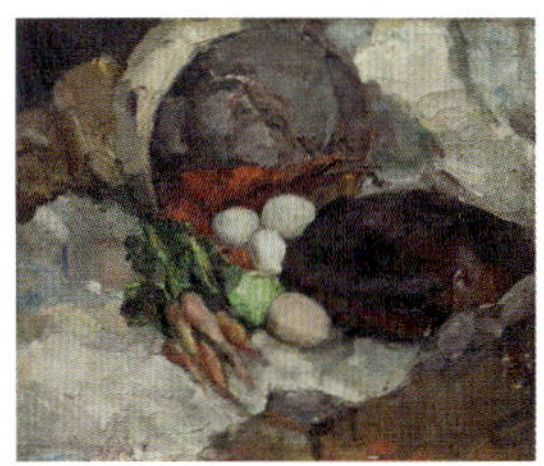

Gelage mit Musizierenden (Musikanten)/*Feast with Musicians*
Kreide auf Papier, laviert/*chalk on paper, washed*, 42,7 × 32,3 cm
Landessammlungen Niederösterreich/*State Collections of Lower Austria*, Inv.-Nr. KS-18397

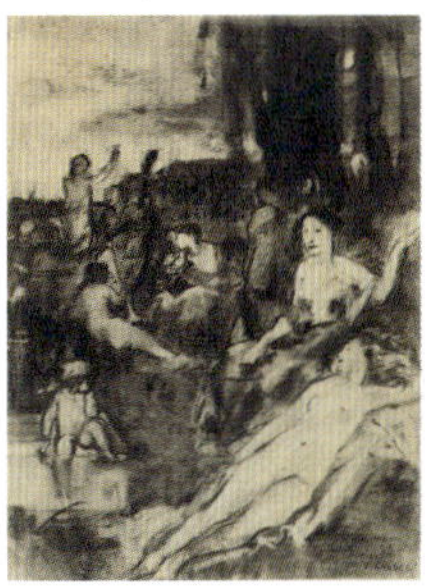

Kentaurenkampf/*Battle of the Centaurs*
Öl auf Leinwand/*oil on canvas*, 70 × 96 cm
Literatur/*literature*:
Wawra 1920 Nr. 57

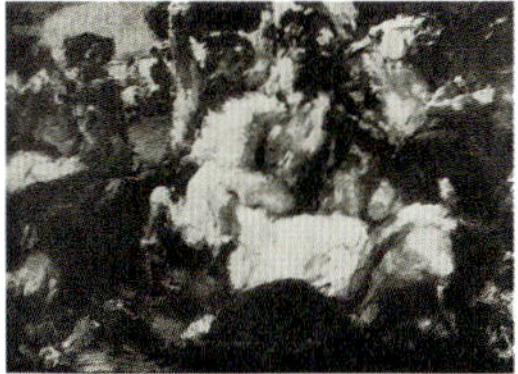

Salome (beim Brunnen mit Johanneskopf)/*Salome (by the Well with the Head of John the Baptist)*
Öl auf Leinwand/*oil on canvas*, 45 × 53 cm
Literatur/*literature*:
Wawra 1920 Nr. 58

Hans Larwin

Inv.-Nr. 249 Zwei hockende Zigeuner/*Two Squatting Gypsies* für/for K100

Inv.-Nr. 253 Zigeunerin mit Kind an der Brust/*Gypsy with Her Child at Her Breast* für/for K50

Zigeunermutter/*Gypsy Mother*
Pastell/*pastel*
Literatur/*literature*:
KH VB 1907–1912 Nr. 1121,
EB 1909/10–1910/11 Nr. 3714

Ungarische Zigeuner/
Hungarian Gypsies
Pastell/pastel
Literatur/*literature*:
KH VB 1907–1912 Nr. 1120,
EB 1909/10–1910/11 Nr. 3715

Umgang (Fronleichnamsprozession) in Neustift a. W./
Procession (Corpus Christi Procession) in Neustift a. W., 1909
Öl auf Leinwand/*oil on canvas*, 140 × 144 cm
Wien Museum, Inv.-Nr. 38832

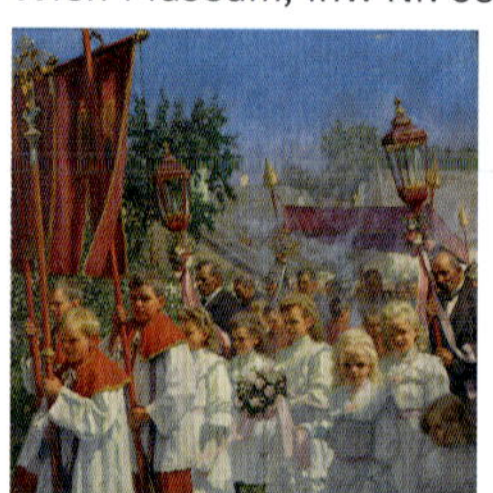

Oskar Laske

Inv.-Nr. 251 Bazar in Konstantinopel/*Bazaar in Constantinople* für/for K40

Inv.-Nr. 255 Eröffnung des türkischen Parlaments/*Opening of the Turkish Parliament* für/for K30

Inv.-Nr. 546 Akropolis zu Athen/*The Acropolis of Athens* für/for K15

Wilhelm Legler

Inv.-Nr. 452 Waldhausen (Zeichnung)/*Waldhausen (Drawing)* für/for K5
1907
Radierung/*etching*
Literatur/*literature*:
Dorotheum 1918 Nr. 149,
Dorotheum 1919 Nr. 328

Thomas Leitner

Inv.-Nr. 138 Mühle bei Drosendorf an der Thaya/*Mill Near Drosendorf on the Thaya River* für/for K50

Inv.-Nr. 141 Eibenstein an der Thaya/*Eibenstein on the Thaya River* für/for K50

Inv.-Nr. 242 Ehrenhausen in Steiermark/*Ehrenhausen in Styria* für/for K120
1910
Öl auf Leinwand/*oil on canvas*, 75 × 90 cm
Dorotheum 1918 Nr. 79,
Dorotheum 1919 Nr. 118

Inv.-Nr. 269 Marterl am Weg/*Wayside Cross* für/for K80
1911
Öl auf Holz/*oil on wood*, 54 × 43 cm
Literatur/*literature*:
Dorotheum 1918 Nr. 28

Inv.-Nr. 276 Bachgasse in Weissenkirchen für/for K80
1911
Öl auf Holz/*oil on wood*, 43 × 34 cm
Literatur/*literature*:
Dorotheum 1918 Nr. 42

Inv.-Nr. 289 Felsenpartie bei Drosendorf/*Rock Formation Near Drosendorf* für/for K80

Inv.-Nr. 300 Müder Wanderer/*Tired Wanderer* für/for K120

Inv.-Nr. 361 Landschaft mit einem Teich/*Landscape with a Pond* für/for K70
Der Dorfteich/*The Village Pond*, 1909
Gouache, 100 × 75 cm
Literatur/*literature*:
Dorotheum 1918 Nr. 26

Inv.-Nr. 366 Einsames Gehöft/*Solitary Farmstead* für/for K60

Inv.-Nr. 501 Einsames Gehöfte/*Solitary Farmstead* für/for K45
Einsames Gehöft/*Solitary Farmstead*, 1910
Öl auf Leinwand/*oil on canvas*, 65 × 90 cm
Literatur/*literature*:
Dorotheum 1918 Nr. 56

Inv.-Nr. 390 Rosenburg für/for K40

Inv.-Nr. 391 Haus am Felsen/*House on the Rocks* für/for K25

Inv.-Nr. 407 Meeresufer/*Seashore* für/for K10

Inv.-Nr. 415 Studie Feldweg/*Study Country Lane* für/for K15

Inv.-Nr. 416 Wachaulandschaft/*Wachau Landscape* für/for K40

Inv.-Nr. 456 Dorfstrasse/*Village Street* für/for K40
Dorfstraße in Niederösterreich/*Village Street in Lower Austria*, 1911
Öl auf Leinwand/*oil on canvas*, 48 × 74 cm
Literatur/*literature*:
Dorotheum 1918 Nr. 114

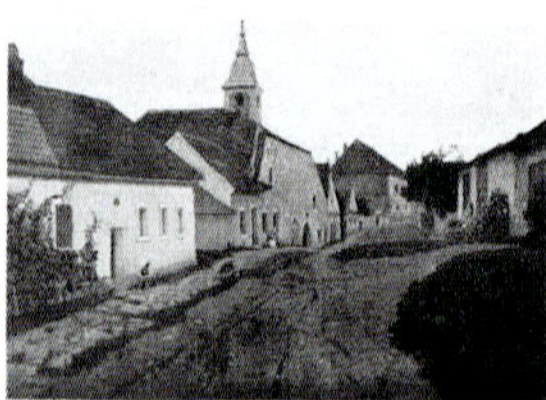

Inv.-Nr. 457 Abendstimmung/*Evening Light* für/for K30

Inv.-Nr. 464 Sumpflandschaft/*Marsh Landscape* für/for K20

Inv.-Nr. 482 Bauerngehöfte am Teich/*Farmsteads on the Pond* für/for K120

Inv.-Nr. 483 Bauernhof/*Farm* für/for K40

Inv.-Nr. 489 Felsen in Drosendorf/*Rock Formation in Drosendorf* für/for K80

Inv.-Nr. 493 Der Eremit/*The Hermit* für/for K80
1908
Öl auf Leinwand/*oil on canvas*, 130 × 100 cm
Literatur/*literature*:
Dorotheum 1918 Nr. 67,
Dorotheum 1919 Nr. 87;
Wawra 1920 Nr. 63

Inv.-Nr. 496 Feldlandschaft, groß/*Landscape with Fields, Large* für/for K150

Inv.-Nr. 498 Birkengruppe/*Group of Birch Trees* für/for K60

Inv.-Nr. 499 Abendstimmung am Strand/*Evening on the Beach* für/for K60

Inv.-Nr. 500 Fels bei Dumo/*Rocks Near Dumo* für/for K45

Inv.-Nr. 502 Kornfeld und Fluß/*Grain Field and River* für/for K30
1910
Öl auf Leinwand/*oil on canvas*, 68 × 90 cm
Literatur/*literature*:
Dorotheum 1918 Nr. 49,
Dorotheum 1919 Nr. 84

Inv.-Nr. 503 Thayathal für/for K40
1909
Öl auf Leinwand/*oil on canvas*, 90 × 120 cm
Literatur/*literature*:
Dorotheum 1918 Nr. 54

Inv.-Nr. 505 Tristen im Schnee/*Haystacks in the Snow* für/for K80

Inv.-Nr. 507 Haus mit Rosen/*House with Roses* für/for K80

Inv.-Nr. 508 Studie zur großen Feldlandschaft/*Study for a Large Landscape with Fields* für/for K50

Inv.-Nr. 517 Höhenstrasse/*Mountain Road* für/for K50

Inv.-Nr. 526 Waldwiese/*Forest Meadow* für/for K5
Öl auf Leinwand/*oil on canvas*, 36 × 62 cm
Literatur/*literature*:
Dorotheum 1918 Nr. 138

Inv.-Nr. 560 Mondlandschaft/*Moon Landscape* für/for K15
Öl auf Leinwand/*oil on canvas*, 68 × 90 cm
Literatur/*literature*:
Dorotheum 1918 Nr. 36

Inv.-Nr. 588 Kreuz am Wege/ *Wayside Cross* für/*for* K80

Inv.-Nr. 586 Landschaft/ *Landscape* 1 für/*for* K70

Inv.-Nr. 587 Landschaft/ *Landscape* 2 für/*for* K70

Inv.-Nr. 595 Ruine/ *Ruin* für/*for* K60

Inv.-Nr. 599 Wolkenlandschaft/*Cloud Landscape* für/*for* K40

Inv.-Nr. 600 Wolkenlandschaften/*Cloud Landscapes* für/*for* K60

Inv.-Nr. 616 Hohe Veitsch bei Mürzsteg/*Hohe Veitsch Near Mürzsteg* für/*for* K120
Öl/*oil*
Literatur/*literature*: KH EB 1909/101910/11 Nr. 773

Inv.-Nr. 620 Mühle/ *Mill* für/*for* K140

Inv.-Nr. 632 Seestimmung/ *Lake Scene* für/*for* K25

Inv.-Nr. 633 Schlossteich/ *Castle Pond* für/*for* K50

Inv.-Nr. 636 Brücke/ *Bridge* für/*for* K120

Große Landschaft/
Large Landscape
Verlassenschaftsabhandlung/*estate settlement*:
1919 an/*to* Leopold Hauer

Stillfried an der March/*Stillfried on the March River*, 1910
Öl auf Leinwand/*oil on canvas*, 44 × 60 cm
Literatur/*literature*:
Dorotheum 1918 Nr. 24,
Dorotheum 1919 Nr. 139

Sonnige Frühlingslandschaft/
Sunny Spring Landscape, 1910
Öl auf Leinwand/*oil on canvas*, 44 × 60 cm
Literatur/*literature*:
Dorotheum 1918 Nr. 27

Abend auf dem Felde/
Evening in the Field, 1910
Öl auf Leinwand/*oil on canvas*, 50 × 69 cm
Literatur/*literature*:
Dorotheum 1918 Nr. 29

An der alten Stadtmauer/
At the Old City Wall, 1909
Öl auf Leinwand/*oil on canvas*, 45 × 61 cm
Literatur/*literature*:
Dorotheum 1918 Nr. 30

Felsenlandschaft/Über den Ländern (auf felsiger Höhe eine Villa mit Ausblick)/
Rocky Landscape/Above the Lands (on a Rocky Hill a Villa with a View), 1910
Öl auf Leinwand/*oil on canvas*, 65 × 60 cm
Literatur/*literature*: Dorotheum 1918 Nr. 33, Dorotheum 1919 Nr. 148; Wawra 1920 Nr. 64

Abendhimmel/
Evening Sky, 1910
Öl auf Leinwand/*oil on canvas*, 48 × 72 cm
Literatur/*literature*:
Dorotheum 1918 Nr. 47

Am Weiher/*At the Pond*, 1909
Öl auf Leinwand/*oil on canvas*, 80 × 100 cm
Literatur/*literature*:
Dorotheum 1918 Nr. 50,
Dorotheum 1919 Nr. 155

Strohtristen im Winter/
Haystacks in Winter, 1911
Öl auf Leinwand/*oil on canvas*, 75 × 100 cm
Literatur/*literature*:
Dorotheum 1918 Nr. 55

Drosendorf im Vordergrunde mit der Thaya/*Drosendorf in the Foreground with the Thaya River*, 1909
Öl auf Leinwand/*oil on canvas*, 73 × 100 cm
Literatur/*literature*:
Dorotheum 1918 Nr. 61

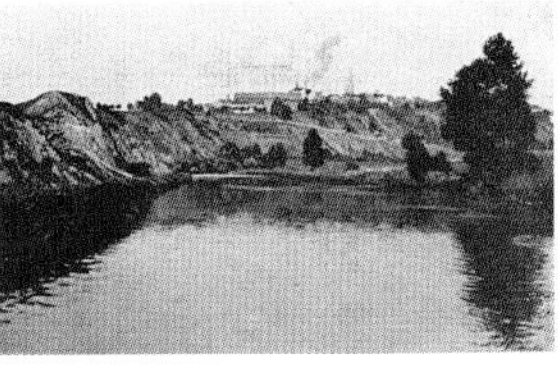

Erntezeit/*Harvest*, 1911
Öl auf Leinwand/*oil on canvas*, 130 × 170 cm
Literatur/*literature*:
Dorotheum 1918 Nr. 88

Landhaus/*Country House*, 1910
Öl auf Leinwand/*oil on canvas*, 75 × 90 cm
Literatur/*literature*:
Dorotheum 1918 Nr. 109

Abendstimmung an der Donau/*Evening on the Danube*, 1910
Öl auf Leinwand/*oil on canvas*, 80 × 100 cm
Literatur/*literature*:
Dorotheum 1918 Nr. 110

Dorfansicht nach dem Gewitter/*View of a Village after the Storm*, 1910
Öl auf Leinwand/*oil on canvas*, 50 × 75 cm
Literatur/*literature*:
Dorotheum 1918 Nr. 115

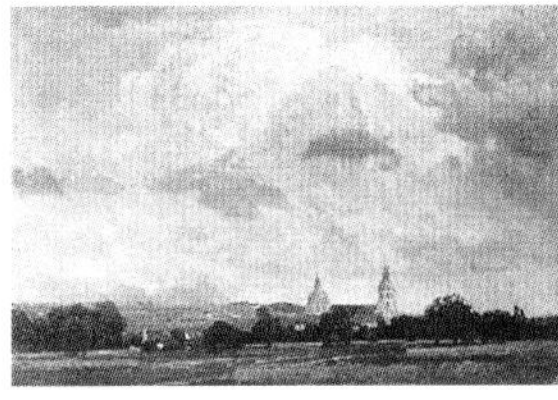

Seerosen/*Water Lilies*
Öl auf Leinwand/*oil on canvas*, 50 × 73 cm
Literatur/*literature*:
Dorotheum 1918 Nr. 116

Feldweg/*Country Lane*, 1909
Öl auf Leinwand/*oil on canvas*, 27 × 46 cm
Literatur/*literature*:
Dorotheum 1918 Nr. 120

Seeufer/*Lakeshore*, 1908
Öl auf Leinwand/*oil on canvas*, 38 × 62 cm
Literatur/*literature*:
Dorotheum 1918 Nr. 133

Verdeckte Sonne (Teich, drüber Regenhimmel)/
Sun Behind the Clouds (Pond with Rainy Sky Above), 1911
Öl auf Leinwand/*oil on canvas*, 63 × 85 cm
Literatur/*literature*:
Wawra 1920 Nr. 61

Untergehende Sonne (Wiesenlandschaft mit Teich)/*Setting Sun (Meadow Landscape with Pond)*, 1911
Öl auf Leinwand/*oil on canvas*, 63 × 85 cm
Literatur/*literature*:
Wawra 1920 Nr. 62

Schiffmühlen bei Stadlau/
Ship Mills by Stadlau, 1908
Öl auf Leinwand/*oil on canvas*, 45 × 60 cm
Literatur/*literature*:
Wawra 1920 Nr. 65

Sonnenuntergang (Wäldchen, hügeliges Ackerland)/*Sunset (Small Woods with Hilly Farmland)*, 1906
Tempera, 46 × 60 cm
Literatur/*literature*:
Wawra 1920 Nr. 66

Abendsonne (auf einer sandigen Anhöhe ein Kiefernwäldchen)/*Evening Sun (Small Pine Forest on a Sandy Hill)*, 1906
Tempera, 46 × 60 cm
Literatur/*literature*:
Wawra 1920 Nr. 67

Schiffmühle an der March/*Ship Mill on the March River*
Tempera
Literatur/*literature*:
KH EB 1910/11 Nr. 72

Sommer/*Summer*
Tempera
Literatur/*literature*:
KH VB 1907–1912 Nr. 1269,
EB 1909/10–1910/11 Nr. 164

Dorfteich in Vogau/*Village Pond in Vogau*
Tempera
Literatur/*literature*:
KH EB 1910/11 Nr. 73

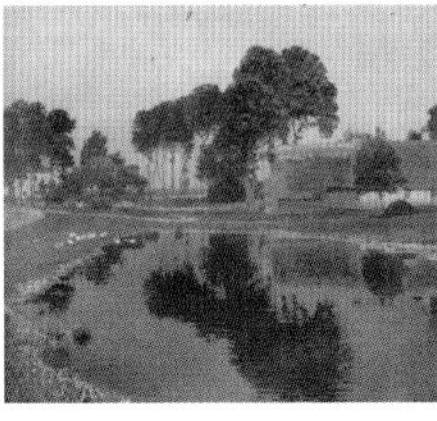

Zur Sommerzeit (Südsteiermark)/*Summertime (Southern Styria)*
Öl/*oil*
Literatur/*literature*:
KH EB 1910/11 Nr. 1154

Feldeinsamkeit/*Solitude in the Fields*
Öl/*oil*
Literatur/*literature*:
KH EB 1909/10–1910/11 Nr. 772

Landschaft/*Landscape*, 1910
Öl auf Leinwand/*oil on canvas*, 36,5 × 62 cm
Privatbesitz/*private collection*

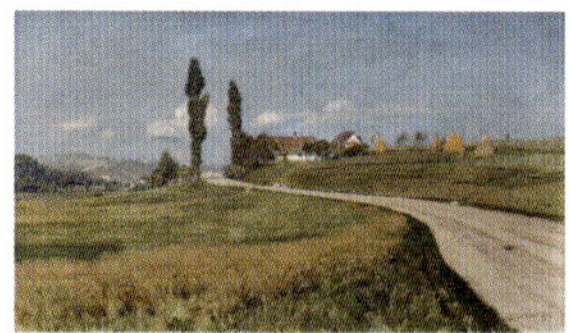

P. Leslix [?]

Inv.-Nr. 313 Jugend und Alter/*Youth and Old Age* für/for K120

M. Lothringer

Inv.-Nr. 400 Tanzendes Mädchen/*Dancing Girl* für/for K20

Varislav Malx

Inv.-Nr. 32 Kirchenfest/*Church Festival* für/for K100

Wenzel Maly

Sonntagmorgen vor der Kirche (Ortschaft in Hanna, Kinder in Festtagskleidung)/*Sunday Morning in Front of the Church (Village in Hanna, Children in Festive Dress)*
Öl auf Leinwand/*oil on canvas*, 152 × 200 cm
Literatur/*literature*:
Wawra 1920 Nr. 68

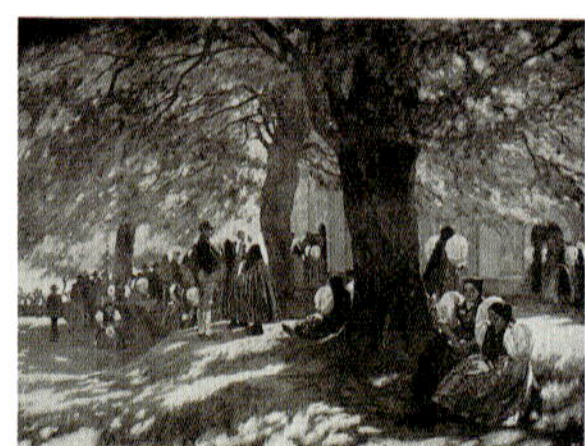

August Mandlick

Inv.-Nr. 553 Juxbild/*Humorous Picture* für/for K80

Luise Max-Ehrler

Blumenstillleben/*Still Life with Flowers*
Öl auf Leinwand/*oil on canvas*, 74 × 48 cm
Privatbesitz/*private collection*

Heinz Müller

Geschwister/*Siblings*
Bronze
Literatur/*literature*:
KH VB 1907-1912 Nr. 1043,
EB 1909/10 Nr. 1929

L. Natzel

Inv.-Nr. 551 Dorf/*Village* für/for K10

Otakar Nejedlý

Inv.-Nr. 69 Indier/*Indian* für/for K10

Inv.-Nr. 70 Ceylon Studien/*Ceylon Studies* für/for K10

Inv.-Nr. 234 Ceylon Studien/*Ceylon Studies* für/for K10

Inv.-Nr. 235 Ceylon Studien/*Ceylon Studies* für/for K10

Inv.-Nr. 236 Ceylon Studien/*Ceylon Studies* für/for K10

Inv.-Nr. 237 Ceylon Studien/*Ceylon Studies* für/for K10

Inv.-Nr. 309 Studie aus Ceylon/*Study in Ceylon* für/for K10

Inv.-Nr. 387 Ceylonstudie/*Ceylon Study* für/for K10

Inv.-Nr. 388 Ceylonstudie/*Ceylon Study* für/for K10

Inv.-Nr. 389 Ceylonstudie/*Ceylon Study* für/for K10

Ceylon
Öl auf Karton/*oil on cardboard*, 24 × 29 cm
Privatbesitz/*private collection*

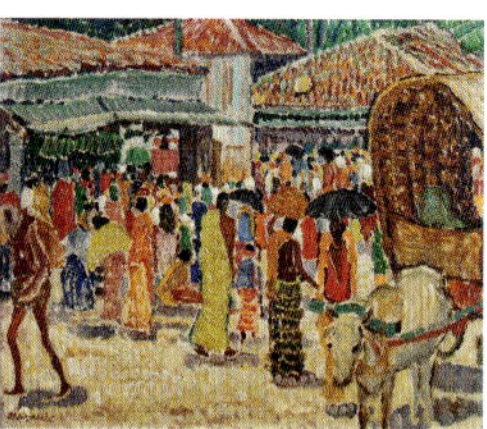

Ceylon Meeresstrand/*Ceylon Ocean Beach*, um/*ca.* 1912/13
Öl auf Karton/*oil on cardboard*, 24 × 29 cm
Privatbesitz/*private collection*

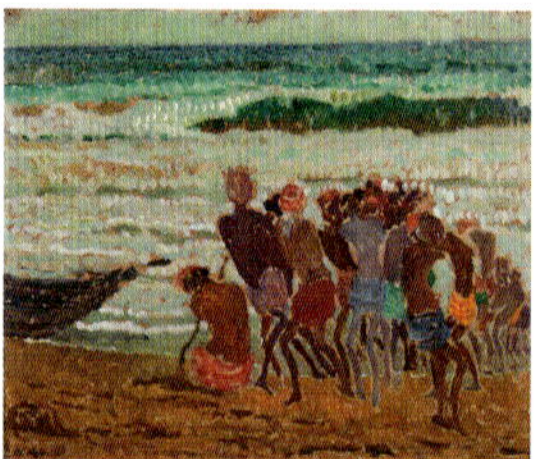

Ernst Nowak

Inv.-Nr. 445 Schuster/*Shoemaker* für/for K50

Inv.-Nr. 604 Mönche im Kloster/*Monks in the Monastery* für/for K100

Carl Eduard Onken

Mühle bei Kirchberg am Wechsel/*Mill Near Kirchberg am Wechsel*
Öl/*oil*
Literatur/*literature*:
KH VB 1907–1912 Nr. 1147,
EB 1909/10–1910/11 Nr. 3151

J. Osnagli [?]

Inv.-Nr. 371 Stillleben/*Still Life* 1 für/for K25

Inv.-Nr. 372 Stillleben/*Still Life* 2 für/for K25

Johann Pentelei-Molnar

Inv.-Nr. 243 Stillleben mit Gläsern/*Still Life with Glasses* für/for K80
1912
Öl auf Holz/*oil on wood*, 60 × 80 cm
Privatbesitz/*private collection*
Literatur/*literature*:
KH VB 1912–1916 Nr. 25,
EB 1911/12 Nr. 827

P.S. 12

Inv.-Nr. 79 Stillleben, Obst am Sessel/*Still Life with Fruit on Chair* für/for K20

C. Pilly

Inv.-Nr. 541 Mädchen in der Scheune/*Girl in the Barn* für/for K10
Mädchen unter der Tür/*Girl in the Doorway*
Öl auf Karton/*oil on cardboard*, 11 × 13 cm
Literatur/*literature*:
Dorotheum 1918 Nr. 2

Jean-François Raffaëlli

Inv.-Nr. 244 Französisches Stadtbild von Paris/*French Cityscape of Paris* für/for K1.000
Leben und Treiben in einer Straße von Paris/*Bustling Activity in a Parisian Street*
Gouache, 64 × 82 cm
Literatur/*literature*:
Dorotheum 1918 Nr. 98

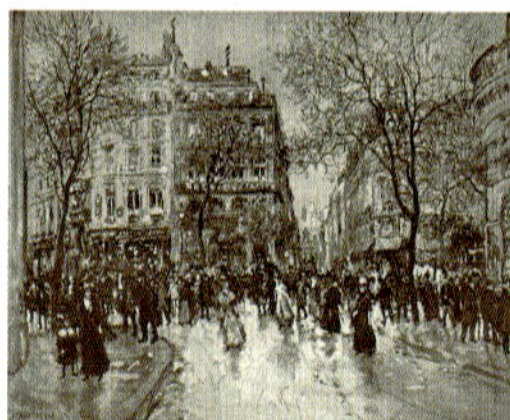

Karl Reichert

Inv.-Nr. 647 Hundefamilie/*Dog Family* für/for K40

Flora Macdonald Reid

Inv.-Nr. 487 Holländische Marktweiber/*Dutch Market Women* für/*for* K60
Holländische Fischverkäuferinnen/*Dutch Women Selling Fish*, 1906
Öl auf Leinwand/*oil on canvas*, 61 × 90 cm
Literatur/*literature*:
Dorotheum 1918 Nr. 92

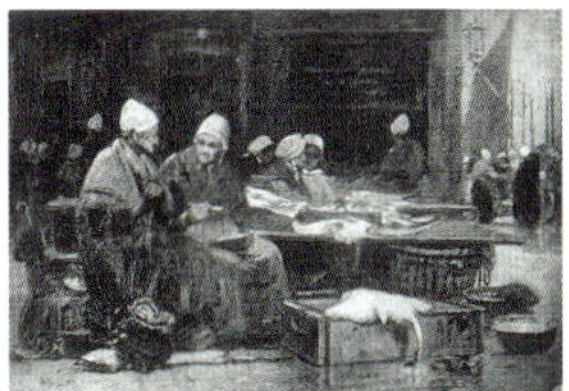

Renee

Kinderspielplatz/*Playground*
Öl auf Holz/*oil on wood*, 50 × 74 cm
Literatur/*literature*:
Dorotheum 1918 Nr. 80

Rudolf Ribarz

Inv.-Nr. 263 Pusta Landschaft/*Puszta Landscape* für/*for* K500
Öl auf Leinwand/*oil on canvas*, 68 × 112 cm
Literatur/*literature*:
Dorotheum 1918 Nr. 100

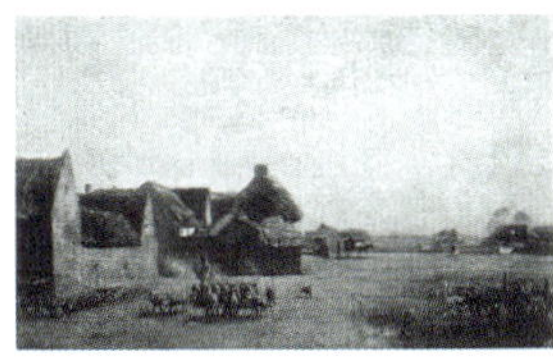

Albert Ritzberger

Inv.-Nr. 33 Erweckung der Tochter Jerius [sic]/*Raising of Jairus' Daughter* für/*for* K250
Erweckung der Tochter des Jaïrus/*Raising of Jairus' Daughter*
Öl auf Leinwand/*oil on canvas*, 157 × 250 cm
Literatur/*literature*:
KH VB 1912–1916 Nr. 416;
Dorotheum 1918 Nr. 103

Alexander Rothaug

Inv.-Nr. 488 Sappho für/*for* K100

Oswald Roux

Inv.-Nr. 226 Pferdemarkt/*Horse Market* für/*for* K60

Franz Rumpler

Inv.-Nr. 195 Mädchen mit Waschbecken, Studie/*Girl with Wash Basin, Study* für/*for* K40
Magd mit Korb/*Maid with Basket*, um/*ca.* 1900
Tusche, aquarelliert auf Pappe/*India ink and watercolor on cardboard*, 18,6 × 14,3 cm
Landessammlungen Niederösterreich/*State Collections of Lower Austria*, Inv.-Nr. KS-14643

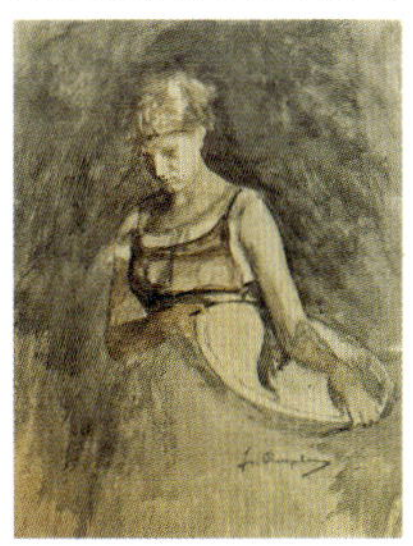

Inv.-Nr. 272 Rosenstöcke/*Rosebushes* für/*for* K440

Inv.-Nr. 327 Mädchenkopf/*Head of a Girl* für/*for* K400

Robert Russ

Inv.-Nr. 245 Dürnstein an der Donau große Landschaft/*Dürnstein on the Danube, Large Landscape* für/*for* K1.800
Öl auf Leinwand/*oil on canvas*, 139 × 185 cm
Privatbesitz/*private collection*

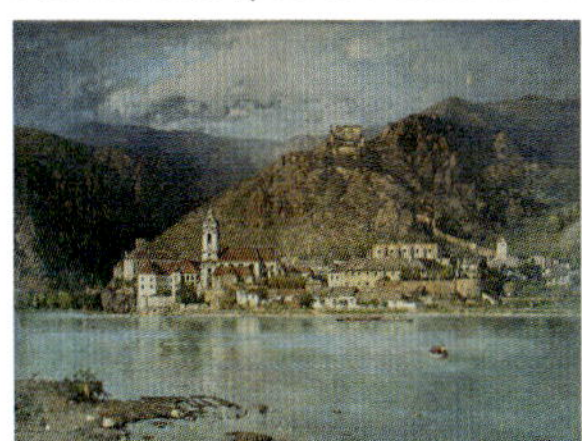

Inv.-Nr. 277 Die Heide/*The Heather* für/*for* K200

Inv.-Nr. 281 Auen/*River Meadows* für/*for* K200

Inv.-Nr. 310 Große Landschaft/*Large Landscape* für/*for* K1.600

Inv.-Nr. 318 Landschaft/*Landscape* für/*for* K300

Inv.-Nr. 325 Aus Weissenkirchen/*Weissenkirchen* für/*for* K250

Gartenszene mit sitzendem Mädchen/*Garden Scene with Seated Girl*, 1911
Öl auf Leinwand/*oil on canvas*, 27,8 × 41 cm
Landessammlungen Niederösterreich/*State Collections of Lower Austria*, Inv.-Nr. KS-18361

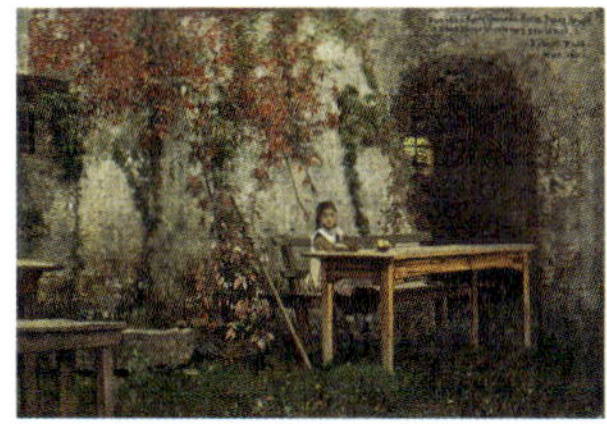

Auf weiter Flur/*In a Vast Field*, Gouache
Literatur/*literature*:
KH VB 1907–1912 Nr. 2243,
EB 1911/12 Nr. 398

Partie an der Thaya/*On the Thaya River*, Gouache
Literatur/*literature*:
KH VB 1907–1912 Nr. 1214,
EB 1909/10–1910/11 Nr. 3893

Othmar Ružička

Inv.-Nr. 511 Vater mit Tochter/*Father with Daughter* für/*for* K80

Morgens zur Arbeit/*To Work in the Morning*
Öl/*oil*
Literatur/*literature*:
KH EB 1909/10–1910/11 Nr. 927

Am Dürnsteiner Kirchenchor/*In the Dürnstein Choir Gallery*, 1911
Öl auf Leinwand/*oil on canvas*, 70 × 60 cm
Privatbesitz/*private collection*
Literatur/*literature*:
KH VB 1907–1912 Nr. 1957,
EB 1910/11 Nr. 849

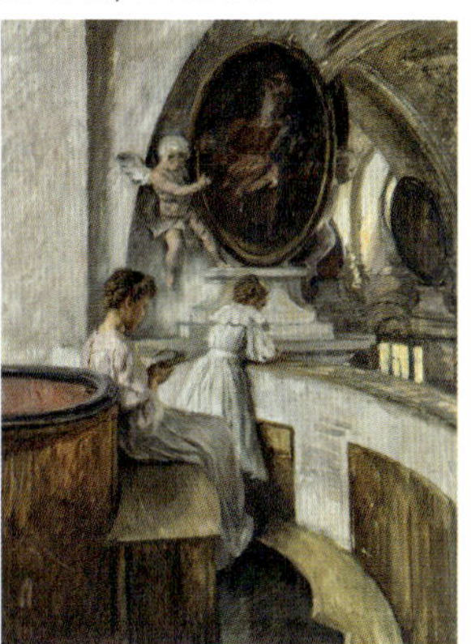

Rudolf de Saegher

Inv.-Nr. 342 Dünenlandschaft, Pastell/*Dune Landscape, Pastel* für/*for* K80
Märzsonne/*March Sun*, 1910
Farbstift/*colored crayon*, 95 × 128 cm
Literatur/*literature*:
KH VB 1907–1912 Nr. 2232,
EB 1911/12 Nr. 421;
Wawra 1920 Nr. 69

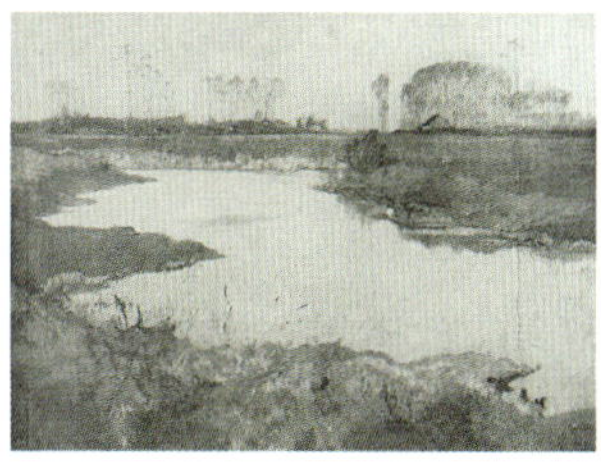

Schachner

Inv.-Nr. 619 Bäume bei einem Flusse/*Trees by a River* für/*for* K15

Leopold Schauer

Bindersepplhaus, 1891
Aquarell/*watercolor*, 26 × 33 cm
Literatur/*literature*:
Dorotheum 1918 Nr. 4,
Dorotheum 1919 Nr. 273

Egon Schiele

Inv.-Nr. 61 Stein an der Donau/*Stein on the Danube* für/for K40

Inv.-Nr. 67 Stein an der Donau/*Stein on the Danube* 2 für/for K25

Inv.-Nr. 94 Stein an der Donau/*Stein on the Danube* für/for K50

Häuser am Fluss II (Die alte Stadt II)/*Houses on the River (The Old Town)*, 1914
Öl auf Leinwand/*oil on canvas*, 100 × 120,5 cm
Museo Nacional Thyssen-Bornemisza, Madrid, Inv.-Nr. 739 (1978.81)
Literatur/*literature*:
Kallir 1998 Nr. 279

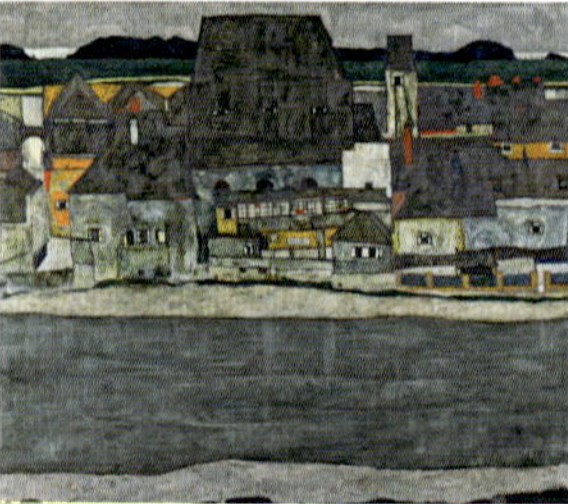

Stein an der Donau, vom Süden gesehen (groß)/*Stein on the Danube, Seen from the South (Large)*, 1913
Öl auf Leinwand/*oil on canvas*, 89,8 × 89,6 cm
Neue Galerie New York. (Dieses Werk ist Teil der Sammlung Estée Lauder und wurde von Estée Lauder großzügig zur Verfügung gestellt/*This work is part of the collection of Estée Lauder and was made available through the generosity of Estée Lauder*)
Literatur/*literature*:
Kallir 1998 Nr. 268

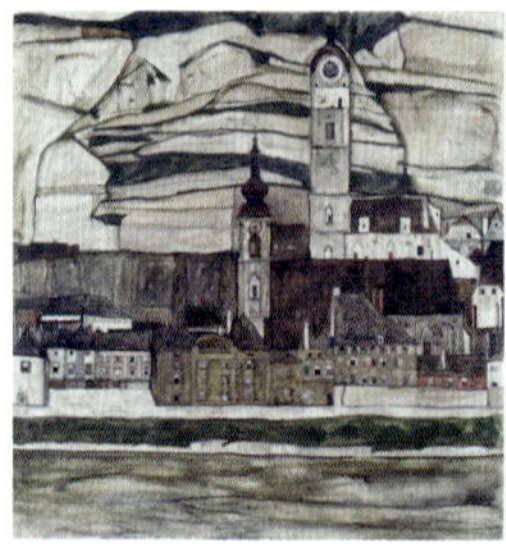

„Stadt Stein" II/*Stein on the Danube, Seen from the Kreuzberg (Large)*, 1913
Öl auf Leinwand/*oil on canvas*, 91,5 × 91,5 cm
Leopold Museum, Wien/*Vienna*, Inv.-Nr. 479
Literatur/*literature*:
Kallir 1998 Nr. 269

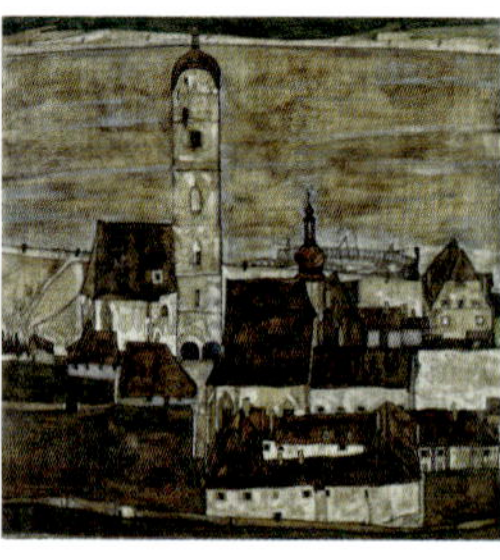

Inv.-Nr. 479 Mühle/*Mill* für/for K15
Sägemühle/*Sawmill*, 1913
Öl auf Leinwand/*oil on canvas*, 80,1 × 89,8 cm
Privatbesitz/*private collection*, Courtesy Galerie St. Etienne, New York
Literatur/*literature*:
Kallir 1998 Nr. 271

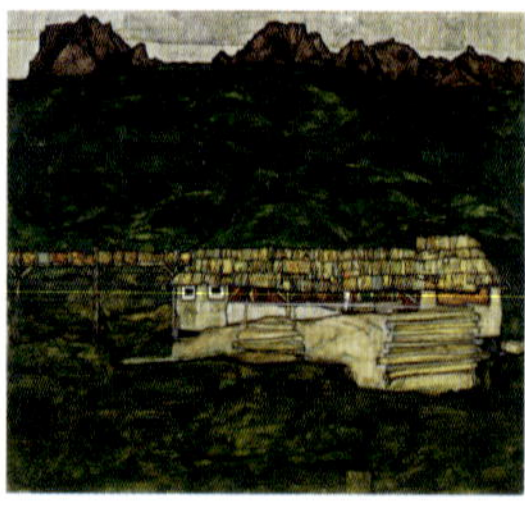

Inv.-Nr. 63 Zwei Nonnen/*Two Nuns* für/for K25
Bekehrung/*Conversion*, 1912
Öl auf Leinwand/*oil on canvas*, 69,9 × 80 cm
Privatbesitz/*private collection*
Courtesy Galerie St. Etienne, New York
Literatur/*literature*:
Kallir 1998 Nr. 231

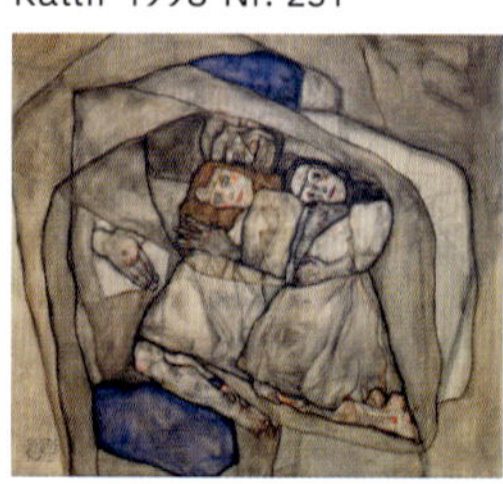

Inv.-Nr. 65 Belebung/*Revival* für/for K30
Agonie/*Agony*, 1912
Öl auf Leinwand/*oil on canvas*, 70 × 80 cm
Bayerische Staatsgemäldesammlungen – Neue Pinakothek München, Inv.-Nr. 13073
Literatur/*literature*:
Kallir 1998 Nr. 230

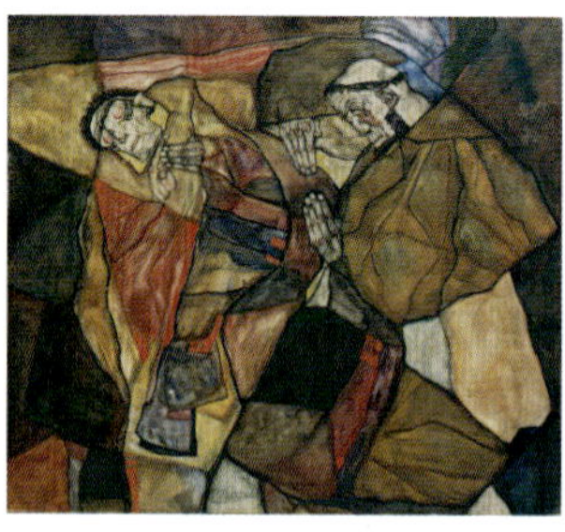

Inv.-Nr. 72 Mumienstudie/*Mummy, Study* für/for K120
Auferstehung (Gräber)/*Resurrection (Graves)*, 1913
Öl auf Leinwand/*oil on canvas*, 200 × 220 cm
Literatur/*literature*:
Kallir 1998 Nr. 251

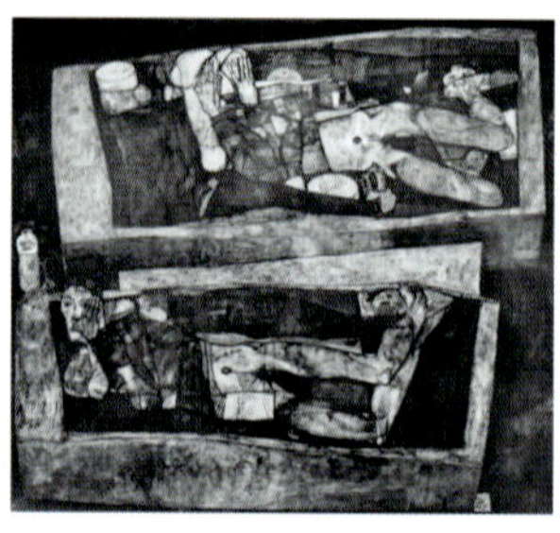

Vorstadt I/*Suburb I*, 1914
Öl auf Leinwand, Masonit/*oil on canvas, Masonite*, 101 × 120,5 cm
Staatsgalerie Stuttgart, erworben mit Lotto-Mitteln 1966/*acquired with lottery revenues in 1966*, Inv.-Nr. 2711
Literatur/*literature*:
Kallir 1998 Nr. 282

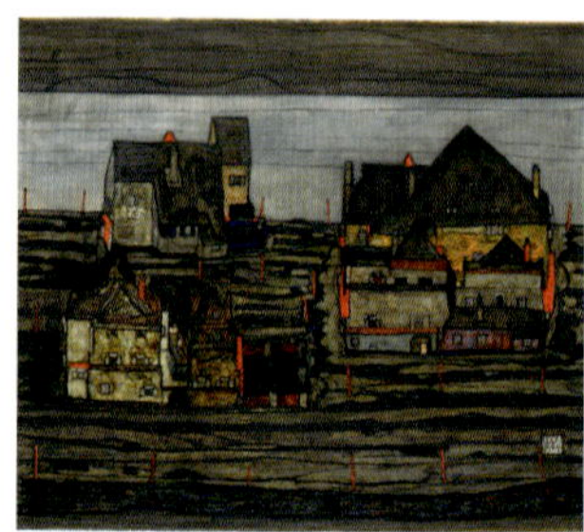

Herbstland/*Autumn Land*, 1912
80 × 80 cm
Literatur/*literature*:
Kallir 1998 Nr. XXXIV

Felsenstadt/*City on the Rock*
Literatur/*literature*:
Kallir 1998 Nr. XLVIII

Porträt Franz Hauer/*Portrait of Franz Hauer*, 1914
Kaltnadelradierung/*drypoint*, 15 × 10,8 cm
Landessammlungen Niederösterreich/*State Collections of Lower Austria*, Inv.-Nr. KS-18375
Literatur/*literature*:
Kallir 1998 Graphics 5a

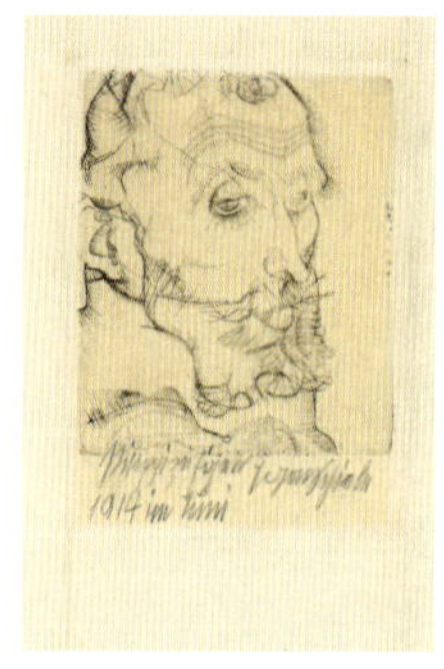

Bildnis Franz Hauer/*Portrait of Franz Hauer*, 1914
Bleistift auf Papier/*pencil on paper*, 29,4 × 23,5 cm
Landessammlungen Niederösterreich/*State Collections of Lower Austria*, Inv.-Nr. KS-18411
Literatur/*literature*:
Kallir 1998 Nr. 1623

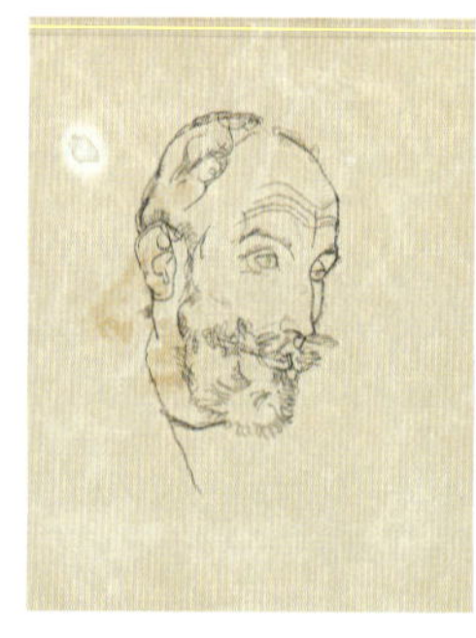

Portrait Franz Hauer/*Portrait of Franz Hauer*, 1914
Bleistift auf Papier/*pencil on paper*, 44 × 30,6 cm
Leopold Privatsammlung
Literatur/*literature*:
Kallir 1998 Nr. 1625

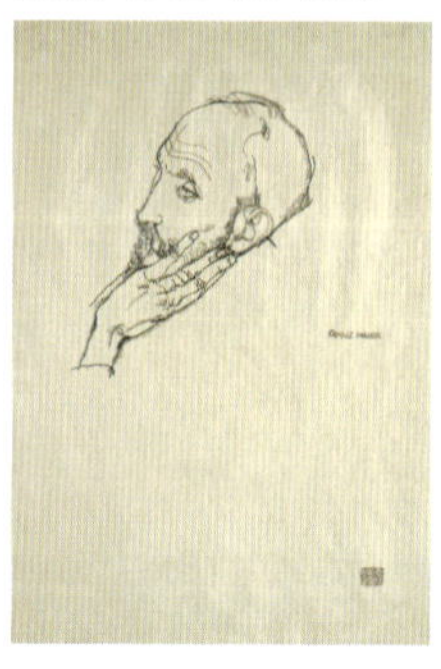

Franz Hauer/*Portrait of Griechenbeisl Innkeeper Franz Hauer*, 1914
Bleistift auf Japanpapier/*pencil on Japan paper*, 48,2 × 32 cm
Albertina, Wien/*Vienna*, Inv.-Nr. 26671
Literatur/*literature*: Kallir 1998 Nr. 1622

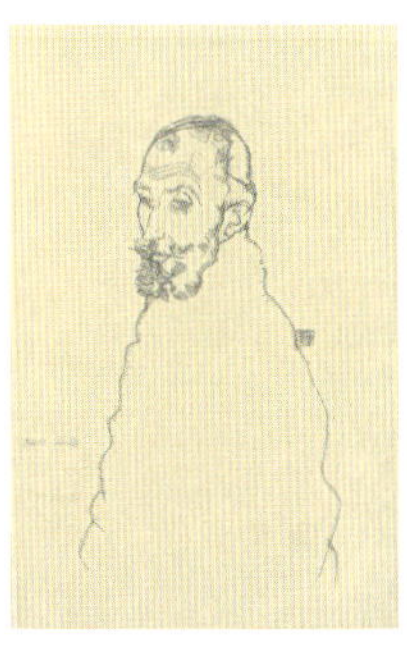

Bildnis Franz Hauer/*Portrait of Franz Hauer*, 1914
Bleistift auf Papier/*pencil on paper*, 47,2 × 32 cm
Privatbesitz/*private collection*
Courtesy Galerie St. Etienne, New York
Literatur/*literature*: Kallir 1998 Nr. 1624

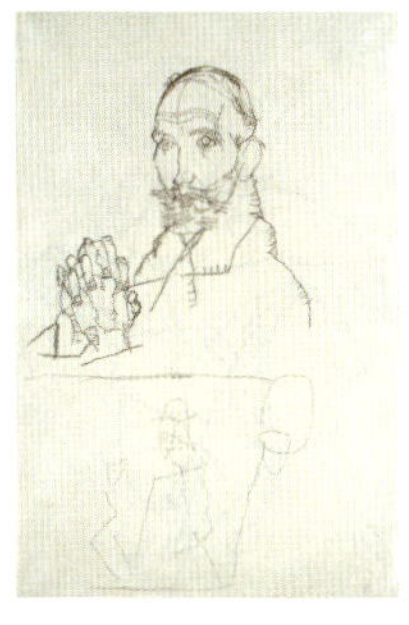

Wally, 1912
Bleistift und Deckfarbe auf Papier, aquarelliert/*pencil, gouache, watercolor on paper*, 29,7 × 25,9 cm
Landessammlungen Niederösterreich/*State Collections of Lower Austria*, Inv.-Nr. KS-18410
Literatur/*literature*: Kallir 1998 Nr. 1118

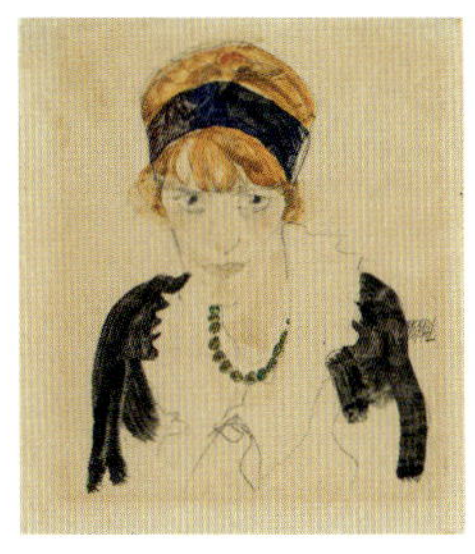

Mutter und Kind mit gestreifter Decke/*Mother and Child with Striped Blanket*, 1912
Bleistift, Gouache, Aquarell auf Papier/*pencil, gouache, watercolor on paper*, 48 × 30 cm
Privatbesitz/*private collection*
Literatur/*literature*: Kallir 1998 D. 994a

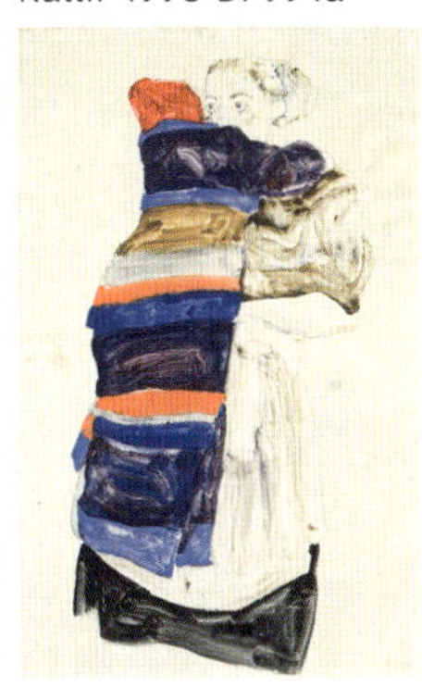

Kniender Akt/*Kneeling Nude*, 1912
Bleistift, Gouache, Aquarell auf Papier/*pencil, gouache, watercolor on paper*, 31,5 × 48 cm
Privatbesitz/*private collection*
Literatur/*literature*: Kallir 1998 D. 1085a

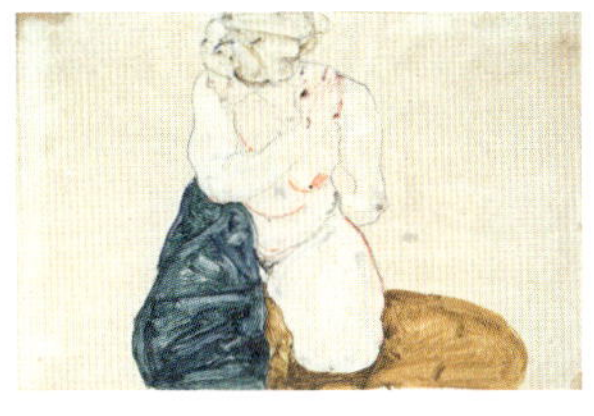

Frau im Morgenmantel/*Standing Girl, Head Resting on Hand*, 1912
Bleistift, Aquarell, Deckfarbe auf Papier/*pencil, watercolor, gouache on paper*, 45,1 × 30,8 cm
Landessammlungen Niederösterreich/*State Collections of Lower Austria*, Inv.-Nr. KS-20204
Literatur/*literature*: Kallir 1998 Nr. 1269

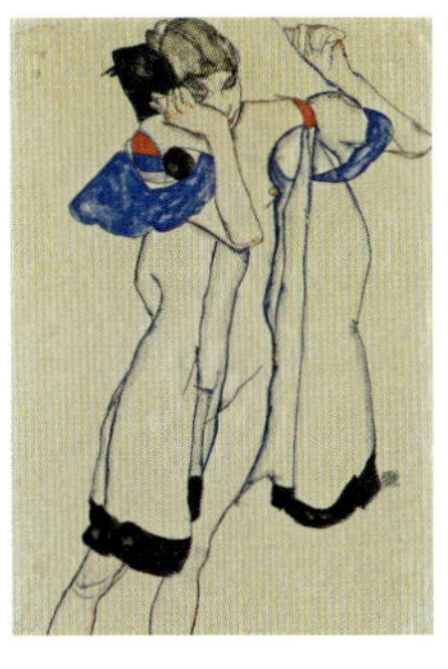

Gelber und weißer Akt/*Yellow and White Nudes*, 1913
Deckfarbe auf Papier/*gouache on paper*, 48 × 30 cm
Privatbesitz/*private collection*
Literatur/*literature*: Kallir 1998 D. 1456a

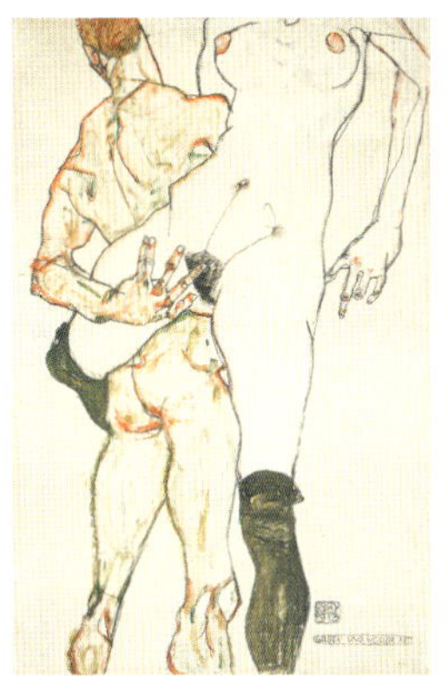

Halbakt/*Semi-Nude*, 1913
Deckfarbe auf Papier/*gouache on paper*, 48,3 × 31,5 cm
Privatbesitz/*private collection*
Literatur/*literature*: Kallir 1998 D. 1356a

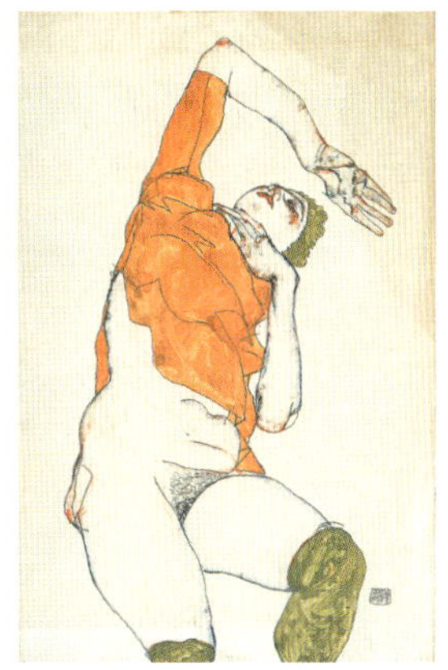

Mutter mit Kind/*Mother with Child*, vermutlich/*presumably* 1914
Bleistift auf Papier/*pencil on paper*, 37 × 29 cm
Literatur/*literature*: Kallir 1998 D. 1671a

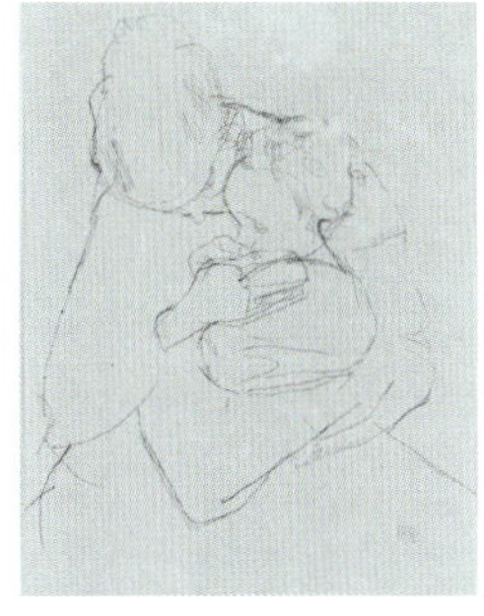

Akt ohne Kopf/*Nude without Head*, 1912
Bleistift, Aquarell, Deckfarbe/*pencil, watercolor, gouache*, 48 × 30,3 cm
Privatbesitz/*private collection*
Literatur/*literature*: Kallir 1998 D. 1079a

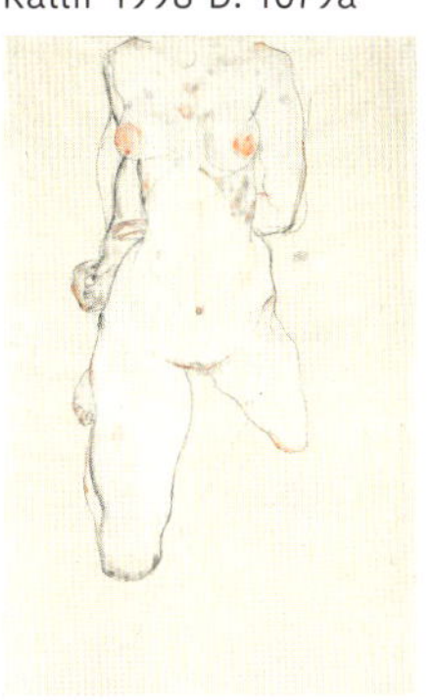

Kauernder Mädchenakt in orangefarbenem Kleid/*Crouching Nude Girl in Orange Dress*, 1914
Bleistift und Aquarell auf Papier/*pencil, watercolor on paper*, 41,4 × 31,6 cm
Leopold Privatsammlung
Literatur/*literature*: Kallir 1998 Nr. 1506

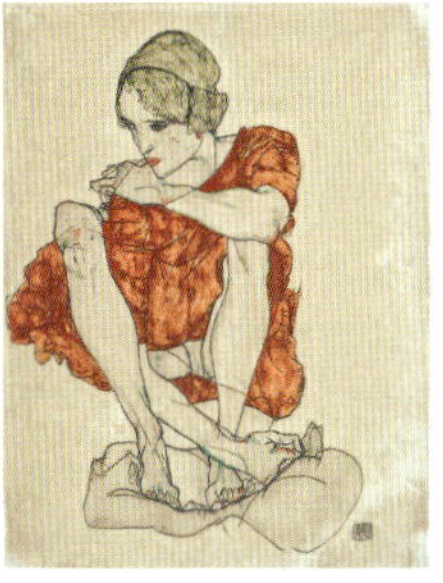

Nach vorne gebeugter Akt mit blauen Strümpfen/*Crouching Female Nude, Bending Forward*, 1912
Bleistift, Gouache auf Papier/*pencil, gouache on paper*, 37,5 × 28,9 cm
Leopold Museum, Wien/*Vienna*, Inv.-Nr. 1441
Literatur/*literature*: Kallir 1998 Nr. 1088

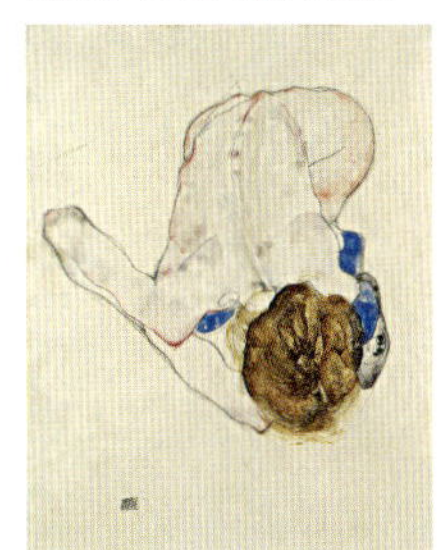

Porträt von Carl Reininghaus/
Portrait of Carl Reininghaus,
1912
Bleistift/*pencil*, 46 × 30 cm
Literatur/*literature*:
Kallir 1998 Nr. D 1152
verso: Weiblicher Akt/
Female Nude, 1912
Bleistift/*pencil*, 46 × 30 cm
Literatur/*literature*:
Kallir 1998 Nr. D 1031

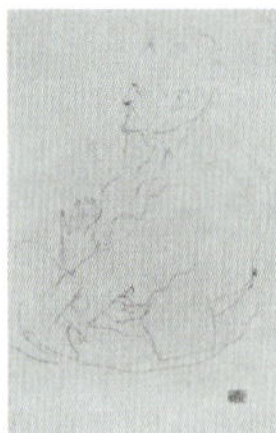

Selbstporträt mit braunem Hintergrund/*Self-Portrait with Brown Background*, 1912
Bleistift, Aquarell, Deckfarbe auf Papier/*pencil, watercolor, gouache on paper*

Fritz Schönpflug

Inv.-Nr. 347 Hochzeit/ *Wedding* für/*for* K15

Gustav Schütt

Inv.-Nr. 59 Keller im Walde/*Cellar in the Woods* für/*for* K40
Öl auf Leinwand/*oil on canvas*, 58 × 66 cm
Literatur/*literature*:
Wawra 1920 Nr. 76

Inv.-Nr. 91 Landschaft mit Haus/*Landscape with House* für/*for* K80

Inv.-Nr. 95 Alte Häuser am Berge/*Old Houses on the Mountain* für/*for* K60
Haus in den Bergen/*House in the Mountains*, um/*ca.* 1912/13
Öl auf Leinwand/*oil on canvas*, 100 × 100 cm
Privatbesitz/*private collection*

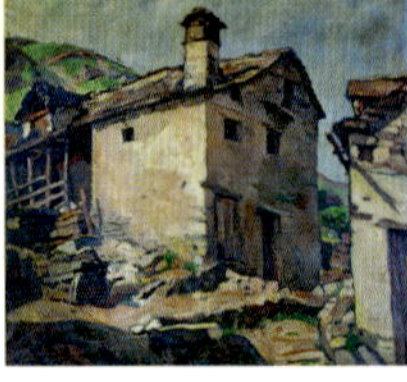

Inv.-Nr. 105 Dorfstrasse/ *Village Street* für/*for* K25

Inv.-Nr. 107 Landschaft mit See/*Landscape with Lake* für/*for* K80

Inv.-Nr. 121 Fluß mit Brücke/ *River with Bridge* für/*for* K120

Inv.-Nr. 126 Insellandschaft/ *Island Landscape* für/*for* K120

Inv.-Nr. 127 Hof eines alten Hauses/*Courtyard of an Old House* für/*for* K80

Inv.-Nr. 208 Gasse im Schnee/ *Lane in the Snow* für/*for* K60

Inv.-Nr. 385 Mädchen im Grase sitzend/*Girl Sitting in the Grass* für/*for* K15

Inv.-Nr. 386 Landschaft im Schnee/*Landscape in the Snow* für/*for* K15

Inv.-Nr. 409 Landschaft im Schnee/*Landscape in the Snow* für/*for* K5

Inv.-Nr. 437 Wasserfall/ *Waterfall* für/*for* K10

Inv.-Nr. 450 Waldstudie/ *Woodland Study* für/*for* K10

Inv.-Nr. 455 Waldmotiv/ *Woodland Motif* für/*for* K5

Inv.-Nr. 476 Waldbrücke/ *Bridge in the Woods* für/*for* K30
Waldinneres (Waldblumen, Sträucher)/*Woods (Forest Flowers, Bushes)*
Öl auf Leinwand/*oil on canvas*, 55 × 72 cm
Literatur/*literature*:
Wawra 1920 Nr. 78

Inv.-Nr. 520 Stube und Bett/ *Parlor and Bed* für/*for* K10

Inv.-Nr. 524 Thorbogen/ *Archway* für/*for* K20

Inv.-Nr. 558 Mein Freund/ *My Friend* für/*for* K25

Inv.-Nr. 562 Felsen im Wald/ *Rock in the Forest* für/*for* K10

Inv.-Nr. 564 Weinberge/ *Vineyards* für/*for* K30
Weinberge im Etschtal/ *Vineyards in the Etschtal*
Öl auf Leinwand/*oil on canvas*, 80 × 114 cm
Literatur/*literature*:
Wawra 1920 Nr. 71

Inv.-Nr. 565 Wald/ *Forest* für/*for* K10

Inv.-Nr. 567 Häuser im Thale/*Houses in the Valley* für/*for* K10

Inv.-Nr. 571 Bild ohne Rahmen/*Picture without Frame* für/*for* K10

Inv.-Nr. 572 Bild ohne Rahmen/*Picture without Frame* für/*for* K10

Inv.-Nr. 573 Bild ohne Rahmen/*Picture without Frame* für/*for* K10

Inv.-Nr. 574 Bild ohne Rahmen/*Picture without Frame* für/*for* K10

Turm am See/*Tower on the Lake*
Öl auf Leinwand/*oil on canvas*, 100 × 100 cm
Literatur/*literature*:
Wawra 1920 Nr. 70

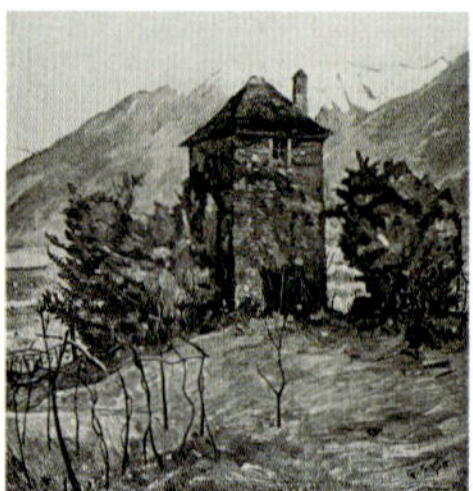

Im Garten (lesender Junge, Orangen)/*In the Garden (Boy Reading, Oranges)*
Öl auf Leinwand/*oil on canvas*, 150 × 100 cm
Literatur/*literature*:
Wawra 1920 Nr. 72

Beim Frühstück (in einem Zimmer, Bub, Frühstückstisch)/*Breakfast (in a Room, Boy, Breakfast Table)*
Öl auf Leinwand/*oil on canvas*, 124 × 100 cm
Literatur/*literature*:
Wawra 1920 Nr. 73

Beim Sparherd (Knabe, Topf, Korb mit Kartoffeln)/ *At the Stove (Boy, Pot, Basket with Potatoes)*
Öl auf Leinwand/*oil on canvas*, 120 × 82 cm
Literatur/*literature*:
Wawra 1920 Nr. 74

Altes Fabriksgebäude/ *Old Factory*
Öl auf Leinwand/*oil on canvas*, 102 × 80 cm
Literatur/*literature*:
Wawra 1920 Nr. 75

Verfallene Hütte/ *Dilapidated Hut*
Öl auf Leinwand/*oil on canvas*, 55 × 68 cm
Literatur/*literature*:
Wawra 1920 Nr. 77

Waldbach/*Forest Stream*
Öl auf Leinwand/*oil on canvas*, 74 × 60 cm
Literatur/*literature*:
Wawra 1920 Nr. 79

Im Buchenwald/*Beech Forest*
Öl auf Leinwand/*oil on canvas*, 58 × 77 cm
Literatur/*literature*:
Wawra 1920 Nr. 80

Waldmotiv (mit steinigem Bachufer)/*Woodland Motif (with Stony Stream Bank)*
Öl auf Leinwand/*oil on canvas*, 56 × 56 cm
Literatur/*literature*:
Wawra 1920 Nr. 81

Stalleingang/*Stable Entrance*, 1911
Tempera auf Leinwand/*tempera on canvas*, 92 × 101 cm
Privatbesitz/*private collection*

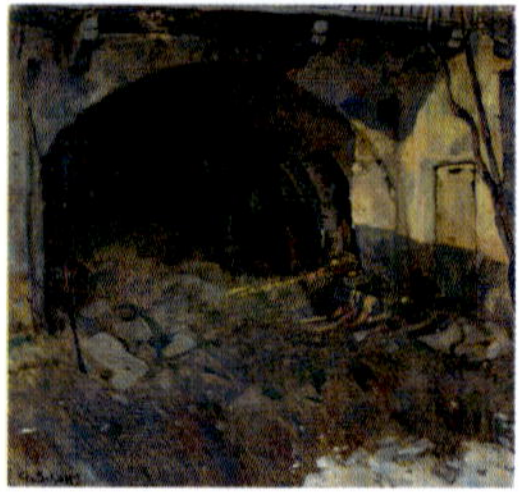

Gustav Seelos

Inv.-Nr. 648 Parkteich/ *Park Pond* für/*for* K10
Königliches Palais in Brüssel, Gartenansicht/*Royal Palace of Brussels, View of Garden*
Aquarell auf Papier/*water-*

color on paper, 33 × 45 cm
Privatbesitz/*private collection*

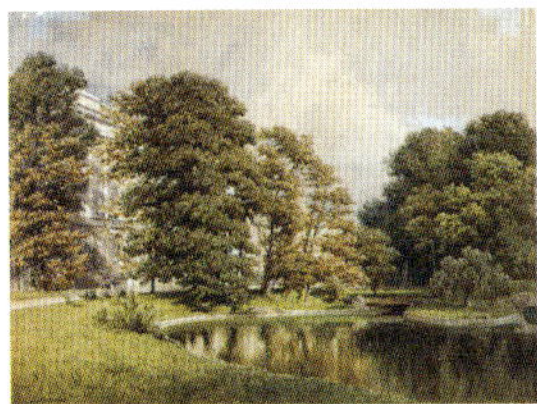

Ludwig Sigmundt

Inv.-Nr. 259 Strasse mit Stiege in Weissenkirchen/ *Street with Steps in Weissenkirchen* für/*for* K100
1910
Öl auf Leinwand/*oil on canvas*, 100 × 68 cm
Literatur/*literature*:
Dorotheum 1918 Nr. 90

Tavík František Šimon

Inv.-Nr. 443 Austerlitz für/*for* K45

Inv.-Nr. 663 Stadtbild, Claû de Coment/*Cityscape, Claû de Coment* für/*for* K120
Öl auf Leinwand auf Holz/*oil on canvas on wood*, 69,5 × 74,5 cm
Landessammlungen Niederösterreich/*State Collections of Lower Austria*, Inv.-Nr. KS-18364

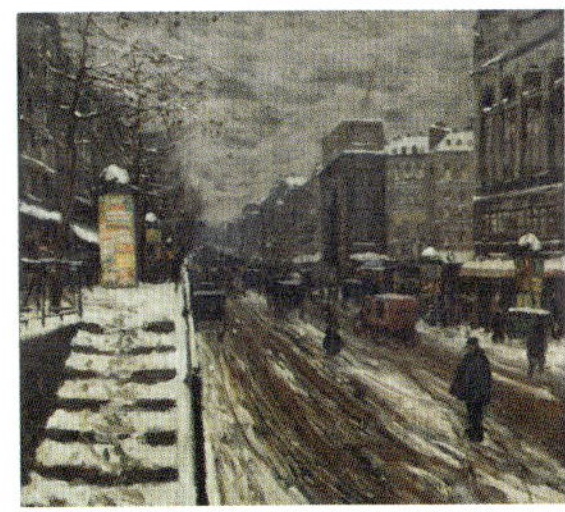

Stefan Simony

Inv.-Nr. 543 Pferdemarkt/ *Horse Market* für/*for* K30

Inv.-Nr. 544 Pferdemarkt/ *Horse Market* für/*for* K30

Pferdemarkt im Salzburgischen/*Horse Market in Salzburg Province*
Öl auf Karton/*oil on cardboard*, 16 × 24 cm
Literatur/*literature*:
Dorotheum 1918 Nr. 38,
Dorotheum 1919 Nr. 93

Pferdemarkt im Salzburgischen/*Horse Market in Salzburg Province*, 1909
Öl auf Karton/*oil on cardboard*, 16 × 25 cm
Literatur/*literature*:
Dorotheum 1918 Nr. 41

Inv.-Nr. 143 Indian/ *Turkey* für/*for* K30

Inv.-Nr. 470 St. Severin für/*for* K120

Inv.-Nr. 471 Stadtstrasse im Schnee/*City Street in the Snow* für/*for* K120

Truthahn/*Turkey*
Aquarell/*watercolor*, 20 × 17 cm
Literatur/*literature*:
Dorotheum 1918 Nr. 122

Max Spilhaczek

Inv.-Nr. 420 Kleine Landschaft/*Small Landscape* für/*for* K15
Sonnige Landschaft/ *Sunny Landscape*
Öl auf Karton/*oil on cardboard*, 22 × 32 cm
Literatur/*literature*:
Dorotheum 1918 Nr. 143

M. Stelzer

Inv.-Nr. 265 Mönch, Schwämme pflückend/ *Monk Picking Mushrooms* für/*for* K80
Öl auf Leinwand/*oil on canvas*, 37 × 30 cm
Literatur/*literature*:
Dorotheum 1918 Nr. 32

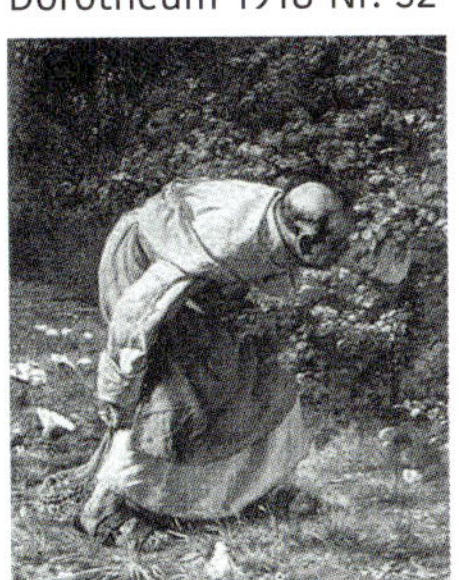

Karl Sterrer

Inv.-Nr. 145 Portrait seiner Frau/*Portrait of His Wife* für/*for* K180
1912
Öl auf Leinwand/*oil on canvas*, 60 × 50 cm
Literatur/*literature*:
Weixlgärtner 1925 Nr. 18

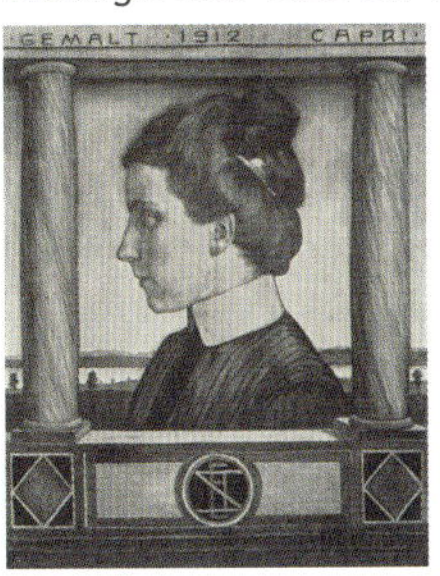

Inv.-Nr. 149 Badendes Mädchen/*Girl Bathing* für/*for* K80

Inv.-Nr. 167 Selbstporträt/ *Self-Portrait* für/*for* K150
1912/13
Öl auf Leinwand/*oil on canvas*, 70 × 50 cm
Literatur/*literature*:
Weixlgärtner Nr. 17

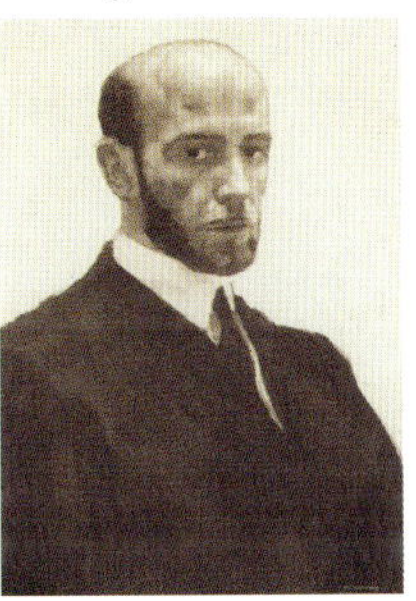

Inv.-Nr. 172 Weibliches Brustbild/*Female Half-Length Portrait* für/*for* K80
Die Tänzerin/*The Dancer*
Öl auf Leinwand/*oil on canvas*, 67 × 53 cm
Privatbesitz/*private collection*

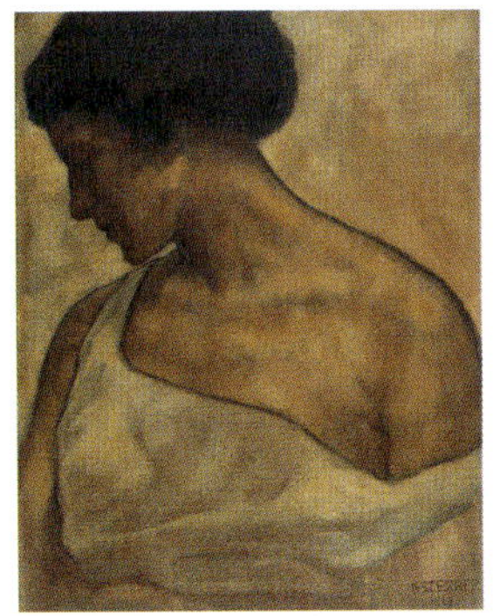

Inv.-Nr. 174 Weiblicher Torso/ *Female Torso* für/*for* K80

Inv.-Nr. 494 Mutter mit Säugling/*Mother with Infant* für/*for* K120
Öl auf Leinwand/*oil on canvas*, 135 × 103 cm
Privatbesitz/*private collection*

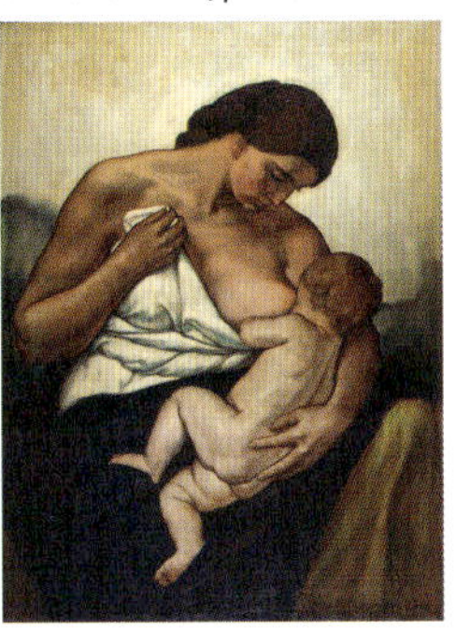

Inv.-Nr. 557 Weiblicher Akt/ *Female Nude* für/*for* K80
Rückenakt/*Nude, Back View*, 1912
Mischtechnik, Kreide, Bleistift, Tempera auf Papier/*mixed media, chalk, pencil, tempera on paper*, 63 × 90 cm
Privatbesitz/*private collection*

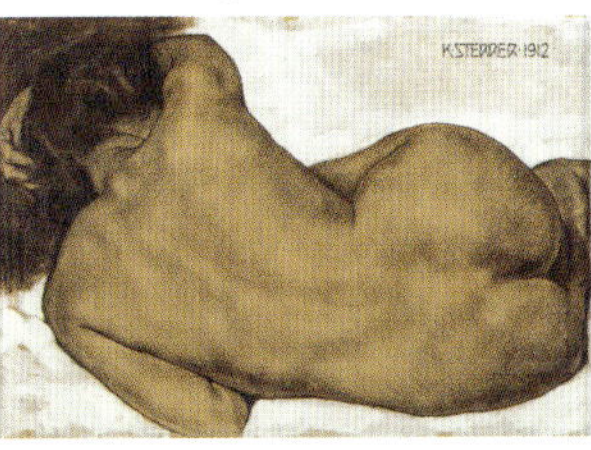

Inv.-Nr. 147 Blaublümelein/ *Little Blue Flowers* für/*for* K100
1911
Öl auf Leinwand/*oil on canvas*, 46 × 36 cm
Literatur/*literature*:
Weixlgärtner 1925 Nr. 7

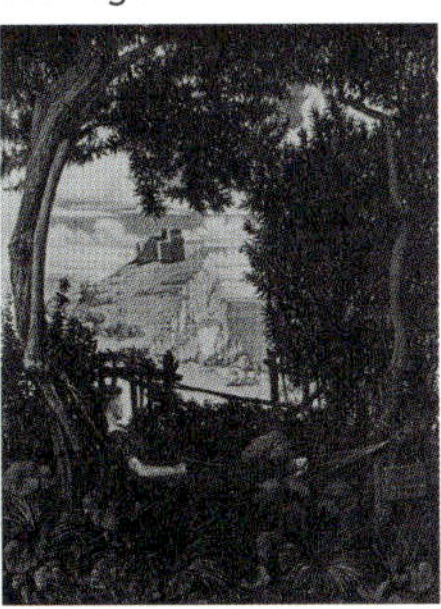

Inv.-Nr. 150 Verständigen/ *Musical Exchange* für/*for* K150
Verständigen/Die Dudelsack-

bläser/*Musical Exchange/ The Pipers*, 1912
Öl auf Leinwand/*oil on canvas*, 61 × 60,4 cm
Leopold Privatsammlung
Literatur/*literature*:
Wawra 1920 Nr. 82

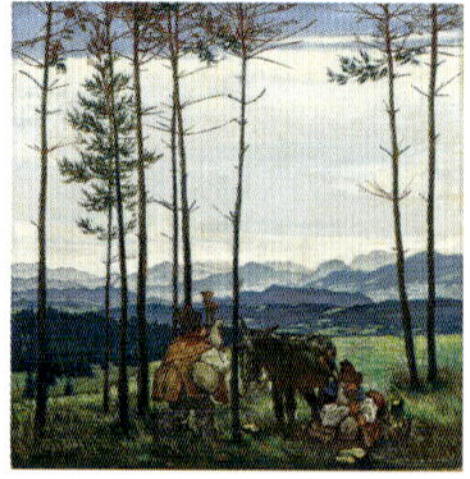

Inv.-Nr. 152 Vom Glück/ *Happiness* für/*for* K200
Das Glück/*Happiness*, 1911
Öl auf Leinwand/*oil on canvas*, 112 × 85 cm
Literatur/*literature*:
KH EB 1911/12 Nr. 594;
Wawra 1920 Nr. 83

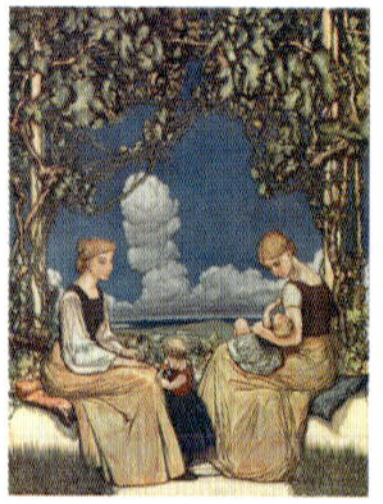

Inv.-Nr. 153 Liebesfrühling/*Springtime of Love* für/*for* K350
1910
Öl auf Leinwand/*oil on canvas*, 109,5 × 83,5 cm
Literatur/*literature*:
KH VB 1907–1912 Nr. 1592,
EB 1910/11 Nr. 2204;
Weixlgärtner 1925 Nr. 4

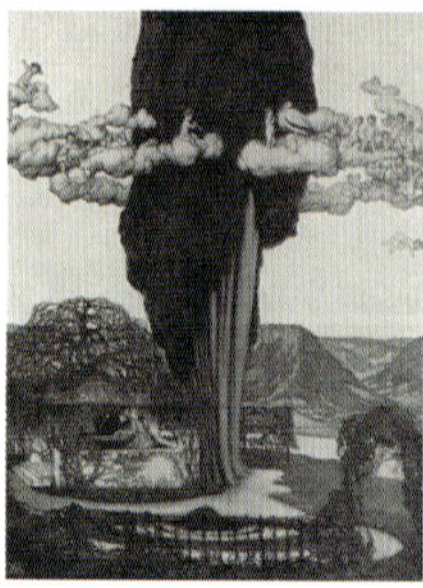

Inv.-Nr. 196 Studie zum Liebesfrühling/*Study for Springtime of Love* für/*for* K30

Inv.-Nr. 154 Grande Feste in Capri für/*for* K100
1911
Öl auf Leinwand/*oil on canvas*, 70 × 50 cm
Privatbesitz/*private collection*
Literatur/*literature*:
Weixlgärtner 1925 Nr. 11

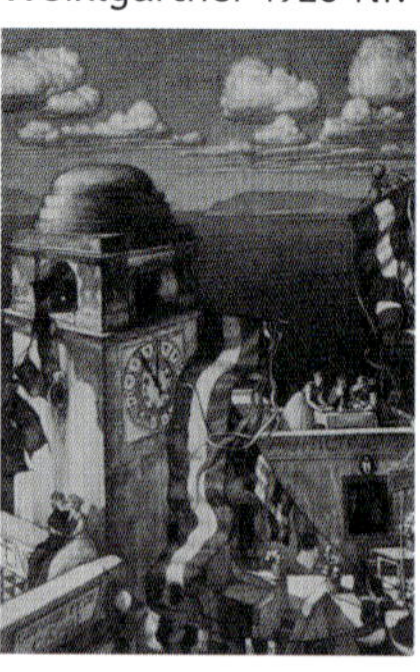

Inv.-Nr. 155 Die Blümlein fein/*The Fairest Flowers* für/*for* K120
1911
Öl auf Leinwand/*oil on canvas*, 54 × 36 cm
Privatbesitz/*private collection*
Literatur/*literature*:
Weixlgärtner 1925 Nr. 8

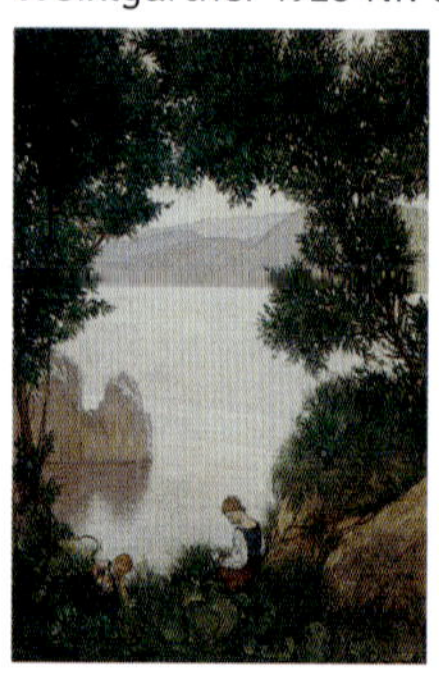

Inv.-Nr. 159 Heilige Nacht/ *Holy Night* für/*for* K200
1912
Öl auf Leinwand/*oil on canvas*, 70 × 54 cm
Privatbesitz/*private collection*
Literatur/*literature*:
Weixlgärtner 1925 Nr. 14

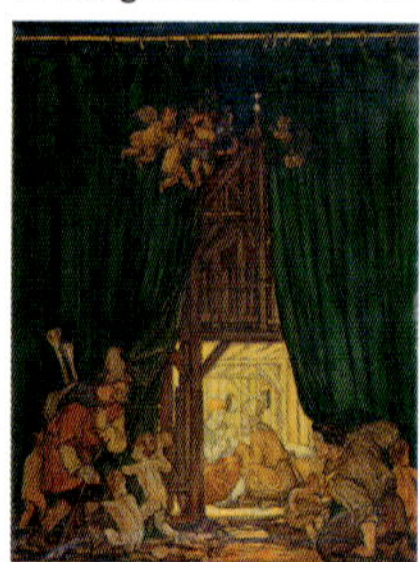

Inv.-Nr. 161 Am Ende der Länder/*Land's End* für/*for* K100
1911
Öl auf Leinwand/*oil on canvas*, 50 × 80 cm
Literatur/*literature*:
Wawra 1920 Nr. 84;
Weixlgärtner 1925 Nr. 12

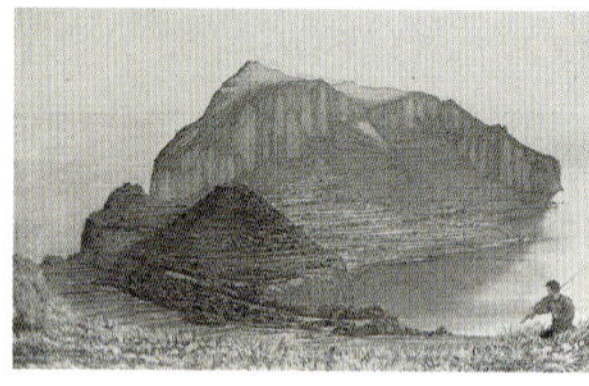

Inv.-Nr. 165 Einsamer Ritter/ *Lone Knight* für/*for* K100
Einsamkeit/*Loneliness*, 1912
Öl auf Leinwand/*oil on canvas*, 70,2 × 55,2 cm
Privatbesitz/*private collection*

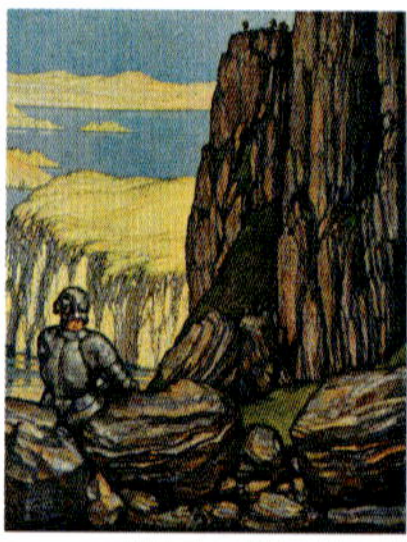

Inv.-Nr. 223 Ritterfamilie/ *Knight Family* für/*for* K15

Inv.-Nr. 225 Ritters Abschied/ *Knight's Farewell* für/*for* K10

Inv.-Nr. 168 Die schöne Susanna/*Fair Susanna* für/ *for* K200
Die keusche Susanna/ *Chaste Susanna*, 1912
Öl auf Leinwand/*oil on canvas*, 70 × 55 cm
Privatbesitz/*private collection*

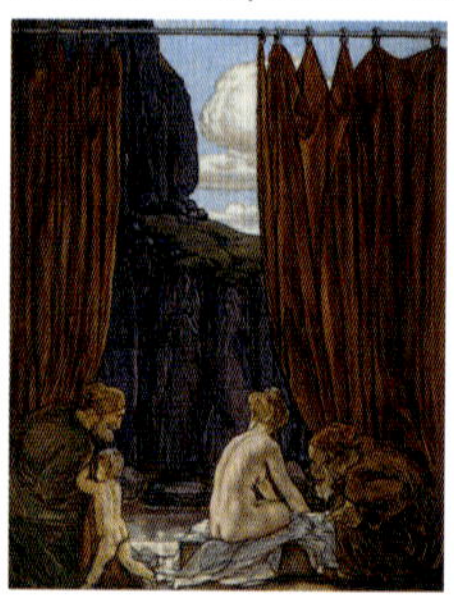

Inv.-Nr. 169 Heimkehr/ *Homecoming* für/*for* K350
1913
Öl auf Leinwand/*oil on canvas*, 80,7 × 94 cm
Landessammlungen Niederösterreich/*State Collections of Lower Austria*, Inv.-Nr. KS-18366

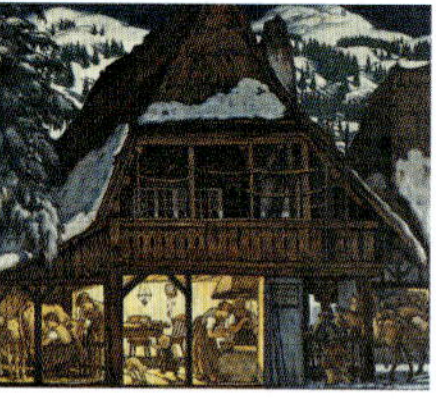

Inv.-Nr. 170 Der wunderliche Stern/*Star of Wonder* für/*for* K200
1912
Öl auf Leinwand/*oil on canvas*, 65 × 60 cm
Privatbesitz/*private collection*
Literatur/*literature*:
KH VB 1912–1916 Nr. 1,
EB 1911/12 Nr. 595;
Weixlgärtner 1925 Nr. 13

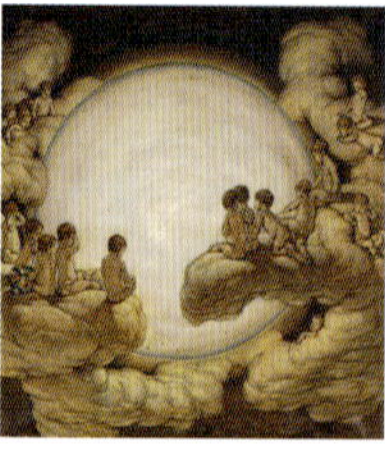

Inv.-Nr. 173 Geburt der Venus/ *Birth of Venus* für/*for* K120
1912
Mischtechnik auf Leinwand/*mixed media on canvas*, 69 × 54,7 cm
Privatbesitz/*private collection*

Inv.-Nr. 176 Jahrmarkt, Pastell/*Annual Fair, Pastel* für/*for* K50

Inv.-Nr. 151 Schneelandschaft/ *Snow Landscape* für/*for* K150

Inv.-Nr. 157 Fernes Land/ *Distant Country* für/*for* K120

Inv.-Nr. 158 Stimmung in Grau/*Mood in Gray* für/*for* K50
1912
Öl auf Leinwand/*oil on canvas*, 65 × 55 cm
Privatbesitz/*private collection*

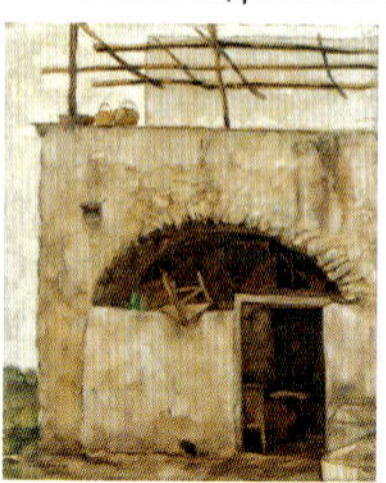

Inv.-Nr. 163 Landschaft mit Vesuv/*Landscape with Vesuvius* für/*for* K60
1911
Öl auf Leinwand/*oil on canvas*, 52,3 × 74,8 cm
Privatbesitz/*private collection*

Inv.-Nr. 164 Küstenlandschaft/*Coastal Landscape* für/*for* K100
1911
Öl auf Leinwand auf Karton/*oil on canvas on cardboard*, 23,5 × 16 cm
Privatbesitz/*private collection*

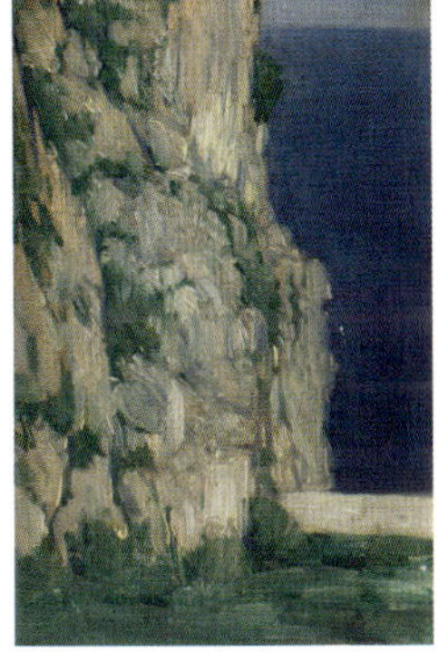

Inv.-Nr. 166 Stimmung in weiß/*Mood in White* für/*for* K40

Inv.-Nr. 171 Sonnige Steine/*Sunny Stones* für/*for* K60

Inv.-Nr. 177 Kleine Ansicht aus Capri/*Small View of Capri* für/*for* K15

Inv.-Nr. 178 Kleine Ansicht aus Capri/*Small View of Capri* für/*for* K15

Inv.-Nr. 179 Kleine Ansicht aus Capri/*Small View of Capri* für/*for* K15

Inv.-Nr. 180 Kleine Ansicht aus Capri/*Small View of Capri* für/*for* K15

Inv.-Nr. 181 Kleine Ansicht aus Capri/*Small View of Capri* für/*for* K15

Inv.-Nr. 182 Kleine Ansicht aus Capri/*Small View of Capri* für/*for* K15

Inv.-Nr. 183 Kleine Ansicht aus Capri/*Small View of Capri* für/*for* K15

Inv.-Nr. 146 Weiße Chrisantemen [sic]/*White Chrysanthemums* für/*for* K50

Inv.-Nr. 148 Weiße Rose/*White Rose* für/*for* K25

Inv.-Nr. 160 Blumenstück/*A Flower Piece* für/*for* K80
1912
Öl auf Leinwand/*oil on canvas*, 60 × 50 cm

Inv.-Nr. 162 Blumenstück, Geranien/*A Flower Piece, Geraniums* für/*for* K100
1912
Öl auf Leinwand/*oil on canvas*, 60 × 50 cm
Privatbesitz/*private collection*

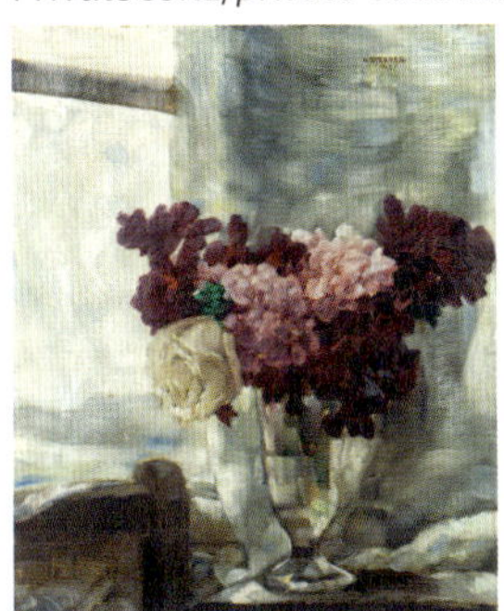

Inv.-Nr. 175 Zweig mit Früchten/*Branch with Fruit* für/*for* K40
1911
Öl auf Leinwand/*oil on canvas*, 45 × 40 cm
Privatbesitz/*private collection*

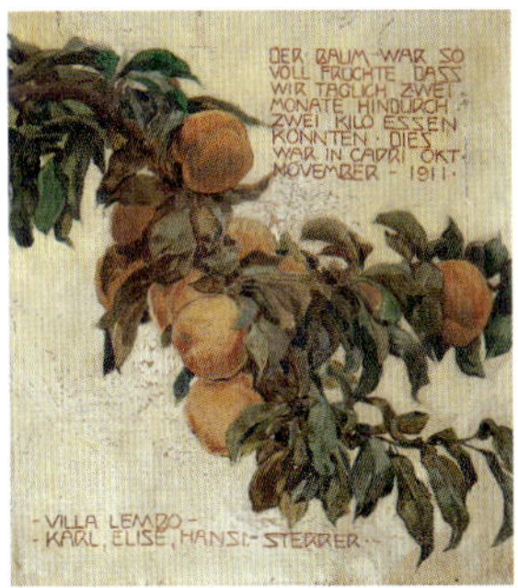

Inv.-Nr. 156 Bild mit Spruch/*Picture with Adage* für/*for* K150

Sphinx/*Sphynx*
Aquarell/*watercolor*, 25 × 38 cm
Literatur/*literature*: Dorotheum 1918 Nr. 12

Küste von Capri/*Coast of Capri*, 1912
Öl auf Leinwand/*oil on canvas*, 58 × 54 cm
Literatur/*literature*: Dorotheum 1918 Nr. 58

Landschaft: Blick durch ein Gässchen/*Landscape: View Through a Lane*, Capri, 1911
Öl auf Leinwand auf Karton/*oil on canvas on cardboard*, 24,5 × 16,5 cm
Privatbesitz/*private collection*

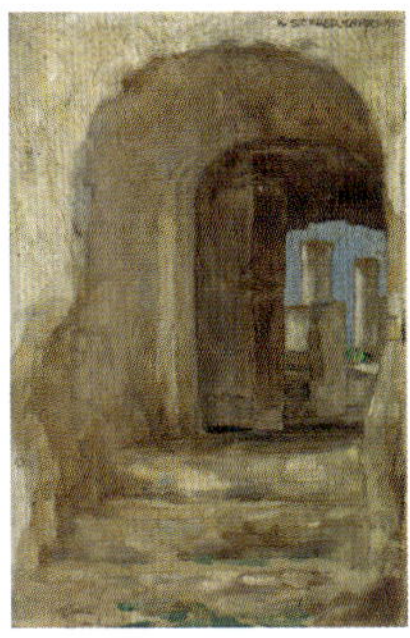

Josef Stoitzner

Inv.-Nr. 36 Hof in der Wachau/*Courtyard in the Wachau* für/*for* K200
Vorfrühling in der Wachau/*Early Spring in the Wachau*
Öl auf Leinwand/*oil on canvas*, 145 × 200 cm
Literatur/*literature*: Dorotheum 1918 Nr. 76, Dorotheum 1919 Nr. 254

Inv.-Nr. 299 Brücke über einen Fluß/*Bridge over a River* für/*for* K40

Inv.-Nr. 474 Frühlingslandschaft/*Spring Landscape* für/*for* K80
Frühlingserwachen/*Spring Awakening*, 1912
Öl auf Leinwand/*oil on canvas*, 98 × 145 cm
Literatur/*literature*: Dorotheum 1918 Nr. 66

Konstantin Stoitzner

Inv.-Nr. 114 Interieur einer Stube mit Ofen und Fensterecke/*Parlor Interior with Stove and Window Corner* für/*for* K180

Strassnik

Inv.-Nr. 221 Alte Dame/*Old Lady* für/*for* K50

Emil Strecker

Inv.-Nr. 280 Heikle Frage/*Difficult Question* für/*for* K100
1892
Öl auf Holz/*oil on wood*, 32 × 26 cm
Literatur/*literature*: Dorotheum 1918 Nr. 60

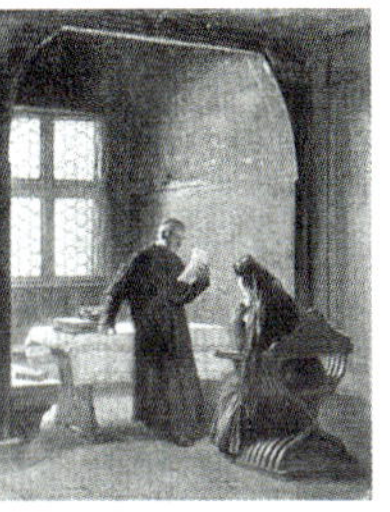

Inv.-Nr. 331 Kinderjause in der Wachau/*Children's Tea in the Wachau* für/*for* K250
Wachauerinnen bei der Festjause/*Wachau Women at a Festive Tea*
Öl auf Leinwand/*oil on canvas*, 76 × 109 cm
Sammlung/*collection* Gottfried Thiery
Literatur/*literature*: KH EB 1910/11 Nr. 1322; Dorotheum 1918 Nr. 96, Dorotheum 1919 Nr. 61

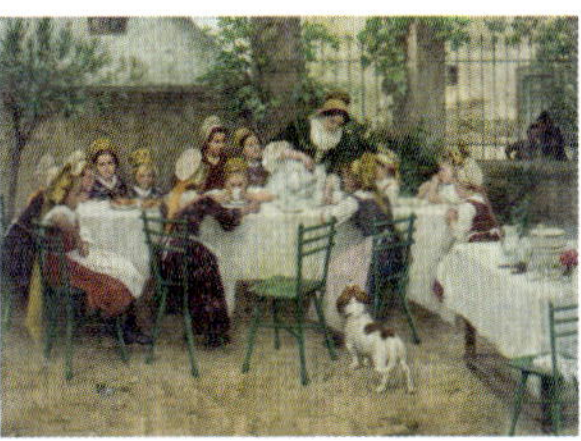

Inv.-Nr. 433 Tiroler Küche/*Tyrolean Kitchen* für/*for* K20
Öl auf Leinwand/*oil on canvas*, 38 × 41 cm
Literatur/*literature*: Dorotheum 1918 Nr. 7, Dorotheum 1919 Nr. 225

Inv.-Nr. 589 Dürnsteinstrasse für/*for* K70

Inv.-Nr. 657 Sommertag/*Summer's Day* für/*for* K60
Öl auf Leinwand/*oil on canvas*, 45 × 60 cm

Literatur/*literature*:
Dorotheum 1918 Nr. 48,
Dorotheum 1919 Nr. 271

Sommertag/Morgensonne in Dürnstein/*Summer's Day/ Morning Sun in Dürnstein*
Öl auf Leinwand/*oil on canvas*, 61 × 45 cm
Literatur/*literature*:
Dorotheum 1918 Nr. 108,
Dorotheum 1919 Nr. 96

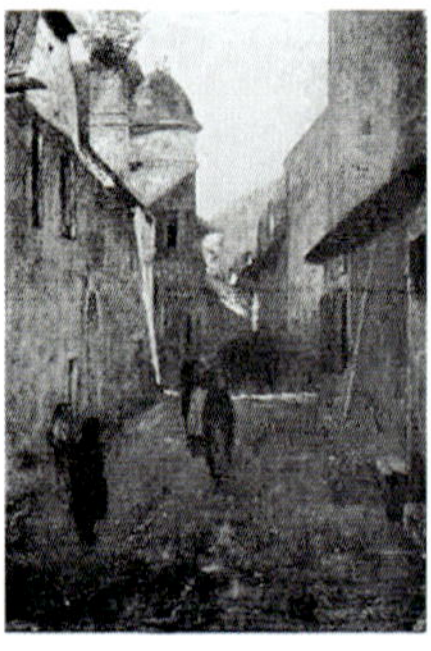

Auf der Weide (Dürnstein, 2 Mädchen mit Ziegen)/ *Grazing (Dürnstein, Two Girls with Goats)*
Öl auf Leinwand/*oil on canvas*, 46 × 60 cm
Literatur/*literature*:
Wawra 1920 Nr. 85

Egge Sturm-Skrla

Inv.-Nr. 528 Bäume/ *Trees* für/*for* K5

Inv.-Nr. 529 Heuschober/ *Haystack* für/*for* K5

Supolo

Inv.-Nr. 412 Lindensepplhaus für/*for* K10

Maximilian Suppantschitsch

Inv.-Nr. 268 Dürnstein für/*for* K50

Inv.-Nr. 274 Dorfstrasse/ *Village Street* für/*for* K60

Inv.-Nr. 283 Landschaft aus der Wachau/*Landscape in the Wachau* für/*for* K80

Inv.-Nr. 375 Italienischer Brunnen/*Italian Fountain* für/*for* K50
Gouache, 30 × 42 cm
Literatur/*literature*:
Dorotheum 1918 Nr. 45

Inv.-Nr. 441 Südlicher Stadteingang/*Southern City Entrance* für/*for* K20

Inv.-Nr. 442 Ruine/*Ruin* für/*for* K25
Ruine Dürnstein/ *Dürnstein Ruins*
Aquarell/*watercolor*, 53 × 41 cm
Literatur/*literature*:
Dorotheum 1918 Nr. 52

Inv.-Nr. 491 Dürnstein für/*for* K100

Inv.-Nr. 631 Weissenkirchen für/*for* K80
Gouache, 36 × 48 cm
Literatur/*literature*:
Dorotheum 1918 Nr. 37

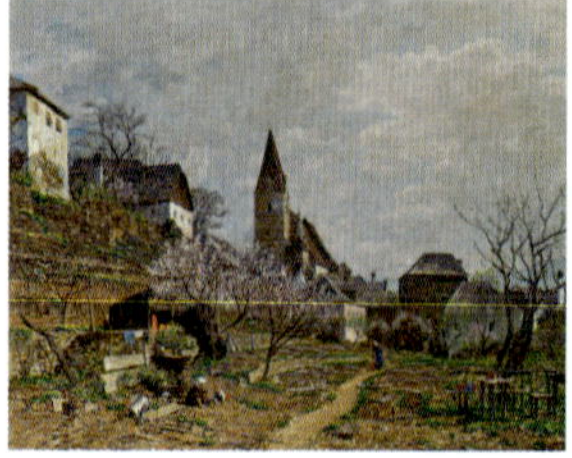

Inv.-Nr. 638 Dürnstein für/*for* K140

Inv.-Nr. 654 Frühling in der Wachau/*Springtime in the Wachau* für/*for* K60

Werk ohne Titel/*Untitled work*
Verlassenschaftsabhandlung: 1 nicht geschätztes Bild/ *estate settlement: 1 unappraised picture*

Werk ohne Titel/*Untitled work*
Verlassenschaftsabhandlung: 1 nicht geschätztes Bild/ *estate settlement: 1 unappraised picture*

Straße von Dürnstein nach Weißenkirchen/*Road from Dürnstein to Weißenkirchen*
Öl auf Leinwand/*oil on canvas*, 43 × 54 cm
Literatur/*literature*:
Dorotheum 1918 Nr. 20

Straße in Loiben/ *Street in Loiben*
Öl auf Karton/*oil on cardboard*, 31 × 42 cm
Literatur/*literature*:
Dorotheum 1918 Nr. 21

Dürnstein, von Loiben aus gesehen/*Dürnstein, Seen from Loiben*
Öl auf Karton/*oil on cardboard*, 36 × 50 cm
Literatur/*literature*:
Dorotheum 1918 Nr. 23

Blick von Rossatz gegen Dürnstein/*View from Rossatz Toward Dürnstein*, um/*ca.* 1910
Öl auf Leinwand/*oil on canvas*, 59 x 97 cm
Sammlung/*collection* Gottfried Thiery
Literatur/*literature*:
Dorotheum 1918 Nr. 85,
Dorotheum 1919 Nr. 70;
Wawra 1920 Nr. 87

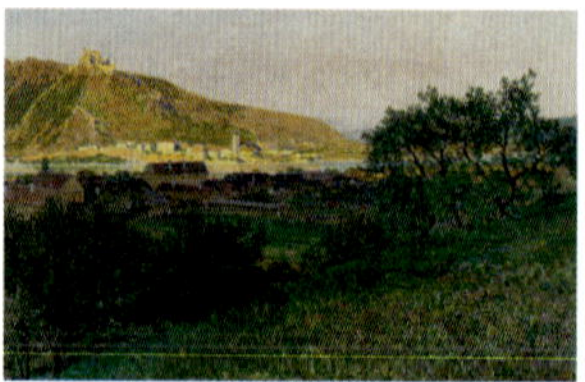

Die Straße von Weißenkirchen mit Blick auf Dürnstein bei untergehender Sonne/*The Road from Weißenkirchen with a View of Dürnstein at Sunset*
Öl auf Leinwand/*oil on canvas*, 58 × 87 cm
Literatur/*literature*:
Dorotheum 1918 Nr. 105,
Dorotheum 1919 Nr. 76;
Wawra 1920 Nr. 86

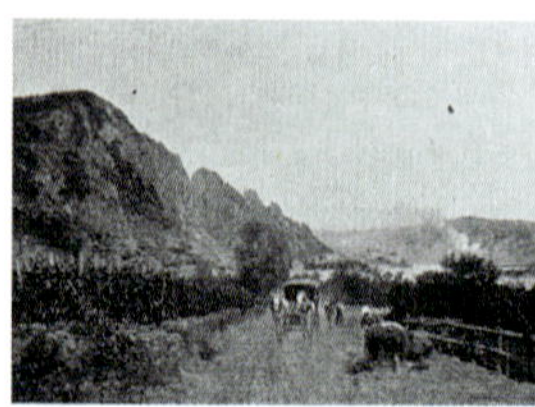

Teisenhoferhof in Weißenkirchen
Deckfarbe/*gouache*
Literatur/*literature*:
KH EB 1910/11 Nr. 327

Wilhelm Thöny

Inv.-Nr. 523 Porträtstudie/ *Portrait Study* für/*for* K80
Bildnis einer Dame/ *Portrait of a Lady*, 1912
Öl auf Leinwand/*oil on canvas*, 103 × 82 cm
Albertina, Wien/*Vienna*. Sammlung Essl, Inv.-Nr. Essl-Obj/1337/0

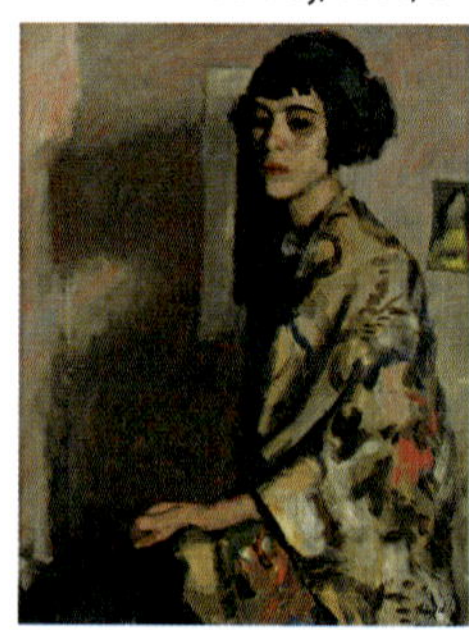

Heinrich Tomec

Inv.-Nr. 509 Dorfmotiv/ *Village Scene* für/*for* K60
Dorfstraße bei untergehender Sonne/*Village Street at Sunset* 1910
Öl auf Leinwand/*oil on canvas*; 70 × 66 cm
Literatur/*literature*:
KH VB 1907–1912 Nr. 1422,
EB 1909/10–1910/11 Nr. 757;
Dorotheum 1918 Nr. 62

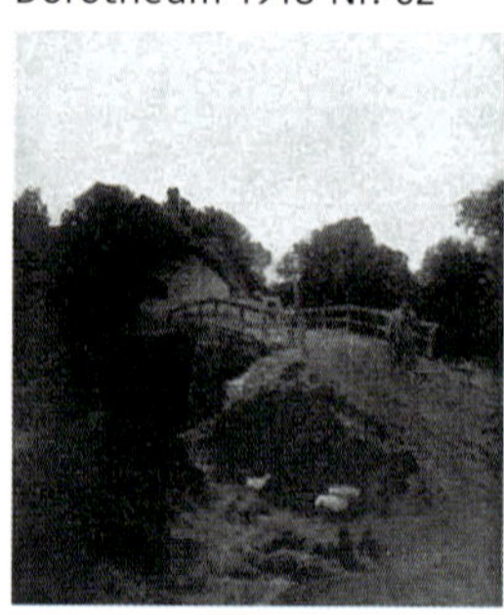

Alois Tott

Inv.-Nr. 421 Landschaft 1, klein/*Landscape 1, Small* für/*for* K5

Inv.-Nr. 422 Landschaft 2, klein/*Landscape 2, Small* für/*for* K5

Josef Ullmann

Dorf im Schnee/*Village in the Snow*
Öl/*oil*
Literatur/*literature*:
KH VB 1912–1916 Nr. 415,
EB 1913/14 Nr. 1669

Unbekannter Künstler/ Unknown artist

Inv.-Nr. 262 Italienisch XVII. Jahrhundert, Rückenakt/ *Italian, seventeenth century, Nude, Back View* für/*for* K300

Inv.-Nr. 304 Unbekannter Künstler, Porträt Mann (alter Meister)/*Unknown artist, Portrait of a Man (Old Master)* für/*for* K50

Inv.-Nr. 305 Unbekannter niederländischer Künstler, Gelage (alter Meister)/ *Unknown Dutch artist, Feast (Old Master)* für/*for* K50

Inv.-Nr. 306 Unbekannter Künstler, Darstellung aus der römischen Geschichte (alter Meister)/*Unknown artist, Scene from Roman History (Old Master)* für/*for* K100

Inv.-Nr. 580 Unbekannter Künstler, Nachahmung von Hondekoeter [sic], Madonna, Verehrung des Kelches/*Unknown artist, imitation of Hondekoeter [sic], Madonna, Adoration of the Chalice* für/*for* K250

Inv.-Nr. 581 Niederländischer Künstler, Thier Stillleben/ *Dutch artist, Animal Still Life* für/*for* K250

Inv.-Nr. 582 Niederländischer Künstler, Herr mit Mühlsteinkragen/*Dutch artist, Gentleman with Ruff* für/*for* K180

Inv.-Nr. 583 Unbekannter Künstler, japanische Tuschzeichnung/*Unknown artist, Japanese Pen and Ink Drawing* für/*for* K5

Inv.-Nr. 584 Unbekannter Künstler, japanische Tuschzeichnung/*Unknown artist, Japanese Pen and Ink Drawing* für/*for* K5

Inv.-Nr. 590 Deutscher Meister, Madonna mit Kind st. restaurirt [sic]/*German Master, Madonna with Child, restored* für/*for* K300

Inv.-Nr. 591 Unbekannter Künstler, Nachahmung von A. Cuyp, Weidende Kühe/*Unknown artist, imitation of A. Cuyp, Grazing Cows* für/*for* K200

Inv.-Nr. 592 Unbekannter Künstler, Samson und Dehla [sic]/*Unknown artist, Samson and Delilah* für/*for* K100

Inv.-Nr. 593 Niederländischer Künstler, Alte Frau beim Spinnrad/*Dutch artist, Old Woman at the Spinning Wheel* für/*for* K150

Inv.-Nr. 594 Unbekannter Künstler, Stillleben, groß/ *Unknown artist, Still Life, Large* für/*for* K250

Inv.-Nr. 596 Unbekannter Künstler, Art des Hendrick Averkamp [sic], Schneelandschaft/*Unknown artist, in the style of Hendrick Averkamp [sic], Snow Landscape* für/*for* K150

Inv.-Nr. 598 Niederländischer Künstler aus dem 17. Jahrhundert, Porträt einer Dame/ *Seventeenth-century Dutch artist, Portrait of a Lady* für/*for* K350

Inv.-Nr. 603 Unbekannter Künstler in der Art N. Pousin [sic], Landschaft mit mythologischer Staffage/ *Unknown artist, in the style of N. Pousin [sic], Landscape with Mythological Figures* für/*for* K400
Ideale Flusslandschaft mit Bogenschützen im Vordergrund/*Idealized River Landscape with Archers in the Foreground*
Öl auf Leinwand/*oil on canvas*, 94 × 116 cm
Literatur/*literature*:
Dorotheum 1918 Nr. 102

Inv.-Nr. 641 Fälschlich als Ruystal von S. bezeichnet, Landschaft, Stadt an einem Fluß/*Erroneously referred to as Ruystal von S., Landscape, City on a River* für/*for* K150

Anton Velim

Inv.-Nr. 108 Slawischer Marktplatz/*Slavic Market Square* für/*for* K60

Inv.-Nr. 401 Bergwerkszeche/ *Mine* für/*for* K10

Zigeunerlager/*Gypsy Camp*
Öl auf Leinwand/*oil on canvas*, 55 × 72 cm
Literatur/*literature*:
Wawra 1920 Nr. 88

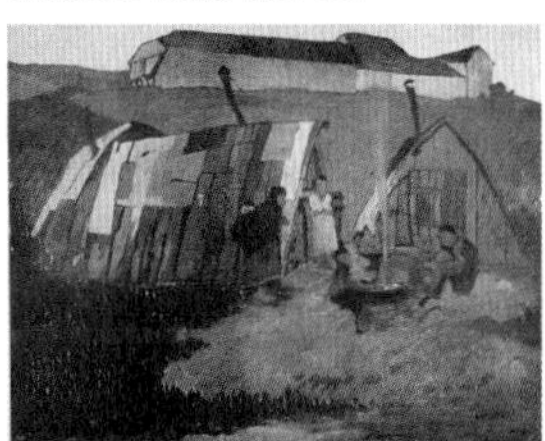

H. Wacik

Inv.-Nr. 350 Handwerksburschen/*Apprentices* für/*for* K15

Professor Wagner

Inv.-Nr. 56 Zwei Mädchenköpfe, Pastell/*Two Female Heads, Pastel* für/*for* K20

Inv.-Nr. 57 Berglandschaft mit See, Pastell/*Mountain Landscape with Lake, Pastel* für/*for* K20

Inv.-Nr. 58 Blumenstück, Pastell/*Flower Piece, Pastel* für/*for* K25

Georg Waltenberger

Inv.-Nr. 610 Porträt von Albin Egger Lienz/*Portrait of Albin Egger Lienz* für/*for* K100

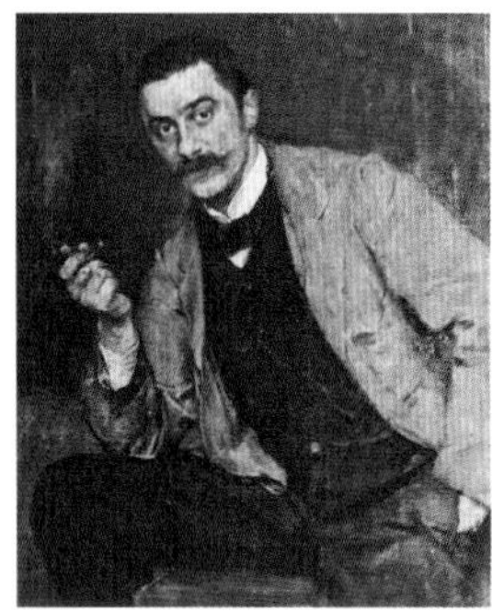

Rudolf Weber

Inv.-Nr. 228 Inndorf für/*for* K20

Frühling im Wienerwald/ *Spring in the Vienna Woods*, 1904
Öl auf Holz/*oil on wood*, 31 × 24 cm
Literatur/*literature*:
Dorotheum 1918 Nr. 142

Franz Windhager

Inv.-Nr. 130 Dame beim Gartentisch sitzend/ *Lady Sitting at a Garden Table* für/*for* K80
Öl auf Holz/*oil on wood*, 15 × 19cm
Literatur/*literature*:
Dorotheum 1918 Nr. 13,
Dorotheum 1919 Nr. 167

Inv.-Nr. 134 Kinderwagen, Dame lesend/*Baby Carriage, Lady Reading* für/*for* K80

Inv.-Nr. 261 Rastende Ausflügler/*Resting Day-Trippers* für/*for* K100

Inv.-Nr. 314 Die Drei Grazien/ *The Three Graces* für/*for* K50
Öl/*oil*
Literatur/*literature*:
KH VB 1907–1912 Nr. 1537,
EB 1910/11 Nr. 2102

Inv.-Nr. 315 Ruhende Frau/ *Resting Woman* für/*for* K40

Inv.-Nr. 316 Kleinkeuschler/ *Small Farmer* für/*for* K30

Inv.-Nr. 317 Rast/ *Rest* für/*for* K60

Inv.-Nr. 320 Selbstporträt/ *Self-Portrait* für/*for* K80
1908
Öl auf Holz/*oil on wood*, 33 × 25 cm
Literatur/*literature*:
Dorotheum 1918 Nr. 64, Dorotheum 1919 Nr. 263; Wawra 1920 Nr. 89

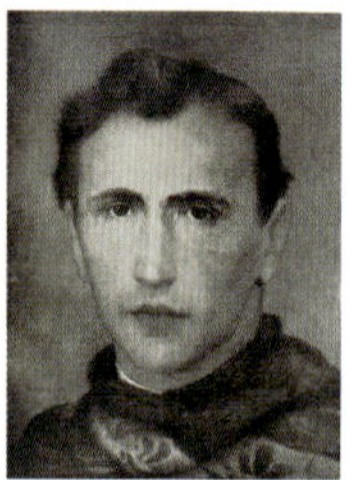

Inv.-Nr. 323 Des Künstlers Frau/*The Artist's Wife* für/*for* K80

Inv.-Nr. 645 Eingeschlafen/ *Fallen Asleep* für/*for* K25
Öl/*oil*
Literatur/*literature*:
KH VB 1907–1912 Nr. 1534, EB 1910/11 Nr. 2099

Inv.-Nr. 131 Landschaft klein/ *Landscape, Small* für/*for* K60

Inv.-Nr. 133 Bauerngehöft und Tränke/*Farmstead and Trough* für/*for* K80
Bauerngehöft am Feldweg/ *Farmstead on a Country Lane*
Öl auf Holz/*oil on wood*, 19 × 12 cm
Literatur/*literature*:
Dorotheum 1918 Nr. 14

Inv.-Nr. 321 Landschaft 1, kleine/*Landscape 1, Small* für/*for* K30

Inv.-Nr. 324 Landschaft 2, kleine/*Landscape 2, Small* für/*for* K30

Inv.-Nr. 542 Gasthausgarten/ *Garden at the Inn* für/*for* K15
Öl auf Holz/*oil on wood*, 10 × 13 cm
Literatur/*literature*:
Dorotheum 1918 Nr. 15, Dorotheum 1919 Nr. 229

Inv.-Nr. 336 Blumen/ *Flowers* für/*for* K60
Öl/*oil*
Literatur/*literature*:
KH VB 1907–1912 Nr. 1538, EB 1910/11 Nr. 2104

Landschaftsstudie/ *Landscape Study*
Öl auf Holz/*oil on wood*, 21 × 27 cm
Literatur/*literature*:
Dorotheum 1918 Nr. 126

Winterlandschaft/ *Winter Landscape*
Öl auf Holz/*oil on wood*, 21 × 27 cm
Literatur/*literature*:
Dorotheum 1918 Nr. 127

Mutter und Kind/ *Mother and Child*
Öl/*oil*
Literatur/*literature*:
KH VB 1907–1912 Nr. 1526, EB 1910/11 Nr. 2091

Die Schlafende/ *Sleeping Woman*
Öl/*oil*
Literatur/*literature*:
KH VB 1907–1912 Nr. 1536, EB 1910/11 Nr. 2101

Ausflug/*Outing*
Öl/*oil*
Literatur/*literature*:
KH VB 1907–1912 Nr. 1533, EB 1910/11 Nr. 2098

Am Brunnen/*At the Well*
Öl/*oil*
Literatur/*literature*:
KH VB 1907–1912 Nr. 1532, EB 1910/11 Nr. 2097

Liebespaar/*Lovers*
Öl/*oil*
Literatur/*literature*:
KH VB 1907–1912 Nr. 1528, EB 1910/11 Nr. 2093

Aussicht/*Vista*
Öl/*oil*
Literatur/*literature*:
KH VB 1907–1912 Nr. 1525, EB 1910/11 Nr. 2090

Nelken/*Carnations*
Öl/*oil*
Literatur/*literature*:
KH VB 1907–1912 Nr. 1527, EB 1910/11 Nr. 2092

Die Stickerin/*The Embroiderer*
Öl/*oil*
Literatur/*literature*:
KH VB 1907–1912 Nr. 1540, EB 1910/11 Nr. 2106

Im Garten/*In the Garden*
Öl/*oil*
Literatur/*literature*:
KH VB 1907–1912 Nr. 1539, EB 1910/11 Nr. 2105

Die Tinerl/*Tinerl*
Öl/*oil*
Literatur/*literature*:
KH VB 1907–1912 Nr. 1531, EB 1910/11 Nr. 2096

Plauderei/*Gossip*
Öl auf Holz/*oil on wood*, 21 × 16 cm
Privatbesitz/*private collection*
Literatur/*literature*:
KH VB 1907–1912 Nr. 1535, EB 1910/11 Nr. 2100

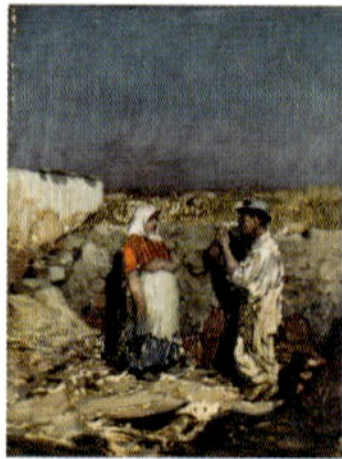

Im Mai/*In May*
Öl/*oil*
Literatur/*literature*:
KH VB 1907–1912 Nr. 1530, EB 1910/11 Nr. 2095

Vorfrühling/*Early Spring*
Öl/*oil*
Literatur/*literature*:
KH VB 1907–1912 Nr. 1529, EB 1910/11 Nr. 2094

Olga Wisinger-Florian

Inv.-Nr. 439 Allee am Meer/ *Avenue at the Sea* für/*for* K60
Ulmenallee zwischen Varna und Euxinograd/ *Avenue of Elms Between Varna and Euxinograd*

Inv.-Nr. 644 Botanischer Garten/*Botanical Gardens* für/*for* K200
Botanischer Garten im Schlosspark des Klosters Euxinograd/*Botanical Gardens in the Park of Euxinograd Monastery*

Franz Zelezny

Die Wiege/*The Cradle*, 1908
Holzschnitzerei/*wood carving*, 45 × 68 × 40 cm
Literatur/*literature*:
Wawra Nr. 90

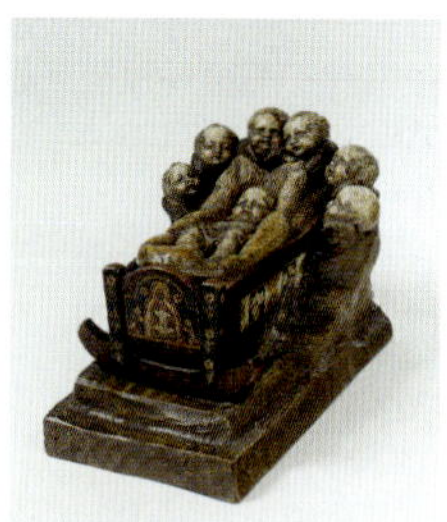

Der Plattenheld/*The Hooligan*
Holz/*wood*
Literatur/*literature*:
KH VB 1907–1912 Nr. 1569, EB 1910/11 Nr. 2279

Portrait eines Bärtigen/ *Portrait of a Bearded Man*, 1911
Holz/*wood*, 56 × 34 × 26 cm
Landessammlungen Niederösterreich/*State Collections of Lower Austria*, Inv.-Nr. KS-18732

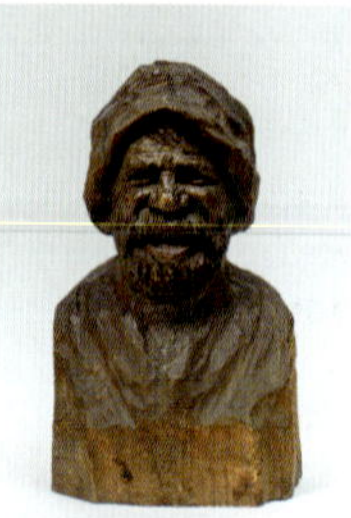

Hier nicht erfasste Arbeiten befinden sich in Privatbesitz/ *Works not documented here are found in private collections.*

Ferdinand Zerlacher

Inv.-Nr. 111 Alte Frau lesend/*Old Woman, Reading* für/*for* K200

Eduard Zetsche

Werk ohne Titel/*Untitled work*
Verlassenschaftsabhandlung: 1 nicht geschätztes Bild/ *estate settlement: 1 unappraised picture*

Donauufer bei Weitenegg/ *Banks of the Danube by Weitenegg*

Aquarell/*watercolor*
Literatur/*literature*:
KH VB 1907–1912 Nr. 1198

Aus Wösendorf (Wachau, Niederösterreich)/*Wösendorf (Wachau, Lower Austria)*
Tuschzeichnung/*pen and ink drawing*
Literatur/*literature*:
KH VB 1907–1912 Nr. 1716,
EB 1910/11 Nr. 268

Karl Zewy

Inv.-Nr. 512 Stuben Interieur mit Geschwisterpaar/ *Parlor Interior with Two Siblings* für/*for* K80

Leseübung/*Reading Excercise*
Öl/*oil*
Literatur/*literature*:
KH VB 1907–1912 Nr. 1132,
EB 1909/10–1910/11
Nr. 3299

Alfred Zoff

Inv.-Nr. 239 Lagunenstadt/*City on the Lagoon* für/*for* K200
Nachmittag auf der Lagune/*Afternoon on the Lagoon*
Öl/*oil*
Literatur/*literature*:
KH VB 1907–1912 Nr. 1794,
EB 1910/11 Nr. 1342

Franz v. Zülow

Inv.-Nr. 495 Vier Juxzeichnungen/*Four Humorous Drawings* für/*for* K10

Sammelmappen/ *Collection Folders*

Inv.-Nr. 570 1 Mappe mit acht Bildern und Zeichnungen von Albin Egger Lienz und Karl Sterrer für zusammen K50/*1 folder with eight pictures and drawings by Albin Egger Lienz and Karl Sterrer together for K50*

Inv.-Nr. 575 1 Mappe mit 52 Zeichnungen und Radierungen von Karl Sterrer, Albin Egger Lienz, O. Larsen u.s.w. für zusammen K300/ *1 folder with 52 drawings and etchings by Karl Sterrer, Albin Egger Lienz, O. Larsen etc. together for K300*

Raumabfolge/ *Room sequence*

Erdgeschoß/*Ground floor*:
Saal/*Large Hall*:
Inv.-Nr. 1–55
Zimmer/*Room* b:
Inv.-Nr. 56–79
Zimmer/*Room* 2:
Inv.-Nr. 80–108
Zimmer/*Room* 3:
Inv.-Nr. 109–183
Mittelgang/*Central Hall*:
Inv.-Nr. 184–214
Schreibzimmer/*Study*:
Inv.-Nr. 215–264
Glasgang/*Glass Hall*:
Inv.-Nr. 265–293
Vorzimmer/*Foyer*:
Inv.-Nr. 294–307
Großes Speisezimmer/ *Large Dining Room*:
Inv.-Nr. 308–341
Eingang/*Entrance*:
Inv.-Nr. 342–364
Kleines Speisezimmer/ *Small Dining Room*:
Inv.-Nr. 365–389
Mansardenzimmer Boden/ *Attic Room Floor*:
Inv.-Nr. 390–579
Hauer Franz Zimmer/*Room 1*:
Inv.-Nr. 580–589
Hauer Schlafzimmer/ *Bedroom*:
Inv.-Nr. 590–596
Salon:
Inv.-Nr. 597–604

1. Stock/*Second Level*:
Schreibzimmer/*Study*:
Inv.-Nr. 605–615
Mädchenzimmer/*Girls' Room*:
Inv.-Nr. 616–641
Aus Galerie Herrmann/ *from Galerie Herrmann*:
Inv.-Nr. 642–659
Galerie Arnold (Arnot):
Inv.-Nr. 660–666
Aus Grazer Ausstellung/ *From the Graz Exhibition*:
Inv.-Nr. 667–671

Quellen/*Sources*

Dorotheum 1918
Nachlaß Franz Hauer Wien. Gemälde österreichischer Künstler, 283. Kunstauktion K. K. Versteigerungsamt Dorotheum, Wien/*Vienna* 20.–23.03.1918/ *March 20–23, 1918*.

Dorotheum 1919
Gemälde und Antiquitäten, 294. Kunstauktion Versteigerungsamt Dorotheum, Wien/*Vienna*, 13.–18.03.1919/ *March 13–18, 1919*.

Fuhrmann 1972
Franz Fuhrmann, Anton Faistauer 1887–1930. Mit einem Werkverzeichnis der Gemälde, Residenz Verlag, Salzburg 1972.

Inv.-Nr.
Verlassenschaftsabhandlung Franz Hauer, Gastwirt, verstorben 05.06.1914 in Wien, WStLA, Bezirksgericht Döbling, A5: I P 98/1914. *Verlassenschaftsabhandlung [estate settlement] for Franz Hauer, tavern keeper, died June 5, 1914, in Vienna, WStLA, Bezirksgericht [district court] Döbling, A5: I P 98/1914.*

Kallir 1998
Jane Kallir, Egon Schiele: The Complete Works–Including a Biography and a Catalogue Raisonné. Expanded Edition, Harry n. Abrams, Inc. Publishers, New York 1998.

Kirschl 1977
Wilfried Kirschl, Albin Egger-Lienz. 1868–1926. Das Gesamtwerk. Mit 835 Abbildungen, Wien/*Vienna* 1977.

Kirschl 1996
Wilfried Kirschl, Albin Egger-Lienz. 1868–1926. Das Gesamtwerk, Bd. I und II, Wien/*Vienna* und/*and* München/ *Munich* 1996.

Kraus 2000
Carl Kraus, Hubert Lanzinger 1880–1950, Monographien Südtiroler Künstler, Bd. 27, Bozen/*Bolzano* 2000.

Miethke 1913
Galerie Miethke (Hg.), Anton Faistauer, Wien/ *Vienna* 1913.

Notizbuch im Salzburg Museum/Notebook in the Salzburg Museum
Notiz- bzw. Skizzenbuch von Faistauer aus dem Zeitraum 1912/13 im Salzburg Museum/*Faistauer's notebook/ sketchbook from 1912/13 in the Salzburg Museum*.

Wawra 1920
Albin Egger-Lienz und zeitgenössische Künstler in der Sammlung Franz Hauer sen. † Wien. 259. Versteigerung von C. J. Wawra, Wien/*Vienna* 15.03.1920/*March 15, 1920*.

Weixlgärtner 1925
Arpad Weixlgärtner, Karl Sterrer. Ein Wiener Maler der Gegenwart, Wien/*Vienna* 1925.

Winkler/Erling 1995
Johann Winkler/Katharina Erling, Oskar Kokoschka. Die Gemälde. 1906–1929, Salzburg 1995.

KH (Künstlerhausarchiv)

VB (Verkaufsbuch)
Verkaufsbücher des Wiener Künstlerhauses: 1907–1912; Kunstwerke-Verkauf Angefangen mit der XXXVII Jahres-Ausstellung 1912, Ende XXX. Aquarell-Ausstellung 1916, 1912–1916.

EB (Einlaufbuch)
Einlaufbücher des Wiener Künstlerhauses: 1909/10; 1910/11; 1911/12; 1912/13; 1913/14.

Biografie Franz Hauer
Biography of Franz Hauer

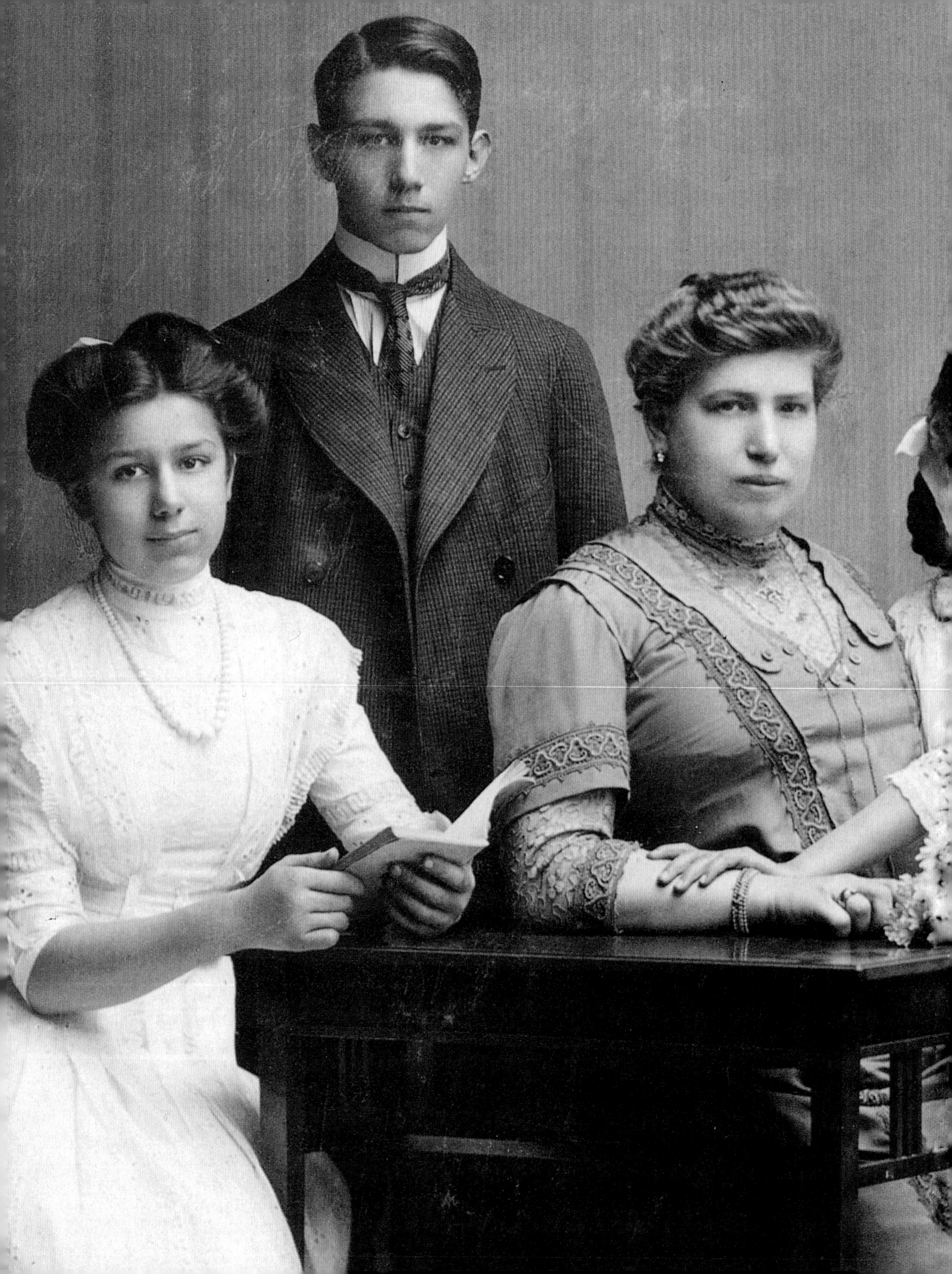

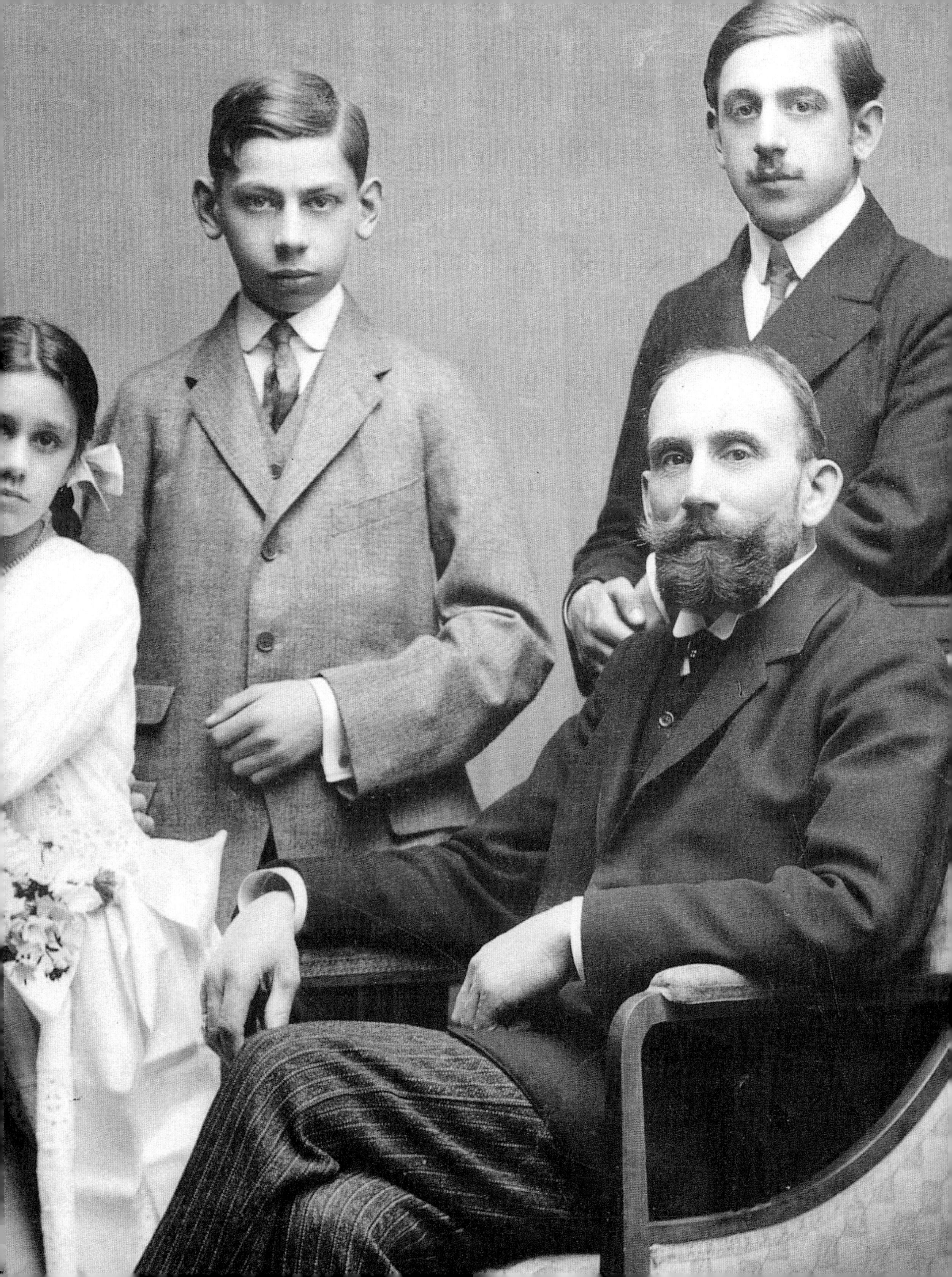

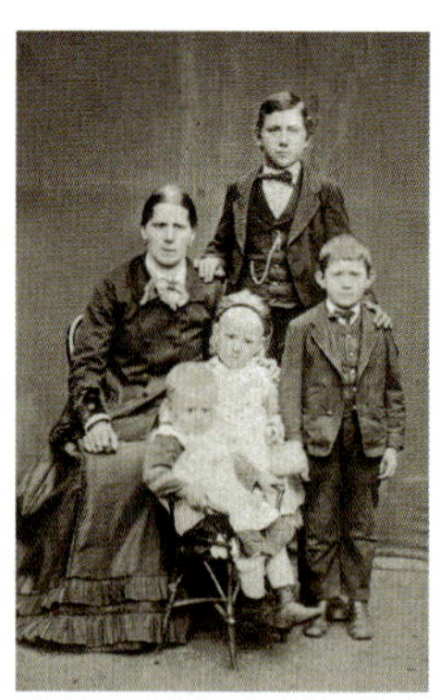

1867

19. Mai, Geburt von Franz Seraph Hauer in Weißenkirchen, Sohn des Franz Hauer, Viehhändler in Weißenkirchen, und der Genofeva Pernauer
May 19, birth of Franz Seraph Hauer in Weißenkirchen, son of Franz Hauer, livestock dealer in Weißenkirchen, and Genofeva Pernauer

1881

Abschluss der 8-jährigen Schulausbildung in der Volkschule in Weißenkirchen
Completion of eight years of education at the primary school in Weißenkirchen

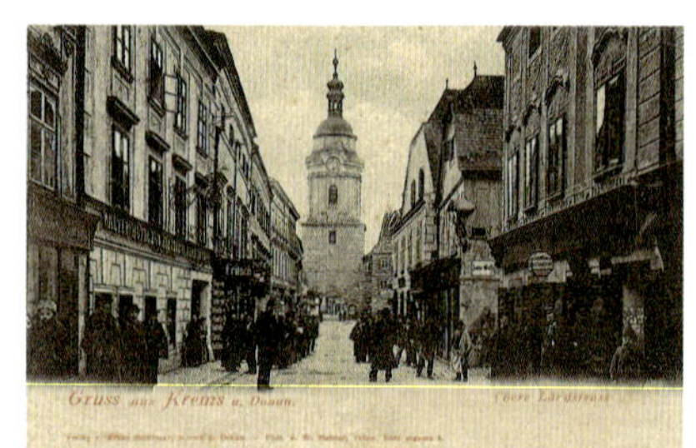

Hausknecht im Gasthaus „Zur Rose" (1890er-Jahre kurzzeitig: „Zum Erzherzog Ferdinand")
Manservant at the "Zur Rose" inn (known briefly in the 1890s as "Zum Erzherzog Ferdinand")

1890

Geburt des ersten Sohnes Franz mit Cäcilie Lintner
Birth of Hauer's first son, Franz, with Cäcilie Lintner

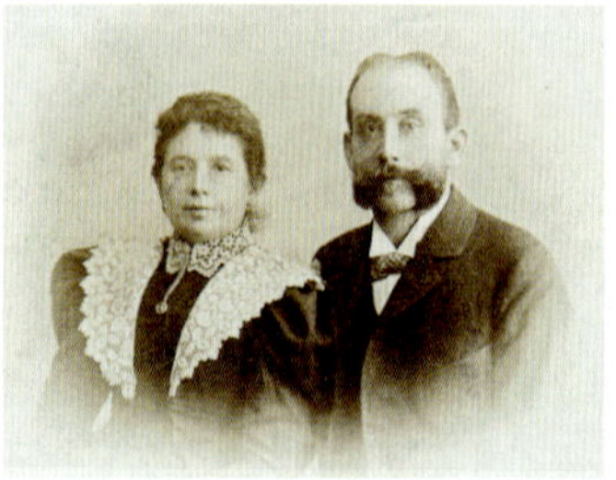

1894

Heirat mit Cäcilie Lintner
Marriage to Cäcilie Lintner

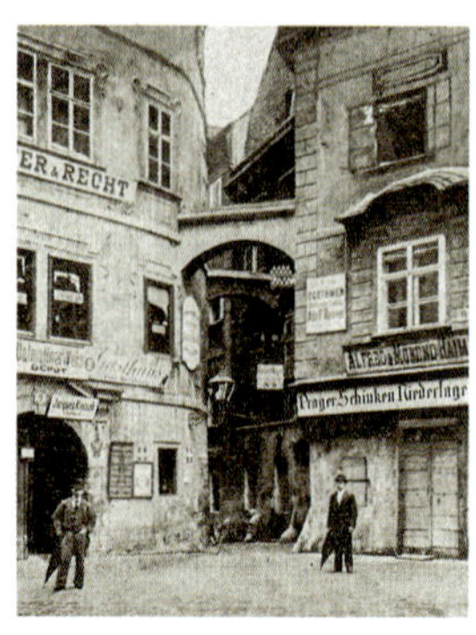

Eintritt in den Gasthausbetrieb seines Schwagers Leopold Schmid, Griechenbeisl, Griechengasse 9–11, 1. Bezirk, Wien
Begins working at the inn of his brother-in-law Leopold Schmid, Griechenbeisl, at Griechengasse 9–11, first district of Vienna

1895

Geburt Ignaz
Birth of Ignaz

1896

Geburt Leopold
Birth of Leopold

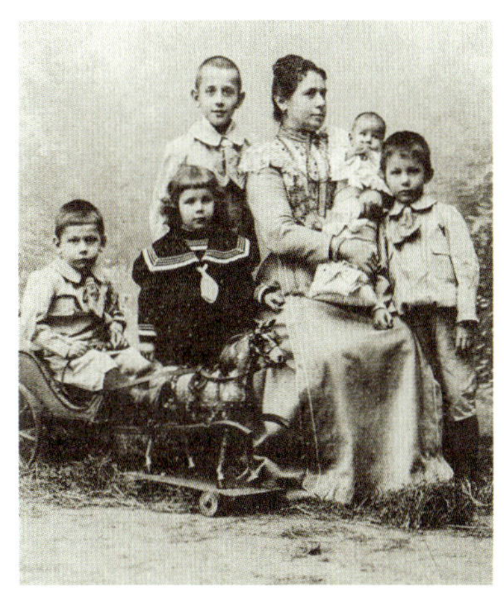

1897

Geburt Rosa
Birth of Rosa

Erwerb der Gastwirtskonzession für das Griechenbeisl
Acquires a restaurant business license for the Griechenbeisl

1900

Geburt Bertha
Birth of Bertha

1903

Erwerb des Hauses in der Goldeggasse 26, 4. Bezirk, Wien
Purchases the building at Goldeggasse 26, fourth district of Vienna

Erwerb eines Drittels der Griechengasse 9–11, 1. Bezirk, Wien
Purchases a third of the building at Griechengasse 9–11, first district of Vienna

1904

Erwerb der Villa in der Sternwartestraße 65, 18. Bezirk, Wien
Acquires the villa at Sternwartestraße 65, eighteenth district of Vienna

1907

Erwerb der Sommervilla in Rosenburg am Kamp
Acquires the summer villa in Rosenburg am Kamp

Tod der ersten Frau Cäcilie
Death of Hauer's first wife, Cäcilie

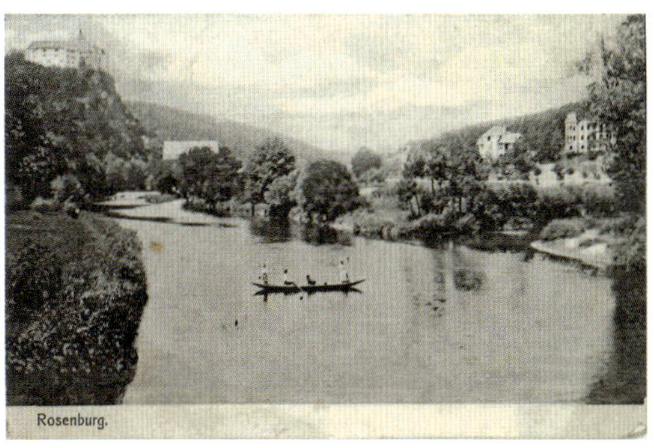

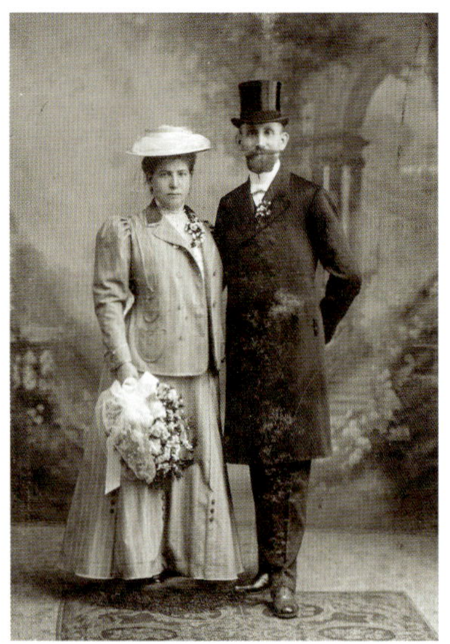

1908

Heirat mit Anna Zapletal
Marriage to Anna Zapletal

Tod des Schwagers und Miteigentümers Leopold Schmid
Death of Hauer's brother-in-law and co-owner Leopold Schmid

1909

Erste dokumentierte Kunstankäufe
First documented purchase of artworks

Alleineigentümer der Griechengasse 9–11, 1. Bezirk, Wien
Becomes sole owner of the building at Griechengasse 9–11, first district of Vienna

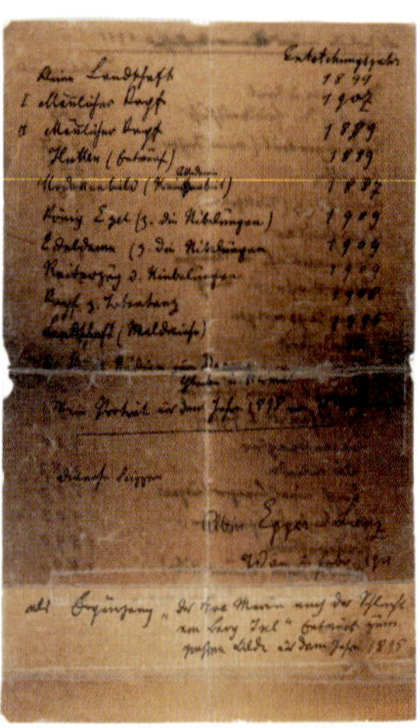

1910

Erster nachweisbarer Erwerb von Werken des Künstlers Albin Egger-Lienz
First verified acquisition of works by the artist Albin Egger-Lienz

1911

Erwerb der Villa in der Silbergasse 40, 19. Bezirk, Wien
Purchase of the villa at Silbergasse 40, nineteenth district of Vienna

Außerordentliches Mitglied bei der Genossenschaft der bildenden Künstler Wiens
Becomes an associate member of the Genossenschaft der bildenden Künstler Wiens (Fine Arts Cooperative of Vienna)

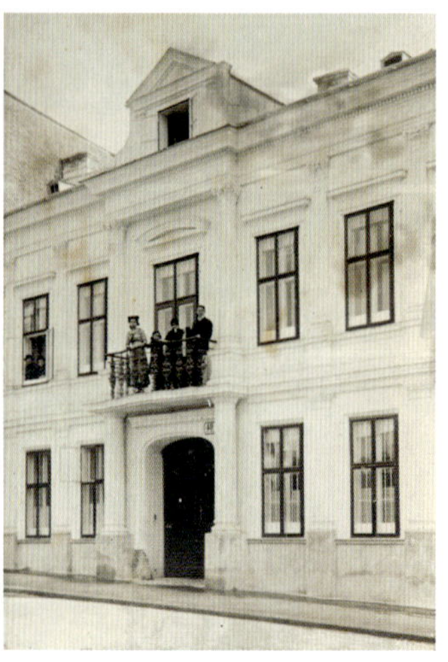

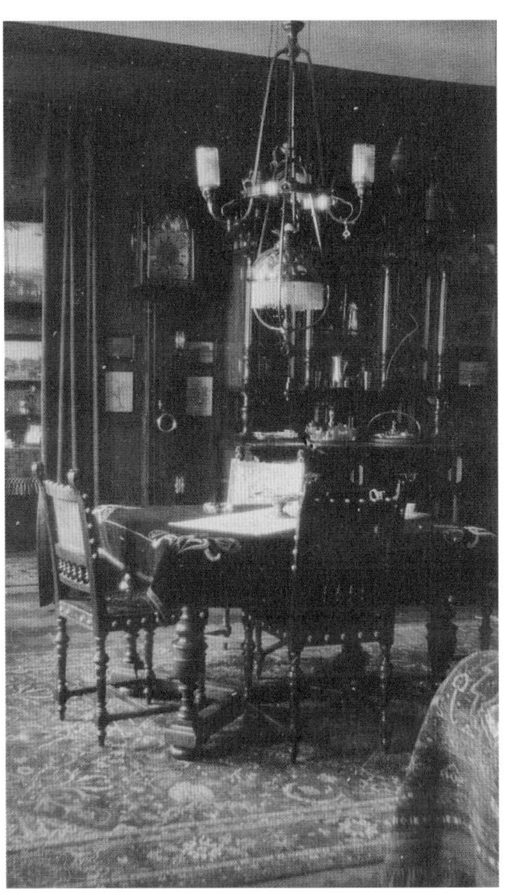

1912

Erste nachweisbare Erwerbungen von Werken der Künstler
Oskar Kokoschka und Egon Schiele
*First verified acquisitions of works by the artists
Oskar Kokoschka and Egon Schiele*

Veräußerung der Sommervilla in Rosenburg am Kamp
Sale of the villa in Rosenburg am Kamp

Adaptierung des Wohngebäudes und Anbau des
Galerietraktes in der Villa in der Silbergasse 40, 19. Bezirk, Wien
*Adaptation of the residence and addition of a gallery wing
at the villa at Silbergasse 40, nineteenth district of Vienna*

Einrichtung der Galerie
Installation of the gallery

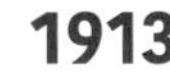

1913

Geburt Friederike (Fritzi)
Birth of Friederike (Fritzi)

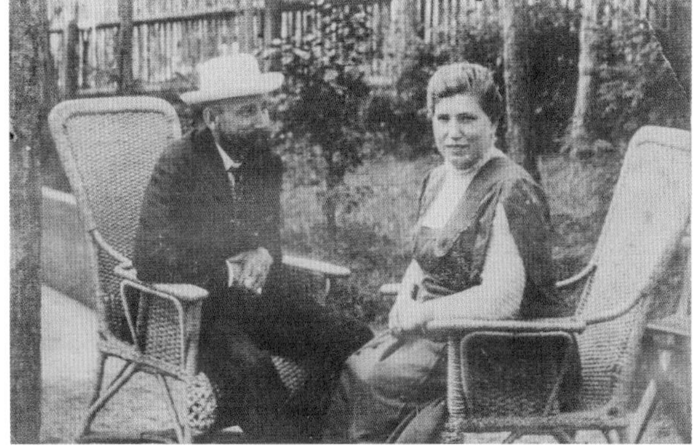

1914

5. Juni, Tod durch die Folgen einer Blinddarmentzündung im
Sanatorium Auersperg Wien, begraben am Döblinger Friedhof
*June 5, Hauer dies from complications of appendicitis
at Vienna's Auersperg Sanatorium and is buried
at the Döblinger Friedhof*

1921

Die Sammlung Hauer ist vollständig aufgelöst
The Hauer Collection is completely dissolved

Dank

Die Herausgeber des Buches bedanken sich bei allen Projektpartnern, die unsere Ausstellung und die vorliegende Publikation ermöglicht haben, besonders bei den institutionellen und privaten Leihgeberinnen und Leihgebern (darunter auch zahlreiche Leihgeberinnen und Leihgeber, die nicht genannt werden möchten), den Katalogautorinnen und Katalogautoren, dem Team der Landessammlungen Niederösterreich und dem Team der Landesgalerie Niederösterreich.

Acknowledgements

The editors of this book wish to thank all project partners who made our exhibition and this publication possible, particularly the institutional and private lenders (including numerous lenders who prefer to remain anonymous), the authors of the catalogue essays, the staff of the State Collections of Lower Austria, and the staff of the State Gallery of Lower Austria.

Leihgeberinnen und Leihgeber der Ausstellung/
Lenders to the exhibition:

Albertina, Wien/*Vienna*
Bayerische Staatsgemäldesammlungen – Pinakothek der Moderne sowie Neue Pinakothek, München/*Munich*
Belvedere, Wien/*Vienna*
Familie Dr. Förster/*Förster Family*, Salzburg
Franz Marc Museum, Kochel am See
Galerie St. Etienne, New York
Land Baden-Württemberg, vertreten durch die/*represented by the* Staatsgalerie Stuttgart, Stuttgart
Landesmuseum für Kärnten, Klagenfurt am Wörthersee
Leopold Museum, Wien/*Vienna*
Leopold Privatsammlung
Museum der Stadt Lienz Schloss Bruck
Museo Nacional Thyssen-Bornemisza, Madrid
Museum Ostwall im Dortmunder U, Dortmund
museumkrems
Ernst Ploil, Wien/*Vienna*
Rhode Island School of Design, Providence
Salzburg Museum, Salzburg
Sammlung/*collection* Gottfried Thiery, Wien/*Vienna*
Sammlung/*collection* Joyce Rohrmoser, Salzburg
The Gallery of Fine Arts in Ostrava, Ostrava
Tiroler Landesmuseum Ferdinandeum Innsbruck/*Tyrolean State Museum Ferdinandeum, Innsbruck*

Besonderer Dank gebührt/*Special thanks to:*

Belvedere Research Center, Wien/*Vienna*
Dorotheum, Wien/*Vienna*
Forschungsinstitut Brenner-Archiv, Innsbruck,
Wilfried Kirschl, Teilnachlass/*partial estate*
Kunstarchiv Werner J. Schweiger, Berlinische Galerie, Berlin
Künstlerhaus Archiv, Wien/*Vienna*
Paul Cassirer Archiv, Zürich/*Zurich*

Katharina Erling
Markus Fellinger
Alexander Giese
Emmy Harengel
Jane Kallir
Ernst Kalt
Manfred Kopriva
Franz Smola
Alida Taschek

und außerdem/*and in addition:*

den Autorinnen und Autoren/*the authors:*
Günther Dankl
Wolfgang Krug
Günther Oberhollenzer
Helena Pereña
Susanne Claudine Pils
Bernadette Reinhold
Alexandra Sattler
Nikolaus Schaffer
Josef Seiter
Andreas Weigl

den Lektorinnen und Lektoren sowie den Übersetzerinnen und Übersetzern/*the proofreaders and translators:*
Andrea Schellner
Douglas Deitemyer
Martina Bauer
Matthias Goldmann
Gerrit Jackson
Birgit Trinker
Susanne Watzek

Andreas und/*and* Renate Schultz für die grafische Gestaltung/*for the graphic design*

Thomas Zuhr und/*and* Rainer Arnold vom/*at* Hirmer Verlag

dem Team der Landessammlungen Niederösterreich/
the staff of the State Collections of Lower Austria:
Armin Laussegger
Wolfgang Krug
Alexandra Schantl
Alexandra Leitzinger
Christoph Fuchs
Ines Aßmann
Franziska Butze-Rios
Theresa Feilacher
Daniel Gräf
Christina Schaaf-Fundneider
Nils Unger

dem Team der Landesgalerie Niederösterreich/
the staff of the State Gallery of Lower Austria:
Julia Flunger-Schulz
Stefan Mitterer
Elke Pehamberger-Müllner
Alexandra Sattler
Elisabeth Kainberger
Andrea Fraunbaum
Jana Demcisin
Elisabeth Dopsch
Palina Hunger
Maria Schneeweiß
Sabine Soban
Elisabeth Zettl
Isabell Fiedler und Team/*and her team*
Beate Artweger
Andrea Decker
Martina Hackl
Magdalena Plessl
Nicole Pröll
Sabine Mosgöller und Team/*and her team*
Reinhard Kern und Team/*and his team*

sowie dem Team des Ausstellungsaufbau/*as well as the exhibition setup team:*
Jörg Artner
Andreas Frostl
Filip Kadvanj
Norbert Kaltenhofer
Franz Kohl
Marc Paget-Schanzl
Manuel Riegler
Konstantin Rössl
Karl Unterweger

und dem Team der Restauratorinnen der Ausstellung/
and the exhibition restoration team:
Melanie Nief
Elisabeth Schlegel
Martina Spiegl
Valerie Thausing-Aichberger

Bildnachweis und Copyright/ *Photo Credits and Copyright*

Cover vorne/*Front Cover*: Oskar Kokoschka, Portrait von Franz Hauer/*Portrait of Franz Hauer*, 1913 (Detail) © Fondation Oskar Kokoschka/ Bildrecht, Wien/*Vienna*, 2019, Photography by Erik Gould, courtesy of the Museum of Art, Rhode Island School of Design, Providence

Cover hinten/*Back Cover*: Egon Schiele, Wally, 1912, © Landessammlungen NÖ/*State Collections of Lower Austria*

Fotos/*photos*:

S./*pp.* 8, 14, 18, 21, 32 (unten/*below*), 39, 41, 42 (oben/*above*), 54 (oben/*above*), 122 (links und rechts/*left and right*), 123, 124, 125, 238, 240, 241, 257 (3. Spalte, oben/*third column, above*), 283 (2. Spalte, oben und Mitte/*second column, above* and *center*), 283 (3. Spalte, oben und Mitte/ *second column, above* and *center*), 283 (4. Spalte, oben/*fourth column, above*), 294/295, 296 (alle Bilder außer Bild Mitte/*all pictures except picture center*), 297 (alle Bilder/*all pictures*), 298 (oben und unten/*above and below*), 299 (alle Bilder/ *all pictures*): Privatbesitz/*private collection*

S./*pp.* 11, 234: Privatbesitz/*private collection*, Fotos/*photos*: Christoph Fuchs, © bei Nachlass Ferdinand Kitt 2019

S./*p.* 16: Österr. Volkshochschularchiv/ Imagno/picturedesk.com

S./*p.* 23: aus/*from*: Neuigkeits-Welt-Blatt, Nr. 265 (21.11.1900), Foto/*photo*: ANNO/Österreichische Nationalbibliothek, Wien/*Vienna*

S./*pp.* 26, 30, 33, 83, 100, 110, 130/131, 135, 168/169, 171, 188/189, 206, 207, 217, 218, 259 (1. Spalte, unten/ *first column, below*), 261 (4. Spalte, oben und unten/ *fourth column, above and below*), 262 (4. Spalte, unten/*fourth column, below*), 269 (1. Spalte, unten/ *first column, below*), 273 (2. Spalte, Mitte/*second column, center*), 277 (1. Spalte, unten/*first column, below*), 277 (2. Spalte, oben/*second column, above*), 277 (4. Spalte, oben und Mitte/*fourth column, above and center*), 281 (2. Spalte, oben/*second column, above*), 281 (3. Spalte/*third column*), 282 (4. Spalte, oben und Mitte/*fourth column, above and center*), 283 (1. Spalte, unten/*first column, below*), 283 (2. Spalte, Mitte/*second column, center*), 285 (1. Spalte unten/*first column below*), 290 (4. Spalte unten/*fourth column below*): © Landessammlungen NÖ/*State Collections of Lower Austria*

S./*p.* 29 (oben und unten/*above and below*): Bezirksmuseum Währing, Wien/*Vienna*

S./*pp.* 31, 267 (1. Spalte, unten/*first column, below*), 278 (1. Spalte/*first column*): © Wien Museum, Fotos/*photos*: Peter und/*and* Birgit Kainz

S./*p.* 32: Dr. Winkler-Ráthonyi

S./*pp.* 34, 45 (unten/*below*), 46, 47 (unten/ *below*), 106, 132/133, 170, 244, 259 (3. Spalte, unten/*third column, below*), 259 (1. Spalte/ *first column*), 260 (3. Spalte, oben/*third column, above*), 268 (1. Spalte, unten/*first column, below*), 271 (2. Spalte, unten/*second column, below*), 271 (3. Spalte/*third column*), 272 (1. Spalte, oben/*first column, above*), 276 (3. Spalte/*third column*), 276 (4. Spalte/*fourth column*), 277 (2. Spalte unten/ *second column, below*), 281 (2. Spalte, unten/ *second column, below*), 284 (1. Spalte unten/ *first column below*): Privatbesitz/*private collection*, Fotos/*photos*: Patrizia Degl'Innocenti

S./*pp.* 35, 68/69, 72 (unten/*below*), 261 (1. Spalte, unten/*first column, below*), 262 (3. Spalte, oben/ *third column, above*), 263 (1. Spalte, oben/*first column, above*), 263 (3. Spalte, oben und unten/ *third column, above and below*), 265 (2. Spalte, Mitte/*second column, center*), 265 (4. Spalte, oben/*fourth column, above*), 266 (1. Spalte, oben/ *first column, above*), 266 (3. Spalte, oben/*third column, above*): © Albin Egger-Lienz-Archiv, Bibliothek Tiroler Landesmuseum Ferdinandeum/ *library, Tyrolean State Museum Ferdinandeum*

S./*pp.* 36, 122 (links und rechts/*left and right*), 123, 285 (2. Spalte, oben/*second column, above*), 285 (3. Spalte, oben/*third column, above*), 285 (4. Spalte, unten/*fourth column, below*), 286 (1. Spalte, unten/ first column, below), 286 (2. Spalte, oben/*second column, above*): aus/*from*: Arpad Weixlgärtner: Karl Sterrer. Ein Wiener Maler der Gegenwart, Wien/*Vienna* 1925, © Nachlass Karl Sterrer 2019

S./*p.* 37: Künstlerhaus Archiv, Mappe Franz Hauer

S./*p.* 40: © Magistrat der Stadt Wien, Baupolizei – MA 37 – Gebietsgruppe West, Foto/*photo*: Wolfgang Krug

S./*pp.* 42 (unten/*below*), 184/185, 269 (3. Spalte, Mitte/*third column, center*): Salzburg Museum

S./*pp.* 43 (oben/*above*), 151, 261 (2. Spalte, unten/*second column, below*): Austrian Archives/Imagno/picturedesk.com

S./*pp.* 43 (unten/*below*), 113, 194/195, 196/197, 219, 282 (2. Spalte, Mitte und unten/*second column, center and below*), 283 (1. Spalte, Mitte/*first column, center*): Private collection, courtesy Galerie St. Etienne, New York

S./*pp.* 44, 231, 275 (1. Spalte, unten/*first column, below*): Davis Museum at Wellesley College, Wellesley, MA, © Fondation Oskar Kokoschka/Bildrecht, Wien/*Vienna*, 2019

S./*pp.* 45 (oben/*above*), 66, 114, 138/139, 140/141, 144, 145, 159, 174, 179, 190/191, 198/199, 208, 211, 219, 257 (2. Spalte, unten/*second column, below*), 261 (3. Spalte, oben/*third column, above*), 263 (3. Spalte, Mitte/*third column, center*), 263 (4. Spalte, oben/*fourth column, above*), 265 (3. Spalte, oben und unten/*third column, above and below*), 267 (4. Spalte/*fourth column*), 268 (4. Spalte, oben/*fourth column, above*), 269 (1. Spalte, oben/*first column, above*), 282 (2. Spalte, oben/*second column, above*), 283 (4. Spalte, unten/*fourth column, below*): © Leopold Museum, Wien/*Vienna*/Manfred Thumberger

S./*pp.* 47 (oben/*above*), 280 (3. Spalte, oben und unten/*third column, above and below*): Privatbesitz/ *private collection*, Fotos/*photos*: Patrizia Degl'Innocenti, © Bildrecht, Wien/*Vienna*, 2019

S./*pp.* 49, 78, 105 (oben/*above*), 134, 150, 156, 167, 172/173, 210, 211, 212, 213, 214, 257 (4. Spalte, unten/*fourth column, below*), 259 (2. Spalte, oben und unten/*second column, above and below*), 260 (2. Spalte/*second column*), 260 (3. Spalte, unten/*third column, below*), 261 (1. Spalte, unten/ *first column, below*), 268 (1. Spalte, unten/*first column, below*), 268 (2. Spalte, oben und unten/ *second column, above and below*), 270 (2. Spalte/ *second column*), 271 (2. Spalte, oben/*second column, above*), 273 (1. Spalte/*first column*), 273 (2. Spalte, unten/*second column, below*), 273 (3. Spalte unten/*third column below*), 277 (1. Spalte, oben und Mitte/*first column, above and center*), 280 (1. Spalte, oben/*first column, above*), 280 (4. Spalte, oben/*fourth column, above*), 281 (4. Spalte, oben/*fourth column, above*), 284 (4. Spalte/*fourth column*), 285 (1. Spalte, oben/*first column, above*), 289 (3. Spalte, oben und unten/ *third column, above and below*): Privatbesitz/ *private collection*, Fotos/*photos*: Christoph Fuchs

S./*pp.* 52, 76, 262 (1. Spalte, oben/*first column, above*), 298 (Mitte/*center*): © Leopold Museum, Wien/*Vienna*

S./*pp.* 54, 94 (rechts/*right*), 220, 275 (2. Spalte, Mitte/*second column, center*): Photography by Erik Gould, courtesy of the Museum of Art, Rhode Island School of Design, Providence, © Fondation Oskar Kokoschka/Bildrecht, Wien/*Vienna*, 2019

S./*pp.* 60, 146/147, 157, 251, 264 (3. Spalte, Mitte/ *third column, center*), 265 (2. Spalte, oben/*second column, above*): Landesmuseum für Kärnten

S./*p.* 62: Universitätsbibliothek Heidelberg, 259. Versteigerung von C. J. Wawra, Wien, Umschlagvorderseite – CC-BY-SA 3.0

S./*pp.* 70, 149: © Belvedere, Wien/ *Vienna*, Foto/*photo*: Johannes Stoll

S./*p.* 72 (oben/*above*): Kunsthalle Mannheim, Foto/*photo*: Cem Yücetas

S./*pp.* 73, 216, 283 (1. Spalte, oben/*first column, above*): Albertina Wien/*Vienna*

S./*pp.* 75, 148, 264 (4. Spalte, unten/*fourth column, below*): © Lienz, Museum Schloss Bruck, Fotos/*photos*: Martin Lugger

S./*p.* 76 (unten/*below*): Wien, ÖNB, Autogr. 537/1–7

S./*pp.* 80, 186, 265 (1. Spalte, unten/*first column, below*), 269 (2. Spalte/*second column*): Privatbesitz/*private collection* (Courtesy Kunsthandel Giese & Schweiger, Wien)

S./*pp.* 81, 182/183, 187, 264 (4. Spalte, oben/ *fourth column, above*), 269 (3. Spalte, oben/ *third column, above*), 269 (3. Spalte, unten/*third column, below*): © Belvedere, Wien/*Vienna*

S./*pp.* 84, 180/181, 266 (4. Spalte, unten/*fourth column, below*), 267 (1. Spalte, oben/*first column, above*), 267 (3. Spalte/*third column*), 268 (4. Spalte, unten/*fourth column, below*), 269 (4. Spalte/ *fourth column*): © Auktionshaus im Kinsky

S./*pp.* 88, 221, 275 (3. Spalte, unten/*third column, below*): Bayerische Staatsgemäldesammlungen – Sammlung Moderne Kunst in der Pinakothek der Moderne München, © Fondation Oskar Kokoschka/Bildrecht, Wien/*Vienna*, 2019

S./*pp.* 90, 224/225, 274 (4. Spalte, Mitte/ *fourth column, center*): © Belvedere, Wien/ *Vienna*, © Fondation Oskar Kokoschka/ Bildrecht, Wien/*Vienna*, 2019

S./*pp.* 92, 275 (2. Spalte, unten/*second column, below*), 275 (3. Spalte, Mitte/*third column, center*): © Galerie Welz, Salzburg, © Fondation Oskar Kokoschka/Bildrecht, Wien/*Vienna*, 2019

S./*p.* 93: © Universität für angewandte Kunst Wien, Oskar Kokoschka-Zentrum, Inv. Nr. OKB/ BA/22a/FP/*University of Applied Arts Vienna, Oskar Kokoschka Centre, Inv. OKB/BA/22a/FP*

S./*pp.* 94 (links/*left*), 230, 275 (1. Spalte, oben/*first column, above*): © 2019 Museum of Fine Arts, Boston, © Fondation Oskar Kokoschka/Bildrecht, Wien/*Vienna*, 2019

S./*pp.* 97, 228/229, 246, 274 (4. Spalte, unten/ *fourth column, below*): Leopold-Hoesch-Museum & Papiermuseum Düren, Foto/ *photo*: Peter Hinschläger, © Fondation Oskar Kokoschka/Bildrecht, Wien/*Vienna*, 2019

S./*p.* 102: Haus Briol, Foto/*photo*: Luca Meneghel

S./*p.* 104: © Stadtarchiv/Stadtmuseum Innsbruck

S./*p.* 105 (unten/*below*): © bpk | RMN – Grand Palais | Gérard Blot

S./p. 107: © Erich Lessing/lessingimages.com

S./pp. 112, 192/193, 282 (3. Spalte, oben/*third column, above*): © bpk | Bayerische Staatsgemäldesammlungen – Neue Pinakothek München

S./pp. 115, 200/201, 282 (1. Spalte, unten/*first column, below*): Neue Galerie New York (Dieses Werk ist Teil der Sammlung Estée Lauder und wurde von Estée Lauder großzügig zur Verfügung gestellt/*This work is part of the collection of Estée Lauder and was made available through the generosity of Estée Lauder*)

S./pp. 118, 163, 164, 165, 285 (3. Spalte, unten/*third column, below*), 285 (4. Spalte, oben/*fourth column, above*), 286 (2. Spalte, unten/*second column, below*), 287 (2. Spalte, unten/*second column, below*): Privatbesitz/*private collection*, Fotos/*photos*: Patrizia Degl'Innocenti, © Nachlass Karl Sterrer 2019

S./pp. 120, 286 (1. Spalte, Mitte/*first column, center*): aus/*from*: Galerie österreichischer Maler, Kunstbeilage zu Österreichs Illustrierte Zeitung, Nr. 12 (28.12.1913/*Dec. 28, 1913*), © Nachlass Karl Sterrer 2019

S./pp. 121, 126, 286 (2. Spalte, oben und Mitte/*second column*, above and *center*): Privatbesitz/*private collection*, © Nachlass Karl Sterrer 2019

S./p. 124: aus/*from*: Jugend: Münchner illustrierte Wochenschrift für Kunst und Leben, Band 1, Nr. 1–26 (1914), Foto/*photo*: Universitätsbibliothek Heidelberg – CC-BY-SA 3.0, © Nachlass Karl Sterrer 2019

S./pp. 125, 286 (3. Spalte, Mitte/*third column, center*): aus/*from*: Münchner illustrierte Wochenschrift für Kunst und Leben, Band 2, Nr. 27–52 (1914), Foto/*photo*: Universitätsbibliothek Heidelberg – CC-BY-SA 3.0, © Nachlass Karl Sterrer 2019

S./pp. 136/137, 248, 259 (1. Spalte, oben/*first column, above*): Dorotheum Wien/*Vienna*, Auktionskatalog 06.02.2012/*auction catalogue Feb. 6, 2012*

S./pp. 142/143, 263 (4. Spalte, unten/*fourth column, below*), 265 (4. Spalte, unten/*fourth column, below*): The Gallery of Fine Arts in Ostrava, © Archive of GVUO

S./pp. 152/153, 264 (3. Spalte, unten/*third column, below*): Privatbesitz/*private collection*, Foto/*photo*: Matthias Weissengruber

S./pp. 154/155, 262 (2. Spalte, unten/*second column, below*), 262 (4. Spalte, oben/*fourth column, above*), 263 (2. Spalte, oben/*second column, above*), 265 (2. Spalte, unten/*second column, below*), 266 (1. Spalte, unten/*first column, below*), 266 (3. Spalte, Mitte/*third column, center*): © Lienz, Museum Schloss Bruck, Fotos/*photos*: Vaverka

S./pp. 158, 264 (2. Spalte, unten/*second column, below*): © Albertina, Wien/*Vienna*. Leihgabe/*loan* E. Ploil

S./pp. 160, 286 (1. Spalte, oben/*first column, above*): © Leopold Privatsammlung, Manfred Thumberger, © Nachlass Karl Sterrer 2019

S./pp. 161, 162, 166, 285 (4. Spalte, Mitte/*fourth column, center*) 286 (3. Spalte, unten/*third column, below*), 286 (4. Spalte, Mitte und unten/*fourth column, center and below*), 287 (1. Spalte/*first column*), 287 (2. Spalte, oben/*second column, above*): Privatbesitz/*private collection*, Fotos/*photos*: Christoph Fuchs, © Nachlass Karl Sterrer 2019

S./pp. 175, 257 (3. Spalte, unten/*third column, below*): Sammlung/*collection* Joyce Rohrmoser, Foto/*photo*: Joyce Rohrmoser

S./pp. 176/177, 257 (2. Spalte, oben/*second column, above*): Familie Dr. Förster/*Förster Family*, Foto/*photo*: Dorotheum Wien/*Vienna*, Auktionskatalog 20.05.2003/*auction catalogue May 20, 2003*

S./pp. 178, 276 (1. Spalte, oben/*first column, above*): © Leopold Museum, Wien/*Vienna*/Manfred Thumberger, © Bildrecht, Wien/*Vienna*, 2019

S./pp. 202/203, 282 (1. Spalte, oben/*first column, above*): © Museo Nacional Thyssen-Bornemisza, Madrid

S./pp. 204/205, 282 (3. Spalte, unten/*third column, below*): © bpk | Staatsgalerie Stuttgart, erworben mit Lotto-Mitteln 1966/*acquired with lottery revenues in 1966*

S./p. 205 (rechts/*right*): Staatliche Akademie der Bildenden Künste Stuttgart

S./pp. 209, 215, 282 (4. Spalte, unten/*fourth column, below*), 283 (4. Spalte, Mitte/*fourth column, center*): Leopold Privatsammlung, © Leopold Museum, Wien/*Vienna*/Manfred Thumberger

S./pp. 222, 275 (2. Spalte, oben/*second column, above*): © National Gallery Prague 2018, © Fondation Oskar Kokoschka/Bildrecht, Wien/*Vienna*, 2019

S./pp. 226/227, 274 (4. Spalte, oben/*fourth column, above*): Museum Ostwall im Dortmunder U, © Fondation Oskar Kokoschka/Bildrecht, Wien/*Vienna*, 2019

S./pp. 232/233, 275 (3. Spalte, oben/*third column, above*): Franz Marc Museum, Kochel a. See, Dauerleihgabe aus Privatbesitz/*permanent loan from a private collection*, Foto/*photo*: Walter Bayer, München/*Munich*, © Fondation Oskar Kokoschka/Bildrecht, Wien/*Vienna*, 2019

S./p. 242: WStLA, Bezirksgericht Döbling, A5/1 – 1P: 1P 98/1914

S./p. 247: Universitätsbibliothek Heidelberg, Nachlaß Franz Hauer – CC-BY-SA 3.0

S./pp. 257 (1. Spalte, unten/*first column, below*), 258 (2. Spalte, oben/*second column, above*), 259 (3. Spalte, oben/*third column, above*), 260 (4. Spalte, oben, Mitte, unten/*fourth column, above, center, below*), 261 (1. Spalte, oben/*first column, above*), 261 (2. Spalte, oben/*first column, above*), 270 (3. Spalte, Mitte/*third column, center*), 271 (1. Spalte/*first column*), 274 (3. Spalte, unten/*third column, below*), 276 (2. Spalte/*second column*), 278 (3. Spalte/*third column*), 279 (3. Spalte/*third column*), 280 (4. Spalte, unten/*fourth column, below*), 281 (1. Spalte, oben und unten/*first column, above and below*), 285 (2. Spalte/*second column*), 287 (4. Spalte, oben/*fourth column, above*), 288 (1. Spalte/*first column*), 288 (3. Spalte, unten/*third column, below*), 288 (4. Spalte, unten/*fourth column, below*): Dorotheum Wien/*Vienna*, Auktionskatalog 17.–19.03.1918/*auction catalogue March 17–19, 1918*

S./pp. 258 (1. Spalte/*first column*), 258 (2. Spalte, unten/*second column, below*), 258 (3. Spalte, oben und unten/*third column, above and below*), 259 (4. Spalte/*fourth column*), 264 (1. Spalte, Mitte/*first column, center*), 264 (2. Spalte, oben/*second column, above*), 270 (3. Spalte, oben/*third column, above*), 277 (4. Spalte, unten/*fourth column, below*), 280 (1. Spalte, unten/*first column, below*), 281 (4. Spalte, unten/*fourth column, below*), 284 (3. Spalte/*third column*), 285 (2. Spalte/*second column*), 286 (3. Spalte, oben/*third column, above*) 289 (3. Spalte/*third column*), 290 (1. Spalte/*first column*): aus/*from*: Albin Egger-Lienz und zeitgenössische Künstler in der Sammlung Franz Hauer sen. † Wien. 259. Versteigerung von C. J. Wawra, Wien/*Vienna* 15.03.1920/*March 15, 1920*

S./p. 258 (4. Spalte, oben/*fourth column, above*): Privatbesitz/*private collection*, © Auktionshaus im Kinsky

S./pp. 261 (3. Spalte, unten/*third column, below*), 264 (1. Spalte, unten/*first column, below*), 266 (4. Spalte, oben/*fourth column, above*), 267 (2. Spalte, unten/*second column, below*): Privatbesitz/*private collection*, Fotos/*photos*: Courtesy of Sotheby's

S./pp. 262 (2. Spalte, oben/*second column, above*), 264 (3. Spalte, oben/*third column, above*), 274 (2. Spalte, oben und unten/*second column, above and below*), 274 (3. Spalte, oben/*third column, above*), 284 (1. Spalte, oben/*first column, above*), 284 (3. Spalte, unten/*third column, below*): unbekannter Fotograf/*unknown photographer*

S./pp. 262 (3. Spalte, unten/*third column, below*), 263 (2. Spalte, unten/*second column, below*), 266 (3. Spalte, unten/*third column, below*): © Lienz, Museum Schloss Bruck

S./p. 263 (1. Spalte, unten/*first column, below*): Kunstsammlung des Landes Kärnten/MMKK, Foto/*photo*: F. Neumüller (Klagenfurt)

S./pp. 263 (4. Spalte, Mitte/*fourth column, center*), 264 (1. Spalte, oben/*first column, above*): Privatbesitz/*private collection*, Fotos/*photos*: Leopold Museum, Wien/*Vienna*

S./pp. 265 (1. Spalte, oben/*first column, above*), 289 (4. Spalte/*fourth column*): aus/*from*: Wilfried Kirschl, Albin Egger-Lienz. 1868–1926. Das Gesamtwerk. Mit 835 Abbildungen, Wien/*Vienna* 1977

S./p. 267 (2. Spalte, oben/*second column, above*): LAND TIROL

S./p. 268 (1. Spalte, oben/*first column, above*): © Hassfurther

S./p. 270 (3. Spalte, unten/*third column, below*): museumkrems, Foto/*photo*: Christoph Fuchs

S./pp. 272 (1. Spalte, unten/*first column, below*), 279 (4. Spalte, oben/*fourth column, above*): Künstlerhaus Archiv (Ausstellungskatalog Jubiläums-Ausstellung des Aquarellisten-Klubs Nr. 139 + 141, 06.01.1911–03.02.1911/*Jan. 6–Feb. 3, 1911*)

S./pp. 273 (3. Spalte, oben/*third column, above*), 276 (1. Spalte, unten/*first column, below*): Künstlerhaus Archiv (Ausstellungskatalog XXXVI. Jahres-Ausstellung Nr. 159, 19.03.1910–31.05.1910/*March 19–May 31, 1910*)

S./pp. 275 (4. Spalte, oben und unten/*fourth column, above and below*): Albertina, Wien/*Vienna*. Sammlung Essl, © Fondation Oskar Kokoschka/Bildrecht, Wien/*Vienna*, 2019

S./p. 282 (3. Spalte, Mitte/*third column, center*): Courtesy Galerie St. Etienne, New York

S./p. 285 (3. Spalte, Mitte/*third column, center*): unbekannter Fotograf, © Nachlass Karl Sterrer

S./p. 286 (4. Spalte, oben/*fourth column, above*): Landessammlungen NÖ/*State Collections of Lower Austria*, © Nachlass Karl Sterrer 2019

S./pp. 287 (4. Spalte, unten/*fourth column, below*), 288 (3. Spalte, oben/*third column, above*): Sammlung/collection Gottfried Thiery, Fotos/*photos*: Christoph Fuchs

S./p. 288 (4. Spalte, oben/*fourth column, above*): Albertina, Wien/*Vienna*. Sammlung Essl. Foto/*photo*: Mischa Nawrata, © Galerie Welz, Salzburg

S./p. 296 (Mitte/*center*): Archiv Ernst Kalt

Impressum/*Publishing Information*

Katalog zur Ausstellung Franz Hauer. Selfmademan und Kunstsammler der Gegenwart
26. Mai 2019 bis 16. Februar 2020, Landesgalerie Niederösterreich

Catalogue for the exhibition Franz Hauer: Self-Made Man and Art Collector
May 26, 2019, to February 16, 2020, State Gallery of Lower Austria

www.lgnoe.at

Ausstellung/*Exhibition*
Geschäftsführung/*Managing Directors*: Julia Flunger-Schulz, Stefan Mitterer
Künstlerischer Direktor/*Artistic Director*: Christian Bauer
Kuratoren/*Curators:* Christian Bauer, Wolfgang Krug, Günther Oberhollenzer
Wissenschaftliche Mitarbeit/*Research Assistance:* Alexandra Sattler
Ausstellungsorganisation/*Exhibition Management*: Elke Pehamberger-Müllner (Leitung/*Head*), Alexandra Sattler
Marketing und Kommunikation/*Marketing and Communications*: Andrea Fraunbaum (Leitung/*Head*), Jana Demcisin, Elisabeth Dopsch, Palina Hunger, Maria Schneeweiß, Sabine Soban, Elisabeth Zettl
Kunstvermittlung/*Art Education*: Isabell Fiedler (Leitung/*Head*) und/*and* Team
Events: Martina Hackel (Leitung/*Head*), Magdalena Plessl
Development: Nicole Pröll
Besucherservice/*Visitor Services*: Beate Artweger, Andrea Decker
Shop und/*and* Ticketing: Sabine Mosgöller (Leitung/*Head*) und/*and* Team
Facility-Management: Reinhard Kern (Leitung/*Head*), Michael Huber, Markus Lehmerhofer, Lukas Rieder
Ausstellungsaufbau/*Exhibition Setup*: Jörg Artner, Andreas Frostl, Filip Kadvanj, Norbert Kaltenhofer, Franz Kohl, Marc Paget-Schanzl, Manuel Riegler, Konstantin Rössl, Karl Unterweger

Katalog/*Catalogue*
Herausgeber/*Editor*: Christian Bauer
Autorinnen und Autoren/*Authors*: Christian Bauer, Günther Dankl, Wolfgang Krug, Günther Oberhollenzer, Helena Pereña, Susanne Claudine Pils, Bernadette Reinhold, Alexandra Sattler, Nikolaus Schaffer, Josef Seiter, Andreas Weigl
Redaktion/*Managing Editors*: Alexandra Sattler, Elisabeth Kainberger
Produktionsleitung/*Production Manager*: Elke Pehamberger-Müllner
Gestaltung und Satz/*Layout and Typesetting*: schultz+schultz-Mediengestaltung
Lithografie/*Pre-press and Repro*: Reproline Mediateam GmbH, München/*Munich*
Lektorat (Deutsch)/*Copyediting and Proofreading (German)*: Martina Bauer, Andrea Schellner, Birgit Trinker
Übersetzung/*Translation*: Douglas Deitemyer, Matthias Goldmann, Gerrit Jackson, Susanne Watzek
Lektorat (Englisch)/*Copyediting and Proofreading (English)*: Douglas Deitemyer
Projekt Management Hirmer Verlag/*Hirmer Project Management*: Rainer Arnold
Druck und Bindung/*Printing and Binding*: Westermann Druck Zwickau GmbH

1. Auflage/*First Edition*

Erschienen im/*Published by*
Hirmer Verlag
Bayerstraße 57–59
80335 München

www.hirmerverlag.de

www.hirmerpublishers.com

Gedruckt in Deutschland/*Printed in Germany*

Bibliografische Information der Deutschen Nationalbibliothek: Die Deutsche Nationalbibliothek verzeichnet diese Publikation in der Deutschen Nationalbibliografie; detaillierte bibliografische Daten sind im Internet über http://dnb.de abrufbar./*Bibliographic information published by the Deutsche Nationalbibliothek: The Deutsche Nationalbibliothek lists this publication in the Deutsche Natinalbibliografie; detailed bibliographic data is available on the Internet at http://www.dnb.de.*

ISBN 978-3-7774-3216-8 (deutsche Ausgabe/*German edition*)

ISBN 978-3-7774-3214-4 (englische Ausgabe/*English edition*)

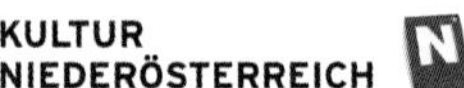

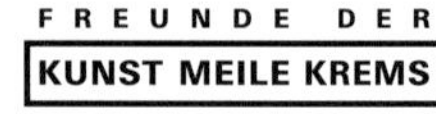

HIRMER